中國茶全書

— 湖南卷 —

刘新安 主编　康建平 总策划

中国林业出版社
·北京·

图书在版编目（CIP）数据

中国茶全书.湖南卷/刘新安主编.-- 北京：中国林业出版社，2021.12
ISBN 978-7-5219-1249-4

Ⅰ.①中… Ⅱ.①刘… Ⅲ.①茶文化—湖南 Ⅳ.①TS971.21

中国版本图书馆CIP数据核字(2021)第129611号

中国林业出版社
策划编辑：段植林　李　顺
责任编辑：李　顺　陈　慧　薛瑞琦　马吉萍
出版咨询：（010）83143569

出　版：中国林业出版社（100009 北京市西城区刘海胡同7号）
网　站：http://www.forestry.gov.cn/lycb.html
印　刷：北京博海升彩色印刷有限公司
发　行：中国林业出版社
电　话：（010）83143500
版　次：2021年12月第1版
印　次：2021年12月第1次
开　本：787mm×1092mm　1/16
印　张：34
字　数：650千字
定　价：298.00元

《中国茶全书》
总编纂委员会

总 顾 问：陈宗懋　刘仲华　彭有冬
顾　　问：周国富　王　庆　江用文　禄智明
　　　　　王裕晏　孙忠焕　周重旺
主　　任：刘东黎
常务副主任：王德安
总 主 编：王德安
总 策 划：段植林　李　顺
执行主编：朱　旗
副 主 编：王　云　王如良　刘新安　孙国华　李茂盛　杨普龙
　　　　　肖　涛　张达伟　张岳峰　宛晓春　高超君　曹天军
　　　　　覃中显　赖　刚　熊莉莎　毛立民　罗列万　孙状云
编　　委：王立雄　王　凯　包太洋　匡　新　朱海燕　刘贵芳
　　　　　汤青峰　孙志诚　何青高　余少尧　张式成　张莉莉
　　　　　陈先枢　陈建明　幸克坚　卓尚渊　易祖强　周长树
　　　　　胡启明　袁若宁　蒋跃登　陈昌辉　何　斌　陈开义
　　　　　陈书谦　徐中华　冯　林　唐　彬　刘　刚　孙道伦
　　　　　刘　俊　刘　琪　侯春霞　李明红　罗学平　杨　谦
　　　　　徐盛祥　黄昌凌　王　辉　左　松　阮仕君　王有强
　　　　　聂宗顺　王存良　徐俊昌　王小文　赵晓毛　龚林涛
　　　　　刁学刚　常光跃　温顺位　李廷学
副总策划：赵玉平　伍崇岳　肖益平　张辉兵　王广德　康建平
　　　　　刘爱廷　罗　克　陈志达　昌智才　喻清龙　丁云国
　　　　　黄迎宏　吴浩人　孙状云

策　　　划：罗　宇　周　宇　杨应辉　饶　佩　施　海　廖美华
　　　　　　吴德华　陈建春　李细桃　胡卫华　郗志强　程真勇
　　　　　　牟益民　欧阳文亮　敬多均　余柳庆　向海滨　张笑冰
编 辑 部：李　顺　陈　慧　王思源　陈　惠　薛瑞琦　马吉萍

《中国茶全书·湖南卷》
编纂委员会

总 顾 问：刘仲华　王德安　施兆鹏　曹文成
顾　　问：刘富知　朱　旗　肖力争　肖文军　包小村　张曙光
　　　　　廖静仁　邱　虹　何益群　黄孝健　黄　诚　曾慧明
　　　　　陈新文　李慧星
主　　任：周重旺
副 主 任：黎明星　吴浩人　罗向上　彭雄根
主　　编：刘新安
执行主编：朱海燕
副 主 编：包太洋　蒋跃登　袁若宁　孙志诚　彭岳武　何青高
　　　　　周长树　陈建明　余少尧　张式诚　贺湘平　卓尚渊
　　　　　易祖强　谭民政
编　　委：郑剑山　肖　蕾　陈　刚　陈绍祥　赵丈田　苏建伟
　　　　　刘国平
总 策 划：康建平
副总策划：肖益平　王仲麟　黄建明　刘爱廷　舒福北　孙太安
　　　　　张干发　胡　寅　徐迪军　刘杏益　唐　瀚　周　宇
　　　　　信和文　李　雄　刘贵芳
策　　划：饶　佩　罗亚非　肖雪峰　罗　克　陈志达　罗　琳
　　　　　陈致印　朱金平　廖美华　李显祥　贺端青　陈德湖
　　　　　王树波　王彩艳　崔胜伏　褚世炯　刘新果　袁　勇
　　　　　王　灿
评　　审：陈先枢　汤青峰　舒　放　尹　钟　伍崇岳　王　准
　　　　　黄迎宏　沈程文　陈奇志　伍湘安
编辑部主任：王　凯
编辑单位：湖南白沙溪茶厂股份有限公司
组织单位：湖南省茶业集团股份有限公司

出版说明

2008年,《茶全书》构思于江西省萍乡市上栗县。

2009—2015年,本人对茶的有关著作,中央及地方对茶行业相关文件进行深入研究和学习。

2015年5月,项目在中国林业出版社正式立项,经过整3年时间,项目团队对全国18个产茶省的茶区调研和组织工作,得到了各地人民政府、农业农村局、供销社、茶产业办和茶行业协会的大力支持与肯定,并基本完成了《茶全书》的组织结构和框架设计。

2017年6月,在中国林业出版社领导的指导下,由王德安、段植林、李顺等商议,定名为《中国茶全书》。

2020年3月,《中国茶全书》获国家出版基金项目资助。

《中国茶全书》定位为大型公益性著作,各卷册内容由基层组织编写,相关资料都来源于地方多渠道的调研和组织。本套全书可以说是迄今为止最大型的茶类主题的集体著作。

《中国茶全书》体系设定为总卷、省卷、地市卷等系列,预计出版180卷左右,计划历时20年,在2030年前完成。

把茶文化、茶产业、茶科技统筹起来,将茶产业推动成为乡村振兴的支柱产业,我们将为之不懈努力。

王德安

2021年6月7日于长沙

序一

盛世修典，展国茶魅力，为时代而歌。

在习近平新时代中国特色社会主义思想的指引下，由民间发起、行业主导、政府推动的《中国茶全书》，作为国家出版基金项目重点丛书，湖南卷出版发行献礼中国共产党成立一百周年，这是中国茶界的盛事与荣光！

茶源起于中国，盛行于世界。在人类文明进程中，中华民族的祖先最早发现并利用了茶，使一片小小的茶叶，十分紧密地融入了人们的生活生产中，衍生为一种习俗，发展为一大产业，升华为一种文化。千百年来，中国的茗品香茶和如影随形的茶文化沿茶马古道、古丝绸之路、草原茶叶之路、海上丝绸之路，在全球各地不断扩散及沉淀，受到了不同民族、不同地域、不同历史、不同习俗的人们共同喜爱，成了许多国家和地区经济、社会、文化、科技、政治生活中的重要自然元素，影响深远，蔚为大观。2019年11月27日，第74届联合国大会宣布每年5月21日为"国际茶日"，充分体现了国际社会对茶叶价值的认可与重视。这是以中国为主的产茶国家首次成功推动设立的农业领域国际性节日。

茶，是大自然的美好馈赠，与人类生产生活存在不解之缘。"茶"字拆开，就是"人在草木间"。茶业是名副其实的绿色产业、生态产业、健康产业、富民产业。它涉及农业、林业、土壤、种植、加工制作、贮存运输、营销品鉴、文化旅游等诸多学科和领域，与水、器、场景密切相关，诸多要素以茶串之，融入东方农耕文明血液之中，组构生活万象，而致万物和谐。中国茶古老而青春，博大而精深。茶中有味、茶中有"益"、茶中有艺、茶中有"礼"、茶中有"道"。茶，自古以来就是中国同世界各国开展经济文化交往的重要载体，它与瓷器、丝绸一道，最早成为中国与世界沟通的桥梁，民间交流的纽带。茶文化讲究"和诚处世、以和为贵"的精神内涵，与"丝路精神"一脉相承，正是"和而不同""和谐相生""美美与共"等理念的彰显和展现，传递着构建人类命运共同体伟大创举的深远意蕴。

茶祖在湖南，茶源始三湘。湖南是中国茶业与茶文化的发祥地之一，茶业、茶文化积淀深厚，源远流长。千百年来，特别是新中国成立以来，一代又一代湖湘茶人生生不息，辛勤劳作，传承技艺，交流互鉴，促进了茶产业、茶文化的持续发展，不仅培育和创造了富有本地特色的许多知名品牌，如明清以来延绵至今的"边销茶"、饮誉中外的安化黑茶，具有民族风情的城步虫茶、苗族的八宝油茶、土家家族的大盆凉茶等，历史悠久，种类繁多，一直保持着茶叶生产大省、茶叶出口大省的地位。与此同时，湘茶文化也在传承中推陈出新，如茶祖的认同及"茶祖节"的设立，禅茶、擂茶的源头考证和湘茶诗词联赋的挖掘整理等，把湘茶对人类文明的贡献写在了湖湘大地的山水之间，传递到世界的广阔天地。

《中国茶全书》的编撰工作坚持以习近平新时代中国特色社会主义为指引，秉承国家出版基金"体现国家意志，传承优秀文化，推动繁荣发展，增强文化软实力"的宗旨，以传承和宣传中国茶及中国茶文化为基本使命，汇聚从事茶业生产经营的企业界人士和涉茶大专院校、科研院所的专业科技人员、茶文化工作者、地方修志办以及相关热心人士等共同参与编纂，内容囊括茶史、茶人、茶器、茶企、茶贸、茶旅、茶馆、茶俗等，对几千年来关于茶和由茶引申的学术、贸易、经济、文化、政治等领域，进行全面系统地梳理记述，经相关地区政府、有关部门、行业组织专家学者的指导审定，形成当代中国茶叶百科全书式的典籍，其组织力度之大、动用资源之广、参编人员之多、编写时间之长、收编内容之精、阐释站位之高、公信度之强，实属所修茶书之罕见。我相信，这套系列丛书定将造福后人，成为茶学史上继《茶经》之后又一权威巨著。功在当代，利在千秋！

"挥毫当得江山助，不到潇湘岂有诗"。《中国茶全书》发起于湖南，模式、架构形成于湖南。《中国茶全书·湖南卷》作为系列丛书的首卷，献礼于建党百年，这是湖湘文化"敢为人先"精神的生动展示。以此为新的起点，湖南必将为中国茶业、国际茶事贡献更多智慧和力量！

是为序。

湖南省人大常委会原副主任　蔡力峰

2020年11月21日

序二

中华先祖对茶的发现和利用，是对人类文明的重要贡献。中国是茶的故乡，也是茶文化的发祥地，已成为海内外之共识。

自神农尝百草，至陆羽著《茶经》，数千年间，从药用之茶到日常品饮之茶，伴随人类文明进步之脚步，茶与人密切相联。从朝贡之品到居家必备，儒释道三家参哲理于其中，从生产、生活，到民风、民俗，以至国政、外交，茶文化之诸多方面，充实和丰富中华文明，并成为其重要组成部分，可谓博大精深！周植汉造，唐煎宋点，茶宴斗茶，极尽奢华，名士僧道，歌咏纪事，百代流芳。明清以降，茶事更趋兴盛，从茶种选育、种植生产、茶类加工，到包装贮运、流通贸易、品饮传播，无不极尽其能，无论朝贡赐赏、高士交游、边疆互市、坊间交易，抑或在茶肆、茶坊、茶馆、茶宴、茶席、茶擂台，茶在社会生活万象中演绎着不可替代之角色。尤其在国家需要时，茶还充当着增进民族团结、稳定边疆、支持国家建设、出口创汇的重要物资。改革开放后，茶产业更是百花齐放，蓬勃兴旺！茶可谓是润万邦、滋高士、藏春秋、和天下者也。

时维国兴，湘人王德安先生睿识卓行，推动《中国茶全书》之立项、编纂，得国家出版基金项目之肯定，历八年之功，以现代思维，从多层次、全视角书写茶及茶周边之全书。湖南各级政府大力支持，茶业界积极配合，组织专业力量，探路建模，志成垂范，使《中国茶全书·湖南卷》及各地方卷成为《中国茶全书》首批首发之样板，其意义非今日可语！

南方多嘉木，湖湘乃茶乡。湖南自古即为茶之主产区，种茶制茶历史悠久。西汉早期就有了"槚"（即茶）之实物，唐代有渠江薄片、潙湖之含膏，宋代潭州出"独行、灵草、绿芽、片金、金茗"等片茶，明清至近代更因茶叶边销而形成团茶、柱茶、瓜茶、砖茶、饼茶、片茶等各种型制，当代安化黑茶、湖南红茶、潇湘绿茶、岳阳黄茶、桑植白茶等五彩湘茶齐头并进，成为湖湘特色名片、名闻世界。以刘仲华院士为主要代表的湖南农业大学、湖南省茶叶研究所等单位茶叶科技工作者研发的成果及产业化运用，为湘茶发展插上科技的翅膀。几千年来，湖湘茶产业的发展凝结着历代湖湘茶人的智慧，体现了湖湘茶人的匠心传承以及敢为人先的创新精神。今以《中国茶全书·湖南卷》及各地方卷纪之,并作为《中国茶全书》首批首发之样板,献礼中国共产党百年华诞。

本书践行"体现国家意志,传承优秀文化,推动繁荣发展,增强文化软实力"之国家出版基金的基本宗旨,以传承和宣传中国茶及中国茶文化为担当和使命,乃湖湘茶人之幸!值书付梓之际,我们湖湘茶人将深入贯彻"把茶文化、茶产业、茶科技统筹起来"的精神,脚踏实地、久久为功,为中国茶产业的高质量发展和乡村振兴的全面推进作出新的贡献。

湖南省茶业协会会长　周重旺

2020年11月21日

目 录

序 一 7

序 二 9

第一章 湘茶历史 001

第一节 湘茶的历史地位与贡献 002

第二节 远古的茶乡 009

第三节 唐至五代茶产区的扩大 010

第四节 宋代茶税改革和茶税增长 012

第五节 元代茶马互市的发展 014

第六节 明代茶市的繁荣 016

第七节 清代茶叶的转口贸易 017

第八节 民国茶业的艰难发展 019

第九节 当代茶业再创辉煌 021

第二章 茶区篇 025

第一节 湘茶的自然环境 026

第二节 湘茶原种 028

第三节 湘茶产区 030

第四节 湘茶产业带 041

第三章　茶产业及茶品牌 ··· 045

　　第一节　湘茶产业历史 ··· 047

　　第二节　湘茶产业现状 ··· 085

　　第三节　湘茶文化品牌 ··· 091

　　第四节　湘茶文化创意产业 ··· 141

第四章　茶类篇 ··· 153

　　第一节　绿茶类 ··· 157

　　第二节　红茶类 ··· 167

　　第三节　黑茶类 ··· 176

　　第四节　黄茶类 ··· 185

　　第五节　白茶类 ··· 189

　　第六节　青茶类 ··· 190

　　第七节　其他茶产品及代饮茶品 ··· 191

第五章　湖湘名泉 ··· 201

第六章　茶器篇 ··· 223

　　第一节　湖南茶器史略 ··· 224

　　第二节　金属茶器 ··· 227

第三节　漆器茶具 ……………………………………… 228

　　第四节　竹木茶器 ……………………………………… 228

　　第五节　石质茶器 ……………………………………… 229

　　第六节　茶器名窑 ……………………………………… 230

第七章　湘茶人物 ………………………………………… 237

　　第一节　名人与茶 ……………………………………… 238

　　第二节　现当代湘茶名人 ……………………………… 271

第八章　茶俗篇 …………………………………………… 291

　　第一节　日常茶俗 ……………………………………… 292

　　第二节　节日茶俗 ……………………………………… 300

　　第三节　生育与寿庆茶俗 ……………………………… 300

　　第四节　婚嫁茶俗 ……………………………………… 302

　　第五节　祭祀茶俗 ……………………………………… 305

　　第六节　古代茶亭礼俗 ………………………………… 308

第九章　湘派茶馆 ………………………………………… 313

　　第一节　湖南茶馆的历史渊源 ………………………… 314

　　第二节　湖南老茶馆的旧时光 ………………………… 320

第三节　湖南的现代新茶馆 ································· 336

第十章　湘茶文艺 ··· 363
　　第一节　茶　　诗 ··· 365
　　第二节　茶词曲 ··· 384
　　第三节　茶　　联 ··· 387
　　第四节　茶　　赋 ··· 394
　　第五节　散　　文 ··· 396
　　第六节　小　　说 ··· 398
　　第七节　茶　　歌 ··· 399
　　第八节　传说故事 ··· 404
　　第九节　湘茶图书 ··· 407
　　第十节　其他文艺作品 ····································· 413

第十一章　科教篇 ··· 423
　　第一节　湘茶教育发展简述 ································· 424
　　第二节　湘茶科研发展简述 ································· 428
　　第三节　茶学科研教育机构 ································· 431
　　第四节　湖南茶业行会 ····································· 438

第十二章 茶旅篇 ... 453

第一节 长沙茶旅 ... 455
第二节 株洲茶旅 ... 458
第三节 湘潭茶旅 ... 460
第四节 衡阳茶旅 ... 461
第五节 邵阳茶旅 ... 465
第六节 岳阳茶旅 ... 466
第七节 常德茶旅 ... 471
第八节 张家界茶旅 ... 474
第九节 益阳茶旅 ... 477
第十节 郴州茶旅 ... 482
第十一节 永州茶旅 ... 487
第十二节 怀化茶旅 ... 488
第十三节 娄底茶旅 ... 490
第十四节 湘西茶旅 ... 491

参考文献 ... 496
附 录 ... 497
后 记 ... 526

第一章 湘茶历史

湖南是古老的茶乡，产茶历史久远。茶陵县是全国唯一以茶命名的县，传说炎帝神农氏就葬在这里。长沙马王堆汉墓里出土的最早茶实物，把中国茶史研究向前推进了许多年，也证明了西汉时期今湖南地区就有了茶事活动，湘西、郴州、岳阳等地的考古发现皆是佐证。唐代，湖南产茶区遍布湘、资、沅、澧四水流域。宋代，湖南潭州、澧州、鼎州已成为商品茶的主产区。元代，开放西北茶市，立岳州、常德、潭州、静江榷茶提举司，扩大了茶叶的贸易范围。迄至明末清初，湖南茶叶的贸易范围逐渐扩大，湘茶成为与西北少数民族进行茶马交易的主要商品和大宗出口商品。湖南景美林丰，山灵水秀，名茶辈出，潍湖含膏、古丈毛尖、碣滩茶、渠江薄片、牛抵茶、资兴狗脑贡、常宁塔山等在唐宋时期就被列为贡茶。"芙蓉国里产新茶，九嶷香风阜万家"，步入21世纪，全省14个市（州）、40多个重点产茶县、百家龙头企业全面发力，谱写湖南茶业新篇章。

第一节　湘茶的历史地位与贡献

"神农尝百草，日遇七十二毒，得荼而解之"，其传说在湖南长沙、茶陵、炎陵、衡阳、郴州等地广泛流传，这就是"茶圣"陆羽所说的"茶之为饮，发乎神农"，说明古时的湖南地区就有了饮茶的历史。到西汉，茶叶作为随葬品，首见于长沙马王堆汉墓中。随着茶饮的普及，唐代湖南地区成为主要产茶区之一。五代直至清代，内陆和边疆地区之间的茶马贸易和茶叶贩运非常繁盛，湖南茶叶也是"茶叶之路"上的主角。一部湘茶史，就是湘茶为中国茶产业和茶文化的贡献史，可概括为以下几个方面。

一、茶祖神农文化是中华茶文化的源头

中华茶祖只有一个，那就是炎帝神农氏。炎帝神农氏在湖南发现和利用茶叶，这段历史是中国茶文化的源头。

2009年4月10日，海内外茶业精英会集于湖南省炎陵县，祭拜中华茶祖神农氏于炎帝陵。中国国际茶文化研究会、国际茶业科学文化研究会、中国茶叶学会、中国茶叶流通协会、中国食品土畜进出口商会、中华茶人联谊会、湖南省茶祖神农基金会，联合发布《茶祖神农炎陵共识》，正式确立神农茶祖的历史地位。茶祖神农心忧天下，敢为人先，坚韧不拔，开拓创新，其精神是茶祖神农文化的核心和灵魂，是中华茶业发展的原动力；茶祖神农文化是中华五千年茶文化的源头和精粹。

中国茶界每年举办规模不一的祭茶祖活动，神农氏的血缘与地域色彩逐步淡化，茶祖足迹遍湖南，茶祖影响在全国。

二、马王堆汉墓考古发现了我国最早的茶实物

20世纪70年代,中国有一个重大的考古发现,即湖南长沙马王堆汉墓的成功发掘。在汉墓的随葬品里有48个竹笥(即竹子编的箱子),竹笥里装的是衣物、食物、药物和模型明器,竹笥上挂有木牍(图1-1)。墓里还出土了写有随葬器物清单的竹简,叫"遣册"。"遣册"上的记载和竹笥内的物品基本可以对上。135号竹简上面记载的字左面是木,为形旁,右面的音旁由上下两部分组成,上面像是一个古,下面是月。有考古专家认为这个字是"槚"的异体字,槚即茶叶,说明这个竹笥标明的竹笥里面装的是茶叶。马王堆汉墓的年代是公元前2世纪,是西汉前期。那时候竟然把茶叶作为陪葬品,成箱埋入墓中,可见当时长沙地域饮茶已经形成风气。

图1-1 马王堆出土的木牍

三、全国唯一以"茶"命名的县——茶陵

据《后汉书·郡国志》记载,当年炎帝巡游天下,积劳成疾而"崩,葬长沙茶乡之尾,是曰茶陵。炎帝神农氏陵在县西三十里。史记云,帝葬长沙之茶乡"。"茶乡"即今天株洲市的茶陵县。茶陵置县前叫"茶乡",自神农炎帝时期直至战国楚秦的漫长历史,均辖于以林、林邑、郴县为治所的方林国、苍梧国、苍梧郡,战国末湘西里耶秦简14-177号残简,有"苍梧郴县"的政区可证明。《战国策》记载:"楚,天下之强国也……南有洞庭、苍梧。"《史记·吴起列传》记楚悼王拜军事家吴起为相(公元前385年至公元前381年),"于是南平百越……";《后汉书·南蛮西南夷列传》记"及吴起相悼王,南并蛮越,遂有洞庭、苍梧"。西汉开国,将原楚洞庭郡改设长沙国;楚苍梧郡因桂山桂岭产桂、桂水运出桂而改设桂阳郡,仍以郴县为治所;衡山、攸县、茶乡、安仁地合为桂阳郡阴山县,《汉书·地理志》言明"阴山,侯国"。因桂阳郡系汉封建制中的宗室王子食邑封地,汉武帝元朔年分封刘姓各亲王之子,桂阳郡"茶乡"升置"茶陵县"。此见于《汉书·王子侯表》载:汉景帝庶子长沙定王刘发之子刘䜣,获封"茶陵节侯";封地,"《本表》曰:桂阳",延续到"玄孙——桂阳"。侯国地位在王国之下,侯分为亭侯、乡侯、县侯,刘䜣获封县侯,朝廷即将茶乡从阴山县析出置为茶陵县。"茶陵节侯",即

属朝廷节制的桂阳郡茶陵县侯，又称荼王城。《汉书·地理志》亦载，"当时长沙有十三个属县，茶陵侯是其中一个……"

茶陵何以茶命名？有多种说法。经流茶陵县城有一条江叫洣江，又叫"茶水"而名。茶水，发源于合户，经高垅、火田、七地、腰陂、洣江、思聪等乡镇汇入洣水，入洣水之前称茶水，也有人把洣水叫成茶水，说成因水而得名。茶陵县以南临茶山，故名。《元和郡县志》：昔炎帝葬于茶山之野……其陵谷间多生茶茗焉。《酃县志》卷四《杂说》："神农葬茶乡，称图经云：茶陵者，所谓山谷生茗也，地有陵名者，皆以古帝王之墓。竟陵、零陵、江陵之类是也。"陆羽在《茶经》中引《茶陵图经》的记载："茶陵者，所谓陵谷生茗焉。"可以得知，汉初茶陵县已经成为中国重要的产茶区，之所以名之"茶陵"，因其地产茶颇丰。茶陵是中国最早用"茶"字命名的地方，至今仍是中国县名中唯一使用"茶"字的行政区（图1-2）。

图1-2 茶陵今貌

四、古代唯一因茶叶贸易而设立的县——临湘

临湘因茶设县。唐末五代，今临湘市域已是缴纳茶叶贡赋的重地。后唐清泰三年（936年）马殷的儿子——潭州节度使马希范，析巴陵县置王朝场（相当于现在的经济特区），以便人户输纳。宋淳化五年（994年）王朝场改为"王朝县"，宋至道二年（996年）改为"临湘县"。宋代《太平寰宇记》和《岳阳风土记》均有记载。

范致明《岳阳风土记》载："临湘县，本巴陵故地，唐清泰年置王朝场，以便人户输纳。皇朝淳化三年，升为县治，至道二年改曰临湘。"

"王朝场"成立及后续变更，促进了"两湖茶"的繁荣。据明弘治《岳州府志》记载，为了加强对茶叶生产、贸易的管理，临湘县于元至正二十七年（1367年）至明景泰元年（1450年）分别在长江城陵矶设立"临湘批验茶引所"，在长江下游鸭栏矶设立"鸭栏批验茶引所"，征稽长江上过往船只的茶税，以充实国库。1930年临湘县治从古城陆城（今岳阳市陆城镇）迁至长安驿（今临湘市驻地城关镇）。

五、刘禹锡《西山兰若试茶歌》见证炒青工艺发源地在湖南

刘禹锡是唐代中晚期文学家、哲学家，被称为"诗豪"。他出身于书香门第，自称是

汉中山靖王后裔，曾任监察御史，政治上主张革新。唐元和年间，因主张革新政治受贬，由监察御史贬为朗州（今湖南常德）司马。他所作的《西山兰若试茶歌》是茶史上一篇很珍贵的文献，因其在历代茶事记载中首次叙述了炒青茶的制作，是我国公认的炒青绿茶加工方法的最早史料。经专家考证，这首诗作于湖南。刘禹锡到过常德、岳阳、郴州等地，经常以茶为伴，熟悉茶叶加工过程。一次，为喝到上好春茶初春即赶赴西山寺，僧人亲自采摘新芽，即摘即炒即泡请刘禹锡试饮，欣喜之余，写下脍炙人口的茶诗《西山兰若试茶歌》：

山僧后檐茶数丛，春来映竹抽新茸。宛然为客振衣起，自傍芳丛摘鹰觜。
斯须炒成满室香，便酌砌下金沙水。骤雨松声入鼎来，白云满碗花徘徊。
悠扬喷鼻宿酲散，清峭彻骨烦襟开。阳崖阴岭各殊气，未若竹下莓苔地。
炎帝虽尝未解煎，桐君有箓那知味。新芽连拳半未舒，自摘至煎俄顷馀。
木兰沾露香微似，瑶草临波色不如。僧言灵味宜幽寂，采采翘英为嘉客。
不辞缄封寄郡斋，砖井铜炉损标格。何况蒙山顾渚春，白泥赤印走风尘。
欲知花乳清泠味，须是眠云跂石人。

唐代已出现多种茶类，根据茶类的演变史，当时虽以团饼茶为主，流行"蒸青"制茶法，即先将采下的茶叶放入甑、釜中蒸一下，然后用杵臼捣碎蒸过的茶叶，再把它拍或压制成团饼，最后将茶饼穿起来，焙干、封存，以备饮用。《西山兰若试茶歌》中"自傍芳丛摘鹰觜""斯须炒成满室香"，说明当时茶叶是经过炒制的，是典型的绿茶炒青工艺。此诗被认为是中唐时出现炒青绿茶之佐证，其所在地则被认为是炒青绿茶发源地。茶鲜叶"杀青"，刘禹锡之前尚无记载，迄今为止，加工绿茶仍然沿用锅炒杀青与干燥技法。

六、石门夹山是"茶禅文化"的源头

中国古代茶文化的最高境界是茶与禅的融合，而著名的禅林法语——茶禅一味即源自湖南石门县的夹山寺（图1-3）。夹山寺又名灵泉禅院，位于石门县夹山国家森林公园内，距石门县城8km，寺周围山水环绕，景色秀丽。唐咸通十一年（870年）善会禅师获

图1-3 湖南省石门县夹山寺正门

赐领众僧开山建寺，享有"三朝御修"的盛誉，规模宏大，有"骑马关山门"之称。善会是药山惟俨禅师的再传弟子，属于禅宗青原系。药山惟俨（751—834年）俗姓韩，山西新绛人。他17岁出家，住湖南津市药山，法席很盛。夹山是善会禅师在唐咸通十一年（870年）开辟的寺庙，开辟之后，有僧问善会："如何是夹山境？"他答道："猿抱子归青嶂里，鸟衔花落碧岩前。"禅意绵绵，诗情款款，因而传诵一时，夹山也被禅师们称为"碧岩"。善会禅师的"夹山境"，表述了夹山"茶禅"境界，为"茶禅一味"说奠定了基础。

明确提出"茶禅一味"的圆悟克勤大师，从理念上使茶禅发扬光大。圆悟克勤（1063—1135年）是宋代高僧，四川彭县（今彭州）人，俗姓骆。克勤于成都从圆明禅师学习经论，后至五祖山修行，蒙法演禅师印证，嗣其法，成为一代宗师。宋高宗很赞赏他的修为，赐号"圆悟"，故世称"圆悟克勤"。宋政和年间，圆悟克勤在荆州弘扬佛法，受澧州刺史之邀，入住夹山灵泉禅院。在此期间，他应门人之请，评唱五代重显禅师雪窦的《颂古百则》，门人记录汇编成《碧岩录》十卷，书名即出自"猿抱子归青嶂岭，鸟衔花落碧岩泉"之"夹山境地"。他潜心研习禅与茶的关系，以禅宗的观念和思辨来品味茶的奥妙，终有所悟，挥笔写下了"茶禅一味"四个字，而《碧岩录》则是最早揭示"禅茶一味"禅理的著作。《碧岩录》全文虽不过12万字左右，在中国佛教史上却是一部对于禅风转变有深远影响的著作，被称为"宗门第一书"。《碧岩录》出版后，很受学人欢迎，可以说洛阳纸贵，风行一时。

"茶禅一味"的学术价值在于证实茶与禅的结缘，既发展了茶文化也发展了佛文化，这种现象被现代称为双赢发展，把两种需要悟道的理念，归于人融合于世界的境界之中。其次，"茶禅一味"是茶文化的一个主要学术分支。2003年4月中国茶叶学会与湖南省石门县人民政府联合举办了"2003中国湖南石门夹山茶文化研讨会"，与会专家一致认为石门是"茶禅之乡"。

七、安化黑茶与"茶马古道"的历史功绩

湖南省安化县的崇山峻岭和山涧溪流之间，绵延着一条神秘的茶马古道。这条"茶马古道"的源起可追溯至明代，明万历二十三年（1595年），安化黑茶被户部正式定为运销西北地区的"官茶"，主要运销西北地区。在交通不便的古代，马驮肩扛是将其运出大山的主要方法，因此，也造就了马帮这种颇具传奇色彩的运载方式。马帮带着安化黑茶从湖南入湖北，走过高山森林，趟过大河小溪，把安化黑茶带到天山南北、宁青蒙藏，进而销至尼泊尔、印度和中亚、俄罗斯，甚至是欧洲。安化成为"茶马互市"中茶叶的主要产地之一，也成为了茶马古道的起点之一。

清道光元年（1821年），茶商为了迎合达官贵人的需求，使茶叶运输更加方便，便以上等黑茶为原料，踩捆成包。因踩制的茶包重约老秤100两，故称"百两茶"。刚开始的时候，由于技术不成熟，百两茶成型后的大小和重量都不一样，后来才逐渐统一成小圆柱形。到了清同治年间，晋商"三合公"茶号的刘姓技工在百两茶的基础上，加大茶量至千两，经多次试验后，终于踩制成了净重1000两的"千两茶"。此后，百两茶和千两茶合称为花卷茶，经由茶商之手从安化销往山西（太原）、内蒙古等地。"千两茶"是世界上唯一的非后包装茶，其成品原始古朴、粗犷大气，型制之巨大、踩压之紧实、品质之优良，在世界茶史上实属罕见，故被称为"世界茶王"。紧压的茶柱限制了茶叶与空气的接触，有着"越陈越香"的品质特点，新制安化千两茶茶味浓烈，有淡淡的竹香，涩后回甘明显；陈年安化千两茶色泽如铁而隐隐泛红，开泡后陈香醇和绵厚，滋味圆润柔和令人回味，冲泡数十道汤色依旧红亮如琥珀。2001年，中国台湾茶文化学者曾至贤花费10年心血，写成《方圆之缘——深探紧压茶世界》，盛赞安化千两茶是"茶文化的经典，茶叶历史的浓缩，茶中的极品"，并在随后引发了一股收藏紧压茶、品饮紧压茶热潮。回首安化黑茶历史，黑茶成就了安化境内的茶马古道，茶马古道也推动了黑茶的传播（图1-4）。

图1-4 20世纪40年代沙溪黑茶西运路线

千百年来，无数马帮运载着安化黑茶在这条道路上默默行走，悠远的马铃声，回荡在山谷、急流和村寨上空。每年数以万吨计的安化黑茶运往西北易马，成为少数民族不可缺少的生活用品，对巩固边防和增进边疆经济贸易，作出了长达400余年的历史贡献。如今，青石板上马蹄印仍历历在目，跨越溪流的永锡桥仍巍然屹立（图1-5）。2011年，安化茶马古道被批准为国家4A级旅游景区。关山峡谷是安化茶马古道景区的重要景点，

图1-5 湖南省安化县永锡桥

已开发部分长约1km，谷底最宽10m多，最窄3m，谷深约100m，溪流西东走向，落差近200m。峡谷不是很长，但落差极大，谷内有原始次森林和直上云霄的奇峰巨石，怪石嶙峋，古树盘萦，是茶马古道必进隘口，高城古寨之门关，故名"关山"。这里保留了原生态的高山民居风光，远离尘嚣，秀美独特，让无数往来者流连忘返。

八、岳阳灉湖茶是汉藏文化交流的媒介

唐代的灉湖茶曾作为汉藏文化交流的媒介，一段佳话流传千古。唐贞观十五年（641年）松赞干布迎娶文成公主，公主选定"灉湖含膏"作为陪嫁物带到西藏，使饮茶之风在当时的权贵间流行。

唐代的贡茶品目，李肇所著《唐国史补》记载，当时全国贡茶有14个品目，其中有岳州灉湖含膏。又载"常鲁公使西蕃，烹茶帐中。赞普问曰：'此为何物？'鲁公曰：'涤烦疗渴，所谓茶也。'赞普曰：'我此亦有！'遂命出之，以指曰：'此寿州者，此舒州者，此顾渚者，此蕲门者，此昌明者，此灉湖者。'"常鲁于唐建中二年（781年）出使西藏，常鲁公烹茶帐中，以茶招待贵客，灉湖茶为待客之上品。

九、龙窖山瑶民开中国人工植茶先河

据考古学家考证，约在炎黄时代，蚩尤部落联盟（蚩为苗族自称，尤为瑶族自称），与炎黄部落联盟相战于涿鹿之野，战败后被迫南迁。春秋战国时期（公元前770年至公元前221年）瑶、苗组成联盟，在"左洞庭，右彭蠡"建立三苗国，部分瑶民进入临湘北部的龙窖山。他们发现龙窖山是一个山青水秀的"峒"，将茶树种

图 1-6 龙窖山瑶族遗址

子种在龙窖山，在这里繁衍生息延续了2000多年，创造了灿烂的文化（图1-6）。

瑶民的《千家峒歌》唱道："爱吃香茶进山林，爱吃细鱼三江口。"北宋范致明《岳阳风土记》载："龙窖山，在县（临湘）东南，接鄂州崇阳县雷家洞、石门洞，山极深远。其间居民谓之鸟乡，语言侏离，以耕畬为业，非市盐茶，不入城邑，亦无贡赋。盖山瑶人也。"

北宋大中祥符三年（1010年）以后，因战争举族迁离，留下了大量瑶人生活遗迹，总面积约78km²。现存古茶园、石屋、石井、吊脚楼、石墓、青石工程等40多处遗迹，

龙窖山堆石墓群是第七批全国重点文物保护单位，磨里坡垒石古茶园面积约15hm²，在其保护范围内。

第二节　远古的茶乡

上古药食同源，开创农耕的神农尝百草以解决果腹、医疾难题，故视百草皆为茶。如古郴民对"茶"的认识，既是茶又是"苦菜"，蓼市产的茶蓼为药，莽山的茱萸也叫"茶辣"，五盖山钩藤茶别称"孩儿茶"，黄岑山（南岭五岭之骑田岭）黄芩又叫"黄芩茶""山茶根"等。世界第一本茶学著作——唐代陆羽的名著《茶经》卷下茶之饮，写茶料除了粗茶、散茶、饼茶等，还可配葱、姜、枣、橘皮、茱萸（茶辣）、薄荷，充分煮沸，或去茶沫。

湖南有十分悠久的产茶史，中国最古老的地理文献《尚书·禹贡》荆州部分曾有"三帮底贡厥名"的记载。据专家考证，名即茗。厥名即厥茗，当时荆州的茶是作为贡茶供应朝廷。荆州即是今天的湖南湖北等地。"神农尝百草，日遇七十二毒，得茶而解之"的传说也与湖南有关。《后汉书·郡国志》记载，当年炎帝巡游天下，积劳成疾而辞世，"葬长沙茶乡之尾，是曰茶陵"。茶陵成为中国最早用"茶"字命名的行政区。

以上是从文献记载的角度说明湖南产茶历史悠久。另外，还可以从实物考古上佐证。1972—1973年，考古工作者在长沙马王堆一、三号墓的出土文物中，不但发掘出刻有"茶陵"二字的封泥印鉴，还4次发现刻有"槚一笥"的竹简和木楬。据专家考证，槚就是茶的异体字。这是中国发现的最早的茶叶随葬品。这便从实物考证上说明，至少在汉代，湖南已是茶叶重要产地且茶有多种运用。当时，茶叶主要作为药品、贡品和随葬品在湖南民间流行（图1-7、图1-8）。

图1-7　长沙魏家堆第十九号楚墓出土茶陵古印

图1-8　马王堆汉墓出土木楬

1991年10月，经国家批准，何介钧领队开启了长达11年之久的湖南省常德市澧县城头山考古大发掘。证实了该遗址建造于6000多年前，是"中国最早的城市"。在城头山中心的陶窑里，发现了不少与茶有关的茶具，如制茶擂钵与茶罐、烧开水用的陶豆与陶釜、舀开水冲茶用的有把的土陶杯、喝茶用的无把土陶杯等。

第三节　唐至五代茶产区的扩大

唐代陆羽《茶经》第八章专门论述了唐代茶叶产区，根据自然地理，把产区划分为：山南、淮南、浙西、剑南、浙东、黔中、江南、岭南8个道，即八大产区43个州，遍及现在的江苏、浙江、安徽、江西、福建、广东、广西、湖南、湖北、陕西、河南、贵州、四川13个省份。根据唐代诗歌、传记等史料，还有扬州、昇州（今属江苏），温州（今属浙江），庐州、池州（今属安徽），饶州、信州（今属江西），封州（今属广东），永州、朗州、岳州、溪州、辰州、潭州（今均属湖南），归州、施州（今属湖北），泽州（今属陕西），燮州、渝州、涪州、资州、嘉州、利州、茂州（今属四川、重庆）24个产茶州，说明了唐代产茶区域之广阔（图1-9）。

湖南在唐代已有9个州郡产茶，计有：潭州长沙郡、衡州衡阳郡、岳州巴陵郡、朗州武陵郡、澧州澧阳郡、辰州泸溪郡、溪州灵溪郡、永州零陵郡、邵州邵阳郡。

图1-9　唐代茶区分布示意图

图1-10　李肇《唐国史补》记载灉湖之含膏

图1-11《岳阳风土记》记载灉湖茶和白鹤茶

李肇《唐国史补》载："风俗贵茶，茶之名品益众。剑南有蒙顶石花，或小方或散牙，号为第一。湖州有顾渚之紫笋，东川有神泉、小团、昌明、兽目，峡州有碧涧、明月、芳蕊、茱萸簝，福州有方山之露（一作生）牙，夔州有香山，江陵有南木，湖南有衡山，岳州有灉湖之含膏，常州有义兴之紫笋，婺州有东白，睦州有鸠坑，洪州有西山之白露，寿州有霍山之黄牙，蕲州有蕲门团黄，而浮梁之商货不在焉。"（图1-10、图1-11）。

唐代是中国茶文化发展的成熟期，湖南的茶叶生产也十分繁荣，产茶区迅速扩大，遍及湘、资、沅、澧四水流域，产茶县主要有岳阳、临湘、长沙、衡阳、茶陵、零陵、益阳、安化、新化、沅陵、常德、汉寿、永顺、龙山、古丈、保靖等地，每年仅贡茶就有25万斤,并出产唐代名品茶"阳团茶"。晚唐名相裴休出任湖南观察使时,在长沙订立《税茶十二法》,实行"官茶"政策,进一步促进了湖南茶叶生产和贸易的发展,并出现"茶马互市"的贸易方式。

在唐代晚期,益阳茶叶开始参与中国南方产茶区与西北游牧区的商品交换,成为朝廷"因民所急而税之"的财政源泉、"以茶易马"的战略物资和"以茶制边"的国之重器。特别是安化黑茶,以其悠久而神秘的历史、独特而优质的原料、传统而合理的工艺、醇厚而绵长的口感、显著而神奇的功效、丰富而深厚的文化,已经傲然屹立于中国名茶之林。

茶叶在唐代经历了从药用向饮用的转变。封演《封氏闻见记》记载,南人"到处煮饮,多开店铺煎茶卖之,不问道俗,投钱取饮"。据报道,长沙一带曾出土数以百计一模一样的唐代茶碗,其中一只碗底刻有"荼碗"两字,可见其时已有专门的饮茶用具,饮茶在当时的湖南已然成为一种风尚(图1-12)。在湘阴出土的唐代岳州青瓷茶碗,其中碗底刻有"官"字,"官"字岳州青瓷茶碗代表了当时茶具中的顶级水平,已供朝廷御用。同时,长沙铜官窑生产的茶水壶等陶瓷茶具大量销往东南亚、中亚和西亚各地。李肇《唐国史补》记载:"湖南(潭州)有'衡山',岳州有'灉湖之含膏'"。当时衡山隶属于潭州(长沙),岳州亦紧邻长沙。此处的"衡山"和"含膏"是茶名,可见当时的湖南已经有不少名茶。

五代时期(907—960年),马殷在湖南全境及广西大部、贵州东部、广东北部建立"马楚王国"。马楚政权重视民生、鼓励茶叶生产,并在全国许多地方设立了名为"回图务"的商业货栈,专门管理茶马互市,主要贸易对象是西北的少数民族。马楚政权通过茶叶贸易获利丰厚,并建立起强大的经济基础(图1-13)。《旧五代史·马殷传》认为,这种官家招募商人为国王卖茶得利,是专卖的一种形式,即"民间采茶,并抑而买之",可见这是承续了起源于中唐的榷茶制。湖南茶不但经过长江、汉水运往北方,还经过湘江运往岭南,甚至越南等东南亚国家。唐杨晔《膳夫经手录》载:"衡州衡山团饼而巨串,岁取十万,自潇湘达于五岭皆取给焉……虽远至交趾之人,亦常食之。"交趾即今天的越南,团饼即衡山的团饼茶。

图1-12 出土的唐代岳州茶碗   图1-13 马楚国铸乾封泉宝铁钱

第四节　宋代茶税改革和茶税增长

宋代,茶叶是湖南经济作物的大宗,栽培范围广,品种繁多。主要茶产区有潭州(长沙)、岳州(岳阳)、辰州(沅陵)、担州(澄县)、鼎州(常德)。商品茶分为二十六等,《宋史·食货志》记载:"茶出潭、岳、辰、道州。有仙芝、玉津、先春、绿芽三类二十六等。"其中,潭州产茶最多。范成大《骖鸾录》记载:"潭州褚州市(今株洲)地当舟车往来之中,居民繁盛,交易甚夥。"《宋会要辑稿·食货》载有南宋绍兴三十二年(1162年)湖南各州县税茶数,总数为176万余斤,而潭州所属各县为103.48万斤,约占总数的60%。现在的产茶大县安化县制茶入贡,京师称为"四保贡茶",四保者,大桥、仙溪、尤溪、九渡水是也。每岁谷雨前,由县发价银四五十两,着户首承领办理。

当时的湖南茶叶和茶器不但量多,而且制作精细,品位极高,士大夫多视为珍品并以此炫耀(图1-14、图1-15)。《宋稗类钞·饮食》载:"长沙造茶器极精致。工直之厚,轻重等白金,士大夫家多有之,置几案间,以相奢侈。"此时的茶叶有片茶(即饼茶)和散茶之分。《文献通考·征榷五》载:茶有"片""散"两大类,又各分若干种。潭州出"独行、灵草、绿芽、片金、金苗"等片茶;"大小巴陵、开胜、开卷、小卷、生黄、期毛"出岳州,"双上、绿芽、大小方"出岳、辰、澧州;鼎州,所出片茶"以上、中、下或第一至第五为号";散茶,有"岳麓、草子、杨树、雨前、雨后",出荆湖。

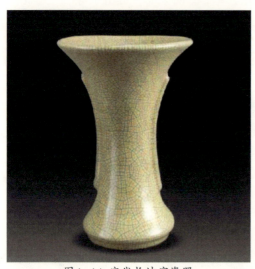

图1-14　宋代长沙窑瓷器

图1-15　长沙宋墓出土的白瓷

茶兴于唐而盛于宋,宋代是一个饮茶盛行的时期,饮茶成为人们日常生活中不可缺少的一部分,茶叶成为了市场上一项重要的商品。宋代茶叶生产技术进一步提高,产区不断扩大，产量和技术都大大超过了唐代。茶业经济已成为宋代社会经济的重要组成部分，朝廷还采取了一系列的措施，加强对茶叶经济的管理与控制，茶税成为其财政收入的一项重要来源。

宋乾德二年（964年），实行茶叶专卖，随后在潭、岳、鼎、澧州设买茶场。荆湖路江陵府，潭、澧、鼎、鄂、岳、归、峡七州及荆门军，岁课茶叶实物税123万余斤。宋初潭州输纳茶税，初以九斤作为一斤，以后增至五斤。宋咸平二年（999年）宋真宗命李允则任潭州知州。李改革税制，以十三斤半作为一斤，定为永久制度。宋元丰三年（1080年），潭州长沙县土贡茶木100斤。北宋时，在全国范围内实行茶叶统购政策，茶农除以茶叶折税外，其余一律由官府收购，称"和市"，禁止民间私蓄、私贩茶叶。官吏若私自拿官茶做生意，价值1贯500文的就要定死罪；百姓若结伙贩茶，即由官府逮捕，拒捕者一律死罪。民间销售茶叶，若有1斤假茶，杖一百，20斤以上则弃市。沿南方诸路共设6个茶叶专卖机构，称"榷茶务"。其中有江陵府务，承办本府及潭、鼎、澧、岳等州茶；真州务，承办潭、袁、池、吉、岳等州茶；蕲口务，承办湘州、兴国军茶。各榷茶务的茶叶大部分运往西北销售，作为"边销"；民间日常所需也必须从官方购买，称为"食茶"，数量有限。宋崇宁元年（1102年）宰相蔡京等上奏推行"引茶法"，"建议荆湖、江淮、福建等七路茶，仍宜禁榷官买，即产茶州军，随所置场禁商人、园户私易。凡置场地园户，租折税仍旧许其民赴场输息，量限斤数，给短引于旁近郡县便鬻；余悉听商人于榷贷入纳金银、缗钱或并边粮草，即本务给钞，取便算清于场，别给长行，从所捐州军鬻之。商税自场给长引，沿路登时批凿，至所指地然后计税尽输，则在道无苛留。买茶本钱以度牒、末盐钞、诸色封桩、坊场常平剩钱通三百万缗为率，给诸路措置，各分命官。"此奏获准。宋崇宁二年（1103年）从蔡京言于荆湖、江淮、东南置司设场，各路措置茶事官的置司，如湖南于潭州、湖北于荆南、淮南于扬州等，置物地址是：蕲州即其州和蕲水县，寿州为霍山开顺，等等。宋崇宁四年（1105年）蔡京再次推行引法，进一步改革茶政，大力废官置茶场，商旅在州县或京师给长、短引，自买于园户（长引期为一年，短引期为一季）。

宋淳熙二年（1175年），湖北赖文政组织茶商军三四千人，进入湖南武装购运茶叶抗缴茶税，屡次打败官军后转往江西、广东，使湖南茶税大量流失。南宋实行长短茶引法，让商贾持引贩卖，贸易活跃。《宋会要辑稿·食货》记载了这一事实。宋绍熙元年（1190年）榷货务都茶场报告："湖南北、江西路皆系巨商兴贩，尚且给降小引，其两浙、江东等路多是草茶，客人贩往乡村零细货卖。"因此，建议朝廷"长、短引相兼，听任商人从便请买"。灵活而开放的重商政策是造就南宋湖南茶税大增的主要原因。

其时湖南茶叶产量大增，茶税已成为政府的主要财源。据《文献通考·征榷五》记载：北宋前期，每岁市茶额，江南为1020万余斤，居全国之首；荆湖为247万余斤，居于第二位；两浙为127万余斤，居第三位。由于实行统购专卖制，交易的茶叶数基本上就相当于产茶数，当然实际产量应该还稍多一些。据《宋史·食货志·茶法》载：仁宗至和中，其他地区茶叶产量均锐减，如江南下降为375万余斤，两浙为23万余斤，而荆湖的产量下降不多，仍有206万余斤。又据李心传《建炎以来朝野杂记》甲集载：南宋绍兴三十二年（1162年），东南十路六十州岁产茶1590万余斤，其中荆湖南路为113万余斤，荆湖北路为90万余斤，共203万余斤，约占全国茶总产量的12.8%。

《宋会要辑稿·食货》载有南宋绍兴三十二年（1162年）诸州、路、军、县税茶数，现将湖南境内各州军县的税茶数见表1-1。

表1-1　1162年湖南境内各地税茶数简表

州府	税茶数	涉及地区
潭州	103.4827万斤12两5钱	善化、长沙、浏阳、湘阴、衡山、宁乡、湘潭、安化、益阳、湘乡
衡州	5449斤10两5钱	耒阳、安仁、常宁、茶陵
永州	2.031万斤	零陵
邵州	6215斤13两5钱	邵阳、新化
岳州	50.124万斤	
澧州	11500斤	
桂阳军	1325斤	平阳、蓝山
常德府	13.018万斤	武陵、桃源、龙阳
沅州	371斤	卢阳、麻阳
辰州	2339余斤	沅陵、辰溪

第五节　元代茶马互市的发展

元朝在全国设立11个行中书省。岳州改为岳州路总管府，属湖广行省江南北道。元元贞元年（1295年），平江县升为平江州，属岳州路；湘阴县升为湘阴州，属潭州路。

《元史·世祖本纪》："至元二十三年（1286年）二月，复立岳、鄂、常德、潭州、静江榷茶提举司。"元代马端临《文献通考》："湖南则江陵府、潭、澧、鼎、岳、鄂、镇、归、峡州、荆门军。""独行灵草、绿芽片金、金茗出潭州；大拓枕出江陵，大小巴陵、开胜、开卷、小卷生、黄翎毛出岳州；双上绿芽、大小方出岳、辰、澧州。""诸州所买茶，折税受租同山场，悉送六榷务鬻之（江陵府受本府及潭、鼎、澧、岳、归、峡州茶；真州务受潭、袁、池、吉、饶、抚、洪、歙、江、宣、岳州，临江、兴国军茶；海州务受杭、湖、常、睦、越、明、温、台、衢、婺州茶，汉阳军务受鄂州茶；无为军务，抚、吉州，临江军，而增南康军茶；蕲口务受潭州、兴国军茶）。"

元代幅员广大，产马之地皆在域中，所以除羌藏外不行以茶易马之政（图1-16），元至元十六年（1279年）之后，甚至连川茶也不行禁榷，茶马互市基本中断，边疆各族买茶与内地一样，由茶商交钱买引，凭引与茶户交易茶叶，引与茶相随入指定地区发卖。元至元十三年（1276年），朝廷定长短引之法，后

图1-16 元代茶马互市图

又在长短引之外增加"茶由"，大抵长引每引准贩茶120斤，短引90斤，茶由"自3斤至30斤分为十等……其小民买食及江南产茶去处零斤采卖，皆须由贴为照"。到元天历二年（1329年），元朝甚至废除设置近50年的江州（今江西省九江市）榷茶都转运司，把征收茶课的职责交给各地方政府。

《元史·食货志五》记载，除极个别时期的修订外，元代茶叶交易大抵由榷茶制度改为凭引由买卖课税（贡茶除外），整体较宋代宽松，如元至元二年（1336年），江西、湖广两行省就曾因添印茶由事咨呈中书省，认为"茶由数少课轻，便于民用而不敷，茶引课重数多，止于商旅兴贩，年终尚有停闲未卖者。每岁合印茶由，以十分为率，量添二分，计2617058斤。"把凭茶由贩卖量增加到总贩卖量的十分二，使"官课无亏，而便于民用。"但元朝附在茶引或茶由上的税收不断增加，进一步加重了园户和饮茶者的负担。此外，元代出现了茗茶、末茶、腊茶（即充贡茶的团饼茶）、芼茶（在茶中加入栗子、松子等）等名目，其中茗茶、末茶都是散茶。可见自元代开始，茶制品已经转以散茶为主，饮用方法也日益趋于简便；加之元朝是北方民族主政，更崇尚味苦而宜酥酪的茶，元代"民渐艺植"，民间开辟茶园、以茶为业的越来越多，茶叶产量不断提高，为明清时期茶叶大规模生产销售奠定了重要基础。

伴随茶树人工种植而来的，还有茶园种植培管技术和茶叶加工技术的进步。元代王祯《农书》就依据《四时类要》等古代农书，较为详细地记载了选地、开坎、布籽、施肥、芸草、防水等"种艺之法"。同时，也记载了蒸青、烘焙和以箬叶储藏茶叶等制作与储存方法。

第六节 明代茶市的繁荣

明代,茶叶作为国家战略物资的重要性更加突出。《明史·食货志·茶法》开宗明义:"番人嗜乳酪,不得茶则困以病。故唐宋以来,行以茶易马之法,用制羌戎,而明制尤密。"为落实"以茶制边"的国策,明代把茶分为三种,每一种的用途及管理方法均不相同。《清史稿·食货志》载,"明时茶法有三:曰官茶,储边易马;曰商茶,给引征课;曰贡茶,则上用也。"

为了加强对官茶的管理,明朝一开始就制定了极为严格和系统的禁榷政策。明洪武十九年(1386年)增设碉门、黎州两处茶马司,诏"天全六番司,专令蒸乌茶易马"。同时,由朝廷颁发给西北番族部落金牌信符,作为纳马易茶的凭证,持有金牌的各部落每三年向朝廷按预定数目交纳一次马匹,朝廷"差京官赍捧金牌信符

图1-17 明代金牌信符

入附近番族招番对验",并按一定比价,发给纳马番族一定数量的茶叶(图1-17)。明朝政权在新化苏溪关设立"茶税官厅",额定茶税银3000两。杨祐《新化怀古》云:"茶长家家课,溪流处处通。"说明当时家家种茶,家家要课茶税。谢梅林《过新化文仙山下》云:"丁男多过女,子胥半输茶。"说的是一半的男劳动力从事运茶工作。

明代是中国茶叶生产大发展的时期。茶叶产区进一步扩大,基本奠定了今天的茶区体系;不少原来不产茶的地区开始栽种茶树,整个南方尤其是江南地区茶产兴盛,名品繁多;茶树栽培和茶园管理技术有所提高,尤其是制茶技术发生了划时代的变革;茶品类得到空前发展,绿茶、黑茶、白茶、黄茶、乌龙茶、花茶都始兴或进一步发展,从而奠定了我国传统茶叶生产向品类多元发展的基础。

明洪武二十四年(1391年),朝廷诏令罢造团茶,命采制芽茶上贡,湖南逐渐改制烘青茶。这年湖南境内税茶总数为176383斤10两5钱,如果以100斤交纳茶税13.5斤计算,朝廷在湖南征茶叶量为237654担,仅在长沙收购的就达137839担之多。明初,茶叶列为贡品,规定湖南每年贡茶140斤,其中岳州府临湘县16斤,宝庆府邵阳县20斤,武冈州24斤,新化县18斤,长沙府安化县每年贡茶22斤,宁乡县20斤,益阳县20斤。明嘉靖《长沙府志》也有"杂货之品曰茶,贡岁进茶芽62斤"的记载。当时,湖南已出现茶叶品牌,李时珍《本草纲目》载:"楚之茶则有湖南之白露、长沙之铁色。"所谓"湖南之

白露"指长沙县高桥一带所产绿茶,"长沙之铁色"指长沙府安化县所制造的安化黑茶。湖南盛产茶叶,唐代开始的茶马贸易也延续到了明代,并且异常活跃,据《明史·食货志》记载,明万历十三年(1585年),"中茶易马,惟汉中保宁,而湖南产茶,其值贱,商人率越境私贩。"可见当时西北茶商常常到湖南境内走私黑茶。

明代后期,正常年景下,长沙、宝庆、岳州、常德四府有茶引240道,产茶近60万担,其中长沙府所辖长沙、善化、浏阳、宁乡、安化、茶陵等12州县年产茶约25万担,长沙已与广州、九江、杭州并列为全国四大茶市,贩茶成为长沙府最普遍的商业活动(图1-18)。

图1-18 明代茶马司遗址

第七节　清代茶叶的转口贸易

清代初茶叶延续明代之制,仍为朝廷实行专卖的商品,产茶地区生产的茶叶,除少数优质茶叶作为"贡茶",由朝廷委派官员采办以供奉皇族外,其他分"官茶"和"商茶"。"官茶"由朝廷委派官员招茶商领引纳课后,从产茶区贩运到陕甘等地,交售给官府的茶马司,然后由茶

图1-19 中俄边境上的茶叶贸易

马司将茶叶与西北等地少数民族交易马匹。"商茶"由茶商向朝廷请引后,从产茶区运销各地或输往国外,茶引一道,准运茶100斤,每引征银税若干。清代茶商以徽商、晋商和广东、福建茶商为代表。徽商在茶叶贸易中发挥的积极作用,主要在于广设店铺促进内销和外销从事海运贸易。晋商则供应西北市场及对蒙古国、俄贸易活动。晋商除采供福建茶外,还从湖南安化、平江、临湘和湖北羊楼峒一带采办茶叶,把茶叶运销到西北茶市,至天津、张家口等地,再由俄国商人陆运至俄国和东欧等地(图1-19)。

清朝初年,随着茶叶饮用及内外销贸易日兴,湖南茶产区域逐渐扩展到省境绝大部分县域,茶区面积迅速扩大。据《(康熙)通志》载:此期盛产茶区有长沙、宝庆、岳州、常德四府。红茶、黑茶迅速发展,促进了湖南及湖北当地茶业经济的发展。清代是湘茶发展的鼎盛期，清光绪年间，茶叶面积达到30多万亩[①]，最高年产量曾达1万t。民国二十三年刊《湖南之财政·茶厘述略》第三章第九节载："光绪初年，为茶业最盛时代，湘省洋装红茶，每年销售汉口者达九十万箱，岁入库银以千万两计。"鸦片战争前湖南除洞庭湖区的安乡、华容外，其余各县皆产茶，年产达12500t，贸易量万余吨，由南北两条路线出口东南亚诸国及欧洲和俄国。

鸦片战争后，特别是1840—1860年间，开始了茶叶贸易的新纪元。据《清史稿·食货志》载：泰西诸国通商，茶务因之一变。为适应世界市场需要，生产适销对路产品，岳阳、平江等地率先改制红茶。清道光二十三年（1843年）以后，广东商人每年均携款至岳阳造红茶，乡人颇享其利。到清道光三十年（1850年），红茶大盛，商民运以出洋，岁不下数万金；清咸丰四年（1854年），粤商由湘潭抵安化倡制红茶，当时年产10万箱。从此，湖南各茶叶主产县相继仿制，产量大增。其时湖南茶叶输出量常占全国的四分之一到五分之一。清光绪十四年（1888年），广东省茶商卢次伦从安徽省祁门县请来几名技师在石门县选用当地中叶茶树制作红茶，又从长沙等地请来"内赶"精工。清光绪十五年（1889年），在石门县宜市（又名泥市，在今石门县壶瓶山镇）创建"泰和合红茶号"茶厂，生产"宜红米茶"。主楼建筑前后三进，中为"三泰楼"。"泰和合红茶号"下设工厂管理和分庄等10个部门，并在鹤峰、五峰、长阳、宜都、慈利、桑植、永定等产红茶县设有数十家茶庄，办理收购、运输毛红茶事务。又在茶叶集散中心湖南津市、湖北汉口设立津庄和汉庄，办理转运、销售红茶业务（图1-20）。各个茶庄初制的毛红茶纷纷运到宜市泰和合茶厂精制，封装木箱，再通过至津市的水运线路转运销给汉口英国商人办的"怡和洋行"，最后出口俄国、德国、法国和美国等欧美国家。清光绪二十三年（1897年），著名学者吴恭亨在《慈利县图志》说："西莲故饶出好茶，近红茶擅赢，民艺日盛，贩者饰之出海……西莲有作红茶者，贩之辄获倍值。于是，人稍稍知种茶之利。""泰和合红茶号"在鼎盛时期年产"宜红茶"30万余斤，拥有茶农1万余人，共有水运茶船100余艘、旱运骡马1000多匹。为了疏通交通线路，卢次伦聘请民工以宜市为中心，把向北至鹤峰、向东到津市的400km山道改为青石板路，成为湘西北的"茶马古道"。此外，还修通各茶区山路达250km。慈利县三合口茶农使用骡马驮着红茶从牧羊冲出发，经过庄塔和国太桥，

图1-20 临湘聂市古街上的清代茶行

---

① 1亩 = 1/15 hm^2。

运到磨市、宜市交货，或者经过临澧县和澧县，送到津市码头，再用木船过洞庭湖运往汉口，慈利县三合镇现在还有茶马古道、古桥梁和古碑刻等遗迹，都可以证明慈利县和桑植县是红茶产地。及至民国初年，湘茶在全国仍具有优势地位，1914年，有茶园面积10.47万hm^2，产茶8.05万t，茶叶出口额仍为全国之冠。但以后由于种种原因，至1949年湘茶已陷于衰落境地，出口濒于绝境。

第八节　民国茶业的艰难发展

民国初期废府、厅、州，保留道、县两级，改巴陵县为岳阳县。1914年，分湖南省为湘江、衡阳、武陵、辰沅四道，岳阳、临湘、平江、华容四县属武陵道，湘阴县属湘江道。1922年，废道存县，各县直属湖南省。1939年，湖南全省设立9个行政督察区，第一督察区辖岳阳、临湘、平江、湘阴、长沙、浏阳、湘潭、醴陵、宁乡、益阳等县；华容县属第四督察区。

民国时期，是中国茶业逐步走向衰落的时期。吴觉农在《中国茶业研究改进史》中介绍："1928年国民革命完成北伐的十数年中，军阀割据，内乱频仍，当然无建设可言。"从茶叶生产和出口的总情况来看，1920—1928年的这段时间，中国茶业不但没有什么发展，反而有进一步衰退之势。如1911年中国出口茶叶还有148万担，1918年茶叶出口锐降至48万担，至1920年更骤落为30万担。但民国时期的湖南茶业在全国仍占有重要地位。茶叶仍为湖南主要特产和出口商品，茶叶产量与输出数额居全国首位。

民国二十二年（1933年）《湖南地理志》载："茶为湘省出口之大宗，产于岳阳、长沙、安化、宁乡、浏阳等县。有山茶、园茶之分，此外尚有零陵之洞茶，即红茶之一种，而其最著名者，为岳阳君山茶；次之为长沙、宁乡、常宁各地所出之毛尖、雨前；再次为各乡之园茶，如衡阳、浏阳、湘阴、湘乡所产者，均供制造黑茶、红茶之用，惟其味带涩，均不能制成上品……湖南以气候土质宜茶之故，自古即以产茶著名。唐为贡品，至清代则君山绿茶进供御用。汉口茶之输出，湘茶几占其三分之一，驰名于欧美市场者已久。计全省七十五县中，产茶者居六十四县之多。"

民国二十六年（1937年）湖南省第三农事试验场编《湖南之茶业》第一章第一节"湘茶发展之历史"载："湖南全省，山脉纵横，且有湘、资、沅、澧四水，由西南灌注于西北之洞庭湖。全年空气极为润湿，最适宜于茶树之生长。全省七十五县中，除滨湖数县外，殆无不产茶者，其中安化茶产在品质数量均居湖南茶的首位。其次如桃源之沙坪，临湘之羊楼司、聂市、云溪，长沙之高桥，平江之长寿街，岳阳之君山、北港，宁乡之沩山、六度庵，湘乡之永丰，古丈之青云山，江华之岭东，郴县之郴州等处，均已产茶著称。每年输出额为数颇巨，约占输出总额之半数有奇。"

《湖南之茶业》第一章第二节"湘茶产区及产量"载："湘茶产量之丰，甲于全国，产区面积之广，遍及全省。据民国二十一年及二十二年之调查，全国十三省中之茶产量，以湖南为最多，在160万担以上。重要茶区，为安化、临湘、沅陵、桃源、新化、湘阴、平江、湘乡、浏阳、醴陵、长沙、岳阳、石门等县。外省茶商以地域分湘茶如下列数种：安化茶，桃源茶，长寿街茶（属平江县之长寿街），高桥茶（属长沙县之高桥），醴陵茶，浏阳茶，湘潭茶，聂家市茶（产临湘县聂家市），云溪茶（产临湘县云溪地方）。"

又据1942年《湖南之茶》记载："湖南省75个县，有64个县产茶，计有茶园面积约10万公顷，年产茶量多达3994万多公斤（1936年）。其中主要产茶县有安化、新化、桃源、郴县、临湘、平江、浏阳、岳阳、长沙、石门、慈利、湘乡、沅陵、湘阴、醴陵、邵阳、武冈、衡山、常宁等。所产茶类有红茶、绿茶，而多数则为西北少数民族所喜爱的黑茶和老青茶。茶叶品质则以岳阳的君山绿茶为最；安化东坪、黄沙坪的红茶、砖茶，浏阳普迹的红茶，临湘羊楼司的青砖茶，宁乡的沩山黄茶，郴县的五盖山茶，石门泥沙的红茶亦有名。"

湖南作为产茶大省，早在1932年茶产量就达到82650t，到1936年还有39940t。以后由于日寇入侵、通货膨胀等原因，1949年全省茶园面积由最盛时的10670hm^2减少到3200hm^2，产茶仅9750t，但仍位居全国前列。比当时的浙江省还多2580t。1945年9月6日在长沙成立湖南省茶业协进会，彭国钧等当选为理事，张炯、余籍传等当选为监事。1948年在长沙成立官商合办的湖南茶业股份有限公司，在广州设立办事处。1949年，全省茶园面积为3.2万hm^2，茶叶产量9750t。

民国时期，湖南兴起茶业教育（图1-21）。1915年11月，湖南巡按使提出筹设茶叶讲习所，初定长沙小吴门外大校场荒地为址，招收高小毕业生，培养茶叶中级技术人员。1920年，湖南茶叶讲习所迁安化小淹镇，这是中国最早的茶叶专科学校。当时中国开设茶叶专业的学校只有2所，一所是上海复旦大学的茶叶专科，另一所就是设在安化的湖南修业农校。

图1-21 创办于1928年的湖南茶事试验场

第九节　当代茶业再创辉煌

1949年以后,政府以"五年计划"来规划国家经济社会的发展。第一个五年计划时期(1953—1957年),由于先进技术和制茶机械的推广,湖南茶叶加工开始由手工操作向机械化生产过度,提高了劳动生产率。1957年长沙茶叶产量为3487t。第二个五年计划时期(1958—1962年),国民经济遇到暂时困难,农村中毁茶种粮现象严重,茶园面积减少,毛茶加工量下降,茶叶大面积减产。但是到第三个五年计划时期(1963—1970年),农村形势转好,全省普遍开荒种茶,茶园面积逐年扩大,茶叶产量迅速回升。20世纪50年代末到60年代初,湖南省先后创制了"高桥银峰""安化松针""湘波绿"等名茶新品。70年代又研制出"韶峰""南岳云雾"等名茶,同时研制出速溶茶,丰富了茶叶商品品类。90年代,湖南的新茶品种更是层出不穷,实现绿茶的独立出口,行销东欧及东南亚国家,填补了湖南茶史上的空白(图1-22)。

图1-22 《新湖南报》有关"君山茶"的报道

中华人民共和国成立后,在党和政府的领导下,茶叶生产得到了逐步恢复和发展,茶叶生产加工科技水平不断提高,名优茶不断涌现,茶叶加工品类齐全。1949—2019年期间,湖南省茶园面积由240.67hm^{2}发展到18.67万hm^2,茶叶产量由128t增加到23万t。2019年,实现茶叶综合产值910亿元,茶叶已成为山区农民脱贫致富的支柱产业。当代茶叶生产大致经历了恢复发展期(1949—1979年),名优茶开发期(1980—2000年),茶叶振兴发展期(2001年至今)3个时期。

一、恢复发展期

这一时期的特点是老茶园不断恢复,茶园面积不断扩大,推广化肥和化学农药防治病虫害,提高茶叶产量,茶叶加工改手工制茶为机械制茶,制茶效率提高,茶叶产品国家实行统购统销,生产茶叶主要为晒青、烘青和炒青绿茶。1960年湖南省平江茶厂瓮江初制厂,从国外引进CTC机,生产适合出口的红碎茶(图1-23、图1-24)。1974年开始,原郴县华塘茶厂、临武县茶厂、桂阳县茶厂和安仁县试制红碎茶。

图1-23 木制揉捻机

图1-24 早期双片砖茶预压机
（白沙溪茶厂 供图）

二、名优茶开发期

这一时期的特点是推广茶树无性系良种，推广茶树矮化密植栽培技术（图1-25）、名优茶开发技术，1984年国家茶叶统购统销政策取消，茶叶生产走入市场经济。

三、茶叶振兴发展期

这一时期特点是茶树良种面积迅速扩大，茶树栽培转向绿色食品、生态有机茶生产，茶叶加工走向机械化、清洁化、自动化（图1-26），实现多茶类生产，重视品牌建设，打造区域公用品牌。

图1-25 东山峰林场的密植栽培茶园

进入21世纪后，湖南茶叶生产面积继续扩大，品种有所改良，茶叶加工逐步智能化，产品结构进行了较大调整，经济效益有较大提高，茶叶发展又进入一个新时期。湘茶产业作

图1-26 湘丰数控茶叶生产流水线

为湖南省农业产业中最具优势的特色产业，得到了政府的高度重视。2013年，湖南省在全国率先提出了"建设茶叶强省，打造千亿产业"的目标，为了实现这一目标，省政府出台了《关于全面推进茶叶产业提质升级的意见》和《湖南省茶叶产业发展规划》文件，确立了"坚持科学发展观、建设现代茶业""产业精准扶贫"的指导原则，明确了"千亿茶产业"的发展规划和相应的政策扶持措施。集众人之力，湖南逐步形成了绿、黑、

红、黄、白等多茶类同步发展，"潇湘绿茶""安化黑茶""湖南红茶""岳阳黄茶""桑植白茶"五大公共品牌竞相绽放的良好局面。长沙市内高桥茶市、长沙茶市，以及长沙县星沙茶市、益阳市益阳茶市、岳阳市岳阳茶博城相继建成开业；实体店、电子商务、直播等平台皆成为茶叶销售的新渠道，湖南茶叶流通与销售也进入一个全方位发展的新时期（图1-27）。

图1-27 长沙茶市

"三湘四水五彩茶，跨界融合新发展"，借助湖南文化产业发展的优势，湖南率先迈开了"六茶共舞、跨界融合"的步伐，各产茶地将茶产业与旅游资源创意融合，为乡村振兴开辟了新思路。

第二章 茶区篇

湖南，群山连绵，平原开阔，四水流淌，洞庭秀美，有着优越的地理环境。充沛的日照，适宜的气温，肥沃的土地，纯净的水源，特别适合茶树的生长。茶原种经过千年的培育，得以成型，逐步形成多处产茶区。时至现代，打造出茶产业带。

本章介绍湖南省自然环境、茶种、产茶区及产业带情况。

第一节　湘茶的自然环境

湖南地区独特的山水和气候孕育了大量优异的茶树资源。境内山川纵横，河流密布，气温适宜，热量丰富，环境十分适宜茶树生长。经过长期栽培实践，逐步形成四大原始茶树群体种。现今栽培的多数茶树品种，都是从这四种原始群体种中选育出来的。

一、地理情况

湖南省位于长江中游地区，东联江西省，南近广东省、广西壮族自治区，西靠贵州省和重庆市，北与湖北省接壤。省境东西宽667km，南北长774km，面积211829km^2。湖南地势属于由云贵高原向江南丘陵和由南岭山地向江汉平原的过渡地带，山地与丘陵占总面积80%以上，平原不足20%。湘江、资江、沅江、澧水汇入洞庭湖，再由城陵矶注入长江。湘西有海拔1000~1500m的武陵山、雪峰山盘踞，是全省东西交通的屏障。雪峰山从城步苗族自治县至益阳境内，是资江和沅江的分水岭，东、西自然条件的分界线。南部有南岭山脉，海拔1000m以上，向东西方向延伸，是长江和珠江水系的分水岭。山间盆地较多，谷地为交通要道。湘东有幕阜山、连云山、九岭山、武功山、万洋山—八面山、诸广山、南岭东部等山，海拔为500~1000m，均为东北至西南走向。湘中多为海拔500m以下的丘陵和台地。

二、气候情况

湖南省属于大陆性亚热带季风湿润气候，具有3个特点：其一，光、热、水资源丰富，三者的高值基本同步；其二，气候年内变化较大，冬寒冷而夏酷热，春温多变，秋温陡降，春夏多雨，秋冬干旱，年际变化也不均匀；其三，气候垂直变化最明显的地带为三面环山的山地，尤以湘西与湘南山地最为显著。

湖南年日照时数为1300~1800h，年平均温度在15~18℃，热量丰富，气候温暖。湖南冬季处在冬季风控制下，因东南西向北敞开的地貌特性，有利于冷空气的长驱直入，故一月平均温度多在4~7℃。年无霜期长达260~310d，大部分地区都在280~300d。年平均降水量在1200~1700mm，雨量充沛。

三、土壤情况

湖南省可划分为6个地貌区：湘西北山原山地区、湘西山地区、湘南山丘区、湘东山丘区、湘中丘陵区、湘北平原区。地貌按成因可分为：以流水地貌为主，占全省总面积的64.76%；岩溶地貌次之，占25.97%；湖成地貌最小，仅占2.88%，水面积占6.39%。按组成物质（不含水域）分：沉积岩（包括砂质岩、碳酸盐岩、红岩、第四纪松散堆积物）地貌为主，占全省总面积的57.75%；变质岩类地貌次之，占24.99%；岩浆岩类地貌，仅占8.87%。按海拔高度（含水域）分：以300m以下地貌为主，占全省总面积47.27%；300~500m地貌次之，占22.58%；500~800m地貌占18.43%；800m以上地貌占11.72%。按形态分：山地（含山原）占全省总面积51.22%，丘陵占15.40%，岗地占13.87%，平原占13.11%，水面占6.39%。全省以山地和丘陵地貌为主，合占总面积的66.62%。

目前，茶区主要分布在海拔50~100m的低丘岗地和海拔100~300m的丘陵地带、海拔500~800m在中低山地和800m以上的中山山地。

四、产业现状

2019年，湖南茶叶经受了"年初冰冻、春季阴雨、夏季暴雨和秋季大旱"的恶劣天气和黑茶"氟超标"等影响，但湖南茶人敢于面对，"潇湘绿茶、湖南红茶、安化黑茶、岳阳黄茶、桑植白茶"等类别茶叶开拓了市场，获得了消费者的认可。全省茶园面积28万hm^2，产量23万t，出口4.93万t，创汇1.7亿美元，综合产值910亿元，正在向湖南茶叶千亿目标靠近。

2019年，在自然灾害频繁，内外压力增大，市场竞争激烈的环境下，湖南省委、省政府为湖南茶叶产业制定了"千亿茶产业"的规划，为早日实现规划，全省投入上百亿元，市（州）平均投入约3000万元，安化县政府与企业共投入17.1亿元。规划调动了全省14个市（州）、102个产茶县、3000多家企业、1万家茶馆茶店、10万茶叶湘军、500万茶农的积极性，在产、学、研等相关职能部门的指导和数亿湘茶粉丝助推下，2019年中国百强茶叶企业中，湖南有5家：湘茶集团、湘丰集团、白沙溪、湘益、古洞春；国家龙头企业5家：湘茶集团、湖南中茶、华莱、湘丰集团、资兴狗脑贡；"亿元级企业"近百家：云上、隆平茶业、登凯、国殷、香木海、高马二溪、千秋界、云台岸、浩茗、资江缘、潇湘、金井、老茶人、唐羽、蓬莱阁、怡清源、云天阁、褒家冲、梅山崖、君山银针、巴陵春、百尼茶庵、壶瓶山、溁峰、白云山、临湘明伦、永巨、平江九狮寨、桂东玲珑、岳阳洞庭春、宜章莽山、汝城鼎湘、木草人、九龙江、湘丰茶机、胜希茶机、汨罗示范茶场一厂、洞口古楼、茶祖印象、古阳河、英妹子、神风、新田、十八洞、辰投碣滩、官庄干发、云雾王、怀化华汉、湘乡一厂、湘北茶业、自然韵、渠江薄片、紫鑫、紫艺、瑞鑫源、蓝山三峰、竹淇茶馆、康宝来、茶颜悦色、尚木兰亭等；还有君和、万阳红、洣溪茗峰、冯河大龙山、城步白云湖、湘丰桑植白茶、远山、鼎盛、西莲、胜峰、九龙江、湘西茗园、武陵红、桃江圣恩、莽山仙峰、张家界、和品等一批新星企业。

2019年，全国百强茶叶县湖南7个：安化、长沙、石门、沅陵、桃源、宜章、吉首。特别是，石门的天画罗坪欧标或有机茶叶出口，在欧洲已经成为响当当的品牌。沅陵金融资本对碣滩茶的支持每年上亿元。保靖县要成为全国茶叶产业精准扶贫和高效茶业示范县，要打造2个3万亩的专业村（黄金村和国茶村），2个10万亩的专业镇（吕洞山镇和葫芦镇）。

高桥茶叶商圈1000家门店，年销售茶叶17亿元，其中湖南绿茶、黑茶各3亿元，加上湖南红茶、岳阳黄茶、桑植白茶，市场占有率约34.5%。保靖黄金茶在高桥市场有90%的店经营，正代表潇湘绿茶走向全国、走向全世界。黄金红茶也在发力，销售店有100多家。此外，益阳、岳阳、衡阳、株洲、张家界、湘西、安化、古丈等茶叶市场相对集中，为区内茶叶销售和品牌宣传创造了条件。

2019年，湖南农业大学刘仲华教授当选中国工程院院士，成为中国茶界第2位院士，这是中国茶界的喜事，湖南茶界的骄傲，表明湖南科教界实力强大。

第二节　湘茶原种

图2-1　城步峒茶、江华苦茶、汝城白毛茶、云台山种

湖南省现已收集茶树品种资源240余种，建立品种资源圃0.67hm²。在发现的240余种资源中，有90余种性状优良。分为半乔木型和灌木型。有的叶片很大，有的白毫非常多。有的适制红茶，有的适制绿茶，均适制特种名茶。

茶树基本群种分为城步峒茶、江华苦茶、汝城白毛茶和云台山种。根据历史生存和栽培地域情况，又可将它们分为两大地理群体，即湘南地理群（江华苦茶、汝城白毛茶、城步峒茶）和湘中北地理群（云台山种）（图2-1）。

一、江华苦茶

原产于南岭山脉，主产地在江华瑶族自治县的广大林区及郴州地区的汝城、桂东、临武、宜章等地，湘潭和株洲地区有少量分布。

其茶原属半乔木型，树姿直立，主干直径15~25cm，骨干枝分枝离地面高40~90cm，分枝疏长而直。4月中旬发芽，生长迅速。典型植株高4~5m，冠幅3~4m。叶片椭圆形，长13.8cm，宽5.04cm，侧脉10~12对，锯齿稀疏，叶尖延长，叶面黄绿平滑，富有光泽，幼芽无毛或稀少。但郴州和湘潭地区的白毫较多。从叶片解剖结构来看，有栅状组织一层，海绵组织与栅状组织的比值为1.53。花形较大，花径3.5~4cm，花柱长8~9mm，柱头3裂。茶果三角形扁球形，种子直径为12.9mm。适应性强，在-9℃的寒冬亦不受冻。茶多酚含量39.21%，氨基酸167.40mg/100g，制红碎茶，汤色红浓，滋味浓强，香型别具风格，叶底红亮。

二、汝城白毛茶

产于郴州市汝城县九龙江一带，分布面积有667hm²以上，垂直分布在200~700m的地段。树属半乔木型，骨干枝直立，主轴明显，树高3~4m，分枝角度小扩叶上斜着生。叶大，尾尖，最长叶27.8cm，最宽叶11.1cm。叶缘稍外卷，老叶厚且较硬，叶背满披茸毛。开花期较晚，盛花期为11月中旬，花量少，花萼有毛，3~5片。雌雄蕊比高，有雌蕊高于雄蕊、等于雄蕊和低于雄蕊3种，结实性弱。茶果和茶籽均呈圆形，种子直径1.4cm，芽叶黄绿或紫绿，茸毛非常多。采摘1芽2、3叶蒸青样分析结果：水浸出物44.50%，咖啡碱4.32%，氨基酸149mg/100g，茶多酚41.65%，儿茶素总量233.52mg/g；制成的红碎茶外形棕褐油润多毫，颗粒紧结，香气鲜浓具花香，汤色红明，叶底嫩匀略黄。其鲜叶原料是适制红碎茶的优质资源。

三、城步峒茶

主要分布在城步苗族自治县高梅乡一带。面积约6667hm²。其茶按其叶色又可以分为青叶峒茶和黄叶峒茶。青叶峒茶属半乔木型,树姿半开展状。现高梅乡有一株,树高7.28m,树幅6.04m×7.23m,根颈围径129cm,3个骨干枝围径分别为91cm、55cm、31cm。叶长14.4cm,叶宽5.1cm,叶形长椭圆,叶色深绿,叶脉8对,锯齿25对,叶缘波状,叶面平滑,叶端渐尖,叶身平展,叶质薄软。花萼5片,无毛,雌蕊低于雄蕊,花冠大小3.1cm×4.0cm。花量很少,结实性很弱。芽叶黄绿多毫。黄叶峒茶属半乔木型,树姿半开展状。其中较大的一株,树高4.48m,树幅4.80m×4.23m。根颈围径50cm,骨干枝粗21.4cm。叶长13.6cm,叶宽4.7cm。叶水平着生,叶形长椭圆,叶色黄绿。叶脉9对,锯齿33对,叶缘微波状,叶面隆起,叶端渐尖,叶身平展,叶质厚软。花萼5片,有毛,花冠大小4cm×5cm。雌蕊等于或高于雄蕊,花量中等,结实性很弱。芽叶黄绿多毫。据湖南农业大学邵阳分院切片观察和分析,栅状组织一层,茶多酚含量在34.2%~38.9%。适制红茶、绿茶,尤以红茶品质优良。1987年湖南省茶树良种审定委员会认定为省级良种。

四、云台山种

主要分布在雪峰山脉北端的安化县云台山。此群体品种纯度较高,以叶形分,长椭圆形占75%;以叶片大小分,大叶型占77.7%。其长椭圆形大叶茶树是该种的代表。此种属灌木型,树姿半开展,枝粗芽壮,生长势强,树高幅度在2m×2m。叶片主要表现为大叶型,叶面稍隆起,叶肉厚,叶质柔软,叶色绿或黄绿,叶尖渐尖,芽头粗壮,茸毛细密,持嫩性强,花量少,坐果率低,适制红茶。1956年,被列为农业部(现农业农村部)向全国推广的21个良种之一。目前,湖南省大范围种植推广的槠叶齐,湘波绿,涟茶1、2、5、7号等,均从该种选育出来。

第三节 湘茶产区

湖南属于江南茶区。湖南全省14个市(州)122个县中,有100多个县产茶,主要分布在北纬30°左右的武陵、雪峰、南岭、南岳山区和环洞庭湖一带。根据气候条件和地理特征,湖南大体划分有5个茶区,即东部茶区、南部茶区、西部茶区、北部茶区和中部茶区,由于地形地貌和行政管辖等差异,造成各区之间有地理上的交叉,为便于了解各地茶叶生产现状,此处以市(州)进行叙述,并介绍其相关县(市、区)茶叶生产。

一、长沙市

长沙，湖南省省会，地处湖南省东部偏北，湘江下游和湘浏盆地西缘，是楚文明和湘楚文化的发源地，辖长沙县、宁乡市、浏阳市和望城区。长沙产茶历史悠久，马王堆汉墓就出土有茶。2019年全市茶园面积1.55万hm^2，其中开采茶园面积1.12万hm^2，新建茶园面积0.05万hm^2，无性系茶园面积1.11万hm^2，茶叶总产量5.38万t，综合总产值60亿元。在巩固传统绿茶生产的基础上，黄茶、红茶、黑茶产量都增长20%以上。

近年来，结合全国"两型社会"建设综合配套改革试验区核心城市建设，长沙利用茶园基地特色将乡镇、乡俗、乡景相结合，将茶产业融入一二三产业中，将乡村旅游、茶文化和茶产业深度融合。

1. 长沙县

长沙县位于省会长沙近郊，长株潭都市经济圈和长株潭"两型社会"综合配套改革试验区核心地带，属于中南地区重要的茶叶原产地区域。生产的绿茶具备色泽绿、汤色绿、叶底绿的"三绿"品质。茶园良种率达82%以上，是全省茶园良种化率最高的县之一，亦是全国茶苗繁育量最大的县。2019年，全选县茶园面积0.67万hm^2，新改扩茶园基地0.14万hm^2，茶叶总产量7.18万t，茶产业从业人员4万人，茶业综合产值35.6亿元。有2个农业农村部茶叶标准园，2个省级农业特色（茶叶）产业园。

"金鼎山""高桥银毫"2个品牌茶获得湖南省著名商标，"金井"被湖南省农业委员会认定为湖南省十大农业企业品牌，"湘丰绿茶"荣获湖南省创新奖。"百里茶廊"被列为湖南省五大、长沙市四大优势产业带之一。荣获全国产茶重点县、2018湖南茶叶"千亿产业十强县"等称号。2019年5月，"长沙绿茶"获农产品地理标志认证。

2. 宁乡市

宁乡市由湖南省直辖，长沙市代管。地处湘东偏北的洞庭湖南缘地区，东邻望城，南接湘潭、湘乡，西与涟源、安化交界，北与益阳、桃江毗连。茶叶主产区在西部山区的沩山乡、黄材镇、巷子口镇和龙田镇。"沩山毛尖"是宁乡茶的代表。2019年茶园面积达0.38万hm^2，年产干茶3500t，总产值6.1亿元，带动茶农3万户增收。现有茶叶加工企业32家，其中省级农业产业化龙头企业5家，市级龙头企业2家。茶叶专业合作社36家，其中国家级示范合作社2家。有中国驰名商标1件，湖南省著名商标7件。

"沩山毛尖"1986—1988年连续3年被评为湖南名茶；1986年获全国部优名优茶产品；1995年获"中国国际新技术、新产品博览会金奖"。2016年11月，"沩山毛尖"荣获"国家地理标志保护产品"。

二、株洲市

株洲，位于湖南东部，属于丘陵地带，阳光充足，雨量充沛，土地肥沃，十分适合茶叶生长。深厚的茶祖文化和悠久的生产历史，构成了株洲茶产业的特色。2019年全市茶园采摘面积达到0.87万hm^2，茶叶总产量1.5t，综合产值69.25亿元。市级以上龙头企业12家、农业农村部茶叶标准园4个、省级现代农业特色（茶叶）产业园5个，建有全国唯一的茶祖文化产业园，全力打造"炎茶攸醴百里茶廊"。现有规模生产经营主体80多个，年销售收入过百万元的30个。大院农场茶园、洣溪茗峰茶园、茶祖印象茶园、利达茶业茶园4个茶园被评为湖南省现代农业特色（茶叶）产业园。

产品有"茶祖·三湘红""犀城野生红""万阳红""洣溪茗峰"等。"高山乌龙茶"连续4年荣获"中茶杯"全国名优茶评比一等奖；"茶祖·三湘红"获百年世博中国名茶金骆驼奖。茶陵县成为湖南红茶3个基地县之一。

炎陵县：隶属于湖南省株洲市，地处湘东南边陲、井冈山西麓，是中华民族始祖炎帝神农氏的安寝福地。2019年茶园面积0.15万hm^2，规模茶园24个，茶叶企业11家，其中省级农业产业化龙头企业1家，市级龙头企业3家。茶叶产品主要有红茶、绿茶和乌龙茶，年产量600t余，产值1.2亿元。

目前正打造"炎陵红茶"公共品牌，注册了"万阳红""洣溪茗峰""湘炎春"等6个企业商标。参加"中茶杯""国饮杯"等全国名优茶评比，12次荣获一等奖；"万阳红"被授予湖南省著名商标。大院农场龟龙窝高山有机茶基地，是湖南省海拔最高茶园之一，被评为湖南茶叶"十大最美茶叶村（茶园）"。

三、湘潭市

湘潭，湖南省辖地级市，下辖2区2市1县，位于湖南省的中部偏东地区，为典型的低山—丘陵地貌。历史上曾经是重要的产茶区，2019年，全市高标准可开采面积约133.33hm^2，总产值达到4000万元。有羊鹿茶业、船形茶业、龙凤茶业、行寅贤农业科技、韶峰茶业、青山茶场、涟水双泉茶业，其中羊鹿茶业有限公司实力最大。另外，湘潭的精制茶企业实力较强，主要有4家，分别是湘乡市茶叶一厂、湘潭嘉园茶叶有限公司、湘龙茶业有限公司、东胜茶厂。2019年全市茶叶总产量接近1万t，产值接近2亿元。

全市拥有上百家茶叶专业经销企业和上千家茶馆。代表性企业有：锦宏茶业、天伦茶业、茗山茶行、云雾茶庄、豪峰茶行、怡清源、九龙茶行、玲珑茶社、韶峰茶庄、湘乡茶庄、唐羽、上之苑、西维、北海岸、沫茗、南方嘉木等。2019年茶叶总销售额达5亿元。

湘潭县： 湘潭县隶属于湖南省湘潭市，位于湖南省中部偏东，辖17个乡镇。2019年茶叶种植总面积0.14万hm^2，其中投产面积0.04万hm^2、散种面积0.10万hm^2，集中分布在杨嘉桥、射埠、乌石、易俗河、石潭、云湖桥、中路铺、花石等乡镇。干茶产量1080t，产值3600万元。全县有茶叶加工企业4家，其中市级龙头企业2家、五星级休闲农庄1家。

"羊鹿毛尖""船形毛尖""中路铺龙凤牌""莺鸣春"为茶叶市场主要品牌。其中羊鹿茶业已通过绿色食品认证，船形茶业已通过无公害农产品认证，龙凤茶业已申报绿色食品认证。

四、衡阳市

衡阳，湖南省辖地级市，是湖南省域副中心城市，位于湖南省中南部。境内因有南岳衡山而得名，历来是产茶、交易茶的重镇。2019年全市茶园面积9033.33hm^2，省级农业产业化龙头5家，市级龙头企业19家，茶叶专业合作社50多家。南岳区、衡山县茶叶产业列为湖南省"一县一特"主导特色产业发展指导目录，"南岳云雾"茶荣获"湖南十大名茶"称号。

创建了南岳云雾茶绿彤有机茶、塔山山岚茶、江头贡茶、高峰毛尖、岳北大白等品牌，"寿岳""烟霞""京湘""水木芙蓉""胡家园"5个商标为湖南省著名商标，"烟霞""寿岳"牌南岳云雾茶及海坚"江头贡茶"为湖南省名牌产品。

常宁市： 湖南省县级市，衡阳市代管。位于湖南省南部，衡阳市西南部，湘江中游右岸。自古享有"鱼米之乡""油茶之乡""有色金属之乡""世界铅都""版画之乡"等美誉。近年来，全市突出农业生态有机特色，大力发展茶叶产业，2019年茶园面积0.55万hm^2，产量达到3270t（春茶1085t、夏秋茶2185t），全年完成销售2980t。第四届北京茶业博览会"亚太杯"茶茗大赛获金奖，参加第二十一届中国中部（湖南）农业博览会获金奖，参加第十一届湖南茶业博览会获绿茶、红茶金奖。

五、邵阳市

邵阳，史称"宝庆"。位于湖南省西南部，南接广西壮族自治区桂林市。产茶历史达4000年，茶文化底蕴深厚，历代贡茶产地。茶叶主产县为洞口县、隆回县、新宁县，出产红茶、绿茶、白茶、黑茶、青茶，以及青钱柳、绞股蓝、山银花、甜茶（多穗石柯、覆盆子）、城步虫茶、绥宁万花茶等地方特色类茶饮。2019年全市茶园面积3万hm^2，其中标准茶园0.87万hm^2，采摘面积0.67万hm^2，综合产值42.50亿元，规模茶企46家，其中省级农业产业化龙头1家，市级龙头10家，小型茶叶企业29家，从业人员12.5万人。

2018年政府整体部署，推出了"邵阳红"区域公共品牌，以名优绿茶和红茶为重点，重点建设四大茶叶优势区域，即生态富硒茶区、城步峒茶区、桂丁茶区、高山野生茶区。打造洞口县古楼乡、隆回县司门前镇、新宁县丰田乡3个茶叶特色小镇。

洞口县： 洞口县隶属邵阳市，位于湖南西南部，雪峰山东麓，资江上游。2019年茶园面积达0.29万hm^2，投产面积0.24万hm^2，良种茶面积10.11万hm^2，茶叶总产量3980t。全县现有茶叶加工企业8家，其中省级农业产业化龙头企业1家。注册了"古楼""湘乐"茶叶商标，有古楼珍品毛尖王、古楼银毫、湘水玉芽、新升毛尖、新升碧螺春、将军红、奇山红茶·九天、盐井红茶等10多个品牌。

六、岳阳市

岳阳，古称巴陵、又名岳州，为湖南省辖地级市、第二大经济体。位于江南洞庭湖之滨，依长江、纳三湘四水、江湖交汇。2019年全市茶园面积2万hm^2，其中良种茶园面积1.09万hm^2。茶叶年产量3.5万t，综合产值近50亿元。已发展全国茶叶优势区域县3个（湘阴、平江、临湘），全省茶叶产业重点县6个（平江、湘阴、临湘、汨罗、岳阳县、君山区），国家级标准茶园7个，省茶叶特色产业园3个；有省、市级农业产业化龙头企业18家，茶叶专业合作社43个，茶叶经营企业236家。

2011年岳阳市被中国茶叶流通协会授予"中国黄茶之乡"称号，2013年"岳阳黄茶"为国家地理标志保护产品，2015年获百年世博中国名茶金奖。2017获评湖南省十大农业区域公用品牌。君山、兰岭、巴陵春、洞庭、九狮寨、洞庭春6个茶叶品牌被评为中国驰名商标，"君山银针"是中国十大名茶之一，曾获德国莱比锡国际博览会金奖，享有"黄茶之冠"的美誉。

1. 平江县

平江县隶属于湖南省岳阳市，位于湖南省东北部，与湘、鄂、赣3省交界。2019年茶园面积0.57万hm^2，其中采摘面积0.47万hm^2；良种茶面积0.45万hm^2，其中有机茶园总面积0.10万hm^2。主产名优绿茶、黄茶、红茶。毛茶产量5000t，毛茶产值2.8亿元，总体茶叶加工水平较高。茶叶企业12家，其中省级农业产业化龙头企业1家，市级龙头企业3家。全县有涉茶农民专业合作社40余家，其中国家级示范社2家。建成了1个茶叶综合产业园及2个茶叶特色产业园。名茶产品有连云金针、福寿毛尖、时丰银毫等。

平江县属全国茶叶优势项目区、全国茶叶生产大县、全国首批标准茶园创建示范县、湖南省茶叶优势区域县、湖南省十大良种茶基地大县。

2. 临湘市

临湘市，湖南省县级市，隶属于湖南省岳阳市，地处湘北边陲、幕阜山余脉。2019年茶园面积0.55万hm^2，产量1.5万t，产值4亿元，年创汇400多万美元。主要生产绿茶、黄茶和黑茶。有省级农业产业化龙头企业2家，市级龙头企业1家。名优绿茶有"龙窖山"牌高山雀舌茶、白石毛尖、明伦春芽，"洞庭"牌洞庭毛尖；名优黄茶有龙窖山黄芽、明伦黄金饼。

临湘也是湖南黑茶产地之一，"洞庭"牌青砖被认定为"中国驰名商标"，另有3个茶叶品牌获湖南省著名商标，拥有"临湘黑茶"地理标志证明商标。

七、常德市

常德，古称"武陵"，别名"柳城"，是湖南省省辖市，位于湖南北部，江南洞庭湖西侧，武陵山下，史称"川黔咽喉，云贵门户"。2019年全市茶园面积2.45万hm^2，其中投产面积1.94万hm^2，良种茶园1.50万hm^2，干茶产量4.69万t，总产值16.79亿元。目前，有茶叶龙头企业26家，其中省级农业产业化龙头企业6家，市级龙头企业20家。壶瓶山、古洞春、百尼茶庵公司先后被中国茶叶流通协会评为中国茶叶行业综合实力百强企业。

"武陵红"被中国茶叶流通协会授予"中国名优特色红茶推荐产品"，桃源红茶获农产品地理标志，"古洞春"被湖南省商务厅授予"湖南老字号"。在2017第九届湖南茶业博览会上，石门县、桃源县荣获湖南茶叶"十强生态产茶县（市）"；武陵红、石门渫峰茶荣获湖南茶叶"十佳安全放心品牌"；石门白云山有机茶旅景区、桃源百尼茶庵崖边野茶生态园、常德春峰富硒茶业生态观光园荣获湖南茶叶"十佳茶旅景区"。

①**石门县**：隶属于湖南省常德市，地处湘鄂边界，有"武陵门户"与"潇湘北极"之称。石门产茶历史久远北宋期间，石门夹山"牛抵茶"被奉为贡品。2019年，茶园面积已发展到1.20万hm^2，有机茶认证面积0.12万hm^2，干茶产量2.31万t，综合产值突破18亿元。有壶瓶山、东山峰、罗坪3个全省茶叶十强乡镇。

产品有"石门银峰""东山秀峰""白云银毫"等名优绿茶。石门县先后被评为全国重点产茶百强县、全国三绿工程茶业示范县、全国十大生态产茶县、首批中国名茶之乡、长江上中游特色和出口绿茶重点区域县、2019中国十大生态产茶县、2019中国茶业百强县等称号。

②**桃源县**：隶属于湖南省常德市，位于湖南省西北部。2019年茶园面积1万hm^2，有机茶面积156.43hm^2，茶叶产量2.25万t，产值9.20亿元。精制加工茶坯2.158万t，产值3.65亿元。全县加工企业150多家，标准化、"四化"生产线97条，规模以上茶企20余家（其

中省级龙头企业3家），17家茶叶企业取得了SC认证，拥有茶叶商标18个（其中中国驰名商标1个、湖南省著名商标3个）。茶叶专业合作社55家（其中国家级示范社2家），茶叶专业协会1家（图2-2）。

桃源县荣获"2019中国茶业百强县"称号。湖南古洞春茶业有限公司获"2019中国茶业百强企业"称号，在2019第十一届湖南茶业博览会上，"桃源红茶"获评"湖南十大名茶"。

图2-2 湖南桃源县茶园风光

八、张家界市

张家界，是湖南省辖地级市，原名大庸市，辖2区（永定区、武陵源区）、2县（慈利县、桑植县）。位于湖南西北部，土壤富硒，是茶叶生长的最佳环境。2019年全市茶园面积0.98万 hm²，采摘面积0.60万 hm²，干毛茶总产量5655t，茶叶总产值1.18亿元。目前有茶叶生产加工企业118家，茶叶专业合作社71家，茶叶经营企业463家，其中省级农业产业化龙头企业1家，市级龙头企业23家。

有产品"龙虾茶""大庸毛尖""青岩茗翠""张家界茶"等。创立了桑植白茶、张家界莓茶、云雾王茶、西莲云雾、天子银毫、三鹤园等一批知名品牌。白茶、绿茶、红茶产区主要分布于张家界市中、西北部慈利县、桑植县、武陵源区。莓茶产区主要分布于张家界市澧水流域。杜仲茶产区主要分布于中国杜仲之乡张家界市慈利县西北部。青钱柳茶产区主要分布于张家界市桑植县西北部及澧水上游地区。

九、益阳市

益阳，别名"银城""丽都"，为湖南省地级市，位于长江中下游平原南岸的洞庭湖南岸，地处湖南省北部，辖3县（安化县、桃江县、南县）、1市（沅江市）、3区（资阳区、赫山区、大通湖区）。2019年全市茶园面积3.36万hm²，可采摘茶园面积2.26万hm²，无性系良种茶园面积1.72万hm²。全年毛茶产量11.37万t，其中黑毛茶产量10.13万t。精制加工各类茶叶16.77万t，其中黑茶产量达12.52万t，茶叶综合产值260亿元。产值过2000万元25家，其中过亿元企业7家。

加工茶类以黑茶为主，绿茶、红茶和茉莉花茶为辅。其中国家级农业产业化龙头企业1家、省级龙头企业8家、省级高新技术企业6家、市级以上龙头企业47家，从事茶产业及相关从业人员超过50万人。2018年农业农村部主办的首届中国国际茶叶博览会上，安化黑茶高居第三位成功入选"2017年中国十大最具影响力的茶叶区域公用品牌"，并成为"世界茶乡·中国之夜"首届中国国际茶叶博览会品茶招待会指定品鉴茶。

安化县： 隶属于湖南省益阳市，安化古称"梅山"，是梅山文化的发祥地，安化黑茶发源地和核心产地。位于资江中游，湘中偏北，雪峰山北段。安化红茶在德国莱比锡国际博览会上曾获金奖，2019年茶园面积达2.2万hm²，实现茶叶加工量8.2万t、综合产值180亿元，茶业税收达3亿元。连续7年位居全国重点产茶县四强，黑茶产量连续11年快速增长，成为中国生态产茶第一县、黑茶产量第一县、科技创新第一县、茶叶税收第一县。2018年"安化黑茶"荣获湖南十大农业品牌，在98个国家成功申报国际商标注册。

十、郴州市

郴州，位于湖南省东南部，地处南岭山脉与罗霄山脉交错、长江水系与珠江水系分流的地带，素称湖南的"南大门"。现辖1市2区8县，全市茶叶生产主要集中在资兴、桂东、汝城、宜章4个茶叶优势重点县。2019年全市茶园面积达到2.56万hm²，采摘茶园面积1.80万hm²，年产茶叶1.42万t，产值17.8亿元，综合产值59.3亿元。目前全市共有涉茶企业48家，茶叶专业合作社170家。全市现有茶叶自动化清洁生产线4条，分布在北湖、资兴、汝城、桂东4县（市、区）。国家级农业产业化龙头企业1家，省级龙头企业5家，市级龙头企业42家，国家级示范合作社2家。

2008年，资兴市荣获"全国绿色食品原料（茶叶）标准化生产基地县"；2009年，"玲珑茶"获"湖南省名牌产品"和"湖南省著名商标"；2012年，"玲珑茶"荣获"国家地理标志保护产品"；2014年，"狗脑贡"荣获"中国驰名商标"；2016年，成功注册"汝城白毛茶"地理标志产品，"东江湖茶"正在申报"国家地理标志保护产品"。桂东玲珑茶、资兴狗脑贡、宜章莽山茶、苏仙五盖山茶共有54个产品通过有机食品认证或有机转换产品认证，安仁豪峰茶通过绿色食品认证。郴州红茶多次在"中茶杯"等全国名优茶评比中获奖。

十一、永州市

永州,是湖南省地级市,位于湖南省南部,潇、湘二水汇合处,故雅称"潇湘",下辖2区9县,总面积22441km²,地势三面环山、地貌复杂多样。2019年全市茶园面积达1.22万hm²,其中茶园开采面积0.69万hm²,干毛茶总产量4534t,产值7.47亿元。目前,6.66hm²以上茶叶生产基地52个,茶叶生产加工企业和茶叶专业合作社31家,其中省级龙头企业5家,市级龙头企业3家;茶叶加工厂房总面积6.57万m²,茶叶加工生产线48条,年设计加工生产能力8000t。

企业注册商标14个,创建了"百叠岭银毫""自然韵黑茶""香零烟雨""塔山婆婆茶""江华苦茶""七祖禅茶""九嶷"等名优茶品牌。其中,"江华苦茶"被纳入"2013年度全国名特优新农产品目录",并通过农产品地理标志产品认证。2017年祁阳湘君白茶种植专业合作社茶叶获有机茶产品认证。

江华瑶族自治县: 江华瑶族自治县是湖南省永州市下辖县,是湖南省唯一的瑶族自治县,地处湘粤桂交界处。是湖南省规划的优质茶优势产业区域之一,也是湖南省出口红茶的优质茶叶基地。江华苦茶具有"古、苦、长、早"四大特点,适宜红、黑茶类,所制红茶甜香浓郁、浓醇富收敛性。2019年,全县发展茶叶面积0.50万hm²,出产江华苦茶、绿茶、红茶、瑶茶等丰富的优质产品。江华苦茶2013年通过农产品地理标志认证,2016年获地理标志证明商标。2013年被列为全省茶叶产业发展重点县之一,2017年获湖南茶叶"十强生态产茶县(市)",2018年获湖南茶叶"千亿产业十强县"。

十二、怀化市

怀化,古称五溪,湖南省辖地级市之一,位于湖南西部偏南,自古以来就有"黔滇门户"之称。2019年全市茶园面积1.62万hm²,开采面积1.18万hm²,干毛茶总产量1.20万t,总产值达到15.15亿元。

目前正在将"碣滩茶"作为全市的"十大重点产业"之一来打造,从政策、资金、宣传上给予了重点支持,促进了茶产业迅猛发展。"碣滩茶"共荣获省部级、国家级产品荣誉48个。目前茶叶加工企业150多家,省级龙头企业5家,市级龙头企业15家。新建成清洁化、智能化生产线9条,名优茶生产线达67条,普通大宗茶生产线35条。基本完成了辰州碣滩茶业产业园、凤娇碣滩茶业产业园和6个茶叶加工聚集区项目建设。区内名度较高的名优茶,碣滩凤娇、碣滩干发等企业的毛尖茶。

沅陵县：沅陵县，隶属于湖南省怀化市，位于湖南省西北部，沅江中游。主要生产高端绿茶，兼顾大众绿茶、红茶、黑茶、白茶发展。2017年，茶叶种植面积达1.03万hm²，年产量1.28万t，综合产值16.3亿元。涉茶企业、茶叶专业合作社120多家，其中省级龙头企业3家，市级龙头企业9家，涉茶人口达12万余人。碣滩茶被誉为"中国高端绿茶的杰出代表"；1991年，被评为"国际文化名茶"，载入《中国名茶录》；2011年，入选国家地理标志保护产品；2014年，获得地理标志证明商标；2017年，荣膺"中国优秀茶叶区域公用品牌""湖南省十大农业区域公用品牌"。沅陵县荣获"2019中国茶业百强县"。

沅陵县官庄辰龙关十里生态观光茶廊，被授予"中国三十座最美茶园"荣誉称号；沅陵县官庄镇获"中国十大生态产茶县""中国生态有机茶之乡""全国重点产茶百强县"，及享有"金都、林海、茶乡、名镇"、湖南茶叶"千亿产业十佳示范乡镇"等美誉。

十三、娄底市

娄底，湖南省辖地级市，位于湖南的地理几何中心，是湖湘文化的主要发源地之一，是梅山文化的核心地带。娄底茶叶沿新化县雪峰山脉、双峰县九峰山脉、涟源市龙山山脉分布，气候类型多样，立体变化明显。2019年全市茶园面积约0.96万hm²，其中采摘面积0.65万hm²，干毛茶总产量7950t，总产值9.1亿元。拥有规模茶叶企业茶企29家，其中省级龙头企业2家、市级龙头企业4家，茶叶专业合作社28个，有加工许可证的10家，获有机转换产品认证的企业4家，获绿色食品认证的企业5家。娄底成为湖南红茶主产区，大湘西"潇湘"茶品牌发展区。

2015年，"渠江薄片"荣获百年世博中国名茶金骆驼奖。2018年"新化红茶"获"湖南十大名茶"，"新化红茶"成为娄底主推的公共品牌。新化县列入湖南茶叶"千亿产业重点县"、"中国绿色生态茶叶之乡"、湖南茶叶"十强生态产茶县（市）"，奉家镇连续被授予湖南茶叶"千亿茶产业十佳示范乡镇"，渠江源被评为"全国三十座最美茶园"。

新化县：新化地属娄底市，处雪峰山东南麓是湖南的历史名茶产地。2019年茶园面积0.53万hm²，茶叶产量4750t，综合产值7.6亿元。有红茶企业16家，其中省级龙头企业2家、市级龙头企业4家，茶叶专业合作社28个，SC认证8家，有机认证4家，绿色食品认证5家。

新化已注册红茶商标30余个，梅山悠悠情、上梅红、十八红、渠江红、柳叶眉、寒红等12个品牌，先后获中国中部（湖南）农业博览会和湖南茶业博览会金奖。2018年"新化红茶"荣获国家知识产权局颁发的地理标志证明商标，成为该县红茶区域公共品牌。

十四、湘西土家族苗族自治州

湘西土家族苗族自治州,位于湖南省西北部,与湖北省、贵州省和重庆市接壤。被认为是优质绿茶、名优茶和工夫红茶生产地。2019年全市茶园面积达3.15万hm^2,茶叶总产量1.16万t,产值24.19亿元。全州现有各类茶叶经营企业500余家,其中省级龙头企业2家,州级龙头企业15家,茶叶专业合作社200多家,从业人员20多万。涌现出牛角山、小背篓、英妹子、古阳河、新田、盛世湘西、保靖黄金茶、天下武陵等规模企业。茶叶年加工能力超过1万t。

州内古丈、保靖、吉首3县(市)被评为"全国重点产茶县",特别是古丈县先后荣获"中国名茶之乡""中国有机茶之乡""中国茶业百强县""国家茶产业技术体系示范县""出口食品农产品质量安全示范区""生态原产地产品保护示范区""中国茶文化之乡(2017年)""中国十大生态产茶县(2017年)"等一系列荣誉称号。

"古丈毛尖"获中国驰名商标,并荣获"2014年美国世界茶业博览会金奖"和"百年世博会中国名茶金奖";"保靖黄金茶"先后获得全国名优绿茶评比金奖、中国最具竞争潜力品牌"金芽奖"、湖南省著名商标等荣誉称号。"古丈毛尖""保靖黄金茶"为国家地理标志保护产品,并获2016年湖南省十大农业企业品牌。

古丈县: 古丈县位于湖南省西部、湘西中部偏东,武陵山脉斜贯全境。茶园土壤母质多为紫色板页岩,成就了"古丈毛尖"茶香高味浓、纯天然、绿色有机的优异品质。全县辖7个乡镇,103个村均种植了茶叶。2019年全县茶园总面积达1.10万hm^2,全县茶叶总产量9050t,实现产值10.2亿元。全县近70%的农业人口直接或间接从事茶产业、80%的农业收入来自茶叶、90%的村寨种植茶叶(图2-3)。

2019世界绿茶评比会上,古丈毛尖一号和古丈毛尖二号斩获最高金奖和金奖。古丈毛尖再次评为"湖南十大名茶",古丈红茶获2019"茶祖神农杯"名优茶评比金奖。在做优古丈毛尖名优绿茶的基础上,成功开发出了古丈红茶、湘西红砖茶、古丈黑茶等新产品。

图2-3 湘西古丈茶园风光

第四节　湘茶产业带

2014年，湖南省政府办公厅出台《湖南省茶叶产业发展规划》。该规划根据湖南的产业基础、优势条件和发展潜力，集聚优势资源，突出产品特色，优化湘茶产业布局，提出要重点建设4个优质产业带涉及37个县（市、区）：即武陵山脉、南岭山脉、罗霄山脉及长岳山丘区，着力打造"U"型优质绿茶带；雪峰山脉和湘北部分地区，着力打造优质黑茶带；环洞庭湖，着力打造优质黄茶带；在原有红碎茶出口县（市、区），着力打造湘南优质红茶带。

2018年，湖南省委、省政府确立以"三湘四水五彩茶"品牌统筹湖南茶叶发展，目标实现湖南茶产业综合产值上1000亿元，其中绿茶500亿元、黑茶300亿元、红茶200亿元、黄茶100亿元。目前，湖南逐步形成了绿、黑、红、黄、白等多茶类同步发展，"潇湘绿茶""安化黑茶""湘南红茶""岳阳黄茶""桑植白茶"五大品牌竞相绽放，"长沙绿茶"异军突起的良好局面。

一、黑茶产业带

该产业带包括雪峰山脉和湘北的安化、桃江、赫山、资阳、新化、桃源、临湘7个县（市、区），是湖南省黑茶产业中心，称之为雪峰山脉优质黑茶带。其区域生产黑茶历史悠久。明嘉靖三年（1524年）编撰的《甘肃通志》载："商茶低伪，悉征黑茶，地产有限，乃第为上中二品，印烙篦上，书商品而考之。每十斤蒸晒一篦，送至茶司，官商对分，官茶易马，茶商给卖。"由此可见安化黑茶在其时已开始制造。明万历十三年（1585年）的《甘青宁史略》也载："兰州及河西喜用砖茶者诸多，砖茶曰'茯茶'，又曰'官茶'，其叶采自湖南，其制造在陕西泾阳，叶粗而色黑。"明万历二十三年（1595年），湖南黑茶被定为官茶，远销西北地区以及英、俄等国。民国时期，原在长沙的湖南茶叶讲习所迁到安化小淹，进行茶叶品种改良，采用机械制茶。1933年，安化茶园面积约为2万hm^2，种茶家数约为21750家，年产毛茶2300t余。抗战期间，湖南省茶业管理处制定黑茶原料收购标准，在安化设厂试压新产品——黑茶砖。新中国成立后，黑茶以安化为中心产销地，产量达到了全国黑茶产量的1/3，同时形成茯砖、黑砖、青砖、花砖、花卷和天尖、贡尖和生尖等数十种成品茶花色品种，还衍生出很多新型黑茶产品。

安化千两茶、益阳茯砖茶的加工工艺已列入国家级非物质文化遗产名录，有"安化黑茶""湘益""白沙溪"3个中国驰名商标。黑茶以突出的保健功能，深受消费者喜爱，市场潜力巨大。安化正在建设黑茶标准化基地，创建一座大容量的黑茶储备库。促进黑茶清洁化、标准化、自动化生产，加快黑茶功能成分提取以及茶饮料、速溶茶的研发工作。

益阳市加工茶类以黑茶为主，绿茶、红茶和茉莉花茶为辅。全市SC认证茶叶企业180多家，其中国家级龙头企业1家、省级龙头企业8家、省级高新技术企业6家、市级以上龙头企业47家，多家企业已建成保健食品GMP生产线。桃江县完成了农业农村部"2018年菜果茶绿色高质高效创建县"项目创建工作并通过验收，获评2018年湖南省唯一的茶叶绿色高质高效创建项目。

二、绿茶产业带

该产业带是名优绿茶的传统产区。产业地域包括武陵山脉、南岭山脉、罗霄山脉以及长岳山丘区，分布在石门、慈利、桃源、澧县、桑植、永顺、保靖、吉首、古丈、沅陵、洞口、会同、江华、蓝山、汝城、资兴、桂东、炎陵、茶陵、攸县、南岳、衡山、株洲、宁乡、长沙等县（市、区）。该区域山区面积较大，生态环境优异，茶树种质资源丰富，茶叶品质佳，而且有保靖黄金茶、古丈毛尖、石门银峰、沅陵碣滩茶等名茶，以及"湘丰""金井""古洞春"等7个中国驰名商标。

该区域正在建设名优绿茶标准化基地，推广无性系茶树良种，建设名优绿茶冷藏保鲜库。通过大力发展名优绿茶，加快无性系良种化进程，进一步改进加工工艺，提高茶叶品质；加强出口基地建设，将该区建成全省最大优质茶叶出口基地。

三、黄茶产业带

该产业带是湖南省黄茶主产区，有"中国黄茶之乡"之称。地域主要包括岳阳、华容、湘阴、汨罗、屈原、君山、开发区和平江临湘部分产区，以生产黄茶为主要目标，同时生产绿茶。发展目标是到2020年，该区域建设3.33万hm^2黄茶标准化基地，黄茶加工能力达到4万t。现有"君山""巴陵春""兰岭"3个中国驰名商标。君山银针是久负盛名的中国十大名茶之一，2010年被评为中国黄茶标志性品牌。

该地域产茶历史悠久，始于唐代，盛于宋清，衰于民国，兴于现代。2014年，《湖南省茶叶发展规划》提出了环洞庭湖优质黄茶带这一概念，黄茶生产出现了飞跃式的发展。到2017年，区域内茶园面积达2万hm^2，有机良种茶园9140hm^2，茶叶产量3.5万t，茶叶综合产值近40亿元。茶区有省级龙头企业7家，市级龙头企业9家，标准产业园7个，茶叶专业合作社52个。目前茶区正在走茶旅结合的道路，兴建了黄茶产业园、茶业休闲小镇、茶博城，实现了茶叶交易、展示、茶文化展示、茶叶休闲体验和茶技专业知识培训于一体的茶叶企业。

该产业带名茶众多,著名黄茶有君山银针、北港毛尖、君山秀峰。君山银针在20世纪50年代被公认为中国十大名茶之一,1956年获德国莱比锡国际博览会金奖;1972年,成为中国政府代表团在联合国总部纽约招待各国使节的首选茶叶;1988年获首届中国食品博览会金奖;2008年被商务部和外交部作为"国茶礼"赠送给俄罗斯总统普京,并成功入选"奥运五环茶"之一。北港毛尖、君山秀峰、洞庭春黄茶、远山毛尖等为湖南省优质黄茶,北港毛尖已上大学教科书。2014年,国家工商行政管理总局商标局(现国家知识产权局商标局)批准"岳阳黄茶"为地理标志证明商标。

近年,各茶企积极开拓,挖掘创新黄茶生产加工技术,生产了门类齐全的各类黄茶:以君山银针为代表的黄芽茶,以北港毛尖为代表的黄小茶,名目繁多的紧压茶,还有目前大力发展的黄大茶。黄茶产量占有全国黄茶总量的70%。

四、红茶产业带

该产业带产茶历史悠久。在20世纪80年代后期,是湖南省红碎茶生产的重要产区,主要分布区域为湘南的江华、蓝山、宜章、汝城、桂东等县(市、区)。该区域属中亚热带南缘,光热量条件好。有江华苦茶、汝城白毛茶等优良大叶种茶树品种,制红茶品质优。该区域是湖南的"南大门",紧邻两广,交通运输发达,茶叶流通便利。

目前,该产业带正在加大标准化基地建设,加快红茶工艺设备改造升级,不断提升红茶品质;打造红茶精品品牌,进一步扩大红茶对外出口。到2020年,该区域建设2万hm^2红茶标准化基地,红茶加工能力达到3万t。

第三章 茶产业及茶品牌

湘茶产业历史悠久，早在西汉时期，湖南便有了茶事活动。唐代，湘茶就开始运销边疆。宋代，是湖南茶叶生产发展的转折期，茶叶成为一种商品在市场上流通。元代，开放了西北茶市，茶叶交易越来越广泛，湖南茶叶产量快速增长。明代，安化黑茶成为官茶，远销西北，因湘茶质好价低，而深受商家和边区同胞的喜爱。发展至明末清初，逐步取代了川茶在陕西的主要地位，陕西、甘肃、青海、宁夏、新疆等地的边销茶，主要依靠湖南安化供应黑茶，每年约1500t。安化黑茶不仅是销往西北地区"边茶"的主要产品，还远销尼泊尔、印度和中亚，甚至欧洲。成为"茶马互市"的重要物资，"茶马古道"上的重要商品。

自鸦片战争以后，开通五口通商，茶叶市场非常活跃。茶商相继来湘争购，此时茶价猛涨，促使茶叶收购量迅速增多。清咸丰年间，广帮茶商开始在湖南试制红茶，转输欧美国家，由于其清香醇厚，欧美商人竞相选购。至清光绪年间，湖南红茶的生产达到了最盛时期，其中安化红茶品质优异，畅销国外。

民国初期，茶叶仍然为全省主要的出口商品，销售较为兴旺，输出数额仍然为全国之冠。抗日战争爆发之后，由于沿海沦陷，交通阻塞，茶叶销售几乎停滞。抗战胜利后，因内战继起，物价飞涨，国民经济濒于崩溃，茶叶滞销，茶农毁茶树改种其他作物或任凭茶园荒芜，致使茶叶生产一落千丈。

新中国成立后，在党和政府的领导下，茶叶生产得到了逐步恢复和发展。科技水平不断提高，加工品类齐全，名优茶不断涌现，湘茶产业也乘势而上。20世纪80至90年代初，湖南茶园面积全国第一，湘茶产品声名鹊起。君山银针"茶盖中华，价压天下"，东山秀峰成为第一个获得绿色食品认证的茶产品，长沙茶厂"猴王"牌茉莉花茶，享誉三北地区（东北、西北、华北），成为花茶标志产品。20世纪90年代中后期，湘茶产业一度沉落。步入21世纪，历经市场洗礼和改革催生，联合"政产学研商"的茶业湘军，齐心协力，奋发图强，共创千亿湘茶产业。

2013年，湖南省委、省政府提出了"建设茶叶强省，打造千亿产业"的宏伟目标，政策引导、龙头引领、品牌发展，科技文化双轮驱动，政产学研协调推动，茶产业成为实施"精准扶贫、乡村振兴、健康中国、一带一路"的支柱产业。全省14个市（州）、48个产茶县、上百家龙头企业全面发力。安化、长沙、石门、桃源、桃江、保靖、宜章、沅陵、吉首等先后被中国茶叶流通协会评选为"中国茶业百强县"；湘茶集团、华莱生物、湖南中茶、湘丰集团、白沙溪、湘益、古洞春等成为"中国茶业百强企业"；高桥茶叶城、长沙茶市、神农茶都、益阳茶叶市场、岳阳茶博城等连通全国各地茶商；随着科技的发展和人们对美好生活的需求，原茶、速溶茶、新式茶饮等创新产品层出不穷；

茶叶、茶具、茶服、茶空间、茶旅游，"六茶共舞、跨界融合"，茶产业相关产业不断创新；随着"互联网+"时代的到来，四通八达的销售渠道助推湘茶内销、外销更上台阶，多种电子商务销售平台将湘茶销往天南地北，湘茶也成为中国茶叶版图上的主力军，影响力波及海外。

本章将从经济贸易和产业大局的角度展示湘茶的产销发展历程、湘茶名企名牌、湘茶文化创意产业发展现状。

第一节　湘茶产业历史

湖南早在战国时期就出产贡茶。汉初，湖南茶陵县已成为中国重要的茶叶产区。宋代，实行"茶马互市"，湘茶一度崛起。元明清时期，湘茶与桑、苎、棉、蔗已成为五大特产。安化黑茶，异军突起，西北茶商，纷至沓来。长沙已与广州、九江、杭州并列为全国四大茶市，贩茶成为长沙府最广泛的商业活动。

清代湘茶，品种齐全，贸易发达，湖红与祁红、建红，三足鼎立。清末民初，茶叶仍为湖南主要特产，因人才需求，还开设了最早的茶叶讲习所，其时，湘茶输出之额，为全国之冠。至抗日战争，外扰内患，民不聊生，茶园荒芜，茶业衰落。至1949年，全省茶园面积由最盛时期的10670hm²，减少到3200hm²，茶叶总产量9750t。中华人民共和国成立后，湘茶生产重现生机。20世纪80—90年代初，湖南的新名茶、新品种层出不穷、茶叶精制工艺不断完善，实现了湖南绿茶独立出口，行销东欧及东南亚国家，填补了湖南茶史上的空白。以"湘益"为代表的边销茶占全国一半，红碎茶出口占全国40%以上；"猴王"花茶在全国花茶销量、销售额、市场占有率中稳居第一，成为最大的茶叶消费品牌。20世纪90年代中后期，湘茶产业进入迷茫期。

21世纪以来，湖南省委、省政府高度重视茶产业，确立了千亿湘茶产业目标。从政策机制等多方面扶助茶产业，借助茶叶科技与茶文化的双轮驱动，湘茶产业日新月异：茶树品种良种化、茶叶生产机械化、茶叶产品多样化、茶叶销售立体化；茶产业转型升级，从一二产业向一二三产业融合发展转型；茶博会、茶文化节、茶艺竞技、制茶比赛等重大茶事活动不断展开；茶叶品牌效益日益凸显，茶叶经济效益持续增长。湖南茶业空前繁荣、蒸蒸日上。

本节概述湘茶生产历史，以及湘茶内销、外销介绍湘茶销售情况。

一、湘茶生产历史

湘茶产茶历史悠久，《尚书·禹贡》中记的荆州有"三邦底贡厥名"的记载，两江总督陶澍认为"贡厥名"就是"贡蕨茗",即进贡蕨菜和茶叶。湖南的茶陵县,汉初建制,即今天的茶陵、炎陵县。《衡州图经》:"因陵谷间产茶命名。"据周世荣、王威廉文:长沙马王堆一、三号汉墓出土有"梢一笥"竹简,经考证即"茶一箱",箱内实物用显微切片分析是茶(图3-1)。此外,西晋《荆州土地记》:"武陵七县通出茶,最好。"南北朝裴渊《坤元录》:"辰州溆浦县西北三百五十里无射山……山上多茶树",都说明了其时湖南各地有产茶的历史。至唐代,陆羽《茶经》记:"衡州产茶,生衡山、茶陵二县山谷。"周靖民在《陆羽茶经校注》

图3-1 马王堆出土的竹简

阐述:"唐代湖南已有九个州郡产茶,计有:潭州长沙郡,衡州衡阳郡,岳州巴陵郡,朗州武陵郡,澧州澧阳郡,辰州泸溪郡,溪州灵溪郡,永州零陵郡,邵州邵阳郡。"杜佑《通典》:溪州灵溪郡贡茶芽200斤。裴汶《茶述》:灉湖茶、衡山茶都选为全国第二类贡茶。李肇《唐国史补》:岳州有灉湖之含膏,列为全国名茶之一,且远销西藏。常鲁出使吐蕃,在拉萨见到。杨晔《膳夫经手录》(856年)记载,衡山团饼茶,年产十万巨串,运销湘南、两广,运至交趾。潭州茶中有阳团茶和渠江薄片,产量多,运销江陵、襄阳一带。毛文锡《茶谱》:渠江薄片1公斤160枚,产于潭州、邵州之间,其色如铁,芳香异常(图3-2)。新《旧五代史·楚世家》记载:楚王马殷命湖南人民采造茶叶以通商旅,每年收茶税数十万贯。923年,进贡后唐茶叶25万斤。又抑价收买民茶,由官府运往唐、襄、郢、复州及河南设店销售,每年获利达百万贯。旧《五代史·周书·太祖纪》记载:后汉朝廷派三司军将路昌祚至湖南买茶。免湖南土贡枕子茶。

图3-2 现代恢复的渠江薄片

宋代,实行"茶马互市",湘茶一度崛起。茶税收入剧增,引发湘北茶军起义。据《宋史·食货志》记载,宋乾德二年(964年)实行茶叶专卖,随后在潭、岳、鼎、澧州设买茶场。荆湖路江陵府,潭、澧、鼎、鄂、岳、归、峡七州及荆门军,岁课茶叶实物税123万余斤。马端临《文献通考》:片茶(即团饼茶)有独行灵草、绿芽、片金、金茗出潭州;大小巴陵、开胜、开捲、小捲生、黄翎毛出岳州;双上、绿芽、大小方出岳、辰、澧州;鼎州只以上中下或第一至第五为号。散茶有岳麓、草子、杨树、雨前、雨后出荆湖。《万全县志》:北宋以两湖茶与蒙古(辽国)进行茶马交易,并以张家口为汉蒙互市之所。《文献通考·征榷五》记载：北宋前期，每岁市茶额，江南为1020万余斤，居全国之首；荆湖为247万余斤，居于第二位；两浙为127万余斤，居第三位。《宋史·李允则传》：潭州人民输纳茶税，初以九斤作为一斤，以后增至三十五斤。李允则任潭州刺史，奏请以十三斤半作为一斤，定为永久制度。王存《九域志》：潭州长沙郡土贡茶末一百斤。据《宋史·地理志》记载，安化于1073年建县后，朝廷于1088年在县北资江之滨设博易场，运去米盐布帛，交换以茶叶为主的土特产。当时安化茶叶"山崖水畔，不种而生"，盛况空前。华镇《云溪居士集》（1096年）：潭州茶税规定为大方茶十五万斤，每一大斤秤以九斤，需交纳茶场一百三十五万斤。陈承《本草别说》："唯鼎州一种芽茶，其性味略类建州。今京师及河北、京西等处磨为末，亦冒腊茶者是也。"《宋会要·食货志》记载：潭州茶1034837斤12两5钱，衡州5449斤10两5钱，永州20310斤，邵州6215斤13两5钱，武冈军46615斤，桂阳军1325斤，常德府130180斤，沅州371斤，辰州2339斤10两，澧州11500斤，岳州501240斤，以上11府、州、军共1760383斤10两5钱，系宋政府征购数，如果以一斤交纳十三斤半计算，实为237654担，尚有郴州、溪州产茶未记。

元明清时期，湘茶与桑、苎、棉、蔗已成为五大特产。安化黑茶，异军突起，西北茶商，纷至沓来。长沙已与广州、九江、杭州并列为全国四大茶市，贩茶成为长沙府最广泛的商业活动。《元史·世祖本纪》记载，设岳州、常德府、潭州榷茶提举司，征课茶税。

据谈迁《枣林杂俎》记载，明太祖诏令罢造团茶，命采制芽茶上贡，湖南逐渐改制烘青茶。这一年规定湖南每年贡茶70公斤，计岳州府临湘县8公斤，宝庆府邵阳县茶10公斤，武冈州茶12公斤，新化县茶9公斤，长沙府安化县芽茶11公斤，宁乡县茶10公斤，益阳县茶10公斤。清道光《宝庆府志》记载，肖岐第二次任新化知县，倡导人民种植茶、桑、棕、桐，建立茶园。清《甘肃通志·茶法》记载，安化于1524年以前制造黑茶。清乾隆《新化县志》记载，建茶税官厅于新化县苏溪巡检司，额定每年收茶税银三千两。李时珍《本草纲目》记载，"楚之茶，则有湖南之白露，长沙之铁色，岳州之巴陵，辰州之溆浦，湖南之宝庆，茶陵……皆产茶有名者。"《明史·食货志四·茶法》记载，在此以前，西北茶商多越境至湖南私运黑茶边销，御史李楠以妨碍茶马法政，请求朝廷禁止。经户部批示，自后西北官引茶以汉中、四川茶为主，湖茶为辅。民国《桃源县生计志》记载，桃源人民采取老叶制成黑茶，商人运往湖北沙市，转售蒙、藏、回族。

赵尔巽等《清史稿》：清初茶法沿袭明代，官茶由茶商自陕西领引纳税，带引赴湖南采买，每引正茶50公斤，准带附茶7公斤。清顺治九年（1652年）陕西茶马御史姜图南奏称：汉南州县产茶有限，商人大抵浮江于襄阳接买湖茶。现襄阳水贩店户专卖与别省无引私贩，官商赍引无从收买。请求转饬宝庆府新化县严加盘验，并督催湖茶运陕。民国《湖南之茶》：郴县在明末清初产茶已达25万公斤。清嵇璜《清朝通典》：向例茶商皆自陕西带引赴湖南采买。1683年定额22400引，内易马20796引。自后由甘肃发引行销28766引，其中西商大引27296引，于西宁、庄浪、洮岷、河州、甘州各处地方行销……每茶50公斤，作为10篦，每篦2封，每封2.5公斤，官商各半，政府共征茶136480篦。叶瑞延《莼浦随笔》：闻自康熙年间，有山西沽客购茶邑（指蒲圻）西乡芙蓉山……所买皆老茶，最粗者踩作茶砖，仍号"芙蓉仙茶"，此黑茶也。

周顺倜《莼川竹枝词》自注：每岁西客于羊楼司、羊楼峒买茶。清道光《蒲圻县志·乡里志》其砖茶用白纸缄封，外沾红签，有"本号临制仙山名茶"等字。民国《桃源县生计志》记载，清雍正初，桃源沙坪溪山一带，有蒋、周等八姓本地茶商专制黑茶……黑茶运销，盛极一时。清光绪《湖南通志》记载，湖南巡抚陈宏谋奏定安化引茶章程……谷雨以前的细茶，先尽陕甘引商收买，谷雨以后茶，方可卖给客贩。湖北赖文政组织茶商军三四千人，进入湖南武装购运茶叶抗缴茶税，屡次打败官军后转往江西、广东。平江县产茶较多，茶贩群集县内采购。

江昱《潇湘听雨录》："湘中产茶，不一其地，安化售于湘潭，即名湘潭，极为行远……近有效江浙焙制者，居然名品，而洞庭君山之毛尖，当推第一，虽与银针、雀舌诸品校，未见高下。"清同治《巴陵县志》：君山毛尖，自本年开始进贡，每年贡9公斤，白毛茸然，俗呼白毛尖。民国《湖南之茶》：郴州茶输出亦巨，与乐昌之白茅茶，同由广州转销南洋及欧美各地，在国际市场上亦占一席之地。赵尔巽等《清史稿》记载，钦差大臣那彦成奏请订定新疆行销茶叶章程，以新疆系官茶（茯砖茶）引地，运销蒙古的砖茶（两湖青砖茶）不得进入新疆各城售卖。经户部批示，为照顾其蒙已有六十余年，只许每年载运青砖茶一千箱（每箱约35公斤，下同）前往奇台县。甘肃官茶，年例应出关二十余万封，近来行销至四五十万封，皆系无引私茶，每附茶一封，售银七八两到十余两不等。请自后每封定价，阿克苏不得过四两，喀什噶尔、叶尔羌不得过五两。诏如所请。

何秋涛《朔方备乘》："《澳门月报》载：俄国在北边蒙古地方买茶，清道光十年（1830年）买563440棒（磅），清道光十二年（1832年）买6461000棒（磅），皆系黑茶。"清光绪《巴陵县志》：清道光二十三年（1843年）与外洋通商后，广东人每挟重金来（岳阳）制红茶，乡人颇享其利。清同治《平江县志》：平江县茶多，道光末红茶大盛，商人运以出洋，每年收入白银数十万两。周济猷《郴资永三县农事调查记》：郴县特殊农产茶叶，在清道、咸间出产最旺，每年约1800t，由粤商贩往英、俄各国销售。日本《湖南商事习惯报告书》：安化县至清咸丰四年（1854年），始行创制红茶。雷男《安化茶业调查》：安化于咸丰初年制造红茶，当时年产十万箱，十分之六七销往俄国，其余销往英美。英国《商务报告》：1853—1856年，中国茶商买了一些湖南和湖北红茶，混合一半在福建茶内，运到恰克图作为福建茶出售。这种茶更适合俄国人的胃口，于是开始公开输入俄国。民国《慈利县志》：慈利县四连附近生产红茶，由鹤峰帮购去加工外销，实际鹤峰帮茶有一半出自慈利北部。容闳《西学东渐记》："中国丝、茶之运往外国者，必先在湘潭装箱，然后再运广州放洋。"又载，他于1859年4月15日到达湘潭，收买红茶十日，装船运往上海。罗玉东《中国厘金史》：清咸丰五年（1855年）四月，湖南设立厘金局，于正税之外，加征百货厘金税。茶叶每箱抽银四钱五分，在百货中最重。咸丰十年（1860年），曾国藩又在长沙设东征局，凡盐、茶等货物，于应完厘金外，又加抽半厘。《工商半月刊》：湘省茶叶于汉口开放前，均为广帮运往广州转口外销，是以多久为外人所赏识。英国《商务报告》：天津截至1861年，恰克图的市场是由山西商人供应的，他们在湖北和湖南采购和包装茶叶，并从那里直接由陆路运往恰克图。孙毓棠《外国资本在中国经营的近代工业》：汉口俄商从1864年起陆续在湖北羊楼峒、崇阳和湖南羊楼司设置了3个砖茶厂，加工青、红砖茶。

据徐珂《清稗类钞》记载，湘乡朱紫桂（今双丰县人），系永丰镇一店员，1868年起经营红茶，加工运往汉口外销，以后在湘潭、安化设茶号数家，积资达白银百万两。《海关华洋贸易册》：山西商人有大量的茶叶和砖茶经陆路运往蒙古及恰克图，砖茶来自湖北和湖南。1871年为202184关担（10109t），1872年为148964关担（7448t），1873年为192311关担（9615.5t）。《左文襄公奏折》：陕甘总督左宗棠于平定回民起义后，于1873年奏请厘订甘肃引茶章程，以票代引，每票50引（计40包），准加附茶350公斤；除原有东、西柜外，添设南柜，准许南方各省茶商经营，遴选长沙茶商朱昌琳任南柜总商。英国《商务报告》（汉口）：湖南、湖北两省茶叶的种植，较十年前增加了50%。汉口开埠后，湘茶转运近捷，茶者辄抵巨富。谭嗣同《浏阳麻利述》：浏阳以素所植麻拔而植茶。

据《贸易月刊》记载，俄商设在湘北、鄂南的3个手工砖茶厂，于1874年起陆续迁至汉口租界，使用蒸汽机压制砖茶。《湖南之财政》：清光绪初年，湘省洋装红茶每年销售汉口90余万箱（约27670t），岁入库银千余万两，其中安化40万箱。雷男《安化茶业调查》：清光绪中期，湖南运销汉口花香（红茶末）达20万箱。叶知水《西北茶叶市场》：1875年，甘肃兰州发第一案茶引835票（约2878t），朱昌琳认领100票，自后每3年一案，领票准加不准减。

据顾延龙《吴恪斋先生年谱》记载，汉口英商大量减少两湖红茶的收购，连年抑压茶价。1893—1894年，湘省茶商在汉口亏损本银200余万两。湖南巡抚吴大澂奏请在汉口设立茶叶督销局，于外商卡价时，借外债将湖红运销南洋，未获清廷批准。罗玉东《中国厘金史》：1894年，因海防需款，茶叶厘金税又加抽二成。据海关数据，山西商人由两湖运销恰克图的红茶和砖茶，在俄商现代工业的竞争下，日益减少，每年只有3万~5万关担。俄商砖茶输出直线上升。据《石门县志·水道》记载："公元1904年原设于湖北渔洋关的泰和合茶号粤商卢月池（卢次伦，号月池），来石门县泥沙镇建筑厂房，每年加工宜红茶三千余担，连同其他茶号达万余担。"

民国初期茶业迎来了一个发展期，后期由于战乱严重衰落。1912年废除各县贡茶。1915年安化茶叶（红茶）在巴拿马万国博览会上获得最优大奖章。11月，湖南巡按使提出筹设湖南茶叶讲习所，暂定长沙小吴门外大操场荒地为所址，招收高小毕业生，培养茶叶中级技术人员。1916年4月，湖南茶叶讲习所迁于长沙岳麓山道卿祠。1920年，迁安化小淹镇。1927年，再迁安化黄沙坪。1928年，奉令停办，改为湖南茶事试验场，增设长沙高桥分场。1932年由上海购入动力制茶机械5台，是湖南应用茶叶初制机械的开始。1936年7月，湖南茶事试验场改名湖南省第三农事试验场。1938年7月，湖南省第三农事试验场合入湖南省农业改进所为茶作组，辖安化茶场及高桥分场。1939年1月，设沅水茶场于桃源沙坪。2月，茶作组改组为湖南省茶业管理处，直辖于湖南省建设厅。总处设于益阳，设办事处于长沙和安化东坪。3月，在安化县开始组织茶农运销合作社，两年间成立96社，社员4043人，股金8166元，并组织联营茶厂于黄沙坪。5月，湖南省茶业管理处派副处长彭先泽至安化江南坪试制黑砖茶，压制样砖200片，品质"堪合苏销"，是湖南黑茶在省内压制砖茶的开始。1940年初，设湖南省茶业管理处砖茶厂于安化江南坪，安装手摇压砖机等设备投产。11月，有黑砖茶2073箱（111.9t）经衡阳运往香港交与苏联。1941年，由湖南省建设厅直辖，更名为湖南省砖茶厂，扩充设备产制。9月，在桃源沙坪设立分厂。1942年6月，改由中国茶叶公司与湖南省政府合办，更名为中国茶叶公司湖南砖茶厂，并在安化硒州加设分厂。1943年，湖南砖茶厂试压茯茶砖66箱，计528片，是为茯茶砖在湖南制造的开始。截至1944年，共压制黑茶砖356万片，有200万片运至新疆星星峡交与苏联，其余在兰州销与甘肃省贸易公司，供应边销。1944年，中国农业银行、湖南省银行及西北民生实业公司集资建安化茶叶公司于汉口，设安化砖茶厂于安化白沙溪，压制黑茶砖。1946年7月，湖南省政府常委会决议，设湖南省制茶厂于安化江南坪，将安化茶场并入为研究单位。这年压制黑茶砖577575万片（1155.15t），运西北销售。1946年，湖南省银行与私营华安、大中华3家茶厂联合组设华湘茶厂于安化硒州，以加工黑茶砖为主，每年边销约40万片。同时，安化各地另有7家私营茶厂生产黑茶砖及其他紧压茶。西北茶商每年在安化运销黑茶1000~1500t。临湘县羊楼司、聂家市等地有12家茶厂恢复青砖茶生产，年销内蒙古750~1000t。

此外，1916年，茶商余振英等倡设湖南茶业总会，3月正式成立于长沙皇仓街。不到一年，即行停顿。

1930年，新化茶商曾硕甫等在杨木洲兴建茶厂，投资30余万元，历时3年，于1933年建成茶厂10余家，茶业公所1栋。1938年4月，成立湖南省物产贸易管理委员会，内设茶业处。在红茶主产区8县，向茶商举办红茶贷款65.9万元，实收红茶6.65万箱。6月，财政部实行外销茶叶统制管理。

1942年冬，安化茶场的黄本鸿利用积存的红茶末土法提炼茶素（咖啡碱）成功。以后安化、新化仿制的达8家，直至1948年冬，因原料缺乏停止。

抗日战争爆发后，茶业衰落，茶园荒芜。至1949年，全省茶园面积由最盛时的10670hm^2，减少到3200hm^2，茶叶总产量9750t。

新中国成立后，湘茶生产重现生机。20世纪80至90年代初，湖南的新名茶、新品种层出不穷、茶叶精制工艺不断完善，实现了湖南绿茶独立出口，行销东欧及东南亚国家，填补了湖南茶史上的空白。以"湘益"为代表的边销茶占全国一半，红碎茶出口占全国40%以上；"猴王"花茶在全国花茶销量、销售额、市场占有率中稳居第一，成为最大的茶叶消费品牌。20世纪90年代中后期，湘茶产业进入迷茫期。

21世纪以来，湖南省委、省政府高度重视茶产业，确立了千亿湘茶产业目标。从政策机制等多方面扶助茶产业，借助茶叶科技与茶文化的双轮驱动，湘茶产业日新月异：茶树品种良种化、茶叶生产机械化、茶叶产品多样化、茶叶销售立体化；茶产业转型升级，从一二产业向一二三产业融合发展转型；茶博会、茶文化节、茶艺竞技、制茶比赛等重大茶事活动不断展开；茶叶品牌效益日益凸显，茶叶经济效益持续增长。湖南茶业空前繁荣、蒸蒸日上。

二、湘茶内销

（一）五代，湘茶内销第一个高峰时期

湖南茶叶的内销可追溯至唐代（618—907年）。李肇《唐国史补》（781年）载，常鲁出使西蕃，在拉萨见到六种名茶，其中有灉湖茶。杨晔《膳夫经手录》（865年）载："潭州茶中益阳团茶、渠江薄片，唯江陵、襄阳皆数十里食之。"五代（907—960年）马楚时期，茶叶为马楚政权的重要经济作物，茶商号称"八床主人"，他们将长沙及其他湖南茶叶运销中原腹地，年获利百万贯，形成长沙茶叶省外销售的第一个高峰时期。

（二）明代，湘茶内销第二个高峰时期

宋代（960—1279年）沿袭唐贞元九年（793年）建立的榷茶制度，茶叶由朝廷专买专卖，在湖南实行按茶株纳税的政策。至宋嘉祐四年（1059年），改为由茶商向朝廷纳税领取引票，持引至产地收购茶叶，运往北方销售。南宋准许商人自由收购贩运茶叶，但税收更重，管理更严密，茶贩不堪重负，赖文政等6次组织起来武装抗税。北宋政权以两湖茶叶在张家口与东北少数民族进行茶马交易。

元代（1279—1368年），在江洲（今江西九江）设榷茶都转运司，总收江淮荆湖福广的茶税，茶商必须在转运司纳税领引，持引购运茶叶。起初税率是30%~35%，36年后税额增长达30倍，一担大米买不到两斤茶叶，湖南同全国其他地区一样，茶叶生产与运销也逐渐萎缩。

明代（1368—1644年）初年，明太祖朱元璋下令减轻茶税，税额均不及元代的十分之一，湖南茶叶销售数量增加，品种由团饼茶发展到烘青绿茶和黑毛茶等。长沙、岳州、常德等府茶叶行销北方各省。到明末清初，陕西、甘肃、青海、宁夏、新疆等地的边销茶，其中安化黑茶每年约3万担。正常年景下，长沙、宝庆、岳州、常德四府有茶引240道，产茶近60万担，其中长沙府所辖长沙、善化、浏阳、宁乡、安化、茶陵等12县州年产茶约25万担，长沙已与广州、九江、杭州并列为全国四大茶市，贩茶成为长沙府最广泛的商业活动，形成湖南茶省外销售第二高峰时期。

（三）清代，湘茶内销的第三个高峰期

清代（1644—1911年）茶法沿袭明代旧制，茶叶由茶商自陕西领引纳税，带引赴湖南采购，每引正茶100斤，准带附茶14斤。清咸丰五年（1855年）湖南设立厘金局，正税外加征茶叶厘金税，税赋在百货中最重。此税直至1930年方止。这一时期的茶叶贸易比明代还要发达，国内销售数量大幅度增加，形成湖南茶叶外销第三个高峰时期。品种增加了砖茶（包括茯砖、黑砖、青砖）、花卷茶（百两茶、千两茶）、天尖茶、贡尖茶、生尖茶、红茶及名茶等。清咸丰至同治年间（1851—1874年），陕甘回民抗清起义，前后长达10余年，西北地区茶运交通阻塞，东西柜茶商逃散，加上1840年鸦片战争后，俄商来华设厂大量加工砖茶运回本国销售。因此，西北各省边销茶奇缺。

平定回民起义后，陕甘总督左宗棠于1873年奏请另订边销茶章程，改为以票代引制度。每票40引，正附茶51.2担，并在原陕、甘、晋，以及回民茶商经营的兰州东、西柜之外，添设南柜，允许南方各省茶商经营，选派长沙朱昌琳为南柜总管。1875年开始在兰州发放引票，所发引票都由茶商持赴长沙府安化等地购买黑毛茶，然后运陕西泾阳加工成茯砖茶销售西北边疆地区。朱昌琳在长沙太平街设有乾益升茶庄，在安化设有分庄

图 3-3 清代压制茶砖的工具　　　　图 3-4 清代茶叶生产场景

收购茶叶,在新疆、青海、甘肃等省设有分庄,销售茶叶达 60 余年。"乾益升"还在长沙东乡麻林、高桥、金井等地有规模可观的茶场,制成绿茶、红茶和砖茶,用一色朱漆木匣盛装,上盖"乾益升"牌记,成为享誉一时的名牌(图 3-3、图 3-4)。

(四)民国,湘茶内销起起落落

民国初,湖南茶叶运销情况与晚清大致相同。1937 年兰州发第二十一案引茶 2300 票,计旧秤 131100(7928.9t),是发第一案以来的最高额。至抗日战争爆发,茶路交通阻塞,引茶体积大,运输困难。1938 年 10—11 月,武汉、岳阳先后沦陷,茶叶外贸又受重大影响,加上货币贬值,茶商经营艰难,致使湖南黑茶积压,边区砖茶供应紧张(图 3-5)。

为压缩体积,便于运输,1939 年 5 月,湖南省物产贸易管理委员会派茶业处副处长彭先泽至安化江南坪,试压黑砖茶成功,1940 年就地设立国营砖茶厂,产品除运销香港、苏联外,全部运兰州转销西北各省。另有公私合营的华湘茶厂,以及安化茶叶公司制茶厂,湖南省农业改进所安化茶场(省营)等厂亦生产黑砖茶供应市场。1950 年 5 月,时任中国茶叶公司安化砖茶厂厂长的彭先泽先生给中国茶叶公司安化支公司的报告,报告接收各私营茶厂和官办黑茶加工机械设备的清单。抗战胜利后,晋、陕、甘及湖南茶商恢复和扩大黑砖茶、花卷茶,以及天尖茶、贡尖茶、生尖茶生产,并采购引茶至泾阳加工茯砖茶运销西北(图 3-6)。在湖南采购、加工茶叶的茶商,每年有 20 多

图 3-5 民国时期陕西官茶票　　　　图 3-6 "泾阳砖"的压制模具

家，茶叶盛销时，全省茶号多达200多家。东、西柜茶商在湖南设的茶号较多。经营年限长，资金雄厚的茶号有长沙的乾益升，安化江南坪的魁泰通、天泰运、合盛西、裕兴福、合盛行，安化小淹镇的吉盛昶和湘潭的兴和福等，其中就地设厂加工砖茶较多的有安泰、华安、天泰庆和两仪等茶厂。省城长沙城内的茶叶店则多设在坡子街和太平街一带，除乾益升外，著名的茶号还有德裕茶庄、詹恒大茶叶号、段永春茶叶号、吴中和茶叶号等。

1939年5月，彭先泽在安化江南坪试压黑砖茶成功，1940年就地设立国营砖茶厂，加工黑砖茶（图3-7）。1939—1944年，共生产黑砖茶356.04万片，片重2kg，共计7120.7t。其中96t运香港，4000t运新疆出口苏联，余下的3025t，运兰州转销西北各省。1939—1948年的10年中，随着政治局势的变化，国家机构不断变动，因而砖茶厂的厂名也跟着先后变更7次，

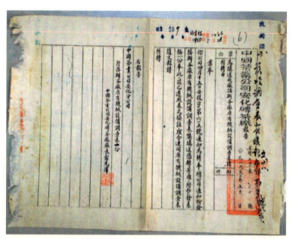

图3-7 彭先泽给中国茶叶公司安化支公司的报告

从1946年由国营变为公私合营，但砖茶生产一直未停顿。1940年生产黑砖茶129t，1941年生产292t，1942年生产1333t，1943年生产5036t，1944年生产331t，1945年生产331t，1946年生产665t。除上述砖茶厂外，另有公私合营的华湘茶厂1946年和1947年分别生产黑砖茶858t和320t。安化茶叶公司制茶厂1947年和1948年分别生产黑砖茶388t和218t。湖南省农业改进所安化茶场（省营）1945年生产黑砖茶491t。以上茶厂，1939—1948年共产黑砖茶10060t，供应市场。

1945年，抗战胜利，交通状况好转，西北晋、陕、甘及湖南茶商，恢复和扩大黑砖茶、花卷茶、天尖茶、贡尖茶、生尖茶生产，并采购引茶至泾阳加工砖茶，运销西北。在湖南采购、加工茶叶的茶商，每年有20多家，其中就地设厂加工砖茶较多的有安泰、华安、天泰庆和两仪4个制茶厂，1943—1948年共生产黑砖茶2837t。

1.1644—1949年，湖南省国内销售茶叶品种

黑毛茶（包括老青茶）即引茶、散茶、花卷茶、砖茶，其次有绿茶、红茶。

引茶：分甘引和陕引。甘引多为五级黑毛茶，色黄、叶质较粗老，篾篓踩成90kg大包，运往陕西泾阳，作加工茯砖茶的原料。陕引为叶质较嫩，色黑的黑毛茶。在产地经过筛分加工成品，运销山西、陕西、绥远、察哈尔等地，以西安、太原为集散地。

篓装茶：用黑毛茶中细嫩茶叶，通过拣选，去掉梗片和杂物，按原料细嫩程度，分别制成天、贡、生、捆、乡尖及白毛尖、芽尖的散茶。

花卷茶：清嘉庆年间，经营黑毛茶的晋陕茶商，将在湖南采购较细嫩的黑毛茶，踩制而成的圆柱形"千两茶"。

砖茶：有黑砖和茯砖。黑砖于1939年在安化江南坪试制成功，批量生产；茯砖于1943年开始试制，到1953年获得成功，正式投入生产。

红、绿花茶：有少量红、绿、花茶，销往广东、广西、湖北、河南和本省就地销售。年销量400~500t。如1930年7月至1931年6月，运销两广红茶102t，本省销售和运销两广青（绿）茶共340t，共计442t。

2. 经营湖南茶叶的茶商

晋、陕、甘茶商，称西邦，又分东、西两柜。赣、鄂、粤、湘茶商，称南邦，又称南柜。茶商在产地设茶号（茶庄、茶站）收购茶叶。西邦在湖南设的茶号较多。经营年限长，资金雄厚的有安化江南坪的魁泰通、天泰运、合盛西、裕兴福、合盛行，小淹的吉盛昶。南邦以长沙的乾益升、湘潭的兴和福等茶叶盛极时。茶叶盛销时，茶号多达200多家。

3. 湖南茶叶国内销售的销区

茯、黑砖茶（以湖南黑毛茶为原料）区：甘肃（以夏河、天水、平凉、张掖为茶市）、青海（以西宁、湟沅、玉树为茶市）、宁夏（以吴忠堡为茶市）、新疆（以奇台、疏附、和阗为茶市）、内蒙古（以科布多、乌里雅苏台、库伦为茶市）。消费者主要是藏族、蒙古族、回族、维吾尔族、哈萨克族、汉族。

青砖（湖南茶原料占50%）和花卷茶区：宁夏、甘肃、陕西北部，消费对象以蒙古族、回族、汉族为主。

红砖茶（由两湖红茶末压成）区：绥远、内蒙古、新疆、宁夏，消费者以蒙古族为主，回族、哈萨克族、维吾尔族次之。

细茶区：包括各种绿茶、红茶和特种茶。销往广东、广西、河南、湖北和湖南（表3-1）。

表3-1　1932—1948年湖南省供应边销茶数量表

年份	合计/t	引茶/t	花卷茶/t	老茶/t	砖茶/t
1932	2885	1710	570	575	
1933	3175	1710	890	575	
1934	2926	1710	641	575	

续表

年份	合计/t	引茶/t	花卷茶/t	老茶/t	砖茶/t
1935	3568	2280	713	575	
1936	4529	2850	1104	575	
1937	4966	3420	1283	263	
1938	3619				
1939	5057	4934	123		
1940	235	120			115
1941	409	180			229
1942	704	60			644
1943	90				90
1944	4008				3946
1945	1186	628			558
1946	4399	2240			2159
1947	2769	1338			1431
1948	2188	1216			972

数据来源：朱先明《湖南茶叶大观》。

4. 运输路线

主要是指边销茶的运输。大部分运陕西泾阳，少部分运甘肃兰州，顺资江用船运至益阳，改大船运湖北沙市，经老河口，用驼马或汽车直运泾阳；或者从益阳船运汉口，交平汉铁路抵郑州，中转陇海路至咸阳，再转泾阳，压制成茯砖，再运兰州分销。

5. 运输工具

原以驼马船舶为主，后用船、火车、汽车运输。

抗日战争期间，铁路和汉水运输中断，湖南运泾阳的边销茶被迫改道，改为益兰线。茶叶运至益阳，用小拖轮经沅江口至宜昌，改大拖轮经三峡至四川、重庆，再用小拖轮溯嘉陵江至广元，装汽车至陕西宝鸡，换装火车至咸阳，转汽车至泾阳。宜昌被日军侵占后，益兰线不通，加上湖南黑砖压制成功，大部分黑茶不需运往泾阳加工，因此湖南销往西北的边销茶，由安化起运，逆资江而上至安化烟溪，装车至溆浦，换船沿沅江而下，至沅陵换小帆船，溯酉水经保靖，装车入四川彭水，再改帆船至重庆，沿嘉陵江达广元，用汽车经川峡公路、华双公路抵甘肃兰州后分销。

（五）近代，湘茶内销迎来新的发展

1949年以后，随着经济的发展，交通运输、邮电通讯条件的改善，茶叶内销市场日

益扩大，渠道更加畅通，湖南茶叶国内销售数量不断增加。湖南茶叶的国内销售主要分为边茶供应、省间调拨、省内销售三大块。

边茶供应。湖南以质优量大一直作为主产省份承担"为边疆提供安全可靠边销茶"的任务，边销茶中主要是黑茶，销往新疆、内蒙古、宁夏、青海、甘肃、陕西、山西等西北地区。

省间调拨。1950—1984年，独家经营，统一价格，计划销售。茶叶先后被规定为国家一、二类计划物资，实行计划管理和派购政策，由中央茶叶主管部门（中国茶叶公司、中华全国供销合作总社茶叶局）统一管理，下达调拨计划到各省份调出、调入的茶叶经营公司。属省以下单位执行的，省公司再分解下达到行署、县茶叶经销公司和茶厂。湖南属茶叶调出省份，调出品种主要是花茶与绿茶。

1984年，商业部将茶叶改为三类可自由经营商品。湖南于1985年取消茶叶派购，实行以销定产，茶叶市场开放，实行议购议销。提供调出省外茶叶的单位有所增加，新产生了一批社队茶叶生产、加工与经营企业，供应的茶类品种增多，新创名茶如长沙茶厂的"凤嘴"牌茉莉花等产品的销售市场扩大到全国各省份。

省内销售。在1984年以前由省茶叶主管部门统一管理，统一价格，统一下达销售调拨计划。以省内调拨为主，少量的从外省调入。湖南属重要茶区和销区，湖南农村习惯饮用本地绿毛茶。在实行计划管理时期，茶农生产的茶叶，除按人头每人留自用茶0.5kg外，全部由国家收购。当地乡镇和不产茶的乡村所需茶叶，由市茶叶主管部门安排销售计划，再由当地或由邻近产茶地的茶叶收购部门，按照计划调拨给供销合作社门市部销售。销售品种以产地绿毛茶为主，个别地方也饮用少量红茶、黑毛茶等。零售茶叶实行全省统一样价，直至1984年。

除上述产地销售外，在市区和较大城镇，则以调拨销售为主，以成品绿茶为主要品种，其次也销售绿毛茶、花茶、名特茶等。河西园茶毛茶是长沙人民特别喜爱的地方历史名茶，拥有极其忠实的顾客群体。供货单位主要是湖南省长沙茶厂，其次是湖南省湘潭茶厂。20世纪80年代起，一些县办茶厂、乡镇茶厂的产品也相继进入了市场。为保证供给，增加茶叶花色品种，长期以来，省茶叶公司都按计划安排从云南调入少量沱茶，从浙江调入少量龙井茶安排在长沙、株洲、湘潭、衡阳销售。

1985年开始，除边销茶，其他茶叶实行议购议销，自由销售。

1. 边茶供应

边销茶系指供应给西北、西南边疆少数民族地区的茶叶。这些地区，气候寒冷干燥，缺少蔬菜，又大部分以畜牧业为主，以牛羊肉和奶制品为主要食品，需要饮茶来帮助消化，抗寒保暖，提供部分人体必需的维生素。自古以来茶叶就成为必不可少的生活必需品。素有："宁可三日无粮，不可一日无茶""一日无茶则滞，三日无茶则病"之说。湖南是传统的边销茶产区，主要品种有：茯砖茶、花砖茶（包括花卷茶）、黑砖茶、传统散茶（指天尖茶、贡尖茶、生尖茶）。主要供应给新疆、青海、甘肃等省份，其次供给内蒙古、山西、陕西、西藏等省份。年供应量15000~18000t，占全国边茶总销量的40%以上。

中央人民政府政务院规定："安排好边销茶的生产，保证边销茶的供应""满足少数民族的生活需要""是贯彻党的民族政策，加强民族团结，巩固国防的大事，是一项政治任务"。1949年后，40多年来，湖南省的边茶工作一直是按照这一指示进行的。为了发展边销茶生产，1952年划定安化、益阳、桃江、汉寿、临湘、宁乡、沅江7县，为边销茶原料产地，其中安化、桃江、临湘3县是传统的边茶原料生产老区，新增加4个县专门生产边销茶原料，以加快发展边茶原料生产。同时采取宣传动员，发放贷款，提高茶价等办法，鼓励群众垦复荒芜茶园，使边茶产量逐年上升。1953年以前，产销矛盾十分突出时，政府鼓励私营茶商积极组织边茶原料，安化白沙溪茶厂1951—1953年3年累计私商交售边茶原料2735t，占全国边销茶总销量的33%。1964年，西北市场边茶购销差额很大。1965年全省开展增产边茶原料，挖掘边茶货源活动。动员边茶产区茶农，充分利用修剪整枝茶叶，对茶园进行复采清蓬，做到净采净收。广泛发动群众采摘荒山野茶，谁采谁得。同时，号召"以茶促粮"，培育好现有茶园，改造低产茶园，发展良种，大办茶场，开垦荒山荒地，建设新茶园。到1978年7个边销茶产区县的茶园面积达3.27万hm^2，其中采摘面积1.76万hm^2，收购边销茶原料22866t，创历史最好水平，与1970年的8773t比较，收购量增长了1.61倍，年增长幅度为15%以上，还有1.33万hm^2幼龄茶园陆续投产。从此，边销茶有了雄厚的货源基础。

湖南历史上边茶加工能力很小，以输出原料为主，多是将原料运至陕西泾阳和湖北汉口制成砖茶，然后运往销区。1948年以前，湖南虽有一家公私合营砖茶厂和数十家私营茶厂，但加工能力小，年产砖茶不多。1949年后，国家接管了公私合营茶厂，1950年成立中国茶叶公司安化砖茶厂，下设白沙溪分厂，迅速恢复传统边茶加工制作和试制茯砖茶，并进行扩建和技术改造，扩大加工能力，逐步形成年产2000t的规模。1959年建成益阳茶厂，年产边茶能力5000t。1969年建成临湘茶厂，年产边茶能力5000t，全省拥有边销茶加工能力12000t。后又进行挖潜革新，技术改造，改单班生产为双班生产，到20世纪70年代中期，全省边茶年加工能力达到20000t以上。1974—1977年，4年年均生产边茶16846t，年均销边茶16364t。实现了边茶敞开销售，保证供应的要求。此后，产区产量继续增加，但销售基本稳定，出现了产区销区库存增加，形成积压的局面。1978年底，湖南库存原料19119t，超存近10000t；新疆库存16700t，超存1000t；内蒙古库存2000t，超存1000t，其他销区也有不同程度的积压。产区和销区合计库存可以销3年。

1）根据边茶产大于销的情况，采取了三条改进措施

第一，在边销茶产区改产红、绿茶，减少边销茶原料。通过几年工作，边销茶原料收购，由1978年的22866t下降到1981年的15540t。

第二，扩大边茶加工，减少原料库存，节约储备仓容。

第三，增加储备。中华全国供销合作总社1979年拨给湖南边销茶储备资金1000元，对已经生产的边茶进行储备；湖南3个边茶扩建仓库。增大容量，在原有库存的基础上，增储4000t；又在桃江、汉寿、宁乡3个边茶原料生产县，建设简易仓库，就地储存边茶原料4000t。

2）国家对边销茶生产和供应，一直是实行优惠和保护政策，归纳为三点

第一，将边销茶划为二类农副产品，长期实行派购和计划供应。如1984年，其他茶叶由二类农副产品改为三类农副产品，由国营企业独家经营改为彻底放开，但国务院规定边销茶仍属二类农副产品，继续实行派购。

第二，当边销茶供应紧张时，国家采取发放贷款，下拨物资和资金，扶持生产，增产增收；形成积压时，国务院指示建立边销茶储备，以保证特殊情况下的需要。

第三，边销茶纳税最少。1980年工商税率由40%降为20%，比其他茶类低20%，1983年其他茶类的税率由40%降为25%，边销茶税率又由20%降为10%，仍比其他茶类低15%。

3）边销茶主要品种

边销茶的主要品种有茯砖茶、黑砖、花砖（包括花卷茶）、散茶、甘引茶。

（1）茯砖茶

茯砖茶是湖南边茶中的主要产品，占全省边销茶总量的80%~85%（图3-8）。主要供应新疆、青海、甘肃、西藏。西北市场，20世纪50年代初，年供应量不过2000t，当时供应的茯砖茶，系陕西泾阳产的"人民"牌和四川雅安产的"团结"牌，而泾阳茯砖茶原料主要是湖南安化产的黑茶和临湘产的老青茶。湖南1943年开始试制茯砖茶，1950年再次试制，经过3年的多次反复摸索试验，于1953年在安化第二茶厂即原安化砖茶厂白沙溪分厂试制成功，1955年正式投产，年产1251t，1958年改手工筑茯砖为机压

图3-8 茯砖茶

茯砖，年产量上升到1733t。为了发展茯砖茶生产，增加茯砖茶的供应数量，1959年，湖南建成第二个砖茶厂——益阳茶厂，设计能力为年产5000t茯砖茶（白沙溪茶厂停止生产茯砖）。从此，湖南产"中茶"牌茯砖茶取代了"人民"牌和"团结"牌茯砖茶，使西北市场的茯砖茶供应量由20世纪50年代占全国的20%增加到50%。由于茯砖茶供应数量增加，加上制作精细，滋味醇和尚浓，香气纯正，深受消费者欢迎，西北各族人民称赞它为"福茶"。由于湖南产茯砖茶质量稳定，价格适宜，随着广大农牧民生活水平的提高，喝茯砖茶者越来越普遍，茯砖茶需求量增加。为了满足西北各民族的生活需要，湖南于1966年手开始筹建第三个砖茶厂临湘茶厂，年加工能力为5000t茯砖茶，1969年投产。2个茯砖茶厂，共计年产能力10000t。1970年以后分别对益阳、临湘茶厂进行了技术改造，扩建和增添设备，将加工能力扩大到年产20000t以上。1977年以后西北茶市场供需矛盾已经缓和。由过去计划定量供应，改为敞开供应，茯砖茶销区进一步扩大。据调查，20世纪70年代初，新疆的伊犁、塔城、阿勒泰地区主要销售米砖茶。几年后除阿勒泰地区还销售一定数量的米砖茶外，其他地区都改为茯砖茶销区。昌吉州、巴音郭楞州是新疆回族集中的地方，也由喝黑茶改为喝茯砖茶。据新疆茶畜公司1985年统计，新疆茯砖茶占年销量的85%，青海占36.29%，甘肃占33.53%。

（2）黑砖茶

黑砖茶1939年5月在安化县试制成功（图3-9）。主要供应新疆、甘肃、宁夏、陕西、内蒙古等省份。1950—1969年，年均供应量1297t。1970—1979年，是黑砖茶销售的最盛时期，年均供应量2023t。1980年以后，销量呈下降趋势，1984年为1299t。

图3-9 黑砖茶

（3）花砖茶（含花卷）

花砖茶是由花卷茶发展而成的（图3-10）。花卷茶（又名千两茶）是湖南边销茶中的传统产品。1949年以后，继续供应。1951—1957年共供应1256t，年均供应179t。1958年改制成花砖茶，供应给宁夏、陕西、山西等省份。花砖茶具有便于消费者携带的特点，深受欢迎，供应量逐年增加。1958年供应花砖茶369t，1968年达到642t，1978年上升到1684t，1984年为2262t。

图3-10 花卷茶

提高品质，开发新产品，适应市场需求。1972年，益阳茶厂试制特制茯砖茶成功（原有茯砖改称普通茯砖茶），销售量逐年增加，由1972年的256t，增至1979年的8573t，以后稳定在8500t左右，占茯砖茶销量的50%以上；1986年，益阳、临湘、白沙溪3个边茶厂，为方便消费者携带，分别将每片重2kg的茯砖、花砖、黑砖茶切成4片，包装成0.5kg重的简装和精装两种小包装，深受消费者欢迎。

1985年以后，随着其他茶类市场放开，边销茶市场也得到开发。湖南边销茶原料收购，出现了多渠道经营；一部分茶叶经营单位，设厂加工砖茶。这些新厂有的因不懂技术，资金困难而倒闭。有些砖茶厂已形成规模，产品进入市场，颇受欢迎，要求安排调拨计划。如1987年湖南省计委下达全省紧压茶调拨计划18695t中，安排益阳、临湘、白沙溪茶厂共计17695t，占94.3%。安排湖南省供销合作社系统茶厂（包括安化县茶叶公司，桃江县香炉山、益阳县、沅江县、临湘永巨和白石等茶厂）调供新疆"合作"牌茯砖茶计划750t，占4%；安排省乡镇企业局系统砖茶计划250t，占1.7%。

（4）篓装茶

天尖茶、贡尖茶、生尖茶是湖南边销茶中的传统散茶产品（图3-11）。20世纪50年代年均供应372t，60年代年均供应77t，70年代年均供应150t，80年代年均供应475t。曾于1967年分别更名为湘尖1号、湘尖2号和湘尖3号，1983年恢复原名。主要供应给陕西省的西安、长安、蓝田、泾阳、咸阳、宝鸡和渭南等地。

图3-11 天尖茶

（5）甘引茶

湖南省1950—1957年，调出甘引茶7542t给陕西泾阳加工制作茯砖茶（图3-12）。随着湖南边销成品茶加工能力的增大，调出引茶的供应办法，于1958年终止。

图3-12 甘引茶

4）边销茶出厂价格

边销茶由生产茶厂直接发运给销区国家指定的经销单位，其调出价格和标准，按国营茶厂出厂样价执行。边销茶出厂价格，随着原料价格的调高，工厂成本的增加和市场情况的变化，进行过多次调整。如普通茯砖茶每吨价格1954年935元，1960年1662.4元，1973年1880元，1987年2120元，1990年3440元，1990年比1954年增长268%。特制茯砖茶每吨价格1973年2260元，1987年2320元，1990年3780元。花砖茶每吨价格1954年1319元，1960年1821元，1973年2120元，1987年2320元，

1990年3780元。黑砖茶每吨价格1954年1025元，1960年1604元，1973年2040元，1987年3640元，1990年3640元。天尖茶每吨价格1954年2943元，1960年3340元，1973年3620元，1987年4260元，1990年7900元。贡尖茶每吨价格1954年2391元，1960年2492元，1973年3200元，1987年3500元，1990年5900元。生尖茶每吨价格1954年1013元，1960年1771元，1973年220元，1987年2820元，1990年4600元。1987年新开发的小砖茶和其他茶，由茶厂与销区协商价格。

5）运输路线和工具

1949年后，我国交通运输事业迅速发展。京广铁路复线修通，兰新、兰青铁路建成，青藏铁路不断延伸。为湖南边销茶运销，创造了更好的条件。减少了中转次数，缩短了在途时间。对及时供应边销和保证品质，起了很好的作用。

目前，湖南边销茶运输，全部经京广铁路北上，运抵郑州，转陇海铁路至甘肃兰州。除甘肃省外，再分3条线路，转运各销区分销。

① **湖南至青海线：**兰州站转兰青铁路，经平安驿抵青海西宁市。

② **湖南至新疆线：**兰州站转兰新铁路至乌鲁木齐。

③ **湖南至西藏线：**西宁站转青藏铁路至格尔木，再用汽车运至西藏拉萨。

销区省运至销区县（市、区），一般用汽车或火车，个别地方用驼马。县至基层销售点，一般用汽车或驼马。

如销往甘肃省以西地区的边销茶，用火车运输，沿兰新铁路运往武威、张掖、酒泉、玉门等站，再用汽车运至基层销售点。

又如运往青海以东地区的边销茶，沿兰青铁路直运。运往青海以西，海西地区的边销茶，沿青藏铁路，运抵湟源、海晏等站，再用汽车或驼马运抵基层销售点。

湖南省1950—1958年，只有白沙溪茶厂生产边销茶，供应边销。1950年调供普通茯砖茶（下称"普茯"）33t，黑砖茶617t，天尖茶、贡尖茶、生尖茶（下称"尖茶"）52t，共702t。1951年调供普茯208t，黑砖茶689t，花砖茶（花卷，下同）37t，尖茶54t，共988t。1952年调供普茯61t，黑砖茶423t，花砖茶38t，尖茶153t，共675t。1953年调出普茯23t，黑砖茶814t，花砖茶283t，尖茶447t，共1567t。1954年调出普茯23t，黑砖茶1592t，花砖茶222t，尖茶1956t，共3793t。1955年调出普茯1251t，黑砖茶1859t，花砖茶187t，尖茶889t，共4186t。1956年调出普茯1506t，黑砖茶957t，花砖茶433t，尖茶730t，共3626t。1957年调出普茯1348t，黑砖茶103t，花砖茶560t，尖茶627t，共2638t。1958年调出普茯1733t，黑砖茶873t，花砖茶369t，尖茶511t，共3486t。1959年以后，增加了益阳茶厂生产茯砖茶，湖南全省调出数量和品种见表3-2、表3-3。

表 3-2 湖南省边销茶分年分厂分品种调出数量表

年份	合计/t	特制茯砖茶 益阳茶厂/t	普通茯砖茶 白沙溪茶厂/t	普通茯砖茶 益阳茶厂/t	普通茯砖茶 临湘茶厂/t	黑砖茶 白沙溪茶厂/t	黑砖茶 益阳茶厂/t	花砖茶 白沙溪茶厂/t	花砖茶 益阳茶厂/t	天尖茶、贡尖茶、生尖茶 白沙溪茶厂/t	天尖茶、贡尖茶、生尖茶 益阳茶厂/t	其他茶/t
1959	9601		1511	4712		1117	1117	377	377	192	191	7
1960	10343		1836	5280		577	977	393	393	244	243	
1961	11403		1624	6501		1019	1019	413	413	133	133	88
1962	10106		1315	6351		702	897	383	354	62	32	
1963	10509		760	7492		640	897	327	342	13	38	
1964	10165		515	7344		775	759	328	328	32	84	
1965	9117		475	7459		750	83	325		26		
1966	9837		461	8088		850		397		41		
1967	5376		204	4341		534		256		41		
1968	11520		898	8576		1314		642		90		
1969	10736		401	7563	730	1343		592		107		
1970	14157			8320	3071	1940		701		116		9
1971	11609			4487	4510	1522		956		64	58	12
1972	14862	256		6762	4726	1832		1151		45	90	
1973	14919	4267		1848	5020	2460		1165		98	61	
1974	12721	2527		4622	3526	967		954		125		
1975	18982	6242		274	5760	3004		1519		131	52	
1976	15028	3779		4306	3560	1801		1504		78		
1977	16725	9543			5320	2233		1529		100		
1978	18149	6459		1727	5637	2318		1684		207		117
1979	18779	8573			5763	2146		1771		200		326
1980	19158	6402		1905	4142	1314		1986		262	742	405
1981	15907	6506		559	4585	1120		2073		362	557	145
1982	16188	6477		230	5833	765		2197		273	327	66
1983	18367	6370			5995	868		3024		110		
1984	21023	9986			7385	1299		2235		113		5
1985	19468	8677			7176	1512		1674		89		340
1986	16494	8318			6040	1247		674		215		
1987	18072	8390			7493	631		1184		164		10
1988	15094	6469	2237	822	5566							
1989	17314	7644	3063	424	6183							
1990	18439	8595	3008	419	6417							

注：1986、1987 年益阳茶厂特茯数内分别包括白沙溪茶厂调出的 275t 和 797t。
数据来源：朱先明《湖南茶叶大观》。

表 3-3　湖南省历年茯砖茶销区分布表

年份	合计 /t	调入省份							
		新疆 /t	青海 /t	甘肃 /t	西藏 /t	陕西 /t	内蒙古 /t	宁夏 /t	其他 /t
1959	5404	1946	2602	935	28	210	320	209	154
1960	6892	2225	1155	305	287	230	165	180	
1961	8213	2477	3369	1141	157	69	384	161	455
1962	7671	2656	2783	1233		20	370	220	389
1963	8768	3666	3061	1209		53	471	258	50
1964	8514	3260	3700	793	190	85	258	160	68
1965	7492	3424	2987	981	50	15	16	17	2
1966	6087	3657	3406	947	50	25			2
1967	4341	1739	1740	847		15			
1968	8579	3933	3149	1377	100	20			
1969	8294	3481	3817	895	100	1			
1970	11391	4587	4272	2106	100	25	276		25
1971	9055	4202	4103	448	150	83	62		7
1972	11834	5677	4412	1536	105	95			9
1973	11194	4638	4258	1987	74	206			31
1974	10671	5751	3056	1864					
1975	14328	7251	4853	2097	52	55			20
1976	11644	6287	3610	1691	51				5
1977	14861	7951	4318	2485	50	54			3
1978	13938	8187	4509	1155	59	28			10
1979	14335	5790	5005	3489	50				1
1980	15189	7206	5284	2240	50	65			344
1981	12207	4982	5450	1194	100	67			414
1982	12867	5517	5733	1184	100	13			320
1983	14561	5993	4987	2704	770				107
1984	17377	8096	6250	701	300				30
1985	16201	10460	3042	2136	233				330
1986	14080	7506	3937	2321	293				20
1987	17426	9928	4597	2829	58				14
1988	11057	4505	4253	2285					14
1989	14452	8952	3319	2105					76
1990	15429	8303	2474	3013	176	43			1420

注：白沙溪茶厂1959—1969年和1986、1987年13年中共调出茯砖11253t未列入本表；安化县茶场、益阳县、沅江县、桃江县香炉山、临湘县白石等茶厂，1987年共调给新疆"合作"牌砖茶1620t，1988年1361t，1989年2770t，1990年1880t，都未列入本表。

数据来源：朱先明《湖南茶叶大观》。

2. 省间调拨

省间调拨，系指省与省之间，经营茶叶单位的茶叶调拨过程。1950—1984年，实行计划管理阶段，由中央茶叶主管部门（归外贸管理时是中国茶叶公司，内外贸分开后，为中华全国供销合作总社茶叶局）统一管理，下达调拨计划到各省份调出、调入的省茶叶经营公司。属省以下单位执行的，省公司再分解下达到市、县茶叶经销公司和茶厂。

湖南属茶叶调出省份。调出单位，主要是省属十几个茶厂。红茶由安化、新化、桃源、涟源、平江、石门、邵阳茶厂调出；花茶、绿茶由长沙、湘潭茶厂调出；砖茶由益阳、临湘、白沙溪茶厂调出。调出品种有：工夫红茶（包括轧制红茶）、红碎茶、花茶、绿茶、茯砖、黑砖、花砖茶。20世纪80年代以后，调出单位增加了桃江、汉寿、浏阳、洞口、湘阴县等茶厂，调出品种有红、绿茶。

湖南省省间调拨红茶的销区有：1976—1981年，年均调供吉林1396t，辽宁624t，黑龙江348t，广东343t，湖北292t，上海96t，内蒙古484t。调供花、绿茶和黑、茯花砖茶的销区有：1976—1981年，年均调供北京114t，天津59t。甘肃、陕西、山西、山东、河南、广西、河北等省份，销售少量湖南茶。1976—1981年湖南省调供全国有关省份内销茶，年均3837t。

1985年，茶叶市场开放，实行议购议销。提供调出省外茶叶的单位有所增加，供应的茶类品种在原有的基础上，有新创制的名茶。如长沙茶厂"凰嘴"牌茉莉花茶、安化茶场"猴王"牌小包装工夫红茶、炉观茶科所小包装绿茶，销售市场扩大到全国各省份。

3. 省内销售

湖南茶叶省内销售，在1984年以前，由省茶叶主管部门统一管理，统一价格，统一下达销售调拨计划。以省内调拨为主，少量的从外省调入。省内茶叶销售分两种情况。

1）地产地销

湖南几乎县县产茶，而且当地人习惯饮用本地毛茶。在实行计划管理阶段，茶农生产的茶叶，除按人头每人留自用茶0.5kg外，全部由国家收购。当地乡镇和不产茶的乡村所需茶叶，由省茶叶主管部门安排销售计划，再由当地或由邻近产茶地的茶叶收购部门，按计划调拨给供销合作社门市部销售。销售品种以地产绿毛茶为主，个别地区也饮用少量红茶、黑毛茶。零售茶叶执行全省统一样价，湖南省《关于地销毛茶作价办法的通知》规定：

县以下地产地销毛茶零售价=收购价×（1+40%的工商税率）+10%的购销差率

紧邻产地的销地基层零售价，按县以下地产地销毛茶零售价，加2%的地区差价作价。

产地县（市）零售价=［收购价×（1+40%工商税率+7%的县基综合费用）+运

杂费〕×（1+10%批零差率）

紧邻产地县（市）的批发价=〔收购价×（1+40%工商税率+7%县基综合费率）+运杂费〕×（1+3%进销差率）+运杂费

紧邻产地县（市）的零售价=紧邻产地县市的批发价×（1+12%批零差率）

省辖市毛茶批发价=收购价×（1+40%工商税率+5%基层综合差率+2%县级综合费率+3%市级进销差率）+运杂费

省辖市毛茶零售价=省辖市毛茶批发价×（1+12%批零差率）

以上规定沿用至1984年，1985年以后实行议购议销。

2）调拨销售

以较大城镇为主要市场，以销售成品绿茶为主要品种，其次也销售毛茶、花茶、名特茶等。河西园毛茶在长沙市销售，久负盛名。供货单位主要是湖南省长沙茶厂，其次是湖南省湘潭茶厂，20世纪80年代起，一些县办茶厂、乡镇茶厂的产品也进入了市场。为增加花色品种，长期以来，计划安排从云南调入少量沱茶，从浙江调入少量龙井茶，安排在长沙、衡阳、株洲、湘潭4市销售。其茶叶批发业务20世纪50年代由省茶叶公司批发，60年代以后，由调入的地市副食品公司批发。零售业务，1954年以前主要由私商零售，当时长沙市有私营茶庄17户，其中清光绪年间开业的有詹恒大茶庄，清宣统年间开业的有永春茶庄。裕大、益生华茶庄，分别于1916年、1921年开业，其余是1946—1951年开业。17户茶庄中，有8户批零兼营、8户零售、1户批零兼运销。这些茶庄茶叶经营情况：詹恒大茶庄设坡子街，1954年零售茶叶5t，批发7.6t。永春茶庄设五一路，1954年零售茶叶3.2t，批发21.5t。大同茶庄设黄兴南路，1954年零售茶叶3.4t，批发12.6t。津津茶庄设解放路，1954年零售3.3t，批发16.2t。君山茶庄设中山路，1954年零售2.6t，批发8.4t。益生华、雍乐、真善美茶庄，批零兼营，年销量2~10t。另有杨复茂、怡丰、福利、裕大、大华、秦桂记茶庄分设在蔡锷路、水风井等地，1954年，各庄零售茶叶在0.5~1.5t。衡阳市经营零售茶叶的私商有21户42人，常德市零售茶叶属于酒、茶、槟榔兼营，有14户29人。1950—1954年，中国茶叶公司湖南省公司在长沙市坡子街口设一茶叶店（后迁五一西路），批发、零售茶叶。1955年起，茶叶零售业务，统一由百货公司系统经营，后改为副食品公司系统（至基层单位）经营，专营茶店不多（一般设专柜销售），长沙市仅有君山和大同茶店，还兼营烟酒。销售样价和供货，由湖南省茶叶经营主管公司统一制订和安排。全省茶叶市场的成品茶销售价格，按长沙市批发价加地区差率制订批发价，其地区差率：株洲市、湘潭市为1%~2%，衡阳市、衡山县、益阳县（今益阳市）、宁乡县、常德市、岳阳市、津市、临湘市为3%~5%，其他县（市）4%~7%。

零售价按批发价加15%，长沙市的批发价，由湖南省物价局和茶叶主管单位联合制订。

湖南省省内年销售茶叶2500t左右，1971—1980年年均销售茶叶2538t。

1984年以后，茶叶市场开放，省内销售日趋活跃，长沙市专营、兼营茶店不断增加，品种繁多，价格随行就市，数量增多。湖南省茶叶总公司于1989年1月设立长沙全国名茶总汇，经营国内主产的名茶、品种近400个，年销售额400万元。

进入21世纪以来，全省茶园面积、产量、产值稳步增长。茶类结构适应市场调整，名优茶和绿茶产量明显增加。茶叶销售形势较好。2019年，湖南茶园面积28万hm^2，产量23万t，内销数量与销售额不断攀升。

三、湘茶外销

（一）唐代及清代的湘茶外销

湖南茶叶对外贸易应当肇始于唐代的丝绸之路，但尚未找到确切的文字记载。现代意义上的对外贸易始于清康熙年间，以黑茶为主，运销内外蒙古，有一部分在库伦（今蒙古乌兰巴托）由俄商购进运销俄国。清雍正五年（1727年），沙俄女皇派使臣来华协商通商，订立了《恰克图条约》，中俄贸易迁至恰克图进行。贸易商品大多以中国的茶叶，换取俄国的皮毛。《朔方备乘》有"山西商人所运者皆黑茶也（即青砖）……彼以皮来我以茶往"的记载。清乾隆年间，山西茶号三玉川、巨盛川在湖北蒲圻县（今赤壁市）羊楼洞设庄（成为今湖北赵李桥茶厂的前身）收购制造帽盒茶（即青砖茶的雏形）。羊楼洞的青砖茶与临近的湖南临湘县（今临湘市）羊楼洞制造的青砖茶，因此统称"川字砖""洞砖""洞茶"（图3-13）。清道光《蒲圻县志·乡里志》引周顺倜《莼川竹枝词》云："茶乡生计即山农，压作方砖白纸封。别有红笺书小字，西商监制自芙蓉。"

图3-13 羊楼洞流通券

图3-14 清末茶商

诗中"芙蓉"即位于湖南安化、益阳、宁乡交界处的芙蓉山。据《清史稿·食货志·茶法》记载，清乾隆二十八年（1763年）以前，有湖南青砖茶运往恰克图和归化城

(今呼和浩特市)销往俄国西伯利亚。1800年前后,广东商人来到湖南郴县收购烘青毛茶,每年约430t,运回广东清远茶厂与广东乐昌白毛茶同时精制装箱,再由广州运到南洋各地销售。直到20世纪初,爪哇(印尼)各华侨茶店仍主要销售湖南郴县绿茶。清光绪年间,长沙有绿茶约120t运至上海,由茶商再行加工与产于安徽休宁等地的屯绿拼配后售与美国洋行(图3-14)。

1. 湖南红茶出口

鸦片战争后,湖南开始红茶出口。1840—1949年的百余年中,湖南红茶的出口经历了四起四落的过程。

1)第一次起落(1840—1893年)

1840年后,为适应外商需要,扩大红茶出口,外省茶商纷纷派员来湖南茶区倡导生产红茶,设庄精制。江西茶商于清道光年间来平江、邵阳示范;广东茶商由湘潭至安化产制;晋商、鄂商等也接踵来到安化,随后不断传入邻近各产茶县。从此,湖南省增加了一大宗出口茶类——工夫红茶,统称"湖红"。这些成箱红茶主要运往广州,供应英商洋行出口。1855年,英国伦敦市场已有"湖红"名称。晋商精制的红茶运至汉口,将两湖红茶和武夷红茶各按50%的比例拼和,作为武夷红茶标记,陆运恰克图卖给俄商。1861年,汉口辟为对外贸易口岸,湖南距汉口较近,运输便利,红茶绝大多数运集汉口售与英、美、俄、德等国洋行,只有少数粤商仍运广州,晋商运往恰克图。清同治年间,粤商由湖北鹤峰至湖南石门、慈利倡导制产红茶,收购毛茶运往鹤峰(以后改在渔洋关)加工,称为"宜红"。起初主要运往广州,以后也在汉口出售。1880—1886年是湖南红茶出口的最好时期,据载,每年供应出口90万箱以上(每箱平均30.24kg),折合27670t,占当时全国出口红茶的27.6%,尚不包括副产品红茶末、红茶叶和粗红茶,出口量居各省首位。从1855—1886年的30年间,汉口英商洋行收购70%以上,其余为俄国及欧美澳各国洋行收购。1887年以后,印度、锡兰(今斯里兰卡)红茶因价廉物美,风靡全球。英国为扶持殖民地经济的发展,也从1890年以后大量减少"湖红"的进口,转购印、锡红茶。1893年,汉口英商只收购"湖红"1148t,不及兴盛时期的十分之一。

2)第二次起落(1894—1921年)

1894年,俄商大幅度增加红茶进口,成为"湖红"最大客户。20世纪初,英国及欧美茶商收购量也稍有回升。到第一次世界大战初期,西欧各国为了储备物资,又在汉口与俄商竞购红茶。1915年,湖南红茶出口增至70万箱,计21168t,其中安化35万箱,出现了第二次增长。但纵观1891—1917年的27年间,湖红年均出口约15000t,比最盛时期下降45%,而且每吨售价也跌落约40%。战后欧洲各国经济衰退,来华购运茶叶者稀少。

加之俄国在"十月革命"后，经济处于尚未恢复时期，外汇短缺，压缩了茶叶进口。原在汉口经营茶叶的俄商洋行，因资本被没收而撤销。1918—1921年，湖红全部积压汉口，出口几乎停顿。1920年仅16647关担，1921年全无出口。

3）第三次起落（1922—1932年）

1922年，中苏恢复通商，欧美澳也有少数茶商来汉口采购。1923年，经汉口出口的湖红上升至40余万箱（12121t）；此后两年各有30余万箱，出现了第三次回升。1927年，发生"中东铁路事件"，中苏两国断绝邦交。此后五年，湖红出口又大幅度下降，1932年只有61370箱（1876t）。

4）第四次起落（1933—1949年）

1933年中苏复交，苏联组织协助会来华购茶，汉口历年积压的湖红销售一空，湖南红茶出口又有起色。1933年出口4449t，比1932年的1876t增加一倍多；1934年达到7762t，出现了第四次回升。1937年"七七事变"后，次年10月汉口沦陷，湖南红茶无法向汉口供应出口。财政部为了统筹外汇，由贸易委员会实行茶叶统制购销，组织中国茶叶公司经营，在衡阳设立办事处收购两湖红茶外运。但是物价飞涨，货币贬值，茶农和茶商亏损，加之南方各对外港口逐渐沦陷，输出困难，至1941年以后就一蹶不振，湖南红茶出口进入第四次萧条的时期。1943—1945年无红茶出口，中国茶叶公司也倒闭撤销。抗战胜利后，内战爆发，外商多不愿来华购茶。湖南红茶只有安化、桃源、平江少量产制，多运至广州售与侨商外运。这种起起落落的过程，也是华商与外商竞争、艰难经营的过程。清代邓实撰文指出："查汉口货物，茶实为大宗。上年行销洋庄红绿两茶，因茶市涨落无定，华商亏折居多。盖以资本不丰，待银周转，迫于时，自不得不贱价售之；迟于时，并不得不耗本售之。这时则耗愈甚，洋商乘机挑剔抑勒，渔利其间。非团体固结，焉能抵制。"其实，除抱团经营，讲究质量外，开展商检等工作，对华商的壮大也同样重要。1938年5—6月，在抗日战争期间，湖红、宜红都集中在长沙外运，汉口商品检验局于是设立长沙茶叶检查组。下半年，正式设立长沙商品检验处，负责检验茶叶、桐油、猪鬃、肠衣等商品。11月，因长沙"文夕大火"，人员星散而停顿。1939年5月，汉口商品检验局又在衡阳北门外设立商品检验处。1939年9月，中国茶叶公司设湖南办事处于衡阳，办理收茶业务，连同贸易委员会收购茶叶，计湖红3018t，陆续运往香港外销；抗日战争持续进行，外销港口相继沦陷，湖南红茶产销日益衰落。1940年只收购51584箱；1943年仅安化生产250t，桃源生产11.7t；1944—1945年完全停止。

抗日战争胜利后，只有少数华侨前来广州收购湖红，贸易量不大，每年出口360~600t。

2. 湖南砖茶出口

1860年以前的百年间，砖茶由晋商运往内外蒙古和恰克图销往俄国。1864年，汉口俄商洋行到湖南羊楼司、湖北羊楼洞和崇阳设置3个砖茶厂，收购老青茶压制青砖茶，1865年有882t运至汉口，由俄国轮船装载航运天津，然后雇用骆驼陆运恰克图。俄商强迫清政府免除天津的子口税，只在汉口交纳5%的出口征税，交过境特别税每担银6钱。轮船路途占全程一半，运费轻，时间短，损耗少，到恰克图的成本低。晋商则相反，交纳征税外，沿途逢关纳税，遇卡抽厘，还有额外浮费；归化城每票茶120担纳厘金60两（白银），到库伦又需交纳规费银若干；而且长达5000km的驼马运输，费时7~8个月，人畜费用大，损耗多，总成本高，无法与俄商竞争，在买卖城的晋商行庄120家纷纷撤回，1865年只剩下10家。晋商为了挽回颓势，与俄商争夺贸易利润，一再奏请清政府给予晋商与俄商同等待遇，维护茶叶俄销权益。清政府于1868年明令归化城的厘金由每票60两减为25两；沿途关卡不准收取浮费；准许晋商领票进入俄国境内贸易（但库伦的规费银则未减免）。晋商陆续返回买卖城，几年内又恢复到60多家，运至恰克图的茶叶（有砖茶和红、绿茶、花茶）有所增加，1871年达12228t，超过了俄商运去的数量，1872年为9009t，1873年为11631t（据《汉口关册》）。综计1871—1877年，晋商运恰克图的各种茶叶年平均9181t；并派员进入俄国境内，在西伯利亚10多个较大城市和莫斯科设立分庄，销售以茶叶为主的中国货物。

汉口俄商见晋商在争夺中俄茶叶贸易中已取得成就，于是从1874年起的3年内，陆续将湘鄂边境的砖茶厂迁至汉口英租界。1874—1879年，年平均生产青、红砖茶6058t。为了扩大生产，采用蒸汽压砖机，又增设了3个厂。这种蒸汽压砖设备工效高，砖茶质量好，成本低。1888—1892年，砖茶出口量年平均达到15076t，1895年达到21437t，1903年以后，年均24000t以上，1908—1917年，年均30070t（其中红砖茶年均16867t，青砖条12400t，小京砖茶803t），以1910年为最高，总计620639关担。俄商的红砖茶、小京砖茶（红茶末压制而成，亦称米砖茶）和红茶，主要由海轮西运黑海敖德萨，转入俄国本土（图3-15）。1901年西伯利亚铁路全线通车后，青砖茶则由轮船运至海参崴（今符拉迪沃斯托克）交铁路西运，恰克图的茶叶贸易就冷淡下来。沙俄政府又采取不平等的关税政策，对华商入境茶叶，征收100%的重税，对俄商则征税很轻，有意打击排挤华商，扶持俄商。晋商在

图3-15 中茶公司米砖茶

上述种种打击下，由恰克图输俄茶叶再度急剧下降，1889—1902年，年均为3699t（青砖和其他茶类）；1909年只有青砖茶1000箱，计54t。1912年起，不但输俄茶叶贸易被俄商取代，而且连本国往外蒙古销售青砖茶的权利也被俄商返销掠夺，每年只运销内蒙古和宁夏等地3万~5万担。1918年以后，汉口俄商砖茶厂撤销，只有一家英国注册公司仍然生产；另一家是粤商的兴商公司砖茶厂，1920—1924年，年均出口砖茶1073t。自后苏联协助会来华收购砖茶，湘、鄂边境的晋商恢复砖茶生产，也有湘商、鄂商设厂制造的。1925—1937年，连同汉口两厂每年平均出口13623t，其中青砖茶占67%，红砖茶占32%。1938年在汉口只出口1875t即被日军沦陷，各地存货有的被焚毁，有的被没收。1946年以后，临湘生产的青砖茶只供边销，无出口数。

汉口俄商砖茶厂的青砖茶原料，是收购湖南临湘和鄂南各县的老青茶，据记载两省各占50%。红砖茶和小京砖茶原料，是在汉口收购湘、鄂、赣、皖4省的花香（红茶末）为主，其中湖南占76%；收购两湖的红茶片、低级红茶和级外红茶，也以湖南为多。

1940年安化新制的黑砖茶112t，经衡阳于11月运抵香港，交与苏联。1940—1943年，连续有黑砖茶4000t由安化经川、陕、甘辗转运至新疆星星峡和哈密，交与苏联商务代办，作为国家偿还苏联贷款的物资，由苏联自备车辆运至中亚细亚一带分销。

湖南茶叶出口的形式，主要是为出口茶商提供货源。出口砖茶，提供老青毛茶和黑毛茶原料，与湖北的毛茶原料拼配压砖出口；出口红茶，提供工夫红茶（成品茶）货源，与其他省的工夫红茶拼配出口。

湖南的出口茶商，先后有晋商、俄商、赣商、粤商、鄂商、湘商。其中以晋商经营最早，时期最长；俄商经营数量最大；湘商起步最晚，数量最少（表3-4、表3-5）。

晋商（山西茶商）从清代起，来湖南收购砖茶原料，加工后出口俄国，持续100多年。1840年以后，湖南产制红茶，又收购红茶与黑砖茶一道出口俄国，到1912年晋商经营的输俄茶叶，完全被俄商取代，才被迫停止。

俄商（俄国茶商）从1864—1917年，先后在湖南临湘羊楼司和汉口等地设立砖茶厂，利用湖南、湖北原料加工砖茶，运往俄国销售，成为湖南省砖茶原料出口的最大销售茶商。俄商从汉口运往俄国的砖茶，1864—1871年年均3476t，1874—1879年年均上升到9659t，1888年以后年均12000t，1903年以后年均24000t，1908—1917年年均30072t。其中湖南原料占50%。俄商还进口红茶，其中湖南红茶占76%。

粤商（广东茶商）和赣商（江西商人）是来湖南倡导生产和收购红茶出口最早的茶商。湘商（湖南茶商）组织收购湖南茶叶出口，起步较晚，数量较少。据湖南海关记载：1900—1933年的34年中，年均出口480t，最多的1926年为3060t。

表 3-4　1865—1938 年汉口砖茶出口数量表

年份	合计/t	青砖茶/t	红砖茶/t	小京砖/t	年份	合计/t	青砖茶/t	红砖茶/t	小京砖/t
1865	882	882			1913	27304	9267	17561	476
1866	1088	1088			1914	27399	10238	16479	682
1867	3937	3937			1915	33744	11868	20437	1439
1868	3213	3213			1916	33340	11195	20736	1409
1869	4461	4461			1917	24299	13944	10005	350
1874	5044				1918	19469	12631	6836	2
1875	6681				1919	14171	5171	8908	92
1876	4670				1920	537	211	326	
1877	5044				1921	1722			
1878	615				1922	228			
1879	8755				1923	774			
1885	11007				1924	2100			
1888	16992				1925	9618			
1889	14093				1926	17172			
1890	14069				1927	15374			
1891	15465				1928	24467	15305	9052	110
1892	14763				1929	21076	11347	9729	
1895	21437				1930	10012	6866	3146	
1900	13193	3376	9817		1931	12925	8241	4664	
1901	18274	7340	10934		1932	14514	10618	3896	
1903	35367				1933	12767	10522	1641	604
1904	27076				1934	10753	7317	3436	
1908	33908	15838	16711	1539	1935	12049			
1909	35034	16910	16874	1250	1936	7682	6796	886	
1910	37536	17530	19545	461	1937	8696			
1911	21039	8332	12484	223	1938	1875			
1912	27100	8876	17837	387					

数据来源：朱先明《湖南茶叶大观》。

表 3-5　1886—1949 年湖南各县红茶由汉口出口情况表

年份	合计/t	安化/t	桃源/t	平江/t	长沙/t	浏阳/t	醴陵/t	湘潭/t	宁乡/t	临湘/t	石门/t	新化/t	蓝田/t	湘阴/t	湘乡/t
1886	27007	21168	1210	3629											
1902	13308	6297	434	1606	923	726		1217		2045					
1908	17571	7373	589	2470	979	1087	377	2430	149	2117	290				
1909	12745	5673	419	1652	1035	576	258	1407	82	1384	259				
1910	14545	6587	493	1793	1021	604	399	1759	94	1462	333				
1917	11050	5012													
1922	4108	2448	466	92	273			787	14	28					
1923	12166	4983	761	436	1150	695	94	3244	124	679					
1924	10313	4399	1231	534	1150	406	86	1953	27	477					
1925	9871	3735	968	1177	945	363	9	1818	49	797					
1926	6008	2782	992	589	218		1010	54	363						
1927	5010	2691	375	756	379	8		598		203					
1928	7065	3251	969	986	439	85		1037	12	236					
1929	5090	2723	487	646	273	72		816	4	69					
1930	3300	1975	363	230	214	7		498	8	5					
1931	3720	2290	457	359	285			322		7					
1932	1876	1438	223	81	95			39							
1933	4449	2586	637	183	177			843		23					
1934	7762	3858	905	749	389	14	30	1707		60					
1935	3909	2014	365	192	276	74	15	845		128					
1936	4021	2034	369	369	321	110		652	166						
1937	1276	436	9		71			760							
1938	1994	1196	225	259	39	81		14		180					
1939	2958	1485	347	182	298	32						300	230	70	14
1940	2045	1121	258	70	186	75						238	97		
1941	836	836													
1942	252	240	12												
1946	85	85													
1947	360	127													
1948	360	91	10												

数据来源：朱先明《湖南茶叶大观》。

（二）近现代茶叶出口

湖南茶叶从1950年起，出口业务和财务管理，均直属中国土产畜产进出口总公司（中国茶叶公司、中国茶叶土产进出口总公司）管辖。其中1950—1978年的28年，主要任务是扶持发展茶叶生产，按国家计划调拨供应出口茶叶，由广东、上海、武汉等口岸出口。1950—1960年年均调拨出口5517t。1961—1970年的10年中，由于三年自然灾害，苏联单方面撕毁合同、撤走专家等原因，调拨出口年均只有4314t，比前11年下降32.3%。1971—1977年，7年中调拨出口年均7012t。

1978年，湖南长沙设立口岸，中国土产畜产进出口总公司批准湖南茶叶进出口公司经营红碎茶出口，同时要完成调拨出口茶任务。1978—1980年，自营出口开始起步，年均出口3582t，调拨出口年均11416t。1981—1984年，自营出口进入发展阶段，国际茶叶市场从原来的荷兰、巴基斯坦、埃及、英国、美国等，扩大到波兰、苏联等东欧国家。同时增加了对英国、德国等国家和地区的出口数量。特别是1984年，工夫红茶出口权，由湖北口岸移交湖南经营，开始了对东欧国家的出口，为湖南整个自营出口，增添了活力，加之国际市场看好，1984年自营出口12134.8t，创汇2165.3万美元，为湖南红茶自营出口最好水平，居全国红茶出口第三位。

1985年，国内茶叶货源，由国营机构独家经营，改为放开多渠道经营，由执行国家调拨出口茶叶，改为指导性计划，省与省之间协商供应出口货源。广东、上海等口岸，也直接到湖南收购出口茶货源。1987年，中国土产畜产进出口总公司，又给了湖南绿茶出口权，开始了对苏联、东欧国家绿茶直接出口贸易，1988年，开拓了利比亚、摩洛哥等绿茶市场，出口上升到3673t，创汇462万美元。接着，又新开发了一些市场，增加了10多家资信好，经营能力强的客户，加上拼配出口小包装OP红茶成功，畅销利比亚市场。当年全省出口各类茶叶16072t，创汇2308万美元。从1981—1988年的8年中，自营出口年均11703t，调拨出口年均1179t，实现自营出口和调拨出口同步增长。1989—1992年自营出口年均18041t，比前8年增长64%（表3-6、表3-7）。

表3-6　湖南省茶叶调拨出口数量统计表

年份	合计/t	工夫红茶/t	绿茶/t	红碎茶/t	其他茶/t	年份	合计/t	工夫红茶/t	绿茶/t	红碎茶/t
1950	4130	2554			1576	1955	5114	4165	949	
1951	3507	3507				1956	6356	4951	1405	
1952	3501	3501				1957	5019	4036	983	
1953	4631	2820	245		1566	1958	6811	5276	1535	
1954	4692	2957	343		1392	1959	7879	6453	1426	

续表

年份	合计/t	工夫红茶/t	绿茶/t	红碎茶/t	其他茶/t	年份	合计/t	工夫红茶/t	绿茶/t	红碎茶/t
1960	9044	7271	1773			1975	8793	7354	1242	197
1961	4622	3818	612		192	1976	8549	6423	1216	840
1962	3642	2978	653		11	1977	8716	5833	732	2151
1963	4815	3849	954		12	1978	10732	6579	751	3402
1964	4526	3683	791	16	36	1979	15205	5381	694	9130
1965	4557	3677	854	26		1980	8310	2802	211	5297
1966	4984	4322	618	44		1981	12505	579	1405	10521
1967	4567	3900	631	36		1982	15213	935	1684	12594
1968	4629	4068	507	54		1983	10853	410	116	10327
1969	3404	2904	463	37		1984	8600	1424		7176
1970	3663	2917	626	120		1985	12906	1470		11436
1971	4749	4158	475	116		1986	11511	1621	17	9873
1972	5350	4110	1094	146		1987	12968	1554	73	11341
1973	6636	5632	842	162		1988	9677	994		8683
1974	6288	5325	764	199						

注：此表不包括湖南自营出口数量；表中其他茶主要指黑砖茶、花砖茶、天尖茶、贡尖茶、生尖茶；1981—1983年的红碎茶系指与广东省茶叶进出口公司联营数量。

表3-7 湖南省茶叶调拨出口分年、分品种、分口岸数量表

年份	合计/t	广东			湖北	上海	
		红碎茶/t	工夫茶/t	绿茶/t	工夫茶/t	红茶/t	绿茶/t
1950	4129				4129		
1951	3507				3507		
1952	3602		247		3255		
1953	4630	1566	248	140	2613	63	
1954	4693	1392	10		2948		343
1955	5015		131		3511	424	949
1956	6356		150		4046	755	1405
1957	5020		256		3009	860	895
1958	6780		1956	312	2552	767	1223
1959	8236		2717	331	3365	731	1092
1960	9043		5517	1157	1753		616
1961	4622	192	3522	375	296		237
1962	3642	11	2649	450	329		203

续表

年份	合计/t	广东			湖北	上海	
		红碎茶/t	工夫茶/t	绿茶/t	工夫茶/t	红茶/t	绿茶/t
1963	4815	12	3749	672	100		202
1964	4522	49	3148	571	534		220
1965	4557	26	3050	502	545	82	352
1966	4984	44	3821	415	464	37	203
1967	4567	36	3071	470	460	369	161
1968	4629	54	3627	306	389	53	200
1969	3404	37	2550	217	354		246
1970	3662	120	2643	391	273		235
1971	4748	115	3533	360	525		115
1972	5350	146	3592	670	518		224
1973	6564	162	4871	689	601	88	153
1974	6288	199	4236	764	827	262	
1975	8793	196	6368	1242	941	45	
1976	8549	841	5448	1216	1819	25	
1977	8707	2151	4968	732	856		
1978	10732	3402	5458	663	1121		88
1979	15205	9130	4128	264	887	365	431
1980	8309	5297	1954		712	135	211
1981	12504	10521	56	1179	522		226
1982	15216	12594	14	1542	920		146
1983	10854	10327	25		386		116
1984	8600	7176	916		508		
1985	12852	8675	1375		42	2760	
1986	11493	9873	1474		146		
1987	12912	11341	1394		79	81	17
1988	9750	8683	957		3	34	73

注：1953年、1954年、1961年、1962年广东红碎茶一栏中的数量为紧压茶。

  1990年，根据国务院规定，各外贸进出口公司实行自主经营、自负盈亏的精神，中国土产畜产进出口总公司，对湖南茶叶进出口公司有些国家和地区的出口茶叶原来由总公司统一签订出口合同，交省公司履约，改为总公司对湖南给予帮助和支持，主要由湖南公司自主经营。从此，出口亏损被取消。1990年起，湖南茶叶进出口公司，在出口工作中，坚持以出口创汇为龙头，以提高产品质量和经济效益为中心的一贯宗旨，进一步调整出口产品结构，增加花色品种，开源节流，搞好经营。至1992年，全省出口茶花色品种由初开口岸时的7个增加到120多个，其中红茶品种发展到70多个。湖红工夫茶，是西欧现汇市场的主导产品，及时开发新茶号投入市场，出口量达5851t，创汇423万美元，经济效益比传统产品提高25%。为开发紧压茶出口产品在临湘茶厂新建成一条年产1500t出口青砖茶生产线，出口青砖茶1437t，换汇成本比出口红、绿茶低44.8%。还开发了绿茶袋泡茶、红茶OP茶、健身茶等小包装茶出口，逐步形成了红茶、绿茶、速溶茶和特种茶出口系列产品。

湖南茶叶，1977—1992年自营出口期间向40多个国家和地区，100多家客户，出口茶叶2000多批次，14万t，创汇23636万美元。1987年履约率97.5%，1988年96.5%，1989年97%，1990年99%。在全国18个茶叶出口口岸中，名列前茅（表3-8）。湖南茶叶进出口公司荣获对外经济贸易部、湖南省对外经济贸易委员会分别授予"重合同，守信用"单位称号。在出口产品质量上，荣获湖南省进出口商品检验局，授予信得过单位称号。

表3-8 湖南省茶叶自营出口创汇分年、分茶类数额表

年份	合计 数量/t	合计 金额/万美元	工夫红茶 数量/t	工夫红茶 金额/万美元	红碎茶 数量/t	红碎茶 金额/万美元	绿茶 数量/t	绿茶 金额/万美元	花茶 数量/t	花茶 金额/万美元	其他茶 数量/t	其他茶 金额/万美元
1976	0.3	0.7									0.3	0.7
1977	1	3									1	3
1978	1051	117			1050	116					1	1
1979	4341	341			4340	340					1	1
1980	5352	505			5339	503	5	0.2			8	2
1981	5533	520			5477	512	6	2			50	6
1982	6029	581			5737	537	39	13			253	31
1983	9206	903			9004	946	54	20			148	17
1984	12135	2166	2874	625	9001	1500	174	31			86	10
1985	8011	1504	3322	845	4457	598	111	38			121	23
1986	11505	1923	4123	1090	6953	721	43	12	235	80	151	20
1987	13071	2040	3362	903	8991	962	526	116	106	36	86	23
1988	16073	2308	4665	1223	7621	584	3673	462	4	1	110	38
1989	15652	2310	4344	1093	8353	713	2946	467	4	1	5	36
1990	19816	2601	4847	948	10063	949	3905	563	156	21	845	120
1991	19260	2805	7327	1364	7865	767	3491	523	165	58	412	93
1992	17434	2915	4716	806	8750	1204	1671	334	120	15	1177	556

注：1981年与广东口岸联营出口红碎茶10513t，创汇988万美元；1982年12594t，创汇1184万美元；1983年10327t，创汇971万美元，不包括在本表内。

1. 出口茶品种

1）红碎茶

红碎茶是湖南出口茶中的拳头产品。20世纪50年代，红碎茶在国际市场上年销量达84%以上。为适应国际市场需要，1958年4月，第二商业部茶叶局副局长黄国光，中国茶叶进出口公司卢渐声等同志，会同湖南省农业厅、商业厅、湖南农学院等单位，组成联合工作组，分别在安化茶场和岩底农业社试制分级红茶（从1974年4月5日起改称红碎茶）。经过一个多月试验，在分级红茶的初制方法和设备改革上，取得了经验，试制的红茶品质符合出口要求。6月11日，中国茶叶进出口公司致函安化茶场分级红茶试制小组，肯定其试制成绩，要求做好经验总结。6月13日，对外贸易部给安化县委贺电，祝贺分级红茶试制成功。湖南省农业厅、商业厅当月组织全省红茶产区代表在安化开现场会，推广制造分级红茶经验。当年有安化茶场、平江瓮江、新化炉观、石门泥市等初制茶厂和高桥茶科所、双峰县、涟源县（今涟源市）和桃源县的部分农业生产合作社都开始试制生产分级红茶。从1965—1974年，每年有少量产品供应调拨出口。经过反复摸索，使产品完全符合出口要求。1976年，湖南省计委、省外贸局、省农业局、省财政局、省供销合作总社联合发出通知，全省新建红碎茶厂54个，各厂在自筹资金的基础上，可向当地银行申请低息贷款8万元。当年实际建成红碎茶厂77个，年产红碎茶840t。1979年，全省红碎茶生产单位发展到305个（1981年达410多个），生产红碎毛茶达18000t。其中国营茶场30多个，其余系乡镇企业，占90%。全年收购红碎茶12635t。同年9月，全国出口红碎茶评比会上，评定出优质红碎茶36个，其中湖南省11个。1980年新化县炉观茶叶科学研究所，研制出2个高品质的红碎茶，出口卖价高出一般产品价格的一倍。

为进一步创新红碎茶制造工艺，提高红碎茶品质，1981年从国外引进LTP揉切机、洛托凡转子揉切机和马歇尔烘干机，通过平江茶厂瓮江初制厂，应用LTP结合CTC机具试制红碎茶，探索出一套制造高档红碎茶产品的新工艺后，派专人抓LTP红碎茶的机具制造和推广制茶新工艺，当年布设14个新点，生产了LTP红碎茶500t多，在国际市场卖价提高20%~30%。到1985年，陆续推广到56个生产单位，LTP红碎茶年产1800t。1986年红碎茶生产达到高峰，红碎茶生产厂400多家，全省收购18445t，居全国第一位。从1984—1988年，5年平均自营出口7405t，调拨出口9150t。自营出口和调拨出口同步增长。

2）工夫红茶

工夫红茶是湖南省传统的出口茶，深受东欧、西欧和亚非拉等国家人民的喜爱。安化、新化、桃源、涟源、浏阳、平江、石门等县是工夫红茶的老产区。1951年1月31日，湖南省公私茶厂联席会议决定扩大红茶生产，在红茶老产区的基础上，将湘乡、宁乡、长沙、醴陵、岳阳、邵阳、汉寿、沅陵等县划为红茶产区，在划定区域内不得任意经营其他茶类。为了提高产品质量，20世纪50年代初期，帮助茶农对工夫红茶的初制加工进行三改：改"热发酵"为"适度冷发酵"；改"阳光干燥"为"火温干燥"；改"手揉脚踩"为"机械揉茶"。并在新化县的炉观、平江县的瓮江2个茶叶初制厂，向茶农进行制造红茶技术示范，提高茶叶品质，增强创汇能力。自1950年起，工夫红茶就是湖南出口茶中的骨干产品，从1950—1983年，年均调拨出口4216t。1984年，中国土产畜产进出口总公司，将工夫红茶的出口权从湖北口岸移交给湖南自营出口，湖南茶叶进出口公司开始了与东欧地区的苏联、波兰等国的直接出口贸易，当年出口工夫红茶2874t，创汇625万美元。1985年对老产区做好工作，要求保持工夫红茶原有的产量，提高质量，确定湘西、长沙、怀化等地区专产工夫红茶。在出口工作中，由2个贸易样增加到4个贸易样，以中档茶为主，拼配湖南各级工夫红茶，扩大了出口货源，满足了东欧国家的需要，当年出口3322t，创汇845万美元。从1985—1988年，年均自营出口3868t，创汇1014.5万美元；调拨出口年均1410t。

3）轧制红碎茶

轧制红碎茶是20世纪50年代后期出现的一种出口茶，由工夫红毛茶轧制而成。1957—1965年，主要调拨给广东口岸出口埃及，以后拼入红碎茶中出口或转内销，数量不多（年出口量55~1000t），统计在工夫红茶中。

4）绿　茶

绿茶是湖南出口茶中的三大茶类之一。1953年，国际市场需要绿茶，湖南以临湘为试点县，由湖南省农业厅和湖南茶叶公司联合组织工作队，分赴农业互助组指导采制绿茶技术，当年试制炒青绿茶300t，并将采制绿茶技术推广到其他绿茶产区。从1953—1982年，主要任务是调拨给上海、广东口岸出口，年均调拨出口914t。1987年湖南开始自营出口，当年向苏联等国出口526t。1988年将绿茶贸易样由2个增加到7个，开拓绿碎茶、绿片茶、绿末茶出口，对苏联和其他国家出口3673t，创汇462万美元。到1990年绿茶贸易样开发到17个，出口3905t，创汇563万美元，为湖南省历史上绿茶出口创汇的最高水平。

5）其他出口茶

紧压茶：1953年、1954年，分别调拨给广东口岸公司黑砖茶566t和1392t，供应香港转口侨销。1961—1964年，累计调拨出口花砖和天尖茶、贡尖茶、生尖茶251t（1965—1986年，停止了紧压茶出口）。1987年开始自营出口，至1990年，累计出口1534t。

花茶：1986年开始自营出口，销往中国香港、澳门和波兰等国家和地区。至1992年，自营出口共计790t，创汇212万美元。

乌龙茶：1982年开始自营出口，销往日本、美国。至1992年，累计出口973t。

速溶茶（包括减肥晶）：1976年试制成功，开始自营出口，销往中国香港和英国、美国、新加坡。至1992年，累计出口24t，创汇74万美元。

2. 出口货源

1）出口货源（包括调出和自营出口）

主要由湖南省安化、平江、新化、石门、桃源、涟源、邵阳、长沙、湘潭、白沙溪、益阳、临湘茶厂和浏阳、湘乡、洞口县茶厂精制调供。也从外省调入少量红、绿茶。1985年、1987年、1989年，用以进养出外汇，先后3次从斯里兰卡进口红碎茶1778t，与本省红碎茶拼配出口。1988年从中国台湾进口绿茶150t，与本省绿茶拼配，以利提高品质。

2）自营出口拼配

红碎茶主要由长沙茶厂捞刀河分厂拼配，其次是邵阳茶厂和涟源茶厂。绿、花茶由湘潭和长沙茶厂拼配。紧压茶由白沙溪、益阳和临湘茶厂提供。乌龙茶、普洱茶由安化、平江茶厂拼配。

3. 出口市场

湖南自营出口茶叶的主要市场有：波兰、苏联、美国、英国、巴基斯坦、西德，其次有利比亚、埃及、丹麦、苏丹、荷兰、法国、新加坡等国家和地区。

出口波兰和苏联的茶叶，1989年以前，属政府贸易，数量较多，卖价较高。1983—1989年年均出口波兰2699t，年创汇645.9万美元，每吨卖价2393美元；1985—1990年，年出口苏联2353t，年创汇493万美元，每吨卖价2090美元。

出口美国、英国和西德的茶叶，主要是中、低档茶，卖价不高，数量稳中有增。1978—1985年，出口美国茶叶年均2997t，年创汇324万美元，每吨卖价781美元。1986年以后，数额有所增加，1990年达4424t，年创汇377万美元，出口英国茶叶，呈曲线形发展。1978—1981年，年均出口407t，年创汇38.5万美元，每吨卖价946美元。1982—1985年年均出口1963t。1986—1989年，下降至1000t以下，1990年又增至1993t。1978—1990年，累计出口13808t，年均1151t，累计创汇1577万美元，每吨卖价1141美元。出口西德茶叶，初开口岸的三四年中，维持在200t左右，1982—1990年，年出口量有所增长。1978—1990年，年均出口905.1t，年创汇1113万美元，每吨卖价1229美元。

出口巴基斯坦和荷兰茶叶，也属中、低档茶，前期出口多，逐渐有所减少。1979—1983年，出口巴基斯坦，年均1468t，年创汇154.5万美元，每吨卖价1052美元。1984—

1990年，年均446t，年创汇38.4万美元，每吨卖价824美元。出口荷兰茶叶，1985年以前，年均900t左右，1986—1990年仅出口185t。

利比亚、丹麦属1980年代后期开始的市场，年出口量在1000t左右。

出口加拿大、埃及等国家和地区，数量不大，但每年都有出口（表3-9）。

表3-9 湖南省茶叶自营出口分年、分国别数额表

国别	项目	年份														
		1976	1977	1978	1979	1980	1981	1982	1983	1984	1985	1986	1987	1988	1989	1990
中国香港	数量/t	0.2	1	2	223	56	346	757	836	1176	210	181	290	492	827	1252
	金额/万美元	0.5	3	0.4	19	5	36	82	73	199	43	25	34	57	58	190
马来西亚	数量/t	0.1			24	83	107		30	207	91	80	50	420	25	
	金额/万美元	0.1			2	4	9		5	24	15	11	4	33	2	
新加坡	数量/t			10	57	154		30	125	433	73	32	0.4	167	20	621
	金额/万美元			1	4	17		3	13	61	15	10	2	20	4	31
日本	数量/t				1	9		4	6	6	76	76	25	50	86	35
	金额/万美元				0.2	1		1	1	1	16	9	12	3	6	6
波兰	数量/t								310	800	2635	5861	2830	3610	2848	326
	金额/万美元								86	226	721	1382	753	758	595	84
苏联	数量/t										400	500	900	3362	4511	4436
	金额/万美元										102	143	242	714	919	836
美国	数量/t				245	270	277	588	374	358	537	245	1454	1541	2266	2267	4424
	金额/万美元				25	20	26	55	37	37	91	33	77	115	144	161	377
英国	数量/t				293	498	267	571	1458	2467	2578	1347	492	412	635	807	1993
	金额/万美元				36	44	24	50	127	248	456	220	48	34	72	64	152
巴基斯坦	数量/t					1048	1514	1192	794	2794	894	577	723	582	50	220	214
	金额/万美元					16	121	89	71	261	96	52	43	45	3	14	16
荷兰	数量/t				225	1246	1205	1017	718	207	840	745	610	182	301	334	185
	金额/万美元				19	90	110	90	70	20	325	70	36	13	23	26	20

续表

国别	项目	1976	1977	1978	1979	1980	1981	1982	1983	1984	1985	1986	1987	1988	1989	1990
加拿大	数量/t			80	10		239	258	270	379	84	95	57	81	137	77
加拿大	金额/万美元			10	1		27	29	25	60	11	6	3	6	7	8
德国	数量/t			20	26	130	472	1111	1011	2945	771	841	737	948	843	806
德国	金额/万美元			2	17	11	36	101	96	542	115	89	84	90	81	101
埃及	数量/t			105	100	200		305	426	100	50	150	250	100	150	450
埃及	金额/万美元			18	15	30		33	46	10	10	12	17	8	15	52
苏丹	数量/t					399	899	157	284	296	580	323				
苏丹	金额/万美元					50	112	19	31	50	77	27				
利比亚	数量/t													1205	1154	2256
利比亚	金额/万美元													131	208	398
丹麦	数量/t											7		350	142	82
丹麦	金额/万美元											0.5		47	25	10
伊拉克	数量/t					930							1700	599		
伊拉克	金额/万美元					92							150	64		
北也门	数量/t				371	104	90									200
北也门	金额/万美元				34	9	8									22
其他	数量/t			47	26		120	13	103	50	37	109	3144	1831	130	459
其他	金额/万美元			5	17		17	3	20	12	7	12	507	167	127	295

湖南属内陆省份，茶叶出口经广州黄埔港、深圳、二连、满洲里、绥芬河和上海港口出运。1977—1986年向广州海关报关，1987年湖南海关成立后，改向湖南海关报关，少量的也有向广州、深圳、上海、二连等地的海关报关的。

2019年，湖南出口4.93万t，创汇1.7亿美元。

第二节　湘茶产业现状

茶叶产业是湖南省农业经济快速发展的重要组成部分，是促进农民增收、提高生活水平的重要途径。茶产业在农村经济社会发展中发挥了重要作用，已成为优势产区的富民产业和支柱产业之一。由于各级党委、政府的高度重视和各部门的大力支持，各种社会资本和生产要素聚集茶叶产业，投资主体呈现多元化，"龙头企业+专业合作社（协会）+基地（农户）"产业化经营模式不断推广，生产方式也逐步从传统的家庭作坊式向现代产业转变。湖南茶叶加工坚持以龙头企业和专业合作社为基点，茶叶生产设备逐步更新，加工技术不断升级。主要表现在两个方面，一是茶叶初加工水平显著提高；二是随着具有代表意义的小包装全自动化生产线、量身打造的全国首条万吨级绿茶初精制包装自动化流水线、茯砖茶连续化生产线、现代化茶叶精制生产线和速溶茶生产线等的相继投产，标志着湖南茶叶加工业正全面在朝"清洁化、自动化、智能化、连续化"方向发展和转变。

一、湘茶生产现状

近年来，湖南茶叶产业发展不断壮大，农民增收效果显著。"十二五"以来，湖南茶叶产业进入了飞速发展阶段，各项指标又创造新的高点。绿茶和红茶仍然是湖南省的主要生产茶类。湖南省茶叶种植面积、茶叶总产量以及红茶、绿茶和其他茶类所占比例变化趋势见表3-10。可以看到，2000年底全省茶园面积7.4万hm^2，茶叶产量5.73万t，2019年底全省茶园面积28万hm^2，茶叶产量23万t，分别增长279%和300%。

当前，湖南坚持把茶叶作为重点特色优势产业来抓，不断加大政策、资金、技术等扶持力度。湖南茶产业发展迅速，茶叶结构不断优化，出现了绿茶、红茶、黑茶、黄茶、白茶"五彩湘茶"的局面，茶产业不断壮大，农民收入也是节节攀升（表3-11）。

表3-10　湖南省历年茶叶生产情况统计

年份	茶园面积/hm^2		茶叶产量/t	红茶/t	绿茶/t
	实际面积	采摘面积			
2000	74050	62100	57293	12006	26889
2001	74120	63560	58435	10887	28886
2002	72370	61280	61012	11794	29935
2003	74040	61400	60573	12486	30097

续表

年份	茶园面积 /hm²		茶叶产 /t	红茶 /t	绿茶 /t
	实际面积	采摘面积			
2004	77430	64880	66632	14613	32946
2005	80080	66960	71978	15399	35912
2006	79900	65360	76286	17264	39112
2007	86150	69890	87503	19506	42174
2008	85950	70970	91885	22403	42831
2009	90330	75540	98516	17608	51903
2010	96960	79590	117678	16554	60714
2011	102450	83280	132787	15401	67426
2012	163230	86800	135346	15890	58363
2013	164700	91100	146031	16849	62762
2014	186800	145800	161813	17342	71994
2015	199200	157400	175704	19668	73258
2016	215000	188500	171000	30000	93000
2017	243000	213000	186000	37000	96000
2018	260000	232600	213600	51000	98000
2019	280000	251000	231500	65000	100000

注：2015年前数据来源湖南省农业统计局，2016年后数据来源湖南省茶业协会。

表3-11　2016—2019年湖南各茶类产业发展情况

项目	指标	年份			
		2016	2017	2018	2019
茶产量	干茶产量/万t	17.1	18.6	18.6	18.6
	加工产量/万t	23.2	25.1	28	28.7
茶叶产值	农业产值/亿元	156	171	186	201
	综合产值/亿元	648	713.5	797	911
绿茶	产量/万t	9.3	9.6	9.8	10.0
	综合产值/亿元	360	375	385	420
黑茶	产量/万t	8.7	9.5	10.6	10.0
	综合产值/亿元	155	192	245	260

续表

项目	指标	年份			
		2016	2017	2018	2019
红茶	产量/万 t	3.0	3.7	5.1	6.5
	综合产值/亿元	39	47	90	152
黄茶	产量/万 t	0.45	0.56	0.70	0.80
	综合产值/亿元	15	16	18	20
白茶	产量/万 t	0.10	0.15	0.30	0.35
	综合产值/亿元	2.0	3.5	5.0	7.0
其他（含提取物）	产量/万 t	1.65	1.59	1.50	1.05
	综合产值/亿元	87	80	54	52

数据来源：湖南省茶业协会（2020年2月8日）。

二、湘茶销售现状

当代，湘茶凭借着独特的地域、深厚的文化、优异的品质、多茶类特色、品牌影响力以及与时俱进的销售模式，销售持续稳步增长，内销与外销都呈现出喜人的局面。概括如下：

一是茶叶生长的自然生态环境优势明显。湖南自古名茶荟萃，素有"江南茶乡"的美誉，是全国重要的茶叶生产优势区域。特别是武陵山脉、雪峰山脉、南岭山脉、幕阜山脉、罗霄山脉以及环洞庭湖区生态环境良好，气候温和，雨量充沛，自然条件十分适宜茶树生长，是名优绿茶生产的"黄金纬度带"。2018年生态环境竞争力评价中，湖南的石门、安化进入全国20强县。独特的自然环境，造就了以名优绿茶、黑茶、红茶、黄茶、白茶、茶叶提取物等多茶类发展格局。茶叶品质优异，也为茶叶出口提供了良好的生态条件保障。

二是茶产业依赖的科教及人才资源优势突出。湖南农业大学茶学系、湖南省茶叶研究所等科研队伍力量雄厚，特别是在茶叶深加工、茶叶良种选育、茶树生物技术、茶叶加工与审评、有机茶生产、茶文化等领域的研究和教学水平均居国内领先地位。同时，湖南省农业部门和企业的茶叶科技人员也为湖南省茶产业的技术升级提供了强有力的支撑。湖南有机茶和低农残茶生产技术的推广、茶叶精深加工新产品的开发和应用、茶叶加工机械化的推进等科研成果的转化与应用成效显著。尤其是刘仲华院士领衔的团队研究项目"黑茶提质增效关键技术创新与产业化应用"荣获国家科技进步二等奖，为黑茶生产技术创新与市场开拓提供了坚实的理论支撑。这些成就不仅提高了湘茶的产品附加值,也为湖南特色茶叶拓展国际市场奠定了良好的科技基础。

三是重点龙头企业发展迅速,带动作用增强。近几年来,国家级重点龙头企业——湖南省茶业集团股份有限公司获得了快速发展。拥有控参股企业63家;搭建了国家茶叶加工技术研发中心湖南分中心、湖南省茶叶种植与加工工程技术研究中心、湖南省认定企业技术中心三大科研平台;建设优质茶园基地98个,面积4.1万 hm^2,其中7666.67 hm^2 获得有机茶国际认证;打造以白沙溪、湘益、君山、臻溪为主的知名品牌,在国内市场建立示范专卖店2020家、营销网点19300余个,在国外设立2家分公司、4个办事处,与100多个国家和地区的客户保持稳定的贸易往来。2019年,湖南省茶业集团(含控参股企业及基地)实现销售收入67亿元,出口8000万美元,经营规模及综合实力继续排名国内同行业前列。此外,湖南中茶茶业有限公司、湘丰茶业集团有限公司、湖南资兴东江狗脑贡茶业有限公司等一批龙头企业也发展迅速,既为湘茶产业赢得了巨大的市场空间,推动了本土茶叶品牌的成长,也有力地带动了全省茶叶行业的整体进步和发展。

四是茶叶市场建设力度加大,营销方式不断创新。茶叶专业市场建设明显加强。全省现有长沙茶市、高桥茶叶城、神农茶都、益阳茶叶市场、岳阳茶博城等多个茶叶专业市场,知名度和营销能力迅速提升(图3-16、图3-17)。同时,营销方式不断创新,线上线下共同发力,数万家茶叶专卖店遍及全国乃至世界,茶叶电子商务、网上商城、跨境贸易获得大范围应用和推广。

图3-16 高桥茶叶城

图3-17 岳阳茶博城

五是茶事活动丰富多彩、亮点纷呈。湖南省茶叶学会每年举办茶叶科技年会;湖南省茶业协会连续举办了11届"湖南茶业博览会"和茶祖文化节(图3-18);湖南省大湘西茶产业发展促进会举办的"潇湘茶文化节";还有各市县举办的茶事活动,如"中国黑茶文化节""张家界春天茶会""请喝一碗石门茶""中国·古丈茶旅文化节""梅山茶文化节""首届神州瑶都(中国·江华)茶文化旅游周""衡山论茶""邵阳红茶文化节""茶艺、制茶、评茶比赛"……各类活动精彩纷呈,从多层面多角度有效地推介了湘茶,此外,积极参加国内外展会,集中宣传推介,广泛有效地扩大了湘茶的影响和销售。

图 3-18 2018 第十届湖南茶业博览会

六是茶文化研究与传播空前活跃。近十年来，一系列茶文化作品不断涌现。陈先枢、汤青峰、朱海燕合著《湖南茶文化》《长沙茶文化采风》；陈奇志著《湖南茶文化》；湖南省茶叶学会组织专家编写《湖南十大名茶》；蔡正安、唐和平合著《湖南黑茶》；蔡镇楚著《世界茶王》《白沙溪》《三十九铺》；赵丈田《君山银针》；周俊敏、肖力争合著《文化潇湘茶》；洪漠如编著《安化黑茶：一部在水与火之间沸腾的中国故事》；谢慧的报告文学《古丈守艺人》；朱海燕的学术专著《中国茶道·礼仪之道》等茶文化著作相继问世。《古丈茶歌》《你来得正是时候》《潇湘茶歌》《请喝一碗石门茶》等茶歌广为传唱。《锦绣潇湘》《湘茶产业扬风帆，湖南红茶创辉煌》《君山怀古·情系天下》《一枚扶贫的茶叶》《安化山水育佳茗》《武陵红·寄乡愁》《睁眼看世界之魏源茶说》等优秀茶艺节目纷纷登场。这些作品以生动的形式、多角度地传播了湖南名茶与湖湘茶文化，推动了湖南茶叶销售的稳步增长。

七是省委、省政府政策扶持力度加大，推动了湖南茶产业的繁荣。湖南省委、省政府实施"品牌强农、特色强农、质量强农、产业融合强农、科技强农、开放强农"六大强农行动，将茶叶列入优势特色千亿产业来打造。各相关部门共同发力，加大了对茶产业的投入，为湘茶跨越式发展，实现千亿目标提供了原动力。湖南茶产业实现了快速健康发展。"潇湘茶""湖南红茶""安化黑茶""岳阳黄茶""桑植白茶"等区域公共品牌建设成效突出，得到了行业专家及广大消费者的广泛认可。"潇湘茶"通过"统一产业布局、统一品牌标志、统一准入机制、统一质量标准、统一市场形象"，着力打造"生态、安全、有机、优质"的品牌内涵，已覆盖全省12个市（州）55个县（市、区）。2019年，大湘西地区及罗霄山片区茶园面积10.67万hm^2，茶叶综合产值420亿元。湖南红茶确立了"花蜜香、甘鲜味"的独有品质特征，在杭州、香港、长沙、北京等地举办多场推介会,广受消费者喜爱。2019年综合产值152亿元。安化县立足当地资源禀赋和产业基础,全力发展黑茶产业。"安化黑茶"品牌估价达32.99亿元。2019年,茶园面积2.4万hm^2,茶叶加工量10万t,综合产值260亿元,茶叶行业税收2亿元,年接待游客750万人次,旅游综合收入72亿元。中国茶业百强县2019年综合排名,安化县荣获第一。岳阳黄茶围绕其"独特、稀有、高端"的个性特征,以"洞庭山水,岳阳黄茶"为品牌印象。2019年,岳阳黄茶产区茶园面积2.02万hm^2,黄茶产量0.8万t,综合产值20亿元。桑植白茶:2019年产量0.35万t,综合产值7亿元。全省正呈现出"三湘四水五彩湘茶"的发展格局和大品牌、大产业的发展态势。

2004年,全省茶叶出口2.04万t,出口创汇0.29亿美元;2019年,出口4.93万t,创汇1.7亿美元(含边贸和代理出口),分别增长142%和486%。连续15年实现企业增效、茶农增收、财政增税、产业持续发展的良好局面(表3-12)。

表3-12 湖南省历年出口创汇统计表

年份	出口量/t	创汇/万美元	红茶		绿茶	
			出口量/t	创汇/万美元	出口量/t	创汇/万美元
2004	20425	2885	8575	985	8161	1718
2005	19432	3031	5623	647	10239	2032
2006	19803	3652	4985	691	11956	2530
2007	19414	4144	3589	687	12543	2798
2008	22362	5207	6475	1074	12529	3497
2009	25758	5226	8471	1258	13670	3544
2010	26656	6394	5704	1305	15983	4233
2011	26353	7723	4765	1400	18553	5227
2012	25924	8433	5941	1579	18093	5757
2013	23351	7769	4884	1303	18367	5481
2015	43500	14200				
2016	45100	15000				
2017	47000	16000				
2018	47500	16200				
2019	49300	17000				

数据来源:2013年前来源于湖南出入境检验检疫局,2015年后来源于湖南省茶业协会。

第三节　湘茶文化品牌

强化品牌意识，是做好湘茶及相关产业的重要措施。自2013年起提出"千亿茶业"发展目标以来，湖南省分阶段、分品牌、分种类落实千亿茶产值目标，并相继出台了支持茶产业发展的一系列措施和政策。2021年，湖南茶业实现综合产值达1012亿元。湖南省茶业已形成以五大区域公用品牌为引领、市县区域公用品牌联动、企业品牌竞相绽放，协力构建"三湘四水五彩茶香"的发展格局。

作为千亿产值的主阵地，茶叶企业是湘茶产业的重要组成部分。21世纪初，湖南初制加工企业约有1000家。随着产业布局和产品结构的调整，加工企业由生产红、绿、黑茶的粗放型，逐步转为集初制、精深加工于一体高效型优质型，茶类也丰富为红、绿、黑、黄、白、花等多品类，加工设备机械化自动化水平大大提高。截至2020年，湖南省茶叶精深加工企业有500多家，这些企业无论在品牌创立，品质保证及国内外宣传方面都进行了精准化管理。近年来湘茶文化品牌不断涌现，出现了一批既有历史传承，又能推陈出新的品牌，如"长沙绿茶""安化黑茶""新化红茶""桑植白茶""黄金茶""茶祖红""郴州福茶""常德红茶""南岳云雾""邵阳红""碣滩茶"等地域品牌茶都为广大消费者喜闻乐见。为响应"要统筹做好茶文化、茶产业、茶科技这篇大文章，坚持绿色发展方向，强化品牌意识，优化营销流通环境，打牢乡村振兴茶产业基础"的号召。全省倡导建设茶文化品牌，由各地市茶叶协会推荐省市龙头企业报名，地市农业农村局、茶叶领导小组同意，并经湖南省茶业协会最终审定，收录以下湘茶品牌，并进行详细介绍，这是打造茶文化品牌，构建"五彩湘茶"的重要措施和具体体现（图3-19）。

图3-19　部分公共品牌展示

一、金井毛尖——为人民服务、"金井首善红红条茶"系列产品

金井毛尖——为人民服务、"金井首善红红条茶"系列产品为湖南金井茶业集团有限公司出品。

①**金井毛尖——为人民服务**：茶叶原料采自农业农村部标准示范茶园——金井茶园。茶叶制作采用独特的制茶工艺实行适温提毫，故保持了茶叶的色泽绿、汤色绿、叶底绿的"三绿"品质。因其优异的品质获得了诸多荣誉：农牧渔业部优质产品奖、国家质量奖、首届中国食品博览会金奖、中国乡镇企业名牌产品奖、省著名商标、农博会金奖等（图3-20）。

图3-20 金井毛尖——为人民服务

②**"金井首善红红条茶"系列产品**：由金井茶产区的小种叶经手工采摘精挑细选之作，干茶外形细紧，色泽乌黑油润，汤色红亮，香气浓郁带花果香，滋味醇和回甘，叶底红匀细软。1988年荣获首届中国食品博览会金奖，1990年再次被评为国家名优产品（图3-21）。

图3-21 "金井首善红红条茶"系列产品

湖南金井茶业集团有限公司（原长沙县金井茶厂）位于长沙县金井镇，创建于1958年，2000年实现民营企业改制，是一家集茶叶种植、加工、销售、科研、文化旅游于一体的集团公司。目前已发展成为具有一定规模和实力的国家级农业产业化重点龙头企业、省小巨人企业、全国科普惠农兴村先进单位、农业农村部茶叶标准园、全国休闲农业与乡村旅游五星级企业（园区）、全国最美绿色食品企业、省现代农业特色产业园（加星园）。"金井"牌商标注册于2008年，为湖南茶叶行业第一家通过国家工商总局（现国家知识产权局）认定的"中国驰名商标"。2016年公司绿茶加工工艺被列入湖南省非物质文化遗产名录。2019年公司被人社厅、省总工会、省企业和工业经济联合会、省工商联评为"湖南省模范劳动关系和谐企业"。

公司现有厂房面积2.61万m^2，金茶科技产业园建筑面积2.6万m^2。拥有茶园面积近10万亩，良种茶无性繁殖基地150亩，带动茶农5万多人（图3-22）。红茶、绿茶、名优茶加工设备共450台（套），下辖6个加工厂、6个分场、12个工区，年加工能力7000t。近年来公司产品畅销国内，远销日本、欧盟、中东等多个国家和地区。

图3-22 金井茶园

二、云游毛尖"向雷锋同志学习"、云游红茶"好人好茶"

云游毛尖"向雷锋同志学习"、云游红茶"好人好茶"品牌为长沙云游茶业有限公司所研发。

产品原料产自云游茶园，是被认证的长沙市"绿色土壤"，在2013年3月获农业部（现农业农村部）颁发的有机产品认证。优越的生态环境孕育了良好的茶叶品质，为确保产品的安全卫生和健康有机，公司生产每一杯茶都坚持严谨的制作工艺和严苛的质量标准。产品以"云游"牌绿茶、红茶以及拥有1000多年历史的河西园茶为核心，传承河西园茶千年来独特的炒青工艺，深受广大消费者好评（图3-23、图3-24）。公司以"匠心制茶，成就一杯好茶"为初心和使命，产品荣获第五届、第八届中国·湖南（国际）农博会金奖，湖南省第六届"湘茶杯"名优茶评比金奖，第十二届"中茶杯"全国名优茶评比特等奖，湖南名优特产认证产品，湖南茶叶"千亿产业十大创新产品"，首届"潇湘杯"湖南省名优茶评比金奖。

公司创建于1960年，1996年实现民营企业的改制，组建成立格塘仙游茶场，2002年正式注册，2009年更名为长沙云游茶业有限公司（图3-25）。公司自有茶园5000亩，其中有机茶园500亩，外联基地1.6万亩，是一家集茶叶种植、加工、销售、茶文化传播、

图3-23 云游毛尖"向雷锋同志学习"产品

图3-24 云游红茶"好人好茶"产品

图 3-25 长沙云游茶业有限公司

休闲旅游于一体的综合性茶企。公司获得全国科普惠农兴村先进单位、湖南省农业产业化重点龙头企业、湖南省优秀绿色食品示范基地、湖南省先进农村科普示范基地等诸多荣誉。注册商标"云游"牌获得湖南省著名商标，云游茶业格塘绿茶手工制茶技艺获得区级非物质文化遗产。

三、幸福都是奋斗出来的、望城十景

幸福都是奋斗出来的、望城十景产品为湖南望城乌山贡茶业有限公司所有。

①**幸福都是奋斗出来的**：原料均采用优质有机鲜叶精制而成，绿茶（1芽1叶）具有"色碧绿、毫闪光、香鲜嫩、汤清澈、味醇爽、形优美"的特质，红茶（单芽）具有"色乌润、花蜜香、甘鲜味、汤金黄"的特质（图3-26）。

②**望城十景**：集合"雷锋故居、靖港古镇、铜官陶城、乔口渔都、新康戏乡、书堂胜境、丁字石街、千龙戏水、洗心禅寺、乌山贡茶"望城10个著名景点，每个景点用水墨画的形式呈现出来，整体风格精致、典雅，大美望城一卷尽揽，尽显地方特色与文化。此款绿茶采用1芽1叶的有机鲜叶精制而成，鲜嫩耐泡、香气浓郁、口感清醇（图3-27）。

图 3-26 乌山贡·幸福都是奋斗出来的（绿茶、红茶）

图 3-27 乌山贡·望城十景

湖南望城乌山贡茶业有限公司是一家集茶叶种植、加工、销售、贡茶传播、茶旅融合为一体的综合性茶企，是湖南省农业产业化龙头企业。公司前身为1972年成立的乌山公社高桥茶厂，是当时河西园茶著名的原产地，号称万亩茶园；20世纪80年代以红碎茶出

图 3-28 乌山贡茶基地

口为主并走俏海外，是重要的湖南省优质茶出口基地；2012年茶厂资产重组，成立湖南望城乌山贡茶业有限公司。公司现有茶园面积4800亩，其中核心有机茶园450亩，外联基地1.5万余亩，企业年产值达1.88亿元。目前产品已通过SC认证、有机食品认证（图3-28）。

乌山贡茶作为优质的富硒茶，深受广大消费者喜爱。先后获得湖南"茶祖神农杯"名优茶评比金奖、亚太茶茗银奖、"潇湘杯"湖南省名优茶评比金奖、中国国际农产品交易会参展农产品金奖、中国中部（湖南）农业博览会产品金奖等荣誉。

公司本着"秉承千年品质，遵循贡茶匠心"的企业精神，通过茶旅融合带动农民致富、推动美丽乡村建设。2018年，乌山贡茶所处的望城区与长沙县、浏阳市、宁乡市共同申报"长沙绿茶"农产品地理标志品牌成功，昔日的贡茶已成为今日的国字号"金字招牌"，乌山贡茶以极致的茶叶品质和产业抱负践行国家乡村振兴战略。

四、臻溪金毛猴红茶、轻轻茶

"臻溪金毛猴红茶""轻轻茶"品牌为湖南省湘茶高科技有限公司所有。

① **臻溪金毛猴红茶**：集红茶、乌龙茶、黑茶三大茶类关键工艺于一身，经检测，茶内含400多种香气物质，且富含茶黄素，其成品茶具有独特的花蜜香、甘鲜味（图3-29）。臻溪金毛猴红茶2015年荣获百年世博中国名茶金骆驼奖、2018年第二届中国国际茶叶博览会金奖。

② **轻轻茶**："轻轻茶"品牌产品是国家科学技术进步奖二等奖技术转化产品（图3-30）。轻轻茶对由于营养过剩导致的三大营养物质（糖

图 3-29 臻溪金毛猴红茶

图 3-30 轻轻茶

图 3-31 湖南省湘茶高科技有限公司企业园区

类、脂肪、蛋白质）因代谢异常所引发的各种慢性病有显著的调理作用。

湖南省湘茶高科技有限公司为湖南省茶业集团的全资子公司、高新技术企业，为集团专门研发、生产、销售高科技茶产品，被列为湖南省非物质文化遗产代表项目湖南红茶制作技艺的项目保护基地（图3-31）。公司致力于对湘茶的传承和创新，2005年为推动湖南红茶的复兴与创新，由公司总工程师吴浩人先生牵头成立湖南红茶专家课题组，经过课题组对武陵山区张家界、古丈等地的原料研究发现，通过科技手段革新工艺可制出更具甜度和鲜度的特色红茶，臻溪金毛猴红茶便由此诞生。

五、"胡家园"江头贡茶

"胡家园"江头贡茶为湖南胡家园茶业有限公司所有。胡家园，是一个品牌，又是一个地名，位于湖南省耒阳市龙塘镇严江村境内，是江头贡茶的发源地。胡家园的茶历史悠久，传说胡家园原来只有一棵茶树，因其所产的茶叶向秦始皇进贡后，就变成一块风水宝地。当地茶树品种优良，气候温和，雨量充沛，土壤有机物含量丰富；年年采茶时期，选晴好日子，精制而成，密封冷藏，

图 3-32 "胡家园"江头贡茶

泡时清香入鼻，如针竖立，实乃奇观，茶汤或嫩绿隐翠、或金黄澄亮，入口香溢甘醇，饮尽芬芳醉人，令人精神焕发，回味无穷（图3-32）。

湖南胡家园茶业有限公司是一家集茶叶种植、生产、加工、包装、批发销售、休闲旅游开发、茶文化传播于一体的湖南省农业产业化重点龙头企业。公司成立于2012年，现有员工120多人，经数年发展，公司已拥有2600多亩已开发的绿色茶园，茶叶加工厂房达2000m^2，游客接待中心达2000m^2，上百家茶叶专卖经销商及多家胡家园江头贡茶形

象店,具备了完整的产业链条,形成了一定的产业规模(图3-33)。目前,公司已拥有实用新型及发明专利30余项,并被认证为高新技术企业。公司坚持以"胡家园"牌江头贡茶为主要

图3-33 胡家园茶业茶园

经营产品,并已成功打造了"胡家园"江头贡茶湖南省著名品牌,公司常年与湖南省茶叶研究所签订产学研合作协议,聘请专业茶叶制作专家结合传统制茶工艺精制而成的江头绿茶、江头红茶、江头养生保健午时茶,一直深受市场青睐,并多次在全国茶叶评比大赛上荣获金奖。

六、"塔鼎红"常宁塔山茶

"塔鼎红"常宁塔山茶为湖南谷佳茶业生态农业科技有限公司出品(图3-34)。公司是一家集茶叶种植、加工、生产、销售、科研、文化、旅游为一体的多元化企业,成立于2016年5月,位于衡阳市唯一的少数民族塔山瑶族乡,是湖南省农业产业化重点龙头企业。公司设有总部、生产基地、形象店,拥有现代化的茶叶生产线、大型茶叶冷库及物流配送中心,现有员工(含季节性人员)120余人(图3-35)。公司已通过SC生产许可证、质量信用等级AAA级、有机产品认证,产品荣获各大赛事金、银奖等共21项,其中2018年"塔鼎红"常宁塔山茶荣获澳大利亚国际茶博会评比"金树叶"红茶金奖。

图3-34 "塔鼎红"常宁塔山茶

图3-35 谷佳茶业基地茶厂

公司专注经营"塔鼎红"常宁塔山茶有机茶叶品牌,一贯坚持"质量第一,用户至上,优质服务,信守合同"的宗旨,凭借着高质量的产品,良好的信誉,产品畅销全国30多个省份和地区。

七、岳云茶业

南岳云雾：产自五岳独秀的南岳衡山,八百里南岳的高山茶区有着得天独厚的生长环境,茶园平均海拔800m,常年云雾缭绕、气候温和、土壤质地疏松,生长的茶叶具有独特的芳香。科学研究表明红光利于茶多酚形成,而蓝紫光则促进氨基酸、叶绿素和含氮芳香物质多,

图3-36 "岳云"系列产品

提高茶叶的色泽、香气、滋味、嫩度。采回的芽叶必须经过精心拣剔,剔除不符要求的鱼叶、叶片及杂质等物。在手工制茶方面,聘请高级制茶大师,坚持传统制作技艺,秉承千年传统与纯正,匠心独运,保证每缕茶香的纯正（图3-36）。

湖南省南岳云雾茶业股份有限公司（简称岳云茶业）坐落于国家级风景名胜区、4A级旅游风景区——南岳衡山（图3-37）。公司是一家集茶树栽培、科研,茶叶生产、加工、销售,茶文化推广,生态农业旅游开发于一体的综合型公司。公司下设南岳茶场、南岳茶厂、烟霞文化旅游服务和岳云新零售4个经营单元,2018年获评高新技术企业、湖南茶叶"千亿产业十强企业",2019年入选湖南红茶首批授权生产企业。

公司在科研上聚焦在高山茶园夏秋茶青利用的毛茶精制加工和保健茶疗两个方向开展科技攻关和技术革新,已获7项技术创新成就,掌握成熟的绿茶、红茶、紧压茶多茶类生产技术。公司的产品从2010—2019年连续获省茶博会金奖,先后获湖南省著名商标、湖南省名牌产品,2018年岳云茶业生产的产品代表南岳云雾参评获湖南十大名茶。公司打

图3-37 岳云合作基地——石山茶园

造了以"岳云"作为主品牌和"祝融红"等产品品牌相结合的品牌矩阵,形成了商务礼品、旅游特产和大众生活3个产品系列,致力于将公司建设成以南岳文化体验为特色的O2O新零售企业。

八、贵妃凰菊

"贵妃凰菊"品牌为衡阳市南岳康乐福生态农业发展有限公司所有。"贵妃凰菊·菊花茶"荣获2016第八届湖南"茶祖神农杯"名优茶评选金奖、第七届中国旅博会银奖(图3-38)。公司产品目前以茶饮为主(12个品类),食品为辅。

图3-38 贵妃凰菊

公司成立于2015年3月,位于南岳区,是衡阳市农业产业化龙头企业(图3-39)。公司坚持"科技为本,服务农户"的宗旨,不断对产品研发、创新,致力于优质高产茶新品种标准化种植和产业化,建设绿色食品茶产业。

图3-39 南岳康乐福生态农业发展公司茶园

九、韶山红

二十世纪八九十年代,韶茶享誉国内外,产品深受消费者喜爱。新时代下"建设茶叶强省、打造千亿茶业"政策号角已经吹响,茶旅融合跨越发展,成为韶山乡村振兴、产业兴旺的一号工程,推动着区域经济极速崛起。韶山红茶,是茶与这片土地同生共融的隽永记忆。

韶山茶树,房前屋后,自然野生,苛严的采摘标准与极致的品质追求,形成了具有"花蜜香、甘鲜味"的新时代湖红。韶山红多采用1芽1叶鲜叶制作而成,条形紧细,色泽乌黑油润,茶条上金豪较多。香气甜香浓郁带花蜜香,滋味甜醇鲜爽,汤色红亮(图3-40)。

图3-40 "韶山红"品牌产品　　　　　　图3-41 韶山茶业生产车间

湖南省韶山茶业有限公司是由韶山市政府引进，国家级农业产业化重点龙头企业——湖南省茶业集团股份有限公司投资入股，韶山市供销合作社社有资产管理有限公司、湘潭供销产业发展集团有限公司、韶山旅游发展集团有限公司、湖南韶山滴水洞食品饮料有限公司、湖南丹农生态农业发展有限公司一起组建的股份制公司。

公司坚持以市场为依托，以红色文化为引领，以提高韶山茶业产品效益和品牌影响力为核心，以区域化基地为基础，以产业化经营为手段，充分发挥茶叶特色资源优势，打造"韶山红"品牌，逐步推进茶树良种化、生产机械化、产品标准化、市场营销品牌化，推动韶山茶业可持续发展（图3-41）。

十、一都翠1225、一都红1372

"一都翠1225""一都红1372"品牌为湖南龙回一都富硒茶业股份有限公司所有（图3-42、图3-43）。

湖南龙回一都富硒茶业股份有限公司成立于2015年，前身为隆回县一都云峰富硒茶业有限公司，是集茶叶、金银花、中药材种植、收购、加工、销售以及电子商务平台的开发、建设、运营和生态农业观光旅游服务的全产业链企业。公司是隆回县规模企业、邵阳市现代农业特色产业园茶叶示范园、邵阳市茶叶学会常务理事单位、邵阳市科技创

图3-42 一都翠1225　　　　　　　　　图3-43 一都红1372

图3-44 公司茶厂总部基地风光

图3-45 禾毛凼茶园基地风光

新成果与技术市场协会会员单位、邵阳市信用协会会员单位、"邵阳红"发展促进会理事单位、湖南省食品行业联合会理事单位、湖南省大湘西茶产业发展促进会会员单位、湖南省红茶产业发展促进会会员单位、湖南省农业产业化重点龙头企业、高新技术企业（图3-44）。

公司曾获先进科技示范户、优级茶基地先进单位、科技示范企业、隆回县科技扶贫专家服务团服务地、国家级创新创业平台、邵阳红优质农产品生产企业、"湘九味"品牌药材战略合作企业等荣誉；公司绿茶、红茶、白茶、黄茶、金银花茶均取得SC认证，其中，绿茶和红茶取得绿色食品认证，产品获得"红碎茶四号样全国第一名""湖南名茶""最受消费者喜爱的农产品品牌""中国食品金品牌"等荣誉。公司现有商标14个，2019年申报专利15项，其中发明6项。

公司目前拥有茶园基地2000余亩，实现了种植的规模化、示范化（图3-45）；厂房5000m^2，实现了农产品加工标准化、食品化；绿、红茶自动化生产线2条，实现了设备清洁化、自动化；与湖南省茶叶研究所和邵阳学院签订院（校）企合作协议，实现了工艺先进化、科学化。

公司以"师长技，制好茶"为核心理念，以隆回人文、地理、历史、民俗为文化承载。既传承，又创新，现生产"一都红""司门红"系列红茶及"一都翠""司门翠"系列绿茶产品，又开发了白茶、黑茶、黄茶系列定制化产品。

公司采取"公司+合作社+基地+农户（贫困户）"的经营模式，与4个合作社及茶农签订了免费技术指导、合资种植以及保价收购等合同1200多份，外收茶叶和金银花鲜叶等原料涵盖6个乡镇约8000亩茶园，长期带动了2363户茶叶和金银花等农业种植户共同致富。公司在产业扶贫中采取"1+N"的产业帮扶模式，已累计带动贫困户近3000人，与617户1526个建档立卡贫困人口签订了帮扶协议。2020年10月，公司董事长邹方晴获"隆回最美扶贫人物"称号。

十一、古楼茶

"古楼茶"为湖南古楼雪峰云雾茶有限公司品牌。原料产于雪峰山东麓古楼河流域,该地昼夜温差大,常年云雾缭绕,漫射光多,无任何污染,独特的地理环境孕育了高品质古楼茶(图3-46、图3-47)。古楼茶的茶多酚、氨基酸、水浸出物等重要指标,都远高于国家标准,使得古楼茶"香高味醇,回味甘甜",不仅香满古楼,也早已成为无数爱茶人的一种文化、一个标签。

图3-46 古楼红颜

图3-47 古楼春芽

湖南古楼雪峰云雾茶有限公司是一家集茶叶种植、研发、生产、销售、茶文化传播、生态旅游观光于一体的省级农业产业化龙头企业、科技小巨人企业,年综合产值10186万元。公司拥有现代化、标准化的绿茶、红茶生产线,

图3-48 古楼雪峰云雾茶有限公司茶园基地

茶叶技术人才10人,管理、营销人才15人,厂房面积6800m^2,茶叶生产示范基地1560亩;合作社及产业扶贫农户基地6000亩(图3-48)。产品通过有机食品认证、绿色食品认证、食品质量管理体系认证,多次荣获国家级、省级金奖,公司红茶产品已申报3个国家专利。作为邵阳茶领军品牌,公司坚持以"做诚信人、制健康茶、走复兴路"为发展理念,带动洞口县山区5乡20村12400人(其中贫困人口3400人)从事茶产业,推动邵阳茶产业的发展,引领邵阳茶走向世界。

十二、宝庆桂丁

"宝庆桂丁"品牌为湖南兴盛茶业科技有限责任公司所有。

宝庆桂丁红茶、绿茶： 绿茶具有"色泽翠绿，条索细紧，香气高扬，汤色清亮，滋味醇爽"等优质品质；红茶具有"色泽乌润，条索细紧，香气馥郁，汤色金黄，滋味甜爽"等优质品质。除此之外，宝庆桂丁红茶和绿茶还具有独特的"幽雅花香"和"隔夜不馊"。历史上，宝庆桂丁茶曾作为明清两朝皇家贡茶，持续上贡长达520多年，在《湖南通志》《宝庆府志》有详细记载。宝庆桂丁茶2018年获得第三届"潇湘杯"湖南省名优茶评比金奖，2019年、2020年连续荣获第十一届、第十二届湖南"茶祖神农杯"红茶类和绿茶类金奖，2020年湖南文化旅游商品大赛银奖，2020年第二十二届中国中部（湖南）农业博览会金奖。2020年，宝庆桂丁茶被湖南省商务厅认定为"湖南老字号"（图3-49、图3-50）。

图3-49 宝庆桂丁·金桂飘湘红茶

图3-50 宝庆桂丁·金桂飘湘绿茶

湖南兴盛茶业科技有限责任公司是一家集茶叶良种繁育、种植、加工、销售和科研为一体的科技创新型茶叶公司。现有茶园1.3万亩（其中野生桂丁茶园1万亩，标准化种植示范桂丁茶园0.3万亩），并通过SC认证、绿色食品认证和有机食品认证（图3-51）。

图3-51 宝庆桂丁茶加工基地

公司主营茶类：公司始终秉承着"专心、精心、耐心、爱心、诚心"的经营理念，致力于打造"省心、放心、舒心、安心、开心"的"五心级"宝庆桂丁茶。公司始终注重社会效益，践行社会责任，通过委托帮扶、劳动务工和基地建设等方式，直接带动3800多名建档立卡贫困户脱贫致富，助力脱贫攻坚，助推乡村振兴，2019年和2020年连续被新邵县委、县政府评选为"优秀民营企业"。

十三、虎久雾语

"虎久雾语"品牌为湖南虎久雾语茶业有限公司所有。

湖南虎久雾语茶业有限公司传承于隆回县虎久富硒茶叶种植专业合作社与原茅坳茶厂，原茅坳茶厂制茶技艺精湛，推出的"茅坳银毫""茅坳银线""茅坳银剑""茅坳银球"，分别于1995年、1996年荣获"湘茶杯"金奖、银奖。公司秉承该传统制茶工艺，历经数十年的努力，推出"虎久雾语"品牌，寓意着虎形山的茶叶种植长长久久；"雾语"，则好似瑶山之灵在雾里诉说着古老的故事（图3-52）。

图3-52 虎久雾语茶

公司自有原生态茶园2000多亩，全部位于雪峰山脉东麓隆回花瑶海拔600~1260m的核心景区，土

图3-53 虎久雾语茶业茶园

壤富含硒元素，降雨充沛，云雾缭绕，种植条件得天独厚，茶叶品质高、安全、健康、无公害。公司现已成为一家集茶叶种植、加工、销售、科研、生态农庄、休闲旅游和传播茶文化于一体的综合性茶企（图3-53）。公司的制茶师荣获2019年潇湘"邵阳红"100亿茶产业第三届技能大赛绿茶最佳奖。

十四、"崀峰"野生茶

"崀峰"野生茶为湖南崀峰茶业股份有限公司品牌。原料采用舜皇山国家森林公园、紫云山原始森林自然保护区、世界自然遗产崀山、越岭山脉、九龙山、万峰山等高山云雾之中的茶叶为原料，用传统工艺和现代科学技术相结合精制而成。茶叶无污染、无农药残留，因而茶叶外形美、香气清高持久、滋味浓、耐冲泡（图3-54）。崀峰野生茶，深得客户好评，著名歌唱家何纪光先生曾亲笔为"崀峰"茶叶题字"茶亦醉人何必酒，常饮崀峰九十九"。

图3-54 崀峰野生茶产品

图3-55 舜皇山生态茶园

湖南崀峰茶业股份有限公司其前身为新宁县崀峰茶业有限公司，2020年9月公司重组更名为湖南崀峰茶业股份有限公司。公司以"野者上，园者次，无农残，最健康"为宗旨，自有生态茶园基地1100亩，野生茶园基地1.5万亩（图3-55）；拥有"崀峰"和"崀山"2个品牌，属于政府支持的"湖南省新宁县工业园创业基地"。

公司主要经营野生高山茶，创始人姜家荣从事茶产业40年，是邵阳市茶产业第一位荣获"宝庆老工匠"的茶人。公司于2019年被评为"湖南红茶制作技艺（湖南工夫红茶制作技艺）保护基地"，其产品2019年、2020年连续荣获湖南"茶祖神农杯"金奖。

十五、五峒、世界峒

"五峒""世界峒"品牌为湖南白云湖生态茶业股份有限公司所有。茶叶精选城步县南山国家公园核心产区原料，是湖南省四大优良茶树群体种之一，属南方大叶种乔木型茶树，所制红茶具有浓郁的花蜜香，回味醇厚甘甜（图3-56）。

图3-56 "城步峒茶"红茶系列产品

公司于2019年1月获得了国家民委、财政部、中国人民银行批准的"十三五"期间民族特需商品定点生产企业，同年被授予邵阳市现代农业特色产业示范园。2020年公司"五峒"品牌获得马德里国际商标注册，2020年5月公司生产的"城步峒茶"红茶系列产品在第十三届中国世界功夫茶大赛红茶中评为"五星金奖"；2020年获湖南"茶祖神农杯"金奖；2021年7月通过有机认证，同时被湖南省农业农村厅纳入湖南省农业种质资源保护单位。

公司以精准扶贫政策为指导,将产业扶贫与乡村振兴相结合,建设自有茶园300余亩,与村组及专业合作社合作开发新茶园2000余亩,流转合作老茶园2700余亩,建设了150亩峒茶繁育苗基地(图3-57)。2020年公司认养保护"城步峒茶"100~500年以上的古树4000余株。

图3-57 白云湖生态茶业茶园

湖南白云湖生态茶业股份有限公司前身是城步白云湖生态农业发展有限公司,目前公司是专注于城步峒茶研发生产的市级农业产业化龙头企业,与湖南农业大学、湖南省茶叶研究所签订产学研三方合作的企业,获得"湖南红茶""邵阳红"公共品牌使用企业。公司建立了严格的生产管理制度和产品质量溯源保障体系,2019年取得了食品生产许可证和有机转换证书,可生产红茶、绿茶、代用茶等多种茶类产品,年生产能力达30t。注册了"五峒""巫源峒红""白云樵隐""世界峒"等商标,公司以保护性开发为宗旨,以高标准为要求,坚持健康生态发展理念,全力打造城步峒茶区域公共品牌,让高品质的城步峒茶为人类健康服务。

十六、"巴陵春"牌君山银针、岳州八景(岳阳紧压黄茶)

"巴陵春"牌君山银针、岳州八景(岳阳紧压黄茶)为湖南洞庭山科技发展有限公司(巴陵春茶业)所有(图3-58、图3-59)。

图3-58 "巴陵春"牌君山银针

图3-59 岳州八景(岳阳紧压黄茶)

湖南洞庭山科技发展有限公司是集岳阳黄茶生产、贸易、科研、教学于一体的民营企业，1993年创办，位于岳阳楼区洛王社区。公司领办或参股9家农民专业合作社，其中国家农民合作社示范社1家。

公司是国家知识产权优势企业、高新技术企业、2016年度中国茶业十佳成长型企业、湖南省农业产业化重点龙头企业、"岳阳黄茶工程技术研究中心"依托单位、岳阳市科普基地。公司在茶行业率先通过ISO9001和HACCP双认证，先后承担科技部、省、市级科研项目10多项，已获得国家发明专利10项，参与制订岳阳黄茶地方标准和团体标准，出版专著《巴陵春茶文化》。

公司已有注册商标50多个，其中"巴陵春"2010年获评湖南十大茶品牌。"巴陵春"品牌价值被评估为9.93亿元，位居"2021中国茶叶企业产品品牌价值百强榜"第10位。公司生产的7类食品获得生产许可证。巴陵春黄茶为岳阳十大名茶之一，多次在全国黄茶大赛中获奖。

公司在君山区旅游路兴建了"巴陵春黄茶产业园"，建设目标为：智慧农业科技示范产业园、现代农业产业融合示范园区（图3-60）。

图3-60 巴陵春茶园春色（吴驰 摄）

十七、君山银针

"君山银针"品牌为湖南省君山银针茶业股份有限公司所有。

"君山银针"是久负盛名的"中国十大名茶"，1956年参加德国莱比锡国际博览会荣获金奖，并获"茶盖中华，价压天下"的美誉。1959年，君山银针在首届中国十大名茶评比中，代表黄茶类荣获"中国十大名茶"称号。2010年，"君山"牌君山银针获评"金芽奖"中国黄茶标志性品牌。2015年，"君山"牌君山银针入选百年世博中国名茶金骆驼奖。2020年10月，"君山银针"荣获湖南省"一县一特"农产品优秀品牌（图3-61）。

图3-61 君山银针

图3-62 君山银针公司茶叶基地

图3-63 君山银针公司生产车间

湖南省君山银针茶业股份有限公司是集茶叶科研、种植、加工、销售、茶文化传播和旅游于一体的高新技术企业、省级农业产业化重点龙头企业。公司位于国家5A级旅游风景区，建有占地6万m²、年产茶1万t的茶文化创意黄茶产业园，现有1万多亩"君山"名优茶生产基地，100多个"君山"名茶示范专卖店、加盟店和销售网点，通过了绿色食品认证和ISO9001、ISO1400、ISO22000等认证，制订了黄茶、君山银针等6个企业标准，是首家获准使用岳阳黄茶国家地理标志产品专用标志的企业（图3-62、图3-63）。君山银针茶制作技艺已列入国家级非物质文化遗产名录，"君山"商标被国家知识产权局认定为"中国驰名商标"。

公司将扛鼎着黄茶复兴的旗帜，重塑"君山银针，黄茶之冠"的行业翘楚形象，通过加强人才培养，依托科技创新，加大品牌宣传，开拓消费市场，促进黄茶产业发展，为建设湖南茶业强省，打造千亿湘茶、百亿黄茶茶产业作出贡献。

十八、平江烟茶

"平江烟茶"国家地理标志农产品为平江县烟茶研究院所有。

"阜山青""老葉（叶）膏""玉指香""谷雨烟茶"品牌为湖南古茶文化发展有限公司所有。

"阜山青""老葉（叶）膏""玉指香""谷雨烟茶"遵循古制，严格延续几十代祖先传承下来的全手工烟茶手艺（图3-64）。手口相传，延绵至今。严守古法烟茶的"摘、摊、洗、炒、揉、摔、熏、窨"的工序不变，不改初衷，保证平江烟茶在原材料和工艺上不妥协、不变形、不遗失。产品色泽黑如玄铁，条索壮实，重泡则茶汤如酱，浓酽醇香；轻泡则金黄透绿，清香甘爽。正宗平江烟茶不追求时髦，保持散茶形制，根根烟茶都犹如铁划金钩，沏开片片清晰。

湖南古茶文化发展有限公司是一家集茶叶种植、加工、销售、茶文化旅游为一体的综合性公司。现有茶园1860亩（其中高山茶园1300亩、野生紫芽茶园560亩），目前已

图 3-64 平江烟茶

通过 SC 认证,成为岳阳市农业产业化龙头企业、湖南省重点扶贫项目扶贫单位(图 3-65)。

公司带动本地村民走上精益农业和自然农业的道路,证明了通过文化价值的挖掘和提升,利用微信、淘宝在内的互联网等智能技术手段,使乡村的

图 3-65 古茶文化发展公司茶园基地

传统老手艺、老产品得到恢复和传承,并融入现代文明生活,提高都市和乡村的生活品质,建立一个城乡互赢共享、友好依存的美丽乡村。

十九、"百尼茶庵"牌野茶王

"百尼茶庵"品牌为湖南百尼茶庵茶业有限公司所有。茶庵铺是明朝茶旅之湘黔驿站,素负九里茶庄、百尼茶庵、多处茶铺而盛名,是桃源大叶茶种植基地。"百尼茶庵"牌野茶系列以茶庵铺桃源大叶茶精采细制而成,该品种叶片肥大,高产、优质、抗逆性强,内含物质丰富。"百尼茶庵"野茶王,采桃源大叶茶之鲜嫩芽头,经传统制茶工艺精制而成,其外形状似雀舌,挺实灵秀;色泽翠绿光润,银毫披露;汤色清澈绿亮;香气柔雅悠长;品味鲜醇回甘。芽头数浮数沉后竖立杯底,呈堆绿叠翠妙景。观其色赏其形,闻其香品其味,尊享风雅怡悦(图 3-66)。

图 3-66 "百尼茶庵"野茶王

湖南百尼茶庵茶业有限公司成立于2011年，位于桃源县茶庵铺镇，是一家集茶叶种植、加工、销售、科研和茶文化旅游于一体的省级农业产业化重点龙头企业（图3-67）。公司2016年荣获中国茶叶行业综合实力百强企业，2020年获湖南省扶贫龙头企业。

图3-67 百尼茶庵茶业茶园基地

公司自成立以来，坚持"以茶兴旅、以旅促茶"理念，带动农民共同发展，建成标准化茶园基地12000多亩，加工园区60多亩，名优茶生产线6条，茶叶加工设备317套（台），年生产加工能力超过1.5万t，年产值超过6000万元。

公司严格执行绿色产品生产标准，向品牌化、标准化、绿色化、产业化和有机化发展，主打"桃源红茶"，涵盖绿茶、黄茶、白茶、黑茶五大茶系，单品达到80多个。先后通过SC、ISO9001、ISO22000、HACCP等认证，到达了全国一流品质，为广大消费者提供最优质的茶叶与最专业的服务，销售网络辐射北京、上海、深圳、海口等全国一线城市，深受消费者青睐。2015年，"百尼茶庵·崖边野茶"荣获第七届湖南"茶祖神农杯"金奖；2016年以来，"百尼茶庵·红功夫""百尼茶庵·红金芽"荣获第八届、第九届湖南"茶祖神农杯"金奖，中国中部（湖南）农业博览会金奖等荣誉。

二十、"白云山"牌白云银毫

"白云山"牌为石门县白云山国有林场所有。"白云山"牌白云银毫系列有机茶，产自海拔800~880m的白云山国有林场（图3-68）。林场产品先后荣获国内外名优茶评比20余项金奖和中国茶叶学会"中茶杯"特等奖、"国饮杯"一等奖。注册商标"白云山"被认定为湖南省著名商标，荣获湖南名牌产品称号。白云山有机茶园先后被评为全国三十座最美茶园、湖南茶叶"十佳茶旅景区"。

图3-68 "白云山"牌白云银毫

石门县白云山国有林场始建于1958年，地处湖南西北部、石门县中部山区，总面积3.2万亩，林区风光旖旎、树木葱郁，森林覆盖率92%，负氧离子含量高达每立方厘米6.8万个。白云山四季云雾缭绕，山顶茶林相间，山下绿水环抱，风景秀美，气候宜人（图3-69）。

图3-69 白云山林场有机茶园

1992年开始，林场调整产业结构，大力发展有机茶叶产业，现有有机茶园2000余亩，全部生长在海拔600~800m的云山雾海之中，方圆10km内无任何工业污染，以其优良的品质名扬国内外。注册商标"冠云"和"白云山"均获得"湖南省名牌产品""湖南省著名商标"等称号。林场自2000年以来连续20年获得OFDC、CERES、NOP、JAS标准四重有机认证，并通过了ISO9001和ISO22000认证。林场是湖南省首批国家有机茶生产出口基地之一，是一家集生产、加工、销售于一体的市级农业产业化龙头企业和湖南省林业产业化重点龙头企业，目前茶产业已成为林场最大的支柱产业。林场依托白云山生态有机茶园，以茶为媒，大力发展茶旅融合、森林康养，强化"乡村旅游"，先后被评为省十佳国有林场、森林体验国家重点建设基地。2021年4月，林场荣获"全国十佳林场"荣誉称号。

二十一、风花雪月大联欢、花·超白（印象桑植）

"风花雪月大联欢""花·超白（印象桑植）"品牌产品为湖南湘丰桑植白茶有限公司所有（图3-70、图3-71）。

图3-70 风花雪月大联欢

图3-71 花·超白（印象桑植）

2017年1月，湘丰茶业集团与桑植县政府签署战略合作协议，把桑植白茶产业作为扶贫攻坚的突破口；3月，湘丰茶业集团控股成立湖南湘丰桑植白茶有限公司，主要开展桑植白茶的精制加工和产品销售。公司自成立以来，致力于脱贫帮扶工作：一是指导当地茶企将原来闲置的夏秋季鲜叶按"桑植白茶"的新工艺标准加工成白毛茶，将每年生产期从70天延长至210天；二是订单收购沙塔坪乡5000亩茶园鲜叶、桑植全县白毛茶，盘活毛茶加工企业，带动茶农增收60%；三是着力打造"桑植白茶"公共品牌；四是重点开拓张家界旅游市场。

湖南湘丰桑植白茶有限公司现为湖南省农业产业化重点龙头企业、湖南省脱贫攻坚先进集体、省委省政府"五彩湘茶"重点支持企业。"湘丰桑植白茶"荣获湖南茶叶"千亿产业十大创新产品"、第十六届中国国际农产品交易会袁隆平特别奖、第二十一届中国中部（湖南）农业博览会金奖。

图3-72 湘丰桑植白茶产业园

公司以"践行产业精准扶贫，带动茶农增收致富，助推老区乡村振兴"为使命，努力做强桑植白茶品牌，引领产业换档升级，谱写百亿白茶传奇（图3-72）。

二十二、武 云

"武云"为张家界云雾王茶业有限责任公司所有品牌。绿茶具有"色嫩绿，香青新，汤清亮，味鲜爽，形优美"的特质；红茶具有"乌黑润泽，花蜜香浓，味醇正中和，汤色金黄明亮"的特质（图3-73）。

张家界云雾王茶业有限责任公司于1998年创建，专业从事茶产业的经营。公司现有自建及直管茶园近万亩，辐射周边茶叶基地超过3万亩。拥有名优茶、大宗茶、精制茶等各类制茶车间5个，厂区占地30亩，建筑面积16000m^2，年产茶能力

图3-73 "武云"牌产品

超过3000t。公司持有"武云""云雾王"商标，研制的"云雾王""笔峰春""武陵云雾""三合春芽""慈姑红"，以及生产和经营的其他代用茶或农产品等系列产品，品质上乘，深得市场青睐。

公司生产基地位于慈利县三合镇，紧邻张家界的核心景区——武陵源。

图3-74 云雾王茶业茶园基地

境内群山迭起，沟壑纵横，山清水秀，茶叶生长在海拔400~800m常年云雾缭绕的生态条件中，且土壤中含有丰富的硒、锌等微量元素，得天独厚的自然环境造就了公司优秀的茶叶品质（图3-74）。公司以"兴茶裕农"为宗旨积极响应国家号召，为家乡振兴而奋斗。

公司于2005年10月被认定为市农业产业化龙头企业；2016年11月被认定为湖南省农业产业化重点龙头企业；2019年获得绿色食品认证。公司研制的"云雾王"茶获2005年湖南省第七届"湘茶杯"银奖；"武云"系列茶叶在2014年被评为张家界优质农产品；"武云"牌云雾王在2016年首届"潇湘杯"湖南省名优茶评比中获金奖；"武云"牌慈姑红在2018年第三届"潇湘杯"湖南省名优茶评比中获一等奖。

二十三、白洋湾

"白洋湾"商标由张家界湘西茗园茶业有限公司注册。公司生产的红茶具有乌黑润泽、甜香浓郁、滋味醇厚、汤色金黄明亮的特质；白茶具有花香四溢，回味甘甜，汤色橙黄明亮。公司主打产品有高档富硒红茶、白茶，其产品畅销全国各地，多次获得茶叶权威专家的好评和有关领导的认可，特别受到茶叶市场的青睐（图3-75、图3-76）。公司是湖南省富硒生物产业协会会员单位、湖南省食品行业联合会会员单位、湖南省

图3-75 白洋湾红茶

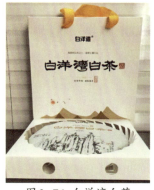

图3-76 白洋湾白茶

茶业协会会员单位、张家界市茶业协会会员单位。

张家界湘西茗园茶业有限公司成立于2014年，法定代表人洪家辉；公司集茶叶种植、加工、销售为一体，现有1个生产车间、2个加工车间，占地面积4760m²，建筑面积3168m²。

图3-77 湘西茗园茶业茶园风光

公司地处张家界市慈利县三合镇，属慈利县西北高山区域，这里群山起伏、溪流纵横交错，平均海拔670m，年平均气温17℃，常年云雾缭绕，雨量充沛，四季分明，特别是土壤富含锌、硒等多种微量元素，具有良好的生态环境，非常适应种植优质茶（图3-77）。

公司积极响应党和国家的大政方针，投身到当地政府振兴乡村规划当中，组建了"公司+专业合作社+基地+农户"运作模式的农民种植茶叶专业合作社，为带动当地的茶叶产业发展和当地农民脱贫致富，发挥了良好的引领与示范作用。

二十四、天门郡莓茶

湖南乾坤生物科技有限公司成立于2014年，是一家以药食两用的显齿蛇葡萄（莓茶）为加工原料，生产养生、健体、食疗、美容等大健康系列产品的高新技术企业，先后被认定为湖南省农业产业化龙头企业、湖南省扶贫龙头企业、湖南省林业产业化龙头企业。公司建立了全国首个莓茶工程技术研究中心，共申请专利43项，获专利授权38项，制定张家界莓茶产业化生产标准22项，其中湖南省地方标准2项，团体标准6项。现有主品牌17个商标，获得商标86个品类注册证书。公司通过了ISO9001、ISO22000、ISO14001、ISO45001体系认证，"天门郡莓茶"系列产品先后荣获国家质检总局（现国家知识产权局）生态原产地保护产品认证、农业农村部中绿华夏有机食品认证和绿色食品认证（图3-78）。

公司一二三产融合发展战略，建立紧密型联农助农利益机制，以张家界莓茶产业开发为重点，整体布局，分步实施，公司技术创新、产业化开发、生产经营、项目建设等取得可喜进展，企业进入快速发展期。公司全产业链发展由单一茶业向莓茶种植业、莓茶加工业、生物医药业、生态旅游业、畜牧养殖业延伸。公司为发展乡村振兴茶旅融合发展，能力强，成长性好，致力打造成为莓茶行业领军企业。一产在张家界市永定区桥

图3-78 天门郡莓茶产品

头乡等地建有省级现代农业特色产业乾坤莓茶产业示范园和天门郡莓茶省级农业标准化示范区，自有莓茶种植基地5200亩，莓茶实种面积2870亩，农商互联基地1.65万亩（图3-79）。二产在张家界高新区投资建设了年产1万t中药材大健康产品工程项目，

图3-79 天门郡茶园基地

建设用地面积32.7亩，建设规模总建筑面积23175.1m^2。新建药食两用代用茶、功能食品、卫生化妆品三大车间8条生产线，5个10万级净化级别的GMP车间，面积5640m^2。项目配套建设原辅料与成品仓库，水电气及环保等公用工程，行政办公及研发中心等辅助设施。项目竣工达产后，年产精制功能茶、功能饮料、保健食品、卫生化妆品等民生大健康产品1.45万t，实现产值5亿元，提供就业岗位500人。三产打造企业品牌"天门郡"销售子公司湖南天门郡商贸有限公司专注于自产旅游土特产品线下体验旗舰店和线上运营、渠道建设，并且在长沙、上海、深圳、北京等地成立分公司，形成立足于张家界，推向全国，走向全世界的发展格局。以茶旅融合模式，建有全国首个莓茶主题公司以旅游带动莓茶产品的销售，以莓茶产品的销售促进莓茶产业发展。

目前公司已完成一二三产融合、全产业链发展以及产业链延伸布局，瞄准莓茶种植业、养殖业、加工业、生物医药业、生态旅游业"五业并举"协同发展，助力实现张家界莓茶"百亿产业"宏伟目标。

二十五、桃花江茯茶、湖湘浩茗天尖茶

湖南浩茗茶业食品有限公司生产经营红茶和绿茶、茯砖、黑砖茶、花砖茶、青砖茶、花卷茶和湘尖茶。产品除内销全国20多个省份外，还远销俄罗斯、德国、摩洛哥等10多个国家和地区（图3-80）。公司产品"湖湘浩茗"品牌黑茶产品以精湛的生产技艺、良好的产品品质，赢得市场和消费者青睐，多次在国内外展会上获评金奖、银奖，成为黑茶行业中的一匹黑马，还被评为"湖南省名牌产品"和"湖南省著名商标"。

图3-80 桃花江茯茶、湖湘浩茗天尖茶

湖南浩茗茶业食品有限公司位于益阳市桃江县桃花江经济开发区，成立于2005年。公司是湖南省农业产业化重点龙头企业和高新技术企业，依托自有有机茶基地的资源优势，以科技创新为动力，以精益求精为抓手，逐步发展成为集茶叶种植、检

图3-81 郑家坳有机生态茶园风光

测、研发、精加工、销售和茶产业技术咨询与培训为一体的现代化创新企业（图3-81）。公司采用"公司+基地+农户"的运营模式，带动当地1800余户茶农脱贫致富。公司是国家民委历年确定的边销茶定点生产企业，获评"县长质量奖"和湖南省产品质量AAA认证。公司生产的林睦华青砖茶9101先后被临湘砖茶博物馆、东莞乐人谷博物馆和中国茶叶博物馆永久收藏。公司有国家发明专利10项，注册商标4项，企业标准4项；获得ISO9001、HACCP和知识产权贯标等认证。

二十六、"湘益"牌黑茶金砖、"湖南黑茶"

"湘益"牌黑茶金砖、"湖南黑茶"为湖南省益阳茶厂有限公司研发。"湘益"是中国驰名商标、中国黑茶领导品牌、湖南老字号、中国世博十大名茶。

①**"湘益"牌黑茶金砖**：甄选雪峰山脉核心产区高海拔特级鲜嫩芽头一口料制作，是目前湘益所有产品体系中原料等级最高的产品之一。源自黄金产茶带的金芽玉叶，历经岁月风霜，汲取天地之粹，再经嫩度选采标准的精心挑选。细嫩原料通过层层筛选，去粗取精，确保茶叶匀齐（图3-82）。2021年荣获第十届四川国际茶业博览会金奖；在北京举行的2021年"两展一节"茶叶产品推选活动荣获特别金奖。

②**"湖南黑茶"**：优选黄金产茶区雪峰山一级黑毛茶，茶叶外形黑润、显条，从原料上保证了优厚的物质基础，再由制茶匠人精心制作，在秉承传统工艺的同时使用现代化、智能化、清洁化生产线精制而成。茶叶丰富的天然内质与精湛技术交汇融合，铸就珍藏级品质（图3-83）。

图3-82 黑茶金砖

图3-83 湖南黑茶产品

湖南省益阳茶厂有限公司，创建于1958年，系国家民委、财政部、中国人民银行等国家部委定点的，全国最大的边销茶、茯砖茶生产厂家、中央边销茶原料承储企业。公司是高新技术企业、湖南省农业产业化重点龙头企业、湖南农业大学茶学博士科研工作站落户单位、国家级非物质文化遗产茯砖茶制作技艺唯一传承保护单位。公司旗下"湘益"牌系列茯砖茶，其质量稳定可靠、品质优良，在国内同行业中处于领先地位，具有"茯茶湘益味，黑茶领头羊"的美誉。专一品质、专一制作的湘益茯茶，积淀了厚重的历史与文化底蕴，浓缩了茯砖茶一流的质量品质与制作技艺，被誉为"中国古丝绸之路上神秘之茶"，在西北地区有着"喝酒要喝伊力特，喝茶要喝湘益特"的美誉。公司以"弘扬茯茶文化，引导健康消费；提升发展平台，引领行业权威"为企业使命，弘扬"团结、求实、优质、创新"的企业精神，秉承"以客户为中心，以质量为根本，以诚信为理念，构建以客户、品牌、服务、文化为体系的发展平台"的经营理念，全力打造中国黑茶产业"航母"（图3-84）。

图3-84 益阳茶厂茶叶基地

二十七、千两茶、天茯茶

"白沙溪千两茶""天茯茶"品牌为湖南省白沙溪茶厂股份有限公司所有（图3-85、图3-86）。

公司前身为湖南省白沙溪茶厂（建厂于1939年），曾经创造了第一片黑砖茶、湖南第一片茯砖茶和第一片花砖茶，传承和发展了安化千两茶、天尖茶传统制作工艺，被誉为中国紧压茶的发祥地、湖南边销茶的摇篮。公司于2007年改制重组成立股份公司，成为集茶叶生产（加工）、科研、销售、茶文化传播、旅游等为一体的安化黑茶产业龙头企业。公司是全国茶叶行业百强企业、全国供销合作社系统先进单位、湖南省农业产业化重点龙头企

图3-85 千两茶

图3-86 天茯茶

图3-87 白沙溪钧泽源有机生态茶园风光

业、湖南省扶贫龙头企业、湖南省高新技术企业、国家3A级旅游景区（图3-87）。"白沙溪"是中国驰名商标、中国黑茶标志性品牌、湖南老字号、湖南省名牌产品、中国世博

十大名茶。

公司是国家民委历年确定的边销茶定点生产企业,是《紧压茶》国家标准、《安化黑茶》地方标准主要起草制定单位,是国家非物质文化遗产安化千两茶、天尖茶制作技艺传承保护单位。公司拥有国家科技进步二等奖"黑茶提质增效关键技术创新与产业化应用"、湖南省技术发明奖二等奖"天茯茶关键技术研究与应用"等100余项科技成果,累计获得国家专利90项,注册商标57个。

2020年"白沙溪"黑茶入选全国扶贫产品名单,畅销全国30多个地区,部分产品远销俄罗斯、美国、欧盟、东南亚等国家和地区。

二十八、两百担茯砖茶、"高马1824"系列产品

"两百担茯砖茶"、"高马1824"系列产品为湖南省高马二溪茶业有限公司出品。

①**两百担茯砖茶**:茶叶精选高马二溪核心产区原料,采用发花核心技术——满花技术,使砖茶内金花满布(图3-88)。2017年两百担茯砖茶荣获第十五届中国(深圳)国际茶产业博览会茶王赛特别金奖,2018年荣获第四届湖南安化黑茶文化节"金砖奖",在第三届"潇湘杯"湖南省名优茶评比中荣获"金奖",2020年荣获中国(广州)国际茶业博览会全国名优茶推选活动特等金奖。

图3-88 两百担茯砖茶

②**"高马1824"系列产品**:原料选用高马二溪320亩皇家茶园群体品种老茶树茶叶,根据皇家贡茶制作工艺,完整复原贡茶制作技法,古法研制(图3-89)。2015年"高马1824茯砖茶""高马1824黑砖茶"被选定为第三届中国湖南安化黑茶文化节唯一指定用茶。2018年"高马1824十两茶"被选定为中国(广州)国际茶业博览会唯一指定用茶。

湖南省高马二溪茶业有限公司成立于2007年,是一家集茶叶种植、加工、销售、科研及

图3-89 "高马1824"系列产品

图3-90 高马二溪茶业茶园

茶旅开发为一体的现代化农业企业。公司原料基地位于安化县田庄乡高马二溪村，拥有自有有机茶园2000多亩、合作社生态茶园5000多亩（图3-90）。公司是湖南省农业产业化重点龙头企业、湖南省高新技术企业，是安化黑茶标志性企业之一。公司通过了ISO9001、ISO22000、地理标志、有机食品等认证，公司注册品牌"高马二溪"获湖南名牌、湖南省著名商标等荣誉。2020年公司荣获首届"安化县县长质量奖"。公司作为安化黑茶及其文化的传承和推广者，在经营与发展过程中始终坚持"尊重传统，崇尚自然，注重品质，坚守诚信"的企业文化和"高品牌、高品质"的经营理念，为"弘扬安化黑茶文化，造福人类健康"贡献力量。

二十九、云台山千两茶、"野韵"茯砖茶

①**云台山千两茶**：原料选用海拔800m的云台大叶荒野料与云台山高山有机茶园茶。云雾缭绕的云台山滋润下的大叶茶内质丰富，以二级、三级黑毛茶为原料经传统工艺轻度发酵加工而成，净重36.25kg，外形古朴大气，被誉为"世界茶王"。干茶色泽黑褐油亮，叶底黄褐，叶张尚完整、带梗，汤色明黄透亮（陈年茶汤色亮红或琥珀色）；用沸水冲泡，充分释放大叶纯味之韵，醇和甘爽，竹韵清香，综合协调性上佳，稳定且耐泡度高，后程越泡越清甜，带有微甜糯香和淡淡的清竹香。且茶汤颜色随存放时间而变化（图3-91）。

②**"野韵"茯砖茶**：原料选用海拔800~900m的云台山荒山大叶种。依照传统手筑茯茶工艺筑制而成，外形长方形，砖面色泽黑褐，叶片肥厚，油润有光泽。新茶茶汤橙黄透亮，口感饱满丰富，2~3年后茶汤转橙红，滑甜爽口，汤感细腻，山野奔放之韵凸显，持久耐冲泡，留香持久。砖内金花普茂，菌香浓郁，内质香气纯正，滋味醇厚，汤色红

图3-91 云台山千两茶　　　　　　　图3-92 "野韵"茯砖茶

黄明亮，叶底黑褐尚匀，茶汤颜色随存放时间而变化，茶汤入口柔和，综合协调性上佳，稳定且耐泡度高，越泡越清甜（图3-92）。

　　湖南省云上茶业有限公司位于安化县马路镇云台山，创建于2008年，是一家集茶叶生产、加工和销售于一体的现代农业企业。目前，公司拥有厂房、仓库和综合楼12800m²，已建成生态有机茶园基地5800多亩，建成红茶、绿茶、黑茶3条生产线以及精加工生产线4条，年加工生产茶叶2000t，是省级农业产业化龙头企业。2015年，被国家质量技术监督局认定为"全国安化黑茶知名品牌创建示范骨干企业"。

　　公司的茶园基地均位于全国21个优良茶树品种云台山大叶种原产地——云台山，基地选址藏于山、隐于谷，凭借独特的地理条件、原始的生态环境和科学的培育管理，先后荣获"中华生态文明茶园""中国三十座最美茶园""湖南十大最美茶园""最美生态茶园""生态茶文化体验科普基地""黑茶文化涉外基地"等荣誉称号。

　　近年来，公司创新理念，与时俱进，按照"政策引导、企业运行、茶旅结合"的发展思路，倾力打造云上茶旅文化园。目前已实现"从茶园到茶杯"的可视频追溯，达到顺向可追踪、逆向可溯源（图3-93）。

图3-93 云上茶业茶文化体验中心

三十、利源隆

"利源隆"品牌为湖南利源隆茶业有限责任公司所有。

①**洞市府千两花卷茶**：千两花卷茶创制于明代中后期，以其粗犷、质朴和大气的圆柱造型行走于万里茶道数百年，承载安化黑茶的兴衰，是安化黑茶文化的符号。洞市府千两花卷茶传承古法，选用安化洞市五大山系的原料，延续着洞市茶"黑茶娘子货，见茶涨一等"的美誉（图3-94）。

图3-94 利源隆·洞市府千两花卷茶

②**茯茶**：是人类利用有益微生物改进食品的典型范例，其制作技艺已列入中国非物质文化遗产名录。利源隆号手筑茯茶精选安化荒山林间茶树原料，采用原叶纯手工筑制，菌香浓郁，取饮便利，彰显"呵护生活，守住幸福"的文化理念（图3-95）。

图3-95 利源隆号·手筑茯茶

图3-96 利源隆号·手工天尖茶

③**天尖茶**：天尖茶乃昔日皇家饮品，如今百姓常饮茶。"利源隆号"手工天尖茶选用立夏时节的茶树春梢为原料，经传统

图3-97 利源隆茶业园区

手工制作而成，体现了安化黑茶"成熟之美"和将尊贵融入日常生活的文化内涵（图3-96）。

湖南利源隆茶业有限责任公司由从事黑茶生产、经营管理工作40余年、高级制茶师、国家非物质文化遗产——安化千两茶工艺恢复主导者和传承人吴建利先生2001年6月承续创立，其祖辈几代人皆以制茶为业，技艺传承逾百年。

公司位于湖南安化重点黑茶产区和安化茶马古道的驿站——安化洞市,是一家集茶叶种植、加工、研发与茶旅一体的传统安化黑茶企业,品种有:千两花卷茶系列、湘尖茶系列和手筑茶砖系列,同时取得了绿茶、红茶、白茶生产资质。

公司以"记录,茶的样子"为品牌精神,一直以来以"专心做好茶"为经营理念。2012年启用的新厂区,有安化黑茶、绿茶、红茶和白茶从原料到成品完备的生产线;自主与合作开发的高山生态有机茶园2000余亩;拥有国家发明等各类专利20多项;已通过ISO9001和HACCP等认证;是湖南省高新技术企业、益阳市农业产业化龙头企业,并取得自营进出口权企业(图3-97)。

三十一、莽山君红

"莽山君红"品牌为宜章莽山木森森茶业有限公司所有。原料采用1芽1叶初展的茶叶鲜叶,精制而成,创始人谭凤英在传统工艺的基础上通过创新融合于2010年研制出的新品种红茶(图3-98)。正宗"莽山君红"形条索紧

图3-98 "莽山君红"茶茶品

秀,略显绒毛,隽茂、重实;色泽为金、黄、黑相间,色润;开汤汤色为金黄色,清澈有金圈;其水、香、味似果、蜜、花等综合香型;啜一口入喉,甘甜感顿生,滋味鲜活甘爽,高山韵显,喉韵悠长,沁人心脾,仿佛使人置身于森林幽谷之中;杯底冷、热、温,不同时嗅之,底香持久,变幻令人遐想,连泡12次,口感仍然饱满甘甜;叶底舒展后,芽尖鲜活,秀挺亮丽,叶色呈古铜色。总之,实属可遇不可求之茶中珍品。

宜章莽山木森森茶业有限公司成立于2014年,是一家集茶树选育、茶叶深加工、茶产品销售、制茶技术研发、茶文化推广、茶叶观光旅游、生态农业开发于一体的综合型现代化农业开发企业。公司坐落于素有"第二西双版纳"和"南国天然木园"之称的湖南省郴州市宜章县4A级莽山国家森林公园内,属于全国茶叶优质红茶带。公司前身宜章莽山瑶族乡钟家茶场始建于1988年,2010年变更为宜章莽山瑶族乡钟家木森森茶场,2011年成立"瑶山红"茶叶种植专业合作社,2014年成立宜章莽山木森森茶业有限公司。公司现有茶园2000多亩,其注册品牌"莽山君红"获湖南名牌、湖南省著名商标等荣誉。

公司2013年被评为湖南省巾帼现代农业科技示范基地，2015年被评为市级农业产业化龙头企业，2017年被评为全国巾帼精准扶贫示范基地，2020年被评为湖南省农业产业化重点龙头企业（图3-99）。

图3-99 夜空下的木森森茶业茶园

三十二、"莽山红"金毛毫、"湖莽壹号"莽山老白茶

"莽山红"金毛毫、"湖莽壹号"莽山老白茶为湖南老一队茶业有限公司出品。

① "莽山红"金毛毫：茶叶精选老一队核心产区，选用优质英红九号茶树鲜叶为原料，采摘清明前初展的1芽1叶，所制作而成的高档红茶，条索肥壮圆紧，金毫显露，嫩香浓郁持久，滋味鲜爽回甜，汤色红亮显金圈，耐冲泡，一般可冲十泡香气滋味仍保持一定的浓度（图3-100）。

图3-100 "莽山红"金毛毫

② "湖莽壹号"莽山老白茶：原料选用老一队绿色茶园老茶树的茶叶，采摘于1芽2叶的贡眉，采用烘青制作工艺，经过采摘、萎凋、烘干、保存等一系列工艺，不炒不揉的加工技术，很大程度地保留了它的营养成分，保证了它原汁原味的本色。产品特征：毫心显，叶张细嫩，毫心银白，铁板片，叶底芽叶连枝，叶张软嫩尚完整，叶张微红，尚明亮。口感鲜嫩纯爽，尚清甜，醇爽，有毫味（图3-101）。

图3-101 "湖莽壹号"莽山老白茶

湖南老一队茶业有限公司成立于2016年，是一个集育苗、种植、加工销售、休闲研学旅游为一体的综合性企业。公司位于宜章县天塘镇马鞍山村，毗邻大莽山国家级森林公园。莽山素有"中国原始生态第一山"之称，是地球同纬度保护最好的一片次原始森林，其生态环境优美，空气优良，自然资源丰富。公司是县委、县政府招商引资的外资企业，已种植、育苗和加工厂房近6000亩，是湖南省农业产业化重点龙头企业、湖南省扶贫龙头企业、湖南省特色农业（红茶）产业园、湖南省休闲农业与乡村旅游四星级企业（图

3-102）。公司获得国家专利15项，产品通过SC、HACCP等认证，获得食品生产企业国际出口资质。

公司品牌"莽山红""湖莽壹号"是郴州市重点品牌、湖南红茶十大企业产品品牌、湖南省著名商标，2019年"莽山红"金毛

图3-102 老一队茶业公司生产基地

毫小罐茶红茶、"湖莽壹号"莽山老白茶双双荣获湖南"茶祖神农杯"金奖。2020年莽山红茶、莽山白茶和莽山绿茶被认定为绿色食品A级产品。

三十三、回龙仙

"回龙仙"茶品牌为资兴市瑶岭茶厂所有。茶厂主营茶类有"回龙秀峰"绿茶（图3-103）、"瑶岭红"红茶（图3-104），绿茶具有"外形微卷、银毫显毫、汤清叶绿、香高味醇"的特质；红茶具有"外形条索紧细、色泽乌润、金毫显露、汤色红艳明亮、花蜜香、甘鲜味、香气持久"的特质。2014年，开发的新品种"瑶岭金芽"（红茶）荣获郴州市首届茶王赛银奖。2015年"瑶岭红""高茶黄素花香红茶"加工关键技术研究荣获郴州市科学技术进步三等奖。2016年"瑶岭红"荣获郴州第二届茶王赛红茶茶王，"回龙秀峰"荣获郴州第二届茶王赛金奖，"回龙仙"乌龙茶荣获郴州第二届茶王赛金奖。2017年、2018年"瑶岭红"荣获第九届、第十届湖南"茶祖神农杯"名优茶评比金奖。2019年"回龙秀峰"荣获第十一届湖南"茶祖神农杯"名优茶评比金奖。

资兴市瑶岭茶厂成立于2012年，现有茶叶种植面积1500亩，与农户协议基地面积

图3-103 "回龙仙"牌回龙秀峰绿茶

图3-104 "回龙仙"牌瑶岭红红茶

1000多亩,目前有标准化厂房达1000m²,清洁化生产线3条(图3-105)。与建档立卡贫困户134户406人建立了利益联接机制,实行"公司+基地+农户"的合作方式,按照"统一标准、统一加工、统一销售"的经营管理模式,形成"产、加、销一体化"的

图3-105 瑶岭茶厂茶园

经营格局。2013年,申请注册了"回龙仙"商标,现着力打造"回龙仙"牌"回龙秀峰"绿茶和"瑶岭红"红茶以及"东江湖"白茶。2019年茶厂被郴州市政府认定为农业产业化龙头企业,2020年茶园获欧盟有机认证。

三十四、东江红

"东江红"品牌为资兴市东江名寨生态农业专业合作社所有(图3-106)。资兴市东江名寨生态农业专业合作社位于湖南省资兴市滁口镇塘湾村,成立于2013年11月,法人唐社善,注册商标"东江名寨",发展社员101人,是一家集茶

图3-106 "东江红"系列茶产品

叶、柑橘等生产、加工、销售于一体的生态农业专业合作社。合作社现有管理人员36个、中级茶叶技术员5人、制茶能手10人、中级评茶员1人。合作社以"民办、民管、民生"为宗旨,遵循"入社自愿、退社自由、利益共享、风险共担、民主管理、自我发展"的组织原则,吸引农户参加合作社。合作社带动农户1291户,带动贫困户36户。

合作社现有茶叶基地面积1000余亩、柑橘基地面积500亩,联营茶叶和柑橘基地面积3200亩,拥有标准化茶叶加工厂、办公楼和宿舍楼各1栋,占地面积达3000m²,加工厂房配置了名优绿茶、名优红茶精细化生产加工线各1条,年产茶叶25t、柑橘460t(图3-107)。合作社利用东江湖周边良好的生态环境,按照"统一农资供应、统一技术标准、统一农产品收购、统一检测、统一加工、统一销售"的产业化经营模式,与湖南省茶叶

研究所开展技术合作和对接，依托广东英德"我和你"食品有限公司加工技术和销售网络优势，严格按照标准化生产技术进行茶园和果园管理，按广东英德百年红茶生产加工工艺进行茶叶精细加工，实现规范化管理，产业化经营。合作社生产的"东江红""贵妃红"等系列茶产品具有"茶香气浓郁，汤色红艳明亮，滋味浓厚"的特点。

图3-107 东江名寨合作社茶叶基地

合作社实施"专业合作社+龙头企业+核心基地+农户"的经营模式，坚持"产好茶、出好果、树品牌、带散户、惠小农"的发展理念，2014年10月20日被中央电视台新闻联播作为典型推介；2015年合作社荣获郴州市农业产业化龙头企业。"东江红"茶产品荣获中国中部（湖南）农业博览会金奖、湖南（郴州）特色农产品博览会金奖；2017年荣获第九届湖南茶业博览会金奖、"湖南省名牌产品"及"国际标准认证证书"。

三十五、郴红一号、北湖青龙

①**郴红一号**：采自清明前的1芽1叶，用正山小种的炭焙工艺，干茶条索紧结、匀整、有光泽，带有典型的三黄七褐金骏眉特色，高温冲泡时，茶汤橙黄透亮，滋味醇厚，顺滑。低温冲泡，茶香高扬，带有明显的花果香气（图3-108）。

②**北湖青龙**：原料采自20~30年的老树，使用半机械化人工采摘，通过正宗的武夷山大红袍工艺，经加工干茶条形壮实卷曲、匀整，色泽乌褐油润，高温冲泡后茶汤呈橙红透亮，清澈艳丽，叶底柔软，活性强，叶缘朱红，茶性温和而不寒，久藏不坏，味久益醇（图3-109）。

图3-108 郴红一号

图3-109 北湖青龙产品

图 3-110 古岩香茶业茶园

"北湖青龙""郴红一号"品牌为郴州古岩香茶业有限公司所有。

公司致力于湖南红茶的复兴与推广,2016年率先通过改进武夷山正山小种工艺取用本地茶青研制了"郴红一号"茶,逐步重塑湖南地区老"湖红"工艺。同时,公司还研发以郴州本地茶青为原料,改良武夷山岩茶制茶工艺,在摇青(做青)、杀青、揉捻、干燥、挑拣、焙火关键工艺步骤进行优化,臻选出湖南茶树中适宜制作乌龙茶的品种,确保每种茶青制成的乌龙茶形成独有的香气及汤感,保障茶汤醇厚、多变化。研发的"北湖青龙"开创湖南乌龙茶先例,获得国内专家教授的高度赞誉以及有关领导的充分肯定。公司所生产的各类茶产品连续5届获得湖南(郴州)农产品博览会金奖,第二届、第三届"潇湘杯"湖南省名优茶评比金奖,郴州第二届、第三届茶王赛青茶茶王奖、红茶金奖,等等。

公司茶园面积1280亩,是国家八大良种示范繁育场之一,共有茶树优良品种、品系89个(图3-110)。公司是湖南省茶业协会理事单位、郴州市茶叶协会副会长单位和湖南郴州市红茶、乌龙茶制作标准编委会成员单位。

公司有多位制茶师、评茶师、茶艺师等专业技术人才,拥有一批爱茶、懂茶的专业团队。公司坚持"严格保护、统一管理、合理开发、永续利用"的方针,打造人与自然和谐的生态茶园,走出一条农业科研、茶学传承、旅游观光相结合的产业发展道路,为国内提供茶叶(农业)产业建设示范样板。

三十六、"泷泊之野"野生古树茶

"泷泊之野"品牌为双牌槐树峰茶业有限公司所有。红茶、绿茶、白茶的原料均取自

图3-111 "泷泊之野"野生古树茶

双牌县自然生长于山野林间、海拔500~800m的灌木型野生茶树。其红茶外形条索紧细、呈金黄色和黑色相间、显毫，汤色呈红色、明亮、金圈明显、冷后浑浊，滋味醇厚、喉韵好，香气甜香高、浓烈且持久，叶底芽头饱满、完整、呈黄红色，冲泡5次以上仍维持较好的品质。其绿茶外形匀整、紧结有峰苗，汤色翠绿明亮、香气嫩香，滋味为鲜醇爽口，叶底为细嫩显芽。其白茶外表尚灰绿，毫心尚显、叶张尚嫩，芽尚匀，味道尚清甜醇厚，另外还含少量黄绿片，略有毫香，茶汤橙黄（图3-111）。

双牌槐树峰茶业有限公司于2018年5月注册成立，是一家集茶叶生产、收购、加工、销售及茶文化旅游开发于一体的茶业综合开发公司，致力于"高山野生、绿色有机"的经营理念，以保护和开发高山野生茶为宗旨，坚持生态、有机、无污染的发展思路，致力打造品牌、坚持一流品质。

公司分别在何家洞、茶林、江村、打鼓坪等乡镇建立了茶叶基地，已流转土地2000余亩，建设标准化厂房2000m^2，茶叶生产线3条，2019年加工茶叶鲜叶50t，年产量10t。公司注重品牌打造和品质创新，设立沈程文博士后工作站，并在天堂岭茶叶基地创建"高山野生茶母本培育基地"，为公司提供强大的技术支撑和品质保障。公司以"公司+合作社+基地+农户"的合作模式，带动周边200多户贫困户创收2000元/年，大大促进当地农民收入的提高（图3-112）。

图3-112 茶园喜丰收

三十七、"单江"高山野生茶

"单江"高山野生茶为湖南双牌湖湘农林业发展有限公司所有。野生茶产自湖南省双牌县打鼓坪乡单江村,距今有4000多年的历史。单江野生茶"名扬潇湘,誉满都庞",明清时期为贡品,驰名华夏,乃茶中尊品。产品原料采自海拔800~1600m的高山野生茶树,1芽1叶或1芽2叶手工制作而成。红茶具有干茶色泽乌褐油润,条索肥壮紧实,香气花蜜香浓郁,汤色金黄透亮,叶底肥嫩有芽红匀亮,滋味鲜浓醇厚,回味甘甜,香气高,耐冲泡等特点。绿茶具有干茶色泽深绿或墨绿,条索粗壮紧实有锋苗,香气清高豆香略带嫩香且持久,汤色浅绿明亮,叶底肥厚嫩绿,滋味生津回甘强烈等特点(图3-113)。

图3-113 "单江"牌双牌高山野生茶

湖南双牌湖湘农林业发展有限公司是一家集野生茶加工、销售、茶文化旅游为一体的野生茶产业企业,野生茶林面积3800亩,其中有机茶基地208亩,年产野生干茶10t以上。公司位于"九山半水半分田"的林区县,优势在山,潜力在野生茶。

图3-114 双牌湖湘农林业有机茶基地

全县100年以上的县政府挂牌保护的古树茶达300多株,年龄最长的达790年,高山野生茶林面积15万亩,年产野生干茶达200t以上(图3-114)。

公司主要有双牌高山野生茶、古树茶等七大产品,生产的野生茶具有水浸出物高、咖啡碱高、茶多酚高、儿茶素高等特征,其中儿茶素中的表没食子儿茶素酸酯含量高达13.6%,是普通茶的2~3倍,具有抗衰老、抗血栓、抗硬化、抗病毒等功效,深受广大消费者的喜爱。公司获"湖南省野生茶星创天地"称号，2021年获高新技术企业等荣誉；"单江"牌双牌高山野生茶获中国中部（湖南）农业博览会金奖。

三十八、雪笋茶

"千年华汉"牌雪笋茶为怀化华汉茶业有限公司所有。原料产于湖南西部雪峰山脉一带，选用清明前嫩茶芽精制而成，产品条索紧细挺直，色泽翠绿，汤色明亮，滋味鲜醇，茶芽时而落于杯底，亭亭玉立，时而升至杯中，随水起舞，看似雪后春笋，破土而出，故名"雪笋茶"（图3-115）。

图3-115 雪笋茶

怀化华汉茶业有限公司成立于2007年，设有中方县桐木茶厂（原怀化市茶厂，始建于1970年）、华汉茶叶庄园、华汉时尚酒店、华汉茶业滨江店等（图3-116）。公司的主要产品为雪笋茶、雪笋翠芽、茉莉花茶等，其中"雪笋茶"被评为"湖南名茶"，

图3-116 怀化华汉茶业有限公司茶园

"雪笋翠芽"荣获"湖南省农博会金奖"。公司现已发展成茶旅融合、农业休闲、科普实践为一体的复合型企业，实现了一二三产业的融合发展。公司2015年被农业部（现农业农村部）和共青团中央联合评定为全国青少年农业科普示范基地；2016年被评为湖南省五星级休闲农庄；2017年被省科技厅评为湖南省科普基地；2017年被评为国家3A级旅游景区；2018年被评为湖南省农业产业化重点龙头企业；2020年被评为高新技术企业。

公司在一手抓品牌的同时，一手大力搞休闲农业，以茶园作为平台，让游客来体验采茶、制茶的过程，然后品味自己的劳动果实，现在华汉茶叶庄园是怀化市中小学生的劳动实践基地、德育教育基地。近6年以来，公司定期开展"和小朋友们一起亲近大自然""走进茶世界·感受茶文化""茶叶知识大讲堂"等主题活动600余次，科普茶叶知识，提供茶文化创意服务，开展茶艺表演及培训活动。

三十九、碣滩银毫、裙红一号、碣滩一号

湖南官庄干发茶业有限公司位于"全国十大生态产茶县""全国重点产茶县百强县""中国生态有机茶之乡""中国名茶之乡""全国十大魅力茶乡",及享有"金都、林海、茶乡、名镇"、湖南茶叶"千亿产业十佳示范镇"之美誉的沅陵县官庄镇。公司成立于1996年,是一家集产、供、销、科研为一体的专业茶叶公司,是怀化老字号企业、湖南省农业产业化重点龙头企业、高新技术企业、"十三五"期间全国民族特需商品定点生产企业。

公司生产的"干发"牌是"湖南省著名商标","干发"牌碣滩官庄系列茶是"湖南省名牌产品""中国知名茶叶十佳放心品牌",产品先后40余次荣获省、部级名茶评比金奖,并获得ISO9001、ISO22000、SC、有机产品认证,是国家地理标志保护产品。2015年8月,公司研制生产的"干发"牌碣滩银毫在意大利米兰世博会荣获百年世博中国名茶金骆驼奖(图3-117、图3-118)。

图3-117 碣滩银毫

图3-118 碣滩一号

公司拥有厂房、仓储、检测、包装、物流配送、办公场地等占地8000m²,拥有2条自动化茶叶加工生产流水线,年产能300余万斤,主要生产经营红茶、绿茶、黑茶三大类茶系列产品。公司自有优质茶园基地4500余亩,区域内管辖茶园面积2万余亩,年均产值3000余万元(图3-119)。公司立足于茶产业发展,一直坚持以"科技创新为引领,共创共享为核心,质量安全为底线,助农增收为己任,一流品牌为目标"的宗旨,构建

图3-119 官庄干发茶业茶园基地

"公司+基地+农户+合作社+科研所"的农业产业化模式，直接带动示范辐射到沅陵、安化、桃源3县8个乡镇。公司被评为湖南茶叶"助农增收十强企业"、湖南省第一批省级扶贫龙头企业，成为当地脱贫致富的产业平台。

四十、皇妃碣滩红茶

"皇妃碣滩红茶"品牌为沅陵县皇妃农林开发有限公司所有（图3-120）。

图3-120 皇妃碣滩红茶产品

公司是湖南省农业产业化重点龙头企业、湖南省高新技术企业，采用"公司+合作社+基地"的经营模式，拥有标准化管理。公司现有茶叶种植专业合作社3家，有机茶叶基地3000余亩，辐射2个行政乡镇、15个行政村，带动帮扶2458人脱贫致富。公司拥有标准化清洁无尘厂房2栋，办公住宿楼近1000m²，名优茶生产线2条、大众茶生产线1条、全自动红白茶生产线1条。

图3-121 皇妃农林开发有限公司茶园

公司在全国有近20家营销代理店，生产的产品2013年获首届武陵山区名优茶金奖，2015年获碣滩茶手工茶大赛一等奖、上海世博会金奖，2017年获第十二届"中茶杯"一等奖、第二届"潇湘杯"金奖，2018年获第二届中国国际茶叶博览会金奖、中国中部（湖南）农业博览会金奖、2016—2018年度全国农牧渔业丰收奖、农业技术推广成果奖，2019年获世界红茶品质银奖、湖南"茶祖神农杯"名优茶评比金奖，2020年获第五届亚太茶茗特别金奖，2021年获"华茗杯"特别金奖。公司获得了国内有机认证，对湖南工夫红茶的创新工艺申请了3个发明专利。公司茶园2017年获全国三十座最美茶园（图3-121）。公司生产的花香型红茶、绿茶得到市场和专家们的高度认可。

四十一、渠江金典

"渠江金典"品牌为湖南省渠江薄片茶业有限公司所有(图3-122),公司下辖5个产品:

图3-122 渠江金典

① **上梅红茶**:2017年荣获"潇湘杯"金奖和"中茶杯"一等奖。其产品特点为:外形苗秀显毫,色泽乌润,汤色橙红,甜香持久回甜,有"果味花香"的美誉。

② **渠江薄片**:目前渠江薄片产量占公司总产量的70%,市面上80%的渠江薄片由公司生产(图3-123)。

③ **梅山毛尖**:绿茶类产品,2009年荣获第五届中国国际茶业博览会金奖。产品外形似针状,香气清新,饮用后满口含香,滋味醇厚。

④ **梅山银针**:绿茶类产品,选取单芽经特殊工艺精制而成,外形芽头粗壮,色泽嫩绿,冲泡后芽头竖立于杯底,宛如"群笋出土",又似"刀枪林立"。杯中奇观,栩栩如生,饮用时茶香扑鼻,沁人心脾,甘醇鲜爽,回味无穷。人们称赞此茶曰:人间君子,卓然于世。

⑤ **奉家米茶**:黑茶类产品,滋味醇和,汤色橙黄明亮,肉眼可见白色竹膜覆盖茶表面,滋味有茶类中独一无二的"竹香"。

湖南省渠江薄片茶业有限公司成立于2008年7月,以挖掘中国历史名茶"渠江薄片"而得名,是湖南省农业产业化重点龙头企业,娄底市委、市政府授予的优秀民营企业(图3-124)。公司现有茶园面积34.5hm²,专卖店27家,销售网络遍及全国。公司以"传承、创新、优质、健康"为宗旨,以"百年企业,传世名品"为发展目标。

图3-123 渠江薄片

图3-124 湖南省渠江薄片茶业有限公司

四十二、蒙洱茶

"蒙洱茶"为新化县桃花源农业开发有限公司品牌。蒙洱茶历史悠久,唐代就已出名,文成公主出嫁西藏时就曾选带了蒙洱茶。

蒙洱茶产于海拔800~1200m的雪峰山脉深山处，位于四朝贡茶产地的錾字岩、蒙洱冲、青猴江等山头，是世界遗产地紫鹊界、全国三十座最美茶园、湖南茶叶"十大最美茶叶村（茶园）"。蒙洱茶秉承古老的祖传工艺，经特殊制作而成，其外形细紧勾曲、色泽翠绿、白毫显露、汤色清澈、香气高雅持久、滋味醇厚鲜爽、叶底幼嫩明亮（图3-125）。

图3-125 蒙洱茶

新化县桃花源农业开发有限公司成立于2011年，公司采取订单加工、与大型企业品牌及世外山居酒店合作的多种模式，发展迅猛。公司现有茶园面积达1680亩，其中原有老茶园108亩、新开茶园200亩、新品种研发基地30亩、品种改良58亩、残疾人与扶贫困户合作的共有1284亩（图3-126）。近年公司年产茶叶约1万斤，年产值近800余万元。公司的产品先后获得湖南"茶祖神农杯"名优茶评比金奖、亚太茶茗银奖、"潇湘杯"金奖、中国国际农产品交易会参展农产品金奖、中国中部（湖南）农业博览会产品金奖等荣誉。

公司采取"公司+合作社+基地+农户"的运作模式，极力帮扶建档立卡贫困户与贫困残疾人，已建设成为县、市、省级阳光扶贫示范基地，以护残助残为己任，辐射带动周边的残疾人与贫困户脱贫致富，提供一些适合残疾人做工的工作岗位。所扶持的残疾人与贫困户平均年增加收入约12500元，创造了很好的经济效益和社会效益。

公司一直以社会责任为己任，致力于通过茶旅融合带动农民致富、推动美丽乡村建设。2011年，公司董事长李洪玉老茶人把这片有底蕴的茶叶，从"湖南屋脊"奉家山间不断散发出千年茶香，为传承发展奉家茶产业增光添彩，用这片有温度的茶叶，带动了多个行政村599户1500人脱贫摘帽，激活了乡村发展的内生动力。这是一片有担当的茶叶，坚持绿色发展，与生态和谐共赢，夯定了乡村振兴的坚实基础。昔日的蒙洱贡茶已成为今日的国字号"金字招牌"，蒙洱茶以极致的茶叶品质和产业抱负践行国家乡村振兴战略。

图3-126 蒙洱贡茶基地

四十三、十八洞黄金茶

十八洞黄金茶： 茶叶是"初心茶、感恩茶、幸福茶"，生长于湘西土家族苗族自治州花垣县境内，是"湘西黄金茶"的主产区，是全国精准扶贫首倡地。拥有数百年历史渊源的"湘西黄金茶"是古老珍稀的湘西地方特色茶种，是国家地理标志产品。十八洞黄金绿茶具有"高氨基酸、高茶多酚、高水浸出物"和"牛奶香、鸡汤味"的品质特点（图3-127）。十八洞黄金红茶具有"花蜜香、甘鲜味"喉韵悠长沁人心脾特点，被誉为中国乃至世界最好的茶，刘仲华院士亲笔题词的"中国十八洞、世界黄金茶"的美誉深入人心（图3-128）。

图3-127 十八洞黄金绿茶

图3-128 十八洞黄金红茶

花垣五龙农业开发有限公司是一家集茶叶种植、加工、销售、研发、茶旅一体化多功能的现代化综合独资企业。2013年3月于《边城》原型地和全国"精准扶贫"首倡地——湖南花垣创立。公司现有各类管理人员73人，内设综合、财务、技

图3-129 花垣五龙农业公司全貌

术、质量、生产、研发、营销7个科室。公司本着"以质量求生存、以科技求发展"的原则，携手湖南农大、湖南茶研所共同打造"十八洞"系列黄金茶。拥有茶园基地10200亩，茶园基地被授予"湖南省绿色食品示范基地"（图3-129）。

公司是湖南省农业产业化重点龙头企业、湖南省扶贫龙头企业、湖南省林业产业龙头企业、湖南省就业扶贫基地、湖南省精准就业"扶贫爱心单位"、湖南茶叶"精准扶贫十佳企业"，产品获2020第十二届湖南"茶祖神农杯"金奖、2020年第二十二届中国中

部（湖南）农业博览会金奖。公司法人、董事长龙清泉于2021年荣获"全国脱贫攻坚先进个人"荣誉称号。

四十四、牛角山

"牛角山"为湘西自治州牛角山生态农业科技开发有限公司品牌。原料全部产于牛角山10800亩生态茶园基地，拥有年产1000t茶叶自动化生产线，获无公害、绿色食品和有机产地、产品双认证。拥有注册商标"牛角山""黛勾黛丫""龙三哥"。公司生产古丈毛尖、黄金茶、红茶、黑茶、白茶、花茶几大系列百余单品，曾多次获国际、国内茶叶评比金奖。在北京、济南、石家庄、长沙、湘西州等地，拥有15家品牌形象自营店、21家合作电商、206家经销商（图3-130）。公司于2008年12月注册成立，是集茶叶生产加工、销售、茶旅及乡村旅游于一体的湖南省农业产业化重点龙头企业、湖南省产业扶贫龙头企业，拥有员工328人（图3-131）。

图3-130 "牛角山"古丈毛尖

图3-131 牛角山生态农业茶园

公司实行带农、带贫、带村集体经济、带周边村"四带"共享发展模式，完善了农户从土地流转、务工、订单农业、免费农资、分红、特殊帮扶6个方面增收利益联结机制。公司带动牛角山、夯娄、万岩、盘草、宋家、排若等邻村11个村，带农联农3420户12410人增收，其中利益联结带贫困户340户1200多人，牛角山村149户525人精准识别户脱贫整村退出，2020年牛角山村1306人人均收入达到19618元。

四十五、"德明茶铺"英妹子古丈毛尖、"德明茶铺"丈巴红红茶

"德明茶铺"英妹子古丈毛尖、"德明茶铺"丈巴红红茶为湖南英妹子茶业科技有限公司出品。

①"德明茶铺"英妹子古丈毛尖：茶叶精选湘西核心老茶区古丈县（双溪片区）原产地群体小叶种原料，采用"德明茶铺"传承核心技术制作而成。有茶香、汽足、味浓之特征，且EGCG含量高达9.41%（图3-132）。

图3-132 "德明茶铺"英妹子古丈毛尖

②"德明茶铺"丈巴红红茶：由百年老字号"德明茶铺"传承而来，它起始于春秋战国时期的巴国，兴盛于湘西古丈，以搓揉加热、

图3-133 "德明茶铺"丈巴红红茶

干燥粘结成"药丸"状的茶叶，是湘西传承至今最古老的茶叶和制作工艺。干茶形似药丸，乌黑圆润，又状如"巴蛇"，蜿蜒盘曲，蓄势待发。冲泡之下，又恰似"飞龙在天"，芳香四溢，满壶金光（图3-133）。

湖南英妹子茶业科技有限公司前身"德明茶铺"，由李文典先生创立于1890年间。主要生产制作古丈毛尖和丈巴红红茶系列产品，曾经享有"德明茶铺，汉南独步"的美誉，被誉为中国红茯砖茶湘西红茶发祥地。历经四代人的工艺传承和努力创新，2010年发展注册成湖南英妹子茶业科技有限公司。英妹子古丈小叶品种原种资源圃，保留有古丈原产地小叶品种原种资源古茶树近千株，均已录入国际生物多样性保护公约GEF-ABS项目物种保护名录。公司产品连续7年通过了中国、美国、欧盟有机认证和HACCP认证。公司是湖南老字号企业、高新技术企业、湖南省农业产业化重点龙头企业、全球环境基金（GEF）建立和实施遗传资源及其相关传统知识获取与惠益分享（ABS）的国家框架项目示范企业（图3-134）。公司始终遵循"德明茶铺：百年工艺，原味传承"的祖训，发扬"德明茶铺：敬畏思上，成人达己"的处事原则，以"创造健康、创造财富、创造快乐，做天下最幸福的英妹子"为宗旨，谱写让英妹子走进千家万户，让千家万户畅想英妹子的茶梦。

图 3-134 英妹子茶业茶园

四十六、"茶婆峰"保靖黄金茶

"茶婆峰"保靖黄金茶为保靖县鼎盛黄金茶开发有限公司所有。公司专注打造"茶婆峰"品牌高端保靖黄金茶,产品拥有"香、绿、爽、纯"等特点,享有"一两黄金一两茶"的美誉;红茶具有"花蜜香、甘甜味"的特点,是"湖红"的典型代表。"茶婆峰"保靖黄金茶于2016—2019年连续4年荣获中国(上海)国际茶业博览会金奖(图3-135)。

保靖县鼎盛黄金茶开发有限公司是一家集茶叶种植加工、销售和休闲旅游为一体的企业,是省级农业产业化重点龙头企业、省高新技术企业、省工业品牌培育示范企业(图3-136)。公司拥有4500m²的茶叶无尘加工车间以及16532m²的紧压茶精加工车间,拥有国内领先的加工设备以及一流的技术团队。

图 3-135 "茶婆峰"保靖黄金茶

图 3-136 保靖县鼎盛黄金茶开发有限公司

四十七、"神秘谷"湘西黄金茶

湘西神秘谷茶业有限责任公司成立于2020年12月17日,是吉首市农业产业化龙头企业。公司有加工厂房占地2600m²,拥有全国领先的全自动化、智能化绿茶与红茶生产线,年加工能力500t以上;拥有湘西黄金茶有绿茶与红茶系列产品,开发小罐茶、烟条装等特色包装10余款(图3-137)。

图3-137 "神秘谷"湘西黄金茶

图3-138 湘西神秘谷茶业公司茶园

公司拥有高标准茶叶示范基地1000余亩,位于马颈坳镇椰木村、毛坪村;在建3000亩高山有机云雾茶基地,位于矮寨镇。公司重点打造茶旅项目有湘西黄金茶博览园、隘口茶旅路线开发以及隘口黄金茶山庄民宿(图3-138)。公司产品相继荣获2021年"华茗杯"绿茶、红茶产品质量推选活动金奖,2021年"中茶杯"鼎承茶王赛金奖,2021年第十八届上海国际茶业交易(春季)博览会中国优质好茶评比金奖,2021年中华茶祖节·第六届湘西黄金茶品茶节名优茶评比银奖。

四十八、猴王、百年木仓

"猴王""百年木仓"品牌由中国茶叶股份有限公司授权湖南中茶茶业有限公司使用。

①"猴王"牌茉莉花茶:用炒青茶坯窨制花茶,打破了业界只有烘青坯才能窨制花茶的理论;用喷铝复合袋作为花茶小包装,带来了中国茶叶工业化生产包装的革命;拥有自动化立体精制加工生产线,改变了茶叶靠手工称量、包装的传统生产方式,引领了茶叶自动化生产潮流(图3-139)。

图3-139 "猴王"花茶

②"百年木仓"牌安化黑茶:产品甄选百年木仓"一仓两藏"自然陈化原料为材,由安化第一茶厂匠人传承茯砖茶传统工艺精制而成,木仓独特的温湿环境及有益菌群环境赋予了茶品"木仓菌香、陈醇浓酽"的独特味道(图3-140)。

图3-140 "百年木仓"黑茶

湖南中茶茶业有限公司是国家级农业产业化龙头企业、高新技术企业,是世界500强中粮集团中国茶叶股份有限公司在湘成员单位,是综合性现代化品牌运营的茶叶企业(图3-141)。

公司秉承"从茶园到茶杯，奉行自然与健康"的使命，集茶叶种植、生产、加工、研发和运营能力为一体，经营花茶、黑茶、红茶、绿茶等品类。公司以全产业链管控为经营思路，拥有古丈等武陵山区黄金产茶带的生态原料基地20多个，通过"欧盟EEC2092/91标准""美

图3-141 中茶茶业公司企业园区

国NOP标准""日本JAS标准"等国际认证出口备案基地32个；拥有行业领先的5条生产线及自动控制系统，设备设施配置一流。中茶湖南安化第一茶厂有限公司为湖南中茶茶业有限公司全资控股子公司；中粮营养健康研究院、中茶科技公司等科研机构的研发创新支撑，掌控遍布全国的行销网络，成为健康、纯净、安全、有益茶品的提供者。

第四节 湘茶文化创意产业

在湖南省委、省政府"创新引领、开放崛起"的政策引领下，湖南文化产业的发展进入快车道，并稳居全国第一方阵。湖南是中国重要茶产区之一，茶文化历史悠久，是发展湖南文化产业的特色与重要资源之一。《湖南省茶叶产业发展规划》明确提出"湘茶文化创意工程"的发展构想。2018年3月，湖南省政协就"湘茶文化创意产业现状与发展"召开界别协商会。专家们一致认为：利用好湘茶文化资源，积极发展茶文化创意产业，对促进湖南省传统茶产业的转型升级意义重大。要站在建设富饶美丽幸福新湖南的战略高度，增强加快发展湘茶文化创意产业的责任感和紧迫感；围绕"湘茶文化创意工程"，努力开创湘茶文化创意产业发展新局面；着眼于营造合力兴茶的浓厚氛围，进一步加强组织领导、优化发展环境，形成湖南特色茶产业。

步入21世纪初，借助媒体宣传、湘茶湘器、自然资源、文化资源……湖南茶产业迈开了"六茶共舞、跨界融合"的步伐，为满足人民追求美好生活的需求而不断创新创意，逐渐涌现出"茶+"的多种文化创意产品，茶文化创意产业方兴未艾。

一、湖南广播电视台·茶频道

2015月1月1日，湖南广播电视台茶频道正式开播，是国家新闻广电总局批准的茶行业唯一电视媒体，是湖南卫视领衔的芒果系新锐力量，拥有母体强大的节目资源和创意

人才资源优势,全面覆盖北京、上海、广东等全国28个省份751个城市和地区。电视观众收看人数达4亿人次,微信、抖音、微博、快手等新媒体粉丝达到7000万人次,拥有全国最大的媒介矩阵和粉丝基础(图3-142)。

茶频道邀请100位行业顶级专家成为"专家顾问团",为内容的专业性保驾护航;领衔20家行业媒体,组成全国茶媒联盟,共同位中国茶行业发声助力;吸纳全国700余家茶馆,成为线下推广工作站。策划大IP《中国开茶节》《最美茶艺师》《中国明星制茶师》,成为行业顶级赛事活动;创意节目《茶闻天下》《倩倩直播间》《茶学院》,内容的丰富,艺术的表达,让世界爱上中国茶(图3-143)。

图3-142 茶频道(一)

图3-143 茶频道(二)

二、茶+器具

"茶滋于水,水籍于器",茶具、茶器在品茗的过程中,一方面作为实用器皿出现,一方面又游离了实用功能,成为独立存在的一个审美对象。在人们对品茶审美追求日益增长的今天,"湘茶配湘器"成为不少湖湘茶人的品茗乐事,基于湖南本地深厚的茶器文化,醴陵瓷器、铜官窑、岳州窑、菊花石茶器皆在传承基础上不断创新创意。"茶+器具"的文化创意产业进入人们的视野。

(一)官润窑艺术瓷

官润窑艺术瓷厂2008年10月创立于"中国陶瓷历史文化名城"醴陵,2020年6月变更为醴陵市官润窑瓷艺有限公司。

公司致力将中国传统绘画与釉下五彩陶瓷技艺完美结合,不断创作出既具有中国古典人文气息又符合现代审美要求的陶瓷作品。公司拥有众多名家精品陶瓷绘画作品、名家精品绘画藏品,作品涵盖花鸟、山水、走兽、人物等题材,形式内容多样,艺术气息

图3-144 官润茶具（荷韵）

图3-145 官润窑厂房

浓厚（图3-144）。在陶瓷艺术之路，公司秉承"艺术贴近生活"的创新理念，运用现代设计理念，创作出形式内容多样的精美茶具、花器等贴近生活的陶瓷艺术品（图3-145）。

"品茗赏花，人生雅事"，官润窑将禅茶的美学融入茶具设计当中，在借鉴中国传统绘画形式的同时加入中国佛教禅宗文化中"禅茶一味"的禅茶文化，创造出符合现代人审美情趣和喜好的现代禅意茶具；花器的创作遵循"简而不单，繁而不乱"的设计理念，让釉下五彩花器达到至清至净的大雅之境。

（二）凤来祥

"凤来祥"为长沙映雪陶瓷文化产业有限公司所有，诞生于铜官。以"原创"为宗旨，专注实用艺术，聚焦制作陶瓷茶器、餐器等。除专属定制外，主向制"七星"伴手礼、"十三彩"艺术器空间、"柴烧"引器、食器手信等。

① "六荷"文创版：长沙铜官窑产炻瓷盖碗，依唐代长沙铜官窑绘画纹饰为素材，进行符合当代审美的创新绘画、添彩。

② "六荷"尊贵版：长沙铜官窑产炻瓷壶，依唐代长沙铜官窑绘画纹饰、模印贴花、十三彩为素材，精制而成，作为长沙地域性伴手礼，值得推荐（图3-146）。

长沙映雪陶瓷文化产业有限公司成立于2016年1月，"专注实用伴手礼"是公司的产品理念。公司自成立之日起，就以"建立强大原创产品供应链体系"为核心，历时多年，完成原创自主供应链体系为之核心竞争力。

图3-146 凤来祥产品（六荷）

公司以长沙铜官窑千年陶瓷历史文化为地域性聚焦,完成伴手礼文化属性产品自信,即:实用性、识别性、唯一性、地域性。

公司坐标为长沙市望城区铜官镇。现有员工28人,厂房面积2120m²,为生产型企业。公司现有自主文创茶器品牌"凤来祥""十三彩""湘翁柴社"等(图3-147)。

图3-147 凤来祥厂房

(三)长沙铜官窑府窑茶器、湘茶配湘器系列

"府窑"品牌创立于蕴育千年大唐陶瓷文明的长沙铜官窑,源于"长沙府、铜官窑"的品牌理念和"传古艺、创新品"的创新思维,是"长沙铜官窑复兴计划"的发起人、推动者。2010年,长沙府窑陶瓷艺术有限公司在铜官投资茶器研究所与生产基地,是"湘茶配湘器""黑茶专用茶器"战略的首创者,开发的冰碛岩系列产品成为湖南茶器的代表(图3-148)。

图3-148 府窑陶瓷产品

长沙府窑陶瓷艺术有限公司创立于2010年9月,秉持"复兴长沙铜官窑,推动铜官陶瓷重返国际舞台"的理念,在蕴育千年大唐陶瓷文明的长沙铜官窑率先发起"长沙铜官窑复兴计划",为铜官陶瓷选择了"湘茶配湘器"战略之路,率先在铜官古镇陶瓷三厂投资建设长沙铜官窑陶瓷艺术创意与产业化基地、长沙铜官窑窑研学基地、府窑国际陶艺创作营。公司为长沙市文化创意产业协会副会长,长沙市非物质文化遗产保护协会、长沙市望城区文化创意产业协会、望城区社科联副主席单位。

"传古艺,创新品"。公司作为湖湘文化创意的新锐力量,府窑陶瓷与长沙铜官窑"敢为天下先"的精神底蕴与创新传统一脉相承,发掘、传承长沙铜官窑陶瓷烧制技艺与工艺美学,以陶瓷茶器、艺术陶瓷、景观陶艺等研发方向为重点,以现代理念和艺术创意赋予其新意,使其融入当代生活,将"府窑"打造成新长沙窑复兴及时尚生活的新锐品牌(图3-149)。

公司开发研制了以"冰碛岩茶器""原矿手工茶器""铜官古韵茶器"为特色的茶具系列、茶壶系列、茶盏系列、茶罐系列等茶器产品及创意礼品,是湖南各大茶企、茶楼、茶店、会所的首选,更成为公务、商务礼赠及旅游纪念的佳品。

图3-149 茶器制作

(四)"茶+瓷"打造潇湘五彩名片

2020年8月22日,由湖南省发展和改革委员会、湖南省农业农村厅、湖南省文化和旅游厅、益阳市政府和醴陵市政府共同举办的"潇湘五彩·瓷茶风云"湖南省瓷茶产业融合发展大会暨文旅推广活动在湖南长沙举行,见证了湖南釉下五彩和潇湘五彩茶的美丽邂逅,携手打造湘瓷湘茶产业融合新名片。此次"瓷茶融合"是湘茶与湘瓷两大湖南名片的首次深度战略融合,体现了两地政府的产业创新理念和湖南省政府对"瓷茶"两大产业的高度重视。

"茶+瓷"产业的融合,积极地推动文旅经济与茶、瓷等实体经济的不断融合,在后疫情时代,"茶+瓷"产业融合发展大会的开展将开创一个合作共享、互利共赢的新平台、新模式、新业态,推出一批"大众茶大众瓷、礼品茶礼品瓷、高端茶高端瓷、大师茶大师瓷、艺术茶艺术瓷、出口茶出口瓷",让"茶""瓷"融合产生"1+1>2"的效应。例如由中国制茶大师肖益平与中国陶瓷艺术大师黄小玲联袂打造的以"繁花似锦"瓷器为包装的安化黑针产品。安化黑针是白沙溪甄选安化高山云雾1芽1叶的明前嫩芽为原料,融肖益平大师四十年的制茶功底,将安化松针和安化黑茶天尖茶的制作工艺结合起来,创新打造的一款大师经典,其形似针,条索紧结,色泽乌黑油润;香气醇和,汤色橙黄,滋味醇厚(图3-150)。

"繁花似锦"瓷茶器,醴陵窑红色官窑血统的正脉嫡传,珍稀材质、精工技

图3-150 中国制茶大师肖益平先生和中国陶瓷艺术大师黄小玲女士在瓷茶融合活动中的合影

艺、手工制备、严苛标准，无不彰显着红色官窑五彩国瓷的尊贵气质与珍贵价值。装饰图案源自黄小玲大师在第五届全国艺术品旅游品、家居饰品博览会"中艺杯"大奖赛钟荣获金奖的作品《雍雅冠群芳》，通过创意设计推陈出新，营造出清新隽永的时尚品位，可谓芳华绝代，充满东方韵味。罐身造型源自茶果，盈盈一握，饱满圆润；罐盖造型源自梯形茶山，层峦叠嶂，形象生动；盖顶造型源自茶叶，惟妙惟肖，清香扑鼻，通过创意转化，俱皆得其形而传其神。一盏薄瓷，一杯清茗，催开"繁花似锦"。

三、茶+服饰

茶服，简言之，适合茶事活动所着服饰，因饮茶始于汉，故可以说茶服也有着1000多年的历史，但历代茶事活动中服饰并未专业分类，大体可以理解为带有传统中国文化意蕴的服装。今天，因饮茶兴盛茶服逐渐走向专业化，现代茶服多为"静、清、柔、和"，是设计师在理解和升华中国传统文化元素的基础上，创作出的集复古与时尚兼具的独特风格，在体现茶人精神的同时，表达现代人对传统文化的追溯，对现代生活方式的反思考，对慢生活的向往。绝大多数茶服采用棉麻质地、中式元素这些比较明显的服饰语言，女式茶服遵循素雅风，宽简、质朴、舒适、大方，男式茶服通常样式相对简单朴素。

（一）享唯一

"享唯一"品牌是以中式服装为主，集设计、生产、研发、销售于一体的综合性服饰企业，其设计风格的执着与做工精益求精的理念，专注于中式服装，每个款式都细细思量，混合现代设计元素，打造出方便舒适又正统的中式服装（图3-151）。公司崇尚传统、经典、绿色、天然、个性等特点，多元化搭配而又不失经典的着装理念和服饰文化，倾情塑造端庄、知性、优雅的美好形象。公司以中式服装为媒介，传承发扬中国传统文化，让每个中国人都爱上中国风！

湖南悟空印象是一家服务于团体、企业的高品定制公司，致力解决团体服装定制需求，是一家集创意、设计、制版、生产、销售为一体的服装公司，专业经营职业正装、T恤等系列产品，为公司、酒店、政府、商场、工厂、银行、学校等企事业单位提供专业的团体服饰订做服务。

图3-151 享唯一中式服装

（二）米凡服饰

创立于2015年，是一家立足湖南、放眼全国的原创服饰设计工作室。创始人申洁，字浚莹，沉淀了多年的服装设计经验。米凡以"传承服饰文化，创造时尚精典"为理念，意在传统服饰文化基础上结合现代时尚审美文化与工艺，设计出既能体现东方服饰特色又符合现代服饰审美，且实用性强的服饰，其中湖湘文化资源的创新运用是米凡关注的重点。在茶文化蓬勃发展的当下，品茗已成为一种时尚生活方式，茶服也应运而生，并发展成为服饰设计中的热门（图3-152）。

图3-152 米凡出品服饰

米凡自成立以来，将茶文化理念运用于服饰设计，设计出一系列"精简大气""自然得体"的茶人服饰，如安化华莱茶学院的学员专用服饰、如愿茶坊的茶艺师服……所设计的服装因款式简洁而不失精美，且能恰当地体现茶的文化意蕴而深得大家的喜爱，也由此赢得了较高的知名度。

为满足人们对私人订制服饰消费的需求，米凡开设小批量定制原创服饰，原创时强调服饰的个性化和制作的手工化。以"衣"为载体，创始人申洁女士也一直开展传统服饰文化公益讲座和沙龙，传播传统服饰文化、鉴赏制作工艺以及中国茶文化，指导数千人开展穿衣搭配的实践，在弘扬手艺人"工匠"精神的同时，传递"返朴归真""美美与共"的生活理念。

四、新式茶饮

（一）尚木兰亭

湖南尚木兰亭茶业有限公司品牌商标注册于2013年，公司总部位于长沙经济开发区，原是一家专业文创定制茶礼销售型茶企，为国内200余家知名企业提供定制茶礼及茶水服务。2018年10月，转型新式茶饮及新零售，在传统茶叶专卖店基础上升级，创立茶、饮、礼集合店"三位一体"的新营销模式，现有茶、饮、礼集合店8家。

公司经营"时尚饮、文创茶、定制礼"三大系列产品。原茶新作，相遇美好，坚守初心、立足传统、创新求变，用温度和文化做一杯年轻人喜欢的茶，定义茶饮新坐标，相对传统茶饮，多层次、多味道的现代茶饮更受年轻人喜欢。从"无原叶、不茶饮"以茶为核心的"时尚饮"入手，拒绝奶精、拒绝香精，精选优质传统原叶茶为茶饮基底，或精泡或闷泡或煮沸，形式多样，口感丰富，再选用进口鲜奶或现切新鲜水果或精心搭配茶点，调制出健康时尚的各类鲜奶茶、鲜果茶、原味茶和冷泡茶。

公司产品研发团队不断挖掘湖湘文化底蕴以及湖南茶产业历史，用一种令人浪漫而心动的情绪，打造具有湖湘人文情怀的"文创茶"。如以徐特立、黄兴等为代表的"先生的茶"；以一村一品为地域特色的"高桥人家""板仓人家"；以长沙名片为主题的"长沙记忆""那些年""山水洲城"；以湖湘特色为主的"红色岁月""湖南茗片"等系列文创产品。公司推崇的"定制礼"企业"茗片"，精选湖南独具特色的安化黑茶和长沙绿茶为定制茶原料，再通过团队精心策划，将每款定制茶打造为企业"茗片"，将企业文化和湖湘文化深度融合，并以扉页形式

图3-153 尚木兰亭产品

不断创新呈现出来，该款茶其外观设计获得国家专利，产品深受企业欢迎（图3-153）。公司已为湖南三一重工、山河智能、楚天科技、中联重科等200家以上企业倾力打造企业"茗片"。

尚木兰亭正在向年轻化、时尚化、健康化、集约化、品牌化的新式茶方向不断努力，创造的不仅仅是一杯茶饮，而是由茶蔓延而出的健康、时尚、优雅、美好的生活态度。让古老的茶文化在年轻人身上焕发出新的、旺盛的生命力，让更多年轻人喜欢中国茶、懂得中国茶、爱上中国茶。

（二）Teaskill 茶守艺

2020年7月15日，湖南省茶业集团位于天心区解放西路湘茶大厦的"茶守艺"1号店正式开业。从此，在各色餐饮美食店铺林立的五一广场繁华商圈，广大市民朋友又多了一个"茶饮+"的体验选择。"茶守艺"在传承传统茶文化优秀基因基础上，赋予茶叶新元素，创新性地提出"现萃鲜茶饮+时尚功夫泡+现代茶零售""三杯守艺茶，美好不将就"的消费理念，创造出适合当下消费族群、场景及语境下的现代茶商品、服务及文

化，让产品主动适应年轻人的生活节奏，并为茶饮爱好者提供多样的茶生活专业体验。"茶叶彩蛋""紫苏橙子""十八洞黄金茶""茉莉天尖"……代表精致、简尚、自由、健康、真我、不将就的美好茶生活（图3-154）。

图3-154 茶守艺

截至2021年，湖南省精深加工茶企有500多家，出口企业20多家，省级及以上龙头企业89家，其中国家级龙头企业6家（表3-13）。现将代表性的著名茶企予以介绍，以展示湖湘茶企风采。

表3-13 湖南省茶叶农业产业化龙头企业

市州	县/市/区	企业名称	级别
长沙市（9）	长沙县	湘丰茶业集团有限公司	国家级
	长沙县	长沙县金井茶厂	国家级
	长沙县	湖南怡清源有机茶业有限公司	省级
	望城区	长沙云游茶业有限公司	省级
	望城区	湖南望城乌山贡茶业有限公司	省级
	宁乡市	长沙沩山炎羽茶业有限公司	省级
	宁乡市	湖南沩山湘茗茶业股份有限公司	省级
	宁乡市	湖南沩山茶业股份有限公司	省级
	宁乡市	湖南金洲茶叶有限公司	省级
衡阳市（7）	南岳区	衡阳市南岳怡绿有机茶开发有限公司	省级
	耒阳市	湖南胡家园茶业有限公司	省级
	耒阳市	耒阳市江头生态农业开发有限公司	省级
	衡山县	湖南辉广生态农业综合开发有限公司	省级
	常宁市	湖南谷佳茶业生态农业科技有限公司	省级
	常宁市	常宁市瑶园生态农业科技发展有限公司	省级
	常宁市	常宁市福塔农业科技开发有限公司	省级
株洲市（3）	炎陵县	炎陵县神农生态茶叶有限责任公司	省级
	茶陵县	茶陵县茶祖印象茶业有限公司	省级
	茶陵县	湖南龙灿生态农业发展有限公司	省级
湘潭市（2）	湘乡市	湖南香露红茶业科技股份有限公司	省级
	湘乡市	湖南省湘乡市茶叶一厂	省级

续表

市州	县/市/区	企业名称	级别
邵阳市（4）	绥宁县	绥宁县神农金康药用植物科技开发有限公司	省级
	隆回县	湖南龙回一都富硒茶业股份有限公司	省级
	洞口县	湖南古楼雪峰云雾茶有限公司	省级
	城步县	湖南青柳源生物科技有限公司	省级
岳阳市（8）	岳阳县	岳阳县洞庭春纯天然茶叶有限公司	省级
	岳阳楼区	湖南洞庭山科技发展有限公司	省级
	湘阴县	湖南兰岭绿态茶业有限公司	省级
	平江县	湖南省九狮寨高山茶业有限责任公司	省级
	临湘市	湖南省临湘永巨茶业有限公司	省级
	临湘市	湖南省明伦茶业有限公司	省级
	君山区	湖南省君山银针茶业股份有限公司	省级
	华容县	华容县胜峰茶业有限公司	省级
常德市（6）	桃源县	桃源县君和野茶开发有限公司	省级
	桃源县	湖南古洞春茶业有限公司	省级
	桃源县	湖南百尼茶庵茶业有限公司	省级
	市直	湖南武陵秀峰茶业有限公司	省级
	石门县	湖南壶瓶山茶业有限公司	省级
	汉寿县	湖南植歌茶业有限公司	省级
张家界市（4）	桑植县	张家界万宝山茶业有限公司	省级
	桑植县	湖南湘丰桑植白茶有限公司	省级
	桑植县	张家界高山怡韵茶业有限公司	省级
	慈利县	张家界云雾王茶业有限责任公司	省级
益阳市（11）	桃江县	湖南浩茗茶业食品有限公司	省级
	赫山区	湖南黑美人茶业股份有限公司	省级
	赫山区	益阳茶厂有限公司	省级
	安化县	湖南华莱生物科技有限公司	国家级
	安化县	湖南建玲实业有限公司	省级
	安化县	湖南省白沙溪茶厂股份有限公司	省级
	安化县	中茶湖南安化第一茶厂有限公司	省级
	安化县	湖南阿香茶果食品有限公司	省级
	安化县	湖南省高马二溪茶业有限公司	省级
	安化县	湖南安化芙蓉山茶业有限责任公司	省级
	安化县	湖南省云上茶业有限公司	省级

续表

市州	县/市/区	企业名称	级别
郴州市（11）	资兴市	湖南资兴东江狗脑贡茶业有限公司	国家级
	宜章县	宜章莽山仙峰有机茶业有限公司	省级
	宜章县	宜章莽山木森森茶业有限公司	省级
	宜章县	湖南莽山瑶益春茶业有限公司	省级
	宜章县	宜章和宜农业综合开发有限公司	省级
	汝城县	汝城县九龙白毛茶农业发展有限公司	省级
	汝城县	汝城县鼎湘茶业有限公司	省级
	汝城县	汝城县金润茶业有限责任公司	省级
	临武县	湖南舜源野生茶业有限公司	省级
	临武县	湖南东山云雾茶业有限公司	省级
	桂东县	桂东县玲珑王茶叶开发有限公司	省级
永州市（4）	祁阳县	湖南自然韵黑茶科技有限公司	省级
	蓝山县	湖南三峰茶业有限责任公司	省级
	江华县	湖南冯河大龙山茶业有限公司	省级
	江华县	湖南瑞鑫源生物科技开发有限公司	省级
怀化市（5）	中方县	怀化华汉茶业有限公司	省级
	沅陵县	湖南省沅陵碣滩茶业有限公司	省级
	沅陵县	湖南官庄干发茶业有限公司	省级
	沅陵县	沅陵县皇妃农林开发有限公司	省级
	会同县	湖南会同宝田茶业有限公司	省级
娄底市（5）	新化县	湖南月光茶业科技发展有限公司	省级
	新化县	新化县天门香有机茶业有限公司	省级
	新化县	湖南紫金茶叶科技发展有限公司	省级
	新化县	湖南省渠江薄片茶业有限公司	省级
	新化县	新化县天鹏生态园开发有限公司	省级
湘西州（6）	花垣县	花垣五龙农业开发有限公司	省级
	古丈县	古丈县锦华农业综合开发有限公司	省级
	古丈县	湘西自治州牛角山生态农业科技开发有限公司	省级
	古丈县	湖南英妹子茶业科技有限公司	省级
	保靖县	保靖县林茵茶业有限责任公司	省级
	保靖县	保靖县鼎盛黄金茶开发有限公司	省级
省直（4）	望城区	湖南中茶茶业有限公司	国家级
	宁乡市	湖南潇湘茶业有限公司	省级
	高新区	湖南隆平茶业高科技有限公司	省级
	芙蓉区	湖南省茶业集团股份有限公司	国家级

第四章 茶类篇

湖南是古老的茶乡，生活在这片热土的先民们，在茶叶加工制作技术上不断精进，根据不同时代的消费需求与时俱进地创新茶产品，使得名茶辈出，在茶业发展史上谱写了辉煌与灿烂。湖南有文字记录的茶事活动可远追西汉；唐代时，蒸青团饼茶制作工艺超群，湖南所产的灉湖茶、渠江薄片等已贵为贡品，芳名远扬，并率先对炒青制茶工艺进行了尝试，《西山兰若试茶歌》中"斯须炒成满室香"记录了湖南茶人的智慧；明代散茶兴盛，为满足民众所需与边销之用，品种由团饼茶发展到烘青绿茶和黑毛茶等；清代以后，为满足宫廷之好与边销运输之便，湖南茶人改进了黑茶加工技术，优化了红茶工艺，茶类品种增加了天尖茶、贡尖茶、生尖茶、砖茶（包括茯砖、黑砖、青砖）、花卷茶（百两茶、千两茶）等黑茶和红茶名优茶品。清光绪年间，为湖南红茶生产最鼎盛之时，号称百余万担，其中安化红茶，品质优异，畅销国外，享有"无安化字号不买"的声誉。后因内忧外患，茶园荒芜，茶业衰落。

新中国成立以来，茶产业逐步得到恢复，全国产茶区大力发展名优绿茶和茉莉花茶。特别是20世纪60年代末至70年代初，湖南很多产茶区相继建立了示范茶场，如岳阳县黄沙街示范茶场、郴县茶场、桂阳县茶场、临武县茶场、嘉禾县行廊茶场、屈原凤凰山茶场等，对湖南的茶叶产业的发展起到了有力的推动作用。2001年，湖南省政府提出重振湘茶雄风，重点发展湘西、高山、库区等优势产区，开发百万担品牌茶。2005年，湖南省茶叶学会首次评选出湖南十大名茶：君山银针、高桥银峰、古丈毛尖、金井毛尖、兰岭绿之剑、东山秀峰、南岳云雾、石门银峰、安化松针、野针王（表4-1）。当时，湖南以生产绿茶为主，因而当时评选出的名茶主要是名优绿茶。

表4-1　2005年评定的湖南十大名茶

茶名	产地/单位	品质特点	采制工艺
君山银针	岳阳市君山茶园	芽头苗壮挺直、大小长短匀齐、白毫完整鲜亮、色金黄、内质香清馥郁、甘甜醇和、汤色杏黄明净、叶底黄亮匀齐	采摘长25~30mm、宽3~4mm苗壮芽头，经摊青、杀青、摊凉、初烘、摊凉、初包发酵、复烘、复包发酵、复烘、摊凉、足火、拣选等工序制成
高桥银峰	湖南省茶叶研究所	细紧卷曲匀整、银毫披露隐翠、香清高持久、汤色绿亮明净、滋味鲜纯甘、叶底嫩匀明亮	采摘1芽1叶初展鲜叶，经摊青、杀青、清风、初揉、初干、做条、提毫、摊凉、烘焙等工序制成
古丈毛尖	古丈县茶业局	色泽翠绿、白毫显露、芽叶完整、锋苗挺秀、条紧细圆直，内质汤色绿亮、香气高锐、滋味醇爽回甘、回味长、叶底嫩匀	采摘1芽1叶鲜叶，经摊青、杀青、初揉、炒二青、复揉、炒三青、做条、提毫、收锅等工序制成
金井毛尖	长沙县金井茶厂	外形条索纤细、匀整、卷曲、白毫显露、色泽银绿隐翠光润，内质汤色嫩绿清澈、清香持久、滋味清鲜回甘、叶底嫩匀明亮	采摘1芽1叶鲜叶，经摊放、杀青、揉捻、干燥做条、提毫、烘焙等工序制成

续表

茶名	产地/单位	品质特点	采制工艺
兰岭绿之剑	湘阴县兰岭茶厂	外形呈扁、尖如剑、色泽翠绿，内质汤色绿亮、香气鲜嫩持久、滋味醇爽回甘、叶底嫩绿鲜亮	采摘单芽，经摊放、杀青、清风、理条、干燥、打扁、足火等工序，采用不锈钢名茶生产线制成
东山秀峰	石门县东山峰农场	条索紧直匀整秀丽、锋苗尖锐、色泽翠绿、白毫显露、具高山地区干香，内质汤色浅绿明亮、香嫩高长、味鲜爽回甘、叶底浅绿明亮	采摘1芽1叶初展鲜叶，经摊青、杀青、清风、揉捻、炒青、理条、提毫、烘干等工序制成
南岳云雾	衡山南岳	外形条索紧细微曲、银毫贴身，内质汤色黄绿明亮、香气馥郁、滋味醇厚甘爽、叶底黄绿明亮	采摘1芽1叶初展鲜叶，经摊青、杀青、清风、揉捻、烘二青、整形、复揉、炒三青、烘干、提香等工序制成
石门银峰	石门县茶叶办	外形紧圆挺直、银毫满披、色泽翠绿纯润，内质汤色嫩绿明亮、嫩香高长、滋味鲜爽醇厚、叶底嫩绿匀整	采摘芽茶或1芽1叶初展鲜叶，经摊放、杀青、清风、揉捻、初烘、理条、整形（提毫）、复烘（提香）等工序制成
安化松针	安化县茶叶示范场	外形细直秀丽、状似松针、白毫显露、翠绿匀整，内质汤色清亮、香气馥郁、滋味甘醇、叶底嫩匀	采摘1芽1叶初展鲜叶，经摊放、杀青、揉捻、整形、烘焙、筛拣等工序制成
野针王	湖南省怡清源茶业有限公司	外形茶芽肥壮挺直有毫、色泽显翠，内质汤色浅绿、香气高长鲜灵、滋味甘醇、回味甘爽、叶底芽头肥嫩鲜绿明亮	采摘优质肥壮的单芽为原料，经摊青、杀青、清风、做形、烘焙等工序制成

2007年，安化黑茶率先发力，立足资源和产业基础，致力扩基地、提品质、强品牌，安化黑茶产业迅速复兴和发展，逐步成为区域内规模最大、品牌最响、综合效益最高、带动能力最强、从业人员最多、成长性最好的富民主导产业，"安化黑茶"被评为中国最具带动力的茶叶区域公用品牌。2011年，市场兴起岳阳黄茶热，中国茶叶流通协会授予岳阳市"中国黄茶之乡"的称号，岳阳黄茶复兴跟进。在第七届中国（深圳）国际茶产业博览会上，"君山银针"被评为"2013年度最具影响力黄茶品牌"。2014年，湖南省委、省政府提出了"建设茶叶强省，打造千亿产业"的宏伟目标，先后提出打造潇湘绿茶、湖南红茶品牌。2016年，桑植白茶异军突起。2018年，湖南省委、省政府确立以"三湘四水五彩茶"品牌统筹湖南茶叶发展，以"政策引导、龙头引领、品牌发展、政产学研协同推进"为原则，把茶作为"精准扶贫"的支柱产业，演奏出"五彩茶兴千亿茶，脱贫致富奔小康"的乐章。

自2015年开始，为了提升全省茶叶加工水平，湖南省先后开展了茶叶"十大杰出制茶师""十大名茶"等评选活动。湖南省茶叶学会通过2015—2018年连续举办3年"潇湘杯"湖南省名优茶评比，综合3年的评比结果及对各参评产品的产销历史、产业规模、市场占有率、消费者认可程度等因素，制订了与时俱进的新"湖南十大名茶"评选方案。2018年11月17日，在广泛听取意见基础上由湖南省茶叶学会、湖南省茶业协会、湖南省大湘西茶产业发展促进会等单位共同评定，推出了新时代的湖南十大名茶：安化黑茶、石门银峰、黄金茶、古丈毛尖、碣滩茶、岳阳黄茶、桃源红茶、南岳云雾、新化红茶、桂东玲珑茶（表4-2）。所评选出的名茶涉及绿茶、红茶、黄茶、黑茶四大类。

表4-2　2018年评定的湖南十大名茶

茶名	产地	品质特点	采制工艺
石门银峰	石门县	外形紧圆挺直、银毫满披、色泽翠绿纯润，内质汤色嫩绿明亮、嫩香高长、滋味鲜爽醇厚、叶底嫩绿匀整	采摘芽茶或1芽1叶初展或1芽1叶开展鲜叶，经摊放、杀青、清风、揉捻、初烘、理条、整形（提毫）、复烘（提香）等工序制成
古丈毛尖	古丈县	外形条索紧细圆直、锋苗挺秀、白毫显露、色泽翠绿光润，内质清香芬芳、香高持久、滋味醇厚鲜爽、回味绵甜悠长，汤色嫩绿明亮、叶底嫩绿匀整、耐冲泡	采摘单芽至1芽1、2叶鲜叶，经摊青、杀青、初揉、炒二青、复揉、炒三青、做条、提毫收锅八道工序制成
黄金茶	湘西土家族苗族自治州	外形条索紧细匀整、翠绿显毫，内质汤色嫩绿明亮、嫩栗香浓郁持久、滋味清鲜甘爽、叶底嫩绿明亮	采摘1芽1叶初展或1芽1叶鲜叶，经摊放、杀青、摊凉、揉捻、初烘、摊凉、做形、足干（提香）等工序制成
碣滩茶	怀化市	外形紧细略卷曲、隐翠显毫，内质汤色嫩绿明亮、香气高长持久、滋味鲜醇甘爽、回甘迅速持久、叶底嫩绿匀亮	采摘单芽、1芽1叶、1芽2叶初展鲜叶，经摊放、杀青、清风、初揉、初烘、复揉、复烘、理条搓揉、整形提毫、足干等工序制成
安化黑茶	益阳市	用不同等级黑毛茶经精制加工而成。黑毛茶主要品质特点为：外形紧结（泥鳅条）、有嫩梗、色泽黑褐（油润），内质汤色橙红（黄）明亮、香气纯厚（带松烟香）、滋味浓厚回甘、叶底肥厚完整。产品主要有湘尖茶、茯砖茶、花砖茶、黑砖茶和千两茶	采摘1芽2叶至对夹叶鲜叶，经鲜叶摊放、杀青、揉捻、渥堆、复揉、干燥、筛选、拼配、压制成品等工序制成
岳阳黄茶	岳阳市	外形呈针形、芽头饱满肥壮、色泽绿黄润紧细匀齐，内质香气清鲜持久或清香高长、滋味鲜醇回甘、汤色杏黄明净、叶底嫩黄明亮。产品主要有君山银针、岳阳黄芽、岳阳黄叶、岳阳紧压黄茶等	采摘带叶柄的早春单芽、1芽1叶至多叶鲜叶，经杀青、揉捻、闷黄、干燥等工序制成
桃源红茶	桃源县	外形条索紧细匀整、色泽乌黑油润，内质甜香浓郁持久、滋味甜醇鲜爽、汤色红亮带金圈、叶底嫩软红匀，冷后浑现象明显	采摘桃源大叶单芽或1芽1、2叶等鲜叶，经萎凋、揉捻、发酵、烘干等工艺制成
新化红茶	新化县	外形乌黑油润紧实，内质汤色橙红明亮、蜜香悠长、甘鲜醇爽、叶底红亮	采摘1芽1叶或1芽2叶初展鲜叶，经萎凋、揉捻、发酵、初干、复干等工序制成
桂东玲珑茶	桂东县	外形条索紧细弯曲、状若环勾、色泽翠绿银毫显露，内质清汤绿叶、汤色清亮、滋味鲜爽醇厚、叶底嫩绿明亮	采摘1芽1叶或1芽2叶初展鲜叶，经摊放、杀青、清风、初揉、初烘、冷却回潮、复揉、烘焙、整形、提毫、足干、提香等工序制成
南岳云雾	衡阳市	外形条索紧结有毫、色泽绿润，内质香气栗香或清香高长、滋味醇厚、汤色黄绿明亮、叶底黄绿明亮。产品主要有银针、毛尖和云雾绿茶	采摘单芽、1芽1~3叶鲜叶，经摊青、杀青、清风、烘二青、理条、整形、炒三青、足干提香等工艺制成

时代在发展，消费不断升级，湘茶要依靠技术创新，提升产品档次来应对市场之变。为此，湖南省茶叶产业技术体系专家团队集成"筛选绿茶、红茶、黑茶、黄茶的主推品种；推广茶苗营养钵育苗与地膜覆盖、病虫测报与绿色防控、化肥减施与绿肥种植等绿色技术；集成机采机制、清洁化与智能化加工、'物联网+'可追溯的加工技术体系，全方位提升湘茶的'色、香、味、形'，实现产业链环环增效"等十大关键技术，引领湘茶升级。

湖南茶业的发展之道是不断创新之路，从生产管理、茶树品种、加工技术、贮藏运输、泡饮方法皆是在传承的基础上不断创新，茶人们用智慧与辛勤创造了一个又一个奇迹。至2019年，湖南茶园面积达到近28万hm^2，实现茶叶产量23万t，出口4.93万t（含边贸），创汇1.7亿美金，茶叶综合产值910亿元。五彩湘茶（潇湘绿茶、湖南红茶、安化黑茶、岳阳黄茶、桑植白茶）加工工艺成熟，乌龙茶也有少量生产，更有创新茶产品不断涌现。

第一节　绿茶类

绿茶制作起于唐代，采用的是蒸青制法，即将鲜叶蒸制，趁热捣碎成饼，然后烘干。宋代发展到蒸青散茶，即蒸后不揉不捣，直接风干，保持茶叶原有的滋味；后来又出现蒸青饼茶。宋代后期，蒸青法传到日本，一直保留到现在。蒸青加工的茶叶"颜色翠绿、汤色碧绿、叶底嫩绿"，深受日本人喜爱。明代，中国发明炒青和烘青制法后，蒸青法便日趋淘汰。清代湖南绿茶闻名全国。1949年后，绿茶的种植品种也发生了变化，主要是由本地群体品种等向福鼎大白、碧香早、湘波绿、槠叶齐、黄金一号、黄金二号等良种过渡，绿茶的生产态势维持着计划经济的格局，国家定产定销，绿茶的生产就按部就班、波澜不惊地慢慢发展，茶叶的生产销售路线为基层生产（国营茶场、集体茶场）、供销社收购、外贸统购加工销售等模式。从1978年改革开放以后到20世纪90年代末，茶叶市场开放，茶叶生产加工销售引入了竞争机制，外贸企业、国有企业在竞争中基本上退出了历史舞台，走上前台的就是民营和私有企业。绿茶的生产和销售出现了重大变革，由统购统销向市场转化，由追求产量向高质优价转化，有机茶园、绿色食品逐渐被人接受，湖南兴建了许多有机茶产业基地（图4-1）。2019年全省绿茶产量10.0万t，综合产值实现420亿元。

图4-1　航拍云雾中的古丈茶园

一、初加工工艺

绿茶的加工工艺是：鲜叶—杀青—揉捻—干燥。其中，关键在于杀青。鲜叶通过杀青，酶的活性钝化，内含的各种化学成分，基本上是在没有酶影响的条件下，由热力作用进行物理化学变化，从而形成绿茶的品质特征。

①**杀青**：杀青对绿茶品质起着决定性作用。通过高温，破坏鲜叶中酶的特性，制止多酚类物质氧化，以防止叶子红变；同时蒸发叶内的部分水分，使叶子变软，为揉捻造形创造条件。随着水分蒸发，鲜叶中具有青草气的低沸点芳香物质挥发消失，从而使茶叶香气得到改善。除特种茶外，该过程均在杀青机中进行。影响杀青质量的因素有杀青温度、投叶量、杀青机种类、时间、杀青方式等。

②**揉捻**：揉捻是绿茶塑造外形的一道工序。通过利用外力作用，使叶片揉破变轻，卷转成条，体积缩小，且便于冲泡。同时部分茶汁挤溢附着在叶表面，对提高茶滋味浓度也有重要作用。制作绿茶的揉捻工序有冷揉与热揉之分，嫩叶宜冷揉以保持黄绿明亮之汤色和嫩绿的叶底，老叶宜热揉以利于条索紧结，减少碎末。

③**干燥**：干燥主要有3个目的，继续使内含物发生变化，提高内在品质；在揉捻的基础上整理、改进外形；排除水分，防止霉变，便于贮藏。干燥方法有烘干、炒干和晒干3种。绿茶的干燥工序，一般先经过烘干，然后再进行炒干。

二、代表性产品

湖南北部地区已经形成"U"形的"绿茶产业带"。湖南绿茶产品非常丰富，主要有高桥银峰、湘波绿、金井毛尖、羊鹿毛尖、南岳云雾、古楼毛尖、岳阳毛尖、洞庭春芽、兰岭绿之剑、石门银峰、东山秀峰、双上绿芽、安化松针、桂东玲珑茶、狗脑贡、百叠岭银毫、碣滩茶、官庄毛尖、月牙茶、古丈毛尖、黄金茶等。

① **高桥银峰**：1989年评为"中国名茶"，2005年评为"湖南十大名茶"。产于长沙县高桥镇玉皇峰，是一种特种炒青绿茶（图4-2）。清明前采摘，鲜叶标准为1芽1叶初展，加工分杀青、清风、初揉、初干、做条、提毫、摊凉、烘焙八道工序，以"提毫"最为独特。高桥银锋条索紧细、卷曲、白毫毕现，冲泡时汤色晶莹明亮，芳香持久，滋味清纯，叶底嫩匀明净；内质香气鲜嫩清醇，滋味纯浓回甘，汤色晶莹明亮，叶底嫩匀明净。

图4-2 高桥银峰

1964年夏,郭沫若初饮高桥银峰茶,题诗云(图4-3):

芙蓉国里产新茶,
九嶷香风阜万家;
肯让湖州夸紫笋,
愿同双井斗红纱。
脑如冰雪心如火,
舌不短钉眼不花;
协力免叫天下醉,
三闾无用独醒嗟。

图4-3 郭沫若题词

② **湘波绿**:湖南省茶叶研究所1961年创制。原系茶树种名,属无性系品种适制红绿茶。原料采摘标准为1芽2叶初展,既继承了高桥银峰的优点,又较高桥银峰粗壮。外形条索紧结弯曲,色泽绿翠显毫,香气高悦鲜爽,汤色清澈明亮,滋味醇厚爽口,叶底黄绿光鳞;茶多酚、水浸出物、氨基酸、儿茶素、咖啡碱含量较高,品质甚优(图4-4、图4-5)。1982年后多次评为湖南省名茶。1991年湖南省农业厅授予"名茶杯"奖。

图4-4 湘波绿礼盒　　图4-5 湘波绿

③ **金井毛尖**:2005年"湖南十大名茶"之一,产于湖南金井(图4-6、图4-7)。原料采于只施有机肥料的优良茶树品种,采用室温提毫工艺,使产品保持"三绿"品质,外形条索纤细、匀整,卷曲似螺,白毫显露,色泽银绿,光洁滑润;内质清香持久,汤色嫩绿澄澈,滋味清新回甜,叶底柔嫩均匀明亮。金井毛尖相继通过了IMO有机绿茶认证和中国绿色食品认证,并多次在省部级名优茶评比中获奖。

图4-6 金井毛尖　　图4-7 金井茶厂

图4-8 乌山茶园

④ **乌山贡茶**：湘江西岸长沙段从岳麓山至尖山、白沙洲一带区域，是历史名茶河西园茶的主产区。素有"洞庭南岸第一山"的乌山，孕育了名闻遐迩的乌山贡茶（图4-8）。目前，湖南望城乌山贡茶业有限公司生产的乌山贡茶具有"色碧绿，毫光洁，香鲜嫩，汤清澈，味醇爽，形优美"的独特品质。近年来，乌山茶业基地连续获得16次殊荣。其中，2015年、2016年获得第七届、第八届湖南"茶祖神农杯"名优茶评比金奖；2017年获得第三届亚太茶茗大奖银奖；2018年获得"潇湘杯"金奖。

⑤ **云游毛尖**：长沙云游茶业有限公司位于望城区靖港镇（原格塘镇）凌冲村，公司前身为格塘茶场，是河西园茶传统产区，拥有茶园面积200hm²，其中有机茶园33.33hm²。云游毛尖外形卷曲翠绿，银毫披露，叶底嫩绿、汤色清澈明亮，滋味醇厚清香持久（图4-9）。云游毛尖"向雷锋同志学习"系列产品获得2018湖南茶叶"千亿产业十大创新产品"。

图4-9 云游毛尖

⑥ **羊鹿毛尖**：羊鹿毛尖是由湘潭县羊鹿茶场生产，羊鹿牌系列名优茶系20世纪80年代末期开始进行研制开发，到20世纪90年代中期正式形成的名优产品，曾10余次获得省金奖、银奖。羊鹿毛尖色泽嫩绿隐翠，香气清远，滋味浓厚耐泡，叶底细嫩明亮。

图4-10 南岳云雾

⑦ **南岳云雾**：2005年、2018年"湖南十大名茶"之一。产于南岳衡山，南岳云雾久享盛名，早在唐代已被列为贡品。南岳云雾对鲜叶嫩度要求很高，采摘茶芽和1芽1叶或1芽2叶初展的新梢。成品茶翠中带绿，香气高长，汤色清澈，滋味鲜醇，回味无穷（图4-10）。

⑧ **古楼毛尖**：由湖南古楼雪峰云雾茶有限公司研制，精选古楼雪峰山上有机茶园的早春茶芽，在传承古贡茶加工技术的基础融合现代名优绿茶加工工艺（图4-11、图4-12）。该茶白毫披露，茶芽挺直，香高味爽，泡后悬立于杯中，玉芽凌波三起三落，美不胜收。1996年获"湘茶杯"金奖，1997年获中国国际茶会金奖，2017年、2018年获"潇湘杯"金奖。

图4-11 湖南古楼雪峰云雾茶

图4-12 湖南古楼雪峰云雾茶园

⑨ **君山银毫**：岳阳十大名茶之一。产于君山，湖南省君山银针茶业股份有限公司出品。君山银毫以精选初展的1芽1叶春茶为原料，结合传统和现代工艺精制而成，属于高端绿茶（图4-13、图4-14）。干茶条索紧秀圆直，匀齐显毫；内质香气馥郁高长，汤色黄绿明亮，滋味鲜醇，回甘悠长；叶底嫩黄肥壮，鲜活匀亮。加工工序有：分摊、杀青、摊凉、炒二青、摊凉、提毫、足火烘焙、精选。

图4-13 君山银毫产品

图4-14 君山银毫

⑩ **洞庭春毛尖**：产于岳阳县黄沙街，是黄茶类产品（图4-15）。在惊蛰前后开园，清明停采。黄小茶、黄大茶分批采摘开面为1芽2、3叶及1芽3、4叶，采摘天气一般选择在晴天或阴天午前。产品制作采用优良传统与先进科技融合，品质特征为：条索紧结微曲，白毫满披隐翠，香气高鲜持久，滋味醇厚鲜爽，汤色清澈明净，叶底嫩绿明亮。

图4-15 岳阳洞庭春毛尖

⑪ **兰岭绿之剑**：2005年"湖南十大名茶"之一。产于湘阴县，1993年研制成功。采摘单芽。外形扁平光滑、挺秀尖削、均匀整齐、色泽嫩绿、顶叶包芽，冲泡汤色黄绿明亮，清香持久，滋味甘醇爽口，叶柄嫩绿，故有"色绿、香郁、味醇、形美"四绝之称。1997—1999年连续3年获湖南名优茶评比金奖，1994年获第五届亚太国际贸易博览会金奖，2000年被评为"湖南十大名优农产品"。

⑫ **石门银峰**：2005年、2018年"湖南十大名茶"之一（图4-16、图4-17）。石门县出产，1989年研制成功。石门县是联合国确认的全球生态保护最佳的200个自然保护区

图4-16 石门银峰

图4-17 石门银峰茶冲泡

之一。产品外形紧秀似峰，满披银毫，内质香高，味浓而爽润，问世之初即在市、省级评比中获高分。1991—1993年连续3年在湖南省名优茶评比中获得总分第一，1995年起连续3届获湖南省"湘茶杯"金奖，2000年获第二次国际名茶金奖，2005年获第六届"中茶杯"全国名优茶评比特等奖。

⑬ **白云银毫**："白云银毫"创制于1996年，系石门首批有机茶名茶，产自白云山国有林场（图4-18、图4-19）。清明前后开采，采摘1芽1叶初展的优质芽叶加工而成。产品外形肥嫩挺直绿润，汤色嫩绿明亮，香气高鲜嫩栗香，滋味清爽醇和，叶底嫩绿明亮。先后荣获国内外名优茶评比17项金奖，并获得湖南省名牌产品、湖南省著名商标等荣誉称号。

图4-18 白云山林场茶叶基地航拍

图4-19 白云银毫

⑭ **东山秀峰**：2005年"湖南十大名茶"之一，产于湖南石门县东山峰农场（图4-20、图4-21）。采摘1芽1叶初展的鲜叶为原料，工艺过程精制而成。产品外形圆直，

图4-20 东山秀峰

图4-21 东山峰茶园基地

色泽翠绿，峰苗显露，恰似秀丽山峰而得名。20世纪80年代，男高音歌唱家何纪光教授对"东山秀峰"名茶品质倍加赞誉，并赋诗一首赞扬："绿野东山识惠女，碧莲出水舞仙纱。我今偕女天涯走，几曲清歌欢饮茶"。

⑮ **桃源野茶王**：国家地理标志保护产品，产于湖南省桃源县。"桃源大叶"品种具有"叶片肥大、叶质柔软、叶色深绿、芽头硕壮、茸毛较多、汤色翡翠、气味芳香、余味悠长"等特点。桃源野茶王采用"桃源大叶"的芽头精制加工而成。其形状壮实挺秀，银毫披露，色泽嫩绿，嫩香悠长，汤色绿艳明亮；冲泡后三起三落，呈雨后春笋迎宾之状，滋味鲜醇，叶底嫩绿明亮，栗香持久。

⑯ **双上绿芽**：产自湖南澧县太青山，太青山自然生态环境条件优越，自古产茶（图4-22）。产品采用嫩芽加工而成，其外形条直秀丽，色泽翠绿光润，汤色清澈明亮，香气清鲜持久，口感醇厚甘甜的极品。产品获IMO有机认证、农业农村部有机认证。

图4-22 双上绿芽

⑰ **西莲云雾**：产于湖南省桑植县西莲乡，境内平均海拔达800m，为名茶绝佳生长环境（图4-23）。清明前后采摘优质鲜叶，其产品外形紧细卷曲，色彩翠绿，汤色嫩绿明亮，叶底匀整，香气醇爽，回味悠长。2012年获中国（上海）国际茶业博览会中国名茶评选金奖，2017年获绿色食品证书，经评选由张家界市政府批准为"张家界礼物"，获湖南"茶祖神农杯"名优茶评比金奖。

图4-23 西莲云雾

⑱ **龙虾茶**：产于张家界市永定区，1982年创制（图4-24、图4-25）。该茶采用1芽初展鲜叶精制而成，外形条索呈扁条状，头大、体肥、尾尖稍弯曲，色泽金黄，状似龙

图4-24 龙虾花

图4-25 龙虾茶

虾，茸毛显露，冲泡后芽叶又酷似张家界生长的一种珍贵花卉——龙虾花，因此得名龙虾茶。1984年获湖南省茶叶优质产品第一名，获"农牧渔业部优质产品名茶金杯奖""首届中国食品博览会国家银质奖"。陆松侯教授1982年5月15日，曾作《名茶赋》："得天广济青云间，独厚勘上岚针茶。巧夺安化松针秀，天工下界戏龙虾。"

⑲ **安化松针**：2005年"湖南十大名茶"之一（图4-26）。因产于安化，外形挺直、细秀、翠绿，状似松树针而得名。安化松针也曾因其独特的品质风格享誉海外。1985年日本丰茗学会理事长松下智和日本爱知大学副教授佐野先生，赞扬其香气超过了日本国家级名茶"玉

图4-26 安化松针

露"。目前，湖南省裹家冲茶场有限公司继承安化松针生产工艺，结合现代茶叶加工技术，以清明前1芽1叶初展的幼嫩芽叶，成品茶外形圆紧直，内质香气馥郁，味醇鲜爽，汤澄碧绿，叶底嫩匀。2016年，公司在传承和保护非物质文化遗产"安化松针传统制作技艺"的基础上，创制出"安化红针""安化黑针"，与"安化松针"并称"安化三针"。

⑳ **桂东玲珑茶**：国家地理标志保护产品，产于湖南省桂东县，创制于明末清初（图4-27）。春季采摘1芽1叶初展的鲜叶原料，所制茶品条索紧细卷曲、状若环钩、匀整、色泽绿润显毫，香气高锐持久，汤色杏绿明亮，滋味浓醇鲜爽，回味甘甜悠长，叶底嫩绿匀齐。

图4-27 桂东玲珑茶

桂东玲珑茶1981年在全省名茶评比被评为湖南的八大名茶之一；1982年被评为湖南20个优质名茶之一；1985年、1989年获得农牧渔业部优质产品金奖；随后16次在国内各项名优茶评比中获得金奖，成为湖南茶叶的知名品牌；2015年获中国驰名商标。

㉑ **资兴狗脑贡茶**：创制于宋代，被列为贡品，因产自资兴市汤溪镇狗脑山一带，故名"狗脑贡茶"（图4-28）。资兴制茶师们在秉承传统手工，结合现代科技的基础上，经过不断的工艺提质改造，独创"九臻制茶法"。其产

图4-28 狗脑贡茶

品外形条索紧细，色泽绿润显毫；内质香气高锐持久，滋味鲜浓纯爽，汤色嫩绿明亮，叶底黄绿匀齐，经久耐泡。1995年被评为湖南省名茶，先后获得名茶评比金奖4项；2008年通过农业部（现农业农村部）有机食品认证；2014年荣获中国驰名商标。

㉒ **汝城白毛茶**：汝城白毛茶是湖南省珍稀的野生茶树品种（图4-29）。以汝城白毛茶的肥

图4-29 汝城白毛基地

壮芽头为原料制作而成的汝白银针，外形芽头肥壮重实，银毫满披隐翠；内质香气高雅，滋味鲜醇回甘，汤色杏绿明亮，叶底肥嫩匀亮。1997年获巴黎国际名优产品博览会最高金奖，2000年成功入选《中国名茶志》，2016年汝城白毛茶获得湖南"十大公共品牌"。

㉓ **百叠岭银毫：** 产于湖南永州蓝山县百叠岭。采用高山纯生态有机茶为原料，于清明、谷雨前精采精制而成，产品紧结匀齐，白毫满披，香气悠长，汤色明亮，滋味鲜爽甘醇，叶底黄绿匀齐（图4-30、图4-31）。湖南三峰茶业有限责任

图 4-30 百叠岭银毫礼盒　图 4-31 百叠岭银毫

公司所生产的"百叠岭银毫"曾荣获2010年第二届湖南茶业博览会金奖，2011年中国（北京）国际茶业及茶艺博览会"觉农杯"金奖，2011年第八届中国国际茶业博览会名优茶金奖，并由袁隆平院士亲笔题词"百叠岭银毫"。

图 4-32 沅陵碣滩茶

㉔ **沅陵碣滩茶：** 2005年、2018年"湖南十大名茶"之一（图4-32）。产于湖南省沅陵县武陵山区沅江之畔的碣滩山区，故名。为唐代贡品，曾输往日本、印度等地。碣滩茶采摘1芽1叶初展的鲜叶加工而成。产品茶条索紧细，芽身匀整扭曲，色泽绿润，白毫显露有锋苗，香气清高持久，汤色翠绿明净，滋味甘醇、饮后回甘，叶底嫩匀。2015年，荣膺百年世博中国名茶金奖；曾先后获湖南省级、农业农村部评选以及国际茶文化节等多项茶叶评比大奖。

㉕ **新化寒茶：** 寒茶生长在新化县天门乡南北走向的雪峰山脉，早春时受南方暖湿季风影响，有山上比山下气温高的气候特征，当地人称"南风灌顶"（图4-33）。在"南风灌顶"气候影响下，茶叶会长出新芽，当北方冷空气乍至，茶叶出现"嫩芽冰裹、寒叶斗雪"的奇观，名为"寒茶"。寒茶根据加工工艺的不同，

图 4-33 野荷谷寒茶基地

分为绿茶冰里春、红茶寒红、黑茶寒黛、白茶寒玉等。绿茶冰里春茶汤清亮别透，金毫无数，入口栗香醇厚、顺滑，余香满嘴，回甘绵延。

㉖ **官庄毛尖**：主产于湖南沅陵官庄的介亭、黄金坪一带，《沅陵县志》描述"官庄介亭毛尖，唐代盛行，清乾隆时期作为贡品"（图4-34）。传统的官庄毛尖为两揉、两烘的烘青。新中国成立后，由烘青改为半烘炒。其品质特点为：茶条肥壮紧细，色泽翠绿，白毫显露，香气清爽，汤色翠绿明亮，滋味浓郁，饮后有余甘。

图4-34 官庄毛尖

㉗ **古丈毛尖**：2005年、2018年"湖南十大名茶"之一，产于湘西古丈县（图4-35、图4-36）。该县地处武陵山脉，茶叶生产环境得天独厚。古丈毛尖始于东汉。古丈毛尖采制精细，外形条索紧细圆直，锋苗挺秀，白毫显露，或弯似鱼钩、或直如标枪，色泽翠绿光润，内质清香芬芳，滋味醇厚鲜爽，生津回甘，以香高持久、耐冲泡而久负盛名。

图4-35 古丈毛尖　　　　　图4-36 古丈毛尖礼盒

图4-37 黄金茶

㉘ **黄金茶**：2018年"湖南十大名茶"之一（图4-37）。黄金茶源于湘西保靖黄金村，其生态环境优越，品种特征突出，产品具有"四高四绝"的特质："四高"，即茶叶内氨基酸、茶多酚、水浸出物、叶绿素含量高；"四绝"，就是茶叶的香气浓郁、汤色翠绿、入口清爽、回味甘醇。特别是高氨基酸含量，使保靖黄金茶具有保健养颜，促进新陈代谢，延年益寿的功效。保靖黄金茶红茶，具有"香、绿、爽、醇"的品质特点。

㉙ **白石毛尖**：白石毛尖产于湖南临湘横铺乡白石村白石园，于1964年研制，属于条形烘炒绿茶（图4-38、图4-39）。产品条索肥壮匀齐，白毫满披，银毫隐翠，香气高长，汤色清亮，滋味醇厚回甘，叶底黄绿肥软。1986年起3次荣获湖南十大名茶、八大名茶称号，1993年评为省优农产品，1995年被评为部优产品。

图 4-38 白石村白石茶园

图 4-39 白石毛尖

第二节 红茶类

红茶是世界茶叶贸易量和消费量均排首位的茶类，占全球茶叶消费量的70%以上，红茶可清饮可调饮，受到世界上绝大多数消费者的钟爱。1840年后，为适应外商需要，扩大红茶出口，外省茶商纷纷派员来湖南茶区倡导生产红茶，设庄精制。晋商于清道光年间来浏阳、平江、岳阳示范；清光绪《巴陵县志》记载："道光二十三年（1843年）与外洋通商后，广人挟重金来制红茶，农人颇获其利。晋商、鄂商等也接踵来到安化。随后不断传入邻近各产茶县。"从此，湖南省增加了一大宗出口茶类——工夫红茶，统称"湖南红茶"。这些成箱红茶主要运往广州，供应英商洋行出口。湖南红茶"清香厚味"，风靡全国，甚至受到西方上层人士的喜爱。据《湖南省之茶》记载："湖南红茶与祁红、建红鼎足而三，同为中国红茶之正宗"，在国际茶叶市场上名声显赫。1915年，湖南红茶获巴拿马万国博览会金奖，成为世界顶尖红茶的代表之一。自1891—1916年的25年中，湖南红茶年产4万t，1915年超过5万t，主产县有新化、安化、石门、桃源、平江等。1993年，湖南红茶出口4.6万t，占全国出口量的50%以上。

21世纪以来，应国内外红茶消费兴起、强劲发展的势头，湖南茶人继承传统优势，大胆技术创新。从地方特异茶树资源云台山群体、江华苦茶、保靖黄金茶、城步峒茶、汝城白毛茶中，选育出了一批特色鲜明、适制优异"湖南红茶"的品种及单株；通过六大茶类的工艺融合创新，突破了利用夏秋茶原料加工高香、高档红茶的技术瓶颈，独创了新工艺标准并实现了自动化加工；产品个性突出，内含成分丰富，具有"花蜜香，甘鲜味"的鲜明特点，涌现了湘茶集团的"金毛猴"、湖南中茶集团的"传世湖红"、湘丰集团的"映象湖红"等一系列优质红茶。2010年,湘茶集团的臻溪"金毛猴"以独特的花果香、醇爽味入选白宫;2015年,茶祖印象的"三湘红"获百年世博中国名茶金骆驼奖。2019年,湖南红茶产量达6.5万t,综合产值实现152亿元。

一、红茶初加工工艺

(一)工夫红茶初加工工艺

工夫红茶的制作工艺主要包括萎凋、揉捻、发酵、干燥四道工序。其中,发酵是红茶制作的核心工艺。

① **萎凋**:是指鲜叶经过一段时间失水,使一定硬脆的梗叶成萎蔫凋谢状况的过程,是红茶初制的第一道工序。经过萎凋,可适当蒸发水分,叶片柔软,韧性增强,便于造形。此外,这一过程可使青草味消失,是形成红茶香气的重要加工阶段。萎凋方法有自然萎凋和萎凋槽萎凋两种。萎凋槽萎凋能控制萎凋过程,是目前普遍使用的萎凋方法。

② **揉捻**:红茶揉捻的目的与绿茶相同,茶叶在揉捻过程中成型并增进色香味。同时,由于叶细胞被破坏,便于在酶的作用下进行必要的氧化,利于发酵的顺利进行。

③ **发酵**:是红茶制作的独特阶段。经过发酵,叶色由绿变红,形成红茶红叶红汤的品质特点。在揉捻作用下多酚类物质与氧化酶充分接触,在酶促作用下产生氧化聚合作用,其他化学成分亦相应发生深刻变化,使绿色的茶叶产生红变,形成红茶的色香味品质。目前普遍使用发酵机控制温度和时间进行发酵。

④ **干燥**:是将发酵好的茶坯,采用高温烘焙,迅速蒸发水分,达到保质干度的过程。其目的有三,利用高温迅速钝化酶的活性,停止发酵;蒸发水分,缩小体积,固定外形,保持干度以防霉变;散发大部分低沸点青草气味,激化并保留高沸点芳香物质,获得红茶特有的甜香。

(二)红碎茶初加工工艺

红碎茶初制分为萎凋、揉切、发酵、干燥四道工序(图4-40)。

图4-40 安化红碎茶样

① **萎凋**:红碎茶萎凋的目的、环境条件、方法等与工夫红茶相同,仅是萎凋程度存在差异。萎凋程度应根据鲜叶品种、揉切机型、茶季等因素确定,一般传统制法和转子制法萎凋偏重,CTC和LTP制法偏轻。萎凋时间长短受品

种、气候、萎凋方法等影响。一般以萎凋程度而定，通常控制在6~8小时完成为宜。

② **揉切**：是红碎茶品质形成的重要工序，通过揉切既形成紧卷的颗粒外形，又使内质气味浓强鲜爽。常用的揉切机有圆盘式揉切机、CTC揉切机、转子揉切机、LTP锤击机等。目前各地多采用多种类型机器配套机组和配套揉切技术，完成红碎茶揉切工序。

③ **发酵**：红碎茶"发酵"的目的、技术条件及"发酵"中的理化变化原理与工夫红茶相同。由于国际市场要求香味鲜浓，尤其是茶味浓厚、鲜爽、强烈、收敛性强、富有刺激性的品质风格。

④ **干燥**：干燥的目的、技术以及干燥中的理化变化与工夫红茶相同，仅在具体措施上有差别。由于揉切叶细胞损伤程度高，多酚类的酶促氧化激烈，迅速采用高温破坏酶的活性，制止多酚类的酶促氧化；迅速蒸发水分，避免湿热作用引起非酶促氧化。因此，要求"高温、薄摊、快速"一次干燥为好，也可采用两次干燥。

二、代表性产品

湖南红茶有工夫红茶、红碎茶、红砖茶，新时代湖南工夫红茶通过品种改良与工艺优化，形成了"外形条索紧结，色泽乌润，内质花蜜香高长，滋味甘鲜，汤色红亮，叶底红艳明亮"的品质特征。代表产品有臻溪金毛猴、金井红茶、茶祖·三湘红、炎陵红茶、石门红茶、武陵红、桃源红茶、安化红茶、玲珑红、江华红茶、碣滩红、新化红茶、古丈红茶、黄金红茶等。

① **臻溪金毛猴**：湖南省湘茶高科技有限公司生产（图4-41、图4-42）。原料主要采用武陵山脉上单芽或1芽1叶初展，所制茶品外形条索紧细略带弯勾、隽茂、重实，密披

图4-41 臻溪金毛猴

图4-42 臻溪金毛猴产品

金黄色茸毛，茶汤香气鲜爽，微有花果香，汤色红艳明亮，入口滋味醇厚，香气浓郁高长，回味甘甜爽滑，叶底红艳软亮，色泽通透。2010年，金毛猴红茶成为美国白宫特贡；2012年，金毛猴正式在国内上市，通过了国家相关部门的审定，获得首个可长期储存的湖南红茶标准；2013年，金毛猴红茶成为美国加州硅谷库市市政府办公用茶；2015年，臻溪金毛猴荣获米兰百年世博中国名茶金骆驼奖；2018年，湖南红茶代表作"金毛猴"亮相第二届中国国际茶叶博览会并获得金奖。

②金井红碎茶：产于湖南长沙金井茶厂（图4-43、图4-44），曾是湖南省红碎茶生产示范基地。在新时代下，企业采摘1芽2、3叶嫩梢为原料，在继承传统工艺的基础上，采用现代制茶新技术加工而成。产品品质特征：颗粒紧实，色泽乌润，汤色红亮，香味浓强鲜爽，叶底红匀。主销长沙、广州口岸，供出口用。

图4-43 长沙金井茶厂

图4-44 金井红碎茶

③塔山红茶：产于湖南常宁塔山山区（图4-45、图4-46）。塔山红茶外形条索紧细锋毛显秀、乌黑油润、匀整含嫩茎、金豪显露，汤色红鲜明亮金黄，入口泛甜回甘，鲜活甘爽喉韵悠长，香气持久，兰花馥郁香，叶底红艳柔嫩，底香持久。产品已通过IMO和NOP有机茶认证，多次荣获湖南省优质茶、中国国际茶叶博览会"优质奖"、湖南省农博会金奖、湖南省茶博会金奖、"潇湘杯"特等奖、"中茶杯"全国名优茶评比一等奖、亚太茶茗大奖金奖、澳大利亚国际茶博会金奖。

图4-45 塔山红茶

图4-46 常宁塔山常宁茶园

④炎陵红茶：炎陵红茶产于罗霄山脉炎陵县境内山区（图4-47），采用台湾软枝乌龙、铁观音、安吉白茶和野生茶等特异茶叶优良品种为原料，生产出炎陵红茶香中带甜、滑而不涩、持久耐泡、香高馥郁、滋味醇厚甘长的特点。生产企业有洣溪茗峰

图4-47 炎陵红茶

茶叶加工厂、湘炎春茶叶公司、神农生态茶叶公司、大院龟龙窝茶叶基地、神农峰茶业公司、耕夫子公司、天堂茶厂等。品牌有"万阳红""鄙峰""洣溪茗峰""湘炎春"等。

⑤**茶祖·三湘红**：产于湖南株洲炎陵（图4-48）。"茶祖·三湘红"优良茶树幼嫩芽叶为原料，经十二道工序精心加工而成，有着醇、香、甘、甜的品质特点。2012年荣获"湖南十大茶叶创新产品"，2015年获百年世博中国名茶金骆驼奖。

图4-48 茶祖·三湘红

⑥**城步峒茶（红茶）**：城步峒茶原产于城步苗族自治县汀坪乡高梅、蓬洞一带（图4-49）。1986年6月，城步峒茶被认定为湖南省地方南方大叶良种。由此加工的城步峒茶红茶内质香气浓郁持久，汤色红浓明亮，滋味醇和。在20世纪70年代城步峒茶就被评为湖南省优质产品。

图4-49 城步峒茶

⑦**宝庆桂丁红茶**：产于宝庆十二景之一"白云樵隐"的佛教圣地白云岩风景区，为明清贡品。清光绪《湖南通志》："桂丁茶出邵阳白云岩，衲子采之，岁不可多有。味微苦而香特清，酷暑以一叶入茶瓯，至隔宵不变味。其叶似桂，或以此得名"。桂丁茶，具有特殊香型，是自然传承的古老野生地方茶种（图4-50）。

图4-50 宝庆桂丁茶

⑧**魏源红茶**：隆回县一都云峰富硒茶业有限公司1998年研制（图4-51）。采用国家级良种槠叶齐、白毫早幼嫩芽叶为原料。魏源红茶外形条索紧细弯曲，色泽乌黑油润，金毫显露；内质花蜜香高长，滋味甘鲜，汤色红艳明亮，叶底红亮。

图4-51 魏源红茶

⑨**平江红茶**：平江茶叶栽培和制作已有1700多年历史，久负盛名。1963年，平江茶厂研制成功红碎茶。1964年经国家相关部门审定，平江县瓮江初制厂为红碎茶试制单位之一，出口红碎茶被评为全国第四套"优良质量"茶，成果在全国红茶产区推广。所生产的湘红工夫茶和新工艺红碎茶曾获得国家对外经济贸易部颁发的荣誉证书。

⑩**石门红茶**：清道光年间，石门研制的"宜红"在汉口一炮打响，由于品形俱佳，很受西方人欢迎，远销德国、美国、英国、法国、荷兰、俄罗斯等10多个国家和地区（图4-52）。如今，石门各茶叶加工厂恢复生产红茶，如"渫峰"牌"石门红茶"外形紧细乌润，金毫披露，内质鲜甜郁长，汤色红艳，滋味浓醇回甘，叶底红嫩匀整，具有"头泡二泡香高味醇，三泡四泡香甜甘爽"的独特风格，在多次名茶评比中获金奖。

图4-52 石门红茶

⑪**武陵红**：常德武陵秀峰公司生产（图4-53、图4-54）。在传承常德百年红茶制作技艺的基础上研发了独具特色的"花果香红茶""武陵红茯"和"风味红茶"三大系列产品。"花果香红茶"条索紧细，金毫显露；汤色金红，清澈明亮，花果香型高锐持久，滋味甜醇回甘，叶底红艳明亮。"武陵红茯"外形棱角分明金花茂盛，汤色金红透亮，花果香菌香交融，滋味甜醇回甘。"风味红茶"，选用平阴玫瑰、昆仑山雪菊、小青柑与红茶和谐相伴。2016年被中国茶叶流通协会授予"中国名优特色红茶推荐产品"，荣获湖南茶叶"十大公共品牌"，斩获第二届"潇湘杯"湖南省名优茶评比一等奖；2017年成为湖南省茶叶"十佳安全放心品牌"；2018年在第三届"潇湘杯"湖南省名优茶评比中获金奖。

图4-53 武陵红茯砖

图4-54 武陵红产品

⑫**桃源红茶**：桃源红茶始于清同治四年（1865年）（图4-55）。当时，以沙坪为集散埠头，有江西、广东商人经汉口口岸转售，远销西伯利亚、土耳其及巴基斯坦等国家和地区。2015年，"桃源红茶"后作为桃源县茶产业主打产品，分为"四红"，即红金芽、

图4-55 桃源红茶

图4-56 红金芽

红工夫、红曲螺、红茯砖,入选"湖南省十大农业品牌"。

红金芽产品:其感观品质为条索紧细,乌润油亮,金毫显露,蜜香浓郁;汤色橙红明亮,金圈深厚,甜香持久悠长,滋味甜醇,口感滑爽;叶底红亮匀齐(图4-56)。

红工夫产品:其感观品质为条索紧结,色泽乌黑油润,金毫显露,糖香浓郁;汤色棕红明亮,金圈深厚,甜香持久高长,滋味甜醇鲜爽;叶底红亮匀齐。

红曲螺产品:其感观品质为曲螺紧卷重实,色泽乌黑油润,甜香浓郁;汤色棕红明亮,金圈深厚,糖香高长,滋味甜醇鲜爽;叶底红亮较匀齐。

红茯砖产品:红茯砖外形四角平整,棱角分明,砖面色泽乌润,砖内富含黄色霉菌(冠突散囊菌),菌株颗粒金黄壮实,茶香纯正无异味。茶汤色泽红浓不浊,香气纯和,带有浓郁的菌花香。滋味醇厚,入口滑爽。叶底较均匀,带有细梗,色泽红匀。

⑬**张家界红茶**:张家界红茶亦系历史传统产品,主产于华岳山脉,在民国《慈利县志》有记载。近年来,西莲茶业"西莲红"红茶(图4-57)、云雾王的"慈姑红"红茶、湘西茗园的"白洋湾"红茶、牧羊冲古茶公司的"牧羊冲"红茶先后获得大奖,获国家发明专利和湖南省优质名茶奖。

图4-57 "西莲红"红茶

⑭**安化红茶**:安化红茶于1854年创制,在历史上"湖红"(安化红茶)与安徽"祁红"、福建"建红"形成鼎足而三的繁荣局面。21世纪,安化红茶与黑茶生产互补,其产品品质"汤色酽艳红亮、口感醇厚甘浓、茶香馥郁持久"。其中,烟溪工夫红茶外形条索紧,色泽乌润,汤色红亮,香气浓郁,滋味醇厚,饮用之后齿颊留香,回味悠长,妙不可言。现产红茶主要品牌有:安化红、安化红茶、烟溪工夫等(图4-58、图4-59)。

图4-58 安化红茶

图4-59 烟溪红茶

⑮**宜章"莽山红茶"**：莽山红茶泛指莽山大景区范围内所产的红茶，民国《宜章县志》中有记载。莽山红茶外形紧秀，茶汤红艳，香气持久，具有独特的高山红茶风味（图4-60、图4-61），以莽山红茶为主打产品的宜章县，注册商标有"瑶益春""过山瑶""莽仙沁""天一波""莽红""瑶仙红"等，产品先后在国内多项茶叶评比中获得金奖，已成为湖南红茶中一颗璀璨明珠。2018年获湖南茶叶"千亿产业十强县"称号，并已申请国家地理标志保护产品。

图4-60 宜章"莽山红茶"产品

图4-61 宜章"莽山红茶"

⑯**玲珑王红茶**：由桂东县玲珑王茶叶开发有限公司生产，在传统红茶加工工艺的基础上经过技术创新加工而成（图4-62）。产品品质：干茶外形紧细，色泽乌黑油润，金毫显露，香气高长，带自然甜香或花果香，汤色红黄明亮，滋味甜醇润滑，叶底红匀。其加工工艺被授予国家发明专利，产品在国内拥有近1万多个销售网点。

⑰**郴州福茶（红茶）**：郴州福茶定义为郴州地域的茶文化品牌，含指郴州地域所产的优质绿茶、红茶、白茶和青茶（乌龙茶）（图4-63）。共同品质特征：香气清悠高长，滋味浓醇甘爽。其中绿茶具有香气清高持久，滋味醇厚鲜爽的品质特点；红茶具有花蜜香悠长，滋味浓醇甜爽的品质特点；白茶具有花毫香，味甜醇的品质特点；青茶具有花香悠扬，

图4-62 玲珑王红茶　　　　　图4-63 郴州福茶商标

韵味醇厚的品质特点。

⑱ **江华红茶**：江华瑶族自治县地处湖南最南端，适宜种植红茶品种，茶叶生产历史悠久，是湖南茶产业规划红（绿）茶主产区域。现有"瑶峒小乔""瑶都红"等品牌（图4-64），均采用江华苦茶野生古茶树为原料，产品具有特优红茶特征，外形条索紧秀乌润，汤色金黄透亮，滋味醇厚饱满，花果香气沉稳悠长，叶底红匀鲜亮。2013年湖南省重点产茶县，2017年获得湖南茶叶"十强生态产茶县（市）"。

图4-64 "瑶峒小乔"红茶

⑲ **沅陵碣滩红茶**：沅陵茶叶生产历史悠久，生态环节宜茶生长（图4-65）。采用现代茶叶技术研发的"皇妃"碣滩红、"凤娇"碣滩红、瑞健红茶、干发红茶、辰州红等系列产品，外形色泽乌润，富有光泽，内质花香，蜜香浓郁，滋味甘爽醇厚，汤色红艳，叶底红亮。沅陵县是"全国重点产茶县""中国十大生态产茶县""中国有机茶之乡""2016全国十大魅力茶乡""中国名茶之乡"，而无射山被评为中国茶文化名山。

图4-65 碣滩红茶

⑳ **新化红茶**：新化红茶始制于清咸丰四年（1854年），广东商人来新化采制红茶销往欧美等国家（图4-66）。1949年后，其红茶产品先后被评为优质产品，出口到英国、新西兰、美国、埃及、俄罗斯及东欧国家和地区。近年来，新化县把新化红茶产业列入了重点产业，采摘1芽1叶初展、1芽2叶初展的新梢作为原料，产品具有"蜜香悠长、甘鲜醇爽、

图4-66 新化红茶

橙红明亮"的优异品质。有"渠江红、上梅红、柳叶眉、梅山悠悠情、紫鹊十八红、寒红、蚩尤古茶、紫鹊春芽、瑶岭春"等红茶产品，分别获湖南茶业博览会、湖南农业博览会、"潇湘杯"、亚太茶茗大奖金奖。2018年，新化红茶获"国家地理标志保护产品"。

㉑ **古丈红茶**：古丈种茶有1000多年的历史。特殊的地理位置和自然环境，形成古丈红茶的优秀品质和鲜明特色（图4-67）。以地方中小叶茶树品种以1芽1叶和1芽2叶为原料，在传统红茶的品质特征基础上，又研发了汤色金黄的系列古丈红茶新产品，其产品条索紧结，乌润显金毫，

图4-67 古丈红茶

汤色红艳（金黄）明亮，甜香持久，鲜醇甘甜，叶底匀整带芽尖。该县有"牛角山""英妹子""天下武陵""小背篓""青云山""广塘河""古阳河""妙古今"等大型茶叶公司，实现了古丈红茶系列化生产和比较完善的市场销售体系，曾获得多项国内国际大奖。2017年，古丈红茶获国家地理标志保护产品。

㉒ **黄金红茶**：黄金茶品种是绿茶的中优秀品种，由于其品种特征优异，所生产的红茶具有"香、甜、鲜、醇"的品质特点，兼有"花香、果香、蜜香、薯香"，滋味鲜爽甜醇、回甘生津，汤色清澈明亮，叶底红亮。目前已成为一种新型红茶产品（图4-68）。

图4-68 黄金红茶

第三节　黑茶类

湖南黑茶主要产于安化，安化黑茶最早产于苞芷园，以后沿资江向上发展，逐渐遍及于全县。以"六洞茶"最为著名，即资江南岸恩贤溪之火烧洞，竹林溪之条鱼洞，大酉溪之漂水洞、檀香洞，黄沙溪之深水洞，竹坪溪之仙缸洞。其中以条鱼洞、火烧洞更著名。单就品质而言，以高家溪、马家溪所产最佳，俗称"高马二溪茶"。安化黑茶自取代汉、川茶行销西北，一直经久不衰，清嘉庆二十五年（1820年）前，年销量为3600~4000t，清咸丰年间（1851—1861年）产销2000t，后因红茶盛销，黑茶相应减少，1932—1937年每年产黑茶约3650t，后因战事，逐年减少，1949年仅产茶（含红茶、绿茶、

图4-69 第四届湖南·安化黑茶文化节开幕式

黑茶）2370t。安化黑茶经四五百年的演变和发展，由于历史悠久、产量甚巨、质量优良、品类丰富、工艺独特，在中国黑茶史上有着重要的地位（图4-69）。

当前，湖南黑茶产区已扩大到桃江、沅江、汉寿、宁乡、益阳和临湘等地。产品主要有散茶（黑毛茶、天尖茶、贡尖茶、生尖茶）、卷茶（千两茶、五百两、百两茶、十两茶、千两饼）和砖茶（茯砖、黑砖、花砖、青砖）。一般被称为"三尖、四砖、一花卷"。2019年，湖南黑茶产量10万t，实现综合产值260亿元。

一、黑毛茶加工工艺

黑毛茶制造的基本工艺是杀青、揉捻、渥堆、干燥。

① **杀青：** 除雨水叶、露水叶和幼嫩叶外，其他鲜叶通常要按鲜叶重量的10%左右"洒水灌浆"。洒水量以鲜叶老嫩程度、采摘季节等灵活掌握，以水不往下滴为度。要边洒水，边翻拌鲜叶，使叶面叶背洒水均匀。具体杀青方法可分为手工杀青和机械杀青。

② **揉捻：** 杀青叶出锅后立即装入揉桶趁热揉捻。加工特级和一级黑毛茶时，投叶量为揉桶的3/4，加工二级以下黑毛茶时，可以适当加大投叶量，按"轻—重—轻"原则加压。慢揉15分钟，待嫩叶成条，老叶大部分成褶皱状，小部分成"泥鳅条"状即可。

③ **渥堆：** 渥堆是黑毛茶品质形成的关键，是在微生物分泌的胞外酶和湿热作用下，茶叶内含物质发生复杂变化，塑造黑毛茶特征性品质的过程（图4-70）。目前，已多采用渥堆柜或渥堆箱，确保了渥堆质量和产品的卫生与安全性。渥堆过程中，依据堆温变化情况，适时进行1~2次翻堆。一般堆温超过45℃，则要翻堆。防止温度过高，将茶叶渥坏。渥堆时间一般春季12~18小时，夏秋季8~12小时。

图4-70 黑毛茶

④ **干燥：** 七星灶烘焙干燥是安化黑毛茶特有的干燥方式，七星灶由灶身、火门、七星孔、匀温坡、焙床等部分组成。渥堆后的湿坯分多次叠加干燥，通常情况下，烘焙时间为3~4小时。干毛茶下焙后，置于晒蕈上摊凉至室温后，装袋入库。目前多采用自动烘干机等干燥方式，确保了产品的安全性。

二、黑茶代表性产品

（一）黑砖茶

黑砖茶最初称为黑茶砖，是以安化黑毛茶为原料，经过筛分、拼配、渥堆、压制定型、干燥、成品包装等工艺生产的块状安化黑茶成品（图4-71）。按品质特征分为特制黑砖、普通黑砖2个等级，特制黑砖采用安化黑毛茶二级、三级原料压制，普通黑砖则采用安化黑毛茶三级、四级原料压制。抗战时期，交通阻塞，安化黑茶运销西北困难，1939年5月，湖南省物资贸易局派湖南省茶业管理处副处长彭先泽赴其家乡安化试制黑茶砖，彭氏仿照湖北羊楼洞青砖茶制法试制黑砖获得成功。1940年，彭氏在安化江南坪设立"湖南省茶业管理处砖茶厂"，批量生产黑茶砖。一年后，"湖南省茶业管理处砖茶厂"更名为"湖南省砖茶厂"，是湖南省白沙溪茶厂股份有限公司的前身。黑砖茶产生于时局动荡的抗战时期，已有70余年的生产历史，彭先泽是其缔造者，著有《安化黑茶砖》详述其产制情况。黑砖茶精制工艺，从黑毛茶到成品黑砖茶可以简单归结为3步：筛分拼堆、汽蒸压制和干燥包装。

① **筛分拼堆**：黑毛茶首先要经过风选、拣剔，以去除泥沙等杂质。接着通过拼堆，以平衡和调整毛茶品质。

图4-71 黑砖茶

② **汽蒸压制**：称取经过筛分的黑毛茶放入蒸桶内汽蒸，使茶叶软化，然后将茶叶放入磨具内压制，最后经过冷却、退砖、修砖、检查砖体等工序，黑砖茶就基本成型了。

③ **干燥包装**：黑砖茶干燥在烘房内进行，温度先低后高，均衡升温，注意排湿。烘房初始温度38℃，1~3天内按每8小时加温1℃，4~6天内按每8小时加温2℃，此后按每8h加温3℃，最高温度不能超过75℃。大约烘8h，特制黑砖含水12%，普通黑砖茶含水13%时停止烘焙，进行包装。

（二）花砖茶

花砖茶是以安化黑毛茶为原料，经过筛分、拼配、压制、干燥、包装等工艺加工而成的砖面四边均具花纹的块状安化黑茶成品（图4-72）。花砖茶由花卷茶（千两茶）演变而来。白沙溪茶厂为提高生产效率，减轻工人劳动强度，1958年停止生产千两茶，利用压制黑砖茶的机械设备，将花卷茶改压为花砖茶。由于砖面具有花纹，且源于花卷茶，故称为花砖茶。花砖茶和花卷茶所用原料虽然一致，但生产工艺不同，产品形状不同，产品品质也各具特色。花砖茶按照品质特征分为特制花砖、普通花砖2个等级。特制花砖采用安化黑毛茶二级原料压制而成，普通花砖采用安化黑毛茶三级原料压制而成。花砖茶精制工艺，从黑毛茶到成品花砖茶可以归结为3步：筛分拼堆、汽蒸压制和干燥包装。

图4-72 花砖茶

① **筛分拼堆**：黑毛茶首先要经过风选、拣剔，以去除泥沙等杂质。接着通过拼堆，以平衡和调整毛茶品质。

② **汽蒸压制**：花砖茶的压制模具边缘有花纹，成为花砖茶的独特标识。称取经过筛分的黑毛茶放入蒸桶内汽蒸，使茶叶软化，然后将茶叶放入磨具内压制，最后经过冷却、退砖、修砖、检查砖体等工序，花砖茶就基本成型了。

③ **干燥包装**：花砖干燥在烘房内进行，温度先低后高，均衡升温，注意排湿。烘房初始温度38℃；1~3天内按每8小时加温1℃，4~6天内按每8小时加温2℃，此后按每8小时加温3℃，最高温度不能超过75℃。大约烘8天，特制花砖含水12%，普通花砖含水13%时停止烘焙，进行包装。

（三）茯砖茶

茯砖茶是以安化黑毛茶为原料，经过筛分、拼配、渥堆、压制定型、发花干燥等工序制成的安化黑茶成品（图4-73）。安化黑茶在明万历二十三年（1595年）被定为官茶，以陕引和甘引的形式运销西北，甘肃兰州为集散地。清顺治元年（1644年）前后，因路途遥远，运输困难，晋陕商遂将湖南安化黑毛茶运往陕西泾阳，委托当地茶坊手工做成砖茶，称为泾阳砖。每块净重3kg，用纸壳封装，又叫封茶；因为筑制加工只能在伏天进行，故又称伏茶；又

图4-73 茯砖茶

因饮用这种茶具有近似土茯苓的功效,又称茯茶或福茶;又由于该茶原料属于引茶,茶商需将部分砖茶作为税金交官府销售,故也叫官茶和府茶。抗战期间,为节省成本,方便运输,安化曾经在当地试图压砖,终因技术和资金等问题,未获成功,主要原因有3点:一是没有泾阳的水,茯砖不能发花;二是安化气候湿热不利于发花;三是没有泾阳压制技术。1953年,中国茶叶公司安化砖茶厂(现白沙溪茶厂股份有限公司)试制成功;1958年,改手筑为机制,开始批量生产。从此,中国开始出现2个茯砖茶的生产中心:泾阳和安化。茯砖茶的标志性工艺是发花干燥。按压制方式,茯砖茶分为机制茯砖和手筑茯砖,按原料级别分为超级茯砖(特级、一级黑毛茶)、特级茯砖(二至四级黑毛茶)和普通茯砖(四级以下黑毛茶)。

① **筛分拼配:** 为保证产品质量稳定,黑毛茶需要进行拼配,对不同季节、不同产地、不同品质的黑毛茶合理调配使用。黑毛茶经过筛分、切碎、风选、拣剔去杂等精制过程,获得各筛号茶后,根据品质要求确定拼配方案,选取不同筛号茶拼和匀堆。

② **汽蒸渥堆:** 拼配后的半成品茶送入蒸汽桶内汽蒸加热,使茶坯吸收高温蒸汽,提高茶坯温度和湿度,同时杀灭毛茶中的有害微生物。汽蒸后将茶坯堆积渥堆一定时间(视气温和原料发酵程度而定),使内含成分进一步转化,弥补初制时渥堆的不足,降低毛茶中的青杂和粗涩味。

③ **称茶蒸压:** 具体工序包括称茶、加茶汁、搅拌、蒸茶、装匣、紧压、冷却定型、退砖、修砖、检验、包装等。压制前应先检验茶坯水分,以确定正确加料,整个过程时间配合要适应。

④ **发花干燥:** 发花干燥是茯砖茶加工的特有工序和关键工艺,其过程中产生的冠突散囊菌(金花)能影响茯砖茶的生化成分和香气成分,形成独特的菌花香。冠突散囊菌在生长过程中,会分泌一些对人体有利的小分子化合物,有利于人类健康。发花干燥时间约19~20天,进烘后的6~12天为发花阶段,初期温度控制在25℃左右,湿度70%以下;发花中期温度升至28~32℃,湿度70%左右;后5~7天为干燥阶段,温度从30℃逐渐升至45℃,并逐渐降低湿度。

(四)湘尖茶

湘尖茶是以安化黑毛茶为原料,经过筛分、烘焙、拣剔、拼堆、踩制压包、晾置干燥等工艺生产的篓装安化黑茶成品。根据原料等级不同,分为天尖、贡尖和生尖,其中天尖以特级、一级安化黑毛茶为原料,贡尖以二级安化黑毛茶为原料,生尖以三级、四级安化黑毛茶为原料。湘尖茶生产始于清乾隆年间,是现存安化黑茶品系中历史最悠久的产品。当时,茶商在采购陕引时,指导安化当地茶农采摘细嫩芽叶,精细加工,经筛分后制成不同档次的篓装高级安化黑茶产品，包括芽尖、白毛尖、天尖、贡尖、乡尖、生尖、捆尖七种。其中，芽尖、白毛尖、乡尖、捆尖等几种产品在清末以后停止加工，只有天尖、贡尖、生尖延续至今。1966年，厂家将其改为"湘尖"。天尖、贡尖、生尖分别称为湘尖1号、湘尖2号、湘尖3号，1983年恢复传统称谓。传统湘尖茶采用篾篓大包装，约50kg，现已改为小篓包装（5kg以下）或纸盒、铁盒等小包装形式。

湘尖茶工艺比较简单，从黑毛茶到湘尖茶可以总结为3步：筛分拼堆、汽蒸装篓和晾置干燥（图4-74）。

图4-74 天尖茶

① **筛分拼堆**：筛分和拼堆是湘尖茶制作的第一步，黑毛茶首先要经过风选、拣剔，以去除泥沙等杂质。接着通过拼堆，以平衡和调整毛茶品质。

② **汽蒸装篓**：汽蒸和装篓是湘尖茶制作的关键步骤，称取经过筛分的黑毛茶放入蒸桶内汽蒸，使茶叶软化，然后将茶叶放入竹篾篓内，压紧定型，并用篾条捆包，篓装湘尖茶就基本成型了。

③ **晾置干燥**：晾置和干燥是湘尖茶制作的最后一步，对茶叶品质和茶汤口感影响较大。在篾包顶端打3~5个小孔，孔内插3根丝茅草使篾篓内水热散失，将篾篓茶包放至通风干燥处晾置干燥20天左右，就可以包装入库，进入市场。

（五）千两茶

千两茶起源可追溯至清道光元年（1821年）。当时，陕西商人托人去安化采办"陕引"，将采办的黑毛茶经筛分、去杂、蒸揉、干燥后踩捆成包，称为"澧河茶"，后来又踩压成小圆柱状的"百两茶"。清同治年间，晋商三和公茶行在百两茶基础上，增加原料，改进踩压和包装技术，制成每支净重合老称1000两（约37kg）的"千两茶"（图4-75）。由于原料黑毛茶中含有花白梗，成品茶用竹篾花格篓包装，表面有经捆压形成的花纹状痕迹，外形呈书卷状，千两茶又称花卷茶。千两茶的滚压踩制技术和花格篾篓包装是晋商和安化人友好合作的结果。千两茶制作技术开始是安化刘氏家族的独门绝技，有"传子不传女"的规定，并不外传。1952年，白沙溪茶厂通过招聘刘氏后人进厂做工的方式，传承和延续了这门绝技。后来因加工繁琐，劳动强度大而停产。1983年，白沙溪为不使千两茶技艺失传，将老技工请回厂里，恢复性生产300支；1997年恢复市场化生产；2008年"安化千两茶制作技艺"被列入第二批国家级非物质文化遗产名录。

① **蒸茶灌篓**：加工千两茶以二级、三级安化黑毛茶为主要原料。毛茶经过筛分整理、拣剔去杂和拼堆之后，再装入蒸桶内高温蒸汽软化，接着倒入预先垫好蓼叶、棕片的特制长圆筒形花格篾篓，最后将篾篓口封上，俗称"锁牛笼嘴"。

② **杠压成型**：封口之后的茶柱体型庞大臃肿，需要滚压踩制为其瘦身，才能成型。五六个熟练制茶师运用棍、锤等筑制工具和绞、压、踩、滚、锤等技术方法，反复锤压、束紧，最后加箍、锁口，制成高155cm、直径20cm左右，紧密结实呈树干状的圆形茶柱。这是千两茶制作的关键步骤，需要多人合作完成，喊着号子，制作场面十分壮观（图4-76）。

图4-75 千两茶

图4-76 千两茶踩制

③ **晾置干燥**：成型千两茶需在特设凉棚里竖立斜放，自然条件下晾置干燥，经过一个多月时间"日晒夜露"方能达到要求。在此过程中，茶柱内的水分在一种周期性的变温条件下缓慢蒸发，促进茶体发酵转化，最后达到满足长期贮藏的适度干燥状态。这种自然晾置的缓慢干燥和发酵过程是形成千两茶独特品质的重要工序，可能脱胎于古代茶马古道上长期的运输过程。

（六）临湘青砖茶

临湘聂市一带早年盛产青砖茶，出口苏蒙和边销内蒙古一带，砖面上有凹形"川"字，故名川字青砖（图4-77）。1949年前，川字青砖有24、27、36、39四种规格。其中27、39主销西北，以包头为集散地，称西口茶。24、36畅销内蒙古和中亚细亚，以张家口为集散地，称东口茶。新中国成立后，全部生产27青砖，销苏联和边销。临湘青砖茶的加工大体可分为原料采摘、毛茶加工、筛分、压制、烘干、包装六道工艺（图4-78）。

图 4-77 临湘青砖茶

图 4-78 临湘青砖茶制作

1. 原料采摘

洒面茶乌巅青梗红脚：底面茶以当年生红梗为主，稍带青梗，里茶为红梗。均要求不带枯枝、老梗、麻梗、鸡爪枝、落地叶、病虫腐烂叶及其他杂物。含梗量：洒面和底面茶18%~20%，里茶不超过25%。

2. 毛茶初制

面茶分杀青、初揉、初晒、复炒、复揉、渥堆、干燥。里茶分杀青、揉捻、渥堆和干燥四道工序。

① **杀青**：多采用双锅杀青机，锅温300~320℃，每锅投叶量8~10kg。待叶片变软失去光泽，变为暗绿色，茶梗折而不断为适度。

② **初揉**：多采用机揉，杀青叶要趁热揉捻。揉捻加压要由轻到重，不同型号揉捻加压时间不同，待茶汁外溢成扁条为适度。

③ **初晒**：初揉叶要马上干燥出晒，当握之有爽手感觉，松手有弹性、含水量的40%左右时收堆。

④ **复炒**：将初晒茶叶稍微堆积，再行复炒。锅温160~180℃，加盖闷炒2分钟左右，手握炒叶柔软，立即出锅，趁热复揉。

⑤ **复揉**：使叶片进一步揉紧成条，茶汁溢出。揉捻中掌握先轻、后重、再轻原则。

⑥ **渥堆干燥**：渥堆分"小堆"和"大堆"2个阶段。小堆发酵：将复揉后的茶坯分别堆成重约5t，堆高约3m的长方形，边筑边踩紧，边缘地方更要筑紧踩实。堆上覆盖篾簟，3~5天后，面茶堆温达50~55℃，里茶堆温60~65℃，茶堆顶上布满水珠，面茶色泽呈乌绿色，里茶变成紫铜色即行翻堆，而后将茶坯拌匀继续成堆，经过2~3天，堆温回升至50~60℃，干湿爽手，色泽较为均匀即可。大堆发酵：目的是促进茶坯色、香、味的转化形成和自然干燥。每堆数量15~25t，堆高3~4m，注意通风。经过3~4天堆积，堆

面上凝结大量水珠，堆温50~60℃，老青茶特有香气显现，即可开沟通风散热，挖"十"字或"井"字形主沟；两侧再挖涵洞，确保茶堆通风透气。一般20~30天，茶坯含水量11%~13%时即可。

3. 筛分工艺

主要是剔除杂物，整理茶条，使其大小、长短基本一致，达到成品总质要求。洒面、底面分筛分、脱梗风选、拣剔等作业。里茶分切断、筛分、风选等作业。

4. 压制工艺

按拼配后小样进行作业，分称茶、汽蒸、压制、定型、退砖修砖等工序。

① **称茶**：称里茶1.75kg，洒面、底面茶各0.125kg，分装小竹篓中入通道式蒸笼加温。

② **汽蒸**：充分利用蒸气的湿热，使茶坯受热吸湿，增强黏结塑造性能，便于紧压成型。同时，在湿热作用下引起内含物变化，增进成品色、香、味。蒸笼内温度保持在100~102℃，叶温要求不低于90℃，汽蒸时间5~6分钟。

③ **压制**：将蒸笼自动推出的热茶盒，按先底面、中里茶，后洒面的分层装料进压砖模，用预压机压紧成型。

④ **定型**：压紧后的斗模，采取自然冷却，时间不得少于1小时，定型冷却时间不够，砖片易产生松泡和起层脱面现象。故冷却定型时间，还需要根据当时气温和生产实际情况加以调节确定。

⑤ **退砖修砖**：把斗模中定型好砖，用退砖机退出。茶砖退出后，应检查其是否完整均匀，凡边角不够整齐，用修砖机修理后再送烘房干燥，不合要求的打碎返工重压。

5. 烘房干燥

主要采用汽干法。进烘时上、中、下层分别码垛检砖，将较重、较轻和适中的砖分别出来，保证干燥程度一致。进烘后先凉置1~2天，使砖片内外水分分布均匀，有利于干燥时水分蒸发。加温干燥应本着先低后高，逐步加温的原则。一般干燥初期的1~3天保持35~40℃的温度，90%左右相对湿度，规避因加温过急造成砖片松脱。中期3~4天内，保持40~55℃的温度，80%左右相对湿度。末期3~4天，保持55~70℃的温度，70%左右相对湿度。最后2天温度可上升至75℃左右，经检查干度合适，可停止加温冷却1~2天，再行出烘。

6. 成品包装

出烘后成品砖应趁热包装，防止回潮发霉，降低品质。

（七）渠江薄片

渠江薄片主产于新化县境，沿渠江水系分布。现今，渠江薄片主要由湖南省渠江薄片茶业有限公司生产，原料来自新化县境雪峰山脉的高山宜茶地区，是新化县茶叶的拳头产品（图4-79）。

渠江薄片的加工工艺大体分为：萎凋、高温杀青、揉捻、渥堆、筛选、拼堆、蒸制、压饼、烘焙、包装。渥堆发酵是形成渠江薄片色香味的关键性工序，要求温度在25℃左右，相对湿度在85%左右进行。

渠江薄片外形为古铜币状，色泽油润，正面为"渠江薄片"四字标志。每片6.25g，外形尺寸为39mm×40mm，饮用携带方便。要求外形字迹清晰，饼面平整，无破损，无烂边，且保持叶底完整。内质香气纯正持久，陈香浓郁，滋味醇和浓厚，口感强烈，汤色橙红明亮，叶底黑褐，均匀一致。该产品可长期存放，且存放越久，滋味越醇。2015年7月，荣获百年世博中国名茶金骆驼奖，入选了"百年世博中国名茶品牌榜"；2017年，被授予"湖南省名牌产品"称号。先后赴俄罗斯、美国、古巴、墨西哥等国参加经贸交流，2018年被美国《茶》书收录。目前，渠江薄片市场销量为2亿元以上，主销国内，同时出口至法国、瑞士、越南等国。

图4-79　渠江薄片

第四节　黄茶类

黄茶是中国六大茶类之一，生产历史悠久，茶文化底蕴深厚。湖南岳阳是中国黄茶的主要产区，2011年8月，岳阳市被中国茶叶流通协会授予"中国黄茶之乡"称号。

湖南黄茶的代表是君山银针。同时，君山银针也是中国十大名茶之一。黄茶属轻发酵茶类，加工工艺近似绿茶，只是在干燥过程的前或后，增加一道"闷黄"的工艺，促使其多酚叶绿素等物质部分氧化。其加工方法近似于绿茶，其制作过程为：杀青—揉捻—闷黄—干燥。黄茶的杀青、揉捻、干燥等工序均与绿茶制法相似，其最重要的工序是闷黄，这是形成黄茶特点的关键。

一、初加工工艺

黄茶制造工艺可以杀青、揉捻、闷黄、干燥四道工序：

① **杀青**：黄茶通过高温杀青，以破坏酶的活性，蒸发一部分水分，散发青草气，对香味的形成重要的作用。与同等嫩度的绿茶相比较，某些黄茶杀青投叶量偏多，锅温偏低，时间偏长，要求杀青时适当地少抛多闷，杀青过程已产生轻微的闷黄现象。杀青程度与绿茶无多大差异，某些黄茶在杀青后期，因结合滚炒轻揉做形，出锅时含水率则稍低一些。

② **揉捻**：加工黄小茶和黄大茶，可以热揉，茶叶在湿热条件下易揉紧成条，且揉捻后，叶温较高，有利于加速闷黄。

③ **闷黄**：闷黄是黄茶工艺的特点，是形成黄色黄汤品质特点的关键工序。从杀青开始至干燥结束，都可以为茶叶的黄变创造适当的湿热工艺条件。但作为一个制茶工序，有的在杀青后闷黄，如沩山白毛尖；有的在揉捻后闷黄，如北港毛尖、鹿苑毛尖、广东大叶青、温州黄汤；有的则在毛火后闷黄，如霍山黄芽、黄大茶。还有的闷炒交替进行，如蒙顶黄芽三闷三炒；有的则是烘闷结合，如君山银针二烘二闷；而温州黄汤第二次闷黄，采用了边烘边闷，故称为"闷烘"。影响闷黄的因素主要有茶叶的含水量和叶温。闷黄过程要控制叶子含水率的变化，要防止水分的大量散失。闷黄时间长短与黄变要求、含水率、叶温密切相关。

④ **干燥**：一般采用分次干燥。干燥方法有烘干和炒干两种。干燥时温度掌握比其他茶类偏低，且有先低后高之趋势。这实际上是使水分散失速度减慢，在湿热条件下，边干燥、边闷黄。沩山白毛尖的干燥技术与安化黑茶相似；霍山黄芽、皖西黄大茶的烘干温度先低后高，与六安瓜片的火功同出一辙。尤其是皖西黄大茶，拉足火过程温度高、时间长，色变现象十分显著，色泽由黄绿转变为黄褐，香气、滋味也发生明显变化，对其品质风味形成产生重要的作用。与闷黄相比，其黄变程度是有过之而无不及。

二、代表性产品

湖南黄茶的代表有君山银针、君山秀峰、沩山毛尖等。

（一）君山银针

君山银针是岳阳黄茶中黄芽茶的代表，是黄茶中的佼佼者，为中国十大名茶之一。君山产茶，始于唐代，称为灉湖含膏；宋代、明代称岳州黄翎毛、含膏冷；清同治《巴陵县志》记载："邑茶盛称于唐，始贡于五代马殷，旧传产灉湖诸山，今则推君山矣。然君山所产无多，正贡之外，山僧所货贡余茶，间以北港茶掺之。北港地背平冈，出茶颇多，味甘香，亦胜他处。""君山贡茶，自清乾隆四十六年（1781年）始，每岁贡十八斤。谷雨前，知县遣人监山僧采制一旗一枪，白毛茸然，俗呼白毛尖。"清代君山茶有"尖茶"和"兜茶"之分，茶叶采回后"拣尖"，将芽头和叶片分开，芽头制成"贡尖"，叶片制成"贡兜"。近代采制君山银针不再"拣尖"，直接采摘单芽。君山银针名称由君山白毫演变而来，1954年"君山白毫"首次参加德国莱比锡国际博览会，获金质奖章，被誉为"金镶玉"。其后，由谭缙生等商议，更名为"君山银针"。1956年君山银针再次出国展览，从而名气大增。君山银针在20世纪50年代被公认为中国十大名茶之一。

制作君山银针的原料多为清明前的茶树芽头，一般于清明前7天左右开采，最迟不超过清明后10天。制作方法为：杀青、摊凉、初烘、初包、复烘、摊凉、复包、干燥等工序，历时72小时制成。成品君山银针茶，外形芽壮多毫，条直匀齐，着淡黄色茸毫，冲泡时汤黄澄亮，香气清高，味醇甘爽，叶底明亮。特别是一道独特的"闷黄"工序，使君山银针的内含生化成分更加丰富，滋味变得更加醇和（图4-80、图4-81）。

图4-80 君山银针茶汤

图4-81 君山银针

（二）北港毛尖

北港毛尖，岳阳传统名茶，产于岳阳南湖周边及北港流域（图4-82）。原料为1芽1叶，二、三号毛尖为1芽2、3叶。抢晴天采，不采虫伤、紫色芽叶、鱼叶及蒂把。鲜叶随采随制，其加工方法分锅炒、锅揉、拍汗及烘干四道工序。品质特点：外形芽壮叶肥，毫尖显露，呈金黄色，汤色橙黄，香气清高，滋味醇厚。1964年被评为湖南省优质名茶。

图4-82 20世纪60年代的北港毛尖包装

(三) 君山秀峰

君山秀峰是湖南省君山银针茶业股份有限公司于2017年新创制的一款黄茶毛尖，产自君山及洞庭湖周边许市、东山一带，是一款富有特色，色、香、味俱佳的高端黄茶（图4-83）。

图4-83 君山秀峰

君山秀峰是在刘仲华教授、包小村研究员等专家的技术指导下，采用清明前后7天左右采摘的1芽1叶，将传统黄茶工艺与现代工艺完美融合，经杀青、摊晾、初烘、初包、再摊晾、复烘、复包、焙干八道工序创制的一款创新型黄茶毛尖。该茶芽身金黄，锋苗明显，富有光泽，鲜醇爽口，回味持久，花香馥郁，豆香显露，是一款附着君山茶文化底蕴的"贵族姊妹"。

(四) 沩山毛尖

宁乡大沩山地势高峻，有"千山万水朝沩山，人到沩山不见山"之说。地质属黑色砂质壤土，土层深厚，茶树根深叶茂，梗壮芽肥，茸毛多，持嫩性强，是制作名茶的上佳原料（图4-84）。清同治《宁乡县志》："沩山六度庵、罗仙峰等处

图4-84 沩山毛尖

皆产茶，唯沩山茶称为上品。"1941年《宁乡县志》："沩山茶雨前采制，香嫩清醇，不让武夷、龙井。商品销甘肃、新疆等地，久获厚利，密印寺院内数株尤佳。"成品叶缘微卷，呈片状，形似兰花，色泽黄亮光润，身披白毫，冲泡后汤色橙黄鲜亮，烟香浓厚，醇甜爽口，风格独特。

(五) 东山小黄芽

隆回大东山茶厂生产（图4-85）。东山小黄芽采摘标准为单芽至1芽2叶，加工工艺包括杀青、初包（焖黄）、二炒、复包（焖黄）、三炒、摊放、整形、提毫、烘焙等工序。其产品外形整齐，色泽黄润，金毫显露，汤色黄中透碧，豆香浓郁，滋味甘醇鲜爽，叶底嫩黄匀整。东山小黄芽产量较低，主要内销各大城市，也有少量外销日本。

图4-85 东山小黄芽

第五节 白茶类

白茶属微发酵茶,是指一种采摘后,不经杀青或揉捻,只经过晒或文火干燥后加工的茶。湖南地区有些厂家做白茶的创新产品,不过不是主流。近年来,桑植县白族居住的乡镇挖掘白族文化开发白茶,形成了桑植白茶的产业规模。此外在郴州汝城也有生产(图4-86)。

图4-86 桑植白茶基地

一、桑植白茶

桑植白茶是张家界茶类中的一朵奇葩,继承了传统晾制工艺,进行六大茶类的工艺融合与创新,融入"晒青、晾青、摇青、提香、压制"工艺,创新优化"养叶、走水、增香"工艺参数,独具特色的桑植白茶加工工艺,形成了桑植白茶产品汤黄亮、味醇甜、孕花香、回味长、便携带、耐储藏、有药效、可增值的特点,产品初泡花香甜香交融,复泡甜香花香起伏。

加工关键技术:

① **萎凋**:时间要求45小时左右。24小时萎凋程度,茶梗折而不断,比红茶萎凋略重,叶色墨绿,手握成团不散;45小时萎凋程度,叶尖变红,芽头白毫初现,手握茶叶稍扎手。

② **摇青**:芽头及1芽1叶,萎凋至七成干时,茶叶置于纱网中手工反复摇动40次;1芽2叶及1芽3叶,萎调至七成干时,摇青机最低速摇青10分钟;手采3、4叶及机采叶,萎凋至七成干时,摇青机中速摇青15分钟。

③ **初烘**:1芽3叶及更粗原料,第一次温度110℃,第二次80℃。

④ **提香机**:芽头、1芽1叶、1芽2叶,先设置100℃,温度达到后放入茶叶,再降低至80℃,2~4小时。

⑤ **含水量**:芽头和1芽1、2叶白毛茶含水量控制在7%以下,1芽3、4叶及更粗原料等级毛茶含水量在9%以下。

二、郴州白茶

白茶是郴州的一个新兴茶类,主产汝城,2015年开始生产加工,产品有白毫银针(图4-87)、白牡丹(图4-88)、贡眉、寿眉。近年,宜章县、北湖区、临武县、资兴市、永兴县亦有生产。产品采用汝城白毛茶加工制作,品质特征:外形芽头肥硕,白毫满披,汤色杏绿明亮,香气悠长带兰花香,滋味醇厚甘爽。在2016年首届"潇湘杯"湖南省名优茶评比获白茶金奖2项和一等奖1项。在2018年"潇湘杯"湖南省名优茶评比获白茶金奖3项,其中汝城白茶占2项。在2017年"中茶杯"全国名优茶评比中,"郴州木草人"牌白毫银针获白茶一等奖。

图4-87 白毫银针

图4-88 白茶饼

第六节　青茶类

乌龙茶亦称青茶,花色品种较多,是中国几大茶类中,独具鲜明中国特色的茶叶品类。乌龙茶是经过采摘、萎凋、摇青、炒青、揉捻、烘焙等工序后制出的品质优异的茶类。湖南地区有些厂家也开始做青茶的创新产品,不过不是主流。

2015年福建武夷山投资郴州茶树良种繁殖示范场,注册成立郴州古岩香茶业有限公司,开始青茶(乌龙茶)生产加工(图4-89)。引种栽植乌龙茶品种金观音、黄观音、梅占、水仙、肉桂、黄玫瑰等品种6.67hm^2;资兴市七里金茶专业合作社引进大乌叶、黄金桂等品种18.67hm^2,加工优异乌龙茶,其品质特点是:外形条索紧实,褐绿匀净;内质汤色金黄明亮,香气浓郁持久带桂花香,滋味醇厚润滑;叶底肥厚

图4-89 郴州乌龙茶

带绿叶红镶边。由郴州古岩香茶业有限公司加工的"古岩香乌龙茶"和资兴市七里金茶专业合作社加工的"七里金青茶"在"潇湘杯"湖南省名优茶评比中获青茶金奖。

第七节　其他茶产品及代饮茶品

一、其他茶产品

（一）茉莉花茶

茉莉花茶在长沙有悠久历史。明嘉靖十二年（1533年）撰《长沙府志》有"杂货之品曰茶，岁进（贡）茶芽六十二斤"的记载。清嘉庆十五年（1810年）《长沙县志》也有"茉莉夏开白色，清丽而芳"的记载。长沙茶厂用自产毛尖茶配以洁白、肥硕的茉莉鲜花，其窨制技术十分精湛，特、一级产品坚持三窨一提。产品外形条索紧细，色泽绿润，匀整平伏，内质香气鲜雅，汤色黄亮，滋味浓郁甘爽，叶底柔软匀嫩，耐冲泡（图4-90）。

图4-90　茉莉花茶

"中国花茶技术创新研发中心"推出新派窨花工艺制作的新派花茶"猴王小茉莉"，它是基于物联网云计算的工艺技术参数智能化精准控制、一次窨制完成，最大化地保留了鲜花和茶叶的鲜嫩和营养成分，茶香花香交融，包装设计清新时尚，是一种精致有品质的产品（图4-91）。

图4-91　新派花茶"猴王小茉莉"

（二）速溶茶

速溶茶又名萃取茶，它是在传统茶加工基础上逐渐发展形成，是一种具有原茶风味的粉末或粒状的新兴产品（图4-92）。由于生活节奏的加快，速溶茶现已成为最受人们欢迎的茶叶制品之一。速溶茶的特点是冲水即溶，杯内不留残渣，容易调节浓淡，还可根据各自的喜好加奶、白糖、香料、果汁、冰块等，既可热

图4-92　速溶茶

饮又可冷饮，原料来源广泛，不受产地限制，既可直接取材于中低档成品茶，亦可用鲜叶或半成品为原料生产，容易实现机械化、自动化和连续化生产。一般来讲，速溶红茶、速溶绿茶、速溶花茶市面上较多，但是目前速溶黑茶也有产品。

（三）茶饮料

茶饮料是一种以茶叶为主要原料，不含酒精的新型饮料。这种饮料既具有茶叶的独特风味，又兼具营养、保健和医疗等作用。在价格、解渴、保健等诸多方面与其他软饮料相比，都具有较强的竞争优势。茶叶软饮料虽然问世时期不长，但种类繁多，主要可分为茶水型（如乌龙茶水、红茶水、绿茶水、花茶水等）、多味型（如柠檬茶水、奶茶等）、汽水型、保健型（有目的地添加中草药及植物性原料加工而成的饮品，具有保健功能）。目前市场上也有黑茶饮料开发，如冰维斯（图4-93）。

图4-93 茶饮料

（四）黑茶糖果含片

产品由白沙溪茶厂生产（图4-94）。以优质安化黑毛茶为主要原料，是精选生态有机茶，提取高纯度茶多酚等有效成分，并加入薄荷等物质，风味独特，口感清爽。感官上以自然、淡雅为主，无任何化学添加剂、无人工色素添加，是白沙溪经高科技工艺精制而成的新型健康休闲食品，具有护肝化痰、提神醒酒等特殊功效。

图4-94 黑茶糖果含片

（五）黑玫瑰茶

黑玫瑰茶是怡清源茶业潜心研发（图4-95）。以安化优质野尖黑茶、优质玫瑰花、灵芝草为主要原料，采用科学配方，经现代科技精制而成，有"活血美容、排毒养颜"之功效，产品汤色红亮悦目，滋味甘甜可口，茶香、花香，香香辉映，是中国第一款专供女性朋友饮用的美容养颜茶，被誉为"杯中的美容院"。

图4-95 黑玫瑰茶

（六）桑香茯砖

安化县云天阁茶业有限公司于2013年与湖南农业大学、湖南蚕桑科学研究所、湖南富农联合研发的产品，获国家专利（图4-96）。产品茶香糅合桑叶清香与"金花"菌香，滋味糅合纯和回甘与醇厚饱满，汤色橙黄明亮，具有独特的茶香、滋味与汤色风格，实现桑叶与普通黑茶作用的有效互补。

图4-96 桑香茯砖

（七）臻溪轻轻茶

图4-97 轻轻茶

臻溪轻轻茶是湖南省茶业集团旗下湖南省湘茶高科技有限公司研发生产的养生金花黑茶茶珍（图4-97）。产品是以全金花黑茶为原料，按1∶8的比例，经21道工序，采用冷冻干燥方法萃取的纯天然全金花黑茶茶珍，完整保留了有益物质的活性和成分，是一款获国家科技进步二等奖成果转化的产品。研究证明金花黑茶茶珍能够有效调节人体糖脂代谢、调理肠胃。

（八）茶日化产品

茶叶中的多种成分除具有营养与药效功能外，还有健肤养肤、抗菌消炎、除臭等作用，这些功效的发现，使茶叶应用于日化领域，已有不少含有茶提取物的日用品上市，其中含茶面膜、茶牙膏、茶香波等日化产品（图4-98、图4-99）。

图4-98 黑茶牙膏　　　　　　　　图4-99 黑茶面膜

图4-100 茶曲奇

（九）茶食品

茶食品低脂低糖，含有丰富的营养成分，口感细腻不燥、香脆可口、风味绝佳，既增进食欲又有益健康，是清新自然的绿色休闲食品。近年来开发了系列茶点，如茶酥、茶曲奇、茶月饼、茶蛋糕等系列茶食品（图4-100）。

（十）茶 墨

湖南茗膜生物研发科技有限公司研制，获国家专利产品，利用茶叶本身原料颜色，将茶运用到颜料领域。通过选用以成品茶叶或茶叶制品，进行超微粉粉碎（＞200目），将茶粉作为茶墨的原材料，开发出一种新型的天然、环保和安全的颜料——茶墨（图4-101）。因茶墨不添加任何化学着色剂、黏合剂和稳定剂，很好地保留了茶颜料原有颜色和香味，可应用于书写、绘画和墙绘等领域，也可直接食用。

图4-101 茶墨产品

（十一）红绿茶

湖南茗膜生物研发科技有限公司生产的红绿茶，获国家专利产品，是一种轻发酵的绿红茶，采摘1芽1叶或1芽2叶的春茶，经摊放、杀青（轻杀青）、二青、轻发酵、三青、提香和干燥工艺，实现了茶叶内有效成分的合理调配，兼顾口味、外形和汤色，为干茶芽叶连枝、红蒂绿叶；香气香甜、高长持久且入汤味；茶汤金黄明亮、味甜有花味；叶底自梗红至叶脉，叶片呈嫩绿色（图4-102）。

图4-102 红绿茶叶底

二、代饮茶产品

（一）南岳贵妃皇菊

衡阳市南岳康乐福生态农业发展有限责任公司出产，公司种植的40hm²高山凰菊基地位于衡阳市南岳区寿岳乡的高山中。南岳贵妃皇菊因长在高山上云雾之中，菊花花瓣厚实，色泽金黄艳丽，香味独特，回味无穷，经久耐泡，堪称菊中极品（图4-103、图4-104）。2016年，获第八届湖南茶业博览会金奖产品，同年获首届湖南旅游产品文化创意设计大赛银奖。公司以贵妃凰菊为特点，以花为媒，开发了菊花茶系列、菊花饼系列、菊花保健枕系列、菊花酒和菊花美食系列。

图4-103 茶叶包装　　　　图4-104 贵妃皇菊收采

(二)绥宁青钱柳

湖南省绥宁县特产,国家地理标志保护产品(图4-105、图4-106)。青钱柳树,为国家二级保护树种,被誉为植物界的"大熊猫"、医学界的"第三棵树"。绥宁青钱柳茶,生长在绥宁县海拔800m以上的大山中。采青钱柳嫩叶,经过精选、洁净、摊放、杀青、揉切、干燥等系列独特的工艺加工精制而成,产品甘甜滋润,生津止渴、清热解毒。经农业农村部有关权威机构认证其为有机食品,被誉为"中国第一森林有机茶"。

图4-105 绥宁青钱柳包装　　图4-106 绥宁青钱柳茶汤

(三)张家界莓茶

学名显齿蛇葡萄,属于葡萄科蛇葡萄属,是一种在特定的地理、气候环境中生长、繁衍的落叶野生藤本植物。因原产于张家界市永定区茅岩河两岸,故又称茅岩莓。2006年12月被评为湖南省著名商标,2007年6月获有机食品认证,2010年7月"张家界茅岩莓茶"通过了农产品地理标志登记,成为该市第一个农产品地理标志品牌(区域公共品牌),已远销北京、天津、长沙等城市(图4-107)。

图4-107 张家界莓茶

(四)张家界杜仲茶及杜仲雄花茶

张家界市慈利县拥有丰富的杜仲资源,现有杜仲种植面积2万hm^2,是全国最大的杜仲基地县。杜仲茶是植物杜仲的叶为原料,经传统茶叶加工方法制作;杜仲雄花茶采自杜仲雄花花蕊(杜仲雄树生殖器)天然活性成分和营养成分的前提下研制生产的一种纯天然保健珍品(图4-108)。1983年12月林业部、国家医药管理局将慈利县定为"杜仲商品生产基地县",1996年慈利县被国务院发展研究中心、中国农学会授予"中国杜仲之乡"的荣誉称号。

图4-108 杜仲雄花茶

湖南茶叶获奖名单见表4-3~表4-10。

表4-3 2010年"湖南十大茶品牌"

品牌	选送单位
白沙溪	湖南省白沙溪茶厂股份有限公司
君山	湖南省君山银针茶业股份有限公司
沙漠之舟	湖南中茶茶业有限公司
金井	湖南金井茶业集团有限公司
怡清源	湖南怡清源有机茶业有限公司
猴王	湖南猴王茶业有限公司
湘丰	湘丰茶业集团有限公司
湘益	益阳茶厂有限公司
天牌	湖南天牌茶业有限公司
巴陵春	岳阳市洞庭山茶叶有限公司

表4-4 2012年湖南茶叶"十大创新产品"

品牌	选送单位
臻溪活力饮	湖南省茶业集团股份有限公司
传世1902	湖南中茶茶业有限公司
茯豪	湖南省白沙溪茶厂股份有限公司
和茯	益阳茶厂有限公司
君山黄金饼	湖南省君山银针茶业股份有限公司
茶祖·三湘红	茶祖印象（湖南）茶业有限公司
荷香茯砖	湖南阿香茶果食品有限公司
金花千两（花卷茶）	湖南晋丰厚茶业有限公司
紫艺紫冰	湖南紫艺茶业有限公司
桃源大叶红	湖南三茗农业发展有限公司

表4-5 2013年湖南茶叶"十大畅销品牌"

品牌	选送单位
石门银峰	石门县茶叶办
白沙溪	湖南省白沙溪茶厂股份有限公司
湘益	益阳茶厂有限公司
君山黄茶	湖南省君山银针茶业股份有限公司

续表

品牌	选送单位
晋丰厚	湖南省安化县晋丰厚茶行有限公司
双上绿芽	澧县太青山有机食品有限公司
沩山毛尖	湖南沩山茶业股份有限公司
玲珑茶	桂东县玲珑王茶叶开发有限公司
香木海	湖南省香木海茶业有限公司
云天阁	安化县云天阁茶业有限公司

表4-6　2016年湖南茶叶"十大公共品牌"

品牌
安化黑茶
沅陵碣滩茶
南岳云雾
古丈毛尖
保靖黄金茶
石门银峰
岳阳黄茶
桃源大叶茶
常德武陵红
汝城白毛茶

表4-7　2017年湖南茶叶"十佳安全放心品牌"（并列3个）

品牌	选送单位
白沙溪黑茶	湖南省白沙溪茶厂股份有限公司
湘益	益阳茶厂有限公司
华莱健	湖南华莱生物科技有限公司
碣滩茶	沅陵县茶叶协会
怡清源	湖南怡清源有机茶业有限公司
玲珑王·小叶茶	桂东县玲珑王茶叶开发有限公司
晋丰厚	湖南省安化县晋丰厚茶行有限公司
云天阁	安化县云天阁茶业有限公司
武陵红	湖南武陵秀峰茶业有限公司

续表

品牌	选送单位
石门渫峰名茶	湖南石门渫峰名茶有限公司
茅岩莓	张家界茅岩莓有限公司
远山近茶	长沙市江阁经营有限责任公司

表4-8　2018年湖南茶叶"十大创新产品"（并列4个）

品牌	选送单位
臻溪轻轻茶	湖南省湘茶高科技有限公司
保靖黄金茶毛尖工夫红茶	保靖县茶叶产业开发办公室
桑香茯砖	安化县云天阁茶业有限公司
武陵红	湖南武陵秀峰茶业有限公司
帝子灵芽青钱柳红茶	新宁县舜帝茶业有限公司
安化三针	湖南省褒家冲茶场有限公司
桑植白茶	桑植县茶业协会 湖南湘丰桑植白茶有限公司
"湘西坊"牌黄金茶枕	吉首市新田农业科技开发有限公司
汝城县"旱塘硒山"茶	汝城县三星镇旱塘茶叶专业合作社
"莽仙沁"牌红茶	宜章莽山仙峰有机茶业有限公司 宜章县关溪乡诚盛农林专业合作社
云游绿茶"向雷锋同志学习"	长沙云游茶业有限公司
冬梨红茶	湖南瑞鑫源生物科技开发有限公司
"鹰嘴界"有机红茶	湖南会同宝田茶业有限公司

表4-9　2019年"湖南红茶十大企业产品品牌"（并列6个）

品牌	选送单位
臻溪金毛猴	湖南省湘茶高科技有限公司
九狮寨·连云丹霞红茶	湖南九狮寨高山茶业有限责任公司
莽山红	湖南老一队茶业有限公司
古楼红茶	湖南古楼雪峰云雾茶有限公司
渠江红	湖南紫金茶叶科技发展有限公司
武陵红	湖南武陵秀峰茶业有限公司
皇妃碣滩红茶	沅陵县皇妃农林开发有限公司
茶婆峰保靖黄金红茶	保靖县鼎盛黄金茶开发有限公司

续表

品牌	选送单位
百尼茶庵红茶	湖南百尼茶庵茶业有限公司
英妹子古丈红	湖南英妹子茶业科技有限公司
金井首善红	湖南金井茶业集团有限公司
塔鼎红	湖南谷佳茶业生态农业科技有限公司
君和红茶	桃源县君和野茶开发有限公司
蛮湘红	常宁市福塔农业科技开发有限公司
万阳红·炎陵红茶	炎陵县神农生态茶叶有限责任公司

表4-10　2019年"湖南十大名茶"

品牌
安化黑茶
古丈毛尖
石门银峰
桂东玲珑茶
桃源红茶
黄金茶
碣滩茶
南岳云雾
新化红茶
岳阳黄茶

第五章 湖湘名泉

古代的文人雅士大多礼赞水、崇尚水，若提到茶事，总会先论水。茶圣陆羽在《茶经》中论烹茶之水："山水上，江水中，井水下"，又言："茶有九难：一曰造，二曰别，三曰器，四曰火，五曰水，六曰炙，七曰末，八曰煮，九曰饮。"其中"五曰水""八曰煮""九曰饮"都与水紧密关联。历代以来，文人墨客之所以如此重视水，主要是基于以下三方面的原因：

首先，华夏民族的先哲们早就认定了水是万物之源，是智慧和善美的象征，值得君子仿效。《管子·水地篇》云："水者何也？万物之本源，诸生之宗室也。"《老子》曰："上善若水，水善利万物而不争。"《论语·雍也篇》："子曰：智者乐水，仁者乐山；智者动，仁者静；智者乐，仁者寿。"孔子认为水中有道，水具有德、义、勇、法、正、察、善、志诸种美好的品行。所以荀子在《宥坐》中言："是故君子见大水必观焉。"君子观水，将水品与人品观照，以审视自己的言行，意在提高个人修养。

其次，早在唐宋时期人们就已深刻地认识到了水对于茶性发挥的重要性。唐代王敷所著《茶酒论》曰："人生四大，地水火风。茶不得水，作何相貌？酒不得水，作甚形容？米曲干吃，损人肠胃。茶片干吃，只粝破喉咙。万物须水，五谷之宗。上应乾象，下顺吉凶。江河淮济，有我即通。"水是茶的载体，也是茶汤的基质，选择"宜茶之水"意义非凡。

其三，从有益人体健康出发，人类对茶的最早认知就是"解毒"。当人类开始用水烹煮茶而食或饮时，择水也应着眼于茶饮健康功能的发挥，故陆羽在《茶经》中首次提出烹茶择水观时，亦提及"其瀑涌湍懒勿食之，久食令人有颈疾"。王安石曾托苏轼取长江中峡水用来烹阳羡茶做药引子，正是认识到宜茶之水有益健康。

正是基于水对烹茶之事的重要性，茶事活动中，人们乐此不疲地寻找宜茶之水。唐代张又新专著《煎茶水记》，书中记录了陆羽所评的宜茶之水分为二十等，湖南郴州的圆泉位列十八。明代茶人提出：精茶名泉的融合，才是至高的享受。田艺蘅在《煮茶小品》中说，茶的品质有好有坏，"若不得其水，且煮之不得其宜，虽好也不好"。明代许次纾在《茶疏》中也说："精茗蕴香，借水而发，无水不可与论茶也。"清代张大复甚至把水品放在茶品之上，他在《梅花草堂笔谈》中认为："茶性必发于水，八分之茶，遇十分之水，茶亦十分矣；八分之水，试十分之茶，茶只八分耳。"这些皆是从实践中得来的宝贵经验，并非夸张之言。

清代郑板桥所写茶联："从来名士能评水，自古高僧爱斗茶"，极生动地说明了"评水"是茶事活动中的头等大事，影响深远。"虎跑泉，龙井茶""君山茶，柳毅井""岳麓茶，白鹤水"……好茶要用好水烹煮、冲泡，才能充分发挥茶性，从而带给品饮者至高的精神享受，这已成为饮茶人的共识。

湖南省水源丰富，河网密布，流长5km以上的河流5341条，总长度9万km，其中流域面积在5.5万km²以上的大河11117条。这些河流除少数属珠江水系和赣江水系外，其他属湘、资、沅、澧四水及其支流，它们顺着地势由南向北汇入洞庭湖、长江，形成一个比较完整的洞庭湖水系，纵横交错地滋润着三湘民众。2016年，湖南省发布《关于促进矿泉水开发利用的若干意见》，首次明确提出着力打造本土矿泉水品牌，充分发挥全省矿泉水资源优势，培育具有湖南特色的天然矿泉水产业体系。2018年11月13日，湖南省天然饮用水品牌"沁潇湘"在长沙正式发布，标志着湖南有了本土统一的天然饮用水品牌。"三湘四水，五彩湘茶""湘水配湘茶，饮茶更健康"，遍布在三湘各地的无数宜茶之泉，有的已淡出了人们的生活，成为茶人们的记忆，有的依然流着涓涓清泉，前来排队汲水亦构成一道风景。在此，精选有代表性的名泉进行介绍，也为品茗论道平添几分雅趣。

一、白沙古井

白沙古井位于长沙城南的回龙山下西侧，天心阁东南方约1km处，自古以来为江南名泉之一（图5-1）。泉水从井底汩汩涌出，清澈透明，甘甜可口，四季不断。明崇祯十二年（1639年）《长沙府志》记载："白沙井，县（指善化县）东南二里，井仅尺许，清香甘美，通城官员汲之不绝，长沙第一泉。"可见此时白沙井已有名了。民谣称："无锡锡山山无锡，平湖湖水水平湖，常德德山山有德，长沙沙水水无沙。"清乾隆年间，进士旷敏本、优贡张九思曾作有《白沙井记》《白沙泉记》，盛称其泉"清香甘美，夏凉而冬温""流而不盈，挹而不匮"。民间将白沙井与天下名泉济南趵突泉、贵阳漏突泉和无锡惠山泉媲美，自明清以来，长沙人民世世代代饮用此水，前来取水者络绎不绝，即使西城区、北城区一带的居民也挑桶而来，"竟日暮而不一息"。更有不少穷苦人家汲白沙井水担卖全城，赖以为生。清末以后，挑卖沙水者多居于井旁，白沙井一带生气日繁，遂形成白沙街。白沙古井可说是长沙生命之泉，亦因如此，自清末以来，官绅恶霸多想方设法妄图垄断白沙井水。清光绪年间，善化知县曾在井后立碑，"出示晓喻"，将白沙井划为官井、民井，并订立用水章程。民国初期，又有军阀在井旁立一"告示"碑，刻有"照得白沙井水，四井界限分明，卖水吃水各井，官井专供官军"等语。旧时，当地还有"挑水会"，凡挑卖沙水者须先交银元数元入会，取得条据，方可取水。新中国成立以后，白沙井回到人民手中，人们才真正自由地畅饮

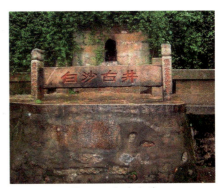

图 5-1 白沙古井

白沙水。1950年，长沙市政府为保护古井，特拨款维修古井，建立石栏，铺砌地面，使白沙古井成为长沙最早得到修复的名胜古迹。今建为白沙古井公园，其旁曾有"白沙源"茶馆，整日茶客盈门（2017年底停业）。

二、白鹤泉

在湖南省长沙市麓山寺后，古树环抱，有泉从石罅中溢出，冬夏不涸，清洌甘甜，清澈透明（图5-2）。白鹤泉有"麓山第一芳润"之称。相传古时候曾有一对仙鹤常飞至此，因而取名"白鹤泉"。有趣的是以泉水煮沸沏茶，蒸腾的热气盘旋于杯口，酷似白鹤。曾有寺僧砌石为井如鹤形，刻"白鹤泉"三

图5-2 白鹤泉

字于崖上，并建有一石碑。清光绪三年（1877年），粮道夏献云在泉上建亭，抗战时期被毁，中华人民共和国成立后又新建一亭，碧瓦朱栏，颇见风雅。白鹤泉水从石罅中涓涓涌出，汇集泉池，不盈不涸，"冷暖与寒暑相变，盈缩经旱潦不异"，因此被称为"麓山第一芳润"。

宋代大儒张栻云："满座松声间金石，微澜鹤影漾瑶琨。"北宋"铁面御史"赵抃游山盛赞此泉："灵脉本无源，因禽漱玉泉。自非流异禀，谁识洞中仙。"现泉侧建有茶室，用清洌的白鹤泉水沏茶，供游客品尝。

三、东沙古井

东沙古井位于湖南农业大学泉水塘老龙井西500m处（图5-3）。古井一带乃五代常丰仓、北宋初常丰县县城故地。古代居民聚居地必有古井，因此东沙古井的历史可追溯到五代至北宋时期，可谓历史悠久、绵延千年。东沙古井周边村落多有长寿者，90岁以上老人有59人，百岁老人有5人，居民猜测有可

图5-3 东沙古井

能与饮用此水有关，故又有井水长寿之说。东沙古井与白沙古井源自同一泉脉。井水清澈见底、至纯至净，味甘无涩，用以烹茶，香高味美。2014年6月，东湖街道开始对古井进行保护性修缮，修缮后的东沙古井水源用麻石保护了起来，东沙古井石板铺底、青

石围井、泉水涌出流入取水池，每天可供300多人来此轮番取水饮用。取水池上方还建有亭子可遮风挡雨，亭上有联曰："如斯鉴底，有水无沙为净；到此涤心，一清二白是廉。"传承"长沙沙水水无沙"的精神，弘扬廉洁文化，使东沙古井成为长沙廉政文化之载体。以史为鉴，以井为鉴，映照人心，正大光明。

四、金　井

金井位于长沙县金井镇金井河码头上，开凿于唐贞观年间（672—649年）（图5-4）。相传唐贞观年间，有江西孙某举家迁徙，来到长沙，在长平浏交界的凤形山下安家。孙老爹每日清晨出门放牛，经常发现河边有一袭纱幕，氤氲飘渺，若有若无，定睛一看，原是一股紫气，从一丛茶树间升起，缭绕其上，便与儿子一道刨去荒草，剔除荆棘，小心翼翼将茶树移植到新开的山地上。说也奇怪，那茶树随栽随长。看芽叶鲜嫩可爱，老爹将它摘下，却又随摘随发。再到原来的长茶处，仔细观察，发现有一泉眼，不断冒出水花。深挖数尺，有一石板，揭开一看，水底浮起一只金鸭，金光闪闪，叫声嘎嘎。蹼底泉眼，涌流不息。倏忽金鸭不见，泉涌如柱。父子惊异不已，倍觉神奇，商议修成一口水井，供村人饮用。井沿青石护砌，坚固美观，还在一侧竖立石碑，上刻"金井"二字。井水泡茶，茶尤香冽，略成金色。金井之名由是而始，金鸭不再浮出水面，"金井"之名却得以流传。

金井长4m、宽3m、深2.7m，井壁有青砖砌筑，井底有大青石平铺。井内有四股涌泉，水清可鉴，其味甘甜，金井老街的部分居民，饮水皆取于此。

金井镇位于长沙县北端，离县城星沙镇约30km。金井河亦因金井而得名，流贯全境。据清同治《长沙县志》记载："金井河发源于尊阳都龙头尖，南流经罗戴塅及石塘、涧山等处，会石板桥、蒲塘诸水，合流至金井。又会脱甲河水，经单家坝、范林桥、高桥至燕江。会学士桥水，出枫林港与赤水河合流至捞刀河入湘。"金井镇是茶叶大镇，全镇有湘丰、金井等6家农业产业化龙头企业。

图5-4　金井

五、洗笔泉与稻香泉

长沙市望城区铜官街道书堂山村境内的书堂山酷似笔架，又称笔架山，是唐初大书法家欧阳询的故乡。"洗笔泉"位于书堂山南坡会子塘，山涧清泉流经于此，汇入一小池，"洗笔泉"三字刻于池边花岗石上。字高18cm、宽17cm，阴文隶书，笔力遒劲，但是没有镌刻者姓名和年代。相传为欧阳询及其子欧阳通读书洗笔处，2004年被列为长沙市文物保护单位。旧有书堂寺，寺周峰岭回环，涧壑幽邃，寺旁有老树，寺前有石案，纹彩斑驳，相传为欧阳询读书之案。欧阳询父子遗像祀寺中，寺门有对联："玉座息欧阳，万卷书香传宇宙；名山藏太子，千秋堂构镇乾坤。"

欧阳询与其子欧阳通皆是唐代著名书法家，因欧阳询父子的名气，书堂山和洗笔泉也成了千古名胜之地。清代书画家郑板桥的一首《咏书堂山》将书堂山八景全概括了进去，诗云："麻潭长耸翠，石案永摊书。双枫今夹道，桧柏古连株。稻香泉水涌，洗笔有泉池。书堂称故址，太子号围圩。"

该诗一句一景：欧阳阁寺、玉案摊书、双枫夹道、桧柏连株、稻香泉涌、洗笔泉池、读书台址、太子围圩。稻香泉与洗笔泉同为旧书堂八景之一，可惜年代久远被湮没了。2006年，稻香泉石碑在一断墙下偶然被发现（图5-5）。经书画名家考证研究发现，碑上的"泉"字与欧阳询的《九成宫醴泉铭》上的"泉"字非常相似，一致认为这块石碑是欧阳询所书。

图5-5 稻香泉

六、百汇泉

百汇泉位于社港镇周洛村石柱峰樱桃坡玉皇殿天井内（图5-6）。樱桃坡，海拔1059m。相传玉皇殿在石柱峰北坡铁坟坪一带，移来今址已有1700多年历史。樱桃观是婴母教的发祥地，是长沙地区最早的道观，其创始人是东晋道士许逊。许逊，字敬之，汝南人，拜旌阳令于豫章（今南昌）。后来许逊拜大洞君猛为师，传三清要法，以南昌西山为中心，传教活动遍及江南。据考证，东晋宁康二年（374年）许逊举家42口，从南昌西迁至浏阳县金顺山石柱峰，在山腰一酷似女阴的桃形石（名樱桃石）旁

图5-6 百汇泉

掘穴结庐，诵经立说。许逊以老子《道德经》中"天下有始，以为天下母""德恒不离，复归于婴儿"为教义，创建婴母教。江西青云浦净明道士胡之政在《净明宗教灵》中写道："净明许逊之学于婴母，婴母之教授于兰公，绍其学者为吕纯阳，再绍其学者白玉蟾。"故许逊被尊道教净明道的祖师。

百汇泉为两口井，涓涓清泉自后殿百汇泉涌出。据说，此泉水脉来自江西袁州（今宜春），流至百汇泉后再流往长沙，与著名的白沙古井属同一泉脉。百汇泉系明嘉靖二十七年（1548年）浏阳县知县李潜命名，泉井上涌如波，现加盖青石板，一旁供奉观音像。泉水富含麦饭石，品质优良，在国内少见。

七、老龙井

老龙井位于浏阳市沙市镇东北部今秧田村捞刀河畔佛延桥边（图5-7）。据井旁《古龙井》石碑等资料记载：元朝末年，秧田村罗氏家族人口繁衍发展上千人，然而，全村并无水井，全靠取饮捞刀河河水过活。明洪武后某年大旱，捞刀河河水断流，饮水奇缺，于是罗氏族人推选族中3位长老卜卦问天、求址掘井。他们选取离捞刀河边佛延渡口十余丈拐弯处进行开掘。当挖至约

图5-7 秧田村老龙井

2m深时，出现两方形似龙头的石块。族人们继而在石块四周掘之，竟有泉眼喷泉而出。掘者大悦，放声高呼："天佑民，龙泉也。"后经风水大师详查，此井水系上游龙山地脉源泉而来，乃天赐村民福井。井成后，族人将其中的大块石头雕成龙头，放至井边，另一块稍小的石头雕作龙尾，放至井底，寓意龙井也，继以龙井名之。

老龙井上有大树遮盖，井水冬暖夏凉，水质优良，清澈见底，甜美甘醇，自凿成以来汲水之人便川流不息，沿用至今。耕读之家取水泡茶，才思泉涌；行旅之人取水解渴，乘凉解暑。如用当地名茶"浏阳河银峰"泡饮，更是赞不绝口，念念不忘。秧田罗氏历代族谱对此井皆有记载，并有"湖南三十六井秧田一井"之称。秧田村是个有着将近1100年历史的古老村落，是全国农村幸福社区示范村、国家级终身品牌学习中心。村子里明清时期就出过进士、大学士，有史可查历代获得各种功名的人有160人之多。截至2018年，全村共有1378户5462人，70%以上属罗姓。自1977年恢复高等教育招生考试制度以来，全村共走出了685个大学生，其中硕士128个、博士26个，是远近闻名的"博士村"。

八、芦花泉

芦花泉位于宁乡市沩山芦花峪，为芦花瀑布汇成的名泉，有方形、三角形等各式泉井，用当地天然山石砌成井围，水质清甜可口，富含硒、锌等多种微量元素，用以泡沏沩山毛尖茶，味道殊佳，妙不可言。芦花泉泉脉极丰，溪涧常年不绝，是沩水发源地之一（图5-8）。

图5-8 沩山芦花泉

沩山位于宁乡市西北部，北邻桃江，西接安化，是雪峰山余脉，最高处为瓦子寨，海拔1070m。在海拔约800m的崇山之中，隐匿着一块长达十几里的盆地，明末举人陶汝鼐《游沩山记》称此盆地"平畴修曲，农世其阡，意乃坦然，夹涧林木，且蓊蔚，境幽人淳，鸡犬桑麻，如一小桃花源。"《读史方舆纪要》称："四面水流深澜，古曰大沩。"亦说因舜帝有个名叫"沩"的儿子在此开发而命名。盆地西北侧的毗卢峰下，有座千年古刹密印寺。密印寺是中国著名的禅宗寺院，也是南禅宗五家之一沩仰宗的发祥地。

唐元和年间，灵祐禅师得宰相裴休相助建成密印寺，至唐大中年间就有了很大的规模，常住僧人3000余人，历史上有过4次兴废，到民国时期太虚大师宝生法师曾主持重修。裴休晚年贬谪潭州，居沩山裴公庵，亡故后葬于密印寺对面端山之阳。

目前到沩山旅游的人逐渐增多，芦花泉边也涌现了数间简陋的茶室，门口飘荡着"芦花泉，沩山茶"的茶旗，招揽着往来游客。

九、虎跑泉

世人大多了解杭州的"虎跑泉"，却很少有人知道湖南南岳山上的"虎跑泉"，其实两处泉水有着很深的渊源。南岳福岩寺后面东侧岩石下，有一方形石井，在井上垂直高耸的石壁上，刻有"虎跑泉"三个大字，下面并附有小字注脚："有猛虎攫岩哮阚槛泉随出。"虎跑泉井约1m³，四周围砌石护栏（图5-9）。泉水冬暖夏凉，四季恒温，水质清澈见底，涌水像串串珍珠从池底冒出，颇似喷泉。游客或驻足观看，欣赏其景；或掬水一饮，甘冽异常；或投掷硬币，经久不沉。泉上方有一石台，名曰高明台。刻有"极高明"三

图5-9 虎跑泉

个雄浑遒劲的大字，为唐宰相李泌所书。用虎跑泉的水泡南岳云雾茶，甘甜清香，回味无穷，千余年来曾引出一段神话。现在福岩寺门上有一副门联："六朝古刹，七祖道场。"六朝古刹是指该寺由陈朝年间的和尚慧思所建；七祖道场指该寺曾是唐代怀让和尚传道的地方。据说，慧思和尚于陈光大元年（567年）领着门徒来到南岳传法。后来在岳神的帮助下创建般若寺（即福岩寺）时，发现这里没有水源，平常用水还要到500m外的山谷中去。一天，慧思召集大家在山谷处集合，并说道："我已经按照佛的意旨在此地传法，如今找不到水源，佛一定会帮助我的。"说着他就举起锡杖向一处松散的沙地刺去，过一会儿，拔出锡杖，便有一股清泉汩汩冒出。徒弟们惊喜不已，并按照慧思的吩咐，将此处建成"卓锡泉"。过段时间，大家还是觉得卓锡泉太远了。一日慧思带着几个和尚去取水，忽然从丛林中跳出一只猛虎，大家一阵心惊，谁知老虎并不伤人，来到慧思旁边，将锡杖衔起来，引着他一步步向山上走去，走到一块大岩石前，猛虎伸出利爪使劲攫岩，大哮三声，泉水便从岩石里流了出来，此处便称为"虎跑泉"。从此，寺庙内的生活更加方便。僧徒们也更加崇拜慧思，大量佛教徒前来投奔，慧思也广传佛法，最终成了天台宗第二祖。

相传唐元和十四年（819年），性空和尚来到浙江杭州，准备兴建禅寺，奈何没有水源，于是准备迁往他处。一天晚上，性空梦到一神僧，神僧告诉他："南岳有泉，即将遣二童子送来。"第二天，果然有两只老虎来到性空和尚住处，并将他引到山边丛林峭壁处，然后老虎就不见了。这时性空发现在山壁隐没处喷出一股清泉，泉水晶莹剔透，甘洌异常。于是，性空和尚立即伴泉建寺，并按照泉的来历称呼为"虎跑泉"。到现在杭州人还惦念着南岳两只老虎的功劳，虎跑泉和龙井茶，也被称为杭州双绝。

十、水帘洞

水帘洞位于南岳第二峰——紫盖峰下的水帘村，东有吐雾峰，西有香炉峰相向对峙。水帘洞被誉为"天下第一泉"，更是名副其实的"南岳第一泉"（图5-10）。水帘洞古名朱陵洞，相传是朱陵大帝居住的地方，唐朝人称之为"紫盖仙洞"。《潜霍类书》记载：大禹治水，来南岳求取金简玉书，曾在朱陵洞天举行祭祀。唐开元二十六年（738年）唐玄宗曾派内侍张奉国率道士，专程从京师来南岳朱陵洞投放金龙玉简。

水帘洞瀑布的源头由紫盖峰的三股泉水汇流而成。

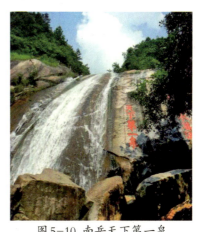

图5-10 南岳天下第一泉
——水帘洞

洞上有一阔约三丈的谷地，原是梁朝九位真人白日飞升的修身之地，后建造九仙观。四周有阳泉、洗心泉、洞真源、仙人池等，泉水深不可测，加之谷地出口狭窄，漫溢之水便沿石壁飞流直泻，形成一帘宽约10m、高50m的瀑布，泻珠溅玉，声若雷鸣，宛如一块巨大的白布帘。急流在石壁中被乱石嶙岩遮挡碰撞，折转、跳跃，满谷水花四溅，闪烁着晶莹夺目的光彩。它与水帘绝壁下的碧潭、天上的云彩和两旁苍翠的青山交相辉映，构成一幅水天一色的绝妙生态画图。明代宰相张居正到此一游后，曾用20字简洁生动描绘了这一壮丽奇观："瀑泉洒落，水帘数叠，挂于云际，垂如贯珠，霏如削玉。"并吟诗赞曰："误疑瀛海翻琼浪，莫拟银河倒碧流，自是湘妃深隐处，水晶帘挂五云头。"不仅想象丰富，比喻巧妙，而且意境深邃。明代计道宗在此刻下五个大字"天下第一泉"。清代李元度则用"夏雪晴雷"四字，将水帘洞色、光、声交相辉映的奇景表现得淋漓尽致。"水帘洞之奇"成为南岳四绝之一，也在情理之中了。

十一、玉砂泉

玉砂泉位于风光旖旎的南岳云密峰之黄帝岩下，因水净砂明，莹洁如玉而名。黄帝岩的岩高、宽、深分别为10~15m，周围松杉滴翠，灌木丛生，轻风摇曳，一片涛声，恬静清幽。相传黄帝轩辕氏曾在此处受戒经，故又名讲经台。岩顶宽平的巨石上刻有"寿岳"两字，径1.5m以上，为瘦金体书，漂亮潇洒，为宋徽宗手书（图5-11）。而玉砂泉的石壁上刻有16个字，

图5-11 宋徽宗题写的"寿岳"

曰："玉砂之水，如乳甘香；人得一啜，地久天长！"这既是对玉砂泉的赞美，又成为"寿岳"的最好诠释。清诗人易天寿赋诗赞曰："峭壁扪天带青棘，白沙搏玉留寒碧""冷冷瀑流洌而馨，染苔揉作玻璃色""浣泉坐吸齿牙香，雪肝兰腹绘仙篆"，短短几句便把玉砂泉的环境、水色、水质、水味描绘得惟妙惟肖，恰到好处。

十二、柳毅井

柳毅井位于岳阳市君山龙口内，在绿树掩映之中，可见一处古朴简拙的石砌井台出现，上刻"柳毅井"（图5-12）。井深约10m，这口井不论多旱多涝，从未枯竭，也从未溢出过，水面天天如此。柳毅井又名橘井，因最初井前种有橘树而得名。据明隆庆《岳州府志》记载："巴陵（今岳阳）则有濒湖井及巴蛇、罗汉、秦皇诸井，而井之著者，又

曰柳毅井，旁有古橘一株，大五六围，枝干奇古。"《巴陵县志》也载："橘井相传为柳毅传书处（入龙宫之门）。井入口丈许，有片石作底，凿数孔以通泉，石下深不可测……"柳毅井所以名闻天下，与唐传奇《柳毅传书》密不可分。故事源于唐代李朝威（大约是中唐时人，生平已不可考）写的《柳毅传》。相传唐仪凤年间，书生柳毅赴京应考落第，归

图5-12 柳毅井

经泾阳，偶遇满脸泪痕的牧羊女。柳毅上前询问得知，该女为洞庭龙女下嫁泾阳君，受其残暴虐待至此。他受龙女之托，送信至君山，找到橘井，在井边橘树上敲击三下，守门的巡海神就将他接进龙宫。见到龙君后，递上书信，又说了龙女所受的苦楚。龙君小弟钱塘君暴怒，化作百丈赤龙，径往泾阳，灭泾阳君，接回龙女。后来几经曲折，龙王便招柳毅为婿。人民为纪念柳毅传书，改橘井为柳毅井，并在井旁建有柳毅传书亭。

明都御史吴延举写了这样一首诗，来赞美柳毅传书的义举。讴歌历史悠久的柳毅井，诗云："牧羊坡上遇青娥，为托传书意若何？颗望直穷寻橘树，莫道遥隔洞庭波。龙宫弟子缄方启，尘世朗君祸已多。留得旧时迹井在，井泉香冽出川阿。"

如今柳毅井仍坐落在龙舌山东侧，坐北朝南，三面环山，东南方向临龙口湖面，遥对朗吟亭，井台四周古柏、香樟、杜英、迎春……青葱苍翠，花香鸟语，环境优美。井台全用花岗石垒砌而成，台地面积40m²，为上下两层结构。一层井台与地面平齐，通道自南向北呈斜坡度延伸7m至低于地面的二层井台，二层井台为长5m、宽3.5m的长方形，中央为井体，挂着由曹瑛书写的传书亭竖匾。传书亭双亭依偎，美观别致，令人很自然地联想到鸳鸯比翼，连理并蒂，忠诚爱情的幸福、温馨。

柳毅井和传书亭是历史文化精华的积淀，井亭依偎，浑然一体，似乎告诉人们：真善美是人们永远崇尚、追求的楷模，假恶丑必将遭到历史的无情唾弃。

柳毅井水水质甘冽，君山银针用柳毅井水冲泡，茶味悠长。

十三、龙涎井

龙涎井是君山岛上的另一口古井。君山地形酷似乌龙卧水，龙涎井前方为龙口，张口向南，两边钳形山嘴，岩壁拱护，为龙的上、下腭，中间的小山为龙舌头，山势平舒，形态逼真，此山因此得名"龙舌山"。这一富有传奇色彩的雅名，形神毕现地概括了君山的地形。龙舌山下有一口井，相传这里的井水清澈纯净，四时不涸，是龙舌头上面一点

点滴下的涎水，故称"龙涎井"。据传，当年湘妃寻夫至君山，口渴异常，她们对爱情的忠贞感动了洞庭湖中的乌龙。乌龙化作一座小山，张开双腭，伸出舌头，让龙涎滴出，滴在山脚下，化成一口古井。湘妃见到古井，饱喝了一顿井中仙甜的龙涎，顿觉精神振作。后来，湘妃投湖，乌龙悲伤过度，化为一座小山，如今，龙涎井就坐落在这座山下。

图5-13 龙涎井

现在的龙涎井，是岳阳市政府于1979年按原貌修复的（图5-13）。井口直径为0.84m，口上围一环龙云纹石圈，外围环状，纹饰三层。井内赭黄色岩石形像龙舌，泉水从岩石上注入井内，一点一滴，好似涎水。过去井水终年不涸，清澈见底，冬暖夏凉。近几年来，井中水量不大，附近又有清甜甘美的柳毅井水，所以居民很少汲它饮用。在距井口1m远的地方，立一对雕龙柱坊，高3m，门宽1.4m，门楣上镌刻"龙涎井"三个苍劲有力的正楷大字，作为古迹供人们观赏。相传，取龙涎井的水泡君山茶，能长生不老，因而远道乘舟来取龙涎者络绎不绝。清代万年淳《君山茶歌》中写道："试挹龙涎烹雀舌，烹来长似君山色"，可见当时龙涎井在文人雅士心中占有一席之地。

十四、云母泉

云母泉在岳阳市华容县墨山之下（图5-14）。《大清一统志》载："墨山又称玄石山，在华容县东四十五里"。云母泉因其周围"尽生云母"而得名。"井泉溪涧，色皆纯白。乡人多寿考，无癣痼疥搔之疾。"以云母泉水煎茶有"气染茶瓯馨"之效。最早发现云母泉者系唐代诗人李华。李华（715—766年），字遐叔，赞皇（今河北）人，唐代诗人，唐开元二十三年（735年）进士，唐天宝二年（743年）登博学宏辞科，官监察御史、右补阙。安禄山陷长安时，被迫任凤阁舍人。"安史之乱"平定后，贬为杭州司户参军。

图5-14 云母泉

唐上元二年（761年）秋，李华为母守丧后，自江南赴长安途经华容，与颍川陈兼共游墨山，发现云母泉，写下《云母泉诗并序》：

洞庭湖西玄石山，俗称墨山。山南有佛寺，倚松岭。松岭下有云母泉。泉出石，引流分渠，周遍庭宇。发源如乳潼，末派如淳浆，烹茶、渐蒸、灌园、漱齿皆用之，大浸不盈，大旱不耗。自墨山西北至石门，东南至东陵，广轮二十里，尽生云母。墙阶道路，炯炯如列星。井泉溪涧，色皆纯白。乡人多寿考，无癣瘤疥搔之疾。华深乐之，颍川陈公，天宝中与华同为谏官。公性与道合，忽于权利，方挂冠投簪，顾华以名山之契。乾元初，公贬清江丞，移武陵丞。华贬杭州司功，恩复左补阙。上元中，俱奉诏征。公自清江至武陵，道路多虞，制书不至。华溯江而西，次于岳阳，江山延望，日夕相顾属，思与高贤共饮云母之泉，躬耕墨山之下。敢违朝命，以徇私欲。秋风露寒，洞庭微波，一闻猿声，不觉涕下。况支离多病，年甫始衰，愿饵药扶寿，以究无生之学。事乖志负，火热于心，寄怀此篇，亦以书余之志也。

晨登玄石岭，岭上寒松声。朗日风雨霁，高秋天地清。山门开古寺，石窦含纯精。
洞彻净金界，禽缘流玉英。泽药滋畦茂，气染茶瓯馨。饮液尽眉寿，餐和皆体平。
琼浆驻容发，甘露莹心灵。岱谷谢巧妙，匡山徒有名。愿言构蓬莱，荷锸引泠泠。
访道出人世，招贤依福庭。此心不能已，寤寐见吾兄。曾结颍阳契，穷年无所成。
东西同放逐，蛇豕尚纵横。江汉阻携手，天涯万里情。恩光起憔悴，西上谒承明。
秋色变江树，相思纷以盈。猿啼巴丘戍，月上武陵城。共恨川路永，无由会友生。
云泉不可忘，何日遂躬耕。

今墨山老街后面两口深达十几丈的泉井，用块石安砌，井水清澈见底，味甘。为方便饮用水，村里打了几口机井，其水质如同井泉。据地质矿产专家分析，云母泉位于桃花山和墨山之间，其泉水是从两山上花岗岩即麦饭石中渗出，具有矿泉所应有的微量元素，饮后爽口悦心，长年饮用可延年益寿。

十五、橘 井

橘井，在郴州城苏仙岭下苏仙区橘井路郴州一中校园，属道教"天下第十八福地"一部分，为省级文物保护单位，各类古籍、志书、工具书均有载（图5-15）。初出西汉大臣、经学家刘向《列仙传》记桂阳郡人苏耽"语母曰：'明年天下疾疫，庭中井水橘树能疗。患疫者，与井水一升，橘叶一枚，饮之立愈。'"距今2100多年。

图5-15 橘井

唐代诗圣杜甫早所写《八哀诗·故右仆射相国张公九龄》中，就已有"痛迫苏耽井"句，接着在最长作品《秋日夔府咏怀奉寄郑监李宾客一百韵》《奉送二十三舅录事崔伟之摄郴州》《将之郴先入衡州欲依崔舅于郴》，都吟诵"橘井"。文学家元结也有七律《橘井》,他们所咏"郴州颇凉冷,橘井尚凄清""灵橘无根井有泉,世间如梦又千年",均为名句。奉唐玄宗令,茅山道第十二代宗师司马承祯考订《上清天地宫府图》,列出七十二处道教福地,苏耽采药栖居过的马岭山,为第二十一福地。唐开元二十一年(733年)唐玄宗诏令"发挥声华,严饰祠宅",即指苏耽宅、橘井建筑群。晚唐时期道教名流杜光庭在《洞天福地岳渎名山记》重新排序,将马岭山列为第十九福地。

北宋大中祥符元年(1008年),宋真宗敕赐苏耽宅、橘井建筑群为"集灵观",亲作御诗"橘井甘泉透胆香";皇祐二年(1050年),名道、堪舆学家李思聪向宋仁宗进献《洞渊集》,宋仁宗大悦封其"洞渊太师",苏仙山在《洞渊集》中被列为"天下名山七十二福地"第十八位;元符三年(1100年)宋哲宗封赐苏耽医仙名号"冲素真人";南宋高宗(1162年)、宁宗(1222年)、理宗(1264年)迭加封号至"冲素普应静惠昭德真人"。如此催生出医林典故"橘井泉香"。北宋文学家张舜民诗"橘井苏仙宅,《茶经》陆羽泉。"

明崇祯十年(1637年),地理学家、旅行家、文学家徐霞客游郴州,在苏仙岭亲见"入山即有穹碑,书'天下第十八福地'。"清乾隆年间史学家檀萃赴岭南,经郴州专程游橘井,见"湖南郴州苏仙故居,院门匾额'第十八福地',殿前庭当阶有井,甃以石,深丈许,即橘井"。清光绪年间《郴州直隶州乡土志·古迹篇》记载:"苏仙宅 在城东、汉苏耽故居(即今橘井观),门悬'天下第十八福地'匾额,相传为苏东坡书"。珍贵文献充分证实,橘井即天下第十八福地重要部分,并成为郴阳八景之"橘井灵源"。

十六、圆 泉

圆泉位于郴州市苏仙区助上镇田家湾村,村处郴州市南,距郴州城2km。泉水从石壁圆孔中流出,在地面汇成一个圆形水潭,故又名圆泉。《大明一统志》《大清一统志》《湖南全省掌故备考》有载,历史上很多名人到过、名著写过,如南朝齐史学家盛弘之《荆州记》和北朝地理学家、散文家郦道元《水经注》。《水经注》载:圆泉水"一边暖一边冷。冷处极清绿……暖处白且浊"。一池之水,迥然不同,确属罕见。古人雅称之为"圆泉香雪",列为郴州八景之一。

圆泉是优质矿泉水,水色晶莹,水质清醇,水味甘洌。用圆泉水沏茶,芬芳馥郁,妙不可言。据明万历《郴州志》记载,唐代江州刺史张又新著有《煎茶水记》,其中记载了唐代"茶神"陆羽同李季卿评论水品之事,陆羽把天下煎茶之水分为二十等,郴州圆泉排列第十八。南宋嘉定十一年(1218年),郴州知州万俟侣在泉水左上方的石壁上竖镌"天下第十八泉"六字,从此,圆泉便以"天下第十八泉"而驰名了(图5-16)。

郴州市位于湖南省东南部,地处南岭山脉与罗霄山脉交错、长江水系与珠江水系分流的地带,"北瞻衡岳之秀,南直五岭之冲",自古以来为中原通往华南沿海的"咽喉",既是"兵家必争之地",又是"文人毓秀之所"。郴州东界江西赣州,南邻广东韶关,西接湖南永州,北连湖南衡阳、株洲,素称湖南的"南大门"。境内地貌复杂多样,其特点以山丘为主,冈平相当,水面较少。山地丘陵面积约占总面积的近四分之三。地势东南高西北低,东南部

图5-16 天下第十八泉圆泉

以山地为主体;西北部以丘陵、岗地、平原为主。历代文人茶客对圆泉之水青睐有加,在此留下了"天下第十八泉""湖南甘谷"等墨迹。万历《郴州志》上载有明代阮阅的《圆泉》诗,诗中赞美圆泉水煎茶味美,认为张又新将其列为十八不当,诗云:"清冽渊渊一窦圆,每来尝味试茶煎。又新水鉴全然误,第作人间十八泉。"

到唐代,"广圆可二百步"的圆水,收缩为几丈平方。茶圣陆羽原已知此泉,《煮茶记》中记载他论煎茶名水二十处,"郴州圆泉水第十八";唐贞元三年(787年)陆羽经郴州过南岭赴广州节度使李复幕府做给事,亲尝此泉;唐宝历元年(825年)张又新在《煎茶水记》仍将其列为天下煎茶名水第十八位。宋元明清文学家张舜民、阮阅、辛弃疾等写有诗词。张舜民诗《郴州》,称誉圆泉为"《茶经》陆羽泉"。

十七、蒙 泉

蒙泉位于郴州市桂阳县城西南芙蓉峰下,泉水甘洌,烹茶无垢,煮酒醇香,可与长沙的白沙古井媲美。井旁有宋绍熙三年(1192年)鄱阳人张垓任职桂阳时书刻"蒙泉"石碑一块,碑高2.3m、宽1.02m(图5-17)。清光绪十三年(1887年),知州陈国仲雇石匠用条石将蒙泉砌成八角形井,并在井旁建一石亭。清光绪十八年(1892年),督学张预于亭柱刻对联一副,并在对联旁刻识:"桂阳多好山,使者不能游也。城西芙蓉峰下赵侯庙,有泉甚清冽,试院茗饮则取汲焉。庙废久,今州刺吏宜都陈国仲新之。招浙僧昌福司香火。丹徒茅君尝谒

图5-17 蒙泉

侯庙，僧乃介以乞余书。余以僧同乡人也，为缀二十六字贻之。光绪壬辰五月既望，钱塘张预书并识。"联云："此来柱笏看山，孤负平生能著屐；为客飞符调水，偷闲试院且煎茶。"

蒙泉，古名万军泉，俗称八角井。相传东汉建安十三年（208年），赵子龙奉命取桂阳。临行前，诸葛亮送赵子龙妙计锦囊，嘱咐在危急时方可展开。赵子龙兵临挂阳，在芙蓉山麓安营扎寨，时值冬季，气候干燥，营寨缺水，军心浮动。为解燃眉之急，锦囊派上了用场。可是打开一看，只见八卦图一张，没有取水之理。赵子龙把八卦图摊在地上，左看右看，横看竖看，还是看不出取水办法，一气之下，取过长枪狠狠戳向八卦图。不料，透过八卦图，这一枪居然戳出了水。将士大喜过望，依着八卦图样挖掘，万军泉、八角井便由此而来。后人为纪念这件事，就在涌泉处仿八卦图砌成八角井，建井亭，立石碑，取名蒙泉，意为蒙恩之泉。

桂阳县出产名茶"大滩茶"，当地人"打平伙"（打牙祭）时必以蒙泉水煎大滩茶以代酒。有清《桂阳州志》载曹友曰《十八滩》诗为证："网得鲜鳞向酒家，蒙泉煎取大滩茶。街巷幸遇同心侣，平伙归来日未斜。"

十八、愈　泉

愈泉，俗名犀牛井，在郴州旧城郴江畔苏仙区辖历史文化老街区三河街之上河街，即今干城街转裕后街处（图5-18）。愈泉出露于地表浅石层，长方形，深3.33m、长3.33m、宽2m，年代久远，为省级文物保护单位，《大明一统志》《大清一统志》《湖南全省掌故备考》有载。据湖南美术出版社

图5-18 愈泉

"三湘揽胜旅游丛书"1984年版《南国郴州》一书"地名传说·犀牛井"文载，东晋—南北朝古本《湘中记》记载，其名来自神农带犀牛驱逐恶龙、犀牛化为甘泉的传说。南宋地理总志《舆地纪胜》记载"清冷甘美，初名'甘泉'。人患疾，饮之即愈。"明万历《郴州志》记载"在州南愈泉门，东流十三丈入郴水，《湘中记》云：清冷甘美，初名'甘泉'。人患疾，饮之即愈。"后附"张浮休诗""阮阅诗"。清嘉庆《郴州总志》还记载"愈泉，在州南愈泉门……唐，天宝年间改名：愈泉。"愈泉门，又名涌泉门。宋代文学家张舜民、阮阅均有诗，张舜民的《愈泉》"饮之能愈疾……直疑白药根"，即风趣地说，这泉水煮桂花茶（白药）可治愈疾病，是不是因为百药之根浸入了岩层深处。

十九、紫井香泉

湖南郴州市永兴县城北有一紫井,井水紫色,甘冽寒碧,且重于他水。古时用作定漏计时,很准确,旧为永兴八景之一(图5-19)。有联云:"莫云井底尘沙涌;顿觉人间暑气消。"

清《永兴县志》载黄崇光《紫井香泉》,诗云:"一勺泉通活水源,香波潋滟润千村。甘分酽绿贮春色,碧湛玻璃印月痕。酌雪烹茶金鼎澈,迥澜洗砚墨池深。银瓶影泻清如我,底事贪廉白细论。"

清代永兴知县吕宣曾作《紫井香泉》,诗云:"旧采龙井茶,新烹紫井水。不是水泉清,不知茶味美。"

图5-19 紫井香泉

二十、九龙池

九龙池位于安化县城南25km,南金乡境内,地处新化县边境,属衡山山系,是安化境内第一高峰,海拔1622m,周围约133.33hm^2,山北为板岩,山南为砂砾岩。南麓水入新化横溪和董溪,北麓水入安化毗溪。主峰南侧海拔1600m处,有一水池,长14m、宽10m,水深0.33~0.66m,原有一股涌泉,四时不竭,现池里茅草丛生,水深尺许。该池周围有九条山脊,蜿蜒起伏,簇拥池边,宛如九条龙临池饮水,故名九龙池(图5-20)。

图5-20 九龙池

山巅为亚高山草甸土旱中生高禾草丛组,油竹深1m多,是牛羊的好草场,但因山高风大,气温低,只宜于夏秋放牧。山腰有杂木林,前胡、续断、沙参、草乌等野生山药遍山皆是,是天然药场。九龙池中溢出的清泉,自山巅飞流直下,进密林、穿乱石、入深潭,至山下形成48条山溪涧流,纵横交错,迂回曲折。时而急流穿涧,悬瀑奔溅,含珠吐玉,轰隆叮咚之声及于遐迩;时而平水绕林,碧波荡漾,鳞光闪闪,霞雾生烟之状悠然可见。用池水烹茶煮茗,味道极佳。这里也是游玩、探险的好去处。

二十一、寿泉古井

寿泉古井坐落于邵阳洞口县古楼乡古楼村湖南古楼雪峰云雾茶有限公司院内,是湘黔古道上有名的古井(图5-21)。寿泉水含有多种对人体有益的矿物质和富氧离子,冬暖夏凉,入口甘甜,顺滑爽口。喝了寿泉之水不能说长生不老,但确能延年益寿。据传元天顺年间,无量寿佛云游过雪峰山,因正值谷雨季节,雪峰山云雾缭绕,天地一色,但闻空气中茶香弥漫,佛决意去一探究竟:见一老翁正在焙制香茶,于是化成一挑夫向老翁讨口水喝,老翁忙令老伴前去山泉取水并煮茶奉之,佛心大悦,问翁"尔岁几何?"翁曰:"九十有余也。"又问:"何以为生?"翁曰:"山茶换盐米"。寿佛来到泉边叹曰:"此茶可谓尚品,帝王焉知否?此泉胜吾甘露,长饮能不寿乎?"后来人们叫此泉为寿泉。

图5-21 寿泉古井

二十二、武陵井

穿过位于邵阳市武冈古城的水西门,沿着一条叫新陵街的小街前行不远,就可看见街道旁的栏杆下有一口长方形的井,清冽的井水从井沿一侧的缺口溢出。沿着栏杆侧边的石阶来到井旁,只见水面上泛起浅浅的涟漪,井水清澈如琼浆玉液。井的另一侧是一座龙王庙。龙王庙走廊边沿的条石上,镌刻着三个遒劲的大字:武陵井(图5-22)。

图5-22 武陵井

武陵井是湖南二十八口古井之一,与洞庭湖君山柳毅井、长沙白沙古井齐名。也是旧时"都梁十景"(武冈旧称都梁)之一,名曰"武陵春色"。武陵井用青石板砌成,呈长方形,长2.33m、宽1m余,井深2.33~2.67m,站在井边可见井底丝草飘曳,可见井水之清澈。武陵井水非常丰盈,一年四季源源不断地从缺口溢出,冬暖夏凉,略点甜味。

武陵井与陶渊明《桃花源记》中所描写的武陵桃花源("忽逢桃花林,夹岸数百步,中无杂树,芳草鲜美,落英缤纷……")相通,春天有桃花浮出,因此叫"武陵井"。还有人说,这井与峨眉山相通,曾有船桨流出,船桨上有"峨眉山"的字样。

武陵井的传说就这样流传开来，前来观赏和特地来饮井水的人也渐渐多起来。唐代诗人王昌龄游览武冈时，曾写下一首脍炙人口的《武陵春色》诗："红绽夭桃缀小春，清深甘井艳浮新。东风阅尽娇花面，不见渔人更问津。"

沿着王昌龄的足迹，又有很多文人墨客前来武陵井游玩，留下了许多美好诗篇。宋代诗人陈与义曾在武冈搭了一间茅草房，一住就是十多年，留下了一首《武陵春色》被选入武冈地方志，诗曰："当日仙源路已迷，武陵何事又名题。料想洞口春常在，流水桃花过此溪。"

曾经的武陵井水流很大，明朝朱元璋的后代岷藩王的宫殿就在上面不远，王宫吃水用水，靠的就是这井。据说岷藩的一些风流王子王孙，喜欢跟着宫娥美女到井边来洗衣，那时候，井边有啪啪的棒槌声，有咯咯的笑声，是一片热闹而欢乐的天地。

武陵井井水，也是古城武冈的功德水，附近的百姓吃水用水靠的是这井。

二十三、壶瓶液

壶瓶山是省级重点自然保护区，位于石门县北部南坪河、江坪河乡（图5-23）。面积150km²，核心保护区53km²。壶瓶山主峰海拔2099m，为湖南省境最高峰，因山顶四周高，中间低，形如瓶口而得名。"山因水而活，水因山更幽"。壶瓶山的峡谷深涧形成了大小不一的溪河10余条，这些溪河或海漏流水，或涓涓细流，或湍急奔腾，或欢歌或细语或咆哮。由于高坡

图5-23 壶瓶山

陡落差大，形成了姿态各异、大小不同的瀑布近30处，有从洞中窜出，声如惊雷，有从悬崖峭壁飞流直下，酷似银河落九天，有如卷帘，有如暴雨，也有如细珠，在夕阳的照射下，彩虹飞舞，变化万千，甚是壮观。壶瓶山的溪河一里三湾，三湾一滩，滩滩各异，湾湾显奇，在水潭、在溪中，溪水清澈见底，鱼儿在水中穿梭游动，五彩斑斓的鹅卵石静卧水底，恰似一幅游鱼戏水图，多姿的水体点缀了大自然，增添了壶瓶山生态旅游区的无限秀色。而壶瓶液就是其中最迷人的瀑布之一。

壶瓶液在象鼻子沟，这条山沟经年流水不断，两边山峰似刀劈斧剁一般，长约2km，悬崖峭壁上有多处瀑布，大有银河落九天之气势。从峭壁开凿的仅一人宽的小道，拾级而上，一挂瀑布从天而降。如果没有人开发，此处定是人迹罕见的。中途一处石缝里流

出的泉水，较大的水流有三股，位置分别有高、中、下之分，人们赋予它"壶瓶液"之美名，水质甘甜清润可口，游客到此，纷纷将自己所带矿泉水倒掉，灌上壶瓶液，传说这是玉帝为仙女休浴之后解渴准备的，因此分别誉之为美容液、桃花液和长寿液，平添出无穷的遐想。当地老人说这是神泉，喝了此水有病治病，无病益寿。神话传说虽不足为证，但壶瓶山的美，壶瓶液的甘甜却是举世公认的。唐乾元二年（759年），诗人李白流放夜郎途经壶瓶山，对这片神奇的山水情有独钟，留恋不舍，他为壶瓶山的千丈飞瀑而惊叹，亦为漫山桃花飘荡而伤感，遂写下"壶瓶飞瀑布，洞口落桃花"之诗句。

壶瓶山生态良好，也是出产名茶的胜地，石门银峰、东山秀峰等名茶就是产于此，好水当然配佳茗，壶瓶液的水清冽甘甜，壶瓶山产的茶清香无比，用"壶瓶液"来冲泡更是茗中盛事。

二十四、长寿泉

长寿泉位于张家界国家森林公园内金鞭溪大峡谷中，沿着金鞭路一直往前走，在快到千里相会的时候就会看到。一眼泉水从石缝中汩汩流出，泉水甘甜清澈，清凉可口。行走在张家界绝美的山石间，清清泉水仿佛就是大山的灵魂，山涧的泉水让张家界的山变得有灵气。

泉水中含有许多对身体有益的矿物质，喝了可以延年益寿，因此被称作"长寿泉"。泉后石壁上"长寿泉"三个大字为萧荣昌将军所题（图5-24）。

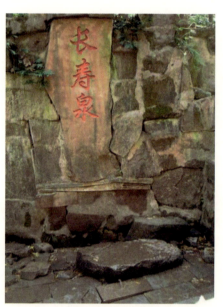

图5-24 长寿泉

二十五、龙泉古井

沅陵城西酉水口龙泉山半山腰上，有一座龙泉古寺，占地面积约1000m²，建筑面积约884m²。古寺始建于明万历四十三年（1615年），翌年增修，其后几度兴废。清康熙年间，著名诗僧悦可在古寺院内修建映江阁，阁建成后，他在里面静坐禅修，6年未曾下阁，轰动辰州。《沅陵县志》录其《暮春喜迟公子登映江阁》诗云："晓禽啼破梦，廉慎喜风清。笑接青云士，遥寻白社盟。履拖溪雾湿，茶煮竹烟生。更忆匡庐事，空惭惠远名。"

在龙泉古寺后，有一口泉水，名为龙泉古井，井水清澈，甘甜可口，古今闻名（图

5-25）。传说当年悦可和尚，念经诵佛之余，最爱在此汲井煮茶，后来邑中文人雅士，经常集会于龙泉寺，茶论古今，追慕先贤，龙泉井因此而闻名。旧志录清代沅陵诗人谢纯臣《龙泉寺》二首，其中一首云："香刹从来古，秋风客到稀。溪光平入座，竹色冷侵衣。地僻鸟无语，林深花自飞。蒲团相对坐，茶话总清机。"在龙泉古井旁，立有清书法家邬大宗隶书《龙泉古井记》碑，文词隽永，字迹苍劲。全文如下：

图5-25 龙泉古寺中的龙泉古井

  辰州郡西，出城三里，有龙泉寺。山势蜿蜒，脉络注于古井，因以名泉。

  井在寺侧之右，水清而味甘。其流出西，流之远，可知也。

自国初诗僧悦可寂后，泉涸，井遂废。迨今二百餘(余)年，苍苔、白石、古洼虚存。

  光绪乙亥冬，寺僧光绳授毗罗戒，率徒众绕井礼拜，泉忽涌出，足供寺饮。

曆(历)伏暑不干，亦异事矣。光绳殆耿恭之化身欤？能複(复)使八功德水，充满弗竭也。

  予时与同人览胜于此，喜光绳挹兹瀹茗，允所请，为记以传奇。

  岁辛卯，光绳化去。为感慨者，久之。兹泐记于石，独惜光绳不及见吾书。

  而犹幸其及亲见吾稿也。饮此水者，当知渊源有自云。

  光绪二十年甲午春上巳日，沅陵八十六叟邬大宗记。

第六章 茶器篇

茶器，或称茶具，是茶杯、茶盅、茶碗、茶壶、茶匙，以及装茶叶器具的统称。在湖南，由于材质不同，可以分为金属茶器、漆器茶器、竹木茶器、陶瓷茶器、石质茶器、玻璃茶器、纸质茶器等。进入21世纪以来，研发了茶器新产品，如银质茶器、冰碛岩茶器、菊花石茶器等。

第一节　湖南茶器史略

中国最早出现"茶具"一词，源于汉代。西汉辞赋家王褒《僮约》有"烹茶尽具，酺已盖藏"之说。唐代陆羽《茶经·二之具》将采制茶过程中所用的工具称作茶具，《茶经·四之器》将饮用茶过程中所要用的器皿称为茶器。湖南最早的有实物可证的茶器可追溯到西汉时期，马王堆汉墓出土的大量彩绘漆器，其中一部分就是茶、酒、食共用的茶器。

另有资兴考古发现也可佐证。1980年，湖南省博物馆东江文物考古队对资兴"九十九堆"600余座春秋战国时期以来的古墓群进行发掘，少数墓中有越文化特征的陶瓮、罐、碗、杯，为烧茶煮饭之器具，还出土了东汉单柄陶（茶）杯数件，是极为珍贵的文物。

图6-1　长沙铜官窑茶壶

湖南茶器在中华茶器史上占有极其重要的地位，其中以湘阴岳州窑、长沙铜官窑最为出名，两窑均系中国古代制瓷名窑（图6-1）。9世纪初唐代诗人刘言史在洛阳所写《煎茶诗》中就有"湘瓷泛轻花"之句。衡阳窑茶器有碾茶器、贮茶器、汲水器、烹茶器、饮茶器等，品类众多，数量庞大。五代时期该窑的茶器上出现"高足"标识和龙凤、鱼化龙图形标志，是中国茶器最早的"商标"。

当代，衡阳的界牌、长沙群力、洪江瓷厂、益阳瓷厂以及醴陵等处的陶瓷茶器，长沙、怀化等地的玻璃茶器也曾风行一时。

在长沙窑出土茶器中茶碗最多，据统计有数以百计的一模一样的茶碗，其中有两款在碗内底部烧制有"茶"字，此实物尤为可贵。一款为圆形敛口碗，釉下褐彩青瓷，唇沿较厚，玉璧底，碗心书酱色"茶埦"二字，外罩青黄色半釉，很明显这是专门烧制的茶碗；另一款为圆形敞口碗，圆唇外侈，腹斜收，底上书"岳麓寺茶埦"五字，通体施草黄色薄釉，底沿无釉，墨书"张惜永充供养"，由此题记来看，此碗为佛教徒赠送唐代名刹岳麓寺充供养的礼佛茶碗，可能是成批定制生产的。比较这两款茶碗，从前款"荼（茶的古体字）垸"题记看，年代稍早。

总之这两款出土的茶碗，为长沙窑茶器提供了实物标准器具。其他类型的碗数量不多，造型却有不少变化，其装饰方法也有多种。从茶字书作"荼"字来看，又无疑是唐代前期的产品。

陆羽在《茶经》中又称"越州瓷、岳州瓷皆青，青则益茶"。唐代之前，全国陶瓷生产的格局为"南青北白"，岳州瓷与越州瓷、鼎州瓷、婺州瓷、寿州瓷和洪州瓷都属于青瓷，而岳州窑最胜。其青瓷茶具作为生活器具，已成为达官贵宦、文人雅士和庶民们常用的饮茶器皿。在20世纪80年代，岳州窑遗址曾出土了南朝梁陈时代的青釉"上府"杯和"太官"杯，均为朝廷内供名称。考古界还发现早在晋代，岳州窑就开始运用匣钵装烧瓷器和釉下点彩技艺。岳州窑出土茶器除茶碗外，还有其他烹茶器具。在湘阴县铁角嘴唐代窑口发掘的陶瓷物件中，有一座为生火煮茶之用的风炉，其状如鼎，炉有三足。还有釜甑与锅瓢。

《浅谈唐代岳州窑茶具》（周世荣著）还提到岳州窑生产的其他茶具。鼎即"采得金芽爨金鼎"的茶鼎：大口折腹，平底，环耳有三足。盂形水注：其状如盂，弇口，带盖，扁腹，圆底，三足；前有流，一侧有横柄，另一侧设有扶手，既可煮茶，也可温茶。三足盂：具有隋代风格，矮领，扁圆腹，圆底，三足；可以贮汤，也可置炭煮茶。熟盂：以贮热水，或瓷或沙，受二升；器口部徹敛，唇沿外折，扁腹下收，平底；带盖盂，其大者可作熟盂使用，其小者可以存放团茶和盐花；该器为敛口，扁圆腹，圆饼底，盖顶有花苞状小捉手，其造型似簋，又类似盖盒。罍与瓶：或壶，也有叫"罍瓶"的。盘口瓶：盘口筒形长颈，椭圆形深腹，平底，肩上有系钮，器形大小不一。喇叭口瓶：大颈瓶大腹鼓圆，圆饼底，器形较大，可作汲瓶取水；而小颈瓶器形较小，口也小，可贮存茶水或盐花。擂钵：用于研搓食物，是制作姜盐芝麻豆子茶的主要工具。

另在湖南古丈白鹤湾楚墓群出土有茶壶、茶盏、茶灶等茶器。湖南衡州窑出土的唐宋青瓷茶研磨器，有茶碾、茶砧椎、茶臼杵等。茶碾为瓷质，由两部分组成，碾槽座和碾轮。碾槽座呈长方形，内有深槽，碾轮为圆饼状，圆饼上刻有一圈弦纹，中间穿孔且有轴相通。当时，无论饼茶、散茶皆需碾成茶末。茶碾有铜、银碾，也有瓷碾，出土的不多，传世的极少。

古代，陶瓷茶器在湖南各地得到广泛运用。

汝城窑旧窑址，位于郴州市汝城县暖水镇巷头村，有上蒋、下蒋、破船埂等宋、元时期多处窑址，占地面积约1km²。出土各种各样的器物，尤以碗、盘、罐、壶、杯居多，其款式制作有刻、划、印、写、模等方法，还有一些含有寓意的纹样图案。据《汝城县志》载："在暖水乡巷头村破船埂山坡上，属宋代窑址，遗物大多是青瓷，圈足碗的内底有吉、太等字样"。经考证窑址文化层为1.5m，最厚层达3m，历经宋、元、明、清、民国，直至新中国成立初期炉火不断，沿袭时间长达800余年，在中国制瓷史上是不多见的。

从汝城窑出土的宋元时期器物来看，胎质细腻，白中带灰，釉色介于青、褐之间，继承了北方窑的制作技术，采用了捏制、泥条盘筑法，手制、轮制方法，装饰以模印文字、印花、刻花为主，实用、方便。内外多施釉，釉面主要有两种：一种是青白釉，白中带灰、白中发青，釉面厚、光洁透明，手感好，触摸有油腻感；另一种是仿宋哥窑釉，釉面灰中带白，自然开裂，裂纹有大有小，深浅不一，颜色有深有浅，呈现金丝铁线的断裂美。

汝城窑烧制的瓷器注重实用性，器形有碗、罐、壶、杯、钵、香炉、火盆等，大缸用于储存茶叶，小罐用于临时盛放干茶；大壶用于大户人家、店铺盛茶水供客人饮用；小壶用于自家泡茶或自泡自饮；茶杯用于给客人敬茶或自己泡茶喝，均是人们不可或缺的日常生活用品。

位于邵阳市大祥区板桥乡召伯村的召伯窑，始烧制于北宋时期，窑身为馒头窑、龙窑。窑具大量使用垫圈、垫饼等，器物主要有碗、盏、盆、钵、盘、壶、瓶、杯、罐等。这是资江流域烧制最早、规模最大的民窑。历史遗存共发现15个窑区，器物造型与北宋中晚期景德镇地区窑址类似，具有"耀州窑系"风格。

宋代，湖南矿冶业的发展，刺激了湖南地区金属器皿制造业的兴盛。长沙出现了一批冶制铜器为业的铜户、铜匠，如潭州乌山一带有铜炉46所，麻潭鹅羊山有铜户数百余家，能制造"甲天下"的长沙金属茶具。宋代周辉所撰《清波杂志》载："长沙匠者造茶器，极精致。其工直之厚，等所用白金之数，士大夫家多有之。置几案间。但以侈靡相夸，初不常用也。"宋代周密《癸辛杂识·长沙茶器》载："长沙茶器精妙甲天下，每副用白金三百星，或五百星，凡茶之具悉备。外则以大镂银合贮之。赵南仲丞相帅潭日，尝以黄金千两为之，以进上方，穆陵（宋理宗）大喜，盖内院之工所不能为也。因记司马公与范蜀公游嵩山，各携茶以往。温公以纸为帖，蜀公盛以小黑合，温公见之曰：'景仁乃有茶具焉？'蜀公闻之，因留合与寺僧而归。向使二公相见此，当惊倒矣。"

南宋时，战乱频繁，湖南矿冶业遭到破坏，长沙一带的铜匠、铜户因缺铜而毁钱铸器，致"钱之不坏于器物者无几"。清嘉庆《长沙县志》卷十八《拾遗》亦载，早在宋代，"长沙茶具有砧、椎、铃、碾、匙、瓶等目，精妙甲天下。一具用白金三百两或五百两,又以大镂银盒贮之"。另外,清代潘永因辑《宋稗类钞》也有类似的文字记载。潭州兼湖南安抚使赵葵所制造茶器"以黄金千两为之",即是佐证。

宋代以后,饮茶器具有了进一步的发展,一方面是王宫贵族对茶器在功能、外观、造型上要求严格,而且在质地上也由陶或瓷发展成为玉或金、银器,日渐奢华。另一方面,因为饮茶习俗的普及,金玉器过于贵重奢侈,社会上便兴起重用陶瓷。加之陶瓷煮水性能更好,盛茶又能保持香气,所以容易推广。

明清时期,相继出现玻璃茶器和长沙窑所产的包壶大碗茶器,当时醴陵瓷器的生产已有一定的规模。

清末民初,湖南茶器交易繁盛,成为中国主要的茶器交易市场之一。

第二节　金属茶器

金属茶器指由金、银、铜、铁、锡等金属材料制作而成的茶饮器具,尤其是用锡做的储茶器,具有密封性较好的优点。金属茶器因造价昂贵,一般百姓无法使用。湖南地区所产除长沙铜茶器、金质茶器外,铁质茶器(包括当代的铁质搪瓷茶器)较多,其次是银质茶器。

中国银制茶具历史悠久,历代均"煮水以银壶为贵,泡茶以银壶为尊"。《茶经》云:以银制壶且雅且洁,既可完整保持茶之原味,且用之恒久。明代许次纾《茶疏》曰:"茶注以不受他气者为良,故首银次锡"。明代医学家李时珍在《本草纲目》中记述:银有"安五脏、安心神、止惊悸、除邪气"等作用。

湖南湘西、怀化、张家界、永州、邵阳、郴州等西南部地区,地下多有色金属矿藏,开发利用的历史亦很久远。特别是苗族、土家族、瑶族、侗族等,对银器情有独钟,银制茶器很早就有出现,银茶杯、银茶罐、银茶碗使用的比较多。这些银器造型美观,上面雕刻的花鸟虫鱼,栩栩如生,很有民族文化特色。1982年在通道县江口乡下涌村出土的一只银制桃形杯,是怀化银质茶器的代表作。它制作于明永历年间,呈半边桃形,高26cm,重20.5g,杯上枝叶、茎俱全,造型精致,古朴大方,具有很高的艺术欣赏价值。

改革开放以来,永兴县形成湖南白银产业大县,有各类金银企业100多家,

2002年,在世界白银协会和中国有色金属工业协会举办的中国首届白银年会上,永兴县被授予"中国银都"的美誉。永兴银器历史悠久,声名远播,随着茶文化的流行,其白银茶器日益受到消费者的青睐。其设计、画图、淬炼、灌模、熔接、锤击、敲打、錾刻、镌字、打磨、抛光、镀金、鎏金、仿古、漆艺等工艺,还有工艺难度最大"毫厘必较"的"一片造",巧夺天工的各种錾刻技艺,均为上乘。

手制银壶每件都独一无二，无论壶型、把手、钮，不可雷同。湖南生产的仿商周青铜器的饕餮纹饰仿古壶，器形古朴大雅；造型别致的荷花瓣提壶，清丽脱俗且颇具禅意；以錾刻、浮雕手法制作的蝴蝶兰兰花壶，高贵优雅又寓意圆满。其他如银茶杯、银茶盏、银茶碗、银茶罐等，都是千变万化，多姿多彩。

湖南铜制茶器多在铜壶方面。由于导热性能好，许多茶馆专有定制，大小不一，形状不一，使用寿命长，有的视为镇馆之宝。

铁制茶器以铁锅最多，普通铁锅从边到底弧度较大，便于火力均匀增热，鼎锅呈罐状，便于熬煮。都是普通人家烧茶煮饭的主要器物。

第三节　漆器茶具

湖南的漆器茶具可追溯至西汉时期，马王堆汉墓中就出土了漆器茶具，其1号、3号墓出土漆器500多件，其中就有杯、盒、奁等。以木质胎骨为主，个别的为竹胎，也有的在陶器上涂漆，还有一种是夹苎胎，即先用泥土或石膏做初坯，然后用麻布或丝织布贴在上面，再用植物生漆一层一层地托在模坯上，晾干后把它脱下来，进行涂漆、打磨、彩绘或者镶嵌金属零件等工序。夹苎器胎薄、体轻，比木胎更耐久。

脱胎漆茶具通常是一把茶壶连同四只茶杯，存放在圆形或长方形的茶盘内，壶杯盘多为黑色，也有黄棕、棕红、深绿色，融书画为一体，色泽光亮又耐水浸泡及防酸碱腐蚀，是收藏家喜爱的物品之一。

马王堆漆器有些是用来饮酒的，上书有"君幸酒"；有些是用来盛羹食的，上面书有"君幸食"，也用于喝茶、喝茶羹。其五彩漆食奁内盛有碎饼状的东西，有人认为是苦茶饼。苦茶产于湖南省江华瑶族自治县，墓中有长沙国南部驻军图，标明正是江华一带。文物中4次出现汉隶书写的"槚笥"竹简和木牌，"槚笥"就是"苦茶箱"，即茶叶包装。这是中国最早的茶叶随葬品。竹简中还记有"牛苦羹一鼎""狗苦羹一鼎"等，"苦羹"指苦茶制作的羹汤，"鼎"即茶器。

第四节　竹木茶器

隋唐以前，民间饮茶器具多用竹、木、藤、苇、葫芦等天然材料制作而成。《茶经·四之器》中所列的24种茶器，多数是用竹木制作的。这种茶器原料来源广，制作方便快捷，对茶无污染，对人体无害，甚至还能散发出竹木特有的芳香气息。竹木质地材料朴素无华，且不导热，有保温不烫手等优点。另外，竹木材料还有天然纹理，做出的器物别具一格，很耐观赏。目前，主要用竹木制作茶盘、茶池、茶道具、茶叶罐等，也有少数地区制作木茶碗。

湖南许多茶区，如益阳、邵阳、怀化、衡阳、岳阳、古丈等地也是著名竹木之乡，加工的车木器、小郁竹器、翻簧竹刻器等很有地方特色。历史上这些地方多使用竹或木碗泡茶，湘西一些农村也用葫芦作盛茶用具。现代，装茶的木罐、竹罐随处可见，特别是作为艺术品的黄杨木茶罐和二簧竹片茶罐，既是一种馈赠亲友的工艺珍品，也有很好的实用价值。

益阳有一种竹编茶器，包括茶杯、茶盅、茶托、茶壶、茶盘等，多为成套制作。竹编茶具由内胎和外套组成，内胎多为陶瓷类饮茶器具，外套用精选慈竹，经劈、启、揉、匀等多道工序，制成粗细如发的柔软竹丝，经烤色、染色，再按茶具内胎形状、大小编织嵌合，使之成为整体如一的茶器。这种茶器不但色调和谐，美观大方，而且能保护内胎，减少损坏，同时，泡茶后不易烫手，并富含艺术欣赏价值。多数人购置竹编茶器不在其用，而重在摆设和收藏。

南岳车木是非物质文化遗产代表性项目，清代时已有制作。民国至二十世纪七八十年代为南岳著名旅游工艺品。

在竹制茶叶器具中，邵阳翻簧竹刻久负盛名。它创始于清乾隆年间，其工艺是巧妙地将楠竹的内簧制成器具的表面，即翻簧竹板，再制成茶叶盒、茶叶筒等各种器具，然后在上面雕刻作画。雕刻技术有线刻、浮雕、沉雕、阴文雕、阳文雕、镂空、电缓、压烫、腐蚀、镶嵌等，图像多为兰竹花卉、鸟兽虫鱼、仕女人物、山川胜迹等。在1915年巴拿马万国博览会上，邵阳翻簧竹刻曾获得银牌奖。

临湘市的竹器很有特色，品种齐全，有竹壳开水瓶、竹茶盘、竹茶叶盒、竹茶桌等。"羊楼司"镇楠竹面积达1.6万hm^2，居全省乡镇之首。有"湖南第一楠竹大镇""竹都""中国竹器之乡"等美称。

临湘市五尖山湖南嘉源砖茶博物馆就搜集了当地不少竹制茶器，如清代的竹制茶叶筒和用于盛"七碗茶"的竹茶篮，就是不可多得文物。

第五节　石质茶器

石质茶器是用各种天然无害石料制成的茶器，以盏、托、杯、壶、盘等小型茶具为主，质地厚实沉重，色泽光润艳丽。

湖南在战国时代就出现了这种茶具。怀化市沅陵县窑头古城1232号战国墓中，出土了两只石茶杯，形制一样，高6.7cm、口径7.4cm，圆筒形状，有半环形单把，底部平展，有别于酒器"卮",与现代的大口、圆腹茶杯相似。出土的石茶盘长40.1cm、宽24.5cm、高4.1cm,是长方形浅平盘。出土的石壶形制,与老煅烧白泥茶壶别无二致。这是我国发现最早的茶器实物。

进入21世纪以来,湖南石质茶器增加了新品种。

① **冰碛岩茶器**:此岩石含有丰富的矿物质,对人体具有一定的调理和保健功能。

湖南秋忆浓冰碛岩工艺材用品开发有限公司利用安化原石所处环境不同、质地也随之发生变化的特点,选取韧性最好的田坑料来雕凿茶具容器。其"梅山冰碛岩艺术"系列茶器,已被列入安化县第六批非物质文化遗产代表性项目。该公司于2016年与湖南工艺美术职业学院签订了技术开发合作合同,向师生提供原材料和实习岗位,将师生的创意运用到新品开发之中,极大地提高了冰碛岩茶器的艺术品位。

② **菊花石茶器**:菊花石是一种酷似菊花状的燧石结核集合体,经过方解石化和硅化,内含丰富的对人体有益的硒、锶等多种微量元素,无有害物质,无放射性物质。浏阳菊花石茶器工艺品在20世纪90年代,主要出口日本。21世纪以来,国内外畅销。

③ **玉质茶器**:郴州临武县出产"通天玉"和"香花玉"。"通天玉"属石英质玉,常见颜色有白色、黄色、红色、褐色、灰色、蓝色等,玉质细润,色泽丰富,可雕塑性强,硬度高。"香花玉"属透闪石质玉,以青色、墨绿色为主,玉质好,少绺裂;色泽沉稳浓艳,质地细腻温润。它们韧性极强,与和田玉石特征极其相似,该地玉质茶器的开发,弥补了湖南高档玉质茶器的空白。因"人养玉三年,玉养人一生"的养生理念满足了消费者的需求,玉质茶器赢得了一定市场。

第六节 茶器名窑

湖南瓷器是中国瓷器中的佼佼者。

历朝历代,陶瓷茶器的生产,如茶杯、茶盅、茶碗、茶壶等,在所有陶瓷器物生产中,占有十分重要的位置,甚至是主导地位。

湖南陶瓷名窑,如岳州窑、长沙(铜官)窑、醴陵瓷城,多以生产质优量多、品种齐全的茶器著称于世。

一、岳州窑

岳州窑地处湖南省湘阴县城关镇,又称湘阴窑。主要生产青瓷茶器,是古代瓷窑之一,与越州窑青瓷并列为六大名瓷之首,在中国陶瓷史上地位比较重要。

早在8000年前的新石器时代，岳阳就有古人类烧制陶器的遗址。华容车轱山遗址出土了5500年前的蛋壳陶杯，岳阳县费家河窑址发掘3000多年前原始青瓷的釉陶。1953年，考古发现岳州窑位于湘阴城南铁角嘴窑头山。1983年，又在城南偏西的樟树镇百梅村，发现15万m²的百梅窑址，出土碗、钵、碟、壶、瓶、罐数以千计。上层为宋瓷，下层为东汉青瓷。1986年，文物普查在湘阴湘江岸边发现古窑址25处，其中青瓷窑址就有18处之多。1997年，马王塅窑址出土了大量青瓷器物窑具和隋代龙窑，有8个文化层次，包含隋、唐、南朝（梁）、东晋、西晋、东吴6个时段，延续百余年。中唐后日渐衰退。

岳州瓷的釉色以青绿居多，青黄者少，釉层较薄，具有玻璃质感，渗着光亮。初唐，岳州瓷大多只施半釉，甚至有的器皿只有口沿施一圈釉，釉开细片，成为该窑产品的一大特色。出土的茶器有东汉的青瓷双系壶，三国的青瓷筐，东晋的青瓷洗，南朝的青瓷三足炉，隋代的青瓷小杯、青瓷足杯及唐代的青瓷碗。

新中国成立后，岳阳市的陶瓷业又逐渐兴旺起来，主要烧制包括茶器在内的日用陶瓷。20世纪80年代后，岳阳市及各县（市、区）相继开办了一批生产陶瓷的民营企业，担负恢复和发展岳州青瓷事业的重任。

① **岳阳市岳州宋瓷文化艺术发展有限公司**：2015年创立。岳州窑文化产业复兴龙头企业。聘请清华大学、故宫博物院等单位16位专家教授进行技术指导，开展青瓷青釉的研发和岳州窑自汉至唐历代主要器形仿制传承工作。采用本地的长石、瓷石、石灰石、高岭土及草木灰等原料配制青瓷釉，使烧成后的茶具及其他产品釉色晶莹润泽，青绿如玉，同时通过掌握釉与坯的膨胀系数及控制窑温，使产品呈现岳州窑特有的细小冰裂纹，显得古朴大方，清洁雅致。公司按古法恢复生产的历代岳州窑青瓷茶器有如下类型：鸡首壶、执壶、提梁壶。创新设计的青瓷茶具有荷花托盘盖碗、刻画菱形茶叶筒、莲花瓣鼓形刻花茶叶罐、莲花瓣斗笠小茶壶、莲花瓣寿字小茶壶、岳阳楼刻花小茶壶、提梁壶、组合茶器、窑变铜红流霞壶和君山银针茶叶罐。还采用无釉柴烧的方式，推出了一批柴烧茶器。其青瓷茶器和柴烧茶器先后参展上海世界陶瓷艺术博览会和中国（深圳）国际文化产业博览会等展会，分别获得金、银、铜奖多项；首次参展米兰世博会，获得国际性茶业协会的好评。公司秉承湖湘文化精髓，发起并实施复兴岳州窑文化工程，将经典的陶瓷工艺与岳阳的湖光山色、风土人情紧密结合起来，创意研发了湘妃瓷、岳州印记、楼岛湖翡翠茶器等特色系列产品数十种，取鼎、壶、爵、钟等青铜礼器造型，化厚重为轻灵，成为当代人们的掌上茗玩。2013年参加中国湖南国际旅游节暨湖南旅游产业博览会，获得广泛赞誉。

② **岳阳市岳州古窑青瓷研发中心**：成立于2014年。近几年推出的青瓷茶器造型独特：

有"白银盘里—青螺"组合茶器,有题为"生命之源"的人体造型茶器,有以江豚立意的动物造型茶器,有以水乡荷花为主题的"团湖翠荷"和以梅、竹为主题的组合茶器。这些茶器都多次获奖,得到广泛好评。

③ **湘阴岳窑青瓷烧制技艺研发有限公司:** 由湘阴县岳州窑吴氏第42代古陶艺传承人吴军平创办。近年,公司采用岳州窑传统的印胎青釉,设计烧制了一批具有岳州窑青瓷特色的茶器,如由壶、罐、盅组成的八头茶器,古朴典雅。还推出了印花绿釉鸡首壶、印花浅绿色釉茶壶和印花青绿釉茶碗等系列茶器。

二、长沙窑

长沙窑,也称铜官窑。遗址位于长沙市望城区铜官老街至石渚湖一带,是唐朝釉下彩瓷的发源地,生产釉下彩绘茶器。沿湘江东岸十里河滨,已发现窑遗址19处,面积最小的达300m²,最大的达10000m²,总面积达30万m²,堆积厚度0.4~4m。于1972年、1983年两次公布为省级文物保护单位,1983年公布为全国重点文物保护单位,现已开辟为国家遗址公园。

当岳州窑走向衰落之时,长沙窑正处在兴盛阶段。因为其是典型的民间大窑场,古代文献中记载较少。晚唐诗人李群玉有《五律·石潴》诗一首:古岸陶为器,高林尽一焚。焰江湘浦口,烟浊洞庭云。迥野煤飞乱,遥空爆响闻。地形穿凿势,恐到祝融坟。唐大历四年(769年),杜甫也为其写下《五绝·铜官渚守风》:不夜楚帆落,避风湘渚间。水耕先浸草,春火更烧山。

长沙窑生产的茶器,品种丰富,式样繁多,为唐代茶文化提供了考证。目前,国内10个省份和日本、韩国、印度、伊朗、伊拉克、埃及等国家的考古发掘,发现在八九世纪时,就出现长沙窑瓷器。1974年,在宁波出海口处发现一艘唐代沉船,其中有几百件长沙窑青瓷,这表明当时长沙窑茶具的销售市场十分广阔。

长沙窑制陶始于东汉,制瓷始于唐代,衰于五代。早期主要制作"南青北白"中青瓷的地方品类,为中国青瓷茶器的著名窑场。长沙窑彩瓷源于岳州窑,是"安史之乱"前后北方部分陶瓷工匠南迁到陶土资源丰富,紧靠湘江黄金水道的铜官,将南方青瓷技术和北方白瓷技术相融合基础上创造出来的。其以独树一帜的釉下多彩的釉下彩绘特色,一时风行国内外,迅速成为当时全国三大出口陶瓷产品之一,与青、白瓷形成三足鼎立之势。

长沙窑开创了以文为饰的先例,并第一次将中国传统的书法、绘画、诗歌等艺术门类融入陶瓷装饰,打破了以青白釉色一统天下的审美标准,综合运用绘画、堆贴、刻画、模印等工艺手法，创烧出褐绿、红绿等多种色调纹饰的器物。出土的唐代青釉褐彩壶上有言及忘年爱情的诗歌："君生我未生，我生君已老。君恨我生迟，我恨君生早。"茶壶、茶碗上还有题诗"人归千里去，心画一盏中，莫虑前途远，开航逐便风""小水通大河，山深鸟雀多，主人看客好，曲路亦相过"等，以及釉下彩绘简笔花草、椰枣梭罗、孔雀鸟鹊、游鱼舞狮、莲花牡丹、武士乐师、座椅绳床等，都增添了品茶时的乐趣。

长沙窑最早发明的铜红釉烧制技术，也是世界彩瓷的开山鼻祖，为后世宋钧瓷红和元明清清花釉里红祭红、郎窑红的发展打下了坚实的基础。同时陶瓷模印贴花也是世界陶瓷史上的一绝，这是在陶泥上模印出花纹后，粘贴在瓷壶的系纽或流下，再施以彩釉。模印技术十分精湛，人物可数清根根胡须，动植物栩栩如生，建筑物富有立体感。长沙市博物馆珍藏的一件婆椤树贴花印模、人物贴花壶就是很好的见证。

现在，铜官在恢复重建和重新改良下，出现新的企业，陶瓷生产工艺和产出能力都实现了质的飞跃。铜官窑茶器的研究逐渐受到工匠和技师的重视，茶器生产业已初见规模。

① **"泥人刘"陶瓷店：** 陶瓷工匠刘坤庭，出身于陶瓷世家。祖父刘子振被尊称为"泥人刘"。其随祖父在陶瓷研究所学习陶瓷雕塑技艺，通过改变原有陶土配置，将陶土收缩率减小、稳定性提高，做出来的茶壶密合度更好。在创作的茶壶身刻画裂纹、壶盖上添上独角兽，成为铜官陶瓷名品。其子刘嘉豪大学毕业后研习陶艺，经营店铺，展出较多的父子俩创作的茶器。

② **铜官窑非遗传人周世洪：** 从事陶艺创作30余年，坚持用传统手艺制作茶器。陶器作品多采用镂空、雕刻、堆塑、压印等艺术手法，颇具特色。在"感知中国——湖南文化走进芬兰"大型文化交流活动上，其创作的《唐韵·烛台》和指导女儿周倩玉创作的《鱼》同时亮相国际舞台，让外国友人感受到了"湘瓷"的独特魅力和湖湘文化的深厚底蕴。

③ **彭望球陶器厂：** 生于陶艺世家，是"泥人刘"的外孙。其长期研制陶质茶器，形成了一定的生产规模。以"黑茶要在炭火中用陶器熬煮，才能得到黑茶精髓"的观点，把握粗陶与黑茶二者之间"相偪同强"的共性，制作了罐、锅、坛等大件茶器，深受顾客与茶人的好评。

④ **长沙一原陶瓷有限公司：** 经理刘逸哲在2014年从景德镇陶瓷大学毕业后，回到家乡创办公司。其用近16个月的时间，走访全国60余个古窑。以饱含湖湘文化内涵的湘妃竹为原型，原创研发出了创新产品"湘妃瓷儿"系列茶器。该产品采用四次复施釉法，以上等原矿胎釉——玉泥为胎，经过铁点窑变，烧制出褐色斑纹，尤显珍贵。同时用青釉点褐彩的古法工艺特色，研创出了湘妃竹仿生褐色斑纹效果。此系列茶具成为该公司

主打产品。

⑤ **盛唐工艺陶瓷有限公司**：秉承唐风古技精髓，取铜官母釉经典绿于内、取安化冰碛岩制釉于表，设计出系列新品，其茶杯、茶碗、茶壶、茶盘等，取"六方"形制，表达"太极生两仪，两仪生四象"之意蕴受到顾客和茶人的喜爱。

三、醴陵瓷城

醴陵，是中国古代釉下五彩瓷原产地，一直享有"瓷城"的美誉。远在东汉时期，这里就有较大规模的作坊，专门从事陶器制作。清雍正七年（1729年）开始烧制粗瓷。至民国初年，瓷业进入到一个新的发展时期，有"天下名瓷出醴陵"之称。新中国成立以来，其瓷器不仅走进了北京人民大会堂、中南海、毛泽东纪念堂，而且出口世界五大洲，成为湖南的骄傲。

醴陵"釉下五彩瓷"是中国瓷器制造业的荣耀。在20世纪初，名臣熊希龄抱着振兴湖南瓷业之志，东游日本，探索新的生产技术和制作工艺。回湘后，遂于1906年在醴陵城北江湾创立官办"醴陵瓷业学堂"，设陶画、辘轳、模型3科，聘请景德镇的制瓷师傅及日本技师安田乙吉、大凡理吉等为教员。接着，又设立制瓷工厂，成立官办湖南瓷业制造公司，亲自担任公司第一任总经理。公司专以制作上等瓷器为目的，开始生产细瓷。这种瓷器先用墨勾线，再将桃红、海碧、金茶等几十种釉下颜料，采取"平混""接色""深浅""罩色""分水"技法彩绘于坯上，罩釉高温烧成。烧后墨迹挥发，而呈现白线彩色花纹，使釉下装饰效果呈现出五彩缤纷的效果（图6-2）。

醴陵釉下五彩瓷主要有以下几个特点：一是画面鲜艳，经久不变。图案是描绘在瓷坯上，再上釉，经过1300℃以上的高温烧成，画面从透明的釉层下显露出来，平整光滑，不着人工痕迹，又耐摩擦、耐酸碱、永不褪色。二是安全卫生。与釉上彩不同，它的颜色是高温焚烧氧化还原而成，不需要含铅量高的熔剂，制成的食具、茶器十分安全卫生。

图6-2 醴陵釉下五彩瓷

三是工艺复杂，颜料质量高。有浅绿、深蓝、桃红、铬红、钛黄、釉下白等20多种耐高温的色料配方，获得了上百种复色，大大地丰富了花色品种。四是装饰工艺大革新。有釉下印花、刷花、喷花、丝网印帖花，以及色釉釉下彩等多重；画面题材上也越来越广泛，山水禽兽、山水人物、花鸟虫鱼、秀丽风景皆可入画，工笔、写意、图案等技法均可运用。

醴陵釉下五彩瓷是湖南陶瓷的象征。1909—1915年，醴陵釉下彩瓷产品先后获武汉劝业会一等金质奖、南洋劝业会一等金奖、意大利博览会最优奖、巴拿马万国博览会金牌奖。但在二十世纪三四十年代，醴陵瓷业凋敝，釉下五彩的技术几近失传。直到1956年，湖南省工业厅瓷器工业公司陶瓷研究所聘请名师，传授技艺，才使釉下五彩瓷得以恢复发展。在1959年国庆十周年活动中，人民大会堂主席台用的"胜利杯"就是由醴陵烧制。1964年国庆十五周年，醴陵又成批精制出一批国宴餐茶器和礼品瓷器。还有"白如玉、明如镜、薄如纸、声如磬"的薄胎瓷碗，各种图案的餐具、茶器和工艺品，都是顾客和茶人的珍爱之物。

21世纪以来，醴陵涌现出数以千计的制茶企业、工厂、作坊、工作室和销售商店。瓷城进而被人们称作瓷都，醴陵釉下五彩工艺也被世界瓷器界赋予专用名词：醴彩。大量的茶器和其他产品被当作高贵的工艺品被国内国外博物馆陈列，被人们珍藏。

第七章 湘茶人物

在湖湘茶文化发展的历史过程中，在茶叶生产、科研、教育、文化、推广、产业等领域中，众多杰出人物为推动湘茶产业发展和湘茶文化繁荣作出了不可磨灭的贡献，他们有的为赞美湘茶泼墨赋诗，有的为湘茶发展谋求良策，有的为科研攻关呕心沥血，有的为湘茶教育废寝忘食，有的为传承创新制茶工艺扎根一线……可以说，某种程度上，湖南茶业史就是一部湖湘茶人不断开拓创新的历史。"惟楚有材，于斯为盛"，从远古时期的神农，到唐代的怀素、孙思邈、刘禹锡，清末的曾国藩、左宗棠，民国的彭先泽等都为湘茶发展贡献过力量。神农尝草，敢为人先；曾国藩创办的湘军，坚毅勇猛，所向披靡，救国扶民；彭先泽克服重重困难，攻克黑茶加工难题，终成"中国黑茶理论之父"。滋生于三湘热土的祖祖辈辈，"心忧天下、百折不挠、敢为人先、兼容并蓄"的湖湘精神早已融入血液中。今天，为实现湖南茶产业"千亿"目标，一批批优秀的湖湘茶人不断涌现，不断成长，集茶界"湘军"众人之智，为谱写新时代湖湘茶业辉煌而努力拼搏。

第一节　名人与茶

一、远古炎帝神农氏为中华茶祖

炎帝是中国上古时代的部落首领，传说中的神人（图7-1）。据《史记》等古籍记载，炎帝姓伊耆，名石年。母为有蟜氏女，名曰女登，于烈山（今湖北随县）生炎帝，长于姜水，因此文书上又说他姓姜，号烈山氏或厉山氏、连山氏。炎帝先都陈（今河南淮阳县），再迁鲁，都曲阜，管辖着南到交趾（今岭南一带）、北到幽都（今河北北部）、东到阳谷（今山东西部）、西到三危（今甘肃敦煌一带）的大半个中国。

典籍中还有炎帝建"长沙厉山国"的说法。《水经注》云："烈山氏秉火德而王天下，乃就于长沙正南离火之地，也称炎帝，号烈山氏，即厉山氏，以长沙为厉山国。"《荆州土地记》载："神农生于随县厉山，就都于长沙，死葬茶乡。"炎帝为火德王，故称炎帝。因为他始作耒耜，教天下耕种五谷而食之，又被称为神农氏。他所属的部落是最早进入农耕文化的

图7-1 炎帝神农氏

氏族，所以他是中国农业的始祖。他尝遍百草，发明医药，成为中国医药的始祖。他耕而作陶，织麻为布，制作衣裳，日中为市，互通有无，削桐为琴，结丝为弦，作五弦之琴，弦木为弧，削木为矢，弧矢之利，以威天下。

炎帝是中华农耕文化的开创者，缔造了中华古国最早的文明。

炎帝神农氏晚年到南方巡视，一面了解民情，一面尝草采药，为百姓治病。世界上第一部药物著作，据考证是成书于先秦的《神农本草》。书中云："神农尝百草，日遇七十二毒，得荼而解之。"传说炎帝神农不断尝草采药，终于有一天误食了一种藤状植物，这种植物就是人们传说的"青藤爬墙，叶绿花黄，人吃断肠，牛吃解凉"的断肠草，不幸身亡。

晋皇甫谧《帝王世纪》载：炎帝神农氏，"在位一百二十年而崩，葬长沙"。《后汉书·郡国志》也有相同记载。宋罗泌《路史·后纪三》所载更详：炎帝死后葬于长沙茶乡之尾，叫茶陵，其后裔庆甲等徙居在此。秦汉时期茶陵为长沙郡或长沙国辖地，所以称作"长沙茶乡之尾"，或统称"长沙"。"茶陵"即"茶乡之陵墓"。显然，茶陵之名与炎帝陵有关。南宋时从茶陵析置郡县，炎帝陵在酃县（今炎陵县）境内。

炎帝陵始建于宋乾德五年（967年），为宋太祖所诏建。今日炎帝陵为1986年湖南省政府拨专款重建，占地2.4km²，洣水环抱，山峦叠翠，古树荫翳，烟云出没，今已成为世界华人寻根谒祖之圣地。湖南茶乡，因炎帝而倍增其光；湖南茶业，自古至今不断繁茂。

二、南北朝至五代时期名人与湘茶

（一）郦道元《水经注》记载郴州古井名泉

郦道元（472—527年），涿州（今河北涿州）人，出身官宦人家（图7-2）。历官北魏尚书郎、治书侍御史、鲁阳郡太守、河南尹（治理京城洛阳）、持节兼黄门侍郎、侍中兼行台尚书。逝后追封为吏部尚书、冀州刺史。北魏延昌年间（512—515年），郦道元出任东荆

图7-2 郦道元

州刺史，四个年头应到过荆州所辖湖湘地区。其《水经注》对桂阳郡、郡治郴县的"圆水"，及其前称"除泉"等许多泉、水等多有记载，是古代典籍第一次系统、详尽、准确、全面的记述，给后人研究中国古代泉、水变迁以及湖湘郴州古井名泉的来龙去脉，提供了难得的人文地理方面的珍贵史料和范本。

（二）药王孙思邈论茶之功效

孙思邈（约581—682年），隋唐医学家，京兆华原（今陕西耀州区）。少时因病学医，并广泛涉猎经史百家与佛教典籍（图7-3）。隋文帝、唐太宗、唐高宗均曾召其做官，皆辞不就。

一生致力于医药学研究,总结了唐代以前临床经验和医学理论,并广收方药、针灸等著作。著有《千金要方》《千金翼方》,其书首列妇女、幼儿疾病,并创立脏病、腑病分类系统,在医学上有较大贡献,被后世尊为药王。还自注《老子》《庄子》,又撰《枕中素书》。

图7-3 药王孙思邈

相传孙思邈晚年隐居长沙地区,以致长沙地区药王崇拜盛行千年而不衰,市内有药王街、药王宫、洗药庵、洗药井等街道和遗迹,市郊浏阳也有孙隐山、洗药桥、炼丹台、升冲观等地名,近年来还兴建了孙思邈公园。药桥泉石还为旧浏阳八景之一。清代浏阳人周忠信《浪淘沙·浏阳八景·药桥泉石》云:"涧曲水云连,仿佛桃源,杏林枯井迹犹传。洗濯临流香泽泛,龙虎堪痊。羽化已千年,销尽炉烟。丹令何处问神仙,惟有溪桥泉石在,灵气悠然。"

孙思邈年幼多病而最终寿高102岁,成为人中之瑞,被尊为道教祖师之一。宋徽宗时大兴道教,孙思邈被追封为妙应真人。长沙由此建起了药王宫,药王宫所在街道就称为药王街,长沙的药材行业则供奉其为祖师。

孙思邈首次对茶叶的药用保健功能进行了科学的阐述。在其所撰《千金食治·菜蔬》中云:茗叶,味甘咸、酸、冷,无毒。可久食,令人有力,悦志,微动气。黄帝云:不可共韭食,令人身重。

浏阳民间盛传药王用茶叶为巨龙治病的神话故事,其中以九鸡洞的故事最为有名。九鸡洞即浏阳砰山乡鲤鱼山下的九溪洞,为一天然石灰岩溶洞。传说古时洞藏一巨龙,因病求治于药王。药王以治愈后答应再不伤人为约,龙答应了。于是孙思邈取山中野茶树之叶夹入龙鳞之中,龙果然病愈。龙化成九只锦鸡飞出洞外,所以又叫九鸡洞。其中,一只从北盛经过,尾巴在地上一拖就变成了现在的拖塘。还有几只落地后变成水边的一块块陆地,即是现在的三汊矶、城陵矶、采石矶、燕子矶。

(三)文成公主与灉湖茶

文成公主(625—680年)祖籍山东济宁(今任城)。据载,文成公主为唐高祖李渊的堂侄女,即江夏郡王李道宗的女儿。她是我国古代一位为汉藏民族团结和西藏经济社会发展作出杰出贡献的伟大女性,至今仍受到汉藏民族尤其是西藏人民的崇敬。

唐贞观八年(634年),吐蕃赞普松赞干布遣使大唐,唐太宗遣冯德遐出使吐蕃。松赞干布再次派人到唐朝,提出要娶一位唐朝公主,遭到唐太宗的拒绝。由于当时吐谷浑王诺曷钵入唐朝见,吐蕃特使回来后便告诉松赞干布,声称唐朝拒绝这个婚约是由于吐谷浑王从中作梗。

唐贞观十二年(638年),松赞干布遂借口吐谷浑从中作梗,出兵击败吐谷浑、党项、白兰羌,直逼唐朝松州(今四川松潘),扬言若不和亲,便率兵大举入侵唐朝。牛进达率领唐军先锋部队击败了吐蕃军,松赞干布大惧,在唐将侯君集率领的唐军主力到达前,退出吐谷浑、党项、白兰羌,遣使谢罪,再次请婚,派禄东赞携黄金五千两及相等数量的其他珍宝来正式下聘礼。唐太宗将一宗室女封为文成公主,嫁给松赞干布。

唐贞观十五年(641年),文成公主在唐送亲使太宗族弟江夏王李道宗和吐蕃迎亲专使禄东赞的伴随下,从长安出发前往吐蕃。松赞干布亲自远至柏海(今青海玛多)迎接,谒见道宗,行子婿之礼。之后,携文成公主同返逻些(今西藏拉萨)。

公主进藏时,有皇室陪送的嫁妆,释迦牟尼12岁等身佛像以及珍贵的丝绸、粮食、茶叶等土特品。据李肇《唐国史补》记载:当时文成公主带去的茶叶叫"灉湖含膏",出产于湖南岳州灉湖(今岳阳南湖)。松赞干布非常喜欢贤淑多才的文成公主,经常在一起品茶聊天,有时还与大臣们一道谈茶论道。在《唐国史补》有一段详细记载:"常鲁公使西蕃,烹茶帐中。赞普曰:'此为何物?'鲁公曰:'涤烦疗渴,所谓茶也。'赞普曰:'我此亦有,遂命出之,以指曰:此寿州者,此舒州者,此顾渚者,此蕲门者,此昌明者,此灉湖者。'"

7世纪30年代,松赞干布始建布达拉宫为王宫。当时修建的整个宫堡规模宏大,外有三道城墙,内有千座宫室。松赞干布在此划分行政区域,分官建制、立法定律、号令群臣,施政全蕃,并遣使周边各国或与邻国建成姻亲关系或订立盟约,加强吐蕃与周边各民族经济和文化交流,促进吐蕃社会的繁荣。布达拉宫主楼13层,高117m,占地面积达36万m^2,气势磅礴。布达拉宫中保存有大量内容丰富的壁画,其中就有唐太宗五难吐蕃婚使噶尔禄东赞的故事,文成公主进藏一路遇到的艰难险阻,以及抵达拉萨时受到热烈欢迎的场面等(图7-4)。这些壁画构图精巧,人物栩栩如生,色彩鲜艳。布达拉宫的吐蕃遗址后面还有松赞干布当年修身静坐之室,四壁陈列着松赞干布、文成公主、禄东赞等的彩色塑像。

图7-4 文成公主和松赞干布的壁画

唐永隆元年（680年），在雪域高原上生活了近20年的文成公主去世了。吐蕃王朝为她举行隆重的葬礼，唐遣使臣赴吐蕃吊祭。至今拉萨仍保存着藏人为纪念她而造的塑像，距今已有1300多年历史。

（四）书法家怀素的墨宝索茶帖

怀素（725—785年），俗姓钱，号藏真，出生于永州。唐大历十才子之一钱起的晚辈。自幼出家，于参禅礼佛之余，勤研翰墨，且颇具悟性。其《自叙帖》云："怀素，家长沙，幼而事佛。经禅之暇，颇好笔翰。"初临王羲之等书法名家之草书帖，后游学长安，得草圣张旭及其弟子邬彤和颜真卿、韦陟等的传授，终于形成自己奔放野逸、骤雨旋风的狂草风格。其运笔如游丝袅空，圆转自如，似惊蛇起龈，像狂风骤雨，虽野逸而法度俱在；字形狂怪怒张，线条电激流星，一种"狂来经世界，醉里得真知"的创作激情在风回电驰的线条中奔泻而出。

怀素与茶和茶界名人缘分颇深，与茶圣陆羽为同时代人，年长陆羽8岁。唐贞元三年（787年），陆羽的旧识裴胄出任潭州刺史、湖南观察史。陆羽应邀来到潭州，就在这里与怀素相识，并结为好友。

怀素的《苦笋帖》是向人乞茶的茶帖手札，虽只寥寥14字："苦笋及茗异常佳，乃可径来，怀素上"，却是中国现存最早与茶有关的佛门法帖。怀素特别喜欢吃茗和苦笋，茶与笋是僧侣们常用来借助参禅之物。

怀素的草书后人惯以狂视之，但《苦笋帖》却是清逸多于狂诡，连绵的笔墨之中颇有几分古雅淡泊的茶禅意境。帖为绢本，长25.1cm、宽12cm，字径约3.3cm，藏于上海博物馆，为中国书林茶界之瑰宝。

怀素嗜茶、醉酒狂书、以蕉代纸等故事成为历代画家津津乐道的创作题材。宋代画家刘松年的两幅名画画的均为怀素。一幅为《撵茶图》，图中坐立挥写者为怀素，坐于书桌一侧者为怀素叔父钱起，坐于怀素对面者为诗人戴叔伦。书桌对面的桌案为两名仆从在专心撵茶。另一幅《醉僧图》，上有题诗云："人人送酒不曾沾，每日松间挂一壶。草圣欲来狂便发，真堪画作醉僧图。"另外，清代石涛的《怀素书蕉图》（图7-5），现代李可染的《怀素学书图》都是不可多得的传世佳作。

图7-5《怀素书蕉图》

（五）张又新鉴水说圆泉

张又新（生卒年不详），字孔昭，工部侍郎张荐之子，深州陆泽（今河北深州）人。唐元和年间（806—820年），先考中"博学宏词科"头名；又为京兆（首都长安府）会试解头，即按道中选户籍解送京城会试的头名；唐元和九年（814年）状元及第，三次大考均高中第一名，即解元、会元、状元，谓之"连中三元"；时人号为"张三头"。据说政治品质不佳，依附奸相，唐文宗将其左迁江州刺史。但此人本领颇多，流传诗作17首，825年前后所撰《煎茶水记》一卷，是继陆羽《茶经》之后我国又一部重要的茶道研究著作（图7-6）。书中叙述了茶圣陆羽评水、鉴水的神奇故事，留下了陆羽"楚水第一""郴州圆泉水第十八"评论的文字记载。并且，他还说陆羽所评"此二十水，余尝试之"，使郴州圆泉更声名远扬。

图7-6《煎茶水记》

（六）无量寿佛释全真与狗脑贡茶

无量寿佛释全真（728—867年），俗姓周，名宝，字宗惠，湖南郴州资兴市人（图7-7）。清光绪十一年（1885年）六月重修《湖南通志》卷二载："妙应，姓周氏，名全真，郴程水乡（今资兴市香花乡）人，母熊氏梦摩尼入怀，生而硕面大耳，骨瘦如柴……"周宝幼时一头癞疮，母亲用周源山野茶叶煮水给他内服外洗，不久痊愈。嗣后，周宝的饭菜其母均用鲜茶做出，缘此，周宝一生以茶是味。周宝排行第三，自幼聪颖，7岁读书，吐语成词，神悟过人。唐天宝二年（743年），拜别父母，到郴州城西北九十里的开元寺受戒，得法名释全真，修行兼负寺中茶事。清光绪元年（1875年）重修的《兴宁县志》载："师所生之地周源山，乡人即其地为师建刹二：一龙居寺，一广慧寺。佛母葬龙居寺后，岁时常云雨扫墓。墓旁皆产方竹，人多取为杖。"

图7-7 无量寿佛释全真

唐天宝三年（744年）携带家乡好茶，至浙江余杭径山寺参拜道钦禅师，亦行理茶之事。唐天宝七年（748年）随师进京晋谒玄宗，见安禄山之跋扈，辞师至罗浮。唐天宝九年（750年）回郴探母，驻锡苏仙岭期间采狗脑山茶为母调养身体。唐至德元年（756年）到湘源县（今广西全州）开创湘山净土院（现湘山寺），开演大乘教义。五代后晋天福四年（939年），楚王马希范因湘山为全真大师坐化之地，向后晋高祖（石敬瑭）奏准将湘源县改为清源县,并置全州。全州以寿佛全真第一个字冠名,相沿至今。

陆羽于唐上元元年(760年)到达浙江,寻茶至天目山,往来于径山禅寺,和道钦禅师谈茶论道,释全真尤得其益。唐太和八年(834年),为避"会昌灭佛"之灾,隐居釜山(全州宝鼎岭),以野茶养神慧思。唐大中元年(847年)回湘山寺住持。唐大中三年(849年)以"百岁长老"之誉,晋京长安献狗脑山茶于帝。唐咸通八年(867年)二月初八日坐化圆寂,享年138岁,这是中国历史有记载的最长寿者。有《牧牛歌》《遗教经》《湘山百问》等著作遗世。被唐僖宗、宋徽宗、宋高宗、宋宁宗等五次敕封为"慈佑寂照妙应普惠大法师""寂照大师"。康熙帝书"寿世慈荫",咸丰敕封他为"保惠无量寿佛"。民间俗称"寿佛爷"。"寿佛爷"在江南、港澳台、东南亚一带享有盛名。大师首贡之狗脑山茶,今名资兴狗脑贡茶,仍为享誉中外茶界的无上妙品。

(七)茶圣陆羽在湖南

陆羽(733—804年),字鸿渐,号东冈子,自称桑苎翁,复州竟陵(今湖北天门)人。肃宗时著《茶经》,被后世誉为茶圣(图7-8)。

图7-8 茶圣陆羽

据考证,陆羽一生可能有三次到过湖南,其中至少二次在长沙有长时间的逗留。唐大历元年(766年)秋,他与御史大夫李季卿第一次相见,当李问及陆所历之地各茶泉水味情况时,陆羽有"郴州圆泉第十八"之语,说明他到过郴州。但他安史之乱里流亡的路线是顺江而下,活动区域是江淮之间,因此到郴州的可能性不大。唐贞元五年(789年)寓居江西上饶,而郴州紧挨江西著名茶区遂川等地,因此他此时到郴州的可能性较大。可能性最大的是他应广州刺史兼南岭节度使李复之邀,于唐贞元五年(789年)秋天去广州之际。但两者时间都在唐大历元年(766年)之后,这就使陆羽的这次郴州之行与圆泉的记载有点扑朔迷离了。时间上也许有些错乱,但我们宁信其真。陆羽品评天下二十处茶泉的轶事最早出自唐宝历年间(825—827年)张又新的《煎茶水记》一书中,历代相传,颇有传奇色彩,各茶泉所在地之人也引以为自豪。这些评品排序是否陆羽所为,历代均有人怀疑。早在宋代,欧阳修就著《大明水记》提出质疑。欧阳修根据陆羽《茶经》中关于水的观点,认为张又新是假托陆羽之名自己胡诌的。

陆羽另外两次的湖南之行事实相对比较清楚。一次是唐建中初年(780—783年),戴叔伦(732—789年)做湖南观察使曹王李皋的幕宾时,邀请陆羽到了长沙。在长沙,陆羽兴奋的是巧遇了戴叔伦的好友，他倾慕已久的书僧怀素。陆羽与怀素相识后，很快成为挚友。对照怀素气势恢宏、笔势狂纵的代表作《自叙帖》，陆羽将怀素与颜真卿的这段轶事写成了《释怀素与颜真卿论草书》。唐贞元二年（786年），已寓居江西洪州的陆羽，在怀素逝世一周年的日子里，还满怀深情地回忆起这位性情疏敏，才艺卓绝的忘年交，留下了《僧怀素传》。

陆羽第二次到长沙是在青梅竹马的好友、才女李季兰被唐德宗赐死后，无限伤心的陆羽在朋友们的一再劝说下，于唐贞元五年（789年）踏上了西入江西的旅途，寓居江西上饶。大约也就是在这一年，陆羽受湖南观察史裴胄的盛情之邀，离开江西再次进入湖南，在长沙做了裴胄的幕宾，但到秋天就应李复之邀去了岭南的广州。

刻印《茶经》名满天下后的陆羽与湖南的士绅官僚多有交往，几度寓居长沙，在长沙作幕宾，与长沙的宗教界大德高僧交往密切，其对湖南茶文化，尤其是茶禅文化和贵族官僚茶道的影响是十分深远的。

（八）刘禹锡见证唐代炒青绿茶加工场景

刘禹锡（772—842年），唐代诗人，于唐元和年间（806—815年），因主张革新政治受贬，由监察御史贬为朗州（今常德）司马（图7-9）。刘禹锡《西山兰若试茶歌》见证炒青工艺发源地在湖南，本书第一章"湘茶历史"已有评述，无论这个绿茶加工技术进步的具体地点在常德、临武还是岳阳，都是湖南茶业历史的荣耀。

图7-9 刘禹锡

（九）柳宗元与永州"竹间茶"

柳宗元（773—819年），字子厚。唐代文学家、哲学家，唐宋八大家之一（图7-10）。柳宗元祖籍河东（今山西永济），出身官宦家庭，少有才名，早有大志。但其早年为考进士，文以辞采华丽为工。唐贞元九年（793年）中进士，后入朝为官，与刘禹锡一道积极参与王叔文集团政治革新。唐永贞元年（805年）九月，革新失败，贬邵州刺史，十一

图7-10 柳宗元

月加贬永州司马。唐元和十年（815年）春回京师，又出为柳州（今属广西）刺史，政绩卓著。唐元和十四年（819年）十一月逝于任所。

柳宗元在湖南永州的岁月中，他住乡间，串农家，不仅了解当地百姓的疾苦，深谙

当地的民风民俗，事实上，他在湘茶文化史上也写下辉煌的一页。柳宗元曾寄居于永州龙兴寺，与僧人重巽相识并结交为友，后重巽寄来新茶，柳宗元以《巽上人以竹间自采新茶见赠酬之以诗》作为答谢，对重巽所寄"竹间茶"高度赞美，称其为"灵芽"，饮之如"甘露"。诗中开篇即云："芳丛翳湘竹，寒露凝清华。"不仅描述了竹间茶园的优美景色：茶树掩隐在青翠的竹林里，承受着清莹雨露的滋润。同时记载了当时永州的茶树栽培及采制方法：茶树有喜爱温湿和耐阴的特性，为了创造茶树生长的良好环境，可见在唐代湖南佛寺就开创了竹间种茶的方法。接下来对采制方法也进行了详细的描写，茶树生长在"蒸烟俯石濑，咫尺凌丹崖"的竹林荫丛中，正符合"云雾和高山"出好茶的自然条件，因此所产茶品质优异。"晨朝掇芽"进一步表明采茶时间也是很讲究，以如此好的原料制出的茶其色泽、形状也是无比美好："圆方丽奇色，圭璧无纤瑕。"精心烹煎，清香随风飘送，悠长持久，饮之其味甘醇无比，胜过天上神仙所饮的酒流霞，简直可以与佛祖如来那甘露饭媲美，饮过后只觉自然的本真荡去了内心的昏邪，而灵魂得以净化。柳宗元对竹间茶的赞赏和珍视，既为其物，更为其人，友人所赠，且为亲手所采，关爱殷切，情意殷深，使困窘中的柳宗元倍感精神上的慰藉和友情的可贵。赞美茶叶，其实更是赞美友人的情谊。

柳宗元谪居永州的10年，他对永州"竹间茶"的记载成为湘茶文化史上的美谈。

（十）杨晔《膳夫经手录》的湘茶记录

杨晔，晚唐时人，生平不详，任过巢县（今安徽省巢湖市）县令。《膳夫经手录》成于唐大中十年（856年）六月，全书四卷，现仅残存一卷，是一本关于烹饪和茶学方面的书籍（图7-11）。《宋史·艺文志》所登四卷，与北宋文学家王尧臣（1003—1058年）《崇文总目》四卷手录本基本相同，两个版本都是收集转录而成的。据《中国烹饪古籍丛刊补遗》考证："书仅六页，似后人掇拾成编。惟所载茶品甚详，分所产之地，别优劣之殊，足与茶录茶经资考证也。正文近1500字，

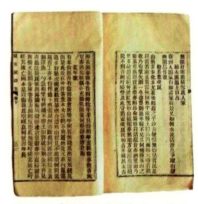

图7-11 《膳夫经手录》中记录的安化黑茶

无目次或门类标目。分段叙述而同类相从。"现存《膳夫经手录》所载全文源于《续修四库全书》，分豆类、蔬菜、禽、羊、鱼、肉类及水果、茶等，无目次，无标点，其中只有"茶"的内容很详细，分产地、销区、品质优劣等内容，为后人研究茶叶历史留下了一份宝贵的资料。《膳夫经手录》与《茶经》《茶录》有同样的考证和研究价值，尤其是对研究安化黑茶等湖南茶史提供了有力佐证。

（十一）裴休的《税茶之法十二条》

裴休（797—870年），字公美，唐孟州济源（今属河南）人，或曰河东闻喜（今山西闻喜县）人（图7-12）。能文善书，自成笔法。历官户部侍郎，充诸路盐铁转运使，转兵部侍郎兼御史，同中书门下平章事，在相位五年，改革漕运积弊，制止方镇横赋。因直言被贬为荆南节度使和湖南观察使，后复入为吏部尚书。

图7-12 裴休宰相

裴休在长沙河西金牛岗建裴休草堂，是其收徒授业之所；还在北门外筑西园，今留西园、西园北里等街名。裴休享年74岁，卒后与夫人陈氏同葬于沩山密印寺对面端山之阳。

唐大中六年（852年）正月，裴休在潭州奏立《税茶之法十二条》，发展茶叶贸易。其《请革横税私贩奏》奏曰："诸道节度观察使置店停上茶商，每斤收拓地钱，并税经过商人，颇乖法理。今请厘革横税，以通舟船。商旅既安，课利自厚。今又正税茶商，多被私贩茶人侵夺其利，今请强干官吏，先于出茶山口及庐寿淮南界内布置把捉。晓谕招收，量加半税，给陈首帖子，令其所在公行，从此通流，更无苛夺，所冀招恤穷困，下绝奸欺，使私贩者免犯法之忧，正税者无失利之叹，欲穷根本，须举纲条，敕旨，宜依。"唐宣宗认为"裴休条疏茶法事极精详"，乃敕旨颁行。

《税茶之法十二条》是关于杜绝横税、禁止私贩、规范茶税的茶法禁令，全文已佚，部分内容保存在《新唐书食·货志四》中，主要为：对私贩茶严厉打击，茶商三犯合计达300斤，脚力三犯累计达500斤，及结伙贩私茶者处重刑；邻居及牙保不检举揭发，四犯达千斤者，发现捕获后处死刑。园户私售百斤以上，初犯杖脊；三犯，加处苦重徭役；对园户毁弃茶园者，刺史、县令以放纵私盐论处，对江淮茶加半征税；凡私茶商贩自首，给帖从宽处理。这是针对当时茶法极端弊坏的现状，三管齐下提出的整顿方案，为恢复贞元税茶制度扫清了道路；对过去的走私贩茶采取了既往不咎的现实态度，收到了令行禁止的效果。茶税取得"增倍贞元"的成果，创唐代最高纪录的80万贯。裴休的《税茶之法十二条》堪称严刑峻法，是为保障政府茶利不致流失，同私贩横税进行斗争的产物，也为五代、宋代的严禁私茶，加强茶税征管提供了有益的启示，是中国茶业发展史上的重大事件之一。

（十二）五代马殷的楚国茶政

马殷（852—930年），五代十国时楚国建立者，907—930年在位。在位期间尊贤纳谏，奋发图强，建立了一个相对稳定和繁荣的湖南地方割据政权。唐天祐三年（906年），唐宣武军节度使朱温废唐自立，建立梁朝（907—923年）。从此，中国中原地区相继出现了后梁、后唐、后晋、后汉、后周5个朝代；南方与山西则出现了10个割据政权，史称五代十国，马殷建立的楚国就是其中之一。马殷，字霸图，许州鄢陵（今河南鄢陵）人，或说扶沟（今河南扶沟）人（图7-13）。少为木工，应募从军。后随秦宗权部将孙儒入扬州，渡淮河与杨行密相争，败后入江西，转从别将刘建锋攻取潭州（治所在今长沙市）。唐乾宁三年（896年），刘建锋为部下所杀，他被拥戴为主，先后任潭州刺史、武安军节度使，割据潭、衡七州。又先后取桂管六州、岭南五州等地，成为中原王朝的南方屏障。

图7-13 马殷

朱温建后梁（907—923年），他受封楚王。后唐天成二年（927年）封为楚国王。他仿效天子之制，在长沙城内修宫殿、筑园林、置百官，建立了一个独立王国，史称马楚。今长沙市芙蓉区马王街即为其王宫所在。马楚政权灭亡后，在楚王宫旧址上建起了马王庙。清光绪二十九年（1903年）周震鳞等人又在马王庙的原址上建修业学堂。马殷在位尊礼中原王朝，与杨氏相抗；在境内植茶贩运，发展商业，铸铅铁钱，有殷实之称。

马殷常向判官高郁问策。北宋欧阳修《马殷问策》记载："殷初兵力尚寡，与杨行密、成汭、刘䶮等为敌国。殷患之，问策于其将高郁。于是殷始修贡京师，然岁贡不过所产茶茗而已。乃自京师至襄、唐、郢、复等州，置邸务以卖茶，其利十倍，郁又讽殷铸铅铁钱，以十当铜钱一。又令民自造茶，以通商旅。而收其算，岁入万计。由是地大力完。"

马殷看准中原市场，以茶马互市大获其利。北方多食肉，喝茶既促进消化又有消毒作用。可茶叶产在南方，因此北方是广大的市场。由于产地不同，北销路线也不一样。唐以来，当时最著名的产茶区，一是巴山蜀水之间，二是太湖周围，三是洞庭湖周围之地。五代时，江淮的杨行密因后梁朱全忠扣押其卖茶使者与所有茶叶，从此双方战争不止，茶叶交易处于停顿。蜀地茶叶产量虽丰，但官私茶叶贸易受阻。唯有湖南马氏朝廷重视茶叶贸易，且与中原朝廷关系良好，为茶叶北销提供了有利条件。

湖南地区气候湿润，土壤微带酸性，宜于茶叶生长。后梁开平二年（908年）七月马殷岁贡梁主茶叶25万斤，可见茶产量不小。五代时的马楚茶产量没有完全统计，但宋史有记载，绍兴中荆湖北路产茶905845斤，荆湖南路产茶1125864斤，估计仅长沙及洞庭湖区各县就占荆湖南北两路产量之半，约占当时全国总产量的6.25%，是产茶的著名地区之一。

马楚对外的茶贸易,分为民营与官营两种。所谓民营,就是老百姓将茶叶卖给中原客商,王府坐收条税。后梁开平二年(908年)六月,马殷接受高郁"请听民售茶北客"的建议,"收其征以赡军"。马楚政权军力较弱,除了依附中原小朝廷以求庇护之外,必须加强军力。所以,收取茶税的目的就是加强防御。除茶税外,其他货物均不收税。这既保证了政权的财政收入,又促进了商业贸易的全面发展。所谓官营,就是政权组织的对中原地区邻国的大规模贸易。后梁开平二年(908年)七月,马殷在汴(治今河南开封市)、荆(治今湖北江陵县)、襄(治今湖北襄阳市)、唐(治今河南唐河县)、郢(治今湖北钟祥市)、复(治今湖北天门市)等州设置回图务,招募商人居住在此,收购茶叶,茶商号称八床主人,运往黄河南北之各商业销售点,转卖给中原及漠北,"以易缯纩、战马"。这样,一方面增加了马楚政权的各行各业财政收入,"岁收数十万,国内遂足"。另一方面推动了湖南境内的茶叶生产,"属内民皆得摘山(茶)",提高了茶农的收入。

(十三)齐己茶禅一味留诗篇

齐己(约860—937年),唐末与五代十国之际诗僧,潭州宁乡人(图7-14)。俗姓胡,名得生,自号衡岳沙门。本佃户子,幼丧父母,寄宁乡大沩山同庆寺为司牧,后入佛门为僧。齐己自幼聪颖,7岁能取竹枝画牛背为小诗。此后"风变日改,声价益隆"。游江海名山,曾至洪州、九江、袁州等地,作《早梅》诗:"万木冻欲折,孤根暖独回。前村深雪里,昨夜一枝开。风递幽香出,禽窥素颜来。明年应如律,先发映春台。"据说原诗中是"昨夜数枝开",郑谷对他说:"数枝,非早也,未若一枝。"齐

图7-14 高僧齐己

己非常佩服,马上拜谢,与郑谷结为诗友。后来诗界称郑谷为一字师。齐己居长安数载,遍览终南山、中条山、华山之胜。后居长沙岳麓山道林寺,因颈部有赘疣,人戏呼为诗囊。后梁龙德元年(921年),将入蜀,至江陵,为割据荆南的南平王高季兴所留,入主龙兴寺,署为僧正,因病卒于该寺。

齐己能琴工书,为诗尚锻炼,好苦吟,工于吟物,往往融情于景。其诗风格清润,语言简淡,含蓄有致,多登临酬答之作。尝登岳阳楼,望洞庭,时秋高水落,君山如黛,唯湘川一条而已。欲吟杳不可得,徘徊久之。从长安归,路过豫章郡,当时陈陶近仙逝,留题下有名的"夜过修竹寺,醉打老僧门"之句。居长沙时遇零陵(今永州)高僧乾康。乾康以《呈诗释齐己》诗谒之,齐己大喜,乾康诗曰:"隔岸红尘忙似火,当轩青嶂冷如冰。烹茶童子休相问,报道门前是衲僧。"

齐己撰有《玄机分别要览》一卷、《风骚旨格》(又名《诗格》)一卷、《白莲集》十卷传世。《白莲集》由齐己弟子西文编辑,共收齐己诗809首,是至今已知的湖南文人诗文集中最早的雕版书,比我国现存最早的雕版书唐代的《金刚经》仅迟70年。齐己是著名的诗僧和茶人,目前所知共写有茶诗13首,是唐代禅宗茶道的著名代表人物。《过陆鸿渐旧居》诗,是关于陆羽生平的可靠实录,殊为可贵。其《与节供奉大德游京口寺留题》云:"煮茶尝摘兴何极,直至残阳未欲回。"可知亦为嗜茶成癖者。他在诗中还多次写到南岳衡山的茶和岳阳的灉湖茶。《谢灉湖茶》最后一句写道:"若有新春者,西来信勿忘。"写出了茶痴的情状。《尝茶》中"味击诗魔乱,香搜睡思轻"是咏茶的佳句。《谢中上人寄茶》中"清和易晚天"句,表现了诗人对茶性的深刻理解。《怀东湖寺》中点明"茶轩",说明唐代长沙城内寺庙已有专用茶室供僧人饮用和待客。《咏茶十二韵》表现了茶与禅之间的关系及其对陆羽的崇敬之情。《过陆鸿渐旧居》描写了茶圣陆羽半儒半僧、亦庄亦谐的鲜明个性。《闻道林诸友尝茶因有寄》中的"摘带岳华蒸晓露,碾和松粉煮春泉"成为后世茶馆、茶楼广泛悬挂的茶联。

三、宋代名人与湘茶

(一)李允则潭州减茶税

李允则(953—1028年),字垂范,并州盂县(今属山西)人,北宋著名贤能官吏(图7-15)。李允则出生于将门之家,"少以材略闻",初蒙父荫得官,后因功绩累次升迁。宋咸平初年(998—1004年)知潭州(治长沙)任上,勤政惠民,勉力济世,为湖南的社会稳定和经济发展作出了巨大的努力。

图7-15 李允则

李允则在潭州任上,免除不合理的杂税,降低茶税。当时湖南苛捐杂税名目繁多,地税、屋税、枯骨税等不计其数,以致百业凋零,民不聊生。李允则奏请朝廷免除了"潭州三税",即马氏楚国之地税、房屋税、牛税,并将负担已暴增至三十五斤之多的茶税改为十三斤半为永久定制,使灾难深重的潭州百姓稍稍有了一点喘息的空间。

《宋史·本传》如是记载:"初,马氏暴敛,州人出绢,谓之地税。潘美定湖南,计屋输绢,谓之屋税。营田户给牛,岁输米四斛,牛死犹输,谓之枯骨税。民输茶,初以九斤为一大斤。后益至三十五斤。允则清三税,茶以十三斤半为定制,民皆便之。"此法的推行,大大提高了农民种茶的积极性,以致茶税总数不减反增。

（二）安化首任知县毛渐兴茶立县

毛渐（1036—1094年），字正仲，江山（今浙江江山）人。北宋治平四年（1067年）进士。北宋熙宁元年（1068年）担任宁乡知县。北宋熙宁五年（1072年），朝廷开辟梅山，开始设置安化县，毛渐为安化第一任知县。毛渐受朝廷重托，治理安化县6年。毛渐采取了一系列行之有效的措施，使这个遭受中央政权长期政治经济封锁、民众惶恐逃亡的山区县恢复了生机。

安化自古以来就有生产、饮用茶叶的习俗，山区农民家家户户有火坑，常饮用的"陈茶"或梭筒篾篓茶就放在火坑中央能升降有钩的梭筒上的篾篓内。毛渐在安化的时期，朝廷在资水北岸建立博易场（即茶市），用米、盐、布、帛交换（专卖）安化茶叶，配合朝廷于北宋熙宁七年（1074年）设立收购茶叶

图7-16 安化茶马古道遗迹

的"茶场司"和向少数民族买马的"买马司"，安化逐步成为北宋"茶马互市"政策的主要茶叶生产地（图7-16）。毛渐的系列举措极大地促进了安化社会经济发展，特别是茶叶的生产和交易。据清同治《安化县志》记载："当北宋启疆（建县）之初，茶犹力而求诸野……山崖水畔，不种自生，崖谷间生殖无几，唯茶甲诸州县，不仅茶多，且质优。"

（三）茶禅法雨来衡岳，夹山克勤大发扬

五岳独秀的南岳衡山有寿岳之称，流传着麻姑献寿的故事。桃和茶都是延年益寿之物，但东岳泰山、西岳华山、南岳衡山、北岳恒山、中岳嵩山五岳都产桃，唯独南岳衡山自古产茶，而且名茶辈出，名泉众多。因此，南岳衡山的寿岳之名，应当与茶有很大的关系。事实亦是如此，南岳衡山与南岳七十二峰之尾的岳麓山不但是佛教众多宗派的祖庭，亦是禅茶文化的祖源。在道风法脉流布各地的同时，衡山、岳麓山的"禅茶家风"也随之传扬四方。

麓山寺，又名慧光寺、万寿禅寺，位于湖南省长沙市湘江西岸岳麓山山腰，由敦煌菩萨竺法护的弟子竺法崇创建于西晋泰始四年（268年），距今已有1700多年的历史，是佛教入湘最早的遗迹，现为湖南省重点文物保护单位和湖南省佛教协会驻地。

东晋时期的南岳岣嵝峰亦开始有高僧入驻。南北朝时期的陈光大年间，慧思大师率徒到南岳，在掷钵峰下建般若禅林（现福严寺）。他在这里弘传"教禅并重""由定发慧""定慧双开"的思想，被后世公认为南岳佛教的开山祖师。慧思的高徒智顗前往金

陵，后入驻天台，开创了佛教中国化的第一个宗派，慧思被尊为天台宗二祖。慧思在南岳首倡茶禅之境味，使茶饮习俗在寺院兴起。这便是"茶禅一味"最初的史迹。

唐开元年间，般若寺大和尚怀让以"磨砖作镜"为喻，点化了年轻的出家人马道一。道一离开南岳后，前往福建和江西，开始他的开宗说法生涯。他在洪州（今江西南昌）开元寺传法，信徒云集，被称为"洪州宗"，其下三传而创沩仰宗，四传而创临济宗。临济之下，数传又辟为黄龙、杨歧两派。几乎与此同时，希迁和尚从江西青原山来到南岳南台寺。他的传承法系历久不衰，衍生出曹洞、云门、法眼三宗，与怀让、道一门下的数家共同构成禅宗的"五家七宗"。因为他们的贡献，南岳福严寺被尊为"天下法院"，南台寺被誉为"天下法源"。所以，中国佛教协会原会长赵朴初说："谈中国的佛教离不开禅宗，谈禅宗离不开南禅，谈南禅离不开南岳，南岳是出祖师爷的地方。"

马祖道一传法于百丈怀海，怀海根据禅宗的特点，折衷大小乘戒律，制定《禅门规式》。经历代多次增订，于元顺帝时（1333—1368年）定格为《百丈清规》，为后世寺院丛林所遵循。据竺济法先生研究，总共8万多字的《百丈清规》，共载"茶"字325个、"茶汤"65处、"请茶"21处、"吃茶"15处、"茶头"16处，可谓字里行间洋溢着茶香。

百丈传灵祐，灵祐传慧寂。灵祐在沩山，慧寂在仰山，举扬宗风，后代称为沩仰宗。唐末五代时的沩仰宗僧人如宝，住于江西资福寺。有人问如宝禅师："如何是和尚家风？"师曰："饭后三碗茶。"因著名的禅门公案"吃茶去"而闻名天下的赵州从谂禅师，得法于南泉普愿禅师，南泉普愿也是马祖的弟子。

以"茶禅一味"闻名天下的湖南石门夹山寺圆悟克勤亦为临济宗门下杨歧派高僧，他的法脉之源也在南岳。克勤（1063—1135年），号佛果，圆悟，俗姓骆，彭州崇宁（今四川彭州）人，宋代高僧，先后弘法于四川、湖南、江苏等地，声名卓著。皇帝多次召其问法，宋徽宗赐紫服及佛果禅师之号；宋高宗赐号圆悟，世称圆悟克勤，去世后谥号真觉禅师。圆悟克勤编录了禅门第一书《碧岩录》。北宋政和初年，圆悟克勤禅师来到荆门，复受澧州刺史之请，驻锡夹山灵隐禅院。圆悟禅师在灵隐禅院碧岩室之时，曾集雪窦重现禅师的颂古一百则，并加垂示、著语、评唱，弟子们把它们记录整理成书，成《碧岩录》十卷，后世称赞此书为禅门第一书，禅门第一圣典。

圆悟克勤也是"茶禅一味"法语形成的一个关键性人物。善会（805—881年），人称"夹山和尚"，俗姓廖，广东人，于唐咸通十一年（870年）受朝廷派遣，定居夹山，聚二百众，自成一个农禅基地，大倡茶禅境味之说。而继承善会衣钵，明确提出"茶禅一味"，并从理念上发扬茶禅文化的则是圆悟克勤。

圆悟克勤于北宋政和年间（1111—1117年）和南宋绍兴年间（1131—1162年）先后

住持石门夹山寺和长沙道林寺、开福寺。圆悟克勤在长沙开福寺设讲坛"讲明心性",认为品茶的真谛也在于心性,宋高宗特赐佛经以宏象教。其手书"茶禅一味"流传到海外,今藏于日本奈良大德寺。日本茶道奉"茶禅一味"为四字真诀,其"和静清寂"的茶道四规亦深受其影响,充满了宗教的气氛,并公认圆悟克勤的《碧岩录》为其"茶禅之祖"。以"茶禅一味"为中心的"茶禅说",是中国茶道的最高境界之一,是茶文化的精髓,也是湖南茶人对中国与世界茶文化的重大贡献之一。

(四)惠洪与沩山茶

惠洪(1071—1128年),北宋后期著名诗僧、画家、评论家,俗姓喻(一作姓彭),一名德洪,自称洪觉范,筠州新昌(今江西宜丰)人,14岁时父母双亡,入寺庙为童子(图7-17)。以诗文名世,善画梅竹。其诗清新有致,笔力颇健,极度推崇苏东坡、黄庭坚,作诗也勉力追慕,出入其间,时时近之,于黄庭坚所得尤多。清代推其诗为宋僧之冠。

图7-17 惠洪

宋大观中期(1107—1110年),丞相张商英、枢密史郭天信门下。商英败,亦坐累。后退游山川名胜,曾两度到长沙。一次寓居于河西岳麓寺,并游历宁乡沩山,品沩山名茶,发"日长齿颊茶甘在"的感叹;另一次与黄庭坚在长沙碧湘宫勾连一月有余,相互不忍离去,留下了一段佳话。离开碧湘宫后,二人同舟赴衡州,他们在碧湘门外购了一艘小舟,惠洪始嫌其窄小。黄庭坚笑曰:"烟波万顷,水宿小舟,与大厦千楹醉眠一榻何所异?"惠洪著有《僧宝传》32卷,撰辑禅宗曹洞、云门、法眼、临济、沩仰五宗诸高僧旧闻,各为之传。另著有《冷斋夜话》10卷、《石门文字禅》30卷、《天厨梦窝》3卷、《林间录》等。

惠洪一生嗜茶,作有不少茶诗,与湘茶多有关联,本书第十章"湘茶文艺"第一节"茶诗"收录了惠洪的多首作品。

(五)张栻岳麓书院饮茶

张栻(1133—1180年),字敬夫、钦夫,号南轩,汉州绵竹(今四川绵竹)人(图7-18)。其父张浚为宋代著名抗金将领,官至宰相。6岁时随父至湖南永州居住,27岁与著名理学家胡宏通信求教,29岁时前往衡山拜胡宏为师。同年,随父至长沙,在妙高峰上筑城南书院以作家居。34岁(1166年)时开始主教岳麓书院;至南宋乾道九年(1173年),先后两次主教岳麓书院,培养了一批湖湘弟子及外省籍弟子。以父荫补官,累官至吏部侍郎、右文殿修撰。著作有《经世编年》《南轩集》等。在南宋时与朱熹、吕祖谦齐名,时称东南三贤。

张栻与他的老师胡宏创立了湖湘学派，为后来的湖湘文化奠定了架构规模；他与朱熹在城南书院与岳麓书院互设讲席，往返湘江之上开展朱张会讲，树立了湖湘文化兼容并包的典范。逝世后，葬于原宁乡县（今宁乡市）官山乡官山村官山南麓张浚墓西侧。

张栻自幼入湘，在湖南先后生活了40余年，终老湖湘，葬宁乡巷子口。其中在长沙生活了十几年，对湖南、长沙山水风物十分热爱，留下了不少吟咏之作。喜喝茶，尤爱以岳麓山白鹤泉水沏茶，在茶礼往来中也写下了数首茶诗，如《腊月二十二日渡湘登道乡台夜归得五绝》等。

图7-18 张栻

（六）辛弃疾与赖文政

赖文政（？—1175年），一名赖五，南宋茶农起义首领，荆南（今湖北江陵）人。当时，湖北、湖南、江西的茶农、茶贩因政府实行茶叶专卖、加重茶税，生活极端困苦。江西、湖北、湖南等地的茶贩，经常结成几百人至上千人的队伍，武装贩运茶叶，抵抗朝廷对茶叶的专卖。茶贩的队伍常常是一个人担茶叶，两个人负责保卫，"横刀揭斧，叫呼踊跃"。宋朝官方称这支队伍为茶盗、茶寇，多次围剿。

南宋乾道八至九年（1172—1173年），江西茶军曾多次进攻江州和兴国军。南宋淳熙元年（1174年），湖北茶军几千人进入湖南潭州（今长沙）。此时，曾重建岳麓书院的刘珙再任荆湖南路安抚使。刘珙揭榜采取"来毋亟战，去毋穷追"的缓和策略，事遂平息。《宋史·刘珙传》对这一史实作了明确记载："珙知潭州湖南安抚使。湖北茶盗数千人入境，疆吏以告，珙曰：'此非必死之寇，缓之则散而求生，急之则聚而求死。'"

榷茶起源于唐代，五代十国马楚政权善而用之，两宋沿袭之，于立国之初即开始榷茶，且法度严而细密，税负远比唐代要重；先后引起过五次茶农起义，地域遍及湖北、湖南、广东、江西等地，虽影响广泛，声势浩大，但都被朝廷重兵镇压，均以失败告终。他们失败后，又为生活所迫被朝廷利用，改编成国家军队，号曰茶商军。

南宋淳熙二年（1175年）四月，赖文政率领茶农、茶商数百人，再次起义于湖北，转战湖南、江西。六月，茶军进入吉州永新县禾山。南宋朝廷一面派军队镇压，同时下诏号令地主武装参与，采取赏官办法，如能捕杀贼首之人，每人捕获或杀贼首一名，特补进武校尉，二人承信郎，三人承节郎，四人保义郎，五人成忠郎，各添差一次，五人以上取旨优异推恩。永新县的茶军不过400余人，而南宋朝廷从江州、鄂州、赣州、吉州调集的兵将，加之地主武装却有近万人，然而始终不能战胜茶军。茶军出没茶园山谷之间，和当地人民群众联系广泛，利益相关，因此得到了人民群众的积极支持。七月，赖文政率部从广东又折回江西。朝廷以辛弃疾为江西提点刑狱，领兵镇压，茶军战败。又因宋军诱降，赖文政在江州（今江西九江）被杀。一说其徒以貌相似者刘四之首给宋军，赖遁走。

辛弃疾（1140—1207年），字幼安，号稼轩，齐州历城（今山东济南）人（图7-19）。南宋豪放派词人，与苏轼并称苏辛。孝宗时任湖南转运判官，又知潭州兼湖南安抚使，两次被黜，起用后加龙图阁待制，赠少师，有《稼轩长短句》传世。辛弃疾因平息赖文政起事有功，加秘阁修撰。南宋淳熙六年（1179年）辛弃疾出任潭州知州兼湖南安抚使，此时茶盗再起湖湘，"弃疾悉讨平之"。遂上奏疏，帝诏奖谕之。

图7-19 辛弃疾

南宋湖南茶寇多次起事，多次被平息。南宋淳熙八年（1181年）辛弃疾离开湖南到江西的任上，还写有祝贺湖南官军平定茶军的词《满江红·贺王宣子平湖南寇》，详见本书第十章"湘茶文艺"。

（七）"阮七绝"的郴州缘

阮阅，又名美成，生卒年不详（约1126年在世），字闳休，自号散翁、松菊道人，北宋诗话家、诗人，舒城（今属安徽）人。宋元丰八年（1085年）进士，历官钱塘幕官、户部郎官、巢县知县；北宋宣和五年（1123年）以朝散大夫出任郴州知州。在任3年，编撰完成《诗话总龟》（原名《诗总》），与《苕溪渔隐丛话》《诗人玉屑》并称为宋代三大诗话。其有诗名，人称"阮绝句"，著有《郴江百韵》等。他游遍郴州山水名胜，凡到一处，即撰七绝一首，人呼为"阮七绝"。阮阅存世的涉茶（井泉）诗有14首，为宝贵的茶文化遗产。阮阅七绝《北园》，详见本书第十章"湘茶文艺"。

四、明清名人与湘茶

（一）李东阳茶香伴诗情

李东阳（1447—1516年），字宾之，号西涯，明代长沙府茶陵州人（图7-20）。李东阳为朝官50年，参与内阁机务18年，担任实际相当于宰相职务的内阁大学士15年，政治上达到顶峰。其间多次回长沙省亲、省墓，长沙重修府学宫尊经阁、贾太傅祠、李忠烈祠等，他都为之作记。李东阳也是一位才华横溢的诗人，是领袖明代诗坛50年的茶陵诗派的盟主。他主张诗歌要有比兴，要表现真实的情思，在形式上追求典雅工丽。

图7-20 李东阳

李东阳出生在中国著名茶乡茶陵，于茶人茶事与茶，自是十分熟悉和喜爱，诗中屡见咏茶佳句，如"佳期忽与春争到，正及雷鸣二月茶""他时细说熊罴梦，夜榻留连到几茶""相看只合无言坐，小泛清茶当一卮"等。有的诗则直接描述茶乡的风貌，如《茶陵竹枝词》就有茶陵女子"劝郎休上贩茶船"的诗句，反映了茶乡女子追求平安生活的美好愿望。他的《东坡煎茶（次坡韵）》描写了茶饮与文人生活的密切关系。

李东阳的许多茶诗虽是贺和之作，但绝非低俗应酬之作，诗中所散发的茶香，虽历数百年，至今回味无穷。更为难得的是，李东阳茶诗对当时的民间茶俗、茶叶生产及各具风味的名茶作了生动的描写，对研究明代茶文化具有重要的文献价值。本书第十章"湘茶文艺"收录了李东阳的部分作品。

（二）龙膺著茶书

龙膺（1560—1622年），字君御，武陵（今湖南常德）人（图7-21）。明万历八年（1580年）进士，官徽州府司理。后擢礼部主事，左迁国子博士。因上疏谏选宫女，谪倅边州。从大司马田氏督军青海，有松山之捷，入为户部郎中。久之出为山西按察司佥事，转甘肃参政，复持节张掖、酒泉，有暖泉之捷和麻山之捷，皆与有功，入为太常寺正卿。乞休归，屏迹渔仙，自署渔仙长，往来武陵长沙之间，怡然自乐。

龙膺才气横溢，兴趣广泛，诗词曲赋，咸有作品。就诗而言，古体、近体、乐府各体兼工，尤以近体诗轻便婉转、造语清新、神情竞爽。如《晓起》一诗隐露出"茶禅一味"的意境："斗大茅斋一榻清，卧披禅衲曙鸡鸣。松杉傍枕风涛落，洲屿临窗烟雨生。八节滩头香社净，千秋观外鉴湖平。闭门习懒浑无事，种竹栽花忘世情。"龙膺好茶，精于品茶，于明万历四十年（1612年）前著《蒙史》2卷。《蒙史》以湖南桂阳的

图7-21 龙膺

蒙泉为名，上卷述泉品，下卷述茶品，诙谐有趣。尤为可贵的是，这是古代湖南人所著茶书中唯一流传至今的一部，书中多处提及家乡的泉、茶和烹茶之法。本书第十章"湘茶文艺"中有摘录。

（三）陶澍诗赞安化黑茶

陶澍（1778—1839年），字子霖，号云汀，清长沙府安化县人（图7-22）。清嘉庆七年（1802年）进士。这年四月二十一日他参加保和殿策试，最令陶澍受到感动的是，他尝到了内府新茶。他在《保和殿策试恭记》一诗中写道："内府新茶次第分，阶前五色绕仙云。草茅十载书生事，三策天人答圣君。"从此，陶澍更钟爱于茶，品茶成为他为官之余的一大嗜好。

图7-22 陶澍

陶澍生长于著名茶乡安化县。陶澍出生在资江河边的小淹，从小就是采茶能手，每到采茶时节，黎明即起，背筐挎篓结伴上山采茶。陶澍生在茶乡，喝着家乡的茶走向全国，自是念念不忘家乡茶，有意为之推广。1805年陶澍因父亲病故，回乡丁忧守孝3年。告假赴任时，特意为皇上带去家乡上等好茶和安化特产蕨菜等物，并经常以诗会友，以诗赋茶，以茶待客，后来皇上将陶澍家乡好茶赐名天尖茶。从此，称皇上喝的茶为天尖茶，朝廷官员用茶为贡尖茶，乡绅贵族用茶为生尖茶。

清嘉庆二十年（1815年）春节，他邀请在京的"消寒诗社"诸好友到自己家里畅饮安化茶，并率先吟诵了《印心石屋试安化茶成诗四首》以助茶兴。组诗详细介绍了安化茶，洋溢着浓浓的乡情爱意，也是研究湖南茶史的珍贵资料。本书第十章"湘茶文艺"收录了陶澍的部分茶诗。

（四）吴敏树独爱君山泉茶

吴敏树（1805—1873年），字本深，巴陵铜柈湖（今岳阳县友爱乡）人。清道光十二年（1832年），29岁的吴敏树乡试中举。清道光二十四年（1844年），受命任浏阳县教谕，数年后称病告退从此不求仕进，潜心于诗文之学，终成大器。郭嵩焘谓之："湖南两百年文章之盛，首推曾吴"。曾，指的是曾国藩；吴，便是吴敏树。

吴敏树数次拒绝曾国藩、左宗棠盛邀入仕之意，与从弟吴士迈一道在君山岛上构筑"九江楼""鹤茗堂""听涛阁""北渚亭"等处所，以读书著书品茶为乐，从而与君山茶结下不解之缘。他的《柈湖文集》《柈湖诗录》《湖上客谈》等著作，有许多与君山茶有关的诗文。《君山月夜泛舟记》可说是吴敏树的代表作，描写了吴敏树和几位友人月夜游君山，最后"入一老庙煮茶"的情景，文笔优美，自清末以来入选多种散文范本。他在《响山泉》中首先记叙了自己发现君山响山有股清泉特别适合烹泡君山茶的经过，认为真正的第一泉非响山泉莫属（图7-23）。他写柳毅传书的橘井（柳毅井）时也不忘带个"茶"字，"灵橘已枯神井活，庙僧时捧贡茶瓯。"

图7-23 君山美景

难能可贵的是，吴敏树品茶还能品出民间疾苦，茶业兴衰。《从君山僧人买上供新茗送人绝句》云："近日君山苦病茶，军官买送大官家。无人为作云腴使，清绝江南相国衙。"

吴敏树写这首诗的背景是：他在君山买了三斤茶，其中两斤送给了曾姓老友，还有一斤送给了岑姓老友。但这位岑姓老友十分喜爱君山茶，一斤不够，于是吴敏树再去买时只买到八两。而君山茶近来越来越少了，本来很少的君山茶又让那些军官买去送上司了。因此吴敏树买的茶凑不到一斤，只能买一半，不能满足岑姓老友的愿望。

吴敏树在他的《湖上客谈》一书中生动描述了动荡时代君山茶的命运："贡茶，君山岁十八斤。官遣人监僧家造之，或至百斤，斤以钱六百偿之。僧造茶成，已斤费二千余钱矣。向时，买者可得四千。近以军事就武弁过此，必买茶以馈大官，斤率九千六百，多则十二千，僧利害略相当。然事平，军船日少，茶已不售，而官供如故，则败茶之道也。"吴敏树用数字说话：造一斤君山茶的成本是二千余钱，而官府强摊的价格却只有六百钱，造茶成本的三分之一都不到。按市场价格卖给商贾游客的价格是四千，卖给有钱的军官们则是九千乃至上万，这样种茶僧人的亏损还可以拉平。但高价买茶的顾客不来了，而官府逼着摊派上缴的茶数量如故、价格还是照样低，因此君山茶就败在这个缘故上。

（五）曾国藩酷嗜永丰细茶

曾国藩（1811—1872年），初名子城，字伯涵，号涤生，清长沙府湘乡县荷塘都（今双峰县）人（图7-24）。他是清末理学思想的代表人物，其思想对近代中国影响甚大，著有《曾文正公全集》。

曾国藩为了平定太平天国，筹集军饷，十分重视茶叶税收。清咸丰五年（1855年）四月，湖南设立厘金局，于正税之外，加征

图7-24 曾国藩

百货厘金税。厘金取自商人，具有商品等价交换属性，不会很快产生社会矛盾，因而在初行之时遇到阻力较小。所以曾国藩认为"病商之钱可取，病农之钱不可取"。厘金一般按量征收，茶叶每箱除装箱时纳厘金一钱五分外，到卡复抽银四钱五分，在百货中最重。清咸丰十年（1860年），为了进一步保障湘军的给养，曾国藩又在长沙设东征局，由黄冕、裕麟总办东征局厘金，委派员绅驻原设厘金局卡兼收，凡盐、茶等货物，于应完厘金外，又加抽半厘。长沙厘金局设于三汊矶，湘军将领胡林翼《题厘金局》联云："天子何忍伤民财，因小丑猖狂，扰兹守土；地丁不足济军饷，愿大家慷慨，输此厘金。"清咸丰五年（1855年）曾国藩率湘军出湘进入江西、安徽后，即在当地开征茶税以资湘军给养。《曾文正公全集》中还收有《议定徽宁池三府属庄茶引捐厘章程十条》，内容涉及安徽、江西的徽州、宁国、池州、婺源各地茶引捐收有关章程十条规定。

曾国藩对永丰细茶钟爱有加。他在清道光、咸丰、同治年间，无论在京师、江西军次、南京两江总督府，都是指明要家里购买永丰细茶给他寄去。清道光二十二年（1842年）正月初七，曾国藩在"与父亲"信中说："如有便附物来京，望附茶叶、大布而已。茶叶须托朱尧阶清明时在永丰买，则其价亦廉，茶叶亦好。"是年十二月二十日，他在"与父亲"信中说："同乡黄莆卿兄弟到京，收到茶叶一篓，重二十斤，尽可供二年之食。"两年之后，他在"与父母"的信中又说："邹至堂来，望付茶叶一篓，大小剪刀各二把。"清咸丰元年（1851年）闰八月十二日，曾国藩在"与诸弟"的信中又说："茶叶将近吃完，望即觅便再寄。"为此，家中又准备了"细茶三大篓，曝笋一大篓"，交黎月乔待制带去京师。清咸丰二年（1852年）二月初四，曾国藩的妻弟欧阳牧云赴京，曾国荃又托其带"细茶一桶，干肉、干鱼、鸡肫共一桶"。综上所述，曾国藩于清道光二十年（1840年）正月到京，清咸丰二年（1852年）六月二十四日出都，在京的十二年半时间内，他一直喝的是永丰细茶，数量之多甚为惊人。

曾国藩有一次收到茶叶十篓，可能不完全是自己享用，或是用永丰细茶送人，或是其幕府之员也恋上了永丰细茶，与之同享。清同治五年（1866年）四月，曾国藩北上剿捻，在山东济宁公馆，又收到家中寄去的茶叶，他回信说："澄弟所寄茶叶收到，谢谢！"可见曾国藩在军旅之中，一直也是喝永丰细茶。清同治九年（1870年），曾国藩在河北保定的直隶总督署，曾国荃信告曾国藩说："弟宅因叶亭北来之便，寄呈细茶一箱，曝笋一箱，乞查收。二味似可口之至，但不知道保定其味如常否？"不久，曾国藩回金陵，三任两江总督。清同治十年（1871年）三月初十，曾国荃信告国藩说："白芽茶仍极昂贵，昨乃觅得上谷雨前芽茶不满二十斤，悉数寄呈，请尝试之，倘再得佳于此者，又可遇便寄呈。兹因督销局解饷来金陵之便奉上，此茶二篓，祈留上房用。"由此看来，曾国藩用茶数量之大，确是因整个幕府以及待客都是喝永丰细茶。半月之后，曾国荃又寄信国藩，对寄金陵的二篓茶叶作了一番解释：昨鲁秋航来此辞行，云将赴金陵，弟是以托寄茶叶二篓，其小篓六斤，系蓝田家园厚味细茶。其大者十一斤，乃永丰之名品也，是否合常年色片口味，一试便知。罗研生来城托寄新刊《楚南文征》一箱，计十套，亦乘鲁便带呈。研意在求序，似不能不有以应之……册内之文未曾翻阅，而刊刻极精，似亦可爱，其味当如家乡细茶之永与否，尚未可知，俟大序到日，楚南人自无不信矣。可见他对永丰细茶的独钟之情。

（六）左宗棠整理西北茶务

左宗棠（1812—1885年），字季高，湘阴县人，清道光举人，晚清重臣，军事家、政治家、著名湘军将领（图7-25）。自幼聪颖，14岁考童子试中第一名。清道光十二年（1832年）中举。左宗棠1875—1942年整顿甘肃茶务，历经60余年，挽回清咸丰、同治年间（1851—1874年）西北茶销停滞局面，并为湘茶占领西北市场作出了巨大贡献。

左宗棠一生与茶结下不解之缘。在出山之前，他过着耕读生活。清道光二十三年（1843年）他以积年节余款项购得家乡柳家冲田70亩，"日巡行陇亩，自号湘上农人"，自署其门曰柳庄。他耕田种地，颇讲究科学技术，主要以所学得的古区田法从事耕种。然而，这时商品经济也逐渐有所发展，在湘北地区，主要是谷米、土布、茶叶、竹木等业。左宗棠适应了这种形势，他从安化引进茶种，开园种茶，颇获其利。他的儿子左孝同曾写道："府君于柳庄艺茶、种树，期尽地利。湘阴产茶府君实为之倡。"营建柳庄当年，他高兴地写信给老师贺熙龄说："茶园所入，今岁差可了清国课。逐渐增加，于人事不无

图7-25 左宗棠

裨益，倘更桑竹之利成，其可以存廉耻而广惠爱者大矣！"到清咸丰元年（1851年），他又在给贺仲肃的信中写道："山中小荀，新茶风味，正复不恶。安得同心数辈来吾柳庄一聚语乎？兄东作甚忙，日与庸人缘陇亩。秧苗初茁，田水琮琤，时鸟变声，草新土润，别有一段乐意。出山之想，又因此抛却矣！"

左宗棠安家柳庄，前后14个年头，直至清咸丰七年（1857年）骆秉章与胡林翼为"醵金"买得长沙司马桥宅，才自柳庄移家省城。他经营柳庄的活动，学用结合，使他对茶务颇多体验，为他往后在西北的整顿茶务活动奠定了基础。

清同治十三年（1874年），时任陕甘总督的左宗棠在镇压回民暴动后，开始着手整顿

西北茶务，改官引为票法，广招商贾。历史学家刘泱泱对此段历史有深入的研究。西北茶商，过去由晋商承办，称东商；后多湖南人，谓南商。"东商仅十之三，南商十之七"。而茶的来源，除部分川茶外，大多来自湖南长沙府安化县。这种茶运到陕西泾阳压制成块，称为砖茶，销陕、甘、青、新和西藏、内蒙古等地。每引100斤，另带损耗14斤，课税有正课4两，杂课4种计1两4钱4分。当时，每年销28996引，收税128742两，是一笔较大的财政收入。可是"甘省茶务，自军兴以后，商民流离，茶引停销，悬课无着"。

清同治十一年（1872年）初，左宗棠拟订茶务试办章程，以清积弊。一是清理积欠。二是清理茶引。过去各商茶引有28996道，但系畅销时定额。现招商试行，应以行销领引采办。三是清理杂课。过去每引有捐助、养廉、充公、官杂4项杂课，纳银1两4钱。他主张除杂课宿弊而重正课。四是清理商人。他根据商人资本微薄不能承引，向由山西大商领引情况，主张除待此章程批准后通知晋商外，还应让陕西泾阳各县"力能承引之商"去陕西先开官茶总店"试办新引"。

可是，清政府对上列4条，只准"缓征杂课，而积欠正课未蒙蠲缓"。于是左宗棠另拟改革章程。这个章程采取以票代引办法，"一票若干引不必定以限制，唯视商人多寡"为准。商人除原有东、西两柜茶商外，添设南省商人的南柜总商，"新商与旧商各领各票，各不相涉"。一引配茶80斤，杂课缓征，正课3两，由湖南运茶到甘肃的厘税，按"从权轻收"原则，"酌抽二成，其余八成以各省在积欠甘省协饷项下分年划扣""庶茶商不苦重厘，销引可期踊跃"。但销售后仍须完厘，其厘亦从轻定议。左宗棠如此定议，目的是"以便商贩而广招徕"。清同治十三年（1874年），左宗棠又向清政府上奏《甘省茶务久废请变通办理折》，指出："盐可改票，茶何不可？"主张以票代引。每票50引，即5000斤，另带损耗70斤。每引纳正课银3两，杂厘1两4钱，至多不过2两，每票即需课厘计222两。"凡商贩领票，均先令纳正课"。凡"陕甘商贩有票运茶过境，茶厘减纳十分之八，只抽两成"，余则由各省划抵积欠甘饷。为了保护甘茶销售，对无票私茶和课税较轻的山西茶商入境，令其补领官票，缴纳正课，照章守厘。甘肃官茶运销新疆，每票加征厘金20两，课税100两。因此，新疆官茶每票要363两。左宗棠改革甘肃茶务，改引为票，取得一定成果。原来只有2000多引，改票后发票835票，每票50引，即有4万多引，税收达233400两。

在西北市场上，俄商的竞争不可忽视。以茶来说，俄国在1874年就提出修改1869年的《中俄陆路通商章程》，开辟新的贸易路线，攫取贸易权益。俄国在1875年派索思诺夫斯基"由楚、蜀来甘，盖专为采访茶路"，开辟茶叶"由楚达陇径抵其国边界"的新的通商路线。左宗棠对此亦很注意，他说："俄人所需中国之货，茶为大宗。询其茶外尚须何物？答以川丝、大黄两种。询其入口之货，则毡毡、哈喇海龙、灰鼠皮之属。语以货高价贵，非民间日用所必需，行销难旺。伊答以本国地方出布甚佳，甲于洋布，可以多运。"左宗棠在了解了市场情况之后，主张逐步开展对俄贸易。左宗棠除大力整顿西北茶务外，在福建时也很重视茶务的改革，专门上奏了《闽省征收起运销茶税银两专能定额情形折》。

左宗棠整顿茶务的直接结果是湘茶在西北地区销量的复兴，并畅销于俄国，使湖南茶业臻于鼎盛。据吴觉农《湖南茶业报告书》等记载，湖南茶业极盛时年产量达五万吨之巨，仅长沙府安化一县，东坪、桥口、黄沙坪、西州等地有茶庄八十余所，年产茶七八十万箱。其中"红茶销俄者约占百分之七十，英、美仅占百分之三十……嗣广帮中兴，由香港销英、美之红茶约增至百分之四十，余百分之六十仍由恰克图销于俄国"。清同治《平江县志》也载："红茶大盛，商民运以出洋，岁不下数十万金。泉流地上，凡山谷间，向种红薯之处悉以种茶。"每当茶市方殷，贫家妇女相率入市拣茶，塞巷填衢，寅集酉散，喧嚣拥挤。

由于左宗棠奏请茶叶由官营改为私商营运，也打开了湘茶销往东南的通道，大批湘茶与浙盐互贸，从而从苏浙沿海出口，远渡重洋。直到清光绪十六年（1890年）后，由于国际市场受印度、锡兰茶叶竞争的影响，湘茶的销量才逐渐减少。

五、近代名人与湘茶

（一）朱昌琳开设乾益升茶庄成为南柜总商

朱昌琳（1822—1912年），字雨田，长沙县安沙人，清末实业家，长沙早期民族资产阶级的代表人物，是湖南近代工矿业和慈善事业的开创者之一（图7-26）。

清同治十三年（1874年），朱昌琳开始大步涉足茶业。其时清政府征商颁领茶引，恢复贩茶于甘肃、西藏等西北地区。清代西北广大地区销售的茯砖茶，都集中于兰州后分销。兰州原有东、西二柜的商业组织，东柜由晋、陕商人经营，西柜由回民充任。清同治十二年（1873年），陕甘回民起义被平息后，陕甘总督左宗棠为充实税课，奏请在兰州添设南柜，准许南方各省茶商经销。朱昌琳出资领得茶引200多张，在长沙坡子街开设乾益升茶庄，成为南柜总商，又在新疆乌鲁木齐设立分

图7-26 朱昌琳

庄，派员到安化采购茶叶运至陕西泾阳加工为茯砖，然后分销陕、甘、青、新、蒙各地。朱昌琳科学地按茶叶产销流转方向，在安化、汉口、泾阳、西安、兰州、塔城等地设置分庄，分段负责茶叶收购、转运、加工、销售工作，使各分庄各司其职，责有攸归。对

人员管理亦十分讲究，分庄办事人员预先在总庄工作一年以上，经过考察再行选派；其薪酬待遇，按业绩大小分等支付；因此人人效力，尽职尽责。粮食、淮盐、茶叶历来是湖南的三大贸易商品，朱昌琳倾力经营、呼风唤雨长达50余年，终成一代巨富，发展到自设钱庄，发行朱乾升号市票、银饼的巅峰。他将一个儒生因未考取功名而实现的治国梦做到商业中，把治国之才略用于经商兴业，实现了自己别样的人生。所以他总结自己的商业成功之道时说："务审时，如治国。"

（二）湘茶巨贾朱紫桂

朱紫桂（1838—1903年），双峰县沙田乡人。《娄底地区志》云："同治六年（1867年），沙田朱紫桂经营红茶，经汉口转销俄、英、美等国，后致巨富。"

朱紫桂自幼聪颖好学，因家贫，16岁时弃学从商，到永丰舅父开设的南货店当学徒。清同治初年，朱紫桂看到茶叶出口牟利较大，就转营茶叶。由永丰一家南货店主刘麟郊出本钱，他负责经营，先在湘潭开设"封君茶庄"，继在安化梅山等地设立七八处分庄，并派专人驻汉口掌握茶市行情。他倡设湖南茶业总会，以联合对付外商。当时，湘、鄂、皖、赣盛产茶叶，常成批运集汉口。外商见茶源充足，就压价收购。他通过湖南茶业总会与各省茶商计议，将茶叶分期分批运至汉口。外商见货源不足，则竞相抢购，朱等从中谋获巨利。

朱紫桂在有了一定的原始资本积累后，清同治四年（1865年）便由与他人合营转为自家五兄弟独营：在安化、梅山、湘乡等产茶地设立分庄，收购和加工制作，装箱发运；在湘潭设立"生记茶庄"收集和转运成品。仅10余年光景，朱氏兄弟就赚回外商白银百余万两，致使其"远近闻其名，持片纸走天下，声号冠湖湘"。因此，"湖南茶税收入大增，官私饶足，几达四五十年。"清光绪二十四年（1898年），朱著《茶商条陈》指出当时茶务弊端，呈湖南巡抚陈宝箴，陈采纳其意见，改革茶务。清光绪二十九年（1903年），他再呈《茶商条陈》给湖南巡抚赵尔巽，得赵赏识委以"湖南商务总会董事"之职。朱紫桂兄弟致富后，广置房屋田产，先后建有筱山堂等八大建筑（图7-27），又大施义善之举，与曾国藩家族一时成为湘乡县（今湘乡市）最有名望的家族之一。

图7-27 朱紫桂所建筱山堂旧址

（三）创办茶庄致富的方西甫、姚宝臣

方西甫（1823—1885年），出生于临湘的聂家市，祖辈以种佃田为业，8岁失去父母，15岁做小生意，有经商天赋，后创办方志盛商号。方志盛商号闻名湘鄂，历时百多年，

盛时拥有五大茶行，八大铺面，一个钱庄，一座矿山，两个田庄，十多公顷水田。

姚宝臣（？—1927年），湖北人，出身于贫寒家庭，只读过两年私塾，16岁后进汉口"裕隆茶庄"打工。清光绪二十三年（1897年），姚宝臣到临湘聂家市做茶叶生意，创办了同德源茶庄，生意越做越红火，红茶售到俄国、英国，英国女皇所称的"东方神奇的树叶"，据说就是"姚宝记"的茶品；茯砖销售到甘肃、新疆；青砖销蒙古。他在汉口汉正街置有门面，专做茶叶生意；在老家湖北省咸宁县汀泗桥，置有200石田土，建有庄园。民国十六年（1927年）他在汀泗桥谢世，乡绅方永炳挽联云："是营业中开山手，是商场中出色人，卅载煞费殷勤，岂独盛名驰武汉；以聂市为特别区，以汀桥为根据地，一朝惊怛化鹤，固应哀痛遍临咸。"

（四）卢次伦与泰和合茶号

卢次伦（1858—1929年），字月池，清咸丰八年（1858年）出生于广东香山县（今广东中山）翠亨村一个耕读之家。清光绪十二年（1886年）他相约30多位志同道合者，跋山涉水，千里迢迢来到位于湖南屋脊壶瓶山西麓的九台山，前来开矿，不料由于两省官府争权夺利而互不相让，终致其开矿宏愿付诸东流。

次年三月，同来的伙伴们一个个心灰意冷，独有卢次伦却羁旅壶瓶山下宜市（后改为泥市，俗称泥沙）的客店，继续寻找商机。一天早上，店家为他泡了杯本地新茶。爱喝茶会喝茶的卢次伦，徐徐饮下一口，一股清新的茗香与醇郁的韵味直沁心扉，顿时怦然心动：好茶好茶！少见的好茶！他仔细询问店家，得知就是本地农家自产自销的白茶，一般于清明前后采摘，由于芽尖叶细，看上去毛茸茸的一片灰白，俗称白毛尖。他再深究下去，得知此地四季云遮雾绕，到处都有这种优质茶，只是由于交通不便，市场不畅，茶农多是自产自销，提篮小卖。听了这些，卢次伦按捺不住欣喜。他慧眼独具，看到了这杯茶所蕴藏着的巨大商机。

当时中国的茶叶市场，国内行销绿茶、白茶、花茶、乌龙茶，而国际市场却行销红茶。经过深思熟虑，他作出了一个重大决定：依托壶瓶山的茶资源，变白为红，生产红茶，走向国际市场。清光绪十四年（1888年）建立了泰和合茶号。卢次伦对宜红制作极为讲求品质，不仅从安徽祁门专门请来技师，而且从长沙、湘潭等地请来一批内赶精工（常年在茶号从事较精细的赶茶称内赶；季节性赶茶的称外赶，只做一些初级性的工艺）。泰和合茶号不仅在湖北五峰、长阳、鹤峰、湖南石门等产茶区设有数十家茶庄，办理采购运输，而且在津市、汉口分别设立了津庄、汉庄两个专事转运销售茶叶的茶庄。当时，泰和合制作的宜红主销英国。

19世纪90年代，泰和合生产经营达鼎盛期，清光绪二十五年（1899年），宜红茶产量突破了30万斤大关，全厂内外员工（含各分庄、津汉两庄）近6000人，仰其生息者近万人，旱运骡马达500多匹，水运繁忙时茶船竟多达百余艘，云蒸霞蔚，钟鸣鼎食。泰和合的兴盛为闭塞偏远的泥沙古镇带来崭新的气象，使百年前的泥沙镇拥有湘北小香港之称（图7-28、图7-29）。

图7-28 泰和合茶号旧貌

图7-29 泰和合茶号今貌

民国初年，匪盗骚扰，严重影响宜红茶的生产和销售。在汉口，英国商人对卢次伦运去的宜红茶压级压价，愤怒之时，他将运去的茶叶在码头上烧了。1916年2月19日，哥老会抢劫泥沙，威逼卢次伦交出当年澧州知府王子宾送给他作为护厂的枪支。同年8月，桑植县哥老会田金标以500余众，洋枪3杆，大刀若干，一夜之间窜来泥沙，杀人放火，掳夺奸淫，卢次伦一家大小受绑架，财产被洗劫一空，泰和合红茶号的木结构房屋被焚，泥沙古镇的街坊被烧毁一半，劫后景象萧条凄凉。1919年，卢次伦怀着难以名状的痛楚，离开了泥沙古镇，携全家登舟东下，返回广东香山县老家。前往送别的卢氏门生故旧、附近茶农达数百人，依依惜别，无不感叹唏嘘。1929年，卢次伦因疾不起，与世长辞，终年71岁。

（五）杨占鳌与茶

杨占鳌（1832—1909年），又名杨焕煜，小名杨二同，古丈县古阳镇人。杨占鳌22岁参加曾国藩的湘军，跟随杨载福（岳斌）、左宗棠南征北战，受到清政府的赏识，封为甘肃提督，赐官正一品，并赏穿黄马褂。

清同治十三年（1874年）六月，杨占鳌终因伤病复发，而告老还乡，教育子女亲族广种茶叶立家致富。清廷念他有功之臣，曾安排两子去甘肃、四川任知府，杨的后代，深知官场险恶，不肯赴任，一心发展茶叶生产。从此，杨家人深居简出，研植茶叶。1906年，杨三少爷杨圭廷由西湖、龙井引进良种，在汪家坪开辟茶园，植茶叶万株，又从君山引进茶种，植于南门半坡，取名绿香园。五子杨琢臣妻陈氏，保靖陈云谷女。陈翁嗜茶，精于种植。杨琢臣从岳父处引进茶籽，植于半坡和青云山，生产青云银峰茶，又名毛尖茶，面积达万亩。当时古丈坪茶价已是不菲，在杨府和茶价的影响下，古丈坪茶叶被农家广泛种植推广。

1909年，杨占鳌病故，杨三小姐潜心研茶，终身未嫁，演绎一出凄美的古丈毛尖茶佳话。1910—1920年间，杨府茶叶品牌在市面上陆续出现的有杨圭延的"绿香园"，杨琢臣的"青云银峰""白毛尖茶"。至1920年，杨府共有茶园万亩，所产茶叶闻名三湘。

1921—1923年，古丈县内植茶火爆，杨家兄弟姐妹为发展茶业，经过艰苦跋涉，花费大笔财力，到浙江杭州、绍兴，省内君山、界亭等地学习栽培和加工茶叶技术，引进茶叶良种。当时古丈坪厅茶号众多，譬如许介眉的正味茶园、刘紫珊的龙龙茶庄、伍涤尘的青云茶社，各出商标，各精制法，同行竞秀，素负盛名，但没有一家的茶叶超过杨府的茶叶。1929

图7-30 今天的古丈茶园

年4月，县长胡锦心以杨三小姐的"古丈绿香园"茶品质最佳，推荐参加在西湖举办的国际博览会获优质奖，参加在法国举办的国际博览会获国际名茶奖。"湘西王"陈渠珍（1882—1952年）闻之称赞古丈茶叶"清香扑鼻，异人传法。"陈渠珍是近代湘西地方著名军阀，他以阎锡山治理山西之经验为参照，试图在偏远的湘西保境安民，发展山区地方社会经济，取得过一些效果。古丈茶叶因他的重视得到发展，种植再度繁荣（图7-30）。1930年前后，1市斤茶叶可卖到4块银元，或者160斤大米。在长沙、上海、南京等地十分抢手，"饮者以美味相传，推为茶类之冠。"

（六）齐白石的茶画与篆刻"茶香"

齐白石（1863—1957年），原名纯芝，后改名璜，字渭青，号白石，长沙府湘潭县星斗塘人。中华人民共和国成立后，齐白石历任中央美术学院名誉教授、中国画研究会主席、中国美术家协会主席。

齐白石是一位杰出的艺术家，他擅长画印诗和书法，尤其以画印最突出。齐白石作画讲意境，他有句名言："妙在似与不似之间。太似为媚俗，不似为欺世。"他画的《煮茶图》只画一把旧茶壶、一篝柴火、一把破蒲扇，全画未见煮茶人，却把煮茶人的悠然茶趣刻画得惟妙惟肖，与《蛙声十里出山泉》有异曲同工之妙。齐白石晚岁的另一幅《茶具图》更在似与不似之间，寥寥数笔就绘出一只瓷壶，两只小瓷杯，毫无雕琢和富丽之感，茶杯一前一后，与壶相拥，壶嘴画得十分突出，老人对乡间茶饮的怀恋之情跃然纸上。他画的《茶具梅花图》更具想象力，茶壶只画出了顶部，壶身哪里去了，任由读者去遐想（图7-31）。

图7-31 齐白石及其《煮茶图》《茶具图》《茶具梅花图》

齐白石的印章风格也很独特。他的篆刻作品《茶香》尤值得一提，茶香二字笔画简单，粗细各异，收束处变化微妙而丰富。二字上紧下松，上部笔划破石而出，寓意茶文化的源远流长；香字与茶字中部相连，寓意香从茶而出；印下方大块留红，则寓意茶香日溢，长久留芳，真可谓匠心独运（图7-32）。

齐白石1919年之后定居北京，但他对家乡充满着思恋之情，自镌一石印章，曰"中国长沙湘潭人也"，每过一段时间都要南下到家乡走走。

图7-32 齐白石篆刻作品《茶香》

1957年，94岁高龄的白石老人溘然仙逝，按照他的遗愿安葬在长沙市内的湖南公墓。这位从三湘大地走出去的杰出画家，最终又魂归故里。

（七）"当代茶圣"吴觉农

吴觉农（1897—1989年），原名荣堂，后更名觉农，以示为振兴中国农业而奋斗之志。浙江上虞人，曾任中国茶叶学会名誉理事长。主编《茶经述评》，堪称现代茶业泰斗（图7-33）。

20世纪20—40年代，吴觉农多次来湖南进行茶业调查，为湖南茶史留下了许多珍贵史料。他对清末湖南红茶的生产和贸易做过专门调查。当时湖南航路两岸设有许多收购茶叶的口岸，刘家传在《辰溪县志》中说："洋商在各口岸收买红茶，湖南北所产之茶，多由楚境水路就近装赴各岸分销。"长沙就是当时红茶的最主要的集中分销地。《中国实业》第一卷所载吴觉农《湖南茶叶视察报告书》评论说："此为（湘省）红茶制造之创始，亦即湖南茶对外贸易发展之嚆矢。"

图7-33 吴觉农

吴觉农对长沙县高桥茶市的历史也有过记载。1934年他撰写的《湖南产茶概况调查》记载:"长沙锦绣镇(今高桥镇)的绿茶早负盛名""高桥向为茶商云集之地,设立茶行十余家,规模宏大,贸易繁盛。除本县及平、浏茶商集资经营外,尚有外邦至此贸易……所有红茶悉由金井河或高桥交船启运,至捞刀河过载入湘江至洞庭运售汉口。"吴觉农对湖南茶业高度关注,于20世纪60年代还发表了《湖南茶叶史话》。

(八)冯绍裘:在湖出湖皆大师

冯绍裘(1900—1987年),字挹群,湖南省衡阳县西渡乡人,茶学界公认的20世纪十大茶学家之一,茶学教育家,制茶与审评专家(图7-34)。

他12岁离家到外地读书,1923年夏毕业于河北保定农业专科学校。1924—1932年回湘工作8年,先后在安化茶叶讲习所和长沙高级农业学校、湖南茶事试验场任教,并兼任教务主任、所长和场长。他虚心地向当时的茶科主任方翰周、技术员梁喜光学习,熟悉了茶的栽制技术。1928年,他从上海购进蒸茶机、复炒机、揉捻机、干燥机共5台,在安化黄沙坪投入使用,是为安化制茶使用机械之始,亦是湖南应用茶叶初制机械之始。

图7-34 冯绍裘铜像

是年,其制作的砖茶获中华国货展览会一等奖,机制绿茶也受到好评。1933—1942年先后到江西、安徽、湖北从事开设茶厂、试制红茶样茶、茶叶贸易等工作,成就卓著。

民国三十一年(1942年),太平洋战争爆发,云南腾冲、龙陵相继失陷,冯绍裘请假携眷回湖南衡阳,被重庆中茶总公司向云南茶叶公司借调到湖南安化砖茶厂从事砖茶苏销(销苏联)工作,任安化砖茶厂厂长(图7-35)、复兴公司湖南砖茶厂厂长,直到1945年抗日战争胜利。期间,他抓住砖茶生产关键工序,改进蒸、压设备和工艺,极大提高了砖茶生产效率,为砖茶全程机械化生产奠定了基础。1947年在安化集资试办群力机械制茶厂,自行设计A型烘干机和手推式木质吊桶揉捻机20余台,

图7-35 中茶公司安化留影

提高工效6~7倍，称之为绍裘式茶机，实现安化揉茶作业的历史性突破。

1949年8月，当时在湖南的冯绍裘被推举为湘茶代表出席全国茶叶会议。随即，他参加了全国及大区茶叶公司、省公司、各茶厂的组建工作，冯绍裘被任命为中南区茶叶公司副经理兼汉口茶厂厂长。受大会委托，他为各地精制茶厂选定了整套精制机械，于1950年初先后装运各茶厂安装，五一节前后开工精制茶叶出口，此举基本改变了传统手工精制茶叶的落后状态，为新中国成立后各精制茶厂的进一步机械化奠定了基础。1953年春，冯绍裘在湖南临湘老青茶产区改制绿茶，并在长沙茶厂将加工红茶机具改为加工绿茶机具，采取"生做熟取"的绿茶精制工艺，第一年就制成中上级"珍眉"茶外销。

冯绍裘前后四五次长时间在湖南家乡安化、长沙、临湘工作近20年之久，占据了他工作岁月的大部分时间，虽然其耀目于世的成就是滇红的创始和成功，但他在家乡湖南的事业同样光彩照人、惠泽及今。

（九）"中国黑茶理论之父"彭先泽

彭先泽（1902—1951年），字孟奇，今安化县小淹沙湾人（图7-36）。民国时期湖南著名教育家、长郡中学创办人、近代职业教育的开拓者彭国钧（1877—1952年）之子。

民国二十六年（1937年）3月回湘，在湖南省茶业管理处工作。太平洋战争爆发，海上交通断绝，国内交通梗阻，茶叶滞销，安化茶叶生产日益萎缩。彭先泽乃致力于安化砖茶之研制，经过反复摸索，终于完成黑砖茶复制、机压、干燥、检验、包装等工艺程序，结束安化黑茶由茶商运往陕西压制茶砖的历史。民国二十九年（1940年）1月，湖南省在安化设砖茶厂，彭先泽任厂长。他前往兰州考察内销市场及运输路线，并将黑

图7-36 彭先泽

茶砖样品送给蒙、藏代表及苏联驻兰州商务代表品评，大家品评后认为色、香、味俱佳，适合市场要求。于是安化各地砖茶厂相继建立。民国三十六年（1947年），安化茶叶公司成立，彭先泽任总经理。在安化白沙溪及湖北咸宁分设茶厂，产制黑茶砖及鄂南洞砖（又名青茶砖）。彭先泽先任中国茶叶公司安化砖茶厂厂长。1950年砖茶厂自建厂房后，由江南坪迁小淹白沙溪，更名为湖南省白沙溪茶厂，彭先泽为第一任厂长。

彭先泽回湘期间，正是抗日战争时期，彭先泽除了组织茶叶生产、贸易之外，还先后或同时兼任湖南省农业改进所茶作系主任、安化茶场场长、湖南修业农校茶科主任、湖南克强学院教授，从事茶苗育种、茶树栽培、茶叶采制、茶农之组织及国际茶叶市场之出路等研究工作。他还曾主编《湘茶》月刊、安化茶叶公司丛刊，著有《安化黑茶》

《茶叶概论》《鄂南茶业》《西北万里行》等专著和文章（图7-37）。他是对中国黑茶进行系统理论总结的第一人，被誉为"中国黑茶理论之父"，为黑茶理论研究和技术创新做出了不可磨灭的贡献。

（十）更盼萧离古丈茶

萧离（1915—1997年），原名向宜远，苗族，古丈县人，1949年毕业于北京大学中国文学系。萧离先后担任绥远《文艺》主编、《平明日报》记者采访部主任、《大公报》记者组副主任。1973年任北京出版社编辑，1977年后任北京市第五、六届政协委员等职。

图7-37 彭先泽著《安化黑茶》

萧离直接写古丈茶的散文，早期的有1947年作的《茶》，1957年发表在《人民日报》上的《见茶豆，起乡思》，后期的作品有《古丈茶》《故园又报茶消息》。

萧离和同乡沈从文同属文化人，经常一起品啜家乡茶，谈论人生往事。沈从文（1902—1988年），湘西凤凰县人，中国著名作家、历史文物研究者，撰写有《边城》《中国古代服饰研究》等著作，他也是购买古丈茶叶常年喝，并且总是在他的文章中念叨"山城那个古丈县茶叶清醇中，别有一种芬馥之气"。萧离还和历史学家向达、同乡画家黄永玉等群儒共享过这种快乐。黄永玉1924年生，湘西凤凰县人，土家族，中央美术学院教授，中国著名画家。黄永玉曾为古丈茶题写了"古丈毛尖"四个大字。画家黄苗子特别钟爱古丈山地里出产的杯中物，饮了萧离沏的茶后，很想再得它，曾借着茶性挥笔写就："看罢奇梁看雅拉，凤凰风物尽堪夸。留真惠我留诗谢，更盼先生古丈茶。"

（十一）古丈茶歌传天下

湘西是一片神奇的土地，山水奇异图多姿，民族多样共处，物产丰富独特。小小的古丈地方，至今十几万的人口，也算是人才辈出了，但就歌唱人才而言，就更加光彩夺目了。因为茶？因为山水？亦或二者皆有之？生于斯长于斯的茶乡儿女，润泽大山的灵气，饱吸仙茶的芬芳，唱出了稀世的乐音。何纪光用一曲高八度的《挑担茶叶上北京》，走出了武陵群山，走向了世界。宋祖英用一组甜美清醇的《古丈茶歌》，唱醉了飘荡的游子，唱醉了渴望回归自然的亿万魂灵。

第二节　现当代湘茶名人

19世纪末，湖南茶产业经过短暂的低迷期，20世纪以后，随着近代茶叶科学体系的建立，中国茶产业也逐渐走向现代化。经过产、学、研等各界人士共同努力，湖南茶业也重新走向繁荣，他们有潜心从事教育科研行业的学术人士，也有创办茶叶生产加工、经营销售的企业家，还有致力于产业推广的产业界精英，更有一心钻研制茶叶加工技术的制茶大师，还有日夜奔走、热心传播湖湘茶文化的名人。本节对科教界、文化界、产业界的专家、制茶大师、技术能手等代表人物进行简要介绍。

一、科教界

（一）科教界代表人物

1. 陈兴琰

陈兴琰（1911—2001年），男，教授，广东三水人。茶学家、茶学教育家和茶树育种专家。湖南农业大学茶学学科和湖南省茶叶学会的主要创始人和学科带头人。主编全国高等农业院校教材《树育种学》，获"第二届全国高校国家级优秀教材奖"；主编《茶树原产地云南》、《中国农业百科全书·茶业卷》育种篇、《茶树栽培与生理》等专著。主持"提高湖南绿茶品质加工工艺技术研究""湖南主要茶树群体种质资源研究"等重要科研课题，获得湖南省科技进步二等奖、三等奖等奖项。1985年在首届全国教师节时被评为"湖南省优秀教师"，两度被评为"省直机关优秀共产党员"。1991年被国务院授予"对国家有突出贡献专家"称号，享受政府特殊津贴。

2. 朱先明

朱先明（1923—2010年），男，教授，湖南湘潭人。制茶专家、茶学教育家。主编或参编全国高等农业院校教材《制茶学》《中国农业百科全书·茶业卷》《绿茶初制》《茶树栽培与茶叶制造》《茶用香花栽培与花茶窨制》等著作20余本，主持"出口眉茶成套加工工艺研究"等茶叶科研项目多项，曾获湖南省科技进步三等奖、外贸部科技进步二等奖等成果奖励多项。获多个优秀工作者、优秀个人荣誉称号。1992年获国务院"为发展我国高等教育事业做出突出贡献"荣誉证书。

3. 陆松侯

陆松侯（1914—2004年），男，教授，浙江湖州人。茶学教育、制茶和审评专家。湖南农业大学茶叶审评方向学术带头人。1959年调湖南农业大学从事茶叶加工及审评的教学与研究，1976年主持江华苦茶、红碎茶的制造获得成功，1978年获省科学大会奖。主编全国高等农业院校教材《茶叶审评与检验》，被评为"国家级优秀教材"。主编《中国农业百科全书·茶业卷》茶叶审评检验篇，两次参加全国协作教材《制茶学》的编写。在国家级和省部级等重要的优质茶评比中多次担任主评。

4. 王建国

王建国（1926—1997年），男，副教授，湖南武冈人。茶学教育家、栽培专家。先后担任中国茶叶学会理事，湖南省茶叶学会理事、常务理事，茶文化专业委员会副主任，《茶叶通讯》副主编。曾三次参加全国高等农业院校教材《茶树栽培学》的编写，获省科技进步三等奖1项、省级教学成果二等奖1项等奖项。发表科研论文、科普文章90多篇。

5. 唐明德

唐明德（1936—2019年），男，研究员，湖南常德人。长期从事茶树栽培生理及良种选育等方面的研究与教学工作。主持或主参"桃源大叶茶选育研究""湖南主要茶树群体种质资源研究"等重要课题，获省部级科技进步二等奖2项。

6. 王威廉

王威廉（1922—1996年），男，研究员，湖南衡阳人。在湖南省茶叶研究所从事茶树育种工作，选育出茶树无性系良种槠叶齐、湘波绿、高桥早、尖波黄、大尖叶等10余个。其中白毫早新品种获省科技进步三等奖（1994年）。在国内外公开刊物发表茶叶论文、报告达50余篇。参加《中国茶树栽培学》《湖南茶叶技术》《湖南名茶》《中国农业百科全书·茶业卷》《湖南茶叶大观》《湖南农业科技志》的编写。先后担任湖南省政协委员，湖南省政协常委，湖南省茶叶学会理事会理事、常务理事，《茶叶通讯》副主编。

7. 刘先和

刘先和（1926—1993年），茶叶专家，湖南衡阳人。历任湖南省农林厅副科长、科长、农艺师、高级农艺师。先后创制、挖掘"南岳云雾""碣滩茶""洞庭春"等8种名茶。1985年技术承包岳阳黄沙街茶场，产值由1985年的37万多元增加到1992年的240多万元，建成为全国名优茶基地。

8. 刘宝祥

刘宝祥（1926—2004年），男，副研究员，湖南新化人。湖南省茶叶研究所从事茶树生物学研究。其中"茶树开花结果生物学特性研究"和"茶树生物学特性研究"均被选入全国科研成果，"江华苦茶发掘利用及其进化系统与经济价值的研究"1978年获湖南省科学大会重大成果奖。发表试验报告和论文20多篇，其中《茶树生物学年龄时期的划分》被高等院校选作教材，出版专著3部。

9. 王秀铿

王秀铿（1926—1990年），男，研究员，湖南衡阳人。湖南省茶叶研究所从事茶树栽培研究，先后任主任，湖南省茶叶学会理事会理事、常务理事，《茶叶通讯》副主编等职务。主持"茶树抗旱成园持续稳产高产研究"获湖南省科学大会奖1项、湖南省重大科技成果四等奖1项、国家科学技术进步成果三等奖1项。发表论文、研究报告40余篇，参加《中国茶树栽培学》《湖南茶叶技术》《茶树栽培与加工》等撰写、审定工作。

10. 叶正凡

叶正凡（1927—2007年），男，研究员，湖南常德人。湖南省茶叶研究所从事茶树病理研究。任湖南省茶叶学会理事，中国植物病理学会中南分会理事、副秘书长。获湖南省科技进步三等奖2项、湖南省农业科学院科技进步二等奖1项；发明专利1项。先后在省级以上公开刊物发表论文、研究报告43篇，编著有《茶树病害及其防治》。

11. 谌介国

谌介国（1930—2018年），男，副研究员，湖南益阳人。湖南省茶叶研究所工作，担任国家1963年底由中央对外经委派往马里共和国茶叶专家组组长，开创了西非内陆植茶的新纪元。主持科研课题10个，获湖南省农业科学院科技进步二等奖1项、湖南省科技成果四等奖1项。发表各类论文40余篇。

12. 刘继尧

刘继尧（1930—2017年），男，研究员，湖南郴州人。湖南省茶叶研究所历任所长，湖南省科技专家顾问委员会第一、二届委员，湖南省自然科学研究系列高级专业技术职务评审委员会委员，湖南省第二届农作物品种审定委员会委员；当选湖南省茶叶学会第四、五、六届理事会副理事长及《茶叶通讯》主编；被聘为《茶叶科学》编委，担任中国茶叶学会理事、常务理事，中华茶人联谊会理事，湖南省农学会理事。主持多项科研项目，曾获湖南省科学大会奖、湖南省重大科技成果四等奖、湖南省农业科学院科技进步一等奖和三等奖、湖南省科技进步三等奖等奖项。发表学术论文40余篇，参编《湖南茶叶技术》《中国茶树栽培学》等科技著作。

13. 彭继光

彭继光（1935—2010年），男，研究员，湖南湘西人。湖南省茶叶研究所历任茶叶加工研究室主任、副所长，中国茶叶学会、湖南省茶叶学会常务理事。享受国务院特殊津贴。参与高桥银峰、湘波绿名茶研制。参加和主持多项科研工作，曾获湖南省科学大会奖、湖南省对外经济贸易委员会科技进步一等奖1项、外经贸部科技进步二等奖1项、湖南省科技进步三等奖2项。发表学术论文20余篇，参与黄金茶资源研究与开发。

14. 张觉晚

张觉晚（1930—2017年），男，研究员，湖南湘潭人。湖南省茶叶研究所从事植保研究。主持多项科研项目，获湖南省科技进步三等奖2项。编写或参与编写《茶树病虫防治技术问答》《茶树病虫防治》《中国农业百科全书·茶业卷》《湖南茶叶技术》《茶树栽培与加工》等书籍，发表论文16篇。

15. 彭光前

彭光前（1940—2012年），男，湖南永兴人。湖南省茶叶研究所曾任科研管理科科长、茶叶加工研究室主任。曾担任湖南省茶叶学会理事会理事、常务理事、副秘书长。主持多项科研项目，获湖南省农业科学院科技成果一等奖、二等奖各1项，获湖南省科技进步成果三等奖1项。参编《中国农业百科全书·茶业卷》《湖南农业科研志》等书籍，发表学术论文20余篇。

16. 朱树林

朱树林（1948—2018年），男，湖南长沙人。湖南省茶叶研究所主要从事茶树栽培研究。承担多项课题的研究，获湖南十大科技成果奖、国家科技进步三等奖1项、湖南省科技进步四等奖1项。发表论文30余篇。

17. 施兆鹏

施兆鹏（1936— ），男，教授、博士生导师，湖南醴陵人。茶叶加工与茶叶审评专家、茶学教育家。享受国务院特殊津贴。主持一系列重大研究项目，开创了我国速溶茶生产的历史，获湖南省科学大会重大科技成果奖。获国家科技进步二等奖、国家级教学成果二等奖、湖南省科技进步一等奖、省部级二等奖和三等奖等共10多项科研教学成果奖。获"湖南省普通高等院校先进科技工作者""湖南省优秀科技工作者""全国优秀教师""有突出贡献专家"等荣誉称号。主编全国高等农业院校教材《茶叶加工学》《茶叶审评与检验》（第三版），以及《湖南十大名茶》《事茶五十年》等专著，参加《茶叶品质理化分析》《中国茶经》《农业大词典》等茶业经典著作的编写。

18. 王融初

王融初（1933— ），男，教授，湖南衡阳人。茶树育种与栽培著名专家，曾任湖南农业大学茶学系主任、科技处长，第六届湖南省茶叶学会理事长，《茶叶通讯》副主编。长期从事茶树育种学的研究与教学，主持和参与多项科学研究，获湖南省科技进步二等奖、三等奖、四等奖各1项。育出省级茶树品种"东湖早"。出版《茶树遗传育种学》等教材与专著11本，发表论文57篇，专业译文19篇。

19. 黄意欢

黄意欢（1939—），女，教授，湖南长沙人。享受国务院政府津贴。主要从事茶树栽培领域的研究与教学，主编全国高等农业院校教材《茶学试验技术》，专著《茶树营养生理与土壤管理》。获国家级教学成果二等奖等荣誉多项，2004年被评为"全国优秀茶叶科技工作者"。

20. 杨伟丽

杨伟丽（1939—），女，教授，湖南湘潭人。主要从事茶叶加工教学与研究工作，在出口眉茶成套工艺研究、湖南乌龙茶加工技术研究、茉莉花茶加工新工艺研究、显齿蛇葡萄的开发利用研究等方面均有主要贡献。获省科技进步二等奖2项、三等奖2项等奖项。

21. 刘富知

刘富知（1940—），男，教授，湖南宁乡人。曾任湖南农业大学茶学系主任、教务处副处长。享受国务院政府津贴。主要从事茶树栽培、育种、茶叶经营管理等方面的研究与教学，获省科技进步三等奖、省教委科技进步二等奖等5项。育出国家级品种"湘妃翠"。主编和参编《茶树栽培学》《茶叶经营管理》《茶作学》《茶用植物学》等教材和专著10本，发表学术论文46篇。

22. 刘德华

刘德华（1948—），男，教授、博士生导师，湖南衡阳人。曾任湖南农业大学茶学系主任。两度赴日本研修茶树生物技术，主持多项茶树组织培养上的研究，在苦丁茶及茶树组织培养方面处于国内领先水平。获湖南省科技进步三等奖2项。

23. 徐仲溪

徐仲溪（1954—），男，教授，硕士生导师，湖南益阳人。曾任湖南农业大学茶学系主任、中国农工民主党湖南农业大学支部主委、省政协委员、省政府参事。主要从事茶叶加工与类茶植物综合利用等教学与研究，获国家级二等奖1项，省部级一等奖、二等奖、三等奖共5项。获国家发明专利4项，发表论文40余篇。

24. 罗军武

罗军武（1957—），男，教授、博士生导师，湖南邵阳人。曾任湖南农业大学茶学系主任、园艺园林学院书记，湖南省茶业协会副会长，湖南省茶叶学会理事，日本静冈大学访问学者。主要从事茶树育种和栽培方面的教学与研究。曾获国家级教学成果二等奖1项，省级教学成果一等奖、二等奖、三等奖各1项。主编高校统编教材《茶学实验技术》等教材5本，发表论文100余篇。

25. 朱 旗

朱旗（1959— ），男，二级教授、博士生导师，湖南衡阳人。曾任湖南农业大学茶学系副主任、主任，湖南省茶业协会副会长，日本静冈大学和英国萨里大学访问学者。主要从事茶树育种与茶叶加工方面的教学与研究，主持和参加国家和省部级20余项科研和教改项目。获国家科技进步二等奖2项，湖南省科技进步一等奖2项、二等奖2项、三等奖3项。获国家发明专利8项，发表学术论文100余篇，主编全国高等农林院校"十二五""十三五"《茶学概论》规划教材、《中国茶全书·科技卷》，主编和参编教材和专著10本。

26. 刘仲华

刘仲华（1965— ），男，中国工程院院士，教授、博士生导师，湖南衡阳人。国家植物功能成分利用工程技术研究中心主任、教育部茶学重点实验室主任、茶学学科带头人。获国家科技进步二等奖2项，湖南省科技进步一等奖3项、二等奖1项，湖南省技术发明二等奖1项等奖项。荣获首届湖南省十大科技创新奖、湖南省光召科技奖、国际茶叶科技创新杰出贡献奖、全国科技先进工作者等荣誉、全国农业杰出科研人才、教育部新世纪人才、国务院特殊津贴专家、湖南省科技领军人才等称号。发表学术论文400多篇（SCL收录50多篇），获国家发明专利50多件，主参编专著或教材15部。

27. 黄建安

黄建安（1964— ），女，二级教授、博士生导师，湖南益阳人。湖南农业大学"1515"人才培养计划学术带头人。主要从事茶叶生物化学和茶叶审评与检验教学研究工作、主持国家自然科学基金3项，湖南省重点研项目3项。获国家科技进步二等奖2项、湖南省科技进步一等奖3项、中国科协期刊优秀学术论文奖1项。获国家专利20多项，主编《茶叶审评与检验》，参编《茶叶生物化学》《茶叶生物化学实验教材》等全国高等农业院校统编教材，获国家优秀教材奖2项。在国内外期刊发表学术论文200余篇。2016年被中国茶叶学会评为全国优秀茶叶科技工作者。

28. 肖文军

肖文军（1969— ），男，二级教授、博士生导师，湖南邵阳人。湖南农业大学茶学系主任、省学科带头人及"121"创新人才工程第一层次人才、中国茶叶学会理事、《茶叶科学》编委、省茶叶学会秘书长、第四届"全国优秀茶叶科技工作者"。主持或主参项目获得国家科技进步二等奖2项及省科技进步一等奖4项、二等奖2项、三等奖4项。获国家发明专利30项，参与制订地方标准4项，发表学术论文180余篇，参编教材专著3部。

29. 肖力争

肖力争（1963—），男，教授、博士生导师，湖南湘潭人。从事茶叶加工、茶叶审评与检验、茶叶产品开发、茶叶标准化、茶业经济贸易与茶文化等方面的研究与教学工作。主持或参加国家和省部级科研课题10余项，获国家科技进步二等奖1项，湖南省科技创新奖1项，湖南省科技进步一等奖1项、二等奖3项等奖项。参与制定安化黑茶国家标准5项、湖南省地方标准13项，获国家发明专利5项。获首届中华优秀茶文化教师、全国优秀茶叶专家等荣誉。发表论文60余篇，著作8部。

30. 周跃斌

周跃斌（1963—），男，教授、硕士生导师，湖南益阳人。主要从事茶叶审评、茶叶加工与茶叶经济贸易研究。曾担任湖南农业大学茶学系副主任、副院长、处长，学校两办主任，湖南省茶叶学会副理事长，湖南省茶业协会副理事长。主持或参加科研项目20多项，获省部级科技进步奖3项，教学成果奖2项。参加选育国家级茶树新品种1个。参编出版全国统编教材2本，发表学术论文50余篇。

31. 傅冬和

傅冬和（1967—），女，教授、博士生导师、茶学硕士点领衔导师，湖南醴陵人。新西兰林肯大学访问学者。主要从事茶叶生物化学教学与研究工作。主持和参加国家、省级等重大科研项目10余项，获国家科技进步二等奖1项、湖南省科技进步一等奖1项、中国茶叶学会科学技术奖三等奖1项，荣获霍英东教育基金会高等院校青年教师奖及第二届全国优秀女茶叶科技工作者等光荣称号。获国家发明专利9项，发表学术论文90余篇。

32. 禹利君

禹利君（1971—），女，教授、硕士生导师，湖南邵东人。美国 Texas A&M University、日本 Hirosaki University 访问学者，中南大学理学博士。主要从事茶叶加工及其功能成分的药理学评价与开发、茶树优异种质资源筛选等，主编研究生教材2本，已培养研究生27人。主持课题20余项，获国家发明专利3项，发表学术论文60多篇。

33. 龚雨顺

龚雨顺（1974—），男，教授、博士生导师，湖南双峰人。美国University of Nebraska Lincoln访问学者、湖南省"121"创新人才人选。主要从事茶叶功能成分化学与氧化还原生物学等方面研究。先后获得国家科技进步二等奖1项，湖南省科技进步一等奖1项、二等奖1项。获国家发明专利3项，近年来以第一作者或通讯作者在《Redox biology》《Food chemistry》与《茶叶科学》等国内外期刊发表科技论文11篇，累计影响因子29.5。

34. 朱海燕

朱海燕（1971—），女，教授、硕士生导师，湖南娄底人。湖南农业大学茶学系副主任、美国休斯敦大学访问学者。主要从事茶叶文化的教学与研究工作。主讲国家精品开放课程《中国茶道》、首届中国大学慕课最美100之《中华茶礼仪》；主编或副主编《中国茶道》等高等教材5部，独著或合著学术专著6部；承担教改与科研课题20多项。获省级教学成果奖、省科技进步奖4项，国家发明专利2项。获"优秀教师""中华优秀茶文化教师"等称号。发表学术论文50多篇。

35. 王坤波

王坤波（1976—），男，教授、博士生导师，湖北宜昌人。教育部新世纪优秀人才、湖南省青年骨干教师、湖南农业大学"1515"人才学术带头，主要从事茶叶功能成分化学和茶树生物技术的研究。主持国家自然科学基金2项，省部级课题等10余项。获得湖南省科技进步一等奖1项、湖南省科技创新奖1项、湖南农业大学科技进步一等奖1项、中国茶叶学会三等奖1项。发表论文共50余篇，其中SCI收录18篇。

36. 刘硕谦

刘硕谦（1977—），教授，湖南洞口人。荷兰 Wageningen University 和美国 Purdue University 访问学者。主要从事茶树种质创新与茶叶加工新技术研究。Plant biology 和 Plant Science 杂志审稿专家、湖南农业大学"1515"人才。主持和参加国家自然科学基金和科研项目8项，省重点科技攻关项目1项，获国家发明专利12项，新品种2个，获湖南省科技进步一等奖1项、二等奖2项、三等奖1项，省科技创新奖1项，硕博论文分别获湖南省优秀论文奖。发表学术论文50余篇，其中SCI收录15篇，EI收录1篇。

37. 张贻礼

张贻礼（1937—），男，研究员，湖南新化人。湖南省茶叶研究所主要从事茶树育种工作。主持选育白毫早、尖波黄13号、槠叶齐12号、高芽齐。获湖南省科技进步二等奖、三等奖各1项和湖南省农业科技进步三等奖1项。主持编审《中国茶树品种资源目录》和《湖南省农作物品种志》茶树品种部分。发表学术论文50余篇。

38. 吴治礼

吴治礼（1938—），男，研究员，湖南常德人。湖南省茶叶研究所历任加工室主任、实验场场长、副所长，曾任湖南省茶叶学会第四届理事，主要从事茶叶加工研究。参与高桥银峰、湘波绿创制，获湖南省科技大会奖1项、湖南省优秀科技成果三等奖1项、湖南省科技进步三等奖1项。发表学术论文20余篇。

39. 董利娟

董利娟（1944—），女，研究员，湖南宁乡人。湖南省茶叶研究所主要从事茶树杂交育种工作。选育出碧香早、茗丰、福毫、湘红茶1号、湘红茶2号、玉绿、玉笋7个茶树良种，获湖南省科技进步二等奖4项、三等奖1项。发表学术论文60余篇。

40. 张亚莲

张亚莲（1954—），女，研究员，湖南平江人。湖南省茶叶研究所主要从事茶树栽培研究工作。主持"茶园栽培技术研究"获外经贸部科技进步二等奖，获湖南省科技进步二等奖1项、三等奖2项，全国农牧渔业丰收奖一等奖1项。发表学术论文50余篇。

41. 黄仲先

黄仲先（1952—），男，研究员，湖南岳阳人。湖南省茶叶研究所历任栽培室主任、副所长、所长、书记；曾任湖南省茶叶学会理事长、常务理事、副秘书长、副理事长。享受国务院特殊津贴。长期从事茶树栽培技术、茶叶标准化等研究和科研管理。完成科研成果10项，其中8项成果获得国家和省部荣誉，"机采茶树栽培技术研究"获湖南省科技进步二等奖、国家科技进步三等奖。发表学术论文40余篇，翻译发表国外科技文献30余篇，主编《机械化采茶技术》专著。

42. 童雄才

童雄才（1962—），男，副研究员，湖南平江人。湖南省茶叶研究所历任副所长、所长、书记，湖南省农业科学院副院长。主持或参加多项国家、省级茶树良种的选育、鉴定与推广示范等10多项科研课题，荣获湖南省科技进步二等奖2项、三等奖3项。发表学术论文20多篇，参与编写《湖南十大名茶》《魅力湘茶》等著作。

43. 包小村

包小村（1963—），男，研究员、首席专家，湖南华容人。国务院特殊津贴获得者、全国五一劳动奖章获得者。湖南省茶叶研究所历任副所长、所长，曾任湖南省茶叶学会副理事长、湖南省茶业协会副会长兼茶馆协会会长。主持多项省、市科研工作，荣获市科技进步二等奖1项、湖南省科技进步一等奖1项。发表学术论文30多篇，主编或参编《茶场实用经营管理》《茶叶市场谋略》《魅力湘茶》《茶叶三百句》《茶叶种植与加工技术》《保靖黄金茶》《湖南红茶》《桑植白茶》《江华苦茶》《五彩湘茶》等专著10多部。

44. 张曙光

张曙光（1966—），男，研究员，湖南澧县人。中国茶叶学会常务理事、湖南省茶叶学会副理事长、湖南省茶业协会副会长。茶叶研究所历任厂长、副所长、书记、所长。主持和参与育成茶树品种6个，获湖南省科技进步二等奖3项、三等奖1项。发表学术论文30余篇。

45. 谭正初

谭正初（1962—），男，研究员，湖南衡阳人。湖南省茶叶研究所历任主任、副所长、书记。中国茶叶学会会员、湖南省茶叶学会理事、湖南省茶业协会常务理事。主持和参与多项科学研究，获湖南省科技进步一等奖、二等奖、三等奖各1项。发表学术论文40余篇。

46. 王沅江

王沅江（1966—），男，研究员，湖南岳阳人。湖南省茶叶研究所历任主任、所长助理、副所长、副书记。湖南省茶叶产业技术体系质量安全岗位专家、湖南省昆虫学会副理事长、湖南省茶叶学会常务理事、湖南省食品学会理事。主持和参与多项科学研究，获湖南省科技进步二等奖2项、三等奖1项。主编和参编《湖南省茶树病虫害原色图谱及绿色防控技术》《茶树病虫害诊断及防治原色图谱》等，发表学术论文50余篇。

47. 李赛君

李赛君（1972—），女，研究员，湖南岳阳人。湖南省茶叶研究所历任副主任、主任、副所长。湖南省茶叶产业技术体系栽培岗位专家、中国茶叶学会理事、湖南省茶叶学会理事。主要从事茶树种质资源与遗传育种研究，主持和参加20余项科学研究，选育茶树良种5个，获国家发明专利1项，获湖南省科技进步二等奖1项、三等奖1项。发表学术论文30余篇。

48. 王润龙

王润龙（1971—），男，研究员，湖南湘潭人。湖南省茶叶研究所历任主任、副所长。中国茶叶学会会员、湖南省大湘西茶产业发展促进会副秘书长。主持和参与多项科学研究，获湖南省科技进步一等奖、二等奖各1项，省农业丰收奖二等奖。发表学术论文20余篇。

49. 杨 阳

杨阳（1963—），男，研究员，湖南长沙人。湖南省茶叶研究所任资源育种室主任。国家茶叶产业技术体系育种岗位专家、湖南省茶叶学会常务理事、湖南大学硕士研究生导师、《茶叶学报》《茶叶通讯》编委。主持和参与育成茶树品种12个，获湖南省科技进步一等奖1项、二等奖2项、三等奖1项。参编《中国无性系茶树品种志》，发表学术论文40余篇。

50. 粟本文

粟本文（1963—），男，研究员，湖南邵阳县人。湖南省茶叶研究所任主任、科长、主编，湖南省茶叶学会常务理事，湖南省茶业协会理事，湖南红茶品牌发展促进会理事，《茶叶通讯》主编。主持和参与多项科学研究，获湖南省科技进步一等奖1项、二等奖1项、三等奖2项，获国家发明专利3项。主编《优质红茶加工概论》等学术专著6部，发表学术论文60余篇。

51. 郑红发

郑红发（1975—），男，研究员，湖南长沙人。湖南省茶叶研究所任加工室主任、国家茶叶产业技术体系长沙试验站站长。主持和参与多项科学研究，获湖南省科技进步二等奖2项、三等奖2项，长沙市科技进步二等奖1项，获国家发明专利6项。编写茶叶地方标准5项，制定茶叶农业技术规程4项，发表学术论文30余篇。

52. 杨拥军

杨拥军（1968—），男，研究员，湖南邵阳人。湖南省茶叶研究所工作。中国茶叶学会会员、湖南省茶叶学会会员。主要从事茶园设施、茶叶生产新技术及相关配套装备研究与产业化开发工作。主持和参与国家及省级项目10项，获国家发明专利5项，湖南省科技进步三等奖1项、湖南省百强专利1项、湖南省技术发明奖一等奖1项。参编地方标准5项，发表学术论文等20余篇。

（二）中国茶叶学会评选的"优秀科技工作者"

中国茶叶学会为了对长期工作在茶叶行业的优秀人才进行表彰，激励会员为我国茶叶事业作贡献，自2012年以来开展了"全国优秀茶叶科技工作者"的评优活动（表7-1），2018年增设"全国优秀女茶叶科技工作者"的评选（表7-2）。

表7-1　中国茶叶学会评选"全国优秀茶叶科技工作者"湖南省入选人员名单

荣誉	获奖人员	工作单位
第一届全国优秀茶叶科技工作者（2012年）	周重旺	湖南省茶叶总公司
	黄意欢	湖南农业大学
	董利娟	湖南省茶叶研究所
第二届全国优秀茶叶科技工作者（2014年）	刘仲华	湖南农业大学
	包小村	湖南省茶叶研究所
第三届全国优秀茶叶科技工作者（2016年）	黄建安	湖南农业大学
第四届全国优秀茶叶科技工作者（2018年）	肖文军	湖南农业大学

表7-2　中国茶叶学会评选"全国优秀女茶叶科技工作者"湖南省入选人员名单

荣誉	获奖人员	工作单位
第二届全国优秀女茶叶科技工作者（2018年）	李赛君	湖南省茶叶研究所
	傅冬和	湖南农业大学
	尹钟	湖南省茶业集团股份有限公司

二、文化界

湖南省茶文化学者简介,见表7-3。

表7-3 湖南茶文化学者简介

姓名	性别	出生年月	职称或职务	主要贡献
何纪光	男	1939—2002年	湖南省歌舞团团长、国家一级演员兼中南大学教授	茶歌《挑担茶叶上北京》列入《20世纪中华歌坛名人百集珍藏版·何纪光专辑》向国内外出版发行
周靖民	男			1987年著《陆羽〈茶经〉校注》
雷炳乾	男		总农艺师	湖南省农业厅总农艺师,毕业于湖南农业大学茶学系,在职期间主持湖南茶叶的规划、指导与实施工作,贡献巨大
陈先枢	男	1945年5月	研究员	独著或合著《湖南茶文化》《长沙茶文化采风》等著作70部,多次获国家级、省级社科成果奖和"五个一"工程奖
蔡镇楚	男	1941年11月	教授	茶文化专著8部、小说3部、影视剧本3部,茶文化论文20多篇,中华茶祖神农文化的主要奠基人
伍湘安	男	1941年	县茶协会会长	安化县茶业协会第一任会长,出版黑茶文化专著5部,有"现代安化黑茶理论专家""安化黑茶守望者、传播者"之誉
张跃	男	1963年10月	高级教师	《走近安化茶文化》主编,《了不起的安化茶》副主编
赵丈田	男	1952年5月	高级农艺师	茶文化专著编著5本,合编7本,发表论文40余篇、茶文化科普文章300多篇
陈奇志	男	1957年11月	正高级农艺师	主编和参编茶文化著作10多本,发表论文20多篇,获国家发明专利5项,主持科技部、省、市科研项目多项
何培金	男	1938年2月	副编审	主编、点校图书10余本,与何云峰编著《千年茶乡聂市镇》,发表论文50多篇
李水生	男	1946年4月	助理工程师	对岳阳茶文化有深入研究,著作有《洞庭湖君山岛亲历见闻》,擅长园林设计、绘画、雕刻
汤青峰	男		长沙市文化广电新闻出版局农家书屋管理处副处长	《湖南茶文化》《中国长沙·茶文化采风》等茶文化著作的主编之一
张天夫	男	1952年12月	著名作家、诗人、书法家,当代辞赋、诗词、对联大家	策划了多届"请喝一碗石门茶"茶文化等众多文化活动,作词的《石门茶香》《请喝一碗石门茶》等歌曲,全国影响较大
黄千麒	男	1932年4月	益阳市政协委员、湖南省茶叶学会常务理事	从事茶业技术工作40余年,爱好诗词,在国内外发表诗词近300首,著有《爱茶楼诗稿》一卷
张国才	男	1958年1月	郴州市书画院副院长	曾任郴州市书法家协会副主席、市茶叶学会副理事长,现为郴州市书画院副院长。致力于茶文化与书法艺术的融合,作品多次获奖

续表

姓名	性别	出生年月	职称或职务	主要贡献
周小云	男	1954年2月	农艺师	对澧县野茶和城头山农耕文化有深入研究,其中《试论澧县小叶野茶悠远的文明演化》在学术界有较大影响

三、产业界

（一）中国茶叶行业年度十大经济人物

为表彰在茶叶行业中作出突出贡献的优秀企业家和行业代表，树立行业楷模，促进茶叶企业向现代化管理方向发展，中国茶叶流通协会自2005年起推出了"中国茶叶行业年度经济人物"评选活动，湖南省先后有12位入选（表7-4）。

表7-4　湖南荣获"中国茶叶行业年度十大经济人物"名单

姓名	荣誉
周重旺	2005中国茶叶行业年度十大经济人物
王文武	2006中国茶叶行业年度十大经济人物
宋伟奇	2006中国茶叶行业年度十大经济人物
罗向上	2008中国茶叶行业年度十大经济人物
简伯华	2009中国茶叶行业年度十大经济人物
刘新安	2010中国茶叶行业年度十大经济人物
包小村	2011中国茶叶行业年度十大经济人物
吴浩人	2012中国茶叶行业年度十大经济人物
黄成植	2013中国茶叶行业年度十大经济人物
陈社强	2014中国茶叶行业年度十大经济人物
陈社行	2015中国茶叶行业年度十大经济人物
彭雄根	2016中国茶叶行业年度十大经济人物

（二）湖南省茶业协会、湖南省茶叶学会评选的企业名人

为全面展示湖南省茶叶行业在改革开放和经济建设中的丰硕成果，宣传、表彰一批为湖南茶业发展作出重大贡献的杰出人物、诚信经营企业和乡镇，推动茶叶经济更好更快的发展，湖南日报、湖南省茶业协会、湖南省茶叶学会、湖南省茶祖神农基金会在全省组织开展年度"三十"的宣传展示活动，其中包括2011湖南茶业"十大杰出人物"、2014湖南茶叶"十大新锐人物"、2016湖南茶叶"十大杰出营销经理人"（并列2名）（表7-5）。

表 7-5 获奖人员名单

荣誉	姓名	单位
2011 湖南茶业 "十大杰出人物"	黄成植	茶陵县茶祖印象茶业有限公司
	吴浩人	湖南省茶业集团股份有限公司 副总经理、总工程师
	周长树	湖南金井茶业集团有限公司
	马金福	石门县茶叶办
	王准	湖南省君山银针茶业股份有限公司
	曾学军	安化县农业局 副局长
	甚小丰	湖南省安化县晋丰厚茶行有限公司
	陈社强	湖南华莱生物科技有限公司 董事长
	黄赫鹰	桂东县玲珑王茶叶开发有限公司 董事长
	孙云秀	澧县太青山有机食品有限公司 董事长
	姜胜标	湖南沩山湘茗茶业股份有限公司
2014 湖南茶叶 "十大新锐人物"	刘建	风华致远（湖南）生物科技有限公司 董事长
	谌超美	湖南省安化县晋丰厚茶行有限公司 董事长
	龙献文	古丈县牛角山茶叶专业合作社 理事长
	张先枚	湖南华莱生物科技有限公司 总裁
	罗宇	湖南望城乌山贡茶业有限公司 董事长
	余焕新	湖南省九狮寨高山茶业有限责任公司 董事长
	熊鼎新	湖南浏阳河银峰茶业有限公司 董事长
	王关标	汝城县松溪茶叶开发有限公司 董事长
	饶文斌	湖南百尼茶庵茶业有限公司 董事长
	马杰	湖南楚韵茶业有限公司 董事长
2016 湖南茶叶 "十大杰出营销经理人" （并列2名）	王双如	湖南省白沙溪茶厂股份有限公司 副总经理
	龙明华	湖南华莱生物科技有限公司 总经理
	陈小春	益阳茶厂有限公司 副总经理
	龚天水	常宁市福塔农业科技开发有限公司 董事长
	王人庆	湖南自然韵黑茶科技有限公司 董事长
	曾文瑞	湖南大茶视界控股有限公司 董事、副总经理
	袁小月	湖南洞庭山科技发展有限公司 总经理

续表

荣誉	姓名	单位
2016 湖南茶叶 "十大杰出营销经理人" （并列2名）	饶文兵	湖南百尼茶庵茶业有限公司 董事长
	王关标	汝城县鼎湘（原松溪）茶业有限公司 董事长
	马杰	湖南楚韵茶业有限公司 总经理
	龙玛丽	湖南水木芙蓉茶业有限公司 总经理
	杨其云	湖南尔福茶业商贸有限公司 董事长

四、其他名人

（一）制茶大师

"制茶大师"调查推选工作是由中国茶叶流通协会组织举办，面向全行业一线制茶工作者开展的调查推选工作，旨在保护和传承我国传统茶叶加工制作技艺，弘扬大国工匠精神，向行业和全社会推荐一批公信力强、制茶技术过硬、行业贡献卓著的专业制茶人员。此项调查推选工作于2017年7月正式启动，2018年公布了首批共计33位大师（绿茶类15人，红茶类3人，黑茶、普洱茶8人，乌龙茶类7人）。

2019年公布了第二批共25位大师（绿茶类6人，红茶类5人，乌龙茶类4人，黑茶类2人，白茶类5人，花茶3人）；2020年公布了第三批共18位大师（绿茶类3人，红茶类3人，乌龙茶类4人，黑茶类2人，黄茶类3人，花茶3人）。湖南先后有7人入选（表7-6）。

表7-6 制茶大师

荣誉	名单
第一批制茶大师 （黑茶、普洱茶类）	刘杏益 益阳茶厂有限公司 肖益平 湖南省白沙溪茶厂股份有限公司 张流梅 湖南怡清源有机茶业有限公司 谌小丰 湖南省安化县晋丰厚茶行有限公司
第二批制茶大师（绿茶类）	覃小洪 湖南溁峰名茶有限公司
第二批制茶大师（黑茶类）	姚呈祥 中茶湖南安化第一茶厂有限公司
第三批制茶大师（黑茶类）	卢明德 湖南省临湘永巨茶业有限公司

（二）湖南省茶业协会、湖南省茶叶学会评选的制茶师

为全面展示湖南省茶叶行业在改革开放和经济建设中的丰硕成果，宣传、表彰一批为湖南茶业发展作出重大贡献的杰出人物、诚信经营企业和乡镇，推动茶叶经济更好更快的发展，湖南日报、湖南省茶业协会、湖南省茶叶学会、湖南省茶祖神农基金会在全省组织开展年度"三十"的宣传展示活动，2015湖南茶叶"十大杰出制茶师"（并列1名）、2019湖南"十大杰出制茶工匠"（并列1名）（表7-7）。

表 7-7 获奖名单

荣誉	姓名	单位
2015 湖南茶叶 "十大杰出制茶师" （并列1名）	吴浩人	湖南省茶业集团股份有限公司 副董事长
	刘新安	湖南省白沙溪茶厂股份有限公司 总经理
	周长树	湖南金井茶业集团有限公司 董事长
	姚呈祥	中茶湖南安化第一茶厂有限公司 副总经理
	黄雪钦	湖南沩山茶业股份有限公司 董事长
	肖益平	湖南省白沙溪茶厂股份有限公司 常务副总经理
	曾卫军	湖南华莱生物科技有限公司 副总经理
	廖志刚	湖南省君山银针茶业股份有限公司 执行总经理
	龙光兴	古丈县牛角山茶叶专业合作社 厂长
	姜泽均	湖南沩山湘茗茶业股份有限公司 厂长
	周凤莲	湖南官庄干发茶业有限公司 生产部部长
2019 湖南 "十大杰出制茶工匠" （并列1名）	刘杏益	益阳茶厂有限公司
	张岭苓	湖南省白沙溪茶厂股份有限公司
	陈德湖	湖南潇湘茶业有限公司
	杨炳坤	湖南省南岳云雾茶业股份有限公司
	胡家龙	湖南省渠江薄片茶业有限公司
	马杰	湖南楚韵茶业有限公司
	郑启明	湖南古洞春茶业有限公司
	肖文波	资兴市瑶岭茶厂
	谌超美	湖南省安化县晋丰厚茶行有限公司
	李劲峰	安化县云天阁茶业有限公司
	张学毛	益阳冠隆誉黑茶发展有限公司

（三）"湘茶工艺大师""湘茶优秀工匠"

为贯彻落实湖南省政府实施"湘品出湘"，打造"湖南老字号""湘字号"品牌工作部署，举办2017年湖南省"湘字号"传统技艺工匠竞赛活动，主要内容为"五湘"——湘茶、湘酒、湘瓷、湘绣、湘竹竞赛。其中，湖南省"湘字号"传统技艺工匠竞赛暨首届手工制茶技能大赛由湖南省总工会联合省直有关部门主办，湖南省茶叶学会、湖南省茶业协会、湖南省大湘西茶产业发展促进会、石门县政府承办，于5月25—27日在常德石门白云山林场开赛，全省15支代表队75名制茶高手同场竞技，展现传统手工制茶的魅力，展现传统手工制茶的魅力。

大赛主办方邀请了湖南省内知名茶叶感官品质评审对各参赛选手制作的茶样按照《茶叶感官评审方法》（GB/T 23776—2009），通过望、闻、沏、尝等手法，对炒出的茶叶外形、汤色、香气、滋味、叶底等方面进行综合评定，最终得出了综合分，并对最后结果进行了公证。大赛前三名，符合条件者，由湖南省人力资源和社会保障厅授予"湖南省技术能手"；决赛第一名由湖南省人力资源和社会保障厅、湖南省总工会、湖南省茶叶学会、湖南省茶业协会授予"湘茶工艺大师"，同时由湖南省总工会授予"湖南省五一劳动奖章"；第二名至第十名，由湖南省总工会授予"湘茶优秀工匠"和"湖南省五一劳动奖章"（表7-8）。

湘茶工艺大师：冷建国。

湘茶优秀工匠：吴银熔、胡云光、余四新、徐洋洋、陈萌、秦杰、向春辉、高孝祖、蔡毅。

湖南省制茶能手：陈柏谊、马少梅、夏玉祥、郭嘉凤、曾庆军、童杰文、汤伯玲、余伟明、肖敦根、肖华林。

优胜奖：陈拥军、唐睿、肖文波、胡胜男、鲁太平、林竹艳、黄玲玉、余标红、符勇、汪满兴。

表7-8 湖南省"湘字号"传统技艺工匠竞赛暨首届手工制茶技能大赛获奖名单

姓名	排名	代表队	单位
冷建国	第一名	常德代表队	石门西山垭茶厂
吴银熔	第二名	岳阳代表队	五星鸿农业科技开发公司
胡云光	第三名	衡阳代表队	常宁市农业局经作站
余四新	第四名	岳阳代表队	湖南省九狮寨高山茶业有限责任公司
徐洋洋	第五名	常德代表队	石门茶祖印象太平周家冲茶厂
陈萌	第六名	湘潭代表队	湖南龙凤庄园生态农业有限公司
秦杰	第七名	张家界代表队	桑植县茶业协会
向春辉	第八名	湘西代表队	古阳镇思源桥村支部
高孝祖	第九名	岳阳代表队	湖南省君山银针茶业股份有限公司
蔡毅	第十名	岳阳代表队	华容县胜峰茶业有限公司
陈柏谊	第十一名	株洲代表队	茶陵监狱茶叶办
马少梅	第十二名	湘西代表队	保靖县马燕茶业产销专业合作社
夏玉祥	第十三名	益阳代表队	安化县褒家冲茶场有限公司
郭嘉凤	第十四名	湘潭代表队	龙凤庄园生态农业有限公司
曾庆军	第十五名	郴州代表队	宜章县云上行农业有限公司

续表

姓名	排名	代表队	单位
童杰文	第十六名	省直代表队	湖南省茶业集团股份有限公司
汤伯玲	第十七名	长沙代表队	长沙县金井茶厂
余伟明	第十八名	长沙代表队	湘丰茶业集团有限公司
肖敦根	第十九名	省直代表队	湖南中茶茶业有限公司
肖华林	第二十名	衡阳代表队	祁东高峰茶业有限公司
陈拥军	第二十一名	湘潭代表队	雨湖区茗山茶行
唐睿	第二十二名	怀化代表队	沅陵县茶叶办
肖文波	第二十三名	郴州代表队	资兴市瑶岭茶厂
胡胜男	第二十四名	娄底代表队	湖南君和茶业有限公司
鲁太平	第二十五名	益阳代表队	资阳区南山坪茶叶种植专业合作社
林竹艳	第二十六名	邵阳代表队	洞口县古楼龙凤茶叶种植专业合作社
黄玲玉	第二十七名	省直代表队	湖南省茶叶研究所
余标红	第二十八名	永州代表队	宁远县九嶷乡
符勇	第二十九名	长沙代表队	湖南怡清源有机茶业有限公司
汪满兴	第三十名	省直代表队	湖南省茶叶研究所

（四）五一劳动奖章获得者

湖南省五一劳动奖章获得者见表7-9。

表7-9 五一劳动奖章获奖名单

荣誉	姓名	单位
全国五一劳动奖章、湖南省劳动模范、湖南省先进工作者（2018年）	包小村	湖南省农业科学院茶叶研究所 研究员
湖南省五一劳动奖章（2018年）	冷建国	湖南石门溪峰名茶有限公司 职工
	吴银熔	岳阳五星鸿农业科技开发有限公司 职工
	胡云光	常宁市农业局经作站 站长
	徐洋洋	湖南石门溪峰名茶有限公司 职工
	陈萌	湖南龙凤庄园生态农业有限公司 职工
	余四新	湖南省九狮寨高山茶业有限责任公司 职工
	秦杰	桑植县茶业协会 职工
	高孝祖	湖南省君山银针茶业股份有限公司 职工
	蔡毅	华容县胜峰茶业有限公司 职工
	向春辉	古丈县古阳镇思源桥村支部 书记

（五）非遗传承人

湖南省非遗传承人见表7-10。

表7-10 非遗传承人名单

时间	非遗项目	传承人
2009年	油茶习俗（湖南省）传承人	刘仁秀
	古丈茶俗（州级）传承人	伍秉纯
	古丈毛尖茶制作技艺（湖南省）传承人	张远忠
	古丈毛尖茶制作技艺（州级）传承人	向春辉
		张峰
2018年	黑茶制作技艺（茯砖茶制作技艺）国家级非遗传承人	刘杏益
	黑茶制作技艺（千两茶制作技艺）国家级非遗传承人	李胜夫
		卢明德
	岳阳市非遗项目临湘青砖茶制作技艺传承人	谢大海
		赵田初
	平江市非遗项目"谷雨烟茶制作技艺"传承人	刘强
	黄茶制作技艺（君山银针制作技艺）非遗传承人	高孝祖
	长沙绿茶制作技艺（长沙市）非遗传承人	周长树
	湘西自治州第五批非遗项目"保靖黄金茶传统制作技艺"传承人	戴贵熬
	湘西自治州第七批非遗项目"保靖黄金茶传统制作技艺"传承人	戴四生
	湖南省级非遗项目安化千两茶制作技艺传承人	刘新安
	湖南省级非遗项目安化天尖茶制作技艺传承人	肖益平

（六）技术能手

湖南省技术能手见表7-11。

表7-11 技术能手名单

荣誉	获奖人员	单位
湖南省技术能手（2005年）	朱海燕	湖南农业大学
湖南省技术能手（2018年）	冷建国	湖南石门渫峰名茶有限公司
	吴银熔	岳阳五星鸿农业科技开发有限公司
	胡云光	常宁市农业局经作站
	罗依斯	长沙市雨花区慢修茶茶文化中心
	姚丽华	长沙县残疾人培训基地
湖南省技术能手（2019年）	李晓娜	湖南卫视茶频道

第八章 茶俗篇

湖南茶俗，是乡风民俗的一个方面。以茶联络感情，表明事理，净化心灵，增进团结，是千百年来普通民众和茶人的喜好。各地的茶俗不尽相同，但茶理、茶缘的主题一致。源于民间，雅俗共赏，反映出湖南人们的生活面貌和精神魅力。

第一节 日常茶俗

湖南饮茶历史悠久。在日常生活中，自家备茶已成习惯，以茶待客更是风俗。以茶叙情，借茶会友，民众习以为常。由于湖南幅员辽阔，民族众多，生活习性不尽相同，所以茶饮风俗各具地域特点，久而久之，形成大众所熟悉的模式。

1. 包壶茶

包壶，是一种大型陶制茶具。在20世纪70年代以前，长沙、湘潭、株洲、岳阳、益阳等地一般农家皆备有。

包壶就是茶罐，形制简单，陶胎除口沿外，里外施棕黑色釉。一般高24cm左右，腹径15cm左右，中大底小收圆颈，口沿中间一侧伸出一圆形壶嘴，两边有系钮，便于穿绳提携。一般在泡茶后置放于家中，也可在夏秋季带至田间供农人解渴。配置一个大碗，既作壶盖，又做饮茶之碗。此碗可以多人使用，只需用少量茶水洗净碗口沿即可。

包壶多产自铜官窑，其有"泡茶不走味，盛茶不变色，夏茶不易馊"等优点。人们将茶叶放入锅中熬煮，再将茶水灌入壶里。也可直接将茶叶放入壶中，倒入开水，任其冷却。由于现代大型茶器热水瓶、矿泉水瓶等普及，包壶逐渐退出农家生活。也有农家存有此器物，多做他用。

2. 芝麻豆子茶

此茶流行于长沙、常德、益阳、岳阳等地。《清稗类钞》中有"长沙茶肆有以盐姜、豆子、芝麻置于中者，曰芝麻豆子茶"的记载。制作方法是将芝麻、黄豆或豌豆炒熟，放到杯中，然后添加小撮茶叶，用沸水冲泡而成。这主要作待客之用，不论来者身份如何，均表达主妇的热情、尊敬之意。

湖区的人喜欢在此茶中加入少量的盐和姜末，称作芝麻豆子姜盐茶。这主要因为水乡阴雨天多，湿气重，人们则用姜散寒，以辣暖胃。

汨罗人喜欢用擂钵捣出姜茸。擂钵是陶制茶器，呈小碗状，直径10cm多，内有线条纹。姜茸比刀切的姜丝更有口感，茶汁更加醇厚。益阳一带喜欢做"粒粒茶"和"芝麻茶"。"粒粒"即黄豆、花生、豌豆、饭豆、蚕豆、绿豆等，茶中没有芝麻。芝麻茶，茶中只放盐与芝麻。安化人在喝芝麻茶时常会配上茶点，最后将茶叶连同芝麻一起吃掉。

3. 浏阳茴香茶、烟茶

浏阳有喝茴香茶的习俗。每逢重要客人来到，必定端上一壶茴香茶。秋季，他们将茴香枝杆摘回来，晒干后包装好，以便随时加入茶中。以前，人们习惯同时加入川芎，现在只用茴香。也有人只喝茴香枝干水，不放茶叶。虽然吃茴香容易上火，但它有祛风寒、止痛、健胃的功效，当作药疗。

浏阳的家制茶称作"烟茶"。谷雨时节，采摘茶鲜叶回家，反复冲淋，再将干净的茶叶倒入开水锅中快余，变色变软后捞出摊开，经二三道揉搓至条索变细，则装进布袋，挤干水分，再铺在竹筛上，文火焙茶。此茶带有浓烈的烟香味，即得名。

4. 嚼茶根

长沙、湘潭、宁乡等地人有嚼茶根（吃杯中泡后的茶叶）习俗。《清稗类钞》中记述："湘人于茶，不惟饮其汁，辄并茶叶而咀嚼之。"泡过的嫩芽咀嚼之，鲜爽回甘，清凉舒适。

5. 南岳发合茶

在衡阳南岳，有"发合茶"。不论夫妻年老年少，如果因婚姻、家庭、性格等问题出现较大的矛盾，久之不能调和，家里的长辈或至亲就会背地里请民间高人或师公道师，念咒请神赐来"发合茶"，让夫妻分别饮服，希望和好如初。据说这是"祝山神"传下来的法术，颇为灵验。作法时有专门的诀术歌：此茶不是非凡之茶，化为三元和合茶。日与小姐摘细茶，夜与小姐采蜜花。好花花如同一家，吃了茶再无别家，同头共枕永一家。

6. 隆回谷雨茶

邵阳市隆回县山区有在谷雨节气那天采茶饮用的习俗。传说这天的茶能清火、辟邪、明目等，功效十分神奇。无论天晴天雨，人们都要相邀去茶山采摘新茶，支锅熬煮。每家保存烘干了的这种茶，以备急用。

7. 城步虫茶

城步苗族自治县有一种特别的茶饮——虫茶。相传清乾隆年间，当地少数民族起义，被清军镇压后逃进深山。因一时无食物充饥，就以苦茶鲜叶为食。并用箩筐、木桶等将苦茶储存起来，作为粮草。日久，其茶被一种浑身乌黑的虫子吃光，桶中只剩下一些油菜籽般细小的褐色渣滓，即虫屎。士兵将残渣放进竹筒中，冲入沸水，竟然泡浸出的褐红色茶汁，香味扑鼻，饮下舒适可口，清香甜美。从此，人们便刻意将苦茶育虫，制成虫茶。这是苗家的特色茶，成因是茶叶发酵后散发出氮气味，招引"化香夜蛾"潜入生育繁衍，幼虫排出虫屎。有人还将虫屎在阳光下暴晒，到枯干后加上茶叶和蜂蜜炒制，做成优质虫茶。

8. 岳阳椒子茶

岳阳、平江的农村，人们喜欢饮用椒子茶。所用园茶经过摊青、杀青、揉捻、洗水、复揉、烘干等工艺制成。在茶杯里放上茶叶，再加入一二颗椒子，用开水冲泡。椒子即香椒子，灌木生，麻香浓郁，口味清爽。饮用此茶特别醒脑、提神、益气。椒子茶还特别适宜在夏天隔夜泡制，连续几天，茶水不会发馊。

9. 临湘川芎茶

临湘人爱喝川芎茶，尤以聂市及沿江靠湖一带为最。川芎是一种中药材，常用于活血行气，祛风止痛。人们把切好的川芎薄片和茶叶一起放在杯中，并加少许食盐，用开水冲泡。茶杯中散发川芎特有的清香，茶汁更加醇厚缠绵。

10. 岳阳云溪泡米茶

岳阳市云溪区人们有吃泡米茶的习俗。将蒸熟的糯米晾干，俗称"阴米子"；再制成炒米，人们称其为"泡米"。冲泡泡米茶时，要将开水慢慢地从碗边旋至中间，不使泡米溢出碗外。然后加入白糖，即可饮用。碗中并无茶叶，但当地人习惯称作泡米茶，也叫"泡哩茶"。

11. 华容瓦罐茶

华容县外来人口多，饮茶方式五花八门，但烧茶方式较为统一，就是瓦罐煨茶。将水和茶叶放到瓦罐中，放到灶头上或者灶膛里烧开，冷却后饮用。农村称这种方式为"一片罐"，便于带到田头。冬天煨茶，亦可加入姜盐，能够驱寒暖胃。

12. 平江烟茶

此茶制作手艺被认定为岳阳市非物质文化遗产代表性项目。谷雨时节采摘茶嫩叶，及时摊青、挑拣、炒茶，后慢火烟熏两次，起到干燥和闷黄作用，属于黄茶系列。冲泡用大壶大碗，因有烟熏味，饮用十分解渴。人们习惯最后咀嚼泡软的茶叶，叫作"呷茶"。

13. 擂 茶

擂茶，流行于洞庭湖区的常德、桃源、益阳、桃江、安化一带，在张家界和长沙宁乡也有此爱好。

① **常德擂茶**：根据茶汁的浓稠，分为"清水擂茶"和"糊糊擂茶"。制作的原料主要有茶叶、炒米、花生、黄豆、绿豆、芝麻、生姜等。把所有材料擂成泥糊状，称为"擂茶脚子"。用擂茶待人接物时，需配上"压桌"点心，如爆米花、炸黄豆、炒花生、油炸豆、锅巴、酱萝卜、红薯片、蒿子粑粑、荞麦粑粑等。清水擂茶是碗里放入"擂茶脚子"，再用开水冲泡，即可食用。糊糊擂茶是将米粉放进冷水中化开，用铁锅在文火上熬熟成糊状，再加入"擂茶脚子"，拌匀后食用。

② **张家界擂茶**：做法是把炒香的芝麻、米花、黄豆、绿豆和茶叶、生姜放在擂钵擂成粉末，放入沸水中熬成粥状，倒入竹筒杯，加入开水和红糖即可饮用。土家族人认为，擂茶既是解渴充饥的食物，又是祛邪驱寒的良药。

③ **桃江擂茶**：其擂茶在省内外颇具盛名。制法大致和桃源的相同，只是在吃法上喜欢放糖，成为"甜饮"。特别是妇女怀孕和生育后，有天天喝擂茶的习俗，能起到母亲为胎儿和婴儿补充营养的作用。现在，有机制原料粉在市面上出现，直接用沸水冲泡，省去了擂制的过程。

④ **安化擂茶**：安化习惯用鲜茶叶、炒米、芝麻、花生、生姜、绿豆、食盐、山苍子等作为原料，放入擂钵捣烂成糊状，调和开水，制成擂茶。其擂茶种类众多，有梅城的"米擂茶"，奎溪坪、江南坪、东坪的"谷雨茶"。配料因季节不同，冬季用黄豆，夏季用绿豆。功能类型有止渴的、消炎的、防暑的、抗寒的、充饥的多种。现今市面上还有袋装擂茶和冰擂茶出售。人们习惯以茶代饭，喝擂茶有"打腰餐"或"吃夜宵"之说。

⑤ **宁乡擂茶**：其擂茶兼有桃江的特色。因为配以甜、酸、苦、辣、咸的食品同吃，俗称"五味汤"。此茶除了姜是生的外，其余配料都炒过，"脚子"很少，属于清水擂茶类。当地人善作"巧果"，即膨化的米糕，与擂茶同吃，口感极好。现在，此擂茶的原料配比和制作技艺被列为长沙市第二批非物质文化遗产代表性项目（传承人为高佩山）。

⑥ **郴州擂茶**：原料以杂粮、果仁为主。制作方法分为粉擂和现擂。粉擂是将黄豆、玉米、小麦、芝麻、花生、干果等炸（炒）好，混合捣碎成粉末，密封备用。现擂是即时将炸炒好的原料放在擂钵中捣碎，再冲入热茶制成。

⑦ **怀化土家族擂茶**：土家族人认为擂茶能提神生津、正本祛邪，是"干劲汤"，为世代相传的"族饮"。制作方式与汉族的相同。一直以来，只要有贵客来到，必须用擂茶当作最隆重的礼节，给予款待。

14. 土家族熬罐茶

张家界地区土家族人常把陶罐置于火塘边缘，将水煨开，再把老叶茶放在陶罐中熬，直到茶浓为止，即可饮用。人们在山上做农活时，也会随地点燃篝火，将陶罐置于火上煨茶。

15. 土家族蜂蜜茶、红糖茶

张家界土家族人家多养蜜蜂，常年饮用蜂蜜。凡贵客来，主妇必取蜂蜜，置于杯中，添上优质绿茶，再用开水冲泡，端给客人饮用。此茶有止渴养血、润肺益肾之功。

红糖茶则是取茶叶少许，再加红糖入杯，用开水冲泡后饮用。人们认为每日饭后饮此茶一杯，有和胃暖脾的功效。

16. 鸡蛋茶

张家界、慈利、怀化土家族人在客人上门时，都会用上此茶。先将鸡蛋煮熟去壳，放入碗中，加上红糖茶水，送给客人品尝。启"一生二、二生三、三生万物"之意，鸡蛋一般每碗有三个。

17. 白族三道茶

这是张家界白族喜庆迎宾的饮茶习俗，即主人给贵客敬献茶食，其含意是"一苦、二甜、三团圆"。第一道茶为"苦茶"，又称"煨茶"，是把茶叶放在陶罐添水煨开后奉上。第二道茶为"甜茶"，在茶杯里放有蜂蜜、姜片、芝麻、核桃仁等配料，用开水冲泡搅匀后奉上。第三道茶为"团圆茶"，在一小碗开水中放有红糖、炒米和三个煮熟的鸡蛋后奉上，这茶又叫"三蛋茶"。

18. 张家界土家族秘罐茶

此茶又称"土家族罐罐茶"，是武陵山区民族民间文化遗产。茶罐两头小，中间稍大，后有握柄，前面罐嘴开口向外突出，便于倾倒茶水。罐是中型陶器，使用时先将陶罐放在火灰上预热，退出后放进茶叶，再伸进火中加热。进退几次，使茶叶散发浓香，然后添加泉水熬煮。此茶并不接触明火，全靠高温成就。茶入杯中呈绿色，色泽十分养眼，味道温和，香爽宜人。

19. 苗族油茶

此茶是先将黄豆、核桃仁和团馓加入少许芝麻，在锅内用茶油炸好，后往锅里放入茶叶、胡椒、姜片、葱花、大蒜等佐料，倒入冷水烧开，再放炒米。它是苗族人款待贵客的上等饮料。

20. 安化竹筒茶

安化茶乡下人喜欢用竹筒泡茶。将竹子裁下一截，留底，上部剥去外层，再用另一竹节做盖子套住，成为密封的茶杯状。农人外出时，当作水壶。竹筒盛茶非常安全、卫生、环保，还增添了竹子的清香。竹筒茶存放几天不馊，特别受到人们的喜爱。也有用竹筒烘烤茶叶的习惯。将初制加工的黑毛茶装入青竹筒中，塞紧，密封，放在火坑上方的三脚铁架上烘烤，待茶叶干燥，便将竹筒封口，置放在通风的地方，能起到收藏不霉变的作用。这也是一种都有的制茶技艺，所以一直流传下来。

21. 茶　药

在益阳、武陵山等茶产区，人们有用茶预防腹泻、中暑、消炎的习俗。中医书籍中多称茶"清热解毒"，由热毒而引起的咽喉肿痛、黄肿疮、疮瘘等，用茶解之，极其灵验。尤其能治疗痢疾，《本经逢原》称："姜茶治痢……不问赤白、冷热，用之皆宜""合醋治泻痢甚效",故存在"茶药一体"的说法。农家习惯用火焙茶,一般是用一个俗称"猫眼篓"篾篓,里面放着茶叶,挂在梭筒顶端,人们做饭炒菜煮茶时,可将梭筒靠近火坑,用以焙茶,叫作"梭筒篾篓茶"。谁人肚子疼或腹胀,便饮用此茶。有人还在茶中加入姜片、红糖,即可茶到病除。

22. "茶时际"与茶会

"茶时际"是安化的乡俗,指做工人在上下午劳动中小憩的时间。未到"饭时际",便可喝茶,稍事休息,解除疲劳。邻里之间也有"茶会"。这是一种常见的交际方式,妇女们相聚在一起打擂茶、道家常,也邀请男人们参与。长辈把谁能否打好擂茶,以及谁能否主持好茶会,当作衡量媳妇是否贤惠的标准,这提升了举办茶会的意义。

23. 郴州油茶

在湖南郴州、通道、湘西、江华等地的瑶族、侗族、苗族少数民族居住地流行。制作油茶的方法是,先将冻米、薯片、糍粑、黄豆、花生、玉米等放到油中炸成金黄色,或者掺砂、盐炒香,把菜肴做好,再在锅中入油,加茶叶和姜,加水烧开,然后分批次加入各种配料,制成油茶。这种茶味道十分丰富,甜中带咸,浓香扑鼻,深得人们喜欢。

24. "上梁"茶俗

在郴州、娄底、张家界、慈利等地,人们在建房"上梁"仪式中,要用茶叶助兴。做好顶梁时,木匠会在梁的中间开一个长方形小孔,放入茶叶、铜钱、笔墨、皇历,用以预示主家吃喝不愁、有钱有势、文章锦绣、日子绵延。再用封口系上红绸布,安放于屋顶处。必定举行仪式,安排人坐在上面,边唱赞词,边撒茶叶、盐、米、糖果,引来下面的人抢接。众人必须大声回答:柴米油盐茶,甜蜜到我家。

25. 郴州茶会

郴州古代即有此会,据清《永兴县志·风俗》载:"临午饮茶或用茶叶合油煮之,谓之油茶,或用碎米合油煮谓之擂茶,女客至或煎大糍、花糍或炒冻米和油茶款之,谓之茶会。盖明不用酒也,故俗谓午时为茶时。"可见此礼俗流播深远。尤其在元宵节后,家家邀请亲戚邻里喝油茶,成为盛行的风气。现在,仍然是民间结交和大小活动的一种招待形式,无论机关团体、平民百姓,都会在节日、庆典、签约等事务中,举行此会。

26. 江华"梗梗茶"

在江华,人们喜欢自制自炒"梗梗茶"。这种茶是采摘山间野生茶的大片嫩叶和茶梗制作而成,初尝极苦,复品甘甜,回味悠长。罐中可见很多梗梗,仍然能多次熬煮。当地有专门传唱的民歌:"六月摘茶红火天,茶叶不细可新鲜。哥哥莫嫌茶粗了,样子粗来茶味甜。"说明了此茶的特点和韵味。

27. 江华瑶族、壮族咸油茶

江华瑶族自治县的瑶族、壮族同胞喜欢喝类似菜肴的咸油茶。选茶树上生长的健嫩新梢，经沸水烫后沥干，再放到油锅中翻炒，加入适量姜片和食盐，加水煮沸，然后捞出茶渣，在汤中撒上少许葱花或韭菜，即可装碗。食用是配以炒大豆、花生米、糯粑、米花之类，或者其他荤菜。咸油茶可以充饥健身、祛邪去湿、开胃生津，还能预防感冒。按风俗，客人喝咸油茶，一般不少于三碗，称作"三碗不见外"。现在，这种油茶已成为"永州十大特色小吃""湖南金牌旅游小吃"，并荣获"首届中国金牌旅游小吃"称号。

28. 怀化"昂莽"

怀化市瓦乡人称喝茶为"昂莽"，意思就是"仰着头喝茶"。当地各家各户基本上是用包壶（陶壶）煮茶，即将壶中盛满水，再放入茶叶或茶果、茶藤，置放火塘撑架上烧开，放凉即可大碗饮用。此茶可以反复烧煮，醇厚稠酽的味道不减，有的人家甚至连续添水，喝上几天。

29. 怀化茶会

怀化的茶会，各地形式不同。沅陵乡间有"扛碗茶"习俗。夏秋傍晚，人们各自走出家门，端着大碗茶来到约定俗成的聚集地，喝茶聊天。在农村，有把"端""拿"说成"扛"的习惯。未婚男女借此机会表达爱情，一边喝茶，一边绣荷包、纳鞋垫、织锦带，或者吹木叶、唱山歌，如果双方有意，就相互换碗，将茶喝完，有的甚至互相喂喝，以示恩爱。

在官庄一带，有"喝闹茶"的形式。夏秋农忙时的中午，主家摆出炒花生、薯片、玉米和时令水果、糖饼之类，烧足开水，邀请村民前来喝茶聊天。有时还办"茶歌会"，赛起"行茶令"。新茶采摘期间的茶会称作"闹茶"，人们互相用新揉制出的茶叶招待乡亲，比谁家制作的茶叶形好香浓。直言不讳，氛围和谐。这些习俗至今仍在。

30. 怀化侗族、瑶族的打油茶

怀化市通道、新晃等地的侗族、瑶族和其他兄弟民族的同胞，喜欢在喜庆佳节时，用做法讲究、配料精选的油茶款待客人。这种油茶可用经专门烘炒的末茶，也可是刚从茶树上采下的幼嫩新梢。用油锅将茶叶翻炒，加上芝麻、食盐和水煮沸，即可盛碗。也可捞出茶渣，将花生米、玉米花、黄豆、芝麻、糯粑、笋干等放入茶中，端给客人。奉茶时有礼仪，第一碗必须端给长辈或贵宾。而且头两碗要喝"空水"茶不空，配料极多，不见茶水。第三至第五碗放糯米团子，香甜可口。第六至第九碗放糯粑，可咸可甜。最后一碗是糖茶。总的表述是"二空三圆四粑粑，后加一碗甜油茶，不吃十碗不过岗，乐得主人笑哈哈"。

怀化侗族制油茶有北侗与南侗之分。北侗的分苦茶和甜茶两种，苦茶是在秋天采摘的茶叶，在开水中氽揉成小团，在火铺炕上发酵烤干而成。用瓦罐将茶叶油炒，添加盐、葱、姜，熬煮后倒入配料充足的碗中，即可食用。再有就是先在锅内放油，将茶叶煎炒后放入少许大米炒成糊状，加盐，掺入其他佐料煮熟，盛入碗内后再放炒黄豆、炒米花等。苦茶色泽呈黑，但芬香味浓可口。甜茶不放茶叶，其他佐料与苦茶相同。油茶待客要用三碗，民谚有"茶三酒四烟八杆"之说。

南侗人喜欢吃早油茶。即将先天的剩饭炒热，再拌以茶叶兑水成茶汤，另用油炸米花或炒香黄豆为佐料，佐以酸腌菜或辣椒大蒜之类。待客的油茶比较讲究，制作过程与北侗相同，只是配料更加讲究，有咸鱼腊肉等。

湘西一带苗族的油茶汤，类似侗族的油茶。制作方式相同，配料也大同小异。日常生活中，不论来客与否，各家都要制作。他们认为"一日不喝油茶汤，满桌酒菜都不香"。待客要用八宝油茶汤，"八宝"可以随意选择，鸡鸭鱼肉、山珍海味均可。

31. 苗族日常茶俗

湘西的花垣、凤凰、吉首、保靖、古丈、泸溪、邵阳市的城步、绥宁和怀化市的麻阳、靖州、会同等县（市、区），苗族人饮茶的历史长久，保留着一些独特的饮茶方式，如煮茶、煨茶、汤茶等。

煮茶，最普遍的饮茶方式。过去，都是现煮现饮。主要是用茶果作为原料，加水注入鼎罐中，置放在火塘的撑架上加热烧开。茶汤呈金黄色，非常稠酽。也有直接用茶叶熬煮的，效果同样。

煨茶，就是将茶叶和水放在罐子茶缸中，置于火坑一角，在外沿堆放余薪炭火，用文火慢慢煨烤至开，愈久愈香。人们习惯用热茶烫嘴，以驱散满身寒气。

32. 湘西苗族茶粥

湘西苗族同胞有食茶粥的习惯。其做法是将大米或苞谷煮成糊状，然后加入粉碎的茶叶、菜叶、紫苏叶调匀，煮熟放盐即成。酷暑季节可以消暑解饥渴，增进食欲。在祭祀雷神、土地、五谷神时，此茶粥还是参与祭祀活动的专用食物，在里面加入猪肉，提高了质量规格。

33. 湘西捂碗谢茶礼

此茶礼流行于清末至民国年间。湘西的商家和茶客讲究喝盖碗茶，此种碗在大户人家或街市高档茶馆才有配备。客人碗中茶水只剩三分之一时，主家就得续水。客人若不想再饮，就得谢茶。这时不用言语，只要平摊右手掌，手心朝上，左手背朝上，轻轻移动手背即可。此举意为"请不再续水，我不再喝了，谢谢你"。

第二节　节日茶俗

一、春　节

春节期间，湖南盛行茶礼仪习俗。从除夕那天开始，一般人家都要在神龛或者饭桌前祭奠祖宗，首先就是敬上一杯香茶，请先人享用。虔诚的人这样一直做到正月十五。在正月初一的早晨，各地时兴"开财门"，就是新的一年第一次打开家中的大门。在开门时，人们必定鸣放爆竹，端出香茶迎接财神。早餐前，也会全家每人喝一碗糖茶，里面放有红枣、荔枝、桂圆、鸡蛋。人们互相拜年时，主家也是首先请茶，清茶或糖茶皆有。客人接茶时一定送上恭贺的话语，如"吃碗上门茶，发财发到家""进门一杯茶，生个胖娃娃"，等等。清同治《临武县志·风俗志》载："元旦临，是日预置香案设花烛茶果等物，举家长幼男女皆夙与盛服，择吉时开门烧纸钱叩拜天地，以祈一岁之祥，次谒祠堂，无祠堂者即于祖先堂具香烛茶果酒馔列拜焉。"即现在的正月初一开财门，敬天地祖宗。正月初三开始至元宵节，亲戚们拜年时互送礼品，称"贺茶"，即茶叶和点心。在家中摆放待客的各式小点心和炒货，也统称贺茶。整个春节期间，有"灶里不断火，路上不断人"之说，除炒菜煮饭的时间外，每家都是在灶上烧水，以备客人来到，就好及时奉上热茶。

二、清明节

湖南有"无茶不在丧"的观念。无论是汉族，还是少数民族，都保留着以茶祭祀祖宗的风俗。人们在扫墓时，要带上鱼、肉、鸡蛋"三牲"祭品。还特地带上一小包茶叶，有的在燃烧香烛纸钱时一起焚化，有的则祭拜后带回家，泡茶给小孩喝，以表先辈赐福于后人。

三、中秋节

赏月，是中秋节那天晚上每家的休闲活动。品茶、吃月饼，其乐融融。农村特别讲究团圆的吉兆，主妇要拿出最好的茶叶冲泡，给全家品尝。一些单位也特意举办共话中秋的活动，成为"茶话会"。

第三节　生育与寿庆茶俗

湖南人在小孩出生、成人寿诞时，离不开茶俗。可以说，茶，伴随一生。因各地各民族生存环境、宗教信仰、生活习惯的差异，茶俗不尽相同。

一、生育茶俗

① **以茶"洗三朝"**：小孩出生时，必须举行"洗三朝"的洗礼，又称"洗三""洗儿"，意在洗涤污秽，消灾免难；祈祥求福，预示吉利。在湘西、郴州、怀化等地乡村，用茶水"洗三朝"。温茶汤带有碱性，能起到消毒的作用。同时用棉布蘸茶水揩去婴儿口腔中的胎液，以保证口腔卫生。还要礼请接生婆或当地名望高的女子为婴儿洗澡，用茶叶与艾叶水净身。若是小孩瘦弱，父母还要在外边施舍茶水行善，为婴儿求得身体健康。现在，这种茶俗仍然存在。

② **"报喜"茶俗**：怀化地区某家孩子出生时，要向母亲的娘家报喜。女婿的礼品中会带上一支茶树枝。如果是1芽1叶，即告诉岳父家是添了外孙；1芽2叶就是生的外孙女。礼品中还有一篮茶叶蛋，用颜料染成红色，增添喜庆。

③ **"满月"茶俗**：湖南土家族的一种茶俗。小孩在满月那天要举行"搽茶剃胎发"的仪式。主家先在祖宗牌位放好"三牲"和果盘祭品，再请家族长者端来茶水，念"茶叶青青，头发青青……"的祝语，然后用茶水洗头，再理发。胎发要用红布包好，吊挂在孩子母亲的床檐，直至孩子长到10岁。剃完头后，主祭人要抱着孩子拜神，叫作"请菩萨"。然后，族人依辈次叩拜祖宗，再围坐喝茶，吃"全堂羹饭"。母亲抱着婴儿拜见亲友长辈，接受客人的银首饰，方才结束。

④ **"赐茶"保平安**：在衡阳、益阳、娄底等地，小孩生病时，大人便到庙里拜神，请求菩萨"赐茶"。即将自己带来的茶叶供奉于神案前，祷告"开光"，相信这种茶能祛邪除病，长命富贵。至今，各地仍然保留这种习俗。城乡信男善女可以自带茶叶，也可在庙宇前买来茶叶，再放到菩萨前祭拜。祈求保佑的不光是小孩，也有大人。茶叶本是一味中草药，茶药同源，对许多日常病症有一定的疗效。"赐茶"的作用，还可称为心理暗示疗法。

⑤ **"戴锁开花"**：郴州地区的茶俗。小孩出生后，或几代单传，或需补益五行，父母则会用金、银、铜打制长命锁，给小孩佩戴。仪式时，要将长命锁的钥匙放进装有茶叶的篓子里，挂在主屋梁上，然后在祖厅神龛边安放花公花婆神位，以期茶神和花神的共同庇佑小孩。这个程序叫作"戴锁开花"。之后，小孩每年过生日时，在敬祖宗的同时，也要敬茶神和花公花婆。孩子到了该结婚的年龄，再从茶叶篓中取出长命的锁匙开锁，预示可以结婚成家，这叫作"开锁（花）结果"。

二、寿诞茶俗

在湖南，饮茶有助于长寿的观点古来有之。民间言说"茶"字可分解为"一百零八"，故有茶寿"108"之说。

人们认为祝寿须从60岁开始，之前只能叫生日，花甲之人才能享受此礼遇。寿庆那天，客人到来时，首先是以茶点招待，接风洗尘。宴会时，也可以茶代酒。祝寿仪式中有"三献礼"，即儿子、儿媳敬献寿酒，女儿、女婿敬献寿茶，孙子、孙女敬献寿桃。在敬献寿茶时，女婿提茶壶，女儿托茶杯，象征性地敬寿茶三杯。

第四节　婚嫁茶俗

茶在民间婚俗中历来是"茶水相伴，以礼相待"的象征。古人认为，茶树只能以种子萌芽成株，而不能移植，故将"茶"视为"至性不移"。茶树多籽，可象征子孙"绵延繁盛"。茶树四季苍翠，又寓意爱情"永世常青"。在湖南，茶贯穿在定情、定亲到嫁娶的一系列礼节之中。

一、"定情"茶俗

①"三茶六礼"：是湘西、张家界、慈利、怀化等农村以茶为媒的形式。"三茶"，就是说媒有提亲茶、订婚有过礼茶、成亲有仪典茶。而纳采、问名、纳吉、纳征、请期、亲迎"六礼"也体现在"三茶"之中。说媒提亲茶，也称"下茶"。男方看中某女子，先要找一个媒人来家烟茶酒肉款待，然后，请她去女方家里说媒。湘西侗族的媒人到姑娘家，说"某某家让我来你家向姑娘讨碗油茶吃"。这"吃油茶"是求婚的代名词。两家的婚姻关系确定后，男方要准备礼物，选定吉日，到女方家去订婚"过礼"。彩礼除酒肉、衣料、现金、首饰外，还需要茶叶四两。女方家要以香茶招待男方客人。女子还要亲手为男子敬上一杯清茶，双方共喝这杯茶后，才算完成订婚仪式。

②"书盒茶"：怀化辰溪一带说媒下聘礼的茶俗颇为奇特，男方去女方家送定亲喜帖时，要备一只特制的大型红色木盒，装好帖子，抬着礼盒前去。盒内伴放茶叶和芝麻，茶叶以示尊重长辈，芝麻则表示"发子发孙"。人们称之为"书盒茶"。

③"三回九转"：湘西有订婚"三回九转"的风俗。"三回"即：放信茶，称头书；二道茶，称允书；三道茶，称庚书。"九转"即在"三茶"基础上完成"纳采、问名、纳喜、纳征、请期、亲迎"六个礼仪程序。这是过去包办婚姻的产物，现已淘汰。

④"海誓山盟"：郴州一带在婚嫁之事中，茶礼特别讲究。清《郴州总志》载："婚

嫁，论财者不齿，以纳彩为行聘，富者用金银饰绸缎布匹猪羊鸡鹅饼果之属，费数十金，以盐茶为主，云海誓山盟。"古时，南方人所食海盐，于此，盐代表海，茶代表山，故寓意"海誓山盟"。"定情"过程中皆以"茶"为婚，男子初次入女方家，要在女方家前停步等待，若女方父母斟上一杯热茶，表示应允了亲事，男子就可以进入女方家。这叫"进门茶"。若家中女儿已有许配，只是尚未成婚，必在谷雨前请男方的母亲来茶园摘茶叶，以便了解男方父母的看法，这叫"知亲茶"。如果双方同意，男方则要行聘礼，俗称"过礼"，常于迎亲前一年进行。聘礼除礼金、猪肉、鸡、酒外，还要新娘的头簪、耳环、手钏、戒指等，礼品上全须撒上茶叶、黄豆、芝麻，表示发子发孙、瓜瓞绵延之意。

⑤"盐茶盘"：在邵阳市几个县的汉、瑶等民族中，男方向女方求婚需要"下茶"（即"送茶"）。行纳彩礼时必须要有"盐茶盘"。盘中用灯芯染色组成"鸾凤和鸣""喜鹊含梅"等图案，将茶叶与盐堆满盘中空隙，也称之为"正茶"。女方一经接受，叫"受茶"，表示同意确定婚姻关系。

⑥"吃鸡蛋"：益阳沅江、南县等地在女方到男方家看亲时，有请茶、吃鸡蛋的茶俗。如果男方家看中女方，则煮熟三个以上的鸡蛋，女方必须全部吃完。如不中意，只用两个鸡蛋，女方知情，则脱身回家。男方去女方家，女方如果中意，只有清茶、没有鸡蛋。

⑦"万花茶"：在绥宁县苗族人家，此茶是男女青年恋爱的"媒人"。小伙子到姑娘家求婚，姑娘如果中意，就在茶里放四片用冬瓜片或橙子皮等精心雕刻成的"花瓣"，两片并蒂荷花、两片对鸣喜鹊。如果不中意，就只有三片"花"，都是独鸟形状。称作"万花茶"，是取姑娘正值青春，如同春季万花盛开之意。

⑧"订婚茶"：岳阳农村中有"订婚茶"的习俗。首先，女方来男方家看男方家的情况，名曰"看房子"。如果双方同意，即可订婚。男方向女方除馈赠鸡、鱼、肉外，还有用红纸包封的茶叶，俗称"下茶"。还要举办订婚宴，即男方择黄道吉日，把女方主要家人请来，明确双方关系。酒席的程序是先上茶食，再上菜肴。

浏阳市有"喝茶定终身"的风俗。介绍人约定吉日，引男方到女家见面。女方如果同意，便会端茶给男方喝。男子若认可，则会在喝完茶后，在杯中放上"茶钱"。金额多少不限，但必须是双数。这个过程基本确定了两人的姻缘。

⑨"退婚茶"：怀化侗族同胞有"以茶退婚"的习俗。姑娘若对男方不满意，不愿出嫁，就用带一包干茶叶亲自送往男方家，放在堂屋桌子上，转身即走。有趣的是男方尽力挽留，多人阻拦，姑娘只要不被男方家人抓住，婚约就算废除。逃脱了的姑娘要在几日后"退茶"，也就是退掉"定亲礼"。

二、"婚庆"茶俗

①**"辞亲茶"**：怀化一带女子出嫁，要举行送亲宴和"跌舛"仪式。"跌舛"即递茶，是一种献茶告别仪式。人们在堂屋中间烧一堆大火，神龛下坐着新娘的外婆和舅母，如人数不够，姨母可以补充，但生母不能替代。地上铺着席子和红毯子，新娘托举绣花帕子，称作"端手帕子"，表达侍奉之意。姑姑或嫂嫂手端放着四个小茶杯的茶盘，三个女孩提茶壶、拿茶叶、端炒米，在锣鼓唢呐声中走向女长者，向她们献茶。然后新娘上前跪拜，长者则要把茶泼洒于地，以祭拜天地神灵。之后，主持人按献茶路线和走步方式收回空茶杯。此仪式要求往复四次，一共敬茶八次。通道侗族女子出嫁时有"辞亲茶"，因为她们的婚姻由父母包办的少，大多是自己在寨中巷子里约会对歌而成，所以称作"辞巷茶"。这时男方送来的彩礼也叫"辞巷礼"。

以前，临湘农村青年结婚时，新娘要坐花轿来到婆家。陪嫁物有桌椅、柜箱、被子，还有火盆、火钳、火塘梭钩、铜壶、茶杯。有称作"茶娘"的女子携带茶叶、红糖，倚轿随行。现时"茶礼"大有改变，电热壶、热水瓶、陶瓷茶具、高档茶叶等一应俱全。"茶娘"由娘家随来，再随女方亲戚返回。

②**"迎亲茶"**：新郎到新娘家接亲时，必须喝迎亲茶。沅陵一带接亲，是由红叶（媒人）和伴三（婆家婚礼主事人）带着迎亲队伍到女方家。女方家的管事、厨师、梳妆等人为了讨要红包，便在门口摆上茶桌，设卡对歌，索要喜钱。一般情况下，男方唱歌的人要喝茶十几杯，才能进入屋里。新娘来到婆家后，与新郎拜堂，由"女礼官"引他们进入洞房，坐到床边，送上"和合茶"。茶中有红枣、花生、桂圆、莲子，应合"早生贵子"之意。同时，厅中有女子端着茶盘，提着茶壶，向女方亲戚敬茶，一边喝茶，一边盘歌。

郴州一带女子出嫁前夜，要坐歌堂。邻里亲友会温一壶茶，托果盘茶点，送来让唱伴嫁歌的女眷们吃。出嫁这天，送亲的队伍走向男方的家，沿途的亲戚也要在家门前，摆上桌子，放满糖饼茶果，斟茶请送亲的人喝，这叫"迎亲茶"，也叫作"女姑茶"。

③**"闹花夜"**：湘中农村流行"闹花夜"。在男孩子结婚前夜，男家为答谢亲友，特别是叔叔和舅舅，要举行茶宴和酒宴。茶宴时，请艺人演唱戏。一般用的清茶加茶点，也有用擂茶的。

④**"和合茶"**：湘南衡阳、邵阳、娄底一带，闹新房要新娘新郎吃"和合茶"。即在举行婚礼后，青年朋友把新郎新娘拉到堂屋里，在板凳上坐下，新娘与新郎膝盖挨着膝盖坐下，有人将新娘的脚搁到新郎的大腿上，让他们的拇指与食指合成一个长方形。又有人将瓷杯放在长方形里，立即注满茶水。首先让新娘新郎同时喝，再请亲戚朋友轮流

凑上去喝。喝干后又斟，直到所有的人都喝遍为止。

土家族也有"和合茶礼"。方法比较简单，即婚礼上拜茶时，新郎新娘同坐一凳，相邻两脚相互勾连，新郎左手与新娘右手互置于对方肩上，拇指与食指构成一方形，置茶碗于其上，亲戚人等以口凑近饮之，以此分享新人的喜气。

⑤ "吃抬茶"：湘西、湘中等地还有"吃抬茶"的习俗。一般在闹洞房开始时，客人与宾主坐在堂屋或洞房中，新郎新娘抬着茶盘，在司仪先生的介绍下，依次向男女双方长辈敬茶。同时正式使用新称呼。这时，长辈必须拿出红包，放到茶盘上，表示认可。在新娘成婚后的第二天清晨，新娘洗漱、穿戴后，要由媒人引至客厅，拜见公公、婆婆，并敬茶。公婆要拿红包给新娘。接着由婆婆引领新娘向族中长辈敬茶，再挨门挨户拜叩邻里，敬茶。这称为"新娘茶"，都须接过，并饮尽，送上祝福的话语，以示对新娘的感谢。

⑥ "合枕茶"：湘潭、株洲等地有吃"合枕茶"的习俗。即新婚夫妇上床前，小姑或嫂子将一杯红枣、荔枝、桂圆、莲子茶送到洞房，要他们吃过在歇息。有"早生贵子"之意。

⑦ "回门茶"：安化、慈利等地有吃"回门茶"的习俗。新婚第三天，新娘带着新郎回娘家，一定要喝回门茶。其程序与各地新郎家一样，都是希望新人和睦、白头偕老。

第五节　祭祀茶俗

从古到今，湖南人民有用茶进行祭祀的习俗。各地历来以"三茶六酒"和"清茶四果"作为祭品，供放神龛或祭台上。无论是汉族，还是少数民族，都习惯以茶祭祀祖宗，甚至用茶陪丧。祭祀用茶有三种方式，即茶水为祭、干茶为祭和茶壶茶盅为祭。各个民族的茶祭祀习惯大体相同。

一、丧葬茶俗

茶，在湖南一些地区的丧葬习俗中，被认为是进入阴曹地府的重要"信物"。马王堆出土的汉墓文物中就有茶叶和茶盒，由此可见以茶随葬的习俗历史悠久。现在的丧葬仪式中，仍然不可或缺茶的出现。

人们一直有"无茶不在丧"的观念。以前，在老人刚咽气时，后人要在亡者口中放入一点碎银和茶叶，以此"封口"，不让晦气散发。入殓时，将亡者的枕头里塞满茶叶，称为"茶叶枕"，还要用白布包裹茶叶填塞棺材四角。在湘西桑植、永顺等地，人们则先在棺材底撒上一层茶叶、米粒，再在亡者入殓盖棺时再撒上一层茶叶、米粒，其用意是起干燥、消毒、除味作用。有些地方也有在亡者手里或嘴中放置茶叶的习俗，因为传说人死后其亡魂要过孟婆亭，如果喝了迷魂汤就会把生前的事情忘得一干二净，致使亡灵会步入迷津而服苦役，所以，后人要把茶叶放在亡者身边，有了"甘露叶"，就不会喝"孟婆汤"。

在常德、怀化、娄底等地，有喝"抬丧茶"的习俗。有人去世，要搭设灵堂，请人料理丧葬事宜。一般情况下灵柩在家停放3~5天不等，每日开流水席，供茶饮。有专门负责茶水的知客师，由女子担任，必须向每一个到场的人送上一杯热茶，在饭后也要向每人送茶。在灵堂里，安排了茶叶和杯子、开水瓶、壶、桶之类，有人需要喝茶，随时可以自斟自饮。

二、祭祀茶俗

① **南岳祭茶大典**：自古以来，南岳衡山佛道教和全国各地一样，有专门的祭茶活动。现在，这里举办集民间祭祀与官方祭祀、传统文化与现代文化于一体的大规模茶祭盛会。此活动自2007年起经南岳茶文化研究会发起、恢复并组织举办，每年一次。在2013年，该祭茶大典入选市级非物质文化遗产名录。以前，茶祭时间定在谷雨前，因为此时开采的茶叶被称为"雨前岳茗"圣品，仪式在进山采茶的同时完成。现在，定在立夏之日献祭。主场地设在南岳大庙，主祭岳神神农、火神祝融与茶圣陆羽。礼仪程序是在五岳大旗、廿四节气旗、三神灵位，龙狮锣鼓的引导下，由各地茶人恭奉新茶，依次传至官员贤士人等，一齐进入圣帝正殿，安排茶叶在内的主要祭品上供，主祭陪祭就位恭请礼生祝化祭文，众人上香，晋爵、晋馔、献茶。最后鸣铳礼成。

② **南岳朝圣**：赴南岳拜佛，是湖南几百年来无数信男善女虔诚的习俗。因为湖南是茶产区，所以，人们必将最好的茶叶和茶油，在每年八月，带到南岳朝圣，祭供南岳圣帝，以示感恩戴德。平时，人们每日在自家所设的圣帝雕像前，也要奉献香茶。一般是供三茶三香，反复表白前去朝圣的日期。在朝圣途中，无论何时何地喝了何人的茶水，都要唱谢茶歌。若在祠庙寺观，僧人尼姑要首先唱"敬茶歌"。

各地香客随身带来的茶叶和茶油，都要全数供奉在圣帝面前。茶油由僧人点长明灯或食用，茶叶则可全部或部分带回家。这茶被称为灵茶，可送给亲友们分享，以图祛病消灾，延年益寿。

③ **祭"萨岁"**：通道侗族祭奉最高保佑神"萨岁"，也称"萨党"或"萨麻"，指去世了的祖母或世祖，离不开以茶为祭。祭祀仪式中，先由主祭祀人用上好的茶叶，泡上三碗茶，口念颂词，虔诚地放置在供桌上的萨岁前，在进行后面的祭祀程序。

④ "献清茶"：郴州等地在为亡者守灵至出殡时，祭祀中除"三牲"、果品外，也有茶水。旧时宗谱记载就有"献清茶"一项。在出殡前夜的"夕奠"和出殡当日清晨的"朝奠"礼俗中，由女儿（或侄女）向亡灵敬献饭食和清茶，俗称"带食带茶"。出殡时，主祭祀人要将茶叶、盐、米撒向灵柩和"八大金刚"（抬灵柩者），以避煞驱邪，保佑吉祥平安。

⑤ 祭"茶神"：湘西苗族有祭祀茶神的风俗。仪式分为三次，早祭"早茶神"，午祭"日茶神"，夜祭"晚茶神"。举行时不得言笑。传说茶神穿戴褴褛，一闻笑声，便不愿降临。故白天在屋外祭祀时，也需用布围上，不准闲人参与。夜间在屋内祭祀时，需关灯熄火。祭品以茶为主，辅以米粑、钱纸、簸箕等。

⑥ 祭"茶婆婆"：永州双牌打鼓坪曾有一座婆婆殿，供奉的仙婆是当地的茶神。当地百姓每逢开耕、开园、开山或久旱不雨之时，常用塔山茶祭奉仙婆。此茶用野生茶树的嫩叶制成，俗称婆婆仙茶。相传很久以前，一位仙婆下凡路经此地，想为凡间民众做一件善事，于是衣袖一挥，漫山遍野就长出茶树。人们采茶营生，生活日日见好。为了感谢仙婆，人们就建庙，恭敬仙婆。

⑦ 茶祭"八部大王"：土家族流传的《梯玛神歌》中，八部大王有母无父，是母亲吃茶叶而怀孕的。于是他对茶情有独钟，一直称茶为父，供茶为神。每年春节期间，土家族人一定要通过舞蹈的形式祭祀八部大王，也祭祀茶父。祭祀的队伍，都由巫师带领。巫师身穿黑袍，腰系法兜，身背法具，手拿一把红色油纸伞。随后跟着一群拿着茶壶油罐、香烛纸钱的乡民。人们身披稻草，打扮成"毛人"模样，按辈分大小先后进场。巫师代表本村念出祈祷词，然后向茶祖敬茶，将茶碗端过头顶，三鞠躬，一饮而尽。然后，由巫师面对茶祖神堂跪下，用土家语念出各种古奥的咒语和祈文，一时全场吆语声大作，开始跳迁步舞。舞蹈表现烧荒播种、建立家园等过程，其中有采茶炒茶的情节。

⑧ 茶祭"山神"：在湘西、益阳、怀化等产茶区，人们每年在新茶采摘前，都要在茶园举行祭拜山神的"开茶山"仪式。祭拜的内容包括叙述茶史、歌颂茶神、乞求护佑等。仪式结束后，正式开始采茶。沅陵县各大茶园每年开茶山时，还要在茶园里摆上香案，祭祀茶神。主持祭拜的老人带着一些年轻男女，先由给茶仙烧纸焚香，再双手捧起一杯香茶，举过头顶，跪下，一起念诵："一杯茶，敬茶仙，再把茶种撒满山。来年长出雀嘴来，根扎土地嘴唱天。二杯茶，敬祖先，香茶一杯泡丰年。喝口清茶享清福，子孙后代都平安。三杯茶，敬土地，不湿不水不燥干。平地坡地茶叶绿，感恩感德报万年。"仪式结束，众人才走进茶园。

⑨ 茶祭"巫傩"：湘西、怀化的少数民族同胞有巫傩崇拜。古代，巫师进行各种活

动,都要用茶用酒,捧奉给神明和祖先享用。如他们的明香节时,各户轮流做头人,用铁鼎罐煮茶水,做豆腐、糍粑,给族人分食。大家茶酒饮足,边跳边颂祝词,祈求神明再赐吉祥。

第六节　古代茶亭礼俗

古代,湖南各地有茶亭。其建在路边,供旅人歇脚和续水,兼具挡雨、纳凉等作用。多为地方官员和社会贤达作为一种慈善事业来建设,如有损害,再度维修。在山区的有"有坳必有亭,有界必有亭"之说。平原地带一般五里一亭,所以很多叫"五里亭"。基本上亭柱上篆刻楹联,内容与当地风情、旅人心境有关。建亭者还要陆续拿出一定数量的田地产收入、或钱作为亭产,以供每日沏茶者酬劳和茶水其他开销,如添置桌椅板凳、炉灶、茶缸、茶碗等。由于现代交通的飞速发展,茶亭不复存在。

①**长沙古茶亭**:以前,因为长沙是湖南的大型城市,大道通向各个地区,所以周边有较多的茶亭。现在,所有茶亭已经消失,但以茶或茶亭命名的街道和地区仍然存在,如:义茶亭、茶馆巷、茶馆屋、茶铺子、茶园巷、茶园岭、李家茶铺、茶陵坪,望城区的茶亭镇、茶亭塔,宁乡市的惠同桥茶亭、司徒岭茶亭、南风亭,浏阳市的新安桥亭等。其中,义茶亭位于城内南门口,后来成为街名,最有名气。

②**宁乡司徒茶亭**:此茶亭位于宁乡与安化交界的司徒岭,于清光绪十四年(1888年)两县百姓集资修建。亭呈长方形棚屋形,"人"字形坡屋顶,盖小青瓦,以木柱支撑。该亭坐北朝南,前后皆是悬崖峭壁,有麻石道路穿亭而过。亭分东西两部分,西边(安化地域)为立柱框架式,设有长木条凳供人歇脚,正墙下嵌有石碑,为清二品衔、署广东按察使张寿荃所撰写的《新修司徒茶亭记》碑文。东边(宁乡方向)设有伙房、客房、主人住房数间。清代至民国时期,由两县安排专人管辖,负责烧茶煮饭以及客房管理。据《宁乡县志》载:"宋司徒王全驻兵于此,以拒瑶寇,战死,后人立庙祀之。"此亭则得名司徒茶亭。又因亭后有水井,由崖缝泉水涌入,清凉可口,故又称凉水井亭。

③**宁乡南风亭**:位于宁乡巷子口镇通往安化东山的要道上,建于清同治年间(1862—1875年)。亭名出自舜帝《南风歌》:"南风之薰兮,可以解民之愠兮,可以阜吾民之财兮。"亭为木架结构,长10m余、宽4m,过道外侧6个大木柱,有固定木条凳供人歇息。道路南北走向,又因设在坳头关口,人们夏季爬山越岭,酷暑难当,一经进入茶亭,凉风习习,能很快恢复体力。有专人提供茶水,免费让路人饮用。

④**宁乡惠同廊桥**:位于沩山沙田村。跨沩水支流黄绢水上游,为三孔两礅石平桥。全长22m,原为木桥,在清光绪二十五年(1899年),地方绅士何开周等倡募改建成石桥。

全桥建有青瓦木柱长亭，内两侧护栏下设有长凳，供行人休憩、喝茶。邑人岳衡作《惠同桥碑记》称："有亭以憩行者，炎燠渴饮，开畅烦襟，惠也。"2006年，此廊桥被公布为湖南省文物保护单位。

⑤**望城区茶亭镇**：湖南省唯一以茶亭直接命名的镇。区域内原有"歇凉茶亭"，相传为清代当地乡官张子初捐建。先有地名，后有村名，再有镇名。此亭今已不存，但有茶亭联流传，联曰：为名忙，为利忙，忙里偷闲，众生不妨坐坐；劳力苦，劳心苦，苦中作乐，大家打个哈哈。此联被望城区的多种文史资料所收录。

⑥**浏阳新安桥茶亭**：位于浏阳市社港镇新安村，建造时间为长沙市最早。明成化十年（1474年），由地方贤达寻京南出资修建，为石桥。明嘉靖八年（1529年），其晚辈寻梦科、寻大贵重修。茶亭建于桥上，长19m、宽4.4m，由15根木柱斗拱支撑，坡屋顶青瓦屋面，支撑架由木柱凿眼搭建，木柱与桥面的结合部全靠自身重力平衡，无任何基础和榫接，无一根铁钉。造型别致，建筑工艺独特。两旁有木板坐凳，便于路人与村人喝茶解渴。2006年，此桥茶亭被公布为湖南省文物保护单位。

⑦**衡阳松亭渡**：衡阳一直是水陆要冲，古道上有众多的茶亭与驿站，以茶酒、食宿接待往来客人。在华新开发区松亭村的松亭渡，现存有古茶亭碑，曰松亭古桥"历有茶亭，并置茶田租四十余石（担），捐入三元庵，原为施茶之费。至嘉庆年间，茶亭倾颓，各善信募修，均有碑记。于道光二十一年，又被洪水冲倒，迄今数载，乏人承首，今善信肖天叙重新复修，万古如新。道光二十五年六月刊立"。

在衡阳古道斗岭铺（今珠晖区酃湖乡向阳村），路边有一栋旧屋，前墙上镶嵌一大理石碑，曰："此处有坟山名虎形，守坟的房子名望江亭。主家委托当地尹姓人家看管，……每年在望江亭设茶水摊，供行人饮用，时间从五月初一到八月底。除茶叶钱外，每年补助看守人柴水钱八千文。"碑文落款为江西圳溪刘荣德，由此得知房子名望江亭。

在南岳前后山通往祝融峰的朝圣古道上，更是亭廊林立，茶水纷呈。络丝潭、华严湖、忠烈祠、延寿亭、烈光亭、半山亭、玄都观、紫竹林、邺侯书院、湘南寺、南天门、高台寺、上封寺等处都有僧道或当地民众的施茶供水点，其中南岳镇东的"茶亭子"最著名。是一个综合性的施茶场所，前有古井，回廊设有长凳，每日都有茶水供应，周边还有众多店铺销售茶叶与茶饮。

⑧**桃江穿坳仑茶亭**：此茶亭位于桃江县松木塘与益阳市赫山区杉树仑交界处。是在1928年，桃江县人彭子仁出资所建。其后来置田 $2.1hm^2$、土 $0.2hm^2$，作为亭产。其亭木质结构，小青瓦盖顶，里面特别宽大，可供百余路人同时喝茶，还是当地民众集会之所。

⑨**安化奉义茶亭**：位于在安化小淹乡石门潭。由清代龚怡发遵母陈护英遗命所建，

取名"奉义"。其母"秉性坚贞,夙怀慈善",见行人过此,欲饮无茶,欲歇无荫,在临终时嘱咐儿子:"暂不买田,先建茶亭。"其谨遵不渝,历时四载,终于建好此亭。之后,则安排妻子与儿媳每天负责提供茶水,为过往行人解除干渴之苦。

⑩ **安化杉树亭**:此茶亭有湖南茶亭活化石之称。坐落于冷市、小淹两地交界处杉树岭,建于清嘉庆年间,位于新化、溆浦通往常德的要道。建筑为全木质结构,房屋呈新月形,长15m、宽4m,共5间,占地达90m²。东侧设条凳、茶缸,供行人停歇饮用,西侧两间横屋供守亭人居住,南北各有上下山的青石板路穿过亭中。伴竹海杉林,望资江,与文澜塔、印心石呼应。

据调查,明清以来,安化有茶亭197座,现保留下来的有42座,著名的有南关风雨桥茶亭(清光绪年间建)、大塘风雨桥(1894年建)、稑龙石拱桥(1813年建)、歇树坳风雨亭(1892年建)、夫溪风雨桥(1840年建)、大林风雨桥(1850年建)、牛颈山坳茶亭、杉树坳茶亭(1930年建)。

⑪ **安化永兴茶亭**:位于江南坪镇黄石村的青石岭,是目前湖南省内保存相对完整的茶亭。始建于清嘉庆九年(1804年),复修于清光绪六年(1880年)。墙上镶嵌三块石碑,分别是清乾隆二十三年(1758年)所撰修《石板路碑》、清嘉庆九年的《路亭共碑》和清光绪六年复修《茶亭碑》。亭为小青瓦盖顶,青石质结构,三柱两间,东西纵进,高6m、长10m、宽5.8m。另西南角房屋一栋,住守亭人。以前长年备茶,提供路人茶水和马匹饮水。此亭由当地亭会管理,所以能服务长达200余年。

⑫ **桂阳打马冲茶亭**:位于桂阳县仁和圩至古垄圩古道上,现今可见茶亭及茶屋碑。亭建于路中,古道穿亭而过。内设茶缸、石座、木凳,供路人歇脚、饮茶。北面建一栋砖瓦木结构房子,叫作茶屋,是住人、烹茶烧水的地方。茶屋面南而建,是为阻挡北风。亭内横卧着《茶屋碑》和《重修茶亭碑》等石碑,两块碑皆是宽2m的长方形。

⑬ **娄底市茶亭**:娄底市的茶亭记录较多。据《新化县志》载:清道光年间,县境内(包括冷水江与隆回一部分地域)有茶亭488座,县北富溪村(今白溪镇东富村)有茶亭21座。《乡土梅山》(曾迪著)亦记载:仅文田镇就有茶亭28座。茶亭名因不同起因而取,有纪念寿辰者的,叫八十亭、九九亭、仁寿亭;有弘扬典故者的,叫妹子亭、大与亭、普善亭;有为划分地域的,叫分水界亭、黄茅界亭、山溪界亭;有记载前人功绩的,叫福高亭、白骨亭、众乐亭;有为抒情添景的,叫水月亭、白水亭、水星亭;有为分担两地共同责任的,叫一天亭、上义亭、四方亭;有为继承祖上遗志的,叫继志亭、先志亭、绳武亭;也有以路程命名的,叫五里亭、十里亭、半山亭。最近的调查中,发现有的茶亭存有遗址,但无名字;有些茶亭有名字,但不见其遗址。现在,仍有21座茶亭供

应茶水。

白水亭，始建于清同治四年（1865年），位于新化县吉庆镇杨桥村。四周群山峻岭，山路崎岖不平。据碑文记载，此亭长22m、宽9.9m、高5m，四面为封火山墙，内为穿梁式结构，分长廊、客房、厨房、厕所等。它是古代出入新化、安化的重要门户，为两县路人解渴歇脚必经之地。

所憩亭，又名"黄毛界亭"。在黄溪、俄溪、大熊村与株梓交界处。其联曰："此处望无梅喝杯茶去；空亭煨有火卿筒烟行。"

现在，涟源七星街镇上，还有可止亭、春风亭、凤山亭等，其中几座已得到了修复，仅为游人休闲观赏之地。

第九章 湘派茶馆

茶馆，又名茶肆、茶坊、茶店、茶铺、茶室、茶寮、茶楼、茶座、茶厅、茶园、茶苑、茶社、茶吧等，是以饮茶为中心的综合性活动场所。宋代茶馆多称茶坊，也有叫茶肆、茶楼的。元代时茶馆一般称茶房，也有叫茶坊、茶店的。明清茶馆更为发展，城市乡村，到处都有。"茶馆"一词，最早出现在明末张岱的《陶庵梦忆》"崇祯癸酉，有好事者开茶馆"，此后，茶馆即成为饮茶场所的通称。近现代茶馆业曾经历了一段衰落时期。20世纪70年代，茶艺馆兴起，从此茶馆发展进入新的历史阶段。遍布中国各地大小城市的茶馆、茶楼、茶室、茶坊是市民茶文化最典型的表现，品茗场所滋生的文化又称为"茶馆文化"。

2007年11月，湖南省茶业协会茶馆分会在长沙成立，茶馆分会汇集了湖南知名的茶馆、茶艺培训学校、茶叶研究机构、市县级茶馆业社会团体和茶馆经营管理者、茶文化专家学者、茶艺师、茶艺爱好者。茶馆分会通过举办学术高峰论坛、考察调研、茶艺比赛、名茶品鉴等系列活动，有效地加强了省内茶馆、省内与省外茶馆的交流互动，既把湖南茶馆推向了全国，也为湖南茶馆开拓了经营视野。尤其是2009年起，分会每年推荐湖南优秀茶馆参与由中国茶叶流通协会举办的全国百佳茶馆评选活动，最初入选者只有两三家，后逐步发展到每次十几家，湖南茶馆无论是从老茶馆到新茶馆，或显性或隐性地呈现出"敢为人先""兼收并蓄"等湖湘地域文化特色，有着与京派茶馆、杭派茶馆、川派茶馆等不同的韵味，独成一派，被称之为"湘派茶馆"。

本章将回味长沙"老茶馆"带来的时代记忆，也将介绍当代罗布在湖南各地的新茶馆，让读者领略"湘派茶馆"的迷人风采，从另一个侧面展示湖湘茶人对生活的热爱以及茶叶经营的谋略。

第一节　湖南茶馆的历史渊源

茶馆的起源可追溯到茶摊，见诸文献记载的最早的茶摊可以追溯到在江南建立东晋王朝的元帝司马睿时。《广陵耆老传》载："晋元帝时，有老姥每日独提一器茗，往市鬻之，市人竞买。"应该说它是茶馆的最初原型：简单的移动茶铺，居无定所，流动性很大。

至盛唐，文人间时兴茶会、赋茶诗，以至"王公朝士，无不饮者"，慢慢出现了官办的大型茶宴。饮茶遂成风俗，促成了我国最早的茶肆的产生。至唐天宝年间（742—756年），许多城市"多开店铺，煎茶卖之。不问道俗，投钱取饮"。加之陆羽《茶经》的问世，使得"天下益知饮茶矣"，因而茶馆不仅在产茶的江南地区迅速普及，也流传到了北方城市。当时的湖南也因茶业发展，都市之所也有了茶馆。

宋代，随着城市的发展，茶馆也迎来了第二个兴盛期。其时，市内出现"瓦子"（娱乐场所），内有"勾栏"（演出场所）、酒肆和茶楼。宋代都城茶肆茗坊遍及大街小巷，而且由城市普及到乡村，茶坊大多实行雇工制，茶肆主招雇熟悉烹茶技艺的人，称为"茶博士"。为吸引不同层次的顾客，提供的服务亦日益多样化，各样娱乐活动应运而生。

元代，湖南经济得到恢复，人口大增，加之实行重商政策，湖南长沙等地的茶叶大量入市，商业繁盛，《马可波罗游记》中所记载的元代沿长江的新兴商业大城市中便列有潭州。元代李德载写《赠茶肆》十首中的第一首为："茶烟一缕轻轻飏，搅动兰膏四座香，烹煎妙手赛维扬。非是谎，下马试来尝。""维扬"系扬州府的代称，此词夸岳阳茶馆的烹茶技术赛过扬州。第九首为："金樽满劝羊羔酒，不似灵芽泛玉瓯，声名喧满岳阳楼。夸妙手，博士便风流。"赞扬湖南岳阳楼品茶胜过金樽饮酒。

明代，湖南长沙与广州、九江、杭州并列为全国四大茶市，贩茶成为长沙府最广泛的商业活动，茶陵诗派李东阳的诗里也有反映，一个位列全国四大茶市的城市里必有星罗棋布的茶馆。

明清时期，散茶盛行，简便的饮用方式让品茗之风更盛，茶馆业得到了极大的发展，形式愈益多样，功能也愈加丰富。品茗活动从唐宋时期的宫廷、文人的雅尚清玩转变为整个社会的生活文化，也成了老百姓可以参与的"俗饮"。清朝的"康乾盛世"迎来了茶馆最鼎盛的时期，此时的茶馆已发展到以顾客人群划分市场的时期。以卖茶为主的清茶馆，环境优美，布置雅致，茶、水优良，兼有字画、盆景点缀其间。文人雅士多来此静心品茗，倾心谈天，亦有洽谈生意的商人常来此地。想满足口腹之欲的，可以迈进荤铺式的茶馆，这里既卖茶，也兼营点心、茶食，甚至有的茶馆还备有酒类以迎合顾客口味。江南的茶馆内增设了分隔间的小茶室，相当于今天的包厢，包厢内雅洁无尘，茶客分室列坐，各品各的茶，互不干扰，亦有利于满足某些人际交往的私密性要求。民国初期刊行的汇辑清代野史笔记的鸿篇巨制《清稗类钞》在"饮食类"中对清代湖南长沙老茶馆有这样的记载："长沙茶肆，凡饮茶者既入座，茶博士即以小碟置盐姜、莱菔各一二片以饷客。客于茶资之外，必别有所酬。"又说："茶肆所售之茶，有红茶、绿茶二大别。红者曰乌龙，曰寿眉，曰红梅。绿者曰雨前，曰明前，曰本山。有盛以壶者，有盛以碗者。有坐而饮者，有卧而啜者。怀献侯尝曰：'吾人劳心劳力，终日勤苦，偶于暇日一至茶肆，与二三知己渝茗深谈，固无不可。乃竟有日夕流连，乐而忘返，不以废时失业为可惜者，诚可慨也。'"

清同治年间，湖南的松泉茶室、楚胜茶楼、疏灯人语、白雅亭、清湘楼、紫馨楼、楚华轩等茶馆有口皆碑。《清稗类钞》的编撰者徐珂，字仲可，浙江杭州人，清光绪举人，曾任上海商务印书馆编辑。著名文献学家谢国桢称徐珂"长于文学，善于诗词，尤喜搜辑有清一代朝野遗闻，以及士大夫阶层所不屑注意的基层社会的事迹。晨钞露纂，著述不辍，以此终老。"因此，《清稗类钞》所记述的长沙老茶馆景状是真实可信的（图9-1～图9-3）。

图9-1 清末茶馆与茶客

图9-2 清末乡间茶棚

图9-3 清代茶馆图

图9-4 清末《图画日报》载"茶博士"图

当时茶馆里的服务员称为"茶博士"，亦称"堂倌"。"茶博士"有等级之分，上等的叫"茶堂"，且分正副。清末《图画日报》所载一幅"茶博士"图（图9-4）上配有一首打油诗，对"茶博士"的职责做了最好的说明，诗云："茶馆做个茶博士，一天到夜冲开水。铜壶一把手不离，还要扫地揩台端凳子。茶馆时有官场来，闻呼博士惊欲呆。何况茶堂分正副，有人兼挂正堂衔"。

清末民初，红茶大盛，湖南长沙成为湖南茶叶转口贸易的主要城市、湖南最大的茶叶集散地，也是全国几大著名的茶叶、茶具市场之一。此时的长沙茶馆业出现了"一去二三里，茶园四五家，楼台六七座，八九十品茶"的兴旺景象，遂有"江南茶馆"的美誉。清代长沙的茶馆有高雅和市俗两种类型。高雅茶楼常为达官贵人、文人学士的聚会之所，如青石桥的云阳楼，清道光年间号称"湖南四才子"之一的黄本骥曾邀约社会名流登楼看山，举行茶宴，一时传为文坛佳话。市俗茶馆的茶客则多为下层市民和社会三教九流，热闹非凡。1904年7月1日，长沙正式辟为对外通商口岸后，茶馆数居全省之首。1906年，长沙成立"湖南商务总会"，前往注册登记的大小茶馆、茶摊担达200余家。

图9-5 民国时期茶馆

图9-6 小巷深处的"茶话"馆

民国初期，长沙茶馆进入鼎盛时期。1922年长沙有茶馆75家，1926年增至115家，还成立了茶馆业同业公会，也略分了档次，东南西北四门各有高档次名茶馆一二所，也逐渐体现了各自的特色（图9-5、图9-6）。1925年吴晦华编撰的《长沙一览》和1936年邹久白编撰的《长沙市指南》均有茶馆的记述。《长沙一览》载："茶社自早晨七时起至下午四五时止为饮茶时间，以早晨时为最热闹。长沙习惯，晨兴即往茶社洗面用点。茶资各地不同，大约每壶铜元10枚或12枚。点心照算，小费听给。"《长沙市指南》载："长沙茶点开市较他业为早，但无夜市。顾客以车夫菜贩为多，茶资各店不同，大约每壶3~5分或1角止。点心则以件数计算，每件约铜元8~12枚止，大洋2~5分。至于小费自便，并不计较。著名茶馆一览：五芳斋青石街、德园南正街、祥华斋鱼塘街、九如春南正街、景阳楼南门口、洞庭春西牌楼、徐松泉老照壁、普天春南门口。"抗日战争胜利后，长沙有大小茶馆170余家。1938年11月12日夜半后的"文夕大火"将长沙城的物质财富和地面文物毁之七八。因此，这一时期的茶馆大都设备简陋，沿街设店，饮茶者多为附近居民。其中，分布在四门繁华地段，店堂宽敞，茶点俱佳，令人闻香止步，终日高朋满座的有道门口的德园、西牌楼的洞庭春、八角亭的大华斋和老照壁的徐松泉，号称长沙四大茶馆。四家客源各有偏重，如政界及教育界人士喜欢惠顾德园，工商界人士习惯聚集在大华斋，手艺工人喜欢到徐松泉交流技艺行情，行栈老板及上街先生、经纪人则爱到洞庭春相会。

从民国时期到20世纪50年代初期的长沙茶馆，门面以二层楼为主，制作间、外卖多设在一楼店门口。为招徕顾客，店门口一般都悬挂有"山水名茶，时鲜细点"字样的广告牌。

小汤包要求用猛火蒸，一般都用一个大铁油桶做灶，烧无烟块煤，用手拉风箱助燃。拉风箱者一拉一送，风箱发出"通—哒，通—哒"的节奏，炉内蹿出红蓝色的火焰，把小小的蒸笼蒸得热气腾腾。麦面、荷叶的清香洋溢在店门街面，吸引着过往的行人。二楼则是茶座，清一色的四方桌，木板凳，每桌可坐八人。规模大一点的茶馆可容纳百来人，小的仅容纳三五十人。

湖南长沙属于"四塞之国"的内陆城市，长期的战乱使其缺少丰厚的物质财富的底子，虽有全国不少文人在这里来来往往，留下一些锦绣诗文，但其人毕竟多属不得意者之流，表达的闲情逸致较少；土生土长的文人一是数量不够多，加之环境的逼迫也多关注军事、政治，经世致用去了，没有几个大文人有心、有闲来关注、来参与茶文化等社会文化的构建，导致长沙茶馆一直呈现出一种明显的俗文化特色，缺乏高层次文化的提升。久而久之，文人们也浸润其中，却也创造出了花鼓戏、方言相声、长沙弹词等大俗的地方文化来。长沙茶馆还有一个重要的特点就是几乎哪一个茶馆都很热闹，堂倌的唱牌声此起彼伏，"十四席坐客糖、肉包子各四个，六席坐客玫瑰大油饼一个，三席坐客火烤芝麻饼六个……"堂倌都穿对襟青布衫，右手提一把铜壶，左手托着十来个碟子，左肩上搭着一块白色抹布，不停地招呼着往来客人，穿梭于茶桌之间。

茶馆经营的茶叶品种有毛尖、云雾绿茶、河西园茶、花茶和混合茶（绿茶、花茶、茶叶末子混合在一起）。长沙人口味重，茶客以喝混合茶者居多。混合茶酽，很"打水"，多次兑开水后茶味仍浓。一斤茶叶分成一百二三十个小铁筒，来一位客人，倒一筒茶叶冲泡即可。除茶叶外，就是经营茶点。清茶馆是纯粹的文人茶馆，旧时长沙是极少的。荤茶馆则遍布大街小巷，茶点以糖、肉包子为主，还有马蹄卷、千层糕、烧卖等。而银丝卷、春卷、小笼汤包、鸳鸯大油饼、小油饼、小芝麻饼等则属于糕点师傅制作的茶点，多供雅座客人享用。如喝茶喜吃茶根一样，长沙茶客吃包子也有特点，糖、肉包子各取一枚，先在包子的底板上各咬一块纳入口中，然后抓一把花生米用双手一搓，张口吹去皮，将其夹入包子中，再将两个包子合在一块几捏几按，变成一个大圆饼，待糖、肉、花生米均匀分布后，细嚼慢咽，喝一口浓茶，吃一口包子，非常惬意。这种市井吃法叫"双包按"。同时，子油姜、花生、瓜子、紫苏梅子等小碟茶点也是茶馆经常备有的。坐茶馆的一部分人虽然每天来吃包子，却只吃皮，吃烧麦又只吃糯米不吃皮，肉馅或烧卖皮加两根油条，皆可做成午餐桌上的一份菜汤，也算是一家人的"口福"了。由此可见当时一般市民的生活水平较低。高谈阔论归高谈阔论，民主自由终究是有限的，因此，一般茶馆为免是非、保平安起见，都在店内张贴有"闲谈勿论国事"的警示布告。这就是旧时的长沙茶馆，世俗，平常，见生活之苦，有生活之乐（图9-7~图9-9）。

图9-7 20世纪80年代的街头茶聚

图9-8 21世纪初尚存的铜铺街露天"茶馆"

如今的天心区西牌楼82号，有一幢二层旧式砖木结构楼房，坐北朝南，歇山顶，窗为圆拱式、木扇格，内部空间精巧，分前后两进，二楼木楼梯、木地板仍保存完整，是典型的民国时期的商业建筑。这里就是曾经长沙四大茶馆中唯一在原址经营、以原有建筑为店铺延续至今的茶馆——洞庭春茶馆。与今天许多装修极尽豪华、文雅的现代茶馆不同，洞庭春

图9-9 长沙老茶馆

大都是清一色的方桌板凳，桌上一把茶壶，四个杯子，泡一壶茶可供四客饮用，时间不限，独饮一壶或二三人对饮一壶均可。尽管保留着长沙最原始的茶楼景象，但这家拥有百年历史的老茶馆已没有了往日的雄风，繁华不再，那些"老茶馆"的记忆，藏在典籍的字里行间，留在爷爷奶奶的那一杯温暖的香茗中……

今天，湖南"茶文化"欣欣向荣，茶馆林立大街小巷，品茶已成为广大民众最为广泛的休闲活动，人们记忆中有"云阳楼""宜春同""同春园""火宫殿"等。"老茶馆"的印痕，有"白沙源"的记忆，更有"尚书房""竹淇""沁和""清和""久祐""渌

羽""妙华"等茶艺馆带来的新气象，它们或雅或俗、或荤或素、或繁或简，各具特色，成为人们商务会谈、交朋结友、休闲品茗的重要场所。

第二节 湖南老茶馆的旧时光

湖南老茶馆主要集中在省会长沙，由于地域文化、生活习气、"经世致用"湖湘文化等因素的使然（图9-10）。湖南老茶馆没有杭州西湖茶馆的雅致，没有上海茶馆的安静，没有北京茶馆有大气，没有四川茶馆里让人惊叹不已的功夫茶技艺，相比而言，颇显"俗气"，达官贵人，市井百姓，五色人等；点心包子，绿茶花

图9-10 湖南老茶馆

茶，花鼓评弹，五花八门；皆可以出现在茶馆，犹如一锅大杂烩，但它却是长沙市井文化的发源地。花鼓戏、方言相声、长沙弹词、长沙俗语在此汇聚，不一定上得台面，但常令人捧腹大笑，在茶馆里的说笑间，交谈中，吟唱里，举杯畅意一饮，谁能否认这不正是湖南老百姓最惬意的快乐时光呢？

一、云阳楼

云阳楼始建于清道光年间（1821—1850年），为清代长沙城一著名茶楼，位于"明藩故城之巅"，即明藩城青石桥之畔，位置在今解放西路一带。青石桥为明吉藩府南护城河上的一座桥，云阳楼就建在桥旁。楼系二层木结构，歇山顶小青瓦屋面，底层有木楼梯通向二楼，二层临街的一面为通透式雕花栏杆和活动窗棂，与清末葛元煦所绘"茗馨茶楼"十分相似。由于茶楼建在离湘江不远的高地上，登楼可面对岳麓山的"云阳"美景，故称云阳楼。

云阳楼为"市人卖茶所也"，楼上悬挂着数副名家所书茶联，成为云阳楼的一大卖点。其中何绍基和刘崐所书两副最引人注目。

何绍基联云："花笺茗碗香千载；云影波光活一楼。"

何绍基（1799—1873年），字子贞，号东洲居士，晚号蝯叟，道州（今湖南道县）人。清道光进士，清代最著名书法家之一。曾任翰林院编修、国史馆提调、四川提督学政，

因谤卸官,晚年主持苏州书局、扬州书局。博学多才,对经学、文字学、金石、史地均有造诣。晚年居长沙化龙池,居室名"磻石山房",清同治年间(1862—1874年)主讲长沙城南书院多年,葬长沙石人村苦竹塅。此联咏事赋景,熨贴自然,使茶楼增色不少。上联写登楼怀古,联想到唐代女诗人薛涛曾自制一种彩笺专门用来写诗,又用自己烹煮的香茶款待客人。一个"香"字,既切"花笺""茗碗"写出了茶楼的雅兴,又颂扬了女诗人流芳百世。下联写楼,便不直接点楼,而从江中摇曳的光影落笔,一个"活"字载着含蓄不尽的情味。用活水煮茗,岂不令茶客更添逸兴。

刘崐联云:"细捡茶经,朗吟橘颂;闲论画舫,坐拥书城。"

刘崐(1801—1888年),字玉昆,另韫斋,云南景东人。清道光进士,历任工部、户部右侍郎,内阁学士,居长沙多年,清同治六年(1867年)授湖南巡抚。任湖南巡抚期间曾主持重修天心阁及城墙。刘崐对长沙有深厚感情,70岁引疾乞休后仍寄居长沙,直到87岁高龄病逝。此联对历史名城长沙充满着眷恋之情,上联摘《茶经》,吟《橘颂》作者屈原视为长沙的骄傲。下联"论画舫""拥书城",道出了长沙的深厚文化底蕴。

清道光五年(1825年),云阳楼留下了一桩流芳千古的文坛佳话,著名学者、号称"虎痴"的黄本骥曾邀约三湘众多名士来云阳楼看山品茶,多有诗歌唱和。黄本骥首先向众名士发出了《云阳楼看山约》(图9-11),约曰:

> 长沙秋色以麓山为胜,郡城看山以云阳楼为宜。楼踞明藩故城之巅,市人卖茶所也。选兹胜日,招集同人,扫花煮茗,为看山之会。俾旧能联,重阳可展。

> 或凭高而作赋,或分韵以留题,善画者洒墨成图,能琴者挥弦寄兴。

> 云峰佳处,良会难逢,本无空谷跫心,致使山灵负屈。

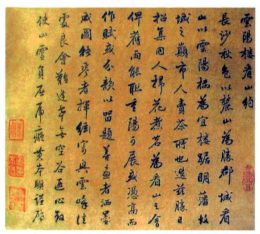

图9-11 黄本骥《云阳楼看山约》手迹

黄本骥(1781—1856年),字仲良,号虎痴,湖南宁乡人。与父黄湘南、兄黄本骐俱有文名,县人比之"眉山三苏"。清道光二年(1822年)举人。博览群书,知识渊博,对考古、文物、地理、方志、古史姓氏和职官,都有精湛的研究。与新化邓显鹤、沅陵李沆训、湘潭张家榘誉为"湖南四才子"。著述颇多,有《姓氏解纷》《孟子年谱》《集古录辑佚》《金石萃编补目》《续金石萃编》《湖南风物志》等。

《云阳楼看山约》发出后，响应者非常踊跃。赴约者，互赠书画，蔚为一时之盛，黄本骥《云阳楼》一诗的跋中说："乙酉重九后四日，集同人于云阳楼，为看山之会。时以诗画见赠者裒然成册，因题其末，以志胜游。"黄本骥《云阳楼》诗云：

平生颇结名山缘，太行太华随所辔。结庐况在湘江曲，开门便对后山麓。

后山之麓云模糊，秋客巧绘晚迁图。道乡台接道林寺，中有福地仙人居。

惜为饥驱走四海，未暇遍瞰山颠迹。偶然在家翻似客，片时曾憩劳人躯。

来山光正晴霁，林叶未黄苔似？开筵赖有酒家楼，借与吾侪作秋禊。

黔阳夫子王江宁，一门再结通家契。肯为李贺枉高轩，未压陈平门席敝。

座中诸客皆名流，能诗能画能觥筹。不许帘栊暂隐蔽，要将峰岫穷雕镂。

凭栏日暮不欲去，兴酣忘是他人楼。安得渊明不乞食，日与名师胜友看杀秋山秋。

诗一出，和诗如云，同为"湖南四才子"的嘉庆拔贡李沆训即兴赋《云阳楼看山联诗》，诗中记录了云阳楼诗会"管弦声沸刊茶肆，游人几为看册至"的盛况。黄本骥《云阳楼》和众名流的和诗，以及互赠诗画集为一册，今藏湖南省博物馆，成为该馆的镇馆之宝之一。

二、宜春园与同春园

宜春园集茶馆与戏园于一体，清光绪三十四年（1908年）开业，沈姓商人建于长沙太平街孚嘉巷。该园仿北京"广德楼戏园"款式营建，与旧式茶园无异，演出湘剧。是湖南省第一家湘剧戏园，为戏班班主经营。厅内造三面舞台，台前置茶桌方凳，卖茶而不售戏票。这种边喝茶边看戏的娱乐方式，清末称之为"视听之娱"。湘剧仁和班、春台班在此演出，往往座无虚席。王闿运（王湘绮）（1833—1916年，清末经学诗文大家，晚年主讲长沙思贤讲舍）题外舞台联云："东馆接朱陵，好与长沙回舞袖；南山笼紫盖，共听仙乐奏云傲。"廖重垞题内舞台联云："笛歌吹开九面云，看舞袖频翻，风流当忆长沙国；家山共此三湘水，听乡音无改，雅调如翻渔父词。"清宣统二年（1910年）宜春园歇业。宜春园歇业当年，又有一座兼具茶馆和剧院功能的戏园开业，仍用其"春"，起名为同春园。

同春园系叶德辉在坡子街苏家巷口辟出私家宅怡园改建。该园首创湖南省镜框式舞台，场内设包厢、雅座及长条木靠椅，舞台有灯光幕布。戏园始售戏票，但仍备茶水，另收茶资，叶德辉亲题台联："同车攻马，抗怀三代；春秋兰菊，竞秀一时。"

时湘剧名伶皆汇集于此，生意远在各园之上。同春园将当时长沙湘剧同庆班、仁和班组成同春班，下按技艺高低分天、地、玄、黄4个演出单位，按角色不同身份演出，角色齐全，行箱富丽，为湖南第一大湘剧名园。其戏台悬挂联云："同声歌绛树；春色望青葱。"

辛亥革命后，叶德辉隐退，戏园交湘剧名演员李芝云等31人经营管理，号称"川一堂"。1929年同春园歇业。

叶德辉（1864—1927年），字奂彬，号郋园，又号直山，长沙人。21岁乡试中举，28岁会试中第九名进士，殿试二甲，当吏部主事，故人多称其叶吏部。但他对仕途不感兴趣，不久就弃官归里，开始营造他的"观古堂"。到1912年观古堂藏书已达20余万卷。他最大的学术成就就是版本目录学研究，编撰的《观古堂书目丛刻》至今仍有价值。

1917年宜春园在药王街口三尊炮巷重新开业，以演戏为主（图9-12）。2005年长沙市政府在太平街重建了宜春园戏台。

图9-12 1917年长沙《大公报》宜春园广告

三、天然台茶馆

天然台茶馆位于长沙下坡子街，建于清光绪三十四年（1908年），为石库门二层楼建筑，门顶枋安有一大招牌匾，上书"天然台"三个大金字，茶柜架上陈设景泰蓝锡茶缸，缸上个个都标有一道名茶茶名，古香古色，幽雅别致。据说天然台茶馆盖碗茶贵到百钱一杯，还是座无虚席。当然此类茶馆基本上只为官府、富室的贵人服务，平民难以问津。

民国初期，湖南督军谭延闿（1880—1930年），长沙府茶陵人，题赠一副楹联，刻于两旁抱柱："客来能解相如渴；火候闲评坡老诗。"

天然台巧用西汉辞赋家司马相如患了消渴症（糖尿病）和苏东坡赋诗《试院煎茶》论煮茶火候两个典故。明里描写茶馆的解渴功能和烹茶技巧，暗里奉承来此休闲品茗客人的才气和修养，叫人心领神会，又不着痕迹，艺术手法十分高明。加之谭延闿当时闻名全国的大书法家，他那笔麻姑体的颜字也属了得，说使天然台茶馆店面生辉，那是一点也不夸张的事（图9-13）。

天然台是长沙最早推出鲜肉包子的茶馆之一。

图9-13 1912年《长沙日报》、1916年长沙《大公报》天然台广告

初时包子品种主要有三种：闽笋鲜肉包（简称肉包）、玫瑰白糖包（简称糖包）、冰糖盐菜包（简称盐菜包）。后来又推出香蕈鲜肉包、枣泥包、豆沙包、叉烧包等新品种。

清宣统二年（1910年），老板从上海购来制蒸馏水用具，置于门前，取湘江之水蒸之，用以泡茶，在当时确实很有特色。茶叶是用河西茶园茶为主配皖西六安黄茶，并加玳玳花三五朵，每杯用茶5钱。水清、茶热、味浓香烈，可泡5次以上，每杯收费120文。当时长沙牛碾子米每升值65文（一升为750g），即差不多要两升米的钱才能喝一杯茶。湖南人经营茶馆时所用之心思，商业头脑之发达可窥一斑。

同年初夏，因水灾和奸商外运粮食，造成长沙米价上涨，一度涨到78文每升，因此饥民数千人聚集南门外同鳌山庙。此庙原为太守祠，位于长沙市天心区里仁坡。里仁坡原名醴陵坡，传为祭祀醴陵人丁鳌山而得名。丁曾任夔州太守，为官清正，晚年居此，传说殁为神。赖承裕对饥民们说："长沙天然台的茶120文有人喝，78文一升米吃不得？"饥民们一听更为愤怒，立即把赖承裕拖下轿来，用绳子绑在一株老杨树上，以示惩戒。头被瓦片打破，威风扫地。长沙有人戏写竹枝词云：瓦片飞来势最凶，顿教白发染成红；鳌山庙外垂杨柳，不系青骢系赖公。

天然台老板闻谣传要砸他的茶馆，赶快把蒸馏机收起，清茶每杯降价为10文。至20世纪30年代，天然台茶馆改为酒楼，由湘菜名厨罗凤楼掌案，以红烧菜见长，如红烧鸟丸、红烧土鲍皆其拿手活。天然台今已不存，留下一段记忆成为人们的茶余饭后的一段趣谈。

四、德园茶馆

德园始建于清光绪年间，初为一唐姓业主在八角亭附近开的一家夫妻店，取《左传》中"有德则乐，乐则能久"之意，名之"德园"。民国初期，几位失业官厨集资入伙，盘下几经易手却无建树的德园，迁店于黄兴路樊西巷口，以官府菜、包点招徕食客。其他茶馆做肉包子，都是加水发闽笋作配料，德园却用水发捍蕈，糖包子用土白糖，加肥肉及玫瑰糖，又因菜肴制作总有海味鲜货等上乘余料留下，为免浪费，故将其剁碎，拌入包点馅芯，谁知这竟使他们的包点风味异人，倍受垂青。从此，德园包子大振名声，遂有"出笼热喷喷，白色皮松软，玫瑰甜香美，香菇爽鲜嫩"的民谣之赞，有人还将之与天津的狗不理包子相提并论。1938年长沙"文夕大火"后，原班部分师傅重新集资，再度建店，取名德园茶馆，继续经营饭菜、包点，并逐步形成驰名长沙的"八大名包"。"八大名包"为：玫瑰白糖包、冬菇鲜肉包、白糖盐菜包、水晶白糖包、麻茸包、金钩鲜肉包、瑶柱鲜肉包、叉烧包。1949年后，德园茶馆获得了新生，曾荟萃一批烹饪名师和白案高手，使德园的美食形成五大系列，300个品种。老长沙都知道这么一首民谣："杨裕兴的面，徐长兴的鸭，德园的包子真好呷。"百年老店德园位于长沙的繁华地带，每天早上，买包子的人排成长龙，在店门前延伸折曲，也算是长沙街头一景（图9-14）。

据当时市井流传，德园有四大特色：茶味香浓、包点精美、佐食雅致、招待热情。茶客一走进雅座，便有舒适之感，窗明几净，锃亮的黑漆桌凳，一尘不染。桌上摆着一壶四杯，两盘两碟。客人落座，堂倌先用开水冲洗茶杯，然后向壶内"冲开"，令人顿觉茶香扑鼻。据闻用

图9-14 1920年长沙《大公报》德园广告（左）、2002年拆迁前的黄兴南路德园茶馆（右）

的茶叶系多种绿茶混合，再拌以茉莉香花，故香味异常。"两盘"是花生米和黑瓜子。花生米颗粒均匀，五香燥脆；瓜子壳薄肉实，一嗑即开。据店主云：花生米非安化籽不收，瓜子非江西樟树的不买。"两碟"是冰糖梅苏和玉醋嫩姜片，爽口开胃，最宜佐茶。尤其是小碟均盖小竹笠，望去清洁卫生，让食客放收。喝茶间隙上包点，一碟四个，花色搭配，品种有香菇鲜肉、玫瑰、水晶、冰糖盐菜、麻蓉、洗沙、枣泥、瑶柱、金钩等，面白丰满、皮薄馅足，含油欲滴，落口消溶，别有风味。除包子外，还供应四季点心，如春有春卷，夏有千层糕、凉发糕，秋有脑髓卷，冬有萝卜饼，还经常供应蒸饺、锅饺、蝴蝶卷、银丝卷、馒头等，花色繁多，以满足各类顾客的需要。

军政显要及教育界名人喜欢到德园，但百工杂役、城市贫民，各阶层人士也都有，且多是健谈之辈，上下古今，天南地北，高谈阔论，眉飞色舞，也有调解争吵的，也有谈交易的，但大家都注意到了墙上所贴的"莫谈国事"。民国时期曾任湖南大学校长，1949年后任湖南省文史研究馆副馆长的曹典球（1877—1960年，长沙人）曾撰一嵌字联赠德园茶馆："德必有邻邀陆羽；园经涉足学卢仝。"此联用了陆羽《茶经》和卢仝碗生风两个典故，嵌字精巧，对仗风趣，虽是谈的如烟往事，但仍让人深思和回味。

1953年，曾任"北影"厂长的名导汪洋来长沙，湘剧名演员彭俐侬请汪洋去德园吃"双包"，湘剧名老演员、田汉大弟子徐绍清等作陪，汪洋对"德园"里的那次"双包案"十分欣赏，说那是"宋士杰"请客吃"双包案"。宋士杰是戏剧《四进士》（后拍电影）

中的一角,只有人请他,他从不请人。《双包案》也是一出名剧,演真假包公故事。看来到德园吃包子喝茶看戏,是一种难得的享受。

民国时期德园茶馆内还悬有一联,也与卢仝之典有关,系清康熙进士,岳麓书院山长车万育(1632—1705年,邵阳人)所撰,联曰:"闲捧竹根,饮李白一壶之酒;偶擎桐叶,啜卢仝七碗之茶。"

21世纪初,德园茶馆由于黄兴南路改建步行街,已没有实力迁回房地价格高昂的原地,仅存侯家塘、西长街、解放路和韭菜园4家分店在勉力维持。

五、徐松泉茶馆

清同治年间,长沙人徐松泉亲自去上海茶馆学艺,回长沙后在老照壁开了一家"徐松泉茶馆"。并请人题写了一副门联,把"松泉茶馆"嵌入联内,联云:"松号大夫,泉名甘醴;茶称博士,馆结香山。"

徐松泉茶馆开业后,聚集了不少手艺工人,成为当地不少手艺工人交流技艺行情的重要场所。徐松泉茶馆的茶点,以烧卖、春卷和火烧饼子最为著名。其烧麦米糯油透,如食珍珠;其春卷松脆鲜嫩。当时流传一则轶事:一日,一位老茶客到徐松泉茶馆买春卷,见茶馆座无虚席,只好到隔壁小茶馆买春卷。因徐松泉茶馆的春卷太有名,这家小茶馆自知无法与其竞争,故并不做春卷。而这位茶客要买春卷,店员只好从后门出去,到徐松泉茶馆买回春卷给这位茶客。待茶客吃完盘中春卷,小茶馆老板便问茶客:您老觉得本店春卷如何?茶客认真地答道:味道还可以,但比起徐松泉茶馆的来,那还是要差些。由此可见顾客对徐松泉茶馆的认同和迷恋。

民国元年(1912年),徐松泉茶馆因业务发展需要,又在南阳街口开设姊妹店"双品香茶馆"。当时没有黄兴路,南阳街是交通要道。"双品香"当时是一栋三层楼房,二楼经营茶水,三楼经营酒宴堂菜。因其母店徐松泉茶馆以烧卖、春卷和火烧饼子最为著名,"双品香"也以此出了名。

老照壁徐松泉茶馆毁于1938年"文夕大火",南阳街口的"双品香"也烧毁一空,就在原地搭了一个棚子,从此便只开茶馆了。但过去的烧卖、春卷和火烧饼子等名点,也还是继承了下来。"双品香"一直经营到1949年后。据朱振国1957年6月16日在《长沙日报》(现《长沙晚报》)上登的《茶馆一朝》所载,当年的"双品香"还有16张方桌,店经理是徐松泉的侄孙媳妇,到此喝茶的大多仍是手工业工人和摊贩。

如今徐松泉茶馆早已不存,老照壁老街也于2004年被拆。

六、洞庭春茶馆

洞庭春茶馆是四大名茶馆中唯一在原址经营、以原有建筑为店铺延续至今的茶馆，也是长沙仅存的老式茶馆（图9-15）。洞庭春茶馆位于今长沙市天心区西牌楼北侧，为二层旧式砖木结构楼房，坐北朝南，歇山顶，窗为圆拱式、木扇格，内部空间精巧，分前后两进，二楼木楼梯、木地板仍保存完整，建筑面积580m^2，为长沙地区典型的民国时期的商

图9-15 洞庭春茶馆

业建筑。现仍在营业，一楼辟作他用。洞庭春的茶点以油饼最为有名，号称香甜松脆，油而不腻。因地处行栈集聚之地的太平街旁，故其顾客以行栈老板、经纪人为主。长沙人爱喝早茶，天刚蒙蒙亮就有茶客上门，8点钟进入高潮。店堂内此时茶客满座，谈笑风生，烟雾弥漫，声音嘈杂，但茶客们处在这种环境中，怡然自得，安之若素。

洞庭春茶馆等长沙老式茶馆与今天许多装修极尽豪华、文雅的现代茶馆不同，茶馆的摆设，大都是清一色的方桌板凳。桌上一把茶壶，四个杯子，泡一壶茶可供四客饮用，时间不限。独饮一壶或二三人对饮一壶均可。饮茶数杯后，即上点心，以作早餐，主要是包子、油饼类的东西。茶客一般分为两类：一类是喝早茶后上班，或碰头谈生意，约8点钟后即离席而去；另一类为有闲人士，如退休老人、休假或休业人员，以饮茶消磨时间。少则2~3小时，多则4~5小时。洞庭春茶馆成为长沙老茶馆的"活化石"，对于延续城市历史文化街区中的非物质文化要素具有重要的意义。2004年，洞庭春茶馆被列为太平街历史文化街区"优秀历史建筑"，有助于加强其保护工作，供人们访古问今，获得一个更真切、超越时空体验的休闲场所。

如今在小吴门又有一家装修高档的"洞庭春艺茶馆"问世，但时随境迁，它与昔日的洞庭春茶馆是两回事了。

七、火宫殿茶馆

长沙火宫殿位于长沙市坡子街，过去是一座祭祀火神的庙宇，又名"乾元宫"，始建于清乾隆十二年（1747年），距今已有250余年历史。清道光六年（1826年）客绅蔡世望等倡议省城绅商重修，占地6000m^2，建筑宏伟，正殿为火神庙，供有高3m多的泥塑火神像，屋脊上安有7个铜铸大葫芦，金光闪耀，左为弥陀阁，右为普慈阁（财神殿）。前坪

搭一戏台，据传台前"静观"与"一曲熏风"匾及柱联皆由清代大书法家何绍基书。联云："象以虚成，具几多世态人情，好向虚中求实；味于苦出，看千古忠臣孝子，都从苦里回甘。"

戏台后矗立一座面向坡子街的浮雕大牌坊，中门上原有清代书法家湖南安化人黄自元坚书的"乾元宫"，今为"火宫殿"三字所盖。

旧时长沙因火灾多，来火宫殿敬火神的人川流不息。每年农历六月二十三日都将举行大规模的祭祀活动，同时形成庙会，每到这天，火宫殿里人群熙攘，热闹非凡。久而久之，便有零食、小饮、说书、相面、卖艺各色人等聚集于此，逐渐形成独具风味的集娱乐和饮食为一体的小吃市场（图9-16）。晚清时期，发展成为祭祀、看戏、听书、观艺、小吃的庙市。

1938年"文夕大火"中，火宫殿全部建筑毁之一炬，只剩庙前一块石碑（图9-17）。1941年重建神庙，遂于1942年建成木架棚屋48间，占地达2200m^2，一批各具特色的风味小吃相继恢复和涌现。其规模与特色均可与当时上海的城隍庙、南京的夫子庙和天津的三不管等处媲美。火宫殿的小吃具有浓郁地方特色，著名的有：姜二爹的臭豆腐、周福生的河南粉、胡桂英的麻油猪血、邓春秀的红烧蹄花、姜氏女的姐妹团子、张桂生的煮馓子、李子泉的神仙钵饭、罗三的米粉、陈益祥的卤味、胡建岳的牛角饺子等。这些小吃来自民间，经年累月改进，从选料、配方到制作代代相传，各具独特风味，流传至今，久盛不衰。

图9-16 火宫殿茶馆

图9-17 1938年《观察日报》有关火宫殿的报道

清代至民国，戏曲繁盛，茶馆与戏园同为民众常去的地方，久而久之便合二为一了，所以有人称"戏曲是茶汁浇灌起来的一门艺术"。京剧大师梅兰芳说："最早的戏馆统称茶园，是朋友聚会喝茶谈话的地方，看戏不过是附带性质。"并回忆："当年的戏馆不卖门票汇，只收茶钱，听戏的刚进馆子，看座的就忙着过来招呼了，先替他找好座儿再顺手给他铺上一个蓝布垫子,很快地沏来一壶香片茶,最后才递给他一张也不过两个火柴盒这么大的薄黄纸条,这就是那时的戏单。"据记载,1904年,长沙辟为商埠后,茶铺茶馆居全省之首;抗日战争后,长沙茶馆仍有百余家。长沙人坐茶馆,不仅有香茶的诱惑,美点的享受,更为其乐无穷的是聊天和听书。当时长沙城里的说唱艺人有四五十个,有20多个茶楼设场,日晚2场,每场听众百人。在所有书场中,以火宫殿书场最为有名,1940年后,设有3个书棚,可容纳听众200多人。长沙著名评弹艺人舒三和在火宫殿设棚,演唱《说唐》《岳飞传》等书折,深受欢迎。在火宫殿说书的还有号称"唐济公"的唐元方和"廖三国"的廖夔等人,所说书目大多为《水浒传》《三侠五义》《西游记》《济公传》《封神演义》等传统话本。

　　火宫殿的书棚茶馆,以听书、听长沙弹词为主,兼带喝茶。火宫殿的书棚出现于19世纪末,除评书外,主要就是弹词。长沙弹词是城市曲艺的一种,它源于道情,因用长沙方言说唱,也称长沙道情。流行于长沙、益阳、湘潭等地,有200多年的历史。长沙弹词多为一人自弹月琴说唱,后来有了两人对唱:一人弹月琴伴唱,一人以渔鼓筒板和小钱击节。早期的唱腔简单,只有板式变化,后来吸收民间小调和地方唱腔,成为板式变化和曲牌连套相结合的形式。具体说来为上下句结构的板腔体,有九板九腔,不同的腔调分别用在各种板式中。平板是各种板式的基础,平腔是平板中用途最广泛的腔调。弹词以唱为主,以说为辅。艺人手捧月琴,依据不同的故事情节,配上不同弹词曲牌边弹边唱。唱到情节紧张激烈处,艺人停下月琴,解说个中缘由,右手拍打月琴,发出类似惊堂木的震响,声情并茂,环环相扣,很是引人入胜。清代戏剧家杨恩寿在《坦园文录》中曾详细记述了长沙弹词先人张跛在清同治二年(1863年)演唱《刘伶醉酒》时的情形:"以板鼓唱道情……惟妙惟肖。"评书棚里,艺人讲得眉飞色舞,听众听得如痴如醉。说到两军对垒里,说书者提高嗓门道:"只见两军各冲出一员猛将,一人身高八尺,虎背熊腰,骑着一匹白雪马,右手提着把腾龙刀,来到敌军阵前叫阵;敌方猛将眼似铜铃,紫红脸膛,高举一支虎头长枪,骑乘一匹青色快马,来到阵前大喝一声'贼子看枪'。一时间,寒光闪闪,只听得兵器叮当作响,喊杀声震天,忽听得'哎哟'一声,红光一闪,一股鲜血喷涌而出。若问此人性命如何,请听下回分解。"艺人此时把惊堂木一拍,开口道:"列位听客莫愣住哒。"其助手则手端着旧礼帽,挨座向茶客收取茶资,然后艺人又开讲道:"列位,刚才讲到红光一闪,一股鲜血喷涌而出,被挑下马者正是……"喝茶听书,时光在流逝,文化在传承,倒也其乐融融。

　　1973年5月,数学家华罗庚在这里进行为期一个月的"优选法"试验;1975年著名音乐大师谭盾,曾为《毛主席视察火宫殿》配乐诗朗诵作曲。这里接待过美国、日本、法国、瑞士、俄罗斯、澳大利亚等国的政界要员、外交官员；美国食品杂志社、日本银座亚寿多大酒楼、法国旅游杂志社和香港出版的《中国导游图》，都曾先后在突出位置刊登文章介绍火宫殿的风味小吃。"火宫殿"三字扬名四海。

至20世纪60年代，书棚停办，逐步过渡到茶馆。2001年火宫殿扩建，不仅扩大了茶馆规模，还恢复了长沙弹词、乡土相声、快板等内容的曲艺晚茶。

2010年，"火宫殿"被商务部重新认定为中华老字号。现今的火宫殿总店门面古朴庄严，内建庭院、亭台楼榭、回廊相绕、树木葱郁。深处火神庙穆然肃立，引人入胜，是长沙市内规模最大、茶点最丰富的茶馆。一杯花茶，两块沱茶，外加一块钱两个包子，可舒舒服服坐一上午，实在是经济、实惠、方便。因天天顾客盈门，遇上双休日还找不到位子，为了更好地满足食客的需要，茶馆已搬到面积更大的西楼营业，原茶馆拆除后已于其上建起了一个古戏台，尝小吃、品湘茶、听湘曲、观湘戏，火宫殿已成为古城长沙民食民俗的一个闪亮载体，为湖湘民众、海内外游客提供了一个感受古城风情的好去处。当代楹联学家胡静怡题联曰："谁携太白来耶，金谷宴芳园，春夜羽觞宜醉月；休问季鹰归未，火宫罗美食，秋风鲈脍不思乡。"

八、银苑茶艺馆

银苑茶艺馆原名"银苑茶厅"，始建于1950年3月，原址位于五一广场东南角，逐步发展成为以经营茶、点心、冷饮为主的专业茶馆（图9-18）。后为适应市场竞争，装修扩建，更名为"银苑大酒店"，经营湘菜、湘点、小吃、娱乐等。1996年因此地兴建"平和堂"商厦而整体拆迁。1997年企业改制，市饮食公司实行改制，更名为"长沙银苑有限公司"。银苑茶厅虽然地处五一路与黄兴路交会处的繁华闹市，规模也较在，但其经营方式、特色等其实与一般长沙茶馆并无区别。值得一说的是，银苑茶厅演绎成银苑茶艺馆后，开湖南茶艺表演之先河，其中刘蒲生值得浓墨重彩一书。1987年5月，刘蒲生

图9-18 银苑茶厅

从市饮食公司的行政岗位，中标到银苑茶厅担任总经理，使他有机会了解博大精深的中华茶文化。1991年初，刘蒲生获准去中国台北探亲。台北的夜生活丰富多彩，当时在长沙还很火的卡拉OK厅遍布大街小巷。但在这灯红酒绿、热闹喧嚣的都市人夜生活中，茶

艺馆等清幽雅静的处所也有不少，并且也是顾客盈门。透过那些古香古色、充满山野气息的茶馆装饰，经过与亲友及台北同行的多次茶叙，使刘蒲生萌发了以茶为主，带动其他经营，组建茶艺馆和茶艺表演队的想法。同时想以茶艺馆为龙头，以茶艺表演队为骨干，以经营湖南各地名茶为特色，让湖湘文化得以更好传承和发扬。

刘蒲生是个敏于行事的人，他提前结束探亲，仅用2个月的时间就解决了公司职员的思想认识问题，并从400名职工中挑选出翟午湘、李明华、李瑞芬、王娟、刘珊艳、熊白云、蔡敏、易英8名服务员进行1个多月的脱产强化训练，找造出湖南第一支茶艺表演队。与此同时，刘蒲生把银苑茶厅四楼腾出来，进行装修改造，请来省内知名人士题诗作画，购入君山银针、古丈毛尖、玲珑茶、东山秀峰、碣滩茶、北港毛尖、兰岭毛尖、汝白银针、狗脑贡、沩山毛尖、安化松针、益阳竹峰、益阳茯砖、千两茶、高桥银峰、湘波绿、福建乌龙、西湖龙井、信阳毛尖、碧螺春等名茶，另外专门去醴陵订制茶杯、茶器和采购宜兴紫砂等著名茶具，建成了湖南首家茶艺馆。茶艺馆系列活动主要围绕湖湘茶史、茶具、茶萃进行，包括茶史研究、茶具收集、茶萃整理、名家书画售卖、盆景花卉展示和围棋、桥牌技艺探讨以及湖南银苑茶艺表演等各种表演形式。茶艺馆兼具研究文化、拓展茶业等多种功能，以新的服务方式，广招顾客，振兴湖湘茶文化。

1991年5月31日，银苑茶艺馆正式开馆。省厅领导及省、市文艺界、新闻有关人士共200余人莅临。在银苑茶艺馆开业仪式样，银苑茶艺表演队8位茶艺小姐，托着茶盘优雅地在木质茶几前一字排开坐下，通过精妙的茶艺表演把客人们带进了祥和、融洽、礼仪、逸静的境界中。首先表演的是四川盖碗茶，然后是粤东闽南地区独具特色的功夫茶。接下来表演的是地道的湖南姜盐豆子茶。事前，刘蒲生曾深入桃江、益阳、湘阴等地民间，学习擂茶、岳飞茶知识，深得其要领。据说，姜盐豆子茶调制水平高低，是评价当地女子是否贤淑的重要标准，银苑茶艺小姐经过1个多月的磨炼，调制出的姜盐豆子茶别有风味，获得客人们频频点头赞许。第四道是茶艺表演的高潮。茶艺队所用的擂棍和擂钵，都是刘蒲生等人直接从桃花江选购，具有浓郁的地方特色。在编排擂茶茶艺时，融合了民俗文化，专门编写了擂茶歌："一根擂棍长又长，姐妹们擂茶忙又忙；擂出香茶敬宾客，桃花江擂茶君难忘……"欢快的表演，富有民俗情趣的歌舞，擂茶的浓郁乡情，深深印在茶客们的脑海之中。

银苑茶艺馆的开业，一时间成为街谈巷议的热门话题，使中华茶文化这一古老的文化遗产又成为人们关注的对象，电视台、报纸、杂志等连篇累牍进行报道，更使银苑茶艺馆在短时间内便声名鹊起。潇湘书画院的老人们是这里的常客，书法老人谢凯题联：

"茶客一堂，座无醉客；艺林三昧，世有方家。"

银苑茶艺馆还把芝麻豆子茶发源地益阳的名人胡林翼（1812—1860年，湘军著名将领）所撰茶联引了进来，与芝麻豆子茶的表演相映成趣，联曰："山不在高，水不在深；茶欲其白，墨欲其黑。"对照起来读，乃是"茶不在浓，有道则名；墨不在贵，有法则灵。"它本是胡林翼平实谦和作风的自喻，但不正是茶艺的初衷所在吗？

从1991年5月至1992年10月，银苑茶艺队相继在全国进行了十几场表演，声望日益提高，1991年9月台湾文化理事会理事长范增平先生观看了银苑的民俗擂茶和芝麻豆子茶表演后，极为欣赏，即兴表演了"乌龙茶"的冲泡和品饮，并将台湾茶文化理事会监制的一把紫砂壶送给了茶艺队，同时挥毫题词："两岸品茗，一味同心。"银苑茶艺馆的经营和银苑茶艺表演队的表演活动一直坚持到1993年初，由于各种原因才告结束，在不到两年的时间里，引起了广泛的社会关注，在极短的时间内普及了中华茶文化知识，特别是擂茶、芝麻豆子茶等湖湘茶艺为弘扬湖湘茶文化作出了贡献。

20世纪90年代中期后，为适应市场竞争，银苑茶厅装修扩建，更名为"银苑大酒店"。经营湘菜、湘点、小吃、娱乐等。1996年4月，因五一广场建平和堂商厦而整体拆迁。1997年4月实行改制，更名为"长沙银苑有限公司"。"银苑"造就了一批又一批的优秀技术骨干，先后有李寿泉、黄自强、何华山、郝新国、张小春等一流特级技师，李寿泉被省内同行誉为"发面大王"，何华山曾获全国烹饪大赛金牌，张小春是全国烹饪大赛银牌得主，黄自强曾任法国巴黎使馆主厨。银苑的特色湘菜有40多种，如"东坡方肉""银苑金牌鸭""东安子鸡"等，特色点心有"银苑鲜肉包""水晶包""滚酥大油饼""鸳鸯馅饼"等，其制作讲究，用料正宗，备受顾客青睐。

2010年，"银苑"被商务部重新认定为中华老字号。

湖南的省会长沙，作为全国首批24座历史文化名城之一，其饮食文化是传统文化中的精彩一页。玉楼东、火宫殿、德园、银苑等传统特色餐饮老字号的恢复和保护，正是为弘扬传统文化，充实名城内涵，饱百姓口福的一项具体举措。

九、"茶巷子"——岳阳茶馆的历史写照

茶巷子是岳阳因饮茶而衍生出的街巷。位于岳阳市岳阳楼区巴陵广场南侧，此地名已有数百年历史。据清光绪《巴陵县志》载："茶巷，西通上正街，东通观音阁，长二百六十步"。茶巷子毗邻洞庭湖，紧靠南岳坡码头，因客人多，茶馆多而得名。茶馆除喝茶外，还可以听书、赏曲、看戏。茶巷子马路两旁茶馆、茶店很多，是岳阳茶馆业的一个亮点。

岳州城（今岳阳）因滨江濒湖，为湖湘通商名港，贸易繁忙，周围各县茶叶均来此交易，交易场所主要在汴河园与观音阁一带。久之，此地便被人称为茶巷子。

其实，茶巷子原名猪市巷，明隆庆《岳州府志》即有记载。清嘉庆《巴陵县志》载："茶巷，在南门外，又名猪市巷，通观音阁。"街为青石板路面，两边为平房。民国后，一些在此经商的商人将平房改为两层楼房，用以经商与居住。

明洪武初期，随着汴河的开凿，岳州南门外商业经济逐步兴盛。一些新的街巷逐渐形成，猪市巷便是其中之一。猪市，顾名思义就是生猪交易市场。当时，生猪交易主要在巷东与汴河园的交汇处进行，猪市巷因此而得名。后来，随着城区不断向南发展，一些新的街道逐渐形成，并开始按功能布局规划。如北京有个东四是羊市，而与之相对应的西四就建有牛市。岳阳有个猪市巷，与之相对应的则是鱼巷子。

当时，洞庭湖区各县及湖北的商人运来大批生猪进入汴河，在此交易。后来，近郊及东乡的农民也牵着生猪来此交易。近郊的农民在猪耳朵上扎两个小洞，用绳索拴成"丫"字形牵着或赶着走来；东乡的农民则将猪用木杠绳索捆绑扛来或是用独轮车载来；湖区的则用篾篓装着，再用船运来。后来，随着来此交易的人越来越多，许多人或推或抬，往往弄得汗流浃背，口干舌燥，需喝茶饮水，以解饥渴。住在此处的市民认为有利可图，遂开起了茶馆。

旧时，岳阳习俗称吃饭为"呷饭"，饮茶为喝茶或"呷茶"，饮茶那是书上的说法。茶客饮完茶后，往往用两个指头将杯内剩余的茶叶夹出吃掉，故称"呷茶"。如要提高档次，则是富人们在家用小杯泡名贵茶叶，用小碟托着，一边揭开杯盖，一边用口慢慢吹气，再慢慢品尝，感受名贵茶叶所带来的享受。茶馆的兴起，也带动了茶叶店铺的兴旺。加之岳阳历来产茶叶，岳阳人嗜茶，又带动了茶市的繁荣。于是，在观音阁便出现了许多贩卖茶叶的店铺，一些饭铺、伙铺与客栈也随之兴起。猪本是污秽动物，开猪市交易场所，难免污染环境卫生。且猪市与猪屎、猪死谐音，既不吉利，又不文雅。而茶叶显得清淡文雅洁净，人所喜爱。于是，居住在此巷的人们便将猪市巷改为茶巷子。

那时的茶馆，就是摆几张八仙桌子，放几条凳子，泡几壶凉热茶水，再增加点花生糖果之类的副食。后来，茶的花色品种增多，有芝麻豆子茶、菊花茶、姜盐茶、糖茶、红茶、绿茶、黑茶等，有本地的，也有外地的。

茶馆里摆设了躺椅，顾客可坐可躺，可整天泡在里面，且还有人说书唱曲，其中最值得称道的是说书。那些说书人口才极好，说的又都是人们最津津乐道的《三国》《水浒传》《西游记》之类的故事，而最吊茶客们口味的则是《包公断案》与《三侠五义》的故事。往往当茶客们正听得聚精会神之际，说书人一记惊堂木一拍，双手一拱曰："今日到此结束,欲知分晓,下回再说。"于是茶客们兴犹未尽,只好下回又下回的再来品茶听书,茶馆的生意也因说书而一路看好。总之,茶客在此,可吞云吐雾海阔天空地尽情交谈,侃人生艰难,世态炎凉,时局变幻,男女风情,趣闻异事,茶馆成为茶客们休闲消遣的好去处。

1949年5月,有两人合股在茶巷子将一新茶园改为戏院,作为巴陵戏的演出场所。因巴陵戏早年曾在金家岭岳舞台演出,人们遂将戏院也称为岳舞台。岳州巴陵戏创立百余年,一直没有固定演出场所,自此才有了落脚之地。后来戏院几经改建,又称巴陵戏剧院。巴陵戏作为岳阳地方戏种,因其具有浓郁的地方特色而深受岳阳人民喜爱。当时,世人称巴陵戏为大戏,故巴陵剧院又称为大戏院。自此,来茶巷子看戏的人络绎不绝,连同戏院周围的茶铺生意也越来越红火,茶馆也越开越多,这条巷子也就成为名副其实的茶巷子了。

1957—1976年,茶馆明显地不景气,巴陵戏一停演,茶馆便纷纷倒闭了。在此期间,茶巷子无茶馆,茶巷已名存实亡了。

民国著名报人、邵阳人严怪愚(1911—1984年),曾任湖南力报社总编辑,在《力报》上发表过多篇关于长沙市井文化的特写,其中1937年5月30日所载《茶馆里的众生相》,生动描绘了民国时长沙茶馆里的众生相,是今人探寻湖湘旧茶馆风韵的珍贵文献,特附录如下。

茶馆里的众生相

喝茶,在南京成为有闲阶级的消遣方法。提起喝茶,我们总忘不了南京的夫子庙。夫子庙,有清唱,有大鼓,有说书。清唱、大鼓、说书的目的,当然是供给士绅先生们除喝茶以外的另外一种娱乐。可是近来到夫子庙去的人,并不是去喝茶,而是欣赏歌女们的酒窝了。

这是世风的转移,世风使南京的士绅们的神经似乎不是一杯浓浓的茶所能沉醉。士绅们所需要的刺激,已经由一杯浓浓的茶转移到肉感的大腿,迷人的笑眼上去了。

然而夫子庙到底也有专门供人喝浓茶的地方,那地方没有清唱,没有大鼓,他们的生意却仍不亚于有清唱有大鼓的歌楼。

我记得最清楚的是飞龙阁。

飞龙阁的规模的宏大,似乎不是我们所能想象得到的。那里,有几百张茶桌,有各色各样的社会相。从早到晚,几百张桌上总是挤满了人,用十六个铜板买一杯清茶,用十几个铜板买一包花生米,从早坐到晚,并没有人来干涉你。

有的在高谈阔论，有的在傲笑狂呼，有的在娓娓耳语，再加上卖报的卖小食的，以及茶房的叫喊，你简直比处在广大的群众大会中还感觉得热闹。所以，在南京人的心目中，飞龙阁是南京政治变动的总枢纽。

在长沙，也有喝茶风。不过长沙的茶馆不是士绅阶级，不是有闲分子的消遣的地方。长沙的茶馆只不过是劳动阶级的业余休憩处，是无业游民饱肚的地方而已。

这里，我想举出老照壁的徐松泉来做个例子。

徐松泉的老板叫作徐宋申，绰号满胖子，为长沙名人之一，现在已死去多年了。当满胖子时期，生意并不见得怎样好。满胖子死时，甚至于还亏欠六千元的旧账。死后，全店由后妻经营，后妻年龄不到四十岁，富经济才，几年工夫，便把亡夫六千元的旧账偿清，现在每年可得一两千盈余了。宋申有子名亮彩，为民国十六年湖南工运四大金刚之一，民国十八年被杀了。现在铺子里偶或可以看见一个摩登少奶奶，便是他的未亡之妻。

到徐松泉喝茶的，我已经说过，是那些无业游民同劳动阶级，间或也有几个准士绅之流。拖车子的，工厂的工友，身子疲倦了，市中又没有公共花园供他们休息，肚子饿了，袋子又不允许他们上酒席馆、进咖啡店，于是他们便一个人或邀集几个朋友："到徐松泉去。"进铺子，帽子歪歪地戴着，屈一只脚到凳上，茶房马上便走拢来，问你需要什么："包子乎？瓜子乎？烧饼乎？"茶当然是不要问，只管拿来。

工友的父亲，车夫的父亲，年纪来了，不能上工厂，也不能拉车子，他们成了儿子的寄生虫，枯坐在家里没有事做，阔气着的地方去不成，于是也约着几个老朋友，跑到徐松泉来，喝一杯茶，抽一支烟，吃两个包子，以消磨一天的无聊。兴趣来潮的时候，又谈谈隔壁邻舍的琐事，某人的老婆行为不端啦，某某小姐的风流趣事啦，谈得一脸高兴。假如被邻席坐着几个准士绅之流的人听见了，明天马上又可以在小报上看见一段妙章。

小党羽，小流氓，有什么预谋，有什么商讨，在自己家里不方便，由主事人发出命令，定某日某时一齐到茶馆里集会。在人声噪杂里，边喝着茶，边紧急地谈论着，等不上几天，长沙市上不是发生小劫案，便是发生拐带案……

还有大街小巷发生了小纠纷，缠不清楚，便得投报区坊保甲，左邻右舍，邀集张家大爹、李家二爷、赵老保、钱甲长，到徐松泉喝茶评理，这便叫"吃讲茶"，这在茶馆里是每天不可少的节目。

劳动分子、流氓、无业游民……都爱惜徐松泉，因为徐松泉的地方集中，价格便宜，食品也还可口。茶每杯六分，包子每个两分，瓜子每碟三分，纸烟每支一分，大合他们的经济条件。一两角钱，便可以坐三四个钟头。徐松泉所以爱惜劳动分子、流氓，便是他能够由他们那些破旧票中，每年可以赚一两千块钱。

另外，据说徐松泉还有几个特点：

第一，客一上桌，每桌为你送上六支烟来，多退少补。一个人是六支烟，十几人也是六支烟，这大概是他们的习惯法了。

第二，该店自制的银丝卷与烧饼最为著名，几乎可以与柳德芳的汤圆同时垄断市场。

第三，夏季一来，全店中只有一架大布篷作风扇，扯风扇得立在街上，用力地把绳子一扯，全店里便凉爽爽的。的确是特别作风。

由喝茶我们想到夫子庙，由夫子庙想到飞龙阁，再由飞龙阁我们便想到徐松泉。徐松泉虽不可以与飞龙阁比，可是在长沙与其他的茶馆比起来，它也许比南京的飞龙阁还要重要，还要著名。

有暇，我请你不妨到老照壁看看，看看徐松泉店里那各种各样的人生。

第三节　湖南的现代新茶馆

21世纪以来，中国经济社会各方面都在发生着深刻的变化，经济与文化都进入了一个空前活跃的时代，茶业经济与茶文化更是焕发出前所未有的活力与魅力。中国各地茶事活动频频举行，内容丰富，形式多样；名茶层出不穷，品类繁多，竞相争美；茶楼茶馆如雨后春笋般涌现，千姿百态；茶道、茶艺各展芳姿，标新立异……湖南文化产业的快速发展成为湖南的新名片，湖南的省会长沙俨然成为引领时尚的休闲娱乐之都，湖南茶文化欣欣向荣，湖南茶馆业适应改革开放后人们社会交往的日趋频繁，流动性的日益增强，从普通的饮茶场所逐步发展到为人们提供高雅休闲、品茗、交流的场所，走上了专业化的道路。

首先适应这一变化的是20世纪80年代一些接待外地宾客、商人的国营宾馆，他们大多在宾馆一角开辟出一片区域作为茶厅，供住店客人会客与洽谈生意的场所，如长沙湘江宾馆茶厅等。20世纪90年代初，私营资本开始进入茶馆领域，建成了一批有较大规模、较高格调的茶馆，如长沙市五一路的润华茶楼、韭菜园的茶人轩、溁湾镇的御茶园、黄兴路的香飘茶楼和解放路的溢香茶楼等，有少部分是本地人开的，大多数是中国台湾等地商人开设的。1993年，娄底儒林茶庄开业；1997年，郴州首家天福茶楼开业，侧重提供高雅艺术享受；1998年，张家界慈利县首家茶馆"红茶坊"开业，以提供上等优质茶品和专业的茶水冲泡服务为特色。

进入21世纪，湖南各地城市建设日新月异，城市品位迅速提升，城市功能的设置也更加重视人性化、多样化的社会需求，茶馆也日趋多样化。有人把湖南新茶馆分为三种类型，即荤茶馆、清茶馆、玩茶馆。荤茶馆除提供品茶为主的服务外，且能提供餐饮服务，中西兼备。清茶馆专营茶饮，仅提供少量点心和零食。玩茶馆兼具娱乐功能，如音乐茶座、卡拉OK包厢及棋牌茶室等。在长沙市内，随着商业老街黄兴路步行街的建设和解放西路改造建设的完成，出现了历史上第一个现代意义上的酒吧一条街。伴随着现代酒吧、西餐厅出现的，还有同样高档次的中华传统文化茶楼，如怡清源、香飘、和府等。长沙市内繁华地带则相继出现了和茶园、竹淇茶馆、湖南茶人之家、茶仙遇茶馆、白沙源茶馆、福寿康，以及清悟园、天润福、尚书房、同逸普洱茶馆、唐羽茶馆、劳止亭、沁香、阳羡人家、怡清源等茶馆，岳阳市涌现出君山御茶园、巴陵春茶体验馆、华祥苑茶艺馆等300家大小不一的茶馆；郴州市春秋茶楼、翰林院生活茶馆等约300余家茶楼林立；娄底有渌羽茶艺、明惠春园茶庄、四合苑茶馆等数十家茶馆兴起；张家界则有华祥苑、武陵源头等茶品、茶水、物产兼销的茶馆茶店；常德有清和、大和等注重文化弘扬的茶馆，此外，还有衡阳的三星楼、烟霞寺、水木芙蓉茶馆……据不完全统计有近2万余家大小不一的茶馆遍布在三湘大地，各地茶馆与所处之地的环境或人文相融，呈现出不同的特色：有依白沙井而建的白沙源，处岳麓山脚、爱晚亭边的如愿茶坊，君山岛上的御茶园，坐落于南岳烟霞峰古刹铁佛寺侧50m处的烟霞茶院等，因与名山胜景相得益彰，尽得天时地利；有竹淇茶馆、和府、清荷等，将茶与餐饮相结合的自助式茶楼，富有生活气息；有和茶园、劳止亭、阳羡人家、大河、沁和等，巧妙地通过明清木雕、明式家具、真假古董、名人字画，尽力营造出中国传统文化的氛围；有清悟园、天润福、沁香茗茶等，通过现代装修艺术，将茶艺表演与琴、古筝表演以及宗教文化特色相结合，营造出幽雅环境，着力体现现代都市气息和返璞归真的精神追求；还有渌羽茶艺、山水客轩、神聊茶馆等则以茶为媒，聚集文人雅士，开展书画、文艺创作、评论的主题茶馆；更有围绕湖湘茶品特色而经营的，如安化云上茶馆以主推安化黑茶为主，君山御茶园以体现君山黄茶为主要特色……百态千姿的茶馆将人性化与个性化，传统文化与现代文化，热闹与安静，世俗与高雅演绎得如火如荼，风生水起，成为湖南文化经济又一道亮丽的风景。在此介绍部分有代表性的茶馆，以窥湖南当代茶馆风采。

1. 白沙源茶馆

白沙源茶馆位于长沙市白沙公园的前门附近（图9-19）。创立于2003年，是一座中西合璧的特色茶楼，如同一颗璀璨的红钻石镶嵌在城中。东倚回龙山，南接白沙古井，北朝天心阁，西望云麓宫。在白沙集团的鼎力支持下，由国际设计大师 ALAN CHAN（陈幼坚）先生领衔设计的，茶馆处处被自然美景以及深邃历史文化所簇拥。白沙古井离茶馆不远，古井的泉水更是闻名遐迩，清香甘美，有"煮为茗，芳洁不变"之说。茶馆原本属于公园的一部分，占地855m²，采用传统苏州风格建筑。茶楼周边的建筑仍保留着原有的城乡风貌，而茶楼的室内设计则经过重建，展现时尚的气派。茶馆以红、黑及白色为

图9-19 白沙源茶馆

基调，红色玻璃墙体通透而又含蓄，缀以朴实简洁的胡桃木制品，与园林景色相互融合，红方灯高挂、鱼翔浅底、竹影摇曳、琴瑟绕梁，以古朴和简洁演绎出了极致和品位，是中国茶馆的唯美经典代表作。

入坐白沙源，一椅一枕、一杯一盏，细细把赏之中，感受的是浓郁的湖湘文化；无处不在的精彩细节，体味到的是人性化的细致周到；纯净的白沙水、飘香的咖啡、甘醇的名茶，啜饮的是中西精髓的融入与糅合；白沙源茶馆与白沙古井两相辉映，成为长沙本地人及外来游客向往之所。2011年评为"全国十佳特色茶馆"，2012年入选"湖南十大特色茶馆"。馆主王文静女士本身是一名记者，热爱中国传统文化，极有思想和个性，在推动湖南茶馆文化的发展及与外界的交流做出了重大的贡献。让茶客们遗憾的是，该茶馆于2018年关闭。

2. 杜甫江阁藏天阁

杜甫江阁是为了纪念把生命最后岁月留在湖湘的诗圣杜甫而修建的公共文化设施，位于湘江东岸、西湖路口，与天心阁、岳麓山道林二寺和岳麓书院形成一条文脉带（图9-20）。杜甫江阁占地12000m²，建筑面积5000m²，整个建筑群由北往南分为碑亭、碑廊、主阁楼、长廊和茶室等几个部分，是目前长沙市最大的仿唐建筑群，是长沙市地标

图9-20 杜甫江阁

性建筑物，市民公益性活动场所，长沙乃至湖南省的对外展示窗口，被誉为长沙的名片、湖南的客厅。藏天阁茶馆会所设在杜甫江阁主阁楼内，2009年正式营业，营业面积500m²，主推湖南黑茶、湘西黄金茶、君山银针、古丈毛尖等湖湘佳茗，临江品茗，别

有情趣。藏天阁始终秉承"诚信、创新、高效、一流"的服务宗旨，工作质量和服务水平不断提高，社会满意度和美誉度逐步上升，先后荣获"湖南百佳茶馆""全国百佳茶馆""湖南省茶馆行业协会常务理事单位""长沙市文明窗口示范单位""长沙市特色旅游示范单位""长沙市青年文明号"等一系列荣誉称号，并在2013年第二届全国茶艺职业技能竞赛总决赛摘得银奖、2016年第三届全国茶艺职业技能总决赛摘得铜奖、2016年首届湖南省茶艺职业技能竞赛电视大赛摘得团体赛以及个人赛一等奖，成为长沙乃至湖南茶馆经营的标杆企业。

3. 竹淇茶馆

竹淇茶馆起步于2000年，因大胆开创茶馆"自助"形式的饮茶方式，在整个长沙市乃至湖南获得了极大的反响，为整个长沙市的茶馆业带来了一种全新的理念和活力（图9-21）。从2003年开始，竹淇茶馆逐步建立了一整套完善的管理机制，培养了一批茶艺师队伍及管理、经营人才。目前，竹淇茶馆已拥有6家自主经营规模较大的茶馆和2家较大规模的茶行。2012被评为"湖南十大特色茶馆"。

图9-21 竹淇茶馆

"竹淇"位于闹市而不"闹"，以茶为载体，以"一叶总关情，杯水能修身"之情怀，扎根于湖湘文化的土壤，濡染着深厚的传统文化，在文化强省的"芙蓉国"里尽己力而弘中华之茶道，为都市人提供了一个良好修养和静心品茗的胜境。在"竹淇"，可真正领略到"潺潺流水，琴瑟怡人，曲径幽幽，绮户依旧，流光翡翠，千茗飘香"之神韵，可品尝出"茶中和、静、怡、真之真谛"。在此品茗，必使人"神定气朗，迁想妙得"，顿生"竹以虚养身，茶以德养心"之感、"茶蕴乾坤，杯显人生"之慧。虽身处闹市，然在此"观竹赏茶，偷闲即闲"，此乐何极。从2000—2021年，历经21年风雨的竹淇茶馆用独特的经营理念和企业风格成为长沙的一道独特风景。

4. 尚书房茶馆

尚书房位于长沙市岳麓区新民路，于2005年11月开业（图9-22）。取名尚书房有两意：一是，尚书房在清朝原是皇子读书的地方，后来改为皇帝和诸大臣商议国事的地方，茶馆位于麓山脚下的大学城区，文人雅士集聚，谈天说地，比较吻合。二是，尚可以作崇尚讲，尚书房就是崇尚读书的地方，比较有书卷气。筹备期间，尚书房收藏到有一对木制老对联，上书"相与观所尚，时还读我书"，两句末尾为"尚书"两字，经查这对联原是祝枝山所写，暗合尚书房的本义，自然的造化，似乎早有安排。尚书房分一二楼上下两层，面积达600m²，传统、自然、古朴、雅致。店内四处散陈珍奇古玩，可随意触抹把玩，其间散置包厢、雅座，饰以湘绣、牌匾、明清家具、文人字画等，曲折通幽，意蕴深远。四周花草树木围绕，修竹婆娑，树影摇曳，虽然处于闹市之中，却闹中取静，全无车马之喧。

图9-22 尚书房茶馆

尚书房于将文化艺术与茶韵完美融合，打造一家具有湖湘文化底蕴的特色茶馆为目标。茶事、书事、花事、香事、昆曲等文化活动、沙龙活动，连绵不断，每到传统佳节，茶馆内的庆祝活动、民乐欣赏、茶艺表演吸引着各方雅客，大家浸染在浓浓的节日氛围之中，流连忘返。尚书房已成为长沙文化地理标志性品牌，在业界拥有很高的知名度。

5. 阿甘茶馆（湖南）

阿甘茶馆源于清末时期在长沙城太平街"玉泰和"茶行。甘家一支，清末于长沙城太平街摆摊经营茶叶生意。甘家太爷后创立"玉泰和茶行"，以经营湘中黑茶为主。清咸丰四年（1854年）湘军受命于乱世之秋，以玉泰和、杨隆泰、乾益升、利升四大商号为首的太平街商户们为湘军提供了极有力的物资支持，其中"玉泰和茶行"的黑茶成为众湘军将士慰藉思乡之佳品。

清光绪十二年（1886年），湖湘名僧寄禅、笠云与诗人王闿运等僧俗19人在开福古寺组织"碧湖诗社"。赋诗谈禅品茗，专取"玉泰和茶行"的黑茶，汲岳寿山（岳麓山）之清泉，传为美谈。甘家太爷集茶禅心得《静达语录》，后遇民国二十七年（1938年）的"文夕大火"，不复所得，甚是遗憾。后家人旅居海外数载，自谦"阿甘"，始终衷情乡茶国饮，盼归国重振祖业之心。2005年，长沙市政府着力于历史文化街区"太平街"改造工程，以恢复长沙老字号。阿甘得此消息，归心似箭，立志振兴祖

图9-23 阿甘茶馆

传"玉泰和"老字号，后于长沙古城太平街旧址重开玉泰和茶行，取名"阿甘茶馆"（图9-23）。百年老店，故址新张，依祖制家训，按旧时格局，以"诚实守信，童叟不欺"为经营宗旨，以发扬光大湘茶文化为己任，广迎四方宾朋，以茶会友，以茶结缘。

6. 儒和茶馆

儒和茶馆长沙店位于芙蓉南路二段128号现代广场现代凯莱大酒店10楼，由长沙儒和茶业有限公司法人张红梅于2005年金秋创办。"儒和茶馆"之名，源自馆主父名，又切合中国的传统文化：儒，文雅、包容的象征；和，和谐、和气、团圆，寓意天、地、人、万物和谐。张红梅女士从小随父习茶，耳濡目染、浸淫其中，一番商海沉浮之后，更觉乃父可敬，茶茗可亲，创立儒和茶馆，以期光大。

儒和茶馆面积485m²。装修风格为新中式，集品茗、赏艺、琴棋书画、商务洽谈为一体（图9-24）。经营中坚信"产品质量是永久的生产力"，始终在坚持坚守做一杯"清茶"。所谓清，先要"清静"，走进茶馆心身宁静，放松成生活自然的模样。其次就是"清净"，心境洁净，纯粹素朴，不与物杂，在一杯茶里，找到内心最真实的感受。并将

图9-24 儒和茶馆内饰

"一人做好一件事，泡一壶好茶，泡好一壶茶"作为目标，把每一泡茶最好的状态呈现给客户。团队成员以"先做茶德，后做茶人，再做茶生意"为导向，争当身心健康，乐观向上的新一代茶人。儒和茶馆现为湖南省茶馆行业协会常务理事长单位，曾多次获得全国百佳茶馆称号。

7. 湘意·山隐栖苑

湘意·山隐栖苑地处千年文脉麓山之巅，长沙市最高峰300.8m地标处，南岳衡山七十二峰尾峰——灵麓峰。既可领略麓山天然浅丘山脉的"天生丽质"，又能感受中国古文化精华儒、释、道完美交融，是星城高品位漫生活的彰显之地，亦是湖湘文化的传承传播之地。麓山之巅的山隐栖苑，是长沙海拔最高山居度假综合体，集茶、食、宿于一身，装修简朴禅意，空间灵动优雅。

山隐栖苑景观餐厅拥有6个包厢、1个多功能厅、3个景观庭院、5大观景露台。每日供应轻食与茶饮，也可量身打造"麓山茶宴"，是朋友小聚、生日宴会、商务接待、品牌发布的理想之所。庭院美宿共有6间，依山而建错落有致，每间都拥有独特的景观视角，雾天可看穿堂云，晴天可赏花间月。为人们呈现隐于林，栖于心的野奢之旅。

山隐栖苑一直致力于茶、水、器、食、艺、文、旅的融合和推广,现为湖南省茶馆行业协会副会长单位。

8. 臻海园茶会馆

臻海园茶会馆位于湖南省长沙市天心区省府商圈,于2015年10月开业,占地面积约700m²,是集茶叶采撷、加工研发、茶饮服务、销售于一体的茶业连锁品牌(图9-25)。现为中国茶叶流通协会茶馆专业委员会委员单位、湖南省茶馆行业协会副会长单位。2019年5月获得首批"精准扶贫定点茶馆",助力茶叶产业和茶旅产业的发展。

图9-25 臻海园茶会馆

会馆共分为三层:

一楼为茶叶展示区:所有茶叶都经SGS欧盟标准检测,倡导"干净茶、放心喝",让更多的人拥有健康的生活方式。自有品牌"安化云针"绿茶,荣获湖南"茶祖神农杯"名优茶评比金奖;"芙蓉山高山千两"黑茶,荣获2017年湖南"茶祖神农杯"名优茶评比金奖;"野生红茶"红茶,荣获2017年湖南"茶祖神农杯"名优茶评比金奖。

二楼为茶器展示区:有产自景德镇的各种瓷器,另有收藏各类制壶名家作品。

三楼为臻海园清茶馆:环境优雅、舒适恬静,墨香与茶香交融呈现出特有的雅致,是品茗、商务洽谈、茶会、茶学堂、挥毫丹青的上佳会馆。

9. "大夫第"茶空间

"大夫第"茶空间位于长沙河西爱民路100号,改革开放初期,这里曾是有名的华侨村,多住港、澳、台商及家属。"大夫第"选址于河西文化区的街头巷尾,像一位身怀绝学的隐士,收敛光芒让人不易察觉。"大夫第"主人张伟真学建筑出身。这里的茶饮空间、过道、楼梯、包厢,甚至卡坐是一样,集中展示的明、清木雕、牌匾、漆画、

图9-26 "大夫第"茶空间的传统文化

石器、门道、条案、八仙桌、太师椅、家训、中堂文化,还原了古典主义的艺术格调装饰风格,吸引各种层次的茶客,让每位喝茶者,在光影交错间轻言浅笑,行走在时间的长廊里,如同进入可以喝茶、吃饭的"博物馆",在传统物质化文化印记里,寻找心灵的

养分而令人心旷神怡,为聚饮者提供了不少话题与乐趣。

"大夫第"收集的中堂老件,如同一个开放的博物馆,在这样的空间里,邀上三五好友品茶、说事、休闲,在安静中彼此心灵互动,任其文化的冲击和洗礼,使人心情阔然的开朗。大夫第茶空间最大的特点是间间房装满了传统文化,充满了说不完的话题,特别是主人利用中国传统的建筑文化精灵,在"大夫第"茶空间的设计上得到充分体现,每个地方都有文化,也充满故事(图9-26)。到这里的喝茶人,大多是回头客,人们心目中大夫第就是"大隐于市"的诠释。

10. 妙华美食茶馆

妙华美食茶馆位于岳麓山下湘江之滨、浏阳河畔,距离湖南烈士公园500m。妙华美食茶馆源自中国台湾,始创于1998年。"妙华"之名源自《妙法莲华经》,取"妙如莲花"之意,"妙法"指一乘法、不二法,妙不可言,不可思议;"莲华"比喻"妙"在什么地方,第一是花果同时,第二是深藏不露,第三是出淤泥而不染。妙华美食茶馆营业面积近1200m²,采用新中式装修带有新国潮风格,闹中取静,环境优雅,茶文化禅文化氛围浓厚(图9-27)。茶馆以传播湖湘历史文化为己任,以推广健康生

图9-27 妙华美食茶馆

活方式为特色,提出"从牧场到餐桌"的健康消费理念、"潇湘水配潇湘茶"的茶饮新概念,提倡茶与湖湘美食、茶与湖湘文化、茶与湖湘艺术的完美结合。主营本味私房菜、中式下午茶和悦读慢书吧,以及以妙华大讲堂为特色的茶艺表演、茶艺培训、字画交流等商务平台功能。

妙华美食茶馆是一家以健康养生为经营理念的文化主题茶馆,是一家有文化底蕴的茶馆,也是一家有担当、有温度的茶馆。现为湖南省茶馆行业协会常务理事单位、湖南省食品流通行业协会、湖南省天然饮用水产业协会、湖南省投资理财学会副会长单位。

11. 唐羽茶馆

唐羽茶馆隶属于湖南省唐羽茶业有限公司。公司集茶叶茶具的生产与销售、清茶馆经营、茶事培训于一体,始创于1998年,2008年成立公司,2013年获湖南省著名商标。今有38家门店,紧密型连锁模式。唐羽总部设雨花区环保中路188号国际企业中心,总经理杨国辉。长沙市内较大营业场馆位于东风路与营盘东路的交叉口。

唐羽打出"品饮中国茶,追寻真善美,选择健康、真实、温暖的生活"的口号。通过茶,传递他们所倡导与一直奉行的"专注、热爱、平和、分享"的理念,打造中

国茶业终端连锁品牌,让茶文化的普及成为人类文明进步的阶梯之一(图9-28)。唐羽奉行"客户第一,员工第二,股东第三"的价值观。服务做到实实在在,注重细节、良心经营,以"和、敬、恬、雅"为茶道精神。店内悬《唐羽茶赋》曰:"夫茶者,灵物也,藏日月之精,天孕洁性而香清,糅山川之秀,地萌嘉叶而味和。清和妙道,以德赋形,德释有敬,德道有恬,德儒有雅,和敬恬雅,唐羽依承。色香味韵,换骨轻身,玉川七碗羽一经,唐风今韵兮,斟复斟。"

图9-28 唐羽茶馆包厢的装饰画

12. 德和堂

德和堂是长沙百和百合茶业有限公司旗下茶文化交流场所,由王德安先生于20世纪90年代创办,2016年正式落户岳麓区梅溪湖梅溪四季,由谢燕女士经营(图9-29)。茶馆装修以古香古色,经营范围有茶水服务,茶礼定制,茶道、花道和琴技培训,致力优秀传统文化的传承与传播。

图9-29 德和堂

13. 陆如轩

2000年,广东回乡创业的胡水桃夫妇,在醴陵渌水边开办茶艺馆。"香远益清话陆如",仰茶祖神农之宗,得茶仙陆羽之道,认祖归宗,因以冠名(图9-30)。

醴陵处神农故乡之域,醴陵有醴泉,又产美瓷。茶、泉、瓷互为融合,互参禅机。初茶饮营生,以茶会友。继而创建"陆如轩茶文化传播有限公司",崇文重道,历18年时间完成产业升级,家业覆盖黔闽滇,影响波及大江南。公司拥有茶园近万亩,主产绿茶、白茶、红茶、黑茶。

"产业筑台,茶道奠基,文化为魂,管理从仁"构成陆如轩独特文化符号,打造湖南茶业品牌经典。20余年来,陆如轩坚守中国传统文化,弘扬国学精义,尤其珍视湖湘文化的褒扬与传播。推崇"品茗、品味、品人生"之精致生活理

图9-30 陆如轩

念,"温馨,温情"的待客之道,将湖南的名茶、名瓷、名人、名画整合到茶馆的文化布局中,让茶馆散发出一方水土的人文芬芳,孕育出湘女多情、五彩瓷韵、惟楚有才,清泉洗心的湖湘文化情愫。兼传道授业、文化休闲、收藏展示于一体,品牌日升月华,社会赞誉有加。陆如轩茶艺馆被屡次被评为全国百佳茶馆、湖南十大特色茶馆。现为湖南省茶馆行业协会副会长单位。

14. 艺芳轩(湖南)

株洲艺芳轩文化有限公司位于株洲市美丽的湘江之畔,公司的前身是成立于2006年的艺芳轩茶庄。艺芳轩茶文化有限公司秉承弘扬茶文化,做大茶产业的初衷,坚持以茶为主,文化领先的原则,形成了自己的特色(图9-31)。通过12年的发展,从最初的单一茶楼发展成为茶馆经营、自主茶叶品牌开发、高端

图9-31 艺芳轩茶堂

品代理、精品名家瓷器器皿收藏、茶空间设计、茶艺培训、茶文化演出、网络平台建设等多元化于一体的综合型茶文化公司。

艺芳轩融入了多元文化,正如艺芳轩总经理周宣女士所说:艺芳轩带来的不仅仅是生活的调剂,亦不是众口诺诺的附庸风雅,而是源于一种传统,一种源自内心的情感表达。艺芳轩人崇尚回归自然,回归本心,以国粹融于生活,在润物无声中提升生活的品位,把质朴的生活理念带给更多的人,做一个国粹与生活的践行者。秉承"品茶之味,悟茶之道"的文化理念。多年来,湖南艺芳轩茶文化传播有限公司积极参与省、市与茶相关的各种活动,积极推动茶与文化的传播。从2007年至今已组织和参与了30多场次的

茶文化传播活动，从2014年以来，定期组织茶馆员工走进株洲市各大养老院，受到了茶叶界同仁和广大民众的一致赞誉，2015年获得了"全国百佳茶馆"的荣誉称号，现为湖南省茶馆行业协会常务理事单位。

15. 润兴和茶庄

润兴和茶庄始创于2008年，坐落于茶陵县东阳商街，营业面积1100m^2，是"品佳茗、论古今、聚茶客、叙友情"的雅士云集之处（图9-32）。数年来茶庄历经发展，拥有茶陵茶艺师培训中心、润兴和专业茶叶茶具店、专业品茗包厢、茶艺表演队等，成为一家集茶文化交流、商务洽谈、茶艺培训和茶陵本土特色茶研究推广于一体的专业机构。润兴和茶庄以追求卓越、打造品牌为目标，采用严格的现代管理理念和培训制度，处处精益求精。多年来，凭着细致周到的专业茶艺服务、以客为尊的经营理念，成为茶乡茶艺界一颗耀眼的明星。先后荣获2008—2009年度湖南百佳茶馆，2011年茶陵县创业先锋等称号。

图9-32 润兴和茶庄

16. 南方嘉木

南方嘉木茶艺馆位于湘潭市岳塘区湖湘东路，创办于2009年，是集餐饮、茶叶茶具销售、茶艺培训、古琴培训、艺术交流、艺术品展览为一体的特色茶艺馆。营业面积达600m^2，装修风格古典而清雅，店内茶香满室，琴乐悠扬，是会客交友、商务交流、品茶论道的好地方（图9-33）。

图9-33 南方嘉木茶艺馆

创办人易俊勇先生，从事茶行业10多年来，坚持以茶叶品质为本，主营的云南普洱、安化黑茶、武夷岩茶、福鼎白茶、保靖黄金茶等产品，原料和工艺都是由易俊勇亲自监制出品，"嘉木制茶"得到了广大茶友的信赖，也获得了市场的认可和赞誉。

湖南南方嘉木文化传播有限公司注册有"南方嘉木""嘉木茶院""隐山琴社""且隐"等商标。除了茶叶产品销售和茶艺服务外，还致力于茶文化的普及和推广，积极开展公益讲堂、茗茶评鉴会、茶友雅集，为地区茶文化的普及和推广做出了重要贡献。现为湖南省茶馆行业协会副会长单位。

17. 三星楼

南岳三星楼是湖湘学派创始人胡安国后裔所建，是首家湖湘文化主题茶楼，集茶饮、茶艺、书画艺术于一体，营业面积达1000m²，坐落于南岳区金沙路，是去南岳大庙和登山的必经之路，断断续续已有百余年的历史（图9-34）。

新茶楼于2002年开铺营业，开始经营茶水、特色餐饮，后规模不断扩大，不少文人、名仕雅聚于此，茶会、表演、培训等多种活动常常举办。正如衡阳市文联主席描写的那般："三星楼的楼是走马楼，三星楼的茶是云雾茶，三星楼的星是福禄寿……""三星楼品茶，品山、品水、品春夏""三星楼品茶，品诗、品曲、品字画""三星楼品茶，品古、品今、品天下"。

图9-34 三星楼

2016年为响应南岳区政府全域旅游的号召，配合政府正要在旁边兴建的中正图书馆，三星楼率先开始茶楼的提质转型，其业务板块分为主楼一楼的特产小超市，主楼二楼的皮影文化体验区，主楼三楼和楼顶花园阳台的岳茶文化体验区，以及附楼的茶疗体验和私家菜体验区。三星楼从传统的老茶楼成功转型为以传播南岳云雾茶文化和极具地方特色的传统文化的地标性经营实体，让游客能在小小的走马楼里了解南岳博大精深的儒释道交融文化、湖湘文化发源地文化，领略南岳云雾茶之美妙和神奇，体验浓郁的地域文化之风采。

18. 烟霞茶院

烟霞峰为南岳七十二峰之一，因时常烟云缭绕、云蒸霞蔚而得名，烟霞茶院位于海拔855m的峰麓，由湖南省南岳云雾茶业股份有限公司投资兴建（图9-35）。茶院前的铁佛寺始建于南宋，寺内供奉的大铁佛和寺前偌大的数株白玉兰，堪称南山一绝。在铁佛和白玉兰的接引下，沿着山路步入一个曲径通幽的别院，整个院落由一眼神

图9-35 烟霞茶院

泉、茶园7.2hm²、一幢民国故宅和一栋配套厢房组成，院内水石清幽，竹树蓊蔚，名人雅士常荟萃烟霞，煮茶论道。烟霞茶院主体建筑"炎午居"是一所盖着青瓦，间以花岗石柱的民国风格木结构建筑，为1936年湖南省原省长、湘军总司令赵恒惕所建，2006年由湖南省南岳云雾茶业股份有限公司投资重修。大门前廊的花岗石柱上有罗步庵先生敬书的茶联："指月看茶常怀鸿渐，吟风得句细说头陀。"楼下厅堂侧室是茶文化展厅，详细介绍了南岳云雾茶的产地、特点、历史。

主楼前就是一畦畦的茶山了，顺着茶山里的石板小道往深处走，有一眼清澈亮丽的潺潺清泉，它就是南岳二十四名泉之首的烟霞峰"童子泉"，又名"转运泉"；到了明朝万历年间有了大铁佛，寺中僧侣均在此取水就开始叫铁佛泉了。走进茶院的后山，穿过一线天，登上枕云石后，取来童子泉用它沏上一杯南岳云雾，品仙茗、观云海、听松涛、赏碧霞，南岳深处的美妙便在一杯中了。

19. 丹茗居茶艺馆

丹茗居茶艺馆位于衡阳蒸湘区华新开发区解放大道，成立于1999年9月，经营面积1200m²（图9-36）。该馆自成立以来，以"打造一流名馆，争创名优品牌"为宗旨，着力提升经营理念，铸造了一座茶艺与文化相结合的丰碑。游人谈南岳，首峰回雁鸣千秋，骚客语石鼓，茶香云雾漫古城。甘甜滴滴，润入雁城茶都，书文卷卷，咏在丹茗居中。多年来，各地莅临衡阳和本土文人墨客都视丹茗居茶艺馆为自己的

图9-36 丹茗居茶艺馆

"家"。大厅里，镶嵌着一幅醒目的对联，上联写："丹诚待客奉仙品"，下联书："茗馥醉人乐雅居"，充分体现了该馆的高尚情怀。馆内丹青书桂，怡情雅致，茶客来此，心旷神怡………全国著名书法家金保安先生特为该馆欣然命笔"文化人之家"。在这里，无处不体现着茶艺与文化的珠联璧合。在这里，无处不锤炼着茶趣与文化素养的茶人合一。一方面，注重提高员工素质，练内功。一方面，努力拓展经营项目。积极推广湖南、衡阳地方名茶，兼营茶具，有力地促进了湖南地方名茶的振兴。同时，积极参加地方和省级举办的各项茶事活动。茶馆被衡阳市政府评为"影响衡阳市民生活100品牌""衡阳市最受欢迎好品牌五十强""保护消费者合法权益先进单位""湖南百佳茶馆"等荣誉称号。

20. 茗福居

茗福居茶艺馆坐落于"人杰地灵、物华天宝"的雁城衡阳，茗福居茶艺馆致力打造衡

阳喝茶人的福地（图9-37）。"茗"源于"艹"与"名"合起来表示"广为人知，众口皆碑的茶"；"福"是顺利、幸运、福气，意为一种圆满的状态；"居"是处所，所处环境可改变人的气质，修身及修心的处所。茗福居茶馆占地达500m²，主推南岳云雾绿茶、江头贡茶、宝盖有机茶、塔山山岚茶、蛮湘红红茶等衡阳特色名优茶，商务功能齐全，提倡"天下茶人是一家"，为丰富企业家的文化生活，常年开展各类文化活动。组建了心相映茶艺，举办茶艺表演、茶艺培训，推动衡阳茶文化建设，促进本土茶文化交流。茗福居门面风格简约，进店却是别有一番天地，一楼均

图9-37 茗福居

是包厢、中式茶席，禅意满满的茶空间大厅像是一个小型的展览馆，茶果芬芳、熏香袅袅，茶具、茶叶、中国风的饰品，一应俱全。二楼是雅座，给人足够的私密感。

21. 聚茗缘

聚茗缘茶庄，坐落在湖南耒阳五一广场（图9-38）。2002年8月，聚茗缘继先人遗风，创办了"聚茗缘"茶庄，以其专业的技术知识，力求以"人美、茶美、水美、器具美、环境美、服务美"六美立足市场，以优质的服务、正宗的商品、大众化的消费、高雅的环境为指导思想，立志打造茶叶品牌，引领湘茶消费，弘扬中国茶文化。2003年9月8日扩建，如今其面积

图9-38 聚茗缘

近400m²，130m²的大厅内有亦真亦假的苍老古榕树、山水榭楼台，活灵活现的水上喷泉，古拙而庄重的木雕书法，恢宏磅礴的毛主席铜像和《沁园春·雪》书法作品，以及美观大方的茶叶销售专柜，使顾客倍感舒适开阔。

2005年8月入驻星城长沙，成功开办了一家业内专业性茶馆。"聚茗缘"以聚天下之香茗，惜世间之缘分之意而得名。聚茗缘开业至今始终坚持"以人为本，以和为贵，以真为道，以茶为媒"的经营理念，把商品的质量和服务质量视为企业发展的源泉，为茶客营造温馨的环境，提供轻松的消费和一流的服务。经过3年的发展，聚茗缘已升级成为茶文化传播有限公司，并注册了专利商标，形成了产业连锁经营优势，2004年荣获"全国百佳茶馆"称号。

22. 水木芙蓉茶庄

水木芙蓉茶庄成立于1994年9月8日，是耒阳市第一家集生产、销售、休闲于一体的功能齐全、规模庞大的茶叶企业（图9-39）。耒阳设3家分店，长沙开设2家分店。水木芙蓉奉行"以茶思源、以茶会友、以茶待客、以茶联谊、以茶健身、以茶入艺、以茶作礼"为经营宗旨，遵循"诚信无欺、健康消费、和谐共赢、携手共进"的经营理念。2003年组建了

图9-39 水木芙蓉茶庄

耒阳市第一支女子茶艺表演队，其中高级茶艺师10名。2007年组建耒阳市升龙江头茶业有限公司（原老江头茶叶有限公司），在江头贡茶原产地投资兴建了自己的茶叶生产基地，名优茶清洁加工生产线1条，自产江头贡茶在2009年荣获湖南省第九届"湘茶杯"名优茶评比银奖，同年获"湖南百佳茶馆"称号，被中国茶叶流通协会与《中华合作时报·茶周刊》授予"全国百佳茶馆"，商业饮食服务发展中心授予"中华名茶馆"，其中江头贡茶精品"百草灵"获2011年香港亚洲农产品酒会及产品推荐会指定用茶。

23. 竹里茶馆

湖南竹里茶文化有限责任公司（竹里茶馆）成立于2017年12月，前身为2011年成立的邵阳市君和天悦茶馆。"竹里"取自于王维的《竹里馆》诗名，地处古宝庆府曹婆井之爱莲巷内，颇负古风。馆内环境典雅，修竹绿植，藤蔓攀附，曲径通幽（图9-40）。馆主严晓先生为邵阳市茶叶行业协会会长、湖南省职业技能鉴定专家委员会茶叶专业委员会委员、国家一级评茶师。竹里茶馆主营茶文化培训、茶叶制作、销售以及商务接待服务。产品主要有绿茶、红茶、白茶、乌龙茶、云南生普、黄茶等，定位以中高端产品为主。是邵阳市茶文化推广、茶艺师培训的骨干企业。

图9-40 竹里茶馆

24. 君山御茶园

君山御茶园位于岳阳市君山岛，是全国百佳茶馆之一（图9-41）。御茶园背靠茶园，门

图9-41 君山御茶园（赵丈田摄）

前是荷塘。该园按明清风格设计,建筑青砖灰瓦,呈现典型的徽式风貌,四合院内有假山、池塘、小桥、流水,四周均为茶肆。茶肆装修古朴典雅,雅洁清幽、清新自然。后院开辟了展示君山茶传统制作工艺的作坊,制茶季节可供游人参观。茶与天地、山水、云雾、竹石、花木自然契合一体;人文与自然,君山茶文化与整个湖湘文化相互交融,为中国黄茶之乡融制茶、品茶、购茶和茶艺表演于一体的特色旅游景点。

25. 巴陵春茶体验馆

巴陵春茶体验馆位于岳阳市岳阳楼区建湘路(图9-42)。它身处闹市,却隔断尘嚣。它恪守着那一份宁静与从容,蕴藏着贵族的高雅与矜持,积淀了数千年的岳阳茶文化。一楼展销岳阳黄茶,二楼品茶休闲、展销茶具。步上二楼,客人仿佛进入世外桃源,最喜欢曲桥下的一方水池,看得清水底的鹅卵石,听得见潺潺的流水声,游动的金鱼,迎

图9-42 巴陵春茶体验馆茶室一角(赵丈田 摄)

着客人摇头摆尾,荡起的阵阵涟漪,更是营造出清净的悟道心境。置身其境,如梦如幻。观赏茶艺,定有所乐;静心品茗,定有所悟;闲情小叙,定有所得;商务洽谈,定有所获。有联云:"观赏黄茶经典,体验品牌魅力;觅来雅座空间,畅谈浪漫人生。"

26. 九狮寨茶旅生活馆

该馆位于平江县新城区平江大道与百花大道交汇处凯旋世纪城,面积1300m²,是湖南省九狮寨高山茶业有限责任公司打造的高山茶体验窗口(图9-43)。体验馆呈中式古典设计,体现平江老区特有的文化魅力,创造出一个恬静、舒适的环境,找回了一份回家的感觉。这里所品饮的茶叶都是出自幕阜山、福寿山和连云山的高山茶,水都是从福寿山上运下来的山泉水,出门还可以买到一包上等的云雾好茶。

图9-43 九狮寨茶旅生活馆

27. 君山茶馆

茶馆在岳阳市岳阳楼区金鹗公园北门入口处(图9-44)。外观建筑似上海豫园的湖

图9-44 君山茶馆

心亭，主楼旁边各有一裙楼，主楼前有池塘假山、小桥流水，背靠金鹗山，绿林掩映，空气清新，是休闲品茗的好去处。

28. 岳州会茶社

茶社位于通海南路宜家花都，毗邻会展中心，营业面积860m²，150m²的空中园林绿地，有着得天独厚的交通便利优势和文化舒雅氛围（图9-45）。装修也别具一格，进门大厅呈现石板青砖、小桥流水的苏式园林装饰；13个雅间，各有特色；2个大厅，设计别具匠心。

图9-45 岳州会茶社大厅一角（赵丈田 摄）

29. 馨玥茶艺空间

岳阳南湖新区馨玥茶艺空间位于岳阳市风景秀美的南湖之畔，毗邻岳阳市博物馆，是一家融品茶、培训、购茶于一体现代中式风格的茶艺空间（图9-46）。进入馨玥小院，一股淡雅的清香扑面而来，院内花草葱郁、疏密错落、四季绿染、日日花开。空间内部装修典雅别致，既有古风遗韵，又有江南风情，茶室布局朴素简洁，闲适怡人。进门浴温馨，开窗见美景，实为一处难得的品茶论道之地。

图9-46 馨玥茶艺空间（赵丈田 摄）

30. 婵意茶馆

婵意茶馆位于岳阳市岳阳楼区求索东路湖光山色4号，是一个园林式的清茶馆，一个可以承载诗与远方的地方（图9-47）。前厅木质雕花门窗，青砖墙面上装饰着巨幅石雕，长廊里铺着青石板，几处小桥流水般的园林小景，衬托着两旁一字排开的茶台和雅间，让人们感受到一种静谧、幽雅的气氛。茶楼300m²，有7个大小不同的雅室，用作茶艺培训、茶友聚会、茶事活动，为市民提供学习、娱乐、休闲的场所。

图9-47 婵意茶馆

31. 文平茶艺馆

位于岳阳德胜南路，是一位来自福建的爱茶人创办的，叫李文平。10多年前他带着一箱铁观音来岳阳考察，被岳阳的茶文化氛围所吸引，于是便在岳阳开了一个茶店，后来兼开茶楼。茶楼里进行茶艺表演，把家乡铁观音的表演形式移植到黄茶茶艺表演上。2019年6月，文平茶艺馆再次扩大规模，在保留保持原址的基础上，又在南湖广场西侧新开了一家茶艺培训中心，为岳阳茶业发展培训人才（图9-48）。

图9-48 文平茶艺馆中的君山银针茶室
（赵丈田 摄）

32. 茗鼎江南

湖南茗鼎江南文化产业有限公司成立于2017年7月，公司是由岳阳茶馆协会骨干成员发起，各会员茶馆（老板）众筹参与的集茶叶、茶具生产销售，茶艺培训，茶文化传播于一体的公司（图9-49）。

公司经营模式是整合资源，汇集力量，打造品牌，开发产品开拓市场，O2O线上线下齐发力，满足消费者多样性、品质化需求。公司创新经营模

图9-49 茗鼎江南

式打造新型茶叶企业，主要分为3个板块：产品展示销售区、多功能厅、线上办公区。

多功能厅，为广大爱茶人士提供免费的茗茶品鉴交流活动。也是茶艺培训，举办小型活动的场所，公司有自己的茶艺专业培训团队，国家一级技师1名、国家二级技师3名、高级茶艺师、农艺师等，专门为茶馆培训茶艺师，同时也对外开设茶艺兴趣爱好班，

产品展示区，以摆放茗鼎江南自创品牌为主，所售茶品以岳阳黄茶为首，还有绿茶、白茶、青茶、红茶、黑茶普洱六大基本茶类。所售茗茶皆源自核心产区，品质优良。所售茶具，主要是以柴窑烧制的景德镇青花瓷器、龙泉青瓷、紫砂茶具及精品珍藏级的霁红茶器、青花釉里红茶器。

33. 清荷茶馆

清荷茶馆坐落于常德，常德古称武陵，是湘楚文化的摇篮之一（图9-50）。

2003年1月，清荷茶馆首家店在常德市武陵大道开业，自开业起，清荷就秉承"清清和和一家人"的经营理念，坚守"清、和、敬、真"的茶德，致力于传统文

图9-50 清荷茶馆

化和茶馆艺术的传承与拓展，打造以中国茶馆文化为源头的新文化艺术品牌。逐渐把单一化的茶馆经营形式向外延拓展，契合了厚重的历史与发展的愿望完美结合的理念。清荷先后接待了黄永玉、沈鹏、杨洪基、盛中国、颜家龙等一批艺术家，成功组织策划了"田绍登书画小品展""清荷三周年馆藏书画展""清荷五周年庆典"等一系列的文化艺术活动。经过5年的努力与奋斗，先后成功地在常德地区开设了3家门店。连续2届荣膺"全国百佳茶馆"称号，现为中国茶叶流通协会茶馆专业委员会委员、湖南省茶馆行业协会副会长单位。清荷事业也不断得到拓展，清荷上座时尚茶餐厅、清荷茶庄、清荷艺术机构、清荷雅集艺术社团的相继成立，赋予了清荷更加新鲜的内容。

清荷茶馆以品茶为主兼营自助餐，装修风格古朴典雅，明式的红木桌椅，镂空的窗棂，廊柱上的红楼梦书纸与名家书画作品，展柜里的怀旧古品陈设，走廊转角处的油纸伞，琴台上的古筝，书案上的文房四宝，再加之稍不留意便映入眼帘的荷花与水草，所有这一切无不使人感受悟到茶文化与中国传统文化的相融相和。这种风雅的氛围吸引了不少文人墨客，因而有了清荷雅集艺术社团在此结缘，从此品茶者中更多几分带墨香画韵的文人。如今，清荷茶馆已成为百姓繁忙之中或是工作之余的休憩之所。

清荷上座则是另外一种风格的时尚茶餐厅，淡绿色的主色调加上洁白的餐具，明净的玻璃窗，再加上精致的灯具，明快简洁但并不简单的装饰，让人在享受时尚都市之风时体会到轻松自由的畅快。这里可以是年轻人说说笑话吃个快餐，然后赶去上班的地方，也可是中老年品杯茶，聊聊往事，慢慢享受一段悠闲美好时光的场所。

清荷散发着清雅的茶香、淡淡的墨香、幽幽的荷香，宛如繁华城市中的一片绿色园林，已成为人们在忙碌的工作中、快节奏的现代生活中一个获得心身放松，交朋结友的天地。

34. 大河茶馆

大河茶馆成立于2007年12月，是全国首家博物馆式茶馆，暨沅州石雕博物馆，2A级旅游景点，全国百佳茶馆（图9-51）。茶馆占地面积达2600m²，是集收藏近3000件沅澧流域古代艺术品，耗巨资打造的以茶文化为依托以食文化为发展，展示沅澧流域地方文化特色的全国首家博物馆式茶馆。大河茶馆以地域差异性为依托，以传播湖湘本土文化和民俗文化为宗旨，秉承依托文化发展经营，结合弘扬文化的思想，把民俗文化和本土文化做精做足，以深厚的文化底蕴成为众多茶人以茶会友、思考问题的文化寻根宝地和文人雅士享受民俗文化、探讨精神生活的交流中心。

图9-51 大河茶馆

35. 意鼎堂茶馆

意鼎堂茶馆位于张家界市永定区子午路，是一家以茶事为表达语言的茶文化馆，经营张家界绿茶、张家界红茶、白沙溪黑茶、大益普洱茶两大茶叶加盟品牌。以传播推广好茶理念为己任，为消费者提供一个环境舒适、服务一流的品茶空间（图9-52）。在这里与茶友们一起学茶、品茶、传播茶知识、分享茶故事、交流茶文化。

图9-52 意鼎堂茶馆

张家界意鼎堂茶业有限公司致力于打造张家界茶文化馆的佼佼者，为美丽的张家界再添一道亮丽的风景线。

36. 张家界茶业会所

张家界茶业会所隶属于湖南张家界茶业有限公司名下，成立于2013年，现有营业面积360m²，茶楼以客提供张家界产红绿茶为主的茶品（图9-53）。茶楼以古朴雅致、清静悠逸的装修风格，以"无微不至的服务"为核心，让每一位客人感受张家界茶的真谛。

图9-53 张家界茶业会所

张家界万宝山茶业有限公司在贺龙元帅故里——桑植县洪家关白族乡，建有"潇湘茶"双品牌茶庄、茶楼2处。

37. "潇湘茶"游客体验中心茶楼、万宝山茶庄

功能设施齐全,集餐饮、休闲、品茶、茶艺表演及培训、民俗文化(白族三道茶)于一体,功能划分为桑植白茶产品展示中心、桑植白族歌舞及茶艺展示厅、白茶手工作坊、红色文化体验馆、游客体验中心。

这3处茶庄、茶楼均与红军长征出发地、廖汉生将军故居、九天洞风景区、高速、高铁距离近,区位优势明显。"潇湘茶"茶旅融合游客接待中心(图9-54),万宝山茶庄自2015年对

图9-54 "潇湘茶"游客接待中心茶楼

外开放以来,实现年接待游客10万人次以上,辐射带动经济收入300多万元。

38. 万隆茶馆

万隆茶馆坐落于安化万隆产业园内(图9-55)。万隆茶馆一期,是集茶道、香道、花道于一体的多功能综合性茶馆,环境雅致、文化气息浓郁。茶馆内部装饰以传统的中式格调为主,精致典雅、古色古香。馆内设置有茶文化展示区、茶艺表演区、休闲品饮区等多个功能区,分为上下两层,共有茶空间18间,每个茶

图9-55 万隆茶馆

空间的命名都是从唐宋元明清的诗词以及清代北京城八大轩茶馆名中提取而来,并依取名设计每个空间的风格。

万隆茶馆二期,是以新中式风格为主打造的特色茶空间,馆内有古风庭院、清新茶室、多媒体交流室、大型会议室等,极具现代美与意境美。其中茶空间10间、多媒体交流室3间、大型会议室1间,每个茶空间的命名都是从四季和山水古诗词提取而来,富有诗意。

39. 翰林院生活美学茶馆

翰林院生活美学茶馆湖南店成立于2003年10月1日,位于湖南省郴州市兴隆步行街一楼南50号,经营面积110m^2;后于2005年9月8日迁至兴隆步行街二楼,经营面积330m^2;2007年6月又迁往郴州市国庆北路;2012年9月再次迁往北湖区龙泉路龙泉名邸二期东门4栋(图9-56)。

茶馆创始人伍百年先生自2003年从中国台湾高雄回到大陆,始终以推动两岸文化交

流的使者自持，秉持"传承茶文化、传播善知识"的文化理念，以推动两岸茶文化融合与交流为己任，足迹遍布两岸各大名茶产区，并联合多位著名茶人、中国台湾陶艺名家，致力于推动台湾茶文化与本土茶道的深度融合，将翰林院美学茶馆打造成为以高品质产品与东方美学价值相结合的慢生活文化

图9-56 翰林院生活美学茶馆

空间。现已成为一家涵盖茶叶品鉴与销售、器皿鉴赏（茶器、花器、香器）、现当代艺术品品鉴与销售的知名茶文化传播与交流平台。馆内藏有一大批中国台湾工艺大师手作茶器数千件，不同年代绝版、经典普洱茶数万饼，名人字画近千幅。

40. 和鸣居人文茶馆

和鸣居人文茶馆成立于2012年8月，经营面积达400m²，一楼为清茶馆，二楼为商务包厢和麻将房，茶馆还附带餐厅，餐厅功能齐全，各类小菜时蔬自给自足（图9-57）。

法人代表廖银娟，自18岁进入茶行业，注册了"和鸣出品"系列品牌。

和鸣居人文茶馆内所经营茶品均为自主开发，主营云南古树普洱茶以及衍生产品，

图9-57 和鸣居人文茶馆

在云南普洱市景谷县有基地、茶山和初制所。馆内的普洱散茶、饼茶、砖茶、熟茶、龙珠、月光白茶、古树红茶、竹筒茶、大红柑、小青柑深受茶客喜爱，其茶类茶品涉足面广而深、博而专。

茶馆奉行"传承、传播、传递"的经营理念，即传承中国博大精深的茶文化，传播绿色健康的饮茶习惯和理念，传递快乐吉祥安康。

41. 郴州福茶馆

郴州福茶馆是郴州福茶茶产业发展有限公司旗下的实体项目之一，是郴州茶企、茶人、茶叶品牌在郴展示交流的文化清茶馆（图9-58）。

"郴州福茶·苏仙馆"位于郴州重点旅游景区——苏仙岭，自汉代苏耽升仙、橘井

图9-58 郴州福茶馆

济世，郴州被列为"天下第十八福地"，从此苏仙岭成为郴州福文化的发源地，是郴州福文化的一部分。"苏耽登仙""橘井泉香""陆羽《茶经》"等典故更是将"福"与"茶"的理念完美呈现。在苏仙岭设立郴州福茶会客厅是郴州历史文化的再现、传承、发展，是传播郴州文化的窗口和平台之一。"郴州福茶·苏仙馆"建筑特殊，为全木屋结构，设有1个大厅和3个包厢，矗立在绿茵之间，静坐于主道之际。从2008年建立伊始，茶馆已经为来苏仙岭游玩的游客提供茶饮服务10多年，不仅丰富了景区旅游休闲内容，给市民提供了更多便利，一些市民更是将爬山之后来到福茶馆静心品茗成为一种习惯，而福茶茶艺表演、免费提供凉茶等一系列公众品牌活动更是践行和传播苏仙岭"福"文化之盛举。

42. 汉风宋韵·点茶馆

汉风宋韵·点茶馆成立于2006年，创始人何丽（何丽娥）在武夷山居住多年，因喜爱宋瓷及宋代茶事的文化，回到老家郴州创业而开此茶馆。

茶馆小巧精致，大厅主经营点茶的十二先生，十二先生又以陶宝文（建盏）为主，店内装饰古典清雅，传统又不乏舒适（图9-59）。大厅可品茗赏器，并设有雅间，可点茶、读书、三五茶友小聚。汉风宋韵·点茶馆以弘扬传承宋代茶文化及古茶艺为主体，研发了宋代茶粉、复刻宋瓷等。

图9-59 汉风宋韵·点茶馆

43. 怀化百中堂茶馆

怀化，别称鹤城，古称五溪，湖南省辖地级市之一。怀化百中堂茶馆位于鹤城区天星东路迨山四季酒店一楼。不同于传统中式装修，百中堂茶馆以极简现代风格呈现，大面积使用玻璃、大理石材质，耐久易养护，直观的体现素雅清心的气场。同时，装点元素非常克制，旨在减少干扰、把所有注意力集中在茶品本身的展示与品鉴上。

作为勐海百中堂茶业的一分子，怀化分堂秉持百中堂"真材实料、始终如一"的经营理念；坚持"百中无一的原料、百中无一的工艺、百中无一的产品、百中无一的品鉴和百中无一的客户"的百中堂品牌文化价值；潜心做到"茶如其人、茶品即人品，表里如一、静心经营"的百中堂产品经销之道。推广普洱茶文化，传递普洱茶价值，同时亦为茶友提供精选的六大类茶品和精美器皿。

馆主禹珍珍从事茶行业8年，每年深入普洱茶、黑茶原产地的山头考察，拜访茶农、交流工艺，完善茶叶知识同时丰富品鉴经验。更是通过品鉴会、分享会等形式，把茶饮这一健康生活方式分享给更多的朋友。

44. 明惠春园茶庄

明惠春园茶庄是一家以中式元素和茶文化为主题，集品茗、赏艺、休闲、书画、娱乐及商务多功能服务于一体的专业茶庄（图9-60）。创建于2007年10月，现有直营连锁5家，总店位于湖南省娄底市春园北路石马公园西门。茶庄采用江南园林式的建筑风格，亭台楼阁，小桥流水，独立小花园，盈盈翠绿。茶庄设有大厅散座、卡座、包厢茶室，茶叶茶具，琳琅满目，书房收藏上万册图

图9-60 明惠春园茶庄

书。旗下明惠禅茶院（仙女山庄）位于娄底自然保护区仙女寨植物园区，依山面水，环境清雅幽静，为茶爱好者提供修身养性的清净之所。

明惠春园茶庄倡导"明德修身，惠己达人"之企业文化，一直遵循"和、静、怡、真"的茶道精神，奉行"至诚感恩"的服务理念；以求真务实的态度，细致温馨的服务，在悄无声息的耕耘中收获了诸多的荣誉：2009—2014年，连年荣获"娄底市消费者的满意单位"。2010年，在娄底市摄影家协会"花之缘"摄影大赛中荣获二等奖。2012年，"明惠杯"湖南省第三届茶艺表演大赛中获得团体金奖，个人银奖、铜奖。2011—2013年，连续3年被中国茶叶流通协会、《中华合作时报·茶周刊》评为全国百佳茶馆。

45. 渌羽茶艺卓越店

2002年2月26日，在涟源的人民路，有了当地的第一家清茶馆，白墙灰瓦，花格根雕，小巧精致，取名为"渌羽茶艺"（图9-61）。谐音茶圣"陆羽"，又寓意茶叶就像绿色的羽毛，拂去浮躁，得静心绿地。2008年，渌羽搬迁到涟水河畔，更名为"渌羽"，"渌"意指清澈的水，寓意要学习水的善品，做厚德之人。2018年，渌羽16岁，由最初的

图9-61 渌羽茶艺

一家店发展成现在的连锁茶馆，发展成为全国百佳茶馆、湖南十大特色茶馆、湖南省茶馆行业协会副会长单位。渌羽奉行"以诚为本、以和为贵、以礼待人、以质取胜"的服

务理念,建立了规范的管理服务体系,拥有多名国家高级茶艺师、评茶员考评员、中华茶艺讲师、香艺师、花艺师。渌羽自创办以来,就注重中国传统文化尤其是茶文化的宣扬,成为当地唯一的茶艺师培训中心、茶艺师职业技能指定考核点。多次成功地举办和协办了大量的文化艺术活动、主题茶会C沙龙。2004年,渌羽茶学堂成立,不间断进行成人和少儿茶艺培训、花艺培训、举办插花雅集、古琴古筝雅集、国学吟诵、节气品鉴会、汉服秀、读书亲子DIY活动。茶艺走进校园,走进企业,走进社区,走出涟源。多次参加全国全省茶艺比赛,不负众望,载誉而归。

46. 乾城老茶馆

乾城老茶馆,坐落在乾州古城傅良佐先生的故居(图9-62)。傅先生是乾州先贤,民国名流,有"傅乾城"的雅称,与"熊凤凰"熊希龄先生齐名。而傅良佐先生故居,又有着乾城第一楼的光荣称号。至今,那些碧瓦高墙,似乎还在诉说先贤的动人故事。

图9-62 乾城老茶馆

湘西是土家族苗族聚居区,以古丈毛尖贡茶为代表的茶文化,很久以来享誉海内外。而今湘西黄金茶崛起于青山绿水之间,讲述着一两黄金一两茶的缠绵情话。而永顺雪茶,作为养生珍品,与之鼎足而三。湘西不是蛮荒之地,而是拥有着悠久的历史和灿烂的文化。里耶秦简、溪州铜柱、老司城、南长城,见证了历史沧桑。湘西画山秀水,聚起满天碧云,缕缕纤纤,飘入古乾城,其精神皆化作老茶馆一壶壶一碗碗的酽酽老茶。

老茶馆占地达1000m^2,功能齐全,茶艺精纯。楼下大碗茶,就着各类特色小吃,看看老电影,说说新故事,消得浮生半日闲。楼上雅座,当然更为达人骚客所欢迎,琴棋书画之切磋琢磨,茶道禅宗之同参互动,侃侃而谈,似乎又可归于无言。此时无声胜有声,顿感万物有情。以茶会友,共续茶经,同弘茶道,这是老茶馆的宗旨,也是人生的一大乐事。

历届全国百佳茶馆湖南地区名单:

"2009—2010年度全国百佳茶馆"湖南地区名单:全国百佳茶馆有大河茶馆、大自然茶艺馆、杜甫江阁、聚茗缘、君山御茶园、渌羽茶艺馆、明惠春园茶庄、清荷茶馆、尚书房茶馆、水木芙蓉茶庄、无上清凉、正和茶艺馆、竹淇茶馆,全国十佳特色茶馆有湖南白沙源茶馆。

"2011—2012年度全国百佳茶馆"湖南地区名单:全国百佳茶馆有聚茗缘万和茶会

所、陆如轩茶艺馆、清荷茶馆、烟霞茶院、杜甫江阁·藏天阁、尚书房茶馆、润兴和茶庄、竹淇茶馆、明惠春园、丹茗居茶艺馆。

"2013—2014年度全国百佳茶馆"湖南地区名单：全国百佳茶馆有渌羽茶艺会所、艺芳轩、儒和茶馆、杜甫江阁茶艺馆、明慧春园茶庄、同福茶楼、茗泰茶舍、华祥苑茶馆、尚书房茶馆。

"2015—2016年度全国百佳茶馆"湖南地区名单：最具影响茶馆有清荷茶馆，最具成长茶馆有文芳茶苑，最佳体验茶馆有儒和茶馆，最佳主题茶馆有阿甘茶馆、阿香美黑茶文化传播中心、茶香十里茶楼，最佳服务茶馆有同之福茶馆，最佳文化推广茶馆有杜甫江阁、艺芳轩、起云茶书院、尚书房茶馆、渌羽茶艺卓越店，全国十佳特色茶馆有安化阿香美茶文化传播中心、大河茶馆。

第十章 湘茶文艺

湘茶文艺作品可远追先秦。屈原（公元前340年至公元前278年），战国时期楚国诗人、政治家，被誉为"中华诗祖""辞赋之祖"，他在《楚辞·九歌·东皇太一》云："蕙肴蒸兮兰藉，奠桂酒兮椒浆。"《楚辞·九歌·东君》亦云："操余弧兮反沦降，援北斗兮酌桂浆。"桂酒即桂花浸泡的酒，椒浆是茶及花椒等浸泡的汤水。屈原在《楚辞》中所记录的湖南饮用花椒擂茶的习俗，正是湘茶文艺作品的滥觞。

湘茶文艺作品，形式丰富，体裁多样。楚辞、汉赋、唐诗、宋词、元曲、明清小说与对联，反映了不同历史时期文学创作的突出成就，也能让读者多角度欣赏湘茶的"倩影"。当然湘茶的文艺作品远不止于此，还包括大量新诗、散文、传说故事、歌谣、歌曲、舞蹈、戏剧、书法、绘画、雕塑、摄影、影视、茶艺等。湖湘茶艺也具有独特的风情，如名茶茶艺、

图10-1 安化茶园采茶女唱歌谣

民俗茶艺等创意十足、立意高远的茶艺共同丰富了湖湘茶文化的宝库（图10-1）。

湘茶文艺，唐代开始走向繁荣，给中国文化史留下了巨大的财富。诗歌、散文、音乐、舞蹈、绘画、书法等先后涌现。纵观唐代以来文学艺术的发展，我们可以发现经济、政治等对茶产业的影响，湘茶文化的兴盛，背后是湘茶产业的繁荣。唐代以来，种茶面积扩大，制茶技术提高，商业日益发展，城市走向繁荣，市民阶层壮大，饮茶之风兴起，与这些经济现象相呼应，文学艺术领域创作不断，成就非凡。

湘茶文艺作品是研究湖南茶史的珍贵资料，不仅有无穷的艺术魅力，还能提供历史信息。唐代刘禹锡《西山兰若试茶歌》，反映了唐代湖南有了炒青绿茶生产制作技术；唐代柳宗元《巽上人以竹间自采新茶见赠酬之以诗》证实湖南已有竹茶间种模式，首创中国茶园庇荫栽培法；唐代刘言史《与孟郊洛北野泉上煎茶》是佐证唐代湖南茶器地位的珍贵史料；元代李德载《中吕·喜春来·赠茶肆》记载了湖南元代时期茶馆兴起的盛况。

茶文艺作品是一条通向茶文化深处的小径，在那些充满着深情厚谊的笔墨间，散发着对湖湘山水的依恋，对湘茶的赞美，对生活的热爱，对真善美的追求。吟咏一首精美的茶诗，欣赏一幅优秀作品，犹如品尝一杯芬芳甘味的名茶，使人心旷神怡，美不胜收，其乐无穷。

本章重点介绍民国以前的诗词歌赋、对联、散文、歌谣和当代的小说、艺术作品，选录了传说故事，也介绍了新中国成立以来出版的湘茶图书。为避免重复，其他各章已出现的文艺作品，本章不再重录。

第一节 茶 诗

湖南山灵水秀，人文荟萃，产茶量多而质优，得到诸多文人的赞颂，历代名人品茶咏茶，不仅创造了宝贵的文学财富，也让湘茶声名远扬，身价倍增。唐代诗僧齐己《谢灉湖茶》诗，让"灉湖含膏"茶成了名茶；清代名臣陶澍诗言，让安化"芙蓉山"茶声名鹊起；当代名茶"高桥银峰"，因郭沫若先生赋诗而身价倍增。再如北宋著名诗僧惠洪一生嗜茶，作有不少茶诗，他登上南岳绝顶后，品到了志上人的"小月团"茶，作诗夸赞："壑源独步宝带夸，官焙无双小月团"；到了密印寺又沉醉于品尝"沩山毛尖"，发出"日长齿颊茶甘在"的感叹。南岳茶和宁乡沩山毛尖因此而名扬四海。

湖南茶诗是文艺百花园中瑰丽的奇葩，不仅诗歌和诗人数量多，而且名篇佳句多，杰出诗人多。唐代诗人齐己、刘禹锡、李群玉、柳宗元等，他们都留下来不少脍炙人口的茶诗。旧体诗的基本形式是五七言绝句、五七言律诗，本节以唐代、宋代、明代、清代为序介绍。

一、唐代茶诗

尝 茶

生采芳丛鹰嘴芽，老郎封寄谪仙家。今宵更有湘江月，照出霏霏满碗花。

（唐·刘禹锡）

注：作者得到老郎寄来的茶叶，于夜间煎饮，月光如水，茶碗里汤色格外好看。

巽上人以竹间自采新茶见赠酬之以诗

芳丛翳湘竹，零露凝清华。复此雪山客，晨朝掇灵芽。
蒸烟俯石濑，咫尺凌丹崖。圆方丽奇色，圭璧无纤瑕。
呼儿爨金鼎，馀馥延幽遐。涤虑发真照，还源荡昏邪。
犹同甘露饭，佛事薰毗耶。咄此蓬瀛侣，无乃贵流霞。

（唐·柳宗元）

注：巽（xùn）上人，永州龙兴寺僧人重巽。上人，佛教中对有智、德、善行者的称呼，后用作对僧人的尊称。此诗叙述茶的生长环境、炒制方法以及饮用价值等。作者谪居永州寄住龙兴寺，住持重巽赠以新茶。永州龙兴寺，早在唐代就首创中国茶园庇荫栽培法，将茶树与楠竹间种，提高了茶叶品质。

夏昼偶作

南州溽暑醉如酒，隐几熟眠开北牖。日午独觉无余声，山童隔竹敲茶臼。

（唐·柳宗元）

注：此诗系诗人谪居永州所作，充满闲适自在的生活情趣。溽暑（rù shǔ）：盛夏温热的天气。隐几：凭靠着茶几。北牖：北边的窗户。

道林寺送莫侍卿

何处堪留客？香林隔翠微。薜萝通驿骑，山竹挂朝衣。
霜引台乌集，风惊塔雁飞。饮茶胜饮酒，聊以送君归。

（唐·张谓）

注：送别友人，以茶代酒，更富情意，湖南饮茶之风，可见一斑。

谢灉湖茶

灉湖唯上贡，何以惠寻常？还是诗心苦，堪消蜡面香。
碾声通一室，烹色带残阳。若有新春者，西来信勿忘。

（唐·齐己）

注：齐己，唐潭州益阳（今湖南宁乡）人。齐己多次到岳州，留下10余首描写洞庭和岳州的诗（图10-2）。灉湖即现在的岳阳南湖，唐代著名的贡茶产地。灉湖茶唐代就列为贡茶，其特点是茶饼表面有蜡光，香气浓郁，茶汤橙黄，如残阳之色。唐代僧俗，均以茶待友，分享饮茶的雅趣。

图10-2 洞庭湖一角

送中观进公归巴陵

一论破双空，持行大国中。不知从此去，何处挫邪宗。
昼雨悬帆黑，残阳泊岛红。应游到灉岸，相忆绕茶丛。

（唐·齐己）

注：齐己送友人归巴陵，心存牵挂之心。友人应该归家了吧？或许他正在灉湖岸边散步，欣赏茶园美景。在唐代吃茶是僧家寻常事，也是诗人用来抒发情感的寻常事物。

闻道林诸友尝茶因有寄

枪旗冉冉绿丛园，谷雨初晴叫杜鹃。摘带岳华蒸晓露，碾和松粉煮春泉。

高人爱惜藏岩里，白硾封题寄火前。应念苦吟耽睡起，不堪无过夕阳天。

（唐·齐己）

注：道林即道林寺，在长沙岳麓山。僧齐己曾在此寓居参禅。此诗之茶学价值，在于茶叶之"枪旗"说。所谓"枪旗"，是指茶树上生长出来嫩绿的芽叶，以其叶芽的形状如一枪一旗而得名。

咏茶十二韵

百草让为灵，功先百草成。甘传天下口，贵占火前名。出处春无雁，收时谷有莺。
封题从泽国，贡献入秦京。嗅觉精新极，尝知骨自轻。研通天柱响，摘绕蜀山明。
赋客秋吟起，禅师昼卧惊。角开香满室，炉动绿凝铛。晚忆凉泉对，闲思异果平。
松黄干旋泛，云母滑随倾。颇贵高人寄，尤宜别柜盛。曾寻修事法，妙尽陆先生。

（唐·齐己）

注：此诗描述了湘茶的产地、采制、封装、煮饮、品质、功效等，表现了茶与禅的关系，结句对茶圣陆羽寄予向往仰慕之情。"封题从泽国，贡献入秦京"句，说明湖南在唐代就是著名的贡茶产地。封题，在包装好了的茶叶外题签。"香满室""绿凝铛（chēng）"等语盛赞湘茶品质；"精新极""骨自轻""秋吟起""昼卧惊"，描述湘茶功效。

送人游衡岳

荆楚腊将残，江湖莽苍间。孤身载高兴，千里向名山。
雪浪来无定，风帆去是闲。石桥僧问我，应寄岳茶还。

（唐·齐己）

送茶山人归洞庭

却共孤云去，高眠最上峰。半湖垂月早，中路入疏钟。
秋尽虫声急，夜深山雨重。当时伺隐者，分得几株松。

（唐·李频）

注：作者寄语茶山人回归洞庭早投宿，多休息，少饮酒，反映了他们之间的情谊。

同时也描述了茶人的生活环境与情趣，居住在高山峻岭，常年与松林为伴。"入疏钟"即少饮酒，"钟"指酒器。

送张尊师归洞庭

能琴道士洞庭西，风满归帆路不迷。对岸水花霜后浅，傍檐山果雨来低。
杉松近晚移茶灶，岩谷初寒盖药畦。他日相思两行字，无人知处武陵溪。

（唐·许浑）

注：作者写诗送一位道士回"洞庭西"，联想到这里优美的山水风景，有人在松林里安着茶灶制茶，有人在岩谷中采药。这说明洞庭湖之西是唐代著名的产茶地。

德山老人送茶至

数枝茗香产松坡，野老相分半两多。钓罢归来儿说与，引瓢旋汲涧中波。

（唐·吕从庆）

注：德山在湖南常德市。

龙山人惠石廪方及团茶

客有衡岳隐，遗余石廪茶。自云凌烟露，采撷春山芽。
珪璧相压叠，积芳莫能加。碾成黄金粉，轻嫩逾松花。
红炉爨霜枝，越儿斟井华。滩声起鱼眼，满鼎漂清霞。
凝澄坐晓灯，两眼如蒙纱。一瓯拂昏昧，襟鬲开烦拏。
顾诸与方山，谁云流品差。持瓯默吟味，摇膝空咨嗟。

（唐·李群玉）

注：衡山隐士惠赠作者石廪茶，作者极言石廪茶之佳，色香味形可与顾渚山紫笋茶和浙江方山茶媲美；但石廪茶名气不大，深叹其未受重视！

答友寄新茗

满火芳香碾曲尘，吴瓯湘水绿花新。愧君千里分滋味，寄与春风酒渴人。

（唐·李群玉）

注：友人寄新茶，诗人以诗答谢，写碾茶、煎茶、饮茶，意在解酒。曲尘，代指茶饼。湘水煎茶，应是最早记录。

二、宋代茶诗

谢性之惠茶

午窗石碾哀怨语，活火银瓶暗浪翻。
射眼色随云脚乱，上眉甘作乳花繁。
味香已觉臣双井，声价从来友壑源。
却忆高人不同试，暮山空翠共无言。

（宋·惠洪）

图 10-3　鹧鸪斑

与客啜茶戏成

道人要我煮温山，似识相如病里颜。金鼎浪翻螃蟹眼，玉瓯绞刷鹧鸪斑。
津津白乳冲眉上，拂拂清风产腋间。唤起睛窗春昼梦，绝怜佳味少人攀。

（宋·惠洪）

空印以新茶见饷

喊山鹿䴥社前摘，出焙新香麦粒光。撼树师应怀大仰。传瓯我欲学南阳。
要看雪乳急停筅，旋碾玉尘深注汤。今日城中虽独试，明年林下定分尝。

（宋·惠洪）

图 10-4　品茶图

与思禹闲游小寺啜茶闻棋

平生阅世等虚舟，临汝重来又少留。
携弟共逃三伏暑，入门先得一轩秋。
隔墙昼永闻棋响，阴屋凉生见树幽。
又值能诗王主簿，饭余春露啜深瓯。

（宋·惠洪）

南岳庵僧寄上封新茶风味甚高薄暮分送韩廷玉

浮瓯雪色喜初尝，中有祝融风露香。
径欲与君同晓赏，短檠清夜正相望。

（宋·张栻）

注：祝融风露，即南岳云雾茶。前二句回忆南岳茶香，后二句表达对朱熹的思念之情（图10-5）。

图 10-5　南岳祝融峰

淳熙乙未春自湘潭往省过碧泉与客煮茗，泉上徘徊久之

下马步深径，洗盏酌寒泉。念不践此境，于今复三年。
人事多苦变，泉色故依然。缅怀德过人，物物生春妍。
当时疏辟功，妙意太古前。屐齿不可寻，题榜尚觉鲜。
书堂何寂寂，草树亦芊芊。于役有王事，未暇谋息肩。
聊同二三子，煮茗苍崖边。预作他年约，扶犁山下田。

（宋·张栻）

从郑少嘉求贡纲余茶二首

贡包余璧小盘龙，独占人间第一功。乞与清风行万里，为君一洗瘴云空。
茗事萧疏五岭中，修仁但可愈头风。春前龙焙令人忆，知与故人僧味同。

（宋·张栻）

腊月二十二日渡湘登道乡台夜归得五绝（五首选一）

人来人去空千古，花落花开任四时。白鹤泉头茶味永，山僧元自不曾知。

（宋·张栻）

次韵董夷仲茶磨

前人初用茗饮时，煮之无问叶与骨。
浸穷厥味臼始用，复计其初碾方出。
计尽功极至于磨，信哉智者能创物。
破槽折杵向墙角，亦其遭遇有伸屈。
岁久讲求知处所，佳者出自衡山窟。
巴蜀石工强镌凿，理疏性软良可咄。
予家江陵远莫致，尘土何人为披拂。

图 10-6 宋代掸茶图（局部）

（宋·苏轼）

智蟾上人游南岳

终日念云壑，南归心浩然。青山入楚路，白水望湖田。
野渡惟浮钵，山家少施钱。到时春尚早，收茗绿岩前。

（宋·欧阳修）

茶 臼

幽人耽茗饮，刳木事捣撞。巧制合臼形，雅音佇枕椌。
灵室困亭午，松然明鼎窗。呼奴碎圆月，搔首闻铮鏦。
茶仙赖君得，睡魔资尔降。所宜玉兔捣，不必力士扛。
愿偕黄金碾，自比白玉缸。彼美制作妙，俗物难与双。

（宋·秦观）

注：秦观（1049—1100年），"苏门四学士"之一，在朝中党派相争中不幸受牵连，被当作旧党"元祐党人"贬杭州、处州。1096年冬削秩谪郴安置，在郴州两个年头，撰多首诗词。此诗开篇就表明自己的身份"幽人"，即削了官职的幽居之人，似乎并不在意，只顾"耽茗饮"，玩味于茶臼，想象茶臼捣茶叶是"呼奴碎圆月"。然而，随着打击迭至，心态忧懑，终于吟出婉约词代表作之一《踏莎行·郴州旅舍》，加苏轼悼语、米芾书法，镌刻成千秋三绝碑，引起天下文士"郴江本自绕郴山，为谁流下潇湘去"的共鸣。

夜得岳后庵僧家园新芽甚不多辄分数碗奉伯承

小园茶树数千章，走寄萌芽初得尝。虽无山顶烟岚润，亦有灵源一派香。

（宋·朱熹）

长沙岳麓茶

城里争看城外花，独来城里访僧家。辛勤旋觅新钻火，为我亲烹岳麓茶。

（宋·魏野）

图10-7 岳麓山

仙人桥石刻诗

乡村十里少人家,手掬清泉嚼细茶。洞口春深却无酒,故人相赠以桃花。

（宋·方遇）

注：录自清同治十三年（1874年）修《平江县志·艺文志》。前二句描写诗人手掬清泉嚼细茶的乡村风景,一个"嚼"字,说明湖南吃茶习俗早在宋代就有。

北　园

一坞春风北苑芽,满川流水武陵花。溪东旧观仙人宅,城内高楼刺史家。

（宋·阮阅）

注：阮阅为北宋末舒城（今属安徽）进士,1123年以朝散大夫出任郴州知州。公余遍游古迹名胜,每赏玩一处均用七绝吟咏,留下一百首七绝,集名为《郴江百咏》。有咏茶诗六首,此为其中一首。

"武陵花"指桃花。全诗大意是,自己在郴州州署,观看到州署后面的北园茶圃,春风越过南岭,园圃中茶芽吐放,一片碧绿,生机勃勃,护城河两畔桃花粉红似霞,映衬着护城河东的橘井观、苏仙宅和城治内院知州所居檐牙高翘的楼宇,美不胜收。

圆　泉

清冽渊渊一窦圆,每来尝味试茶煎。又新水鉴全然误,第作人间十八泉？

（宋·阮阅）

注：圆泉位于今郴州市苏仙区坳上镇,唐代张又新《煎茶水记》载："郴州之圆泉水第十八。"北宋阮阅上任郴州知州后,每往郴县南部、宜章县、临武县视事,必经湘粤古道,必饮圆泉煎茶,他认为圆泉的排名还应靠前。

三、明代茶诗

花山蒙泉

解夏高僧谈往事,蚀苔断裂惜名贤。地缘好客和云扫,茶剪先春带露煎。

（明·谢上箴）

注：花山在石门县西7.5km,下有蒙泉。本诗叙述寺僧用蒙泉水煎春茶品饮（图10-8）。

图 10-8 石门茶园美景

过君山值雨

十二青螺寺作家，晓寻诗句乞僧茶。秋风过树落红叶，夜雨湖声送白沙。

（明·姜廷颐）

桃源洞六绝（三首选一）

八月桃花不见花，沿溪何处觅渔槎？山容淡荡惟秋水，流到人间作野茶。

（明·张镜心）

注：桃源县，自古就是野茶产地。此诗写自己隐居桃园，抒发家国之思。前二句写游桃花源之景；后二句写野茶，希望秋水滋润茶园，惠泽人间（图10-9）。

图 10-9 桃源仙境

图 10-10 岳阳楼

茶诗（二首选一）

寺里抛书坐玉台，山僧有意煮茶来。乞予为写羲之字，时有昙花拂槛开。

（明·洪一麟）

汲君山柳毅井水试茶于岳阳楼下

一

湖中山一点，山上复清泉。泉熟湖光定，瓯香明月天。

二

不风亦不云,静瓷擎月色。巴丘夜望深,终古涵消息。

三

临湖不饮湖,爱汲柳家井。茶照上楼人,君山破湖影。

(明·谭元春)

注:作者曾驾舟三十里,往君山柳毅井汲水烹茶,题诗三首。柳毅井,在君山岛上(图10-10)。有柳毅传书救洞庭龙女的神话故事。柳毅井介绍,见本书第五章"湖湘名泉"。

茶陵竹枝词(十首选一)

侬馂蒸藜郎插田,劝郎休上贩茶船。郎在田中暮相见,郎乘船去是何年?

注:李东阳,明代"茶陵诗派"盟主,长沙府茶陵州人。这是竹枝词第六首,写茶农贩茶而遭到女子的反对。前二句劝郎在家务农,反对丈夫贩茶;后二句写女子反对丈夫外出的理由,希望夫妻朝夕相伴。从一个侧面道出了茶商的奔波劳碌。

(明·李东阳)

贺周原已得男,用瓜祝韵

宜男嘉祝未云赊,吉兆今符第几瓜。西海又传桃实大,东楼初记斗杓斜。
桓郎未必无佳客,王氏从来有外家。闻说贺筵多异品,尚方新赐小团茶。

(明·李东阳)

馈瓜,曾文甫编修以冬瓜见答,叠前韵

晚花秋蔓野堂赊,不道冬园别有瓜。未遣阶苔封径合,肯缘篱竹挂檐斜。
后时岂敢为君惜,多子还应胜我家。预报明年汤饼会,嘉期须及雨前茶。

(明·李东阳)

倡和红梅

不爱风葩与露枝,此花心绪我知之。老当万木俱凋后,愁对孤灯半结时。
多事不劳频载酒,有怀应忆旧题诗。相看只合无言坐,小泛清茶当一卮。

(明·李东阳)

谢毛正仲惠茶

缪为淮海帅，每愧厨传缺。空烦火泥印，远致紫玉玦。

坐客皆可人，鼎器手自洁。金钗候汤眼，鱼蟹亦应诀。

遂令色香味，一日备三绝。

（明·龙膺）

改苏轼汲江煎茶

活水还须活火烹，自临钓石取深清。大瓢贮月归春瓮，小杓分江入夜瓶。

茶雨已翻煎处脚，松风忽作泻时声。枯肠未易禁三碗，坐数荒村长短更。

（明·龙膺）

擂 茶

何勿狂生九鼎烹，敢辞粉骨报生成。远将西蜀先春味，卧听南州隔竹声。

活火乍惊三昧手，调羹初试五侯鲭。风流陆羽曾知否，惭愧江湖浪得名。

（明·孙绪）

注："五侯鲭"指美食佳肴。

南岳摘茶词（十首选一）

清梵木鱼暂放松，团团锯齿绿阴浓。揉香挪翠三更后，刚打乌啼半夜钟。

（明·王夫之）

注：这是第八首诗，描写南岳寺庙里，茶叶日采夜制的紧张气氛。团团锯齿绿阴浓：用茶学术语解释，茶叶采摘已达到适中采的标准，大部分茶树新梢为1芽2、3叶。

圆泉香雪

一道澄清古寺边，味甘如蜜更团圆。穿渠入涧终通海，往古来今不记年。

莹色照人同霁雪，清光澈底映苍天。从经陆羽烹尝后，赢得人呼十八泉。

（明·袁均哲）

注：圆泉香雪为"郴阳八景"之一。郴阳县建制于元代，即在今天郴州市北湖区、苏仙区范围内。

紫井香泉

一味甘香古道边，清漪漱藓日涓涓。当年陆羽如经过，定拟（拟）堪舆最上泉。

（明·马元）

注：紫井香泉，在郴州永兴县城。

四、清代茶诗

长沙高桥茶埠竹枝词

谷雨新茶色味香，今年应比去年强。茶商招股添资本，到处专人设子庄。
夕阳桥畔系轻舟，春雨连绵水上浮。装得茶箱千几百，好风相送出潭州。

（清·佚名）

白沙水（二首选一）

雪芽沙水最相宜，午睡初浓一沁脾。还似江南风味否？墨华榭里品茶时。

（清·王先谦）

注："沙水"指长沙城南的白沙井水。前二句写午睡饮茶，称誉湘茶为"雪芽"，以白沙水烹之最相宜，沁人心脾；后二句写自己在墨华榭里品湘茶的惬意。

怡园秋兴

金粟香新瓮，餐英伴晚茶。三湾流活水，一灶煮秋花。

（清·车万育）

试新茶二首

泉浇活水煮新茶，蟹眼汤中雀舌芽。记取岣嵝风味好，月团佳制出山家。
闲把茶经校晚春，旗枪初试乳香新。莫辞数碗云芝饮，自喜诗肠净绝尘。

（清·尹作芳）

登岳阳楼

万顷春声卷浪花，孤舟晚泊天之涯，岳阳楼头无事坐，洞庭水试君山茶。

（清·王文治）

洞庭竹枝词（十六首选一）

雨前雨后采茶忙，嫩绿新抽一寸香。十二碧螺春色好，和烟摘取斗旗枪。

（清·高爵尚）

熊明府傅岩赠君山茶赋答

龙团凤饼随所遭，岳州旧说黄翎毛。武陵七县谁最好？灉湖风味夸含膏。
君山缥缈洞庭上，片石吹落昆仑高。双丸吞吐百宝出，秀苗灵荈蒸云涛。
山僧艺茶如艺粟，露芽春蕊手自挑。简之以纸代箬裹，时候使节飞轻舠。
我昨登楼作茗饮，别来清梦盈江皋。巴陵才人庾岭宰，分我乡味如投桃。
开尝一碗润喉吻，已觉两腋风飕飕。绿苹吹香斑竹怨，仿佛帝子和云璈。
更闻此山出仙醖，我渴不学东方饕。品泉一勺近可吸，撑肠千卷聊自豪。
潇湘远思长在目，望而不见心切切。从君更为乞湘管，细注香草添《离骚》。

（清·吴鸿）

注：前四句追述岳州产茶的辉煌历史，认为灉湖之含膏是"武陵七县"茶之最好者。黄翎毛，是岳州出产的宋代片茶。接着四句写君山风光之绮丽。再下面四句写茶叶采制之精细与包装之简朴，"露芽春蕊手自挑"，是对加工君山茶拣剔工序的较早记载。后十二句写茶质之好、品茶之乐。末四句诗人以潇湘远思，表达对岳阳县令赠送君山茶的感激之意，并以香草《离骚》寄予自己敬仰屈原的情怀。明府，即县令。

饮黄竹岭茶

野香处处斗芳丛，新放一旗晓日融。阁外环青当槛出，雨前吹绿过园东。
素涛未试瓯中雪，仙人初迎谷雨风。听说采茶歌未已，品题能得几人同。

（清·李补）

注：黄竹岭茶指永兴黄竹白毫茶，产于永兴县黄竹岭山区。

十八滩

网得新鳞过酒家，蒙泉煎取大滩茶。街前幸遇同心侣，平伙归来日未斜。

（清·曹友白）

注：蒙泉即今八角井，泉甘宜煮茶。平伙，又称打平伙，为湘南民间一种斗伙聚餐习俗（据《桂阳州志》）。

茱萸江竹枝词（十首选一）

才交谷雨见旗枪，安排火炕打包厢。芙蓉山顶多女伴，采得仙茶带露香。

（清·陶澍）

注：诗中茱萸江现名资江，芙蓉山在安化县，云雾山上有座云雾寺，山门上曾有清初黄国香撰联："自衡岳九千仞而来，推开一朵芙蓉，仿佛花中藏世界；望洞庭八百里之外，踏破几重云雾，依稀海上现蓬莱。"作者注：芙蓉山有仙茶一株，遇者其年获利数倍。欲知仙茶的"仙气"，见本章第八节中"芙蓉仙茶的传说"（图10-11、图10-12）。

图10-11 安化芙蓉山

图10-12 安化摩崖"印心石屋"

保和殿策试恭记

内府新茶次第分，阶前五色绕仙云。草茅十载书生事，三策天人答圣君。

（清·陶澍）

陈石士摹东坡石铫图作笺属赋即用坡老次周穜韵

曾从活火试新泉，一勺中涵百解宽。忽化烟云来纸上，犹余苔藓带秋寒。
名香会客茶初点，古墨题诗字未干。便合洛阳高索价，不须米贵问长安。

（清·陶澍）

长沙竹枝词

霏霏谷雨满江乡，君山顶上露旗枪。唤个相于采茶去，湘妃祠下默烧香。

（清·陶澍）

游君山

繁林入夏茂，异草自古识。贡茶试初焙，稚橘莽新植。

（清·李星沅）

乌鲁木齐杂诗

闽海迢迢道路难，西人谁识小龙团？向来只说官茶暖，消得山泉沁骨寒。

（清·纪昀）

注：当地水寒伤胃，惟附茶性暖能解之。附茶，即湖南黑茶茯砖。

我爱君山好五首和伯乔（五首选一）

我爱君山好，君山土物新。竹多偏有泪，茶少绝无尘。

落果供游客，藏瓜乞惰民。贲然何草木，能有四时春。

（清·吴敏树）

注：吴敏树（1805—1873年），字本深，号南屏，湖南岳阳人。清道光举人，著名散文家，有《柈湖文录》《柈湖诗录》存世。

贲然（bì rán）：光彩貌。这首诗夸赞君山的物产很新，描绘了生态茶园的美景。竹子多，更有斑竹；茶叶少，绝无灰尘。落在地上的水果，游客可以带走；藏在茶园中的冬瓜，求懒人采摘。何止草木如此光鲜，君山四季皆有春天。

南涧烹茶

涓涓涧水碧无瑕，抱瓮入归石磴斜。文火细烧霜后叶，活泉新试雨前茶。

闲携野客烹云液，戏遣山僮汲玉华。品味应居三峡上，著经桑苎漫相夸。

（清·黄本骥）

注：南涧在今花垣城西（图10-13）。

图10-13 湖南花垣茶峒古镇

沅江竹枝词（八首选一）

雨前几日摘新芽，山北山南唱采茶。采得满筐兼满袖，小姑双髻压梨花。

（清·张其禄）

尝君山新茶

名山佳茗冠吾乡，风味多惭晚始尝。嫩绿饱含螺髻色，清芳全似芷兰香。
争看芽叶开缄急，戏斗旗枪趁火忙。老病生涯甘淡泊，一瓯先喜润枯肠。

（清·彭昌运）

啜新茗

石臼铜铫手自将，花瓷琢玉泻瓶汤。烟云雨点融融白，风露姿含滟滟香。
何日得求阳羡郡，寒荈新压武夷霜。头纲八饼知无分，稳卧山林岁月长。

（清·隆观易）

崇胜寺僧惠君山茶

团龙碾凤充官焙，晴窗煮茗颠春雷。岂如小园新雨足，旗枪摘试云腴胎。
壑源双井不易得，洞庭君山才咫尺。传闻寝庙荐新时，玉碗醽浮琼乳碧。
乃知人间第一春，惯供宝鼎紫茸菌。却怪清冷一勺水，肯馈跂石眠云人。
人言君山之茶清且厚，北港虽清不容漱。寺僧杂糅出新意，别有云芽浮雪窦。
我有园茶五百丛，正焙外焙一扫空。生平不识《茶经》与《茶录》，头白归来桑苎翁。
妍媸万变不挂眼，沙溪北苑原同产。一瓯饮罢诗先成，乞师更授梁园简。

（清·郭嵩焘）

金松茹《烹茶图》

松涛卷雪天风干，秋气透骨森肌寒。庭阴漠漠虫鸟静，茶烟袅袅蛟螭蟠。
我始逢君已心渴，竹里飞泉如乳泼。品茶但取旗枪新，洗耳不闻丝竹聒。
隆崖杰阁撑青空，飘飘两腋生微风。明朝张渭觞李白，应夸韩叟知卢仝。

（清·郭嵩焘）

注：以上两首均录自《郭嵩焘诗文集》（岳麓书社1984年第1版）。蛟螭蟠（jiāo chī pán）：如龙盘踞。聒（guō）：吵扰。韩叟：韩愈，唐宋八大家之一。

初之汉售红茶夜渡黄盖湖

清风徐引夜开船,卧对湖光不欲眠。诗意入怀人在梦,轻舟逐水箭离弦。

云环四面山无缺,镜挂九宵月正圆。静把光阴屈指数,业经虚度廿余年。

(清·姚登瀛)

注:此诗写于清光绪二十七年(1901年),描写茶商押运红茶夜渡湘北黄盖湖的情景。

图10-14 同德元茶庄内景(陈奇志 摄)

图10-15《毋自欺斋诗稿》
(何培金 收藏)

赠康鉴三

青琴海上咏成连,借盖全交亦旧缘。大笔惯题湘水月,故乡遥望晋阳天。

书编平准追前哲,荣入泮宫忆少年。侬亦弃儒求学贾,愿司伐木订联翩。

(清·姚登瀛)

注:引自清末秀才、知名茶商姚登瀛(又名姚祉嘉)所著《毋自欺斋诗稿》(图10-15)。诗题下有注:"山西人,业茶于聂。丙辰",丙辰,即民国五年(1916年)。平准:指汉代司马迁的《史记·平准书》。泮宫:古代学宫。康鉴三来临湘聂市后,曾经指点作者姚登瀛贩茶致富,结下深厚的情谊;康鉴三多愁善感,他到聂家市后,常为聂市的秀丽山水所陶醉,经常泼墨挥毫,吟诵不已,但他人在聂家市,却长怀故乡的亲朋好友和自然风光;他很小年纪就是秀才,在聂家市写的制茶、贩茶之类的书稿,像《史记·平准书》一样有价值,引得姚登瀛要与他长期为友、弃儒学贾。茶商是儒商,此诗就写到昔日临湘聂市晋商的文化气质。

拣茶竹枝词（八首选一）

小小年龄将破瓜，晨妆甫竟即离家。此邦儿女无多事，强半生涯是拣茶。

（清·姚登瀛）

赠《茶癖歌》

道有茶王只耳闻，谁如桑苎吸清芬。老夫年到杖乡外，海量一生才见君。

（清·周梓材）

湘阴竹枝词（四首选一）

青草河西散晚霞，桔林枫岸几人家。挑来白鹤崖中水，闲试君山谷雨茶。

（清·王之铁）

注：录自陶澍、万年淳纂修《洞庭湖志》卷十四。白鹤崖中水，指汨罗市玉池山省级风景名胜区的白鹤泉，传为古代进贡皇上的仙泉。

图10-16 清代画中的茶叶贸易

白鹤泉

沙井汲寒渌，何如山上泉。旧闻来白鹤，此事渺千年。
我欲呼明月，相将浣碧天。僧雏延客坐，煮茗意欣然。

（清·张九镒）

蓉城竹枝词（五首选一）

采茶未了又蚕桑，萝婢荆妻镇日忙。闻道邻家新嫁女，花筵约伴唱娘娘。

（清·曹友白）

注："蓉城"是桂阳州城的别称。此诗讴颂劳动妇女，反映湘南婚嫁习俗。"萝婢"指大户家的女仆或平民家的童养媳等。"荆妻"即普通人的柴荆之妻，采茶、养蚕、煮猪潲主要靠她们。除了家务、生产，谁家女儿出嫁，闺蜜亲眷、女邻村姑约定，一起出动陪伴其出嫁；"花筵约伴唱娘娘"，这是湘南郴桂婚礼习俗，唱伴嫁哭嫁歌。桂阳涉茶伴嫁歌有十多首，坐歌堂时伴嫁歌舞，通宵达旦，全靠茶水提神，茶润歌喉。

能仁烟雨

潇洒城南寺，阶青雨后苔。涧琴当夜彻，风笛向秋哀。
一带烟如散，三山月正来。远公如坐久，烹茗更传杯。

（清·雷苏亭）

注：能仁烟雨在桂阳州城能仁寺旁，为古"桂阳八景"之一。作者雷苏亭，清代嘉禾县秀才，此诗原载清《桂阳直隶州志》。

西寺蒙泉

一角澄泉应碧峦，枧沟流引玉珊珊。汲瓶归去茶烟歇，夜半钟声带月寒。

（清·李蕚）

注：西寺蒙泉为古"桂阳八景"之一。位于桂阳城西的芙蓉山下。西寺蒙泉，寺映泉中，泉出寺里，是儒家一种如影如幻境的空灵境界。历代诗人多有吟唱。此诗载清末民初湖湘文化大家王闿运编纂清同治《桂阳直隶州志》，原注"水甘宜煮茗"。

珠泉涌月

非醴非温独喷珠，泉流颗颗水晶盂。汲来活水煮好茶，欲拟琼浆献御厨。

（清·龙翔）

注：珠泉涌月为古"嘉禾八景"之一。珠泉，位于嘉禾县城北门外，水自沙砾泉底涌出，昔称"珠泉涌月"。入夜，皓月当空，泉水映出一轮明月，犹似银盘落井，幻影浮光，在此小憩，有置身瑶池仙境之感。作者龙翔，字云岚，清湖南桃源县举人，奉派嘉禾县训导（学官）。诗中写"非温"一词，其实珠泉属低温温泉，夏凉冬暖。

蒙洞泉香

蒙岭天开石窦奇，泩流一线绕东陂。花封古洞香为室，月映澄波玉作池。
羽客枕流频梦鹤，闪人寻味胜茹芝。虽然不及中泠水，采入茶经足补遗。

（清·鹿延瑛）

注：蒙洞泉香地处今宜章县第一中学校园内的桄榔山，为古"宜章八景"之一。鹿延瑛，清代山东东牟县人，进士，清康熙年间任宜章县知县。

泉亭珠涌

民风节俭古陶唐，乐岁相携入醉乡。山覆绿云茶乳熟，瓦敲青雨木皮香。
牛羊在牧情犹恋，雀鼠穿墉隙尽忘。莫怪天钱催逼紧，司农百转是柔肠。

（清·叶为圭）

注：泉亭珠涌为古"安仁八景"之一。泉从地底涌出，喷扬如珠，也同嘉禾珠泉同名，使郴州拥有两个珠泉。又，泉上之亭名"洁爱"，故也叫洁爱泉。作者叶为圭，清代桐乡县人，在安仁县任知县3年。"山覆绿云茶乳熟"，说明安仁县自古产茶。

第二节 茶词曲

宋词句式不像唐诗那样整齐划一，而是长短错落参差。至于元曲，可分为元散曲和杂剧两种，前者属诗歌范畴，但要配乐歌唱；和宋词相比，大量使用无意义的衬字。后者属戏曲，即一种舞台表演艺术形式。元代是元曲的鼎盛时期，散曲是元代文学主体。

古代湘茶词曲，数量少于茶诗歌，但有独特的艺术价值。本节选录词、曲数首。其中李德载散曲《喜春来·赠茶肆》，是不可多得的研究湖南茶馆的史料。

满江红·贺王宣子平湖南寇

笳鼓归来，举鞭问、何如诸葛。人道是、匆匆五月，渡泸深入。白羽风生貔虎噪，青溪路断猩鼯泣。早红尘、一骑落平冈，捷书急。

三万卷，龙韬客。浑未得，文章力。把诗书马上，笑驱锋镝。金印明年如斗大，貂蝉却自兜鍪出。待刻公、勋业到云霄，浯溪石。

（宋·辛弃疾）

注：南宋淳熙八年（1181年）辛弃疾写了这首词贺湖南官军平定茶军。

朝中措

龙孙晚颖破苔纹。英气欲凌云。深处未须留客，春风自掩柴门。

蒲团宴坐，轻敲茶臼，细扑炉熏。弹到琴心三叠，鹧鸪啼傍黄昏。

（宋·马子严）

注：龙孙：指笋。晚颖：指晚近破土的笋尖。茶臼：捣茶器具，一般用木、石材料制成。

六幺令·用陆氏事送玉山令陆德隆侍亲东归吴中

酒群花队，攀得短辕折。谁怜故山归梦，千里莼羹滑。

便整松江一棹，点检能言鸭。故人欢接。醉怀双橘，堕地金圆醒时觉。

长喜刘郎马上，肯听诗书说。谁对叔子风流，直把曹刘压？

更看君侯事业，不负平生学。离筋愁怯。送君归后，细写《茶经》煮香雪。

（宋·辛弃疾）

注：此词作于离湘去赣时。玉山县令陆德隆，与茶圣陆羽同姓。这使辛弃疾联想到陆羽的《茶经》以及煎茶名水天下第十八泉，所以词题写"陆氏事"，指陆羽品鉴茶水事。陆羽鉴定的二十处煎茶名水，惟天下第十八泉郴州圆泉全名"圆泉香雪"。

沁园春·官满作

问讯故园，今如之何，还胜昔无。想旧耘兰蕙，依然葱蒨，新哉杨柳，亦已扶疏。

韭本千畦，芋根一亩，雨老烟荒谁为锄。难忘者，是竹吾爱甚，梅汝知乎。

茅亭低压平湖，有狎鹭驯鸥尚可呼。把绛纱准拟，新官到也，寒毡收拾，贱子归欤。

略整柴门，更芟草径，惟有幽人解枉车。丁宁著，与做棋局，砌换茶炉。

（宋·雷应春）

注：雷应春，南宋词家，郴州人，南宋嘉定十年（1217年）进士。全宋词收录其两首《好事近》《沁园春》。

正宫·黑漆弩·南城赠丹砂道伴

长松苍鹤相依住。骨老健称褐衣父。坐烧丹忘记春秋，自在溪风山雨。

【幺】有人来不问亲疏，淡饭一杯茶去。要茅檐卧看闲云，梅影转幽窗雅处。

（元·冯子振）

正宫·黑漆弩·陆羽风流

儿啼漂向波心住。舍得陆羽唤谁父。杜司空席上从容,点出茶瓯花雨。

【幺】散蓬莱两腋清风,未便玉川仙去。待中泠一滴分时,看满注黄金鼎处。

（元·冯子振）

注：李肇《唐国史补》载：陆羽是个弃婴,"竟陵僧有于水边得婴儿者,育为弟子"。司空：官名。玉川仙：唐代诗人卢仝自号玉川子。黄金鼎：即铜风炉。

鹧鸪天·赠珠帘秀

凭倚东风远映楼。流莺窥面燕低头。虾须瘦影纤纤织,龟背香纹细细浮。

红雾敛,彩云收。海霞为带月为钩。夜来卷尽西山雨,不着人间半点愁。

（元·冯子振）

注：冯子振（1238—1257年）,元代散曲名家,湘乡（今属湖南）人,一说为攸州（今湖南攸县）人。词为赠艺妓而作,珠帘秀为元代杂剧演员。龟背香纹细细浮,意思是烹茶时水面起纹,茶香四溢。唐代刘兼《从弟舍人惠茶》有诗："龟背起纹轻炙处,云头翻液乍烹时。"

鹦鹉曲

青衫司马江州住,月夜笛厌听村父。甚有传旧谱琵琶,切切嘈嘈簷雨。

薄情郎又泛茶船,近日又浮梁去。说相逢总是天涯,诉不尽柔肠苦处。

（元·冯子振）

注：今存冯子振散曲小令共四十四首,其中三十八首均为"鹦鹉曲"。此词曲因感于《琵琶行》而作。上片借用白居易在江州与琵琶女相互诉说的故事（《琵琶行》）；下片以女子口气写丈夫去浮梁贩卖茶叶的离别之苦。白居易《琵琶行》："商人重利轻别离,前月浮梁买茶去。"

中吕·喜春来·赠茶肆（十首选一）

金樽满劝羊羔酒,不似灵芽泛玉瓯,声名喧满岳阳楼。夸妙手,博士便风流。

（元·李德载）

注：元代蒙古贵族南侵,中原鼎沸,而南方茶馆倒能更加繁荣起来。近人隋树森搜集的4200余首金元散曲中,就有内容独特的《赠茶肆》小令十首。此为第九首,宣传饮茶胜过饮酒。"喧满岳阳楼"一句,点名这家茶馆就在湖南岳阳。

水仙子·自足

杏花村里旧生涯，瘦竹疏梅处士家，深耕浅种收成罢。

酒新篘，鱼旋打，有鸡豚竹笋藤花。客到家常饭，僧来谷雨茶，闲时节自炼丹砂。

（元·杨朝英）

注：杨朝英，生卒不详，元代散曲家、选曲家，曾任郡守、郎中，后移居湖南黔阳县安江岩里。此首小令描述的正是归隐时的生活场景，躬耕田园，怡然自乐，清静无为，颐享天年。

开头两句点出村居的环境，清幽闲雅。三至六句写自享劳动成果的满足和喜悦。最后三句写交往和赋闲的乐趣，有客人到时，以家常饭相待；有僧人到时，就献上一杯谷雨新茶；空闲时节，就自炼丹砂养性。以茶待客的习俗，记载明确。

水仙子：元曲的曲牌名。处士：有才德隐居不仕的人。酒新篘（chōu）：酒刚刚滤出。篘：过滤。旋打：现打。豚：小猪。

琐窗寒

小雪日泊浔阳，问匡庐瀑布，冻已旬余，薄幕微雪，陈观察兰森使人馈安化芽茶。

断浦凝云，孤笳吹叶，吟肩微耸。江潮欲退，留得楚天云重。又随风、收帆围鼓，登登已破船窗梦。只征鸿队外，依稀如见，珠帘画栋。

遥空。飞花送，问庐岳苍寒，悬流早冻。西林钟动，圆月清光未纵。听潇潇、吹遍残芦，此时拥鼻谁人共。喜多情、雀舌贻来，香茗资夜供。

（清·王昶）

注：词的上片写小雪日船泊江西浔阳而问匡庐瀑布之况，下片写陈兰森观察使人馈赠安化芽茶之喜。

第三节 茶 联

茶馆、茶楼、茶亭的门庭或石柱上，大多悬挂或张贴对联。这些对联，以茶为题材，艺术风格各有特色，有的朴实无华，朗朗上口，有的引经据典，意味深长。雅俗共赏的对联，鲜醇可口的茶水，传递着乡情，散发着温馨，也在影响世道人心，却润物细无声。湖湘大地积累了大量的茶联，按题材分为茶馆联、茶亭联、井泉联等。流传下来的茶联以茶亭联居多。茶亭处于乡间要道，其联作大多通俗，不似园林亭榭联雅致，故为百姓喜闻乐见。古茶联的写作年代，民国为多，清代其次。

一、茶馆联

是圣人裔；结名山缘。

（清·黄少琼，长沙岳麓山孔家茶馆）

闲捧竹根，饮李白一壶之酒；偶擎桐叶，啜卢仝七碗之茶。

（清·车万育，长沙德园茶馆）

客来能解相如渴；火候闲评坡老诗。

（民国·谭延闿，长沙天然台茶馆）

注：此联用了司马相如患了消渴症和苏东坡论煮茶火候两个典故。

大块文章入画楼，波卷潇湘，气吞云梦。数千客上下往来，何妨勒马停骖，玩此无边风月；

美轮杰阁临江渚，茗采衡岳，水挹洞庭。二三友品评眺望，不让卢仝陆羽，作今出世神仙。

（民国·张南溪，岳阳大美茶楼）

注：从联语推测，大美茶楼位于洞庭湖边，岳阳楼码头附近。

二、茶亭联

鹤去泉仍冽；山深亭自幽。

（清·曾广炎，长沙岳麓山白鹤亭）

不费一分钱，过客莫嫌茶叶淡；且停双脚履，劝君休说路途长。

（民国·佚名，长沙南门外回龙山义茶亭）

注：长沙南门外回龙山下有义茶亭，供行人歇脚饮茶，今不存，仅留"义茶亭"街名。上联"茶叶"若改为"茶水"更妥。

此地是通衢，迁客骚人，莫道关山难越；
有亭临桥畔，英雄知己，岂无萍水相逢！

（清·朱人骥，宁乡县司徒岭古茶亭）

注：司徒岭，位于宁乡、涟源、安化交界处，是当年长沙通梅城的必经之地。

南去北来，过客何妨聊坐坐；风和日暖，劝君且莫急忙忙。

（清·龚稀星，宁乡县南风亭）

注：作者为清末秀才。南风亭位于宁乡县（今宁乡市）巷子口镇通往安化的古道上，修建于清同治年间。亭名出自舜帝《南风歌》："南风之薰兮，可以解吾民之愠兮。"上联动词"去"和"来"自对，下联形容词"和"与"暖"自对。

一般春梦无痕，名利走红尘，劝过客喝些茶去；
今日海疆多故，神仙到黄石，看传书谁上圯来。

（民国·岳蔗坡，宁乡县沩山惠同桥茶亭，桥东联）

天开小画图，双流涧口泉声，断岸悬虹围柳絮；
客来好风景，一笠波心亭影，淡烟飞翠点茶瓯。

（民国·岳蔗坡，宁乡县沩山惠同桥茶亭，桥西联）

注：惠同廊桥，长十丈许宽丈八，始建于清光绪九年（1883年）。民国十六年（1927年），何叔衡长兄何玉书倡修茶亭于桥上，取名"惠同茶亭"。作者岳蔗坡，清末举人，宁乡县人。

绝磴古沩峰，正宜茶话舒筋，天际行云同客憩；
孤亭老秋树，为爱松涛到耳，山深静夜有龙吟。

（民国·岳蔗坡，宁乡县沩山长香崙茶亭）

注：上联写白天视觉感受，过客登山已累，在茶亭小憩，饮茶解渴，舒展肋骨，天际行云，触手可及；下联写晚上听觉感受，松涛到耳，山深夜静，似有龙吟。磴（dèng），石头台阶。

古来除芳泽美人，谁个怜才，请看蜀客尘衫，病渴同嘲司马赋；
公余造莲花君子，借他消暑，擎出沩山露叶，思家欲学季鹰归。

（民国·岳蔗坡，宁乡县沩山堆子山茶亭）

注：司马，指西汉司马相如，患有消渴症。季鹰：晋人张翰字季鹰，江苏吴江人，思念家乡物产，常有弃官归隐之心。句脚用韵为：平平平仄—仄仄仄平，采用"一仄多平"规则（朱氏规则）。

峡水最清凉，邀过客煮茗谈心，莫嫌他水峡；

山河多破碎，望诸君匡时努力，誓还我河山。

（民国·李元爕，宁乡县峡山茶亭）

注：一个名称分嵌于上下联同一位置，名为"竖嵌"，竖嵌中又有首嵌、腹嵌、尾嵌之分，此联首尾，均嵌入亭名，既有首嵌（藏头），又有尾嵌（藏尾），为规则重字。此联立意佳良，体现忧国情怀，行文流畅，不露凿痕。

未曾见鸟道行程，数十年劳人草草，三千客车马纷纷。想驿讯传鸿，家书寄鲤，问征夫以前路，都只为利锁名缰。世事莫须忙，且停鹤驾，且驻鸾骖，遇昔时旧雨良朋，与姜公论酒，偕陆羽评茶，赶什么白石黄茅，何妨就小弄开怀，饮几杯竹叶？

即此是熊湘胜迹，八百里湖水茫茫，七二峰岳云霭霭。况塔堪题雁，桥适听莺，接孟氏之芳邻，亦足畅幽情逸兴。乡心犹可慰，或歌鹿鸣，或闻虎啸，趁今夕清风明月，效杜甫吟诗，仿王维作画，说不尽红酣绿战，最难得好山对面，拥九瓣莲花。

（民国·马瑞图，湘潭弄子山风雨亭）

注：湘潭县严冲有座弄子山，与莲花山相对，山下有听莺桥，桥边有题雁塔。弄子山上有一风雨亭，供往来白石、黄茅两地之过客休憩。号称天下第一长联之昆明大观楼联180字，此联184字，两者文学价值不相上下。可惜亭已不存，仅当地老人能背诵。作者马瑞图（1854—1925年），字庭瑞，湘潭白石乡人，清光绪举人，才气横溢，不可一世。

鸟道：指山路。鸿、鲤：指书信。鹤驾、鸾骖：指车乘。竹叶：竹叶青酒。孟氏芳邻：指孟母三迁的故事。鹿鸣：《诗经》篇名，宴请宾客时唱的歌。红、绿：指花木。

冷水热茶，吃几杯去；狂风大雨，躲一阵来。

（民国·佚名，祁东县太和堂镇太明亭）

烟草青无际；溪山画不如。

（民国·佚名，邵阳县青草坪茶亭）

君请息肩，老鹰坡上途犹远；客来解缰，洗马滩头水正清。

（民国·佚名，隆回县冷水井茶亭）

注：该茶亭在县西北黄金井乡。老鹰坡，又名老鹰界，通溆浦。洗马滩，通新化、溆浦等地。

都是劳人，休息时何分尔我；同为过客，坐谈后各自东西。

（民国·沈仲山，临湘聂市二逢桥凉亭）

西下夕阳，鸟噪枝头催过客；洲前古渡，人挑行李赶前程。

（民国·佚名，益阳西洲茶亭）

注：此联嵌"西洲"二字。下联重字，"洲前古渡"宜改为"洲临古渡"。

白云一曲，远望山城，暮鼓响咚咚，江上烟波谁作主？
茅屋数椽，丰供茶榻，晨鸡方喔喔，桥头霜迹过来人。

（民国·佚名，益阳白茅茶亭）

注：此联嵌"白茅"二字。上联"白云一曲"，量词不妥，宜改为"白云一片"；下联"方"应改为动词"鸣"与上联的"响"字相对。

萍水相逢同坐坐；关山难越且迟迟。

（民国·佚名，益阳沧水铺茶亭）

迁地又成亭，看栋宇连云，座上好谈天下事；
汲泉常煮茗，怕风尘过客，渴时空望岭头梅。

（民国·佚名，益阳谢家岭茶亭）

行李半肩，问南粤西黔，莫愁前路无知己；
寒婆一坳，看春风秋月，且喜今天有主人。

（民国·佚名，益阳行寒坳茶亭）

注：此联嵌"行寒"二字。上联"问"字改"往"字更妥。

两腋清风，诗句好寻行路后；一炉活火，茶烟轻漾小桥西。

（民国·佚名，益阳小河桥茶亭）

春夏秋冬，一岁川流不息；东南西北，四方宾至如归。

（民国·佚名，益阳樊家庙茶亭）

一肩汗雨容留憩；两腋清风好送行。

（民国·罗希海，益阳水满村乌龟桥茶亭）

人生若梦，何处归来，喜萍水相逢，到此有怀思旧雨；
世事如棋，为谁奔走，叹关山难越，停车小憩引清风。

（民国·佚名，桃江县钱家岭茶亭）

今日至东，明日至西，忙甚么？观不尽佳水名山，愁不尽情田欲海，智虽周瑜，勇虽项籍，赤壁乌江，到头来是梦。请君暂坐片刻，谈数言，思前想后，留些精神养自己。

这条路来，那条路去，叹乍的？止勿住红颜黑发，带勿去白璧青蚨，贵如韩信，富如石崇，淮阴金谷，转眼便成空。与我丢下几文，沽半壶，测五猜三，让将辛苦付他人。

（民国·佚名，安化县东坪镇义渡茶亭）

注：此长联说理无可辩驳，述史如数家珍。但"今日至东"对"这条路来"，句脚都用平声字属瑕疵，宜将"来"改为"入"。有的版本"谈数语"写为"谈数言"，应是误传，因"谈数言"与"沽半壶"相对，为"平仄平"对"平仄平"。

剩清风一亭，复左环芙岭，右仰洞天，小住即神仙世界；
记驿程几日，纵君去昭陵，我来湘上，相逢有茶话因缘。

（清·贺少亮，安化县清塘铺镇清风茶亭）

愿都人自治维新，长睹青天白日；任过客停骖品茗，依然明月清风。

（民国·龚翼星，安化县清塘铺镇清风茶亭）

君莫嗟行路难，歇足休形，且试灵龟一点水；
我最怜长途怨，披荆斩棘，为种芙山数亩茶。

（民国·谭竹泉，安化县清塘铺镇清风茶亭）

来路非艰，得意莫忘回首处；前程远大，偷闲敢作歇肩时。

（民国·佚名，安化县胡家咀茶亭）

青山问我，活十万年过客重轻，曾记此间小住；
白水多情，问二千里大江流去，能否犹识旧交。

（清·熊若虚，安化县梅城镇瞪然茶亭）

世路本崎岖，脚步须宜安稳点；人心多反复，肚皮还要扯宽些。

（清·周培庸，嘉禾县塘村茶亭）

憩片时，沿堤寻柳迹；饮一碗，放步到枫林。

（佚名，永州市零陵区节孝亭）

注：柳迹，柳宗元在朝阳岩留下的诗句。湘粤古道上有一茶亭，名节孝亭。此为两柱对联，西南面柱上还有联："古井流香，人怀六峒；圣泉此洁，地纪零陵。"

野鸟啼林，劝君莫便匆忙过；山花映日，待我从容仔细看。

（佚名，双牌县上梧江凉亭）

茶水清香，岂待杨梅止渴；亭栏冷静，何求绸树遮荫。

（佚名，溆浦县射水洞茶亭）

注：茶亭两端有绸树坪、杨梅岭。

清泉随剑出；佳气入亭来。

（佚名，会同县插剑泉亭）

酒热茶香，过客莫言征旅苦；金戈铁马，松风时挟怒涛飞。

（清·朱靖斋，双峰县农村茶亭）

注：金戈铁马，是指金属的戈和带有铁甲的马。辛弃疾《京口北固亭怀古》："想当年金戈铁马，气吞万里如虎。"茶亭四周的松林，每当大风刮起，松涛怒吼，有如千军万马奔赴战场。

世态苦趋炎，最怜雨汗频挥，长途日暮；
民情思慰渴，且喜烽烟迅扫，到处风清。

（清·朱尧阶，双峰县杏子茶亭）

关塞山川，叹人世奔忙，犹奢望名场利薮；

口谈雅道，请亭边憩饮，好领会流水行云。

（清·黄赞臣，双峰县关口茶亭）

图10-17 月下品茗图

三、井泉联

冷眼看居民，富者贫来贫者富；井中观过客，南人北去北人南。

（清·黄石村，宁乡县东务山冷水井）

注：东务山又名东鹜山，位于宁乡县灰汤镇境内，古为禅林圣地。冷水井在东务山之西，泉水清澈，冬暖夏凉，用之沏茶特别清香。此为井旁大石镌清代举人黄石村所书对联。

一眼清泉出岩腹；千家香露净尘心。

（宋·张舜民，郴州犀牛井）

逢人便说斯泉好；愧我无如此水清。

（清·达麟，嘉禾县珠泉）

第四节 茶 赋

赋，中国古典文学的一种重要文体，介于诗、文之间，更近于诗体。赋，除了它的源头楚辞阶段外，经历了骚赋、汉赋、骈赋、律赋、文赋几个阶段。赋的语句，四、六字句居多，句式错落有致，追求骈偶。赋近于诗而远于文，汉唐时诗与赋往往并举连称。本节选录两篇赋。

茶 赋

夫其涤烦疗渴，换骨轻身。茶荈之利，其功若神。则有渠江薄片，西山白露，云垂绿脚，香浮碧乳，挹此霜华，却兹烦暑。清文既傅于读杜育，精思亦闻于陆羽。若夫撷此皋卢，烹兹苦茶。桐君之录尤重，仙人之掌难逾。豫章之嘉甘露，王肃之贪酪奴。待枪旗而采摘，对鼎以吹嘘。则有疗彼斛瘵，困兹水厄，擢彼阴林，得于烂石。先火而造，乘雷以摘。吴主之忧韦曜，初沐殊恩；陆纳之待谢安，诚彰俭德。别有产于玉垒，造彼金沙。三等为号，五出成花。早春之来宾化，横纹之出阳坡。复闻潲湖含膏之作，龙安骑火之名。柏岩兮鹤岭，鸠坑兮西亭。嘉雀舌之纤嫩，玩蝉翼之轻盈。冬芽早秀，麦颗先成。或重西园之价，或侔团月之形。并明目而益思，岂瘠气而侵精。又有蜀冈牛岭，洪雅乌程。碧涧纪号，紫笋为称。陟仙厓而花坠，服丹丘而翼生。至于飞自狱中，煎于竹里，效在不眠，功存悦志。或言诗为报，或以钱见遗。复云叶如栀子，花若蔷薇。轻飙浮云之美，霜奇竹箨之差。唯芳茗之为用，盖饮食之所资。

图10-18 湖南安化茶园美景

（宋·吴淑）

注：这篇茶赋，涉及的湖南名茶有：渠江薄片与潲湖含膏。渠江薄片，产于湖南安化（图10-18）。潲湖含膏，产地在岳州潲湖及北港一带。

南岳赋（节选）

晚茗早荈，屑云荫日，紫笋绿枪，鹿茸荷蓓。乃令又新品泉，鸿渐浣盏，吹松风，沦海眼，祛孝先之便便，罢伯伦之荷锸，视天池之与顾渚，亦可登洙泗之狂简也。

图10-19 南岳美景

其泉则有金砂、娑罗、贯道、水帘，龙池洗衲，虎跑三潭，春草载荣，石髓飞甘，澄涵霜月，清混郁蓝，拂阪陵碛，悬珠铿吟，偶拽屑其喁嗷，旋摩閛以崩坍。振鼍吼之齂齂，幽蛩泣其淫淫。警达旦以允豫，寄清怨于江浔。

（明·王夫之）

注：《南岳赋》述及南岳的茶、泉及生态环境。第一段的大意是：南岳茶山，早晚都在云雾之中（图10-19）。南岳之茶，形质俱佳，美名很多，如紫笋、绿枪、鹿茸、

荷蕾。于是请张又新选择泉水，陆羽洗杯泡茶，用松柴烧火，让茶水泛起海眼（气泡）。这精心烹煮的南岳茶，可以治疗汉代边孝先的肥胖病，也能让魏晋的刘伶醉酒后苏醒。南岳茶可与浙江的天目山茶、顾渚紫笋茶媲美，可登上孔子讲学于洙泗的高雅讲坛了。

荈（chuǎn）：茶的别称。蔤（mì）：藕鞭（荷茎在泥里的白色部分）。便便（pián pián）：肥胖的样子。

第五节　散　文

明山茶记

明山为一郡镇山，其蜿蜒秀美，亦八景第一，前人已备述之。道光己亥，胡雪门大令续修邑乘……暇日，谓予曰："明山产有茶，得毋即《水经注》所称茗山者是？设旧志脱漏未载，所乘非细故，吾子盍为补之，毋为山灵所窃笑。"

考郦道元《水经注》："沅水又东溪水，南出茗山、山径回险，人兽阻绝，溪水比泻沅川。沅水又东，与诸渔溪水合。"因咨询邑之同人，皆谢以不知。有朱生志大者，闻之，翌日，携茶叶一盒来赠，且曰："山以茗名，某虽未考，而此茶实产兹山深菁中，饮之能解暑，樵夫牧竖及往来行人，渴取生叶嚼之，便凉沁心脾，近山麓居者，岁于盛夏采归，以甑蒸，曝烈日中，乃收贮，备一岁所需，"并录平日所作《采茶歌》二首以示余……

（清·吴懋）

注：芷江有"明山"，出茶之地，县志录有钱塘吴懋《明山茶记》。

君山试新茶（选段）

八年时光，洞庭湖又淤积起了一些新洲，湖水也浅多了。船用竹篙撑到了小港边，傍着几艘渔舟停住，我们穿上皮鞋，踏着半干半湿长满了鲜嫩芦苇的小洲向君山走去。这是久雨新晴的暮春天气，远远望见君山是一碧如黛；等到走近一看，更绿得腻人。爬过一堆乱石，才走上到"洞庭庙"的山径。山虽然不高，却也曲曲弯弯才到庙前。一进庙，就看到十来个女人和小孩在拣新摘的君山茶；旁边有几个荷枪的兵士在监督着。问起来才知道是乡公所派来的。

洞庭庙年久失修，墙壁已经剥蚀得难看。走到庙后，遇见了住持，谈了几句闲话，他就邀往方丈献茶；这正是新采的君山茶。我们的欢悦自然难以形容！在后方流亡了几年，故乡可以忘去的，全都忘去了，但是这根本也可以忘掉的品茶的"雅兴"，却始终没有忘掉。有时坐在异乡茶馆里谈起来，对这个名贵的君山茶的色香味，是充满了深深的恋意。于今竟重到名山，面对佳茗，正像重逢了久别的情侣，真不知从何处温存起！

我们一面在禅堂里欣赏着佳人似的佳茗，一面就同住持扯起谈来。住持是一个三十岁的和尚，出家已有了十五年。他到君山来还不久，是收复之后才来的。在沦陷期间，君山有时就成了湖上游击队的根据地；有时敌人也坐了小汽艇巡逻到山下。因此，山中除了少数以渔为生的渔民外，连和尚也都走了。君山茶的产量，过去就不怎么多。而荒芜七八年的茶山，今年的出产就更少了；据说只有二三十斤茶叶。方丈说茶叶大概作了某乡的教育经费，庙中只分得几斤茶叶作为"侍上宾"之用。原来我们这次竟做了一回"上宾"，真个惭感之至！

……

君山的全面积倒不小，现在有一面已恢复了小小的村落。住的多半是渔民和种田的佃户。从表面看去，也是鸡犬相闻，很像世外桃源。可是渔民们过去受敌伪的摧残已经不小；而今因为湖水的变动相当大，剥削渔民的人又多，在"鱼儿难捕租税重"的高压下，生活实在是够惨的。最近为了复员的关系，往往来来的人比较多，而且湖中间或也有歹徒出没，过洞庭湖的船多在君山下面等伴同航。所以渔民们多兼营了茶馆、旅店以贴补生活费用。

我们在山中已玩得够累，就另外穿过一座茶树林向自己的船边走去。茶林中还有几个小女孩在找寻新生的茶芽。这时，一阵清香，一种异样的甜味像又到了我们鼻中，到了我们舌尖上。山灵怕会笑我们太注意吃喝了罢。

回到船上，酣然入梦。船在第二天早上什么时候开行的，也没有知道。

（民国·吴素依）

注：吴素依游记散文《劫后岳阳游》，原载民国三十六年（1947年）第二十一卷五月号《旅行杂志》，分为四段，《君山试新茶》为其中一段。这是一篇优美的散文，叙事详尽，文笔简洁，词句优美，不仅有很高的文学价值，而且具有较高的史料价值，再现民国时期岳阳文化遗迹的风貌（图10-20）。

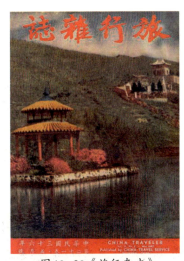

图10-20《旅行杂志》第二十一卷五月号封面

《君山试新茶》1500余字,勾勒了一幅空灵秀美的茶园图,让我们看到一碧万顷的洞庭湖面,一碧如黛的君山岛,绿得腻人的草木。如今武装戒严下的制茶场景不见,但读着这篇散文,我们却如身临其境,扇动联想的翅膀,感叹君山茶在民国时期是如此珍贵!

民国二十七年(1938年4—6月),侵华日军舰艇,在洞庭湖上游弋,几次炮击君山寺庙,君山的和尚、渔民逃往外地,君山岛变成了湖匪巢穴,茶园荒芜。1945年日军投降,君山僧人重修庙宇,茶园重现生机。君山采茶多为渔民妇女,僧人传授制茶技艺,庙旁搭棚,砌灶安锅,芦苇烧火,手工杀青,炭火烘干。

旧时采制君山银针,不直接采摘茶树单芽,而是先从茶园采回1芽1叶和1芽2叶,采回后把芽头扳下(拣尖),芽头制成贡尖(君山银针),剩下的叶片制成贡兜茶。作者一进庙,就看到十来个人"在拣新摘的君山茶",这就是君山特有的"拣尖"场景。

作者是一位爱茶之人。作者坦言:在后方流亡了几年,很多事全都忘了,但品茶"雅兴",始终难忘。身在异乡,对家乡之茶,仍深深怀恋。

第六节　小　说

小说是一种叙事性的文学体裁,通过人物的塑造和情节、环境的描述来表现社会生活。按篇幅长短分为长篇小说、中篇小说、短篇小说。短篇小说如彭伦乎著《烘房飘香》,描写安化黑茶制作。本节主要简介以湘茶为题材的长篇小说(图10-21)。

于建初先生著《茶都旧事》以安化黑茶为重要元素,对安化风土人情进行素描,对黑茶制作场面进行了生动的述说,构建出黑茶忍辱负重、由凡入圣、苦后回甘、天人合一的境界,无形中提高了黑茶的文化品位。作者于建初是中国作家协会会员、国家一级作家、高级经济师。

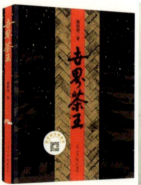

图10-21　湖南茶文化小说代表

蔡镇楚先生著多部茶事小说。其中《白沙溪》以"世界茶王"的传奇故事为主要情节，通过主人公复杂的人事关系和爱情纠葛，生动塑造了安化黑茶专家为保护"世界茶王"而英勇奋斗的群体形象，讴歌他们的纯洁爱情、诚挚友谊和爱国敬业精神。《三十九铺》是一部展示安化黑茶商队和山西茶商命运遭际、爱情纠葛的黑茶小说，也是一部展现元末明初时代风云、战争烽烟的历史传奇。他的另一力作《世界茶王》，以元末明初为时代背景，显示了湖南茶商在当时的官茶地位，再现了明朝初年黑茶商队在山西、内蒙古草原帮助北方边防军的情景。作者采用拟人化手法，将黑茶商队队长胡崇真塑造成世界茶王的化身，主人公屡经挫折、备受折磨，最终开拓了大西北与国际市场，成就了宏大伟业。全书共22章，历史背景广大开阔，故事情节曲折离奇。

成一著《茶道青红》是一部晋商贩茶题材的长篇历史小说。这部小说即以清乾隆年间，山西商人对俄国及欧洲进行华茶贸易为背景，再现了那一段被正史弃之已久的民间故事、"世俗"的经济场景。围绕这些内容，小说力求言之有据地展现出当时江南茶山，万里茶道，特别是被称为"沙漠中的威尼斯"的恰克图的经济活动，社会风俗以及自然风貌。

第七节　茶　歌

茶歌是流传于茶区的一种民歌，是劳动人民喜闻乐见的一种艺术形式，是从茶叶生产、消费派生出的一种文化现象。在悠远的历史中，人们在采茶、制茶、饮茶、祭祀、行路或民间歌会上，为抒情叙事而唱起茶歌，有时也自娱自乐。过去许多茶歌没有文字和曲谱记载，全靠在民间自然传承。茶歌从多个侧面描述了茶叶生产、茶农生活、男女爱情、历史故事或神话传奇，表达了作者的喜怒哀乐、闲情逸致或广告诉求，丰富了中国民族音乐文化和茶文化的宝库，是研究茶史、音乐史、民俗学、文学的重要资料。

湖南茶歌的类型根据内容可分为：劳动茶歌（如采茶歌）、爱情茶歌、生活茶歌、时政茶歌、故事茶歌、儿童茶歌、仪式茶歌、礼俗茶歌与宣传茶歌。

茶歌的来源有：一是茶诗词转化成茶歌，早期无舞蹈相伴，如刘禹锡的《西山兰若试茶歌》。二是民谣经配曲而成茶歌，如《"千两茶"踩茶号子》。三是劳动者自己口头创作的民歌或山歌，如《采茶歌》《拣茶歌》。四是当代词、曲作家创作的茶歌，如《挑担茶叶上北京》《古丈茶歌》等。

茶歌的起源可以追溯到战国时代。屈原《楚辞·九歌》共11篇，是用于祭祀典礼的乐章，是最早涉茶的祭典歌。第一篇即《东皇太一》云："吉日兮辰良，穆将愉兮上皇，抚长剑兮玉珥，璆锵鸣兮琳琅。瑶席兮玉瑱，盍将把兮琼芳，蕙肴蒸兮兰藉，奠桂酒兮椒浆。"东皇太一是楚人信仰中最尊贵的天神，即上帝。本篇是群巫的合唱词，也可以看作是整个祭典的开场白。

劳动茶歌的演变大致经历了3个阶段，一是单纯的茶歌阶段，其形式有山歌、劳动号子、民间小调等，音乐结构简单，多由2或4个乐句组成；二是茶灯阶段，将根据劳动动作改编成舞蹈，伴之以茶歌；三是地方戏曲阶段，戏中保留了大量的采茶山歌、小调，如湖南花鼓戏采茶调《灵慧采茶情》、花鼓戏《烘房飘香》等。20世纪60年代，花鼓戏《烘房飘香》是代表湖南参加中南地区文艺汇演的优秀剧目，该剧表演的是提高安化黑茶品质的故事。

茶歌富有生活气息，每当采茶时节，一首首优美的茶歌在茶山上飘荡，令人心旷神怡。清代林元炯《辰郡农家杂咏》："男女三五人，相随入深谷。远闻唱歌声，乃是采茶曲。"

明代王夫之在衡山南岳居住期间，写有《南岳摘茶词》十首，第十首诗云："沙弥新学唱皈依，板眼初清错字稀。贪听姨姨采茶曲，家鸡又逐野凫飞。"

诗的大意是：小和尚新近学唱佛歌，节拍还算清楚，但有时发音错了。他不专心唱佛歌，却偏爱听姨娘们的采茶曲，这曲子唱的是：家鸡又跟着野鸭子飞走了！诗人写采茶曲优美动听，连小和尚也在偷听这曲子，再也无心唱佛歌了。茶诗词转化而来的茶歌，不一定有配曲，却是研究茶史的重要资料。清代万年淳作《君山茶歌》，反映了君山茶的产销情况，歌云："君山之茶不可得，只在山南与山北。岩缝石隙露数株，一种香味那易识。春来长在云雾中，造物珍重供玉食。李唐始有四品贡，从此遂为守令职……"

又如《茶栈》，则给清代临湘聂市茶庄一个特写镜头，让我们一睹聂市古茶镇那尘封的风采。《茶栈》歌云："外厢茶店内客房，茶具香茗小榻床。细细芬芳香满室，只因晋商返茶乡。"

茶歌篇幅长短不一。1898年5月26日《湘报》刊载的善化县人皮嘉福撰《劝茶商歌》，有1000多字，短的茶歌仅有28字。

在此摘录了一些有代表性的茶歌。

一、劝茶商歌

清光绪二十一年（1895年），中日《马关条约》订立后，美、日商人开始潜入湖南，企图垄断茶叶经营，此后，多次发生农民焚毁茶箱事件，湘茶产销走下坡路。1898年5月26日《湘报》第七十号刊载了善化县人皮嘉福撰《劝茶商歌》（图10-22），劝说茶商齐心合力，恢复茶叶生产，不能让茶产业衰败，以下为歌词选段：

> 我今特把商人劝，要求抵力讲商战。
> 学会能使民智开，公司能将利权擅。
> 请看日本开学堂，东洋商务胜西洋。
> 湖南若能效日本，那怕岳州来通商。
> 通商他晓我也晓，制货他巧我也巧。
> 早办机器开公司，麻织竹布樟熬脑。
> 公司公利总一般，人人获利皆欢然。
> 湖南本是工商地，莫使洋人夺利权。

图 10-22《劝茶商歌》影印件

二、湖南安化茶歌

安化古称梅山，是一神秘地方，因地处湘中腹地，古时崇山峻岭，旷野荒蛮，交通闭塞，苗瑶杂居其间，千百年来形成了独特的"梅山文化"，对安化茶文化的形成起着重要影响。茶叶长期来作为安化祖祖辈辈唯一的养家糊口和对外交换的物品，有着悠久的历史，为民间文学艺术提供了源泉。

二月花朝初开天，双双对对整花园。哥施肥来妹淤土，谷雨多摘"白毛尖"。

三月清明茶发芽，姐妹双双采细茶。双手采茶鸡啄米，来来往往蝶穿花。

谷雨采茶上山坡，男男女女在一起。心想和妹来讲话，筛子关门眼睛多。

布谷声声叫得欢，农家四月两头忙。插得秧来茶已老，采得茶来麦又黄。

三、千两茶号子

安化"千两茶"踩制是一种传统的手工工艺（图10-23）。踩制千两茶，犹如一场优美的古典舞蹈，是技与艺结合的经典。加工场面紧张而热烈，为求踩制动作一致，施压均匀，传统上由一个人领号，其余几个大汉如吼般同声呐喊，与资江的纤夫号子相互辉映，使古老的安化茶乡生机勃勃。其民谣据现场灵感随意发挥，富有原生态民歌之风，音调雄浑，节奏沉稳。其歌词为：

图 10-23 千两茶

压起来咧——把扛抬呀！重些压呀——慢些滚呀！

大扛压得好呀，脚板稳住动呀。小扛绞得匀呀，粗茶压成粉呀。

细茶压成饼呀，香茶销西口。好茶治百痛呀。

黄肿包吃了能消肿呀。要止泻病喊得应呀。又止渴来又提神呀！无名肿毒冒得生呀！

喝它几碗赛雷公呀！噢哩喂哎喂哩伙呀！压了一轮又一轮呀……

四、新化采茶歌

新化自古以来产茶，劳动人们根据采茶的风情创作了采茶歌，极富生活情趣。

正月采茶是新年，剥出茶种点茶园，点完茶畲十二亩，梳妆打扮去拜年；

二月采茶茶发芽，织个背篓采春茶，左手织对阳雀叫，右手织双蝶采花；

三月采茶是清明，姐妹双双绣围裙，两边绣起茶花朵，中间绣起采茶人；

四月采茶正当阳，又采茶来又插秧，采得茶来秧又老，插得田来茶又黄；

五月采茶是端阳，茶苑脚下恶蛇盘，纸剪大钱祭土地，吩咐恶蛇觅地方；

六月采茶热难当，杨梅树下好乘凉，芭蕉叶子当蒲扇，口吃杨梅甜又酸；

七月采茶叶稀稀，姐妹在家坐织机，织起绫罗与绸缎，缝成箱箱采茶衣；

八月采茶桂花黄，头茶冒得紫茶香，头茶香得茶堂屋，紫茶香透几重房；

九月采茶是重阳，重阳美酒蒸几缸，先蒸三缸老水酒，再蒸三缸是蜜糖；

十月采茶走长江，风送帆船卖茶忙，生意要做红茶客，逗惜几多美姑娘；

十一月采茶是寒冬，十担茶箩九担空茶箩挂在茶树上，到了明年又相逢；

十二月采茶快过年，姐妹双双收茶钱，打点上街办年货，买份祭礼谢茶仙。

五、浏阳摘茶歌

《浏阳摘茶歌》在当时流传，唱出了采茶劳动中少男少女对爱情的向往。

三月摘茶露水大哟，打湿罗裙绣花鞋呀，

我的哥吔，手里拿起招凉扇哟，头上插起引郎花呀，梳妆打扮回娘家。

我的哥呀，我在路上有人想，坐在家里有人来，不是情哥不会来。

（演唱：黄连珍　记录：刘 冰）

六、茶罐泡茶茶叶香

茶罐泡茶茶叶香，茶叶里头放子姜。三杯浓茶当杯酒，难为大嫂尝一尝。

注：引自中国文史出版社《桂阳民歌》，王朝秀唱，傅光盛记谱。

七、挑担茶叶上北京

湘西古丈县籍著名歌唱家、音乐教育家何继光，生前曾演唱《挑担茶叶上北京》（词：叶蔚林。曲：白诚仁），并在1963年主办的第四届《上海之春》音乐会上以此歌和《洞庭鱼米乡》轰动上海乐坛。歌词为：

桑木扁担轻又轻哎，我挑担茶叶出山村，船家问是哪来的客，我湘江边上种茶人。

桑木扁担轻又轻哎，头上喜鹊唱不停，若问喜鹊你唱什么，它说我是幸福人。

桑木扁担轻又轻哎，一路春风出洞庭，船家他问我哪里去，北京城里探亲人。

桑木扁担轻又轻哎，千里送茶情意深，你要问我是哪一个哎，芙蓉国里唱歌人。

八、嘉禾伴嫁歌

《嘉禾伴嫁歌》是湖南嘉禾流传至今的传统民歌，民歌界有"北有兰花花，南有伴嫁歌"之说，已列入第一批湖南省非物质文化遗产名录。伴嫁歌包含涉茶歌曲多首，如《多谢茶》：

多谢茶来多谢茶，多谢大姐好浓茶。一杯浓茶当得酒，一杯酒来当芙蓉。

起身起身真起身，不要留我打转身。有心留我真心留，不要口留心不留。

九、茶山号子

《茶山号子》流传于瑶乡，瑶民一边挖茶山一边唱歌，统一劳动节奏，鼓舞劳动热情。众人挖茶山时，歌手在山顶敲锣打鼓，唱一阵民歌敲打一阵锣鼓。有时一人唱众人和。其旋律高亢跌宕、激越悠扬、奔放婉转。2008年6月，湖南省辰溪县申报的《茶山号子》经国务院批准列入第二批国家级非物质文化遗产名录。

传统的茶山号子有固定的唱词，并按时序进行。如：

早晨挖山时唱："早晨来，早晨来，早晨戴个斗笠来……"上午休息时唱："新打锄头上个尖，邀起大家吃袋烟……"休息后开挖时唱："吃你烟，谢你烟，谢你金花插两边。"快吃午饭时唱："东边烧了火，西边起了烟；点心煮熟了，还在主人边。"送午饭时唱："姐儿穿身青，担饭进茶林，手攀茶树枝，喊郎吃点心。"午饭后唱："姐儿穿身青，头包花手巾，我郎问你到哪里？我到冲里送点心。"下午收工时唱："桴木鼓槌两头黑，打起锣鼓送日台，日台送到天脚下，今日晚了明日来。"

茶山号子可自由填词，即兴演唱。

十、骡马号子

慈利县、桑植县等地,山道崎岖,交通不便。古代运送茶盐等物资靠骡马。张家界人赶骡马的同时哼着小调,在山野林间长途跋涉,当地人称这小调为"骡马号子"。"骡马号子"以流行于当地的五句子情歌为基调,以劳动、生活、爱情为主要内容,一般五句一首,调子基本相同,歌词可以即兴创作,是一种具有本土特色的民间音乐形式。骡马号子大致分为叙事、爱情、打诨、对唱和综合五类。

第八节　传说故事

湘茶历史悠久,自古以来依附着许多妙趣横生的故事,在历史的长河中,流传着许多神奇的传说,它们以故事为载体,形象生动,想象丰富,意境深邃,脍炙人口,动人心弦,成为茶文化不可多得的一笔财富。

湖南历史名茶或名茶产地,大多有一个美丽的神话传说。据朱先明主编的《湖南茶叶大观》介绍:君山茶的第一颗种子,相传是娥皇与女英(图10-24)亲自播种的。舜帝南巡,相传在九嶷山亲自教导镰刀湾的山民制茶技术。武陵源的金鞭溪,相传是秦始皇醉茶的地方,因而有金鞭茶的民间传说。

图 10-24　湘妃祠

本节收集的民间传说,以茶为主线,精选故事10个。有茶叶价值的发现,有茶叶名称的由来,有名人与茶的故事,各有千秋,韵味无穷。收集的故事,有出自街道市井的口传,有引自典籍的记载,有文史工作者的收集编撰。本书编委,删其浮词,去伪存真,有所取舍。为尊重历史原貌,也保留了一些迷信色彩,希望读者加以甄别,吸收有益营养。故事采取叙述体裁,力求语言通俗,一些来自文言文的故事,切换成白话文。

一、神农与茶

(一)赭鞭鉴草

天帝为了便于神农鉴别百草,就赐给他一根赭色的神鞭。各种草木用神鞭一打,就现出各种颜色,显出药性:红色为热性,白色示寒性,黑色有剧毒,绿色能解毒。神农氏就是用神鞭发现了茶叶的解毒功能(注:这则故事从晋代《搜神记》演变而来)。

（二）滴露得茶（狗脑贡茶的来历）

相传，炎帝尝百草治百病。有一次他路过湖南资兴时，带着自己的爱犬来到一座山上，看到了一树金灿的野果，炎帝顺手摘了一个入嘴，片刻不省人事，原来这野果有毒。爱犬咬着主人的袍袖，拖着炎帝艰难地挪动，从白天到晚上，爱犬留着最后一口气，把炎帝拖到了资兴汤市一棵树下，自己也累倒在旁边。次日清晨，一滴露珠顺着树叶滴入到炎帝的嘴里。过了一会儿，炎帝睁开了眼睛，却看到自己的爱犬已累死。炎帝为此心痛不已，后来把这座山命名为"狗脑山"。原来这座山长满了茶树，是茶树上的露珠救了炎帝一命。后来当地人加工这山上的茶叶进贡给皇上，"狗脑贡茶"因此而得名。

（三）天神赐茶

据说神农尝百草，也用煮水的方法来鉴定药性（图10-25）。有一天，神农氏采来了一包草药，在大树底下架起石头锅，放入溪水，生火煮水。水烧开后，有几片树叶飘落在锅中，当即一股清香从锅中飘出，神农用石碗舀了点汁水喝，只觉汁水滋味苦后回甘，喝后嘴不渴了，头脑也更清醒了，不觉大喜。神农大喜，遂将这树叶定名为"茶"。

图10-25 神农尝百草

（四）玉体鉴茶

神农的肚子如水晶般透明，可见这些植物在体内的变化。神农尝百草，常常中毒，全靠吃茶来解救。但最后一次，神农吃到一种开着黄色小花的小草，肚子疼痛难受，还没来得及吃茶叶，肠子就一节一节地断开了，神农从此离开人世。人们非常悲痛，就叫这毒草为"断肠草"。有言道："神农尝药千千万，可治不了那断肠伤。"

二、君山贡茶的传说

据说君山茶的第一颗种子是4000多年前娥皇、女英播下的，君山茶享有盛誉。后唐的第二个皇帝明宗李嗣源，第一回上朝的时候，侍臣为他沏茶，开水向杯里一倒，马上看到一团白雾升起，变为一只白鹤。这只白鹤对明宗点了三下头，便朝室外飞去。再往杯子里看，杯中的茶叶，齐崭崭地悬空竖立，后又慢慢下沉。明宗感到奇怪，就问侍臣何故？侍臣回答："这是用君山白鹤泉泡黄翎毛。白鹤点头飞入青天，表示万岁洪福齐天；翎毛竖起，表示对万岁的敬仰；黄翎缓坠，表示对万岁的诚服。"明宗听了，心里十分高兴，立即下旨把君山茶定为贡茶。

三、岳飞与芝麻豆子茶

传说姜盐茶也叫岳飞茶。南宋绍兴年间，岳飞奉旨带兵来岳阳，镇压钟相、杨幺起义，部队来到洞庭湖区，士兵水土不服、瘴病缠身。岳飞派人到民间收集土方，得姜盐茶配方。他便嘱部下熬煮生姜、黄豆、芝麻，加入茶叶、食盐作药饮。果然，军中疾病大为减少。军营周围，百姓依法炮制，从此姜盐茶在汨罗市、湘阴县一带流行开来。

四、金井与金井茶

长沙县金井镇，存古井一口，井水清澈，其味甘甜。大旱年不干，洪涝时不浊。井沿青石护砌，坚固美观，一侧竖立石碑，镌刻"金井"二字。

相传明洪武年间，江西孙某，举家迁徙，来到长沙，在凤形山下安家。孙老爹每日清晨出门放牛，发现茶园常有一股紫气，从茶行间升起。他便与儿子一道，抄起锄头，将茶树移植到新开辟的山坡上。说也奇怪，那茶就栽就长，随摘随发。再去原来茶园，察看留下的土坑，发现有一泉眼，不断冒出水花。深挖数尺，有一石板，揭开一看，水底浮起一只金鸭，祥光闪闪，叫声嘎嘎。蹼底泉眼，涌流不息。倏忽金鸭不见，泉涌如注。父子惊异不已，倍觉神奇，商定修口水井，供村人饮用。用这井水泡本地茶，茶尤香冽，略成金色。金井之名由此开始，金井茶也逐渐闻名天下。

五、伏波将军与擂茶

相传东汉时，伏波将军马援出征西南，途经武陵郡，军营不幸发生瘟疫，数千将士病倒，请来许多"郎中"都手足无措。一天清晨，山间小道走来一老妪，问马援道："将军终日愁眉紧锁，不知有何为难之事"，马援把军中瘟疫照实说了，那老妪说道："我有一单方，将军如法炮制，让兵士喝，一定有效。"老妪说完，化作一道青烟离去。马援接过单方，取出一看，上面写着擂茶配方与制法。于是，马伏波忙命三军服用，军中疫病全除，士气大振，连获大捷[注：桃源县桃花源有马石（室）、伏波洞、马王庙、马王溪等遗迹可作佐证]。

六、狗脑贡茶出汤市

宋元丰七年（1084年），郴州汤市乡秋田村一金姓试子高中进士，赴京时为感皇恩，带了一包狗脑山茶叶进献。皇帝品尝后龙颜大开，赞不绝口。于是朝廷定为贡品，每年上贡，"狗脑贡茶"由此得名。狗在郴州、资兴被人叫作"狗牯"，所以天下的"狗脑贡""狗牯脑"茶种，都出自汤市（注：汤市时属郴县资兴寨，今郴州市资兴市汤溪镇）。

七、芙蓉仙茶的传说

安化境内有芙蓉山，山中有云雾峰，云雾峰上有云雾寺。相传，盛唐年间，云雾寺禅师道行深厚，感动上天。一天晚上，月明如水，寺旁突冒一股青烟，待青烟消散，一株茶树现身。这茶树仙气萦绕，风神迥异，树干粗壮，芽叶茂密。僧人开始采制茶叶，发现这茶树愈采愈发，四季茂盛；鲜叶炒成干茶，茶叶紧细翠绿，汤色晶莹透亮，味甘如饴。芙蓉仙茶，常饮能医恶疾，当地百姓奉为圣物。

第九节　湘茶图书

湘茶图书，题材涉及茶科技、茶文化、茶经济，精品力作，层出不穷。从出书时间来看，2000年后新书出版的节奏加快，既折射了学术和出版领域的繁荣，更是茶业蓬勃发展的写照。湘茶图书，至今100余种，以时间为序，列表如下（表10-1）。

表10-1　湘茶图书一览表

序号	著作名称	作者（编著）	出版社	出版时间
1	制茶学	陆松侯等	浙江人民出版社	1961年9月
2	制茶学	陆松侯等	上海科学技术出版社	1965年
3	湖南茶叶技术	湖南省农业科学院茶叶试验站	湖南人民出版社	1975年1月
4	茶叶审评与检验（第一版）	湖南农学院	中国农业出版社	1979年8月
5	红碎茶制造	周靖民、张应球、林睦华、文世银、肖俊杰	湖南科学技术出版社	1979年10月
6	茶树育种学（第一版）	湖南农学院	中国农业出版社	1980年8月
7	茶树病害及其防治	叶正凡	湖南科学技术出版社	1980年9月
8	茶树栽培与茶叶制造	湖南农业大学	中国农业出版社	1980年12月
9	茶树栽培与生理	陈兴琰（译者）	中国农业出版社	1981年7月
10	茶树的特性与栽培	刘宝祥	上海科学技术出版社	1982年6月
11	茶用香花栽培与花茶窨制	朱先明	湖南科学技术出版社	1983年2月
12	茶树栽培与茶叶制造	湘鄂赣片统编农民职业技术教育教材编委会	江西人民出版社	1984年6月
13	中国茶树栽培学	中国农业科学院茶叶研究所	上海科学技术出版社	1986年1月
14	茶叶审评与检验（第二版）	湖南农学院	中国农业出版社	1987年5月
15	中国农业百科全书·茶业卷	中国农业百科全书编辑部	中国农业出版社	1988年12月
16	茶树育种学（第二版）	湖南农学院	中国农业出版社	1989年
17	湖南名茶	彭继光	湖南科学技术出版社	1993年11月

续表

序号	著作名称	作者（编著）	出版社	出版时间
18	中国茶酒辞典	张哲永等	湖南出版社	1992年12月
19	茶叶加工学	施兆鹏主编	中国农业出版社	1997年10月
20	唐风妙彩：长沙窑精品与研究	周世荣	湖南美术出版社	1999年1月
21	君山茶文化	赵丈田、陈奇志	湖南科学技术出版社	1999年10月
22	长沙窑 大唐文化辉煌之焦点	李效伟	湖南美术出版社	2000年1月
23	长沙窑绘画	李建毛	湖南美术出版社	2000年1月
24	君山银针	赵丈田	湖南科学技术出版社	2000年8月
25	湖南茶叶大观	朱先明	湖南科学技术出版社	2000年12月
26	长沙窑新析	林安	湖南美术出版社	2001年1月
27	方圆之缘——深探紧压茶世界	曾至贤	鑫晖印刷有限公司	2001年
28	茶树病虫防治学（第一版）	谭济才	中国农业出版社	2002年6月
29	茶叶加工学（中英双语）	朱旗	湖南农业大学	2002年
30	茶海拾贝	赵丈田	中国文联出版社	2003年5月
31	茶与茶文化概论	简伯华	湖南科学技术出版社	2003年8月
32	古今茶文化对联观止	余德泉	湖南科学技术出版社	2003年8月
33	有机茶生产原理与技术	黎星辉、黄启为	湖南科学技术出版社	2003年9月
34	中国名家茶诗	蔡镇楚、施兆鹏	中国农业出版社	2003年9月
35	中国古陶瓷标本——湖南长沙窑	周世荣	岭南美术出版社	2003年9月
36	中国茶叶行业图文大全	梅峰主编，吴锡端副主编	湖南地图出版社	2003年11月
37	龙井茶	郁茗	湖南科学技术出版社	2004年1月
38	美丽从此开始 1.温婉茶情	钱华旸	湖南人民出版社	2004年2月
39	长沙窑咏叹调	刘美观	湖南美术出版社	2004年5月
40	中国品茶诗话	蔡镇楚	湖南师范大学出版社	2004年9月
41	茶叶市场谋略（第一版）	包小村、蔡正安	湖南科学技术出版社	2004年9月
42	长沙窑	李柄辉主编	湖南美术出版社	2004年12月
43	长沙窑作品集	周世荣主编	湖北美术出版社	2005年4月
44	事茶五十年	施兆鹏	湖南科学技术出版社	2005年5月
45	长沙井文化	谢建辉主编，陈先枢撰稿	五洲传播出版社	2005年6月
46	茶叶审评与检验（第三版）	陆松侯、施兆鹏	中国农业出版社	2005年10月
47	解读长沙窑	刘美观	文物出版社	2006年4月
48	中国名茶图谱：乌龙茶 黑茶及压制茶 花茶 特种茶卷	施海根、陈奇志等	上海文化出版社	2007年1月

续表

序号	著作名称	作者（编著）	出版社	出版时间
49	中国名茶图谱：绿茶 红茶 黄茶 白茶卷	施海根、陈奇志等	上海文化出版社	2007年1月
50	中国顶级茶馆设图鉴	读图时代	中国轻工业出版社	2007年1月
51	湖南十大名茶	施兆鹏、刘仲华	中国农业出版社	2007年4月
52	茶祖神农	蔡镇楚、曹文成、陈晓阳	中南大学出版社	2007年4月
53	魅力湘茶	曹文成主编	湖南科学技术出版社	2007年5月
54	茶文化学（第二版）	刘勤晋主编，肖力争参编	中国农业出版社	2007年9月
55	中国长沙·茶文化采风	陈泽珲、陈先枢主编，汤青峰撰稿	云南民族出版社	2007年11月
56	湖南黑茶——中国古丝绸之路的神秘之茶	蔡正安、唐和平	湖南科学技术出版社	2007年12月
57	安化黑茶	伍湘安	湖南科学技术出版社	2008年4月
58	茶都旧事	于建初	大众文艺出版社	2008年8月
59	长沙窑模印贴花——大唐陶瓷装饰艺术之奇葩	李效伟	湖南美术出版社	2008年10月
60	茶道青红	成一	作家出版社	2009年1月
61	湖湘陶瓷二·长沙窑卷	李建毛	湖南美术出版社	2009年1月
62	中国古代紫砂壶赏玩	李强	湖南美术出版社	2009年6月
63	《茶叶市场谋略》（第二版）	包小村、蔡正安、黄静	湖南科学技术出版社	2009年7月
64	名胜·名茶·名作——君山茶杯茶文化全国书法大赛作品集	崔国强	湖南人民出版社	2009年11月
65	中国茶美学研究——唐宋茶美学思想与当代茶美学建设	朱海燕	光明日报出版社	2009年12月
66	花草茶的养生哲学：疾病防治	王巍	湖南科学技术出版社	2010年1月
67	白沙溪	蔡镇楚	湖南人民出版社	2010年3月
68	中国长沙窑	谭敦宁	湖南人民出版社	2010年8月
69	喝茶的智慧：养生养心中国茶	赵英立	湖南美术出版社	2010年8月
70	茶叶审评与检验（第四版）	施兆鹏主编，黄建安副主编	中国农业出版社	2010年8月
71	最新茶叶选购百问百答	彭丽亚	湖南美术出版社	2010年8月
72	最新绿茶百问百答	寿婷尔、王林晚	湖南美术出版社	2010年8月
73	最新茶具选购百问百答	彭丽亚	湖南美术出版社	2010年8月
74	最新养生茶百问百答	忘忧君	湖南美术出版社	2010年8月
75	最新中国茶艺百问百答	乐饮	湖南美术出版社	2010年8月
76	最新名茶地理百问百答	郑建新、郑嫒	湖南美术出版社	2010年8月

续表

序号	著作名称	作者（编著）	出版社	出版时间
77	最新茶馆设计百问百答	法苏恬	湖南美术出版社	2010年8月
78	黑茶时代	陈社强	当代世界出版社	2010年9月
79	中国古代茶文化研究	黄仲先	科学出版社	2010年11月
80	茶树病虫防治学（第二版）	谭济才	中国农业出版社	2011年1月
81	茶情——散文随笔	赵丈田	吉林大学出版社	2011年1月
82	怎样购买中国茶	嘉叶	湖南美术出版社	2011年5月
83	岳州窑	周世荣、周晓赤	湖南美术出版社	2011年5月
84	茶树栽培与茶叶加工实用技术	包小村	中南大学出版社	2011年6月
85	怎样购买中国茶	嘉叶	湖南美术出版社	2011年6月
86	美人美茶	莫丽芸	湖南美术出版社	2011年6月
87	中国茶道大全集	《收藏经典版》编委会	湖南美术出版社	2011年8月
88	安化黑茶故事绘	廖静仁	中华图书出版社	2011年10月
89	安化黑茶·聚焦千年	伍湘安	中国文史出版社	2011年10月
90	名茶事典——识茶、藏茶、泡茶	王巍	湖南科学技术出版社	2012年1月
91	中国茶鉴赏手册	艾敏	湖南美术出版社	2012年7月
92	走近安化茶文化	张跃	长城出版社	2012年8月
93	诗书百吟安化黑茶作品集	廖静仁	中华地图出版社	2012年8月
94	三十九铺	蔡镇楚	湖南人民出版社	2012年9月
95	安化黑茶知识手册	肖力争、卢跃、李建国	湖南人民出版社	2012年9月
96	岳州窑新议	周世荣、胡保民	延边大学出版社	2012年10月
97	经典湖湘·湘茶	陈先枢、汤青峰、朱海燕	湖南科学技术出版社	2012年11月
98	喝茶的智慧：养生养心中国茶	赵英立	湖南美术出版社	2013年3月
99	茶学概论	朱旗	中国农业出版社	2013年8月
100	茶叶三百句	包小村	中国文化出版社	2013年9月
101	巴陵春茶文化	袁小月、陈奇志、包小村、王岳芹	中国文化出版社	2013年10月
102	岳阳黄茶	郭正初、赵丈田、陈奇志	吉林大学出版社	2013年10月
103	爱茶楼诗词联选	黄千麒	中国文史出版社	2013年10月
104	神农茶都全球楹联大赛获奖作品集	王志高	中国戏剧出版社	2014年1月
105	黑茶全传	陈社行	中华工商联合出版社	2014年3月
106	茶美学	蔡镇楚	福建人民出版社	2014年4月
107	沅陵碣滩·茶韵天香	伍崇岳	湖南人民出版社	2014年5月

续表

序号	著作名称	作者（编著）	出版社	出版时间
108	水喝对了自然瘦	（韩）五嘉茶韩方茶研究所	湖南科学技术出版社	2014年6月
109	明清茶美学研究	朱海燕	世界图书出版西安有限公司	2014年7月
110	茶馆设计与经营	吕才有主编，朱海燕副主编	世界图书出版公司	2014年7月
111	魅力湘茶诗词联赋	曹文成主编	湖南人民出版社	2014年10月
112	千古茶乡聂市镇	何培金、何云峰	湖南地图出版社	2014年12月
113	湖南黑茶药理作用研究	杜万红	中南大学出版社	2015年4月
114	扬州出土唐代长沙窑瓷器研究	徐忠文、徐仁雨、周长源	文物出版社	2015年8月
115	安化黑茶探秘	伍湘安	湖南科学技术出版社	2015年9月
116	2015版李克茶烟酒优购指南	李克	湖南美术出版社	2015年10月
117	中国茶道	朱海燕	高等教育出版社	2015年10月
118	岳阳黄茶知识	郭正初主编，陈奇志、赵丈田、晏文华参编	团结出版社	2015年11月
119	岳阳茶文化	陈奇志、赵丈田主编	团结出版社	2015年11月
120	全唐诗补：长沙窑唐诗遗存	田申、刘鑫	湖南美术出版社	2015年12月
121	美丽潇湘 茶事卷	周湘	湖南人民出版社	2016年2月
122	长沙窑	周世荣	江西美术出版社	2016年5月
123	茶农之友	黄静、康彦凯等	中国文化出版社	2016年6月
124	茶叶优质高效生产实用技术	李健权	湖南科学技术出版社	2017年2月
125	话说长沙彩	长沙铜官窑遗址管理处编，覃小惕著	湖南美术出版社	2017年3月
126	衡山窑	李慧星	湖南人民出版社	2017年3月
127	中国名茶君山银针	赵丈田	湖北科学技术出版社	2017年6月
128	漫话岳州窑	刘衍清、万长林	湖南地图出版社	2017年6月
129	长沙窑传统工艺与技法	吴小平	广东经济出版社	2017年6月
130	第一次品黑茶就上手（图解版）	朱旗、胥伟	旅游教育出版社	2017年7月
131	保靖黄金茶	粟本文、黄怀生	中南大学出版社	2017年11月
132	防癌三杯茶，你会喝吗？	吴大真	湖南科学技术出版社	2018年1月
133	茶乡写意	赵丈田	团结出版社	2018年3月
134	杨氏茶艺	杨中安	现代出版社	2018年4月
135	长沙窑绘画	李建毛主编	湖南美术出版社	2018年4月
136	中国礼仪（餐饮礼仪）	袁涤非、朱海燕、陈帜齐	东北大学出版社	2018年4月
137	世界茶王	蔡镇楚	光明日报出版社	2018年5月

续表

序号	著作名称	作者（编著）	出版社	出版时间
138	洞庭君山岛亲历亲闻	李水生	团结出版社	2018年5月
139	古丈县茶产业发展战略研究	陈涛林、陈致印、冉立群、马蕊	中国农业科学技术出版社	2018年9月
140	一小时读懂安化黑茶（1 Hour to Understand Anhua Dark Tea）	安化黑茶杂志社编著，蒋跃登、李朴云主编	当代中国出版社	2018年10月
141	中国安化黑茶（上、下册）	伍湘安	湖南科学技术出版社	2018年10月
142	安化黑茶（新版）	彭先泽原著，汪勇、李朴云校注	线装书局	2018年10月
143	选茶有方，喝茶有道	朱海燕	江西科学技术出版社	2018年11月
144	零基础茶艺入门	朱海燕、肖蕾	黑龙江科学技术出版社	2019年1月
145	在家泡茶：我的雅致茶生活	朱海燕	北京美术摄影出版社	2019年1月
146	安化黑茶品鉴	王华、曾虎	湖南科学技术出版社	2019年1月
147	普洱茶百科	缪泽群、缪曼	中山大学出版社	2019年1月
148	以茶入生活：在家泡茶、品茶的100个技巧	肖蕾	北京美术摄影出版社	2019年1月
149	中国茶道·礼仪之道	朱海燕	中国农业出版社	2019年4月
150	湖南省茶树病虫害原色图谱及绿色防控技术	王沅江、欧高财	湖南科学技术出版社	2019年5月
151	欢聚一谈的茶客	袁鹰	湖南文艺出版社	2019年6月
152	文化潇湘茶	周俊敏、肖力争	湖南科学技术出版社	2019年6月
153	以茶入生活：喝茶与养生	肖蕾	北京美术摄影出版社	2019年7月
154	安化茶香幸福来	周生文	中国言实出版社	2019年8月
155	识茶·饮茶·黑茶	朱旗、肖鸿	中国林业出版社	2019年8月
156	衡州窑	谭怡蕊、谭耀	湖南大学出版社	2019年8月
157	湖南茶叶加工：一花五彩·魅力湘茶	粟本文	中南大学出版社	2019年9月
158	安化黑茶：一部在水与火之间沸腾的中国故事	洪漠如	华中科技大学出版社	2019年9月
159	湖南茶叶加工	粟本文	中南大学出版社	2019年9月
160	湖南地方特色茶树种质资源	李赛君	中国农业出版社	2019年10月
161	古丈守艺人	谢慧	湖南人民出版社	2019年11月
162	喝了不生病的茶饮小偏方	谢春林	湖南科学技术出版社	2019年12月
163	黑茶文化概论	朱海燕	国家开放大学出版社	2020年1月
164	黑茶生产与加工	肖文军	国家开放大学出版社	2020年1月

续表

序号	著作名称	作者（编著）	出版社	出版时间
165	黑茶审评与检验	肖力争	国家开放大学出版社	2020 年 1 月
166	茶学概论（第二版）	朱旗	中国农业出版社	2020 年 6 月
167	江华苦茶	粟本文、李端生主编	中国农业出版社	2020 年 6 月
168	茶叶优质高效生产技术	覃事永	湖南科学技术出版社	2020 年 8 月
169	少儿茶艺（上、下册）	朱海燕、卫艺炜、黄健垚	中国林业出版社	2020 年 9 月
170	人间唐诗·长沙窑上的人世烟火	萧湘	湖南美术出版社	2020 年 11 月

注：本表按出版时间排序，收录湖南学者著、编著、主编、参编的茶学著作，以及湖南出版机构出版的非湘籍作者图书。

第十节　其他文艺作品

文学艺术包括语言艺术（诗词歌赋、散文、楹联、小说、戏剧文学）、表演艺术（音乐、舞蹈）、造型艺术（绘画、书法、雕塑）和综合艺术（戏剧、戏曲、曲艺、电影、电视剧）等。上节介绍了文学作品和茶文化专著，本节介绍涉茶的其他类型的文艺作品。

一、舞　蹈

采茶姑娘能歌善舞，每当采茶季节，在茶园里尽情唱歌，翩翩起舞。众所周知的《采茶扑蝶舞》和《采茶舞曲》等就是受人们喜爱的代表作（图10-26）。

大型音乐情景舞剧《炎帝》2016年11月18日在株洲神农大剧院首演成功，该剧由炎陵县策划，湖南向阳花文化传媒有限公司打造。全剧以炎帝神农氏晚年主要活动地和安寝地——炎陵罗霄山水为背景，通过音乐、舞蹈、演唱等表演形式，塑造炎帝始祖形象，讴歌茶祖神农的功绩。全剧采用4+1艺术结构，分为5个篇章：洪荒祭天、鹿原耕播、洣水定居、遍尝百草、四海寻根，在配乐、布景、服装道具等方面着力体现原始社会背景，生动再现了炎帝带领部落人民发展生产、战胜困难的事迹。

图 10-26　中华茶祖节表演的茶舞（陈奇志　摄）

图 10-27 黑茶印象

2013年5月30日，由湖南黑茶领军企业——湖南华莱生物科技有限公司与湖南演艺文化领军企业——长沙琴岛演艺中心强强联手，倾力合作打造的国内首个黑茶文化舞秀《黑茶印象》在长沙琴岛隆重公演，这是湖南省第一次将国家非物质文化遗产——安化黑茶搬上舞台。

《黑茶印象》的演出气势恢宏，场面壮大，演出人员近百人（图10-27）。通过祭茶、种茶、采茶、制茶、运茶及远播西域、欧亚等几个重要篇章，再现安化黑茶的人文历史，强大的影音特效和3D视觉效果，高品质、高规格地再现了茶马古道悠远厚重的黑茶文化。此后一年多时间内《黑茶印象》作为弘扬湖南茶文化的精彩节目在琴岛演出近百场。

二、绘　画

中国以茶为题材的古代绘画，现存或有文献记载的多为唐代以后的作品，如唐代的《调琴啜茗图卷》，南宋刘松年的《计茶图卷》，元代赵孟頫的《计茶图》，明代唐寅的《事茗图》、文徵明的《惠山茶会图》等。

近现代不少画家，创作了以茶为主题的绘画作品。

齐白石（1863—1957年），生于湖南长沙府湘潭（今湖南湘潭），近现代中国绘画大师、世界文化名人，他擅画花鸟、虫鱼、山水、人物，笔墨雄浑滋润，意境淳厚朴实。曾任中央美术学院名誉教授、中国美术家协会主席等职。齐白石茶绘画作品有《煮茶图》《寒夜客来茶当酒》《茶具图》《茶具梅花图》《砚和茶具》。《煮茶图》作于1940年，赭石色的风炉上，置一柄墨青的泥瓦茶壶。风炉右侧有一把破蒲扇，扇下是一把火钳的长柄，蒲扇的破裂处也露出火钳的尖角，旁置三块焦墨的木炭。画的右上角以篆体书"煮茶图"三字，落款"白石山人",表现了画家煮茶的浓厚兴趣,对山乡生活的热爱。晚年的另一幅作品《茶具图》,茶具在似与不似之间,寥寥数笔绘出一只瓷壶,两只小瓷杯,毫无雕琢和富丽之感,茶杯一前一后,与壶相拥,壶嘴画得十分突出,老人怀恋乡间茶饮,情感跃然纸上。

图10-28 绘画
《一壶湘波绿,满纸银峰香》

著名国画家何香凝老人87岁时为湖南省茶叶研究所创作《梅花图》一幅,以梅花比拟湖南高桥银峰茶。1980年,著名电影艺术家赵丹和画家富华,在上海合作一幅画,画中为一古色古香的茶壶,以花卉作背景,茶香飘溢的意境跃然纸上,并题写"一壶湘波绿,满纸银峰香",赞赏湘波绿和高桥银峰茶品质的非凡(图10-28)。

1992年4月,画家李立、袁海潮、陈惠生为湖南省茶叶研究所合绘一幅长2m的《春满茶乡》国画。

陕西著名画家梁有平,以8个茶文化传说故事为题材,创作了8副绘画,人物栩栩如生,给传说故事增添了感染力,故事题材有:《贾母品赏老君眉》《灉湖贡茶入西藏》《二妃君山播茶种》《乾隆巴陵定贡茶》《岳阳楼前品名茶》《白鹤泉配君山茶》《洞庭白鹤上青天》

图10-29 梁有平作品《灉湖贡茶入西藏》
(赵丈田 收藏供图)

《主席赞誉君山茶》(图10-29)。梁有平还创作了《岳州窑》连环画,刘衍清编文。

湖南本土画家创作的绘画作品有:刘昆的《君山茶岛》,殷本崇的《品茶图》,殷本崇的《松下品茗》,殷本崇的《元曲·赠茶肆》,黄霖的《松下品茗图》,黄河的《茶》,宋龙飞的《君山问茶》,李水生的《灉湖运茶图》《一杯黄茶·天作之合》《岳州八景(茶包装图)》,刘柏荣、黄永麟、姚东晖合作的《品茗图》,平江籍画家欧阳智先生还为谷雨烟茶绘制了10m工笔长卷《古罗谷雨茶事图》,堪称茶叶界的"清明上河图"。

李水生先生创作的《灉湖运茶图》,根据古代史料构思用墨,梯级茶园托起灉湖古寺,灉湖岸边有运茶的帆船(图10-30)。绘画表达了唐代诗人张说《灉湖山寺》的意境,

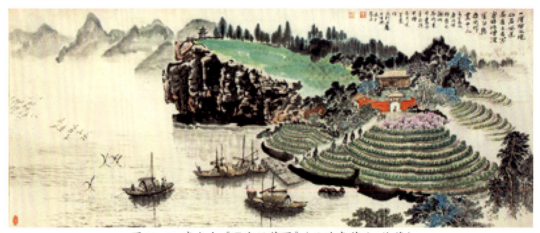

图10-30 李水生《灉湖运茶图》(巴陵春茶业 收藏)

张说(yuè)诗云:"空山寂历道心生,虚谷迢遥野鸟声。禅室从来尘外赏,香台岂是世中情。云间东岭千寻出,树里南湖一片明。若使巢由知此意,不将萝薜易簪缨。"

三、书法作品

书法家大多嗜茶,品茶之后,颇多雅兴,铺纸挥毫,佳作即成。

清代诗人、学者、书法家何绍基之孙——何维朴,是清同治六年(1867年)乡试副贡,官内阁中书,协办侍读,江苏候补知府。工书画,晚年寓居上海,卖画为生。书法相仿何绍基,得神似(图10-31)。

1959年,湖南省茶叶研究所创制出"高桥银峰"名茶,1959年10月7日,时任中国科学院院长郭沫若写信给该所表示祝贺。时隔5年,即1964年夏初,当郭沫若又一次品饮"高桥银峰"名茶时,诗兴大发,创作了七律诗《一九六四年夏初饮高桥银峰》,并亲笔用行书书写成1.33m的条幅,寄赠湖南省茶叶研究所。诗云:"芙蓉国里产新茶,九嶷香风阜万家。肯让湖州夸紫笋,愿同双井斗红纱。脑如冰雪心如火,舌不饾饤眼不花。协力免教天下醉,三闾无用独醒嗟。"

1985年底,著名画家黄永玉又特别为古丈茶设计了竹篓包装,几年后又为古丈毛尖题写"古丈毛尖"(图10-32)。

1992年4月,79岁的虞逸夫先生书写汉隶联"佳茗八百延年药,香味万千醒梦丹";全国五大隶书家之一的王超尘先生题写了隶书联"赏心悦目谈书画,煮宗品茗色味香",高度评价湖南省茶叶研究所创制湘波绿、银峰茶。

中国书画篆刻大师齐白石弟子、当代著名金石书画家李立先生在品茶之后,欣然用篆书题词"玲珑茶"(图10-33)。

2008年3月"君山茶杯"茶文化全国书法大赛开始征稿,得到了海内外广大书法艺

图10-32 黄永玉书法作品

图10-31 何维朴书法作品　　图10-33 李立篆刻"玲珑茶"

术爱好者的热烈响应,征集作品12000余件,最终评选出毛笔、硬笔一等奖作品各10件、二等奖作品各20件、三等奖作品各50件、硬笔优秀奖作品64件、毛笔优秀奖作品50件。这次大赛由中国硬笔书法协会、中国茶叶流通协会主办,湖南省硬笔书法家协会、湖南省茶业协会、湖南省茶业集团股份有限公司承办。2009年11月湖南人民出版社出版了《名胜·名茶·名作——君山茶杯茶文化全国书法大赛作品集》。

四、雕塑作品

① **株洲市神农广场神农塑像**：神农塑像算是株洲市的地标性建筑,位于河西神农广场。神农塑像主体高19.97m,于1997年建成。神农像高大庄严而不恐惧,就像是一个和蔼可亲的长者庇护着这座城市。神农站在高台上,背着背篓,背篓中放着采来的药草,左手抱穗,右手持叉,慈祥地注视着人们。广场还有8座青铜雕塑,1座是炎帝三母传说,其他7座都是彰显炎帝功绩。

② **炎帝陵炎帝传说故事塑像**：炎陵县炎帝陵神农园有4座大型雕塑,主雕塑为"神农教耕",石材采用是"光泽红",雕塑家将平面的炎帝图像立体化、艺术化,气势磅礴而又亲切感人。另外3座大型雕塑,内容来自炎帝传说故事中的精华,为:"三母育圣""安寝龙宫""炎帝儿女"。游客边欣赏园林景色,同时缅怀炎帝神农氏的丰功伟绩。

③ **茶陵县茶祖神农雕像**：茶陵县中华茶祖文化产业园有茶祖神农雕像,坐落在云阳山麓,神农氏目光凝视远方,栩栩如生,雄姿威武。该雕像主像高约24m,意为茶祖神农"日遇七十二毒,得茶而解之",底座36尺,意为三十六天罡,为北斗七星斗柄(古

代人以北斗七星观天象来择时种茶），呈现天人合一的茶道精神，底座边长18.67m，意为神农是中华始祖，乃中国56个民族的开山者。

④ **岳阳王家河公园茶事雕塑**：岳阳王家河公园，河道全长6.6km，总面积150万m²，是一处集滨水走廊、自然风光和雕塑文化为一体的休闲游览圣地。公园设计者把雕塑艺术作品与绿化景观融合，让市民在休闲娱乐中，感受岳阳深厚的历史文化底蕴，形成一条独特的历史文化记忆长廊和城市生态休闲走廊。公园有两处涉茶雕塑，一处是展示君山银针制作技艺，一处是展示古岳州窑（图10-34、图10-35）。

图10-34 炒制君山银针（岳阳王家河公园）（陈奇志 摄）　　图10-35 岳州窑（岳阳王家河公园）（陈奇志 摄）

⑤ **君山银针黄茶产业园雕塑群**：君山银针黄茶产业园位于岳阳市君山区洞庭湖畔，毗邻君山岛，园内有陆羽雕塑和君山银针加工雕塑群，文化气息浓厚，雕塑作者为岳阳本土艺术家周国防（图10-36）。

⑥ **月山茶韵小镇文化墙浮雕**：浮雕文化墙位于岳阳南湖新区圣安寺侧面，闲云路与孔家垄路交会处，是月山茶韵小镇的一道富有文化底蕴的景观。主要分三部分，分别记载了岳阳黄茶的历史渊源及制作过程、"灉湖含膏"的由来、文成公主入藏带去灉湖茶的故事。浮雕历史人物栩栩如生，故事情节感人至深，作者匠心独妙，游人和香客驻足欣赏，流连忘返（图10-37）。

图10-36 君山银针黄茶产业园中的一处雕塑（陈奇志 摄）　　图10-37 月山茶韵小镇文化墙浮雕（陈奇志 摄）

五、影视作品

电视剧《秋之魂》反映湖南省农业厅高级农艺师刘先和同志献身科研,艰苦创业感人事迹。1985年技术承包岳阳黄沙街茶场,建成为全国闻名的名优茶基地,他不计报酬,将应得的承包资金64万元留给茶场发展公益事业。潇湘电影制片厂制片,1993年在中央电视台播出。导演:吴祖云,文学剧本作者:谈笑、朱赫。

《国饮洞庭春》纪实专题片,内容分为三部分:《茶之魂》《茶之美》《茶之韵》。吴曙策划,雷小平撰稿,匡凌野、沈子越编导。

1990年,长沙电视台来湖南省茶叶研究所拍摄了电视片《湘波绿》,郭沫若的题诗作为主题歌,由著名歌唱家何纪光演唱。

电视剧《菊花醉》由胡明凯执导,该剧根据同名小说改编,以湖南安化黑茶茶商为主要题材,展现清末一代茶商的爱恨情仇及其兴衰,再现大历史背景下的茶道商道和商战风云,重现了清末商战的波澜起伏,体现了人道、商道和茶道精神。

此外,近10年来,各产茶地市,甚至注重品牌宣传的企业,纷纷制作宣传片,涌现出以地域名人、名山、名水、名茶文化为特色,以宣传品牌或茶品为目的作品《神韵大湘西,生态潇湘茶》《岳阳黄茶》《武陵红茶》《茶乡石门》《玲珑茶》《安化黑茶》《古丈茶乡》等先后问世。

六、戏 剧

20世纪60年代,花鼓戏《烘房飘香》是代表湖南参加中南地区文艺汇演的优秀剧目,讲述安化黑茶初制加工提高品质的一个故事,根据作家彭伦乎创作的小说改编。

1996年,岳阳县委宣传部、岳阳县文联组织编写了花鼓戏《洞庭春》,岳阳县花鼓戏团编演。该剧宣传湖南省农业厅高级农艺师刘先和同志献身茶叶科技、艰苦创业的感人事迹,获全国映山红大奖赛金奖。

戏剧作品《悠悠茶香》,在2018年第六届湖南艺术节上获得"三湘群星奖"戏剧类银奖,它是常宁市文化馆精心组织打造的音乐情景剧,从音乐、剧本、服装等都是根据常宁本土文化创编,主要讲述种茶致富的故事,沿海地区企业家郑满园,回到家乡兴建茶场,在当地政府的关心支持下渡过茶场运营难关,带领当地老百姓致富。作品既宣传了党的扶贫政策,又把瑶族的民俗文化得以保护、挖掘、传承。

大型黑茶史诗歌舞剧《香飘白沙溪》,在第三届中国湖南·安化黑茶文化节期间献给来宾(图10-38)。全剧讴歌湖南茶人艰苦创业、无私奉献的奋斗精神。1941年湖南省建设厅创办的湖南省砖茶厂(现为湖南省白沙溪茶厂股份有限公司),该剧以艺术形式展示

图10-38 大型黑茶史诗歌舞剧《香飘白沙溪》

其发展历程，塑造了湖南茶企乘改革春风重新崛起的成功典范。

七、茶 艺

茶艺为泡茶的技术和饮茶的艺术。尽管"茶艺"一词是20世纪70年代才提出，但中国的品茗艺术，源于隋唐，兴于宋元，成熟于明清，发展于当代。湖湘茶艺，元代兴盛，有曲为证。元曲《赠茶肆》云："茶烟一缕轻轻飏，搅动兰膏四座香，烹煎妙手赛维扬。"当今茶艺，在内涵和形式上不断发展，不仅是人们生活休闲的优雅方式，更是名茶推介、品牌塑造、茶文化传播的重要方式，其内容涵盖了选茶、择水、配器、插画、音乐等。

湖湘茶艺丰富多彩。茶艺在社会活动中有不同的功能，大致可归为四类：待客茶艺、表演茶艺、营销茶艺、生活茶艺。待客茶艺用以表达"礼"意，生活茶艺用来传递友情，营销茶艺用来推介产品，而表演型茶艺是在科学地、艺术地展示茶叶的泡饮过程，巧妙地融入湖南茶文化，传达湖湘精神，使人们欣赏过程中，得到美的享受和情操的熏陶。

湖湘茶艺"遍地开花"。茶艺纷纷亮相于各地茶馆茶会，推介湘茶品牌，传播湖湘茶文化，展示茶区风光，倡导正确泡饮，如银苑的《桃花江擂茶茶艺》、湖南省君山银针茶业股份有限公司的《君山银针茶艺》、湖南洞庭山科技发展有限公司的《灉湖含膏茶艺》、怡清源的《潇湘八景茶艺》、石门夹山的《禅茶茶艺》、南岳的《寿茶茶艺》、安化的《千两茶茶艺》《梅山"亲家茶"》《黑茶情韵》等。

湖湘茶艺匠心传承，精品迭出。近20年来，通过专家学者、茶文化爱好者的不懈努力，创作了一系列具有湖湘地域特色的茶艺节目。如湖南农业大学茶学系创作了《锦绣潇湘》《湖南擂茶》《边城印象》《你来得正是时候》《大国茶香》《君山怀古·情系天下》

《武陵红·寄乡愁》《匠心致茯》《茶情廉韵》等（图10-39~图10-43），这些茶艺在全国大学生茶艺技能竞赛中多次获奖。湖南各地多次举办茶文化节或茶艺大赛，涌现出许多优秀的茶艺节目，或挖掘湖湘地域文化，或结合时代主题，或取材于生活，多角度地展现历史悠久而又充满活力的湖南茶文化。如白沙溪茶艺表演队创作的《黑砖茶情缘》，引领观众步入中国黑茶理论之父、白沙溪茶厂创始人彭先泽研发中国第一块黑砖茶的艰苦与喜乐。

湖湘茶艺底蕴深厚。茶艺背景有湖南茶区秀美的风景，解说有历代文人咏诵湘茶的诗词，技艺源自湖南民间的茶俗茶礼，茶品是色香味形俱佳的湖南名茶，表演者大多是才艺双全的爱茶人。肥沃的湖南茶文化土壤，孕育出茁壮的茶艺之苗；多彩缤纷的茶艺之花，让湖南茶文化更加绚丽灿烂。

图10-39 南湖夜话——君山银针茶艺表演
（岳阳市茶叶协会 供图）

图10-40《湖南擂茶》茶艺表演

图10-41《君山怀古·情系天下》茶艺表演

图10-42《你来得正是时候》茶艺表演

图10-43《白沙溪黑砖茶》茶艺表演

第十一章 科教篇

产业发展，科教先行。科研教育组织是湘茶产业发展的基础，为湘茶发展提供了大量科研人才和手段。目前，湘茶科学研究教育组织主要有湖南农业大学茶学系、湖南省茶叶研究所以及各地方农科所、茶叶学会、培训机构等。茶叶行业协会是介于政府与茶企业之间，茶叶商品生产者与茶叶经营者之间，进行服务、咨询、沟通、协调的中介组织，为整合湘茶的信息资源，促进湘茶产业发展服务。行业组织主要有湖南省茶叶学会、湖南省茶业协会、湖南省大湘西茶产业发展促进会、湖南省红茶产业发展促进会以及各地方茶叶协会组织。

第一节　湘茶教育发展简述

一、启蒙阶段

茶学教育的起源可追溯到唐代，陆羽撰写了世界上第一部茶学专著《茶经》，对茶叶生产的历史、源流、制茶、烹茶以及饮茶技艺、茶道原理等进行了综合性论述。此后，宋代皇帝赵佶的《大观茶论》、蔡襄的《茶录》、赵汝砺的《北苑别录》，明代朱权的《茶谱》以及清代刘源长的《茶史》等著作，都是有关中国茶叶生产、加工、品饮、文化方面的专著，还有一些有关农业生产的书籍也记录了茶叶生产技术，可以看作是历史茶学的传承和发展。直到近现代以来，西学东渐，西方学科教育体系传入中国以后，茶学才慢慢正式成为一门独立的学科。

图11-1　湖南私立修业高级农业职业学校

图11-2　湖南私立修业高级农业职业学校毕业证书

1903年成立的修业农校（后改为湖南私立修业高级农业职业学校），开设茶种植课程（图11-1、图11-2）。1915年湖南省建设厅在长沙开设湖南茶叶讲习所，开始培养茶学人才。1928年，该所改为湖南茶事试验场，并增设高桥分场（湖南茶叶研究所的前身）。1938年，湖南私立修业高级农业职业学校迁至安化后，也增设了茶科。近现代湖南茶界的几位大家如冯绍裘、彭先泽、黄本鸿、杨开智等皆是从这几家单位走出。

二、稳步成长阶段

1940年，吴觉农先生在复旦大学农学系（校址重庆）创办茶叶系，并担任系主任，开启了中国现代茶学的高等教育，对发展中国茶业，培养、造就、积蓄茶学高级人才和振兴中国茶业起到很大的作用。因湖南离重庆较近，对湖南茶业产生了直接的影响（图11-3）。

图11-3 "当代茶圣"吴觉农

图11-4 1953年中南茶干班湖南实习队、湖南农学院茶作组师生合影

新中国成立后，在1951年，湖南农学院农学系作物栽培教研室设立茶作教学组。1952年，原农艺系和农艺科分流出9名学生进入茶作组（专科），专修茶叶学科，此是湖南茶学高等教育的正式起步（图11-4）。

1958年4月，在湖南农学院陈兴琰、朱先明等人的积极倡导下，该院成立茶叶专业的申请获湖南省人民委员会批准。成立之初，师资严重不足，仅有7名教师和1名教辅人员。1959年，在商业部任职的茶叶审评专家陆松侯先生调入该院工作，充实了专业教师队伍。由于财力、物力、人力十分欠缺，教学条件十分简陋。他们自编教材，开辟栽培、加工、审评等课程，并筹建实习茶场，建立了茶树栽培和制茶2个教研室。他们对茶学专业的培养目标、教学计划和学科内容等方面进行了宝贵的探索和实践，可以说开创湖南茶学高等教育的先河。

1966年开始，湖南农学院停课停学，诸多教师受到冲击，茶学专业的正常教学秩序遭受严重破坏。在20世纪70年代中期，由于茶叶生产的快速发展，显得茶叶专业人才十分匮乏，在几个产茶省设置了茶叶系或专修科的形势下，于1975年，湖南农学院在省内几个地方开办了6所分院，茶叶专业从校本部派出7名教师，支持各分院茶叶专业的授课。1977年恢复高考，茶学本科教育走上正轨。

1981年，湖南农学院茶学专业成为全国首批拥有硕士学位授予权单位之一；1982年，被确定为湖南省五个重点专业之一；1993年获博士学位授予权；1999年建立园艺学博士后流动站。至此，湖南茶学人才有了从本科到博士培养的完善体系，每年为社会输送

图11-5 湖南农学院81届茶叶专业毕业照（1981.12）

30~60位本科生、10~30位研究生、1~10位博士生，成为湖南茶产业的人才支撑。此外，他们还根据产茶区的需要举办定制班，进行省内外，甚至国际茶学人才培训，培养了大批茶叶技术骨干力量，也为社会青年提供了新的就业途径，提升了湖南茶业在国内外的影响力（图11-5）。

随着科学技术的快速发展，传统茶产业正在向现代茶产业转变，茶产业链的延伸使茶产业内涵发生了重大变化。传统茶产业的技术升级和茶叶的应用领域的不断拓展，其与食品、饮料、医药、日用化工及经济学、市场学、管理学、文化学等紧密衔接、相互渗透，使茶学学科形成了多学科全面交叉融合的态势。2004年11月，湖南农业大学茶学系向教育部申请创办的全国首创"植物资源工程"本科专业（工学学士）得到批准。该专业以茶学为基础，整合湖南农业大学相关学科优质教学资源，以植物资源开发领域知名的科研机构和龙头企业为支撑，以植物提取产业对人才的需求为导向，培养植物资源工程高级科技人才（该专业于2014年合并到其他专业）。

三、繁荣发展阶段

进入21世纪后，为了满足茶产业发展对各层次人才的需求，湖南农业大学、湖南省茶叶学会、湖南省茶业协会长期与政府、企业或兄弟单位合作，实施专业人才委培机制，不定期开办短期培训班，如"名优绿茶加工技术""红茶加工技术"提升班、茶业管理人才研讨班和茶叶市场营销班等，还有"茶艺大赛""制茶大赛""评茶员大赛"等技能比赛，为湖南省茶园管理、茶叶加工、茶叶营销人才的培养做出了重要贡献（图11-6）。

1999年，"茶艺师""评茶员""茶叶加工工"由劳动和社会保障部列入《中华人民共和国职业分类大典》1800种职业之中。此后，长沙、岳阳、娄底、怀华、常德、安

图11-6 2019中国技能大赛·第四届全国茶艺职业技能竞赛

化等地纷纷成立社会培训机构，如湖南农业大学茶学职业技能培训中心、湖南省茶叶研究所培训部、湖南省沈嘉茶艺职业培训学校、长沙花语茶香培训学校、湖南省茶业协会茶艺师培训中心、湖南省庆萱茶艺花艺培训学校、湖南国医职业技术学校、益娥培训学校、怀华市茗悦职业培训学校、华莱茶学院等100多家，进行茶艺、评茶系列等级的职业人才培训。还有安化县技工学校、安化县扶贫办、湖南省白沙溪茶厂股份有限公司、益阳茶厂有限公司、华莱茶学院、云上茶学院等，定期开展"茶艺师""评茶员""制茶师""茶叶营销"等培训班。至2020年，累计培养了近2万名茶叶专业人才。

2010年以来，湘茶迎来了"一、二、三"茶叶产业链发展的新局面，消费国际化趋势明显，对人才需求要求更高、量更大。湖南农业大学茶学系通过深入调查研究，与行业管理部门、科研院所、企业等共同研究出茶学专业教学改革方案，将人才培养目标修订为能胜任茶树育种、茶树栽培、茶叶加工、茶叶品质审评与检验、茶叶经营管理、茶叶营销贸易、茶文化推广以及类茶植物开发利用等方面的技术推广与开发、生产与经营管理、教学与科研等工作的复合型、应用型、创新型高级茶业技术人才。此外，还结合学院的"双百科技富民工程"，先后与省内外20多家知名的茶叶企业建立了产研学相结合的实习基地，构成了校外教学实习基地网络，为学生生产实习、毕业实习提供了充足的场地和条件。

茶学中等教育和职业教育也成湖南茶业教育的重要组成部分。各大职业院校也加入茶学人才培养的队伍，如湖南省劳动人事学校、湖南女子学院、湖南大众传媒职业技术学院、湖南交通职业技术学院、湖南商务职业技术学院等纷纷开设茶艺、茶叶营销等相关专业。2011年，全国第一所黑茶学校——安化黑茶学校正式挂牌开学。2013年，湖南省茶业集团股份有限公司与湖南商务职业技术学院以股份合作的形式组建了"湘茶学院"，该学院开设了全省高职院校第一个专门培养茶叶营销人员的"茶叶营销班"。从2015年起，"茶艺与营销专业"正式出现在教育部的招生目录，这进一步拓展湘茶教育的途径。

2019年1月,由刘仲华院士率领的湖南农业大学茶学教研团队和曹卫兵校长领衔的益阳电大教研团队合作,精心打磨了《黑茶审评与检验》《黑茶生产与加工》《黑茶文化概论》教材在益阳广播电视大学举办了首发式。该教材专门为国家开放大学茶叶审评与营销专业(黑茶方向)量身打造,从教材内容到专业设置开全国之先河,为茶学(黑茶)专业打造出全国一流的学科,也为益阳特色产业发展提供长远助力。

如今,湘茶教育步入了前所未有的繁荣发展阶段,不同层次的茶业教育已建立起来,大学从培养茶学本科提升到培养博士学位,中等专业学校和职业学校设置茶艺和茶叶营销的课程,社会培训机构主要为广大茶业人员提供职业资格考证服务,为社会茶文化爱好者提供学习平台。总之,立体构架的湘茶教育体系为湘茶产业发展提供了人才保障。

第二节 湘茶科研发展简述

湘茶科研与湘茶教育相得益彰。人才是湘茶科研发展的保障,而科研的发展又推动了人才培养。湖南农业大学茶学系、湖南省茶叶研究所、湖南省茶叶学会是推动湘茶科学研究与推广应用的主要机构。

1960年,湖南农学院茶学专业的师生率先开展黑茶初制加工工艺及其黑茶品质化学的研究,开湘茶研究之先河。20世纪70年代,湖南农学院施兆鹏教授等人在我国首先开展速溶茶的研究,开创了我国速溶茶生产与出口的历史。20世纪80年代,施兆鹏教授主持了我国第一批茶叶国家标准的研制。同期,湖南农学院陈兴琰、朱先明等教授主持了"提高湖南绿茶品加工技术研究"和"出口眉茶成套工艺研究"课题,系统研究了提高湖南绿茶品质的各项技术内容,一举改变了湖南绿茶低品质的思维定式,开创绿茶自营出口的新局面,刷新了当时我国出口绿茶的卖价记录。20世纪90年代初,施兆鹏教授等组织精干研究团队,历经数年,对黑茶品质形成的机理进行深入研究,澄清了许多学术界模糊的认识,构建起黑茶加工及品质形成的理论框架。其成果在《茶叶科学》以黑茶专辑出版,在国内外产生巨大的影响。

1990年起,湖南农学院刘仲华、施兆鹏、黄建安、朱旗等教授,致力于茶叶功能成分的分离纯化等理论和技术的研究与创新,构建起该领域完整的理论和技术体系,并且完全实现了产业化开发,使我国在该领域达到世界领先水平。他们的"茶叶功能成分提制新技术及产业化开发"项目获2008年国家科技进步二等奖。

2000年以来,针对黑茶传统加工技术装备落后、品质不稳定、质量安全难保障、产品单一等阻碍产业发展的核心问题,刘仲华教授牵头组织了一支产学研三合一的科研团队,展开了系统的研究,揭示了黑茶加工中品质风味形成机理、功能成分的化学组成、健康功效及作用机制，发明了"调控发花技术""散茶发花技术""茯茶砖面发花技术""品质快速醇化技术"等黑茶加工新技术，有效地促进了黑茶加工生产机械化、自动化和标准化。2016年，以刘仲华、周重旺、黄建安、吴浩人等专家领衔，湖南农业大学、湖南省茶业集团为科研团队的研究项目"黑茶提质增效关键技术创新与产业化应用"荣获国家科技进步二等奖（图11-7）。

图11-7 获奖证书

湖南省茶叶研究所以应用研究为主，着重解决了全省茶叶生产中的关键性技术问题，重点开展茶树种质资源与品种选育创新及优质、高效、生态栽培，茶叶加工与利用等方面的研究、开发。新中国成立以来，他们先后在茶树育种栽培、茶叶加工生产、茶树保护等研究领域取得了成果150余项。如黄亚辉、粟本文等的"茶叶早采、丰产关键技术研究"（2005年）获得省科技进步二等奖；彭继光、吴治礼等的"提高绿茶品质工艺技术研究"（1987年），粟本文、谭正初等的"卷曲形名优绿茶机制工艺技术研究"（2006年），粟本文、黄怀生等的"茶叶提质增效关键加工技术及产品创新与应用"获得省科技进步三等奖。

湖南省茶叶学会以支持和开展学术研究、学术交流为要务。学会成立60多年来，据不完全统计，会员单位承担国家和省级科研课题150多项，获各级科技奖100多项。举办了各类学术活动200多次，参加国内外、省内外学术活动300多次。他们还举办一年一度的学术交流年会，征集评选优秀学术论文，编印学术论文集。从2016年起，他们将学术年会定名为"湖南省茶业科技创新论坛"，强化了学术交流与学术推广的职能（图11-8）。

图11-8 2018湖南茶业科技创新论坛

他们编辑的《茶叶通讯》是湖南省唯一公开发行的茶叶科技杂志,2019年入编北大《中文核心期刊要目总览》,在全国50多种茶叶刊物中,影响仅次于中国茶叶学会的《茶叶科学》。

湖南规模型茶企业纷纷投资建立科研中心。2008年,湖南省茶业集团股份有限公司投入1.93亿元兴建湖南省湘茶高科技有限公司。这是一家以植物提取物精深加工为重点,融加工、科研、茶文化展示于一体的高科技产业园,主要经营茶多酚、儿茶素、EGCG等绿茶提取物以及绿茶、红茶、黄茶、黑茶、乌龙茶及其他茶叶深加工产品,设有茶叶精深加工中心、研发和茶文化展示中心以及茶叶中转库,年生产能力达1.5万t。2014年,"白沙溪技术研发中心"由湖南省科技厅授牌,认定为黑茶行业的首个企业技术中心,自成立以来,其坚持产学研融合,引领安化黑茶产业持续发展,获得有效专利34件、国家科技进步奖1项、湖南省技术发明奖1项、湖南省专利奖1项、益阳市科技创新奖1项,其他各类奖20多项,被认定为优秀企业技术中心。2012年,岳阳市黄茶工程技术研究中心挂牌成立,其依托湖南洞庭山科技发展有限公司,开展了黄茶品种、栽培、加工领域的技术攻关,建立了覆盖全市的黄茶生产示范企业和科技示范户网络,推动了岳阳黄茶的技术创新和成果转化。2015年,湖南农业大学茶学博士科研工作站在益阳茶厂有限公司举行授牌仪式(图11-9),这是一个致力于茯茶深度开发和研究的创新科研平台,在茯茶发酵菌种资源、茯茶发酵技术控制、茯茶功能成分分离检测与应用开发技术等领域形成了高质量的产业化技术体系。2019年,湖南花茶工程技术研究中心挂牌成立,着重于新派花茶加工技术的研究。

图11-9 湖南农业大学茶学博士科研工作站在益阳茶厂有限公司举行授牌仪式

此外,一些地市级的茶叶研究所、茶叶学会也纷纷成立,开展应用技术研究,为茶叶科学技术的进步贡献一份力量。

概而言之,湘茶产业进入21世纪以来,通过科技引领,实现了跨越式发展,呈现出茶农增收、企业增效、财政增税的可喜局面。茶叶科技工作者做出的"茶叶功能成分提制新技术研究与产业化""黑茶提质增效关键技术创新与产业化应用""特异茶树种质资源黄金茶创新与利用""茶资源高效生态高效利用"等一大批科技成果,为湘茶产区的公共品牌打造提供了有力的科技支撑,推进了湖南黑茶、绿茶、红茶、黄茶、白茶和茶叶深加工产业的高速发展。

第三节　茶学科研教育机构

一、湖南农业大学茶学系

（一）发展历程

1952年，在农学系设立茶作组。1958年，设立茶叶专业，首次招生。后建设实习茶场和制茶厂，建立茶树栽培和制茶2个教研室。1963年，成立茶叶研究室（图11-10）。

1966—1969年，停止专业招生。从1970年起招收"工农兵大学生"，更名为茶果专业。1975年，在各地开办6所分院，从校本部分派出7名教师支持各分院茶叶专业工作。

图11-10　湖南农学院茶专业61级合影

1977年，恢复高考，正式招收达到分数线的茶叶专业学生。1981年，国家教委将茶叶专业定名为茶学专业，进入国家本科专业目录。

同年，获得国务院学位委员会硕士授予权。后在1982年，茶学专业和茶学学科被确定为湖南省五个重点专业之一，并由湖南农学院确定为两个重点学科之一。1985年，成立茶叶研究所。1988年，成立教学实习茶厂。1989年，建设校外教学基地——长安教学实验茶场。1990年，成立湖南农学院高技术速溶食品研究中心。1992年，从园艺系独立出来组建茶学系。1993年，获国务院学位委员会博士学位授予权。批准施兆鹏教授为博士生导师。1994年，开始招收茶学博士生（第一名博士生为张丽霞）。1995年，成立博士后流动站，茶学博士点为该站核心成员之一。1996年，与食品科技系合并组建食品科技学院。1997年，施兆鹏教授担任全国高等农业院校教学指导委员会园艺学科茶学组组长。同年，教育部与湖南省政府在本专业共建"茶学教育部重点实验室"，茶学专业被科技部定为"国际茶叶深加工技术与理论培训基地"。

进入21世纪后，在2001年，被湖南省教育厅评定为湖南省"十五"重点建设学科。2002年，罗军武教授当选教育部全国高等农业院校教学指导委员会园艺学科组成员。2003年，成立茶文化培训中心，招收茶艺师和评茶师培训学员。同年，教育部批准省部共建"茶学教育部重点实验室"。2004年，开办首届高级评茶师培训班。2006年，从食品科技学院分出，隶属园艺园林学院。同年，被评为湖南省"十一五"重点学科。2007年，茶学专业先后被教育部和湖南省教育厅确定为"国家特色专业"与"省级重点专业"。2012年，刘仲华教授领衔的"茶叶深加工与功能成分利用创新团队"入选农业部（现农业农村部）创新团队。2013年，"湖南省植物功能成分利用协同创新中心"获湖南省教育厅批准。2014年，入选首批卓越农林人才教育培养计划。同年，"茶及植物功能成分利用"团队成功入选湖南农业大学"1515"人才计划。2018年，被湖南农业大学确定为品牌专业建设计划。

（二）办学特征

坚持以教学为中心，不断优化教学内容，改善教学条件，以培养符合时代和产业发展要求的合格专业技术高级人才为目标，在探索中总结，在实践中完善，成为影响省内外的专科。

坚持产学研为一体的独特的专业办学特色。以茶叶科学前沿理论与创新技术为研究领域，围绕茶叶功能成分利用与深加工、茶叶加工理论与新技术、茶树生物技术与种质创新、茶树生理与优质栽培、茶文化与茶业经济5个研究方向，积极开展茶学人才培养、科学研究、社会服务和对外交流合作等各项工作。

现拥有国家植物功能成分利用工程技术研究中心、茶学教育部重点实验室、科技部药用植物资源国际合作研究开发基地、湖南省植物功能成分利用协同创新中心、湖南省天然产物工程技术研究中心、湖南农业大学茶叶研究所及省部共建茶学专业实验室、长安茶场实践教学基地等科研平台和教学基地。

（三）师资力量

现有教职工中国工程院院士1名，教授11人，副教授13人，硕士生导师16人，博士生导师7人，25人具有博士学位，国家级新世纪百千万人才1人，湖南省科技领军人才1人，教育部新世纪优秀人才2人，全国农业科研杰出人才及创新团队1个。2009年在全国茶学学科中第一个入选"教育部创新团队发展计划"，同时先后获得湖南省优秀科技创新集体与湖南省高校科技创新团队。

第一代茶学教学团队，有茶树育种专家陈兴琰教授、茶叶审评专家陆松侯教授、制茶专家朱先明教授、茶叶生物化学专家阮宇成教授，还有王建国教授、王融初教授等，奠定了茶学学科的发展基础。

茶叶专业的早期毕业生，如施兆鹏、陈国本、黄祖法、黄意欢、杨伟丽、唐明德、刘富知等成为后继的教授。之后，又有谭济才、徐仲溪、罗军武、刘德华、唐和平、朱旗成为茶学专业教授。有刘仲华成为中国工程院院士。黄建安、肖力争、肖文军、周跃

图 11-11　2015年茶学系教师合影　　　　图 11-12　2020年茶学系教师合影

斌已成为国内知名教授。还有傅冬和、禹利君、王坤波、龚雨顺、朱海燕、刘硕谦等教授在职授课。

目前，师资队伍、教学条件、教学质量、就业水平、科研成果、国际合作等多方面保持着国内同类专业的先进水平，是办学层次最多、办学条件最好、在全国高等农业院校中最具影响力的专业之一（图11-11、图11-12）。

（四）主要成果

近10多年来，先后承担国家973计划、863计划、国际科技合作计划、国家自然科学基金、APEC基金等重点项目50多项；先后获得国家科技进步二等奖2项，湖南省科技进步一、二等奖各3项，湖南省技术发明二等奖1项及湖南省科技进步三等奖2项；通过国家茶树新品种审定1个；主持或参与制（修）定国家标准及湖南省地方标准及团体标准30余项；获得授权国家发明专利80多项；发表学术论文500余篇（SCI收录50余篇、EI收录12篇）；获得全国百优博士论文提名奖1项（全国茶学学科唯一）、湖南省教学成果奖2项，国家一流本科在线开放课程2门，全国高等农业院校优秀教材1部。

60多年来，培养了近10000名各层次的人才，其中本科以上3000余人、硕士400多名、博士研究生100多名和一批外国留学生、进修生，以及茶学专业技术的职业人才近5000名。

二、湖南省茶叶研究所

（一）发展历程

湖南省茶叶研究所创办于1910年左右，其前身是湖南茶叶讲习所，在长沙成立。后于1920年，迁至安化小淹镇。1928年，更名为湖南茶事试验场，其是湖南省级茶叶科研机构的正式设置。1932年，设立高桥分场，正式开始茶叶研究工作。同时，收购安化黄沙坪白泡湾茶山300亩，作为实验场地。1936年，改名为湖南省第三农事试验场。1938年，合并于湖南省农业改进所为茶作组，辖安化茶场及高桥分场。1942年，安化茶场成立砖茶部。1946年，湖南省制茶厂成立，安化茶场并入为研究单位。1947年，安化茶场复归属湖南省农业改进所。同年，湖南省农业改进所设茶叶等12个组，安化茶场更名为安化茶业改良场。

图11-13 褒家冲茶场场长杨开智等人合影

新中国成立以后，在1950年，中国茶叶公司安化支公司接管安化茶业改良场，成立中国茶叶公司安化茶叶试验场，又改名为中国茶叶公司安化实验茶场，原高桥茶场由省农林厅接管。同年，中国茶叶公司湖南省公司将安化褒字农场、长沙高桥茶场、岳阳君山茶区一并划给公司接管经营。同年，在高桥茶场原址设高桥示范茶园。该公司长沙茶厂设高桥茶叶初制厂。1952年，安化实验茶场更名为湖南省人民政府农林厅安化茶场，高桥初制厂与示范茶园合并为湖南省人民政府农林厅高桥茶场。1954年，安化茶场被移交给安化县政府接管领导，改为县茶场。同年，高桥茶场增设试验研究工作。1955年，高桥茶场改名为湖南省高桥茶叶试验站。1958年，开办湖南省茶叶技术学校，连办2届后停办（图11-13）。1961年，改名为湖南省茶叶试验站，设栽培组、品种组、植保组和加工组。1964年，划归湖南省农科院领导，改名为湖南省农科院茶叶试验站。1971年，改名为湖南农学院茶叶试验站。1975年，正式改建为湖南省茶叶研究所，由胡应南任书记。设茶树栽培、茶树品种、茶叶加工3个研究室和茶树保护组。

1980年，茶树保护组扩大为茶树保护研究室，并新建茶叶技术开发研究室。1988年，新建茶叶实验基地。1989年，将茶叶技术开发研究室改建组成茶叶技术服务部。有实验茶园和2个实验茶厂。1995年，改设栽培育种部、加工利用部。1996年，所部迁至马坡岭基地新址办公。同年，成立茶树保护部。高桥原址改为所属实验茶厂。1997年，设湖南银峰科技开发中心。

进入21世纪，在2001年，保留品种栽培研究室、加工利用研究室，新设有机茶研究与开发中心、分析测试中心。改名为湖南天牌茶业有限公司。成立湖南省茶叶检测中心，隶属湖南省农业科学院领导，挂靠湖南省茶叶研究所。2007年，设育种栽培研究室、加工与综合利用研究室、茶文化研究室、名优茶研究室、茶叶绿色高效技术研究与推广中心。2017年，设置科研管理科、科技服务科、资源育种研究室、加工利用研究室、栽培植保研究室、茶业经济研究室、茶叶检测中心、《茶叶通讯》编辑部等。

（二）目前概况与成果

湖南省茶叶研究所现位于长沙市芙蓉区隆平高科技园内，是正处级公益一类事业单位，主管部门为湖南省农业科学院，实行院党委领导下的所长负责制。

职能部门有科研管理科、科技服务科及资源育种研究室、栽培植保研究室、加工利用研究室、茶业经济研究室、茶叶检测中心、《茶叶通讯》编辑部、实验茶场、湖南天牌茶业有限公司。以应用研究为主，着重解决全省茶叶生产中的关键性技术问题。重点开展茶树种质资源与品种选育创新及茶树优质、高效、生态栽培，茶叶加工与利用等方面的研究、开发。通过技术示范、基地建设、技术咨询与技术服务等形式，为全省茶产业发展提供科技成果、良种茶苗和技术支撑。

现有实验茶园35hm^2，良种茶苗繁育基地8hm^2，实验茶厂2个，面积6000m^2。在职职工152人，其中科技人员68人（研究员10人，副研究员22人，博士3人，硕士26人，享受国务院特殊津贴专家1人）。

目前，其茶叶检测中心设备齐全，拥有高效气相色谱仪、大型薄层扫描仪、原子吸收光谱仪等先进仪器设备，中心获省计量认证与省工商局流通领域产品质量检测授权。

新中国成立以来，先后获得较重要的科技成果100余项。其中1978年湖南省科技大会后获奖成果达70多项，获国家发明专利3项，育成并经审（认）定的国家级良种5个，省级良种12个。成果利用率在70%以上，产生了良好的经济效益和社会效益。

承办的学术期刊《茶叶通讯》，发行国内外，影响因子居国内省级茶叶专业期刊前列，2018年晋升为北大"中文核心期刊"。

所辖湖南天牌茶业有限公司成立于2000年，具有进出口权，其前身为1989年成立的茶叶技术服务部，1997年更名为湖南银峰科技开发中心。主要经营名优茶、良种茶苗及茶叶出口，获有机茶加工与出口认证，2007年销售额达到1000多万元。2008年出口茶叶170t，销售金额114.6万美元。

三、湘茶学院

湘茶学院是湖南商务职业技术学院的独立二级学院。由湖南省茶业集团、湖南省茶业协会、湖南省茶祖神农基金会协助，于2013年建立。其陆续为省内茶叶经营企业输送出具有本专业基础知识，能胜任茶叶销售经理助理、专营店面主管等岗位的高素质茶叶营销人才。

2014年，申报茶叶评审与营销专业，设置茶叶营销班，连续2年招生达97人。2016年，涉茶类的高职专业只有茶艺与茶叶营销专业和茶叶加工与栽培专业，后来，增设了相应的专业，是湖南省唯一一所设立该专业的高职院校。从2017年开始，其以电子商务专业为主体，与湖南省茶业集团电子商务有限公司全面合作，服务湘茶电子商务建设，助力公司营销模式的拓展与转型，在全省产生一定的影响。2020年，有茶艺与茶叶营销专业在校生150余人，教师团队7人。从2015年开始，每年均有50%左右的毕业生进入湖南省茶业集团股份有限公司、湖南省唐羽茶业有限公司等龙头企业工作，大部分走上店长、销售部经理等岗位。学院师资通过到企业挂职与担任顾问等方式为企业提供智力支持，助推了湖南省茶叶经营企业营销模式的拓展与转型。

四、吉首大学旅游与管理工程学院

吉首大学旅游与管理工程学院的茶艺与茶文化课程开设于2012年，是湘西地区唯一一所在本科院校设置茶学的院校。具体包内容为旅游类专业课程"茶艺"、学校通识课程"茶艺""茶文化"等。2016年，"茶艺"作为新开课程被确定为该大学重点建设课程（图11-14），成效十分明显，一是在教学中重视学生的实操技能

图11-14 "茶艺"课程

的训练，大部分学生达到了国家中级茶艺师的水平。二是学生综合素质明显提升，多次参与市政府、企事业单位的各类茶事活动，起到高层次茶学知识指导作用。

五、张家界航空工业职业技术学院

张家界航空工业职业技术学院是全国仅有的两所航空制造类高职院校之一、十五个国防科技工业职业教育实训基地之一。1998年，开设旅游管理专业。2013年，配置了"茶文化与茶艺"课程。还建立了茶艺实训场所，主要培养具有中国茶文化、茶艺美学与表演艺术、茶叶市场营销等基本理论与实际操作技能的复合型高技能人才。

六、张家界市高级技工学校

张家界市高级技工学校是张家界市唯一的五年制省部级重点高级技工学校。一直致力于培养专业茶艺教师和学生,其旅游系专门开设了茶艺课,多次参加茶艺实践和比赛,取得了良好的成绩。2015年,其学生代表队参加张家界市茶艺比赛,并获奖。2016年,选送教师参加初、中、高级茶艺师和评茶员评定,全部通过。2017年,参加武陵山片区茶艺比赛,并获奖。2018年,承办"张家界春天茶会·桑植白茶发布会"茶艺展示任务,圆满完成各项任务。目前,旅游系全体教师已获得中级茶艺师资格。

七、张家界旅游学校

张家界旅游学校一直就重视有关茶文化的教学、教研。在高星级饭店运营与管理专业、旅游服务与管理专业的人才培养方案中,均明确提出学生应掌握茶的基本知识和实操技能,自主考取茶艺师证书;"茶艺概论"在高星级饭店运营与管理专业中是专业技能课,在旅游服务与管理专业是拓展课;学校茶艺教学教师还经常组织学生到本地茶厂进行实地教学,深度挖掘本地茶文化。

八、安化县职业中专(安化黑茶)学校

安化县职业中专(安化黑茶)学校是安化县内唯一一所由县政府主办,县教育和体育局主管的全日制中等职业学校,创办于1956年。现为"一校二区"格局,加挂"安化黑茶学校"校牌。其深度对接地方黑茶优势产业,调整专业结构,开设机茶叶生产与加工、旅游服务与管理等11个专业,是县内规模最大、开设专业最全、办学特色最显著的一所综合性中等职业学校。

九、华莱茶学院

华莱茶学院位于安化县万隆黑茶产业园,隶属于湖南华莱总部,是为促进中国传统茶文化的发展,推动黑茶产业而建立的一所文化培训院校。开设茶道、花道、香道培训与传播等课程。自2017年以来,已培训2200多名中、高级茶艺师。

十、常德茶叶所

常德茶叶所隶属于常德市农林科学研究院,为正科级研究机构。现有事业编制人员5名,主要从事茶树栽培和育种、茶叶加工和深加工、茶文化传播,以及区域内野生茶资源调查保护利用、茶产业发展调研建议等茶叶科研工作。

十一、其他茶叶技能培训机构

湖南省主要茶叶技能培训机构见表11-1。

表11-1 湖南省主要茶叶技能培训机构

序号	机构名称	地点	成立时间	负责人
1	湖南省茶叶研究所培训中心	长沙市	2013年	许菁
2	湖南农业大学园艺文化传播中心	长沙市	2003年	朱海燕
3	湖南楚玖文化传播有限公司	长沙市	2017年3月	陈琼玖
4	湖南省益娥茶业有限公司益娥茶学堂	长沙市	2013年1月	贺益娥
5	湖南晓光工匠教育培训有限公司	长沙市	2016年	杜俊鸿
6	湖南商务职业技术学院湘茶学院	长沙市	2016年5月	孔军山
7	湖南知境静文化传播有限公司	长沙市	2017年2月	周静
8	善水茶学堂	长沙市		邓玲利
9	长沙市馨月茶文化传播有限公司	长沙市	2014年9月	张馨月
10	长沙花语茶香培训学校	长沙市		
11	德和堂	长沙市		
12	长沙市雨花区慢修荟茶文化中心	长沙市	2016年10月	罗依斯
13	株洲艺芳轩茶文化有限公司	株洲市	2014年6月	周宣
14	岳阳市莲心堂传统文化培训学校	岳阳市	2017年2月	熊岳华
15	馨玥茶艺空间	岳阳市	2016年6月	陈玥嘉
16	常德市爱英茶院	常德市	2014年	黄爱英
17	湖南省石门县茶昭君茶文化传播有限公司	石门县	2018年4月	董昭
18	华莱茶学院	益阳市	2017年8月	陈勋
19	湖南省日月轩文化有限公司	安化县	2015年6月	陈勋
20	汉风宋韵·点茶馆	郴州市	2006年	何丽
21	翰林院生活美学茶馆	郴州市	2003年	伍百年
22	湖南竹里茶文化有限责任公司	邵阳市	2016年12月	严晓
23	怀化市茗悦职业培训学校	怀化市	2016年4月	余清华
24	娄底市渌羽职业技能培训学校	娄底市	2019年5月	聂艳红
25	湘西州春露茶艺师协会	湘西	2019年5月	龙燕

第四节 湖南茶业行会

一、历史简述

湖南茶业行会的出现可追溯到唐代，当时的行称作行铺。长沙实行坊市制，在规定的地点经商，经营同一种商品的店铺集中在一条街上，同类手工业作坊也集中在一块，形成行业的组合。茶叶加工制作和销售的店铺集中在闹市区，老板们自愿拉帮结伙，商议一些与茶叶有关的事情。这就形成了茶业行会的雏形。

宋代，城市的界限被打破，商人和小手工业者在缴纳赋税的条件下可随处开店、开坊，行会涉及的人数增多，地域更加宽广。这样，就被朝廷利用，成为官府管理和统治的一种重要组织形式。《梦粱录》中"团体"所说："市肆谓之团行者，盖因官府回买而立此名。"此时长沙的茶业行会权力甚大，对内涉及组织货源、分配货物和货币，对外排斥非行户、垄断市场。

明代，湖南茶业行会的做法仍沿宋制。其时，长沙出现一些会馆。这是某个地域的商人到长沙经商，自愿结成的组织。大多商人的类别不限，茶叶商人包含在内，但没有专门的茶叶会馆。

清代，行会的性质又有变化，不仅保留了原有的行业管理职能，而且还具有了帮会的性质。长沙商人经商，皆自行成帮。有以同业为帮者，有以同籍为帮者。同行业的帮会各自祭祀一个祖师神主，不同程度地带有

图11-15 清光绪年间"长沙府安化县黑茶条规"碑

图11-16 清道光二年铁码（刘雁标 收藏）

教义成分。长沙的茶业行会相继出现，均制定了明晰的清规戒律，用以约束每位成员（图11-15、图11-16）。

（一）湖南省城长沙茶业条规

茶厘照章完纳外，凡地方要公应输捐者，公同酌议，照箱额包摊派，不得隐徇推诿，紊乱商规，违即议罚。

陋规禁革后，同业人不许钻营，假通声气，私出陋规。至有觊觎茶业，藉公苛勒者，务须向茶业公所鸣论斟酌，亦不许徇隐，私行授受，衅起事端，违即议罚。

雇经纪无论在大号、仔庄，不许浮称抬盘戕货，收潮湿毛茶，亦不许勾通帮伙，预支用钱，希图脱卸认赔号中欠秤等弊，违即公同斥革。

收买山户负贩茶叶，兑钱与称码仍照向章，不得增减。其钱亦须过手足数，免致竞争滋事，违即议罚。

各号帮伙、经纪、百工，如查实舞弊确迹，虽斥退不用，亦须告知公董，倘同业徇私，或存别见，雇请者公同加倍议罚。

拣茶工人，应遵号规，拣选尽净，不得怠玩作弊，尤不得怯众喧闹、不服稽查。其拣价发茶多少，均照向章，违即公同送惩。

船户装运茶箱，不得疏虞，破损沾潮，以重工本。至装茶包、花香，更不得故意踩烂、偷漏，希图渔利，其运价均照向章，违即公同禀究。

（二）长沙府湘乡县茶业条规

我帮茶业，历有成规。近因人心不齐，苟且图利，往往得不偿失，匪特号主莫获赢余，而园户亦因之失利。今与各计公议条例，开列于后，望凡贸此业者，共相遵守可也。

今年茶贸只做洋箱，所余号片值价无几。凡各园户，须趁谷雨时摘采嫩尖，发汗两次，揉成细索，稍涉粗泡，概不收办。

晋茶以干燥为主，凡属潮湿，概不起样。

旧年陈茶，乡间存贩甚多，凡贩户不得搀和诡售，致坏气味。

产户如有搀和茶子树荪、地灰等弊，一经看出，除焚毁本茶外，公同议罚。

拣茶及筛茶人等，务须安静，毋得拥挤喧闹，藉端滋扰，违者斥究。

脚去下货，只许一直送河，不准重领搬寄，倘因此滋扰，责罚不贷。

船户领载箱茶号片实码若干，运至汉镇，不得损坏欠称。各记预将船钱扣存一半，待归埠算给，如有损坏欠称等弊，除扣除船力外，公同追究不贷。

（三）长沙府安化县黑茶条规

颁发官秤：秤茶照奏定章程，用十六两足秤。银买银兑者，戥较库短三分，合市秤九七六。

规正兑算：产户兑帐，每串钱给行用钱五十七文，作九四三兑算，不得抹尾短算。

额定斤两：黑茶成包，照章二十四斤，毋得多取。

禁止野茶：安化产茶最佳，驰名中外。屡经宪示，不准外县野茶入境，搀坏货色，有累客商，并防搀入项茗。

持平交易：买卖茶叶，须公平交易。成交之后，产户不得贪价翻悔，客商亦不得多方卡抑。

搀草和沙：产户奸狡者，或于茶内搀草和沙，一经看出，公同将茶烧毁示罚。

背地洒潮：产户于成交之后，将茶洒潮，一经客商看出，鸣公处罚外，仍责烘燥。

如途中遇雨渗湿者不在此例。

包换印：成交归包后，客商加灰印为记，产户或将灰印变动，换茶包，一经查出，从重罚处。如运夫在途撞坏印记，货色相对者，不在此例。

肩挑船运：产茶者多则数百包，少则数十包不等。向由行户邀客，沿乡收买，不准肩挑船运，自行携样投行买卖，以免纷沓拥挤，易滋弊端。

脚夫舞弊：脚夫运茶至行，倘在中途破坏灰印，偷取茶叶，鸣公罚处，永行禁革运货。

按：安化后乡一带出产以茶为大宗，初有黑茶，引商贩运，销售西北各路。自有明以来，林通判禀定黑茶章程，用十六两正秤，额定二十四斤成包，照包作价，日久弊生。至乾隆时，经邑绅陈可久等上控各大宪，抚宪陈奏定，仍旧章办理，并严革野茶，振举商业。浸淫茶商，称茶斤两不一。道光二年，前县宪刘绩成铸定法码重十二斤，茶重两码为一包，合计二十四斤。行户用照例三分收用，各行违例多收二十七文，共计每串抽用五十七文，均皆出自产户，故作九四三兑账。该行等又巧立名目，于买茶成交结账之后，每包外取钱一百文，名曰背手钱，今甚有每包浮收至钱二百，或银一钱五分不等。安化田少山多，丰收之年亦不够半年粮食。全资邻县产谷之区转运接济，藉茶价告出以谋生活者十之七八。况产茶之家半属穷民，每岁锄茶树需工，摘茶需工，踹茶需工，拣茶亦需工，黑茶尤需柴炭烘焙，每每入不敷出。小民之生计有限，层层剥削，其何以堪？至咸丰四年，五口通商，始行创办红茶。其买卖规则，每百斤不论不无灰末，扣茶四斤，作为抛灰挽末。计净九十六斤。经茶工焙筛车拣，只能成米茶七十六斤，即以九十六斤作为八折扣，算得七六八，又只以七六扣算红茶正称，将八尾抹去，作为样茶，其八尾合正科十二两八钱。至今买茶，犹另取样，或三四五斤不等，甚或高悬短喊，任意逞逞，漫无规则。茶价内商人应给行用钱，照例三十文，今于产户茶价内每串扣钱五十七文以给行户，行户又瞒商人，于茶价内每串多取背手钱五十文，共一百零七文，只得九七钱八百九十三文。又以地方向用九七制钱，再以九七折算，止得足钱八六六兑账，最后事机败露，此五十文之背手钱，商人不准行户收取，亦不归于产户，转归商人照常收去，假作八六六兑十足钱。奸商恶行，交易成规，侵渔乡民，深堪痛恨。以视桃源之红茶章程，订定官称十九两二钱（因除灰末三两二钱）作九九五扣样核算，并用库尾，比其枯菀不啻霄壤矣。惟十足兑钱，尚未变更，如用常德九七二纸币，每串补钱二十八文，今常票连年倒闭，不能通行，改用官票兑十足铜元，照章作九八制钱扣算买茶作十足钱兑，每串应补水二十文。县宪胡已经出示晓谕，乃奸商违示，均不补水，是八六六内又少二十文。实得足钱止八四六矣。

是十足兑钱之成例，亦将破坏。计邑受害匪浅，非主持新政者于此力为禁绝，则安化其有豸乎。

（四）长沙府安化县采买芽茶章程

县北大桥、仙溪、龙溪、九渡水四保额派贡茶斤两，茶税银一两二钱七分八厘，因各行借采肆害，同治八年，经县示革。饬贺奇枝等集费置产，派立户首，承办纳县，嗣后境内永禁请贴充行。厘定章程列后：

四保贡茶，每岁谷雨节前，由县发价，户首承领，赶紧办纳，毋得搁延，致干迫责。

四保茶税银，每年户首按照钱粮扣明早完，毋得短少拖欠，有误惟正之供。

立户首，宜择殷实老成，保举充当，轮流扦拨，三年一换，毋得争赖。若误公为私者，立即革除。

公置田产，原为贡茶税根，值年户首，秋后收租，仲春谷，将赀向产户买收生叶，每斤定价铜钱一百六十文秉公办理。遇有余剩，共同掌管，放外生息，永保贡税。

产户茶芽，兴败无常，务须三年一派，以昭平允。至某户该生叶若干，各宜按候摘交户首。以便征纳，毋得违误致干追究。

户首办理公务耗费，登簿逐注，年清年款，以杜侵渔，如有吞嚼，除赔偿外，尤宜严惩。

户首纳茶，由工科经手，过秤缴署，每斤以十六两为定，毋得用重多索，而客商用秤，尤宜懔遵，违者许指禀究。

产户卖茶，交代宜清，底面宜合，毋许挽合伪冒，阴累客商，如违准罚。

客商入境，任便投寓，沿乡买茶，务须看实，比面成交，须用九九青线足价，出货经日，不准退悔，样茶毋得打收，如违，许指禀究。

落户须顾客本，毋得支扯及阴交伙计，坐占暗股，于中射利，尤不得向产户需索及求赊挂账，致生少价阴货等弊，如违，查觉罚革不贷。

（五）长沙府安化县红茶章程

照得安邑茶行规条，向经官定，立法本良。无如日久玩生，弊窦丛出，商人产户，受累无穷。本县莅任以来，访知底蕴，详加咨访，厘别定章，俾商民买卖公平，永无流弊。适据各绅民等恳请示定前来，所以章程，逐条开列于后：

行秤，照刘公秤每斤以十六两四钱为度，由县校准，印烙颁发，不准私设大秤，更换印码。茶叶过秤，由产户看明斤两，毋许高悬短报，压秤折扣，称完退皮，仍用原秤，不得另换小秤。

行客买茶,必须现钱交易,不得赊欠。回银回钱,先须凭行说明,钱买兑钱,银买兑银。若系兑银,即照银色时价核算,比足交清,有假包换,不准高抬价格,短少平戥。如系兑钱,遵用九七通典,亦不得换私短数。如有毛钱,数少者,听产户随便提数,以五千为度,当面数明,其余照章补。务须分栽号图,执照互合为记,免致混争。

茶叶须照咸丰四年旧章,无论有无灰末,每百斤除净以七十六斤归数,不准再加折扣。

产户挑茶到行,如价值不合,听其另行投行售卖,行户不得阻卡留难。惟茶叶务须拣净,不准磨尖打末,头细底粗,以及挽草潮湿情弊,至病行商。

茶行开拣,须将男女分别,不许混杂嬉戏。男工不准倚强诓拣,女工拣茶多少,照数给钱,不准以少报多,致滋弊窦。如有奸商痞棍,倚势恃财,乘机调谑欺压平民,立即加等重究。

各埠脚夫起运钱货,不准争挑霸运,损失客货。

以上八条,各该行商产户人等,务须永远遵守,毋得玩视。倘敢故违,一经访闻,或被告发,定即拿案从严咎办,决不姑宽。其各凛遵毋违,特示。黑茶另四章,务须遵办,不得以庄变黑,致坏成规。

二、行业协会

(一)湖南省茶叶学会

成立于1958年。在湖南农学院召开了第一届理事会,选举著名茶学家马川担任理事长、著名茶学家陈兴琰为副理事长。届时为提高我国红碎茶出口能力,作为主要参与单位攻克了红碎茶加工技术难题。同年创办会刊《茶讯》(现《茶叶通讯》)。1959年,归口到湖南省农友会,称茶叶学组。1978年,湖南省科委召开恢复学会活动,由著名茶学家陈兴琰担任理事长、朱先明担任秘书长。1980年,积极参与提升湖南绿茶出口竞争力的工作。1990年,着力解决"卖茶难"的问题。

进入21世纪以来,每年组织科技人员到全省各产茶县开展茶叶科技下乡活动,从区域规划、茶园种植、产品结构、产品加工、包装储运、产品销售、品牌宣传等全方位进行指导。2011年以来,免费为茶农解决技术难题,现场培训茶叶生产人员360人次,发放科普资料400多种。为基层茶农和中小茶叶企业生产技术和经济效益的提高做出了重要贡献。注重产业发展对人才的需求,先后举办各类技术培训班40多期,数千名茶叶生产、销售人员接受培训。

60多年来,共举办了各类学术活动200多次,参加国内外、省内外学术活动300多次。围绕湖南茶产业发展的热点、难点问题,坚持每年召开一次学术年会,征集评选优秀学术论文,编印学术论文集。从2016年起,将一年一度的年会定名为"湖南茶业科技创新论坛"。积极协助国家级茶叶行业组织和其他省市举办大型茶事活动,参与策划国家级大型茶事活动。先后主办、承办或协办"2007国际茶业大会暨展览会""2008中国绿茶(古丈)高峰论坛""中华茶祖节暨茶祖神农文化论坛""中国湖南第二届茶业与旅游业对接高峰论坛""首届中国·湖南(益阳)黑茶文化节暨安化黑茶博览会""第九届中国茶业经济年会暨首届中国(岳阳)黄茶文化节和第二届中国岳阳黄茶文化节""中国花茶技术创新论坛""中国·武陵山(沅陵)首届生态茶文化旅游节"等。

为落实中央和全省大湘西精准扶贫战略,全力推进湖南省茶产业的提质增效与发展壮大,提高湘茶品牌的影响力与市场渗透力,在省科协、省发改委的支持下,恢复"湘茶杯"名优茶评选工作,每三年开展一届"潇湘杯"湖南省名优茶评比,综合评比结果及对各参评产品的产销历史、产业规模、市场占有率、消费者认可程度等因素,推出新的"湖南十大名茶"。

2007年,被评为"全国省级学会之星"。2009年,被中国科学技术协会评为"全国学会300强"。2010年,被民政部授予"全国先进社会组织"称号。2010年至今,每年被评定为湖南省科学技术协会绩效考核优秀等。2018年,被湖南省科学技术协会评为先进基层党组织。

历届理事会成员、常务理事,均是湖南茶叶科技教育界和茶产业界的骨干力量。目前,其作为省科协领导下的省一级学会,挂靠湖南农业大学。现任理事长为萧力争(教授),秘书长肖文军(教授)。有团体会员单位100多个,个人会员1520余名。

(二)湖南省茶业协会

是经省民政厅备案的湖南省茶叶行业社团组织。成立于2005年,业务主管部门为湖南省供销合作总社。是湖南茶产业地方性、行业性、非营利性的茶行业社会组织,是连接茶农、企业和政府的桥梁和纽带。主要通过搭建公共服务平台,贯彻落实相关政策,提供指导、协调和服务,引导和促进全省茶叶科研、信息、生产、加工、贸易的合作与交流,引导、规范全省茶产业的生产经营活动,促进茶产业持续健康发展。

目前,第四届理事会拥有团体会员单位645个,个人会员335个,理事569名,常务理事249名。会长周重旺,秘书长王准。设有茶馆、技术推广、茶叶贸易、电子商务等11个专业委员会;设有秘书处、办公室、会刊编辑部、财务部、网络部、宣传部等部门。通过平台、各专业委员会活动及分类指导,服务覆盖全省85%以上的茶叶企业、70%以上专业合作社、50%以上的茶农。在株洲、长沙、郴州、湘西等6市（州）和衡山、澧县、桂东、南岳、常宁、慈利、桂东、临湘、平江、新化、中方、宜章、汝城、蓝山、吉首、保靖等20多个县建立了茶业协会。

协会坚持按茶业发展规律办事，实行科学决策，建设和谐协会，促进产业团结合作；坚持"上规模、创品牌、拓市场"方针，以市场为导向、以助农增收为落脚点，引导产业围绕规模和效能转、企业围绕市场和效益转；强化茶叶科技创新，加快茶树良种的培育、推广和产业结构调整、产业技术的提升，依托茶科技和茶文化支撑现代茶业的发展；推动全省茶业资源的整合，大力培育一批龙头企业和茶叶知名品牌；大力加强茶业人才队伍培养，打造一支优秀的茶业湘军。

协会向湖南省政府及相关部门递交了"加快湖南茶产业发展、打造千亿湘茶产业"的建议报告，进入省委、省人大、省政府、省政协及相关部门决策层面，促成了省政府《关于全面推进茶叶产业提质升级的意见》《湖南省茶叶产业发展规划》《关于支持我省茶叶产业发展的意见》和《关于加快大湘西地区茶叶公共品牌建设的实施方案》4个文件出台，促成全省形成四大茶叶产茶带，湖南红茶、潇湘绿茶、安化黑茶、岳阳黄茶四大省域公共品牌，结合全省传统多茶类优势，结合花茶和创新白茶的特色，逐步形成全省"三湘四水五彩茶"的大产业格局。

确立了神农的中华茶祖地位，并由此丰富和发展了以茶祖神农为源头的湖湘茶文化。通过"中华茶祖文化论坛"和一年一度"中华茶祖节暨品茗思祖月活动"的举办，组织编写的《湖南茶业》《茶祖神农》《湖南黑茶》《魅力湘茶》《中华茶祖论》《魅力湘茶诗词歌赋》等多部专业著作，揭示了湖南茶叶历史文化的厚度、深度，确立了湖南茶业在中国乃至世界茶文化、茶产业中的地位。每年定期召开全省茶叶行业工作会议。倡导并每年举行了"中华茶祖节""中国·湖南（益阳）安化黑茶文化节"，弘扬宣传茶祖文化、推介茶品牌。组团带领全省茶叶企业参加广东、北京、上海、山东等国际茶博会。每年定期在长沙红星国际会展中心举办"湖南茶业博览会"。组织湖南茶叶"茶三十""茶祖神农杯"评选、推介、宣传等工作。

先后被中国茶叶流通协会评为全国先进茶叶行业组织，被中华全国供销合作总社授予"全国供销合作社优秀行业协会"，被民政部授予"全国先进社会组织"等称号。2017年被民政部评定为5A级行业协会。

（三）湖南省大湘西茶产业发展促进会

根据湖南省政府批准，湖南省发展和改革委员会、湖南省农业委员会联合印发的《关于加快大湘西地区茶叶公共品牌建设的实施方案》文件精神，由湖南省茶业龙头企业、高校、科研院所、行业组织共同发起，经湖南省民政厅核准登记的非营利性社会团体法人。该促进会成立于2016年，会长刘仲华，秘书长尹钟，目前共有会员单位82家（图11-17）。该会坚持以市场为导向，以品牌为引领，以企业为主体，以科技文化为支撑，以"生态、安全、有机、优质"为内涵，重点打造古丈毛尖、黄金茶、碣滩茶、石门银峰等"潇湘"大湘西茶产业集群品牌，提高市场占有率和企业竞争力，做大做强大湘西地区茶叶产业，带动茶农增收致富，达到精准扶贫，实现湖南茶业健康、高效、可持续发展。

图11-17 2019大湘西茶产业营销班

2017年，大湘西地区实现茶园面积147万亩，茶叶综合产值290亿元，带动213万茶农增收致富，人均年收入6200元。现在，该会着力把地区资源优势转化为产业优势、生态优势转化为品质优势、品质优势转化为品牌优势、文化优势转化为市场优势、规模优势转化为效益优势，积极打造中国生态有机茶产业中心、茶旅融合发展的文化旅游中心、优质出口茶叶生产配送中心。2020年，实现茶叶综合产值500亿元，茶农人均年收入1万元以上。"潇湘"茶公共品牌已成为全国知名的茶叶品牌。

（四）湖南省红茶产业发展促进会

经湖南省政府同意，湖南省民政厅批准，成立于2018年。伍崇岳当选会长兼秘书长。该会抓住国内红茶兴起、"一路一带"倡议的战略机遇，着力加大湖南红茶的品牌建设力度，助推脱贫攻坚，促进产业兴旺，实现乡村振兴。按照"安全、优质、高效"的总要求，实施"一三五战略"，即打造一个"湖南红茶"公共品牌；突出"品牌建设、市场营销、茶旅融合"三大工程；建设"组织领导、品牌塑造、市场开拓、技术支撑、文化创新"五大体系。重点推进红茶资源整合，努力构建新的增长极，加快千亿产业建设步伐。一年多来，在省农业农村厅直接领导推动下，重点组织开展了标准体系、产品体系、商标注册、品牌宣传推介、展示展销等工作。通过各类节会平台、媒体宣传带动湖南红茶现场交易额13.21亿元，签订协议购销合同105.6亿元。至2018年底，全省生产加工红茶从2017年的3.7万t增加到2018年的5.1万t，增长37.8%；红茶综合产值从2017年的47亿元增加到2018年的90亿元，增长91%。在该会的努力下，湖南红茶品牌影响力不断提升，全省发展红茶产业的积极性高涨。

（五）湖南省茶馆行业协会

2021年1月12日，在湖南省民政厅、文化和旅游厅、发改委、商务厅、农业农村厅、市场监督管理局等政府单位的关心指导下，湖南省茶馆行业协会第一届会员代表大会暨成立大会在湖南长沙隆重举行，这标志着湖南省茶馆行业终于有了自己的"家"。湖南省茶馆行业协会作为湖南茶馆行业内唯一的省级社会组织，旨在繁荣湖湘茶文化，拟定以平台化、资源化、品牌化、开放化的"四化"方针为工作路线，链接产学研资源，形成湖湘文化标识；以茶旅为基点，依托互联网技术，做智能的湘派茶馆地图、湘派茶馆路线，将独立的茶馆业态融入湖湘文旅大发展中去。推动湖南茶馆行业以"文化"为核心内驱，荟萃多种文化元素，凝练潇湘主题，打造集文化展示、交流鉴赏、沟通休憩、消费体验等功能为一体的、集中体现湖湘人文风貌的"城市文化体验空间"。做大做强"茶、水、器、艺、食、旅、文"多元融合的湘派茶馆。大会通过第一届会员代表大会选举产生了湖南省茶馆行业协会第一届理事会，选举产生常务理事单位与副会长单位，并选举湖南农业大学朱海燕教授担任协会会长，湖南省茶叶研究所副研究员肖蕾任协会秘书长。中国工程院院士、湖南农业大学教授、博士生导师刘仲华任协会名誉会长。协会的成立将带领湖南省茶馆行业书写新的篇章。

成立至今，积极推动会员单位与各地茶叶生产企业之间的业务联系，先后带领会员走进古丈、益阳、茶陵、常德、宁波、贵阳、重庆、新昌等地与当地茶叶生产企业举行产销对接，搭建了一个茶产品与消费者平台，使湖南名茶直达酒店、茶馆、超市等终端市场的对接。举办茶乡行活动和产销对接会议，拓宽了茶叶生产企业和各地茶馆的供货、购货渠道。

为了在全国提高地位，组团参加各类活动，加强与中国茶叶流通协会、中国国际茶文化研究会的对接。从2009年开始，每年推荐优秀茶馆参与由中国茶叶流通协会举办的全国百佳茶馆评选，从最初入选2~3家到现在的每次10多家。在全国独成一派，被称之为"湘派茶馆"。

举办湘派茶馆高峰论坛等各类茶事活动，牵头编写《爱茶人》丛书，分为5篇：识茶篇、品茶篇、爱茶篇、茶道篇、湘茶篇。内容新颖，图文并茂。出版发行量2万本，创湖南茶书单次印刷量之最。该书是茶企业、茶馆培训员工的主要教材。每年举办协会成员茶馆经营班、茶艺师培训班，免费培训学员3000人次，为茶馆输送了大量优秀人才。

（六）长沙市茶业协会

由长沙市供销茶业有限公司、湖南金井茶业集团有限公司、长沙沩山茶业有限公司、长沙市望城区乌山贡茶专业合作社、浏阳市银峰茶业专业合作社、长沙茶市等知名企业联合发起筹备，于2012年成立（图11-18）。旨在团结本地区广大茶叶种植基地、茶叶加工企业、茶叶流通企业及茶叶科研单位的要求，更好地服务"三农"，更快地推动茶叶产业化进程，更好地宣传茶产业，传播茶文化，推广茶科技，打造茶精品，提供茶信息，服务茶企业。

图11-18 长沙市茶业协会标志

现有会员54名，其中团体会员32名，个人会员22名。以直接从事茶叶科研、生产、流通、管理的单位和人士为主，分布在长沙县、浏阳市、宁乡市、望城区及市内各专业市场。其使命是振兴长沙茶业经济，对全市茶叶科研、种植、生产加工和流通进行组织协调，协助政府有关部门提出全市茶产业的发展规划，研究相关政策，从总体上促进全市茶叶产业化经营。其目标要求为开展科研生产和综合利用，具体任务为推介长沙名优茶，倡导发展有机茶，弘扬茶文化。

（七）益阳地区茶行业协会

① **益阳市茶叶学会**：在益阳市科委、农业局、外贸局、供销社等单位的关怀和筹备下，经民主协商和市科委批准，于1979年成立，首批会员67人。

② **益阳市茶业协会**：2007年成立。协会进行茶产业技术指导和培训，引进新品种、新技术，组织开展技术咨询与技术交流，协调各会员单位按区域、分品种加工，促进会员提高经济效益。

③ **安化县茶业协会**：2006年成立。以科学发展为指导，以服务为宗旨，协调会员的生产经营活动，引导和促进会员之间、会员与国内外同行之间的茶叶科研、信息、生产、加工、贸易合作交流，在实行行业自律、维护会员权益、开展技术培训等方面，发挥积极作用，为安化茶业再创辉煌作贡献（图11-19）。

图11-19 安化县茶业协会

（八）郴州地区茶行业协会

① **郴州市茶叶学会**：经郴州市科协、民政局批准，于1994年成立。第一届理事长刘贵芳，秘书长张国才；第二届理事长刘贵芳，秘书长袁长郴。先后主办了3届郴州市名优茶评比会，举办了全省名优茶加工培训班。积极组织茶企参加全省名优茶评比会和"湘茶杯"名优茶评比。1996年编辑印发会刊《郴州茶叶》创刊号一期，登载茶叶科技论文及文章33篇。2004年郴州市茶叶学会并入郴州市农学会。

② 郴州市茶叶协会：2014年，经郴州市委、市政府有关领导提议并经市民政局批准成立。会长由郴州市原常务副市长黄孝健担任，秘书长由郴州市茶叶学会理事长刘贵芳兼任。有团体会员75个，个人会员130人。2018年，会长由郴州市人大常务委员会原副主任黄诚担任，刘贵芳任第一副会长，罗亚非任副会长兼秘书长。成立以来，以服务为宗旨，引导和促进会员之间、会员与政府之间、会员与市场之间、会员与科研部门之间的联系，起到桥梁和纽带作用。围绕实施该市百亿茶产业目标，打造郴州福茶区域公用品牌，为编辑《中国茶全书·湖南郴州卷》做了大量工作。现已成为郴州市茶行业中具有较大凝聚力、影响力的社会团体组织。

（九）岳阳地区茶行业协会

① 岳阳市茶叶产业化领导小组办公室：简称岳阳市茶产业办。负责牵头组织协调全市茶叶产业发展，贯彻执行市委、市政府及上级有关部门发展茶叶产业政策，提出全市茶产业发展方针、政策，制定全市茶产业发展规划和发展战略，经批准后组织实施；督促检查各县（区）目标完成情况；负责茶产业对外招商引资工作；负责茶产业政策性资金的使用和监督管理工作；负责完善茶叶标准体系建设及茶叶专业市场体系建设；承办有关茶事节会；协助开发茶文化旅游工作。

② 岳阳市茶叶协会：成立于1984年，是岳阳市民政局批准成立的社团。现有会员280名，其中团体会员80名，个人会员200名。湖南省君山银针茶业股份有限公司为常务副会长单位。下设专家委员会、茶馆分会、培训学校。

③ 岳阳市茶叶协会茶馆分会：2010年成立，是湖南省地市级第一家茶馆行业组织。

④ 临湘市茶叶行业协会：成立于2007年，会长王关明。有正副会长7人，秘书长1人，常务理事13人，理事22人，下辖5个工作委员会。现有团体会员22家，个人会员132名。是县市级社团组织，跨部门协调单位。是茶叶行业的服务和管理机构，采取服务型管理模式。全体会员以"振兴产业、服务社会、发展经济"为宗旨，团结协作，优质服务，为促进全市茶叶产业健康发展，作出应有的贡献。

⑤ 平江县茶叶行业协会：于2003年由平江县乡镇企业局牵头成立。首届会长余焕新，副会长熊天锡、沈小春等。

（十）娄底地区茶行业协会

① 娄底市茶业协会：成立于20世纪70年代中期。隶属于娄底市外经贸委员会，主要承担茶园规划、出口计划、政策制定等，80年代后期随着茶叶市场和企业的开放，协会进入转型期。2019年，由娄底市农业农村局组建娄底市茶业协会筹备委员会。2019年，经娄底市民政局批复成立。召开了娄底市茶业协会第一次会员大会和理事会议，讨论通

过协会章程、财务制度。选举陈建明任会长,杨建长任秘书长,黄建明担任名誉会长。

② **新化县茶叶产业协会**：成立于2015年4月。现有单位会员38个,个人会员98人,工作人员10人。以服务企业、服务会员、服务茶产业发展为宗旨,着力搞好标准化生态茶园建设、茶叶品牌升级、人才队伍培养,提升茶叶产品质量和市场竞争力,使茶叶产业已成为该县带动农民脱贫致富的重点产业。

（十一）张家界市茶业协会

成立于2003年。有团体会员30名,个人会员30名,会员覆盖了全市90%茶场和茶叶经营企业。为市内茶叶生产和流通企业提供各类服务的同时,组织了一系列在市区乃至省内外有重大影响的茶事活动。如2005年湖南省"张家界杯"首届茶艺师技能大赛暨湖南省第七届"湘茶杯"名优茶评比和"湖南十大名茶"评选颁奖会。从2015年开始,与张家界市旅游协会举办系列"张家界春天茶会",为推介张家界名茶与茶企作出了积极贡献。

湖南省各地茶业协会机构见表11-2。

表11-2 各地茶业协会机构

序号	单位名称	负责人姓名	职务
1	长沙市茶业协会	周长树	会长
2	岳阳市茶叶协会	郑剑山	会长
3	临湘市茶叶行业协会	黄生波	会长
4	平江县茶叶行业协会	李昂东	会长
5	湘潭市茶叶行业协会	曾智强	会长
6	衡阳市茶业协会	胡寅	会长
7	衡阳市南岳区茶业协会	罗艳云	会长
8	衡南县茶业协会	李汉民	会长
9	常宁市茶业协会	廖伦龙	会长
10	郴州市茶业（叶）协会	黄诚	会长
11	资兴市茶叶协会	李先改	会长
12	株洲市茶叶协会	贺湘平	会长
13	邵阳市茶叶学会	易祖强	理事长
14	邵阳市茶业协会	肖冬红	会长
15	新化县茶叶产业协会	邹志明	会长
16	怀化市茶叶行业协会	张干发	会长
17	会同县茶叶协会	粟明兴	会长
18	江华瑶族自治县茶叶协会	张瑞云	会长
19	湘西自治州茶叶协会	潘春新	会长

续表

序号	单位名称	负责人姓名	职务
20	张家界市茶业协会	卓尚渊	会长
21	安化县茶业协会	李俊夫	会长
22	益阳市茶叶学会	龚巨成	理事长
23	桃江县茶业协会	昌智才	会长
24	常德市茶业协会	余少尧	会长
25	石门县茶叶产业协会	邹应琼	会长
26	永州市茶业协会	王人庆	会长
27	桂东县茶业协会	黄鹤林	会长
28	澧县茶业协会	孙运秀	会长
29	沅陵县茶叶协会	李晋中	秘书长
30	慈利县茶业协会	唐龙	会长
31	娄底市茶业协会	陈建明	常务副会长
32	益阳市茶业协会	易梁生	秘书长
33	炎陵县茶叶协会	龙辉平	会长
34	保靖县茶业协会	文兴忠	会长
35	吉首市茶业协会	李嘉慧	会长
36	古丈县茶业协会	石忠思	会长
37	桃源县茶叶产业协会	饶文斌	会长
38	宜章县茶叶产业协会	谭凤英	会长
39	汝城县茶叶协会（专业社）		会长
40	桑植县茶业协会		会长
41	宁乡市茶业协会		会长

第十二章 茶旅篇

湖南旅游业形势喜人。各地均把茶业发展作为促进农民增收、加快发展产业扶贫的一项重要任务，打造名茶名景名牌，实施"旅游+茶业"的战略，积极把茶文化与旅游结合。2019中国旅游产业发展年会公布了"2018年中国旅游产业影响力风云榜"，湖南共有10个项目（单位）入选，成为获奖最多的省份，入选项目中多个与茶产业有着紧密联系：长沙市入选2018中国旅游影响力城市TOP10；南岳区入选2018中国旅游影响力县区TOP10；常德桃花源入选2018中国旅游影响力文化景区TOP10；平江县入选2018中国旅游影响力自驾游目的地TOP10；长沙县开慧镇慧润民宿入选2018中国旅游影响力乡村民宿TOP10等。在中国茶叶流通协会举办的"2019中国十大生态产茶县"活动中，湖南益阳安化县、湖南常德石门县双双入榜，成为入选单位最多的省份。

湖南茶旅游资源丰富，表现在以下几方面：

一是饮茶历史久远。湖南饮茶可追溯到西汉初期，长沙马王堆汉墓中保存着最早的关于茶的文物，而唐代的麓山茶、渠江薄片、衡山团饼、岳阳含膏、岳州黄翎毛已经享誉盛名。

二是古茶文化丰富。不仅保存着数量众多的古茶树，更有茶商、茶号、茶事古碑刻、古茶亭、茶具等丰富的茶文化历史印记。湖南有着"神农尝百草，日遇七十二毒，得茶而解之"的最早利用茶的文化故事，有唯一一个以茶命名的行政区——"茶陵"，有关于最早的"炒青绿茶"工艺的起源地证明，有誉为"茶禅祖庭"的石门夹山寺，还有隐在深山中的"茶马古道"。

三是湖南茶俗各异。茶不仅与出生、结婚、丧葬等人生重大礼仪相关，在日常待客中更是必不可少的礼仪，不同地区饮茶风习各有讲究。安化、桃源、桃江的擂茶，岳阳的芝麻茶，湘阴的茴香茶，土家族的新婚茶，灵动而富有生活情趣。常德市桃源县的擂茶习俗、邵阳市城步苗族自治县的油茶习俗等进入省级非物质文化遗产名录。

四是湖南名茶众多。历代以来，名茶辈出，当代"五彩湘茶"，绿茶、红茶、黑茶、黄茶、白茶，品类丰富，竞相绽放。如绿茶中的古丈毛尖、石门银峰、东山秀峰、碣滩茶、黄金茶、洞庭春等，红茶中的湖南红茶、玲珑红茶、三湘红等，黑茶中的茯砖、千两、天尖、黑砖等，黄茶中的君山银针、沩山毛尖，白茶中的桑植白茶、汝城白茶等。

五是传统制茶工艺精湛。黄茶制作技艺（君山银针茶制作技艺）、黑茶制作技艺（千两茶制作技艺、茯砖茶制作技艺）进入国家级非物质文化遗产名录，古丈毛尖茶制作技艺进入省级非物质文化遗产名录。

六是湘茶相关产业发达。如铜官窑、醴陵瓷都、岳窑等地所产茶器；有茶颜悦色、尚木兰亭等新式茶饮；有米凡、生姜等茶服品牌，还有各式各样的茶菜茶肴。

七是自然和人文资源独特。具有知名度较高的张家界风景、佛教圣地衡山、石门夹山、古丈红石林、新化崀山、桃花源、安化云台山等自然旅游资源以及伟人故里韶山、湘西凤凰、湘西德夯苗寨、岳地等人文旅游资源。

八是茶文化节会活跃。如在湖南各地举办的"茶祖文化节",长沙星沙举办的"湖南星沙采茶节"、岳阳市的"黄茶文化节"、张家界的"春天茶会"、古丈县的"古丈茶文化旅游节"、沅陵县的"生态茶文化旅游节"、安化的"安化黑茶茶文化节"、石门的"中国(石门)夹山茶文化研讨会"、南岳衡山的"南岳祭茶大典""万寿茶会"等。

本章将介绍湖南各地茶旅特色资源,推荐特色茶旅游景点。

第一节 长沙茶旅

长沙市茶叶生产分布于长沙、望城、浏阳、宁乡,茶园风光各具特色;长沙"儒释道"文化源远流长,茶俗多样;长沙文化资源丰厚,是楚文明和湘楚文化的发源地,有3000年悠久的历史文化,约有2400年建城史,在春秋战国时期始建城,属楚国。受屈原和贾谊的影响而被称为"屈贾之乡"。长沙又称"楚汉名城",马王堆汉墓和走马楼简牍等重要文物的出土反映其深厚的楚文化以及丰富的湖湘文化底蕴,位于岳麓山下的岳麓书院为湖南文化教育的象征。历史上涌现众多名人,留下众多的历史文化遗迹,是首批国家历史文化名城。长沙市入选2018中国旅游影响力城市TOP10,长沙县开慧镇慧润民宿入选2018中国旅游影响力乡村民宿TOP10。长沙茶旅以"观光体验""文化品味"为特色,以下列出代表性的茶旅资源与较成熟茶旅项目。

一、湖南省茶叶博物馆

湖南省茶叶博物馆创建于2013年4月,2015年6月15日开馆(图12-1)。坐落于隆平高科技园内的湘茶高科技产业园,地址在长沙市芙蓉区隆园一路19号。建筑面积3500m²,展厅面积2100m²。湘茶高科技产业园由湖南省农林工业勘察设计院设计,占地61.87余亩,主楼整栋楼为框架砖混结构,是一座

图12-1 湖南省茶叶博物馆

坐南朝北的现代化建筑。博物馆共设两层楼,二楼为展厅区及文物库房,一楼为湘茶品茗区,主楼西侧设有茶叶资源圃。

以"和谐茶汇"为核心的湖南省茶叶博物馆茶文化科普区采用目前最先进的信息技术、灯光音响、大型触屏操控设备及高清显微镜和硕大展柜等科技设施,配以场景复原、雕塑等艺术展示手段,拉深展陈的意境。基本陈列由中茶馆、湘茶馆两大展区构成,着重推介湖湘茶文化。

中茶馆对中国茶叶的发展历史、中国茶及茶文化的世界传播、茶叶加工工艺、茶与健康以及茶产业发展的状况等知识做系统介绍,并配有极具时代特色的藏品展示及实物场景,引导各位爱茶人士全方位地了解中国茶及茶文化的发展历程(图12-2)。真实复原安化茶马古道的场景,使参观者置身其中可以直观地感受到茶马易市的震撼场景(图12-3)。而生动形象的微缩泥塑场景,生动还原中国(湖南)传统名茶——君山银针的手工制作技艺,展览兼具科普性及趣味性于一体。

图12-2 中茶馆:中华茶源

图12-3 中茶馆:茶马古道

湘茶馆重点推介湖南茶及茶文化发展、特色及茶产业情况,配以极具地方特色的藏品及场景展示。展陈按原尺寸打造反映从前湖南民间售茶、喝茶的"茶铺"和"民俗一角——芝麻豆子茶"场景,置身其中,仿佛穿越青砖黑瓦的旧时街市,感受浓浓的湖南地域茶文化(图12-4)。非物质文化遗产手

图12-4 湘茶馆:湘茶习俗

筑茯茶、千两茶的制作场景生动地展现极具魅力的湖湘茶。为增添场馆互动性及科普性,在本区域还配有大型触屏操控设备及高清显微镜,让参观者亲自观察、体验。

湘茶馆位于博物馆一楼西侧(外)的茶叶资源圃占地面积1500m²,种植包括半乔木和灌木在内的两大种类,70多个来自全国的优良茶叶品种资源(图12-5)。亲临体验区,不仅可以感受茶叶由古至今的演变,更可以近距离观察不同茶叶品种的形态,亲身体验

和参与采茶、制茶的全过程。品茗中心面积800m²，涵盖茶艺欣赏、品茶论道、茶文化主题沙龙、茶艺培训等，体现传统茶文化与现代生活完美融合（图12-6）。

图12-5 茶叶资源圃

图12-6 小朋友参观茶叶博物馆

二、金井茶文化中心

金井茶文化中心位于长沙县金井镇金龙村，是由湖南金井茶业集团有限公司利用自身的茶园基地开发的文旅项目（图12-7）。

茶文化交流展示中心（3000m²）集茶文化收藏、研究、展示、体验于一体。通过分设"茶史""茶萃""茶事""茶具""茶俗""茶缘"等多个展厅，以实物和图版为主要展览形式，并配以多媒体视听等科技手段来阐述我国源远流长的茶文化。游客可骑行自行车穿梭于茶间小道，也可免费乘坐电瓶旅游观光车鉴赏茶园美景，还可动手采摘茶叶、学习茶艺表演，还可在茶厂技术人员的指导下自己动手制作一杯"孝心茶"，送给父母及长辈。

图12-7 金井茶文旅园

中心内设有大型会议室、特色茶餐厅、金井特产店，集住宿、餐饮、会务、休闲、体验于一体。

三、湘丰飞跃基地

湘丰飞跃基地位于长沙县金井镇湘丰村（原脱甲村），是由湘丰茶业集团有限公司利用自身的茶园开发的文旅项目。湘丰茶旅，围绕"山、水、茶、镇"组团开发，凭借花园式茶园优势打造茶文化旅游业，成功实现茶旅融合式发展，变产区为景区，变茶园为公园，变劳动为运动，引得爱茶之人，纷纷慕"茗"而来。

公司基于国家标准化茶叶基地——飞跃基地打造的湘丰茶业庄园，已被评为3A级景区，

图12-8 湘丰茶业庄园大门

图12-9 湘丰茶园帐篷酒店

已建成精品乡村酒店、帐篷酒店、观光平台、露营基地等设施（图12-8~图12-10）。与企业以商招商引入的虎园、猕猴桃园一起，湘丰茶旅年接待长沙市及周边游客30万人次。

图12-10 湘丰茶园全景

四、沩山与密印寺

沩山又名大沩山，沩水的发源地，是湖南省著名的茶山，位于宁乡市西北部，北邻桃江，西接安化，"周回百四十里"，为雪峰山余脉，最高峰瓦子寨，海拔1070m。沩山盛产茶叶，尤以沩山毛尖闻名于世。大约在南宋庆元年间，即1198年前后，沩山毛尖便为朝廷贡品。

沩山茶与密印寺有着不解之缘，唐代僧人首先在寺周围开山种茶，以满足僧人饮用，也常给施主品味（图12-11）。20世纪60年代曾发现密印寺大佛殿中大佛像体内藏有茶叶30余斤，揭开时满殿清香扑鼻，令人惊异。

图12-11 密印寺

沩山茶旅已推出以茶园风光、密印景区、炭河古城景区、千佛洞景区等为核心的一日游、二日游精品旅游线路。

第二节 株洲茶旅

株洲，位于罗霄山脉西麓，属于丘陵地带，阳光充足，雨量充沛，土地肥沃，十分适合茶叶生长。株洲南部的茶陵、炎陵山区，海拔适中，特别适合优质茶的生产。

茶陵是全国唯一以茶命名的县，也是因神农炎帝崩葬之地。株洲是神农福地，神农茶祖就是在株洲茶陵云阳山一带发现了茶，推广了茶。株洲通过实施"优质、精品、名牌"战略，茶产业发展强劲，拥有湖南茶叶"十大最美茶叶村（茶园）"——大院龟龙窝生态有机茶园，中华茶祖文化第一品牌——茶祖印象；2013年、2014年相继创办了"滨江茶叶市场（原天同茶叶城）和大平茶叶市场"2个茶叶市场。茶旅以"茶园观光""茶祖文化"为特色。

一、茶陵云阳山

千年茶陵是一块古老神奇的宝地。茶陵县地处湘赣边界，因山野多生茶树而称"茶乡"，后因炎帝神农氏崩葬于"茶乡之尾"而得名"茶陵"。茶陵的景阳山茶、云阳山的云雾茶、县城的六通庵茶、桃坑的花石潭茶，在历史上均享有盛名。

图12-12 茶陵云阳山

茶陵云阳山为国家4A级旅游景区、国家级森林公园（图12-12）。云阳山地处湘赣交界的罗霄山脉武功山系，由云阳山、天堂山、杨柳山、岩鹰嘴等几大山头组成，最高峰天堂山海拔1130m，最低海拔仙人湾110m，相对高差达1000m。云阳山气候四季分明，雨量充沛，冬无严寒，夏无酷暑，地形多样，差异明显。

云阳山是神农故封。据《汉学堂丝书》和《皇甫记》等古籍所载，云阳山是因黄帝之子少昊云阳氏始封于此而得名，又是第八代神农炎帝的封地。中华民族的始祖炎帝神农氏在云阳山兴农事，种五谷，尝百草，采茶茗，至今在云阳山留下了祈丰台、洗药池、晒药坪、碾药槽、炼丹灶、神农殿等灵迹。

二、中华茶祖印象主题公园

中华茶祖印象主题公园由茶祖印象集团投资建设而成，位于茶陵县云阳山脚下，占地面积达10hm^2，分景观园区、茶文化博物馆、茶祖印象会所三大部分，建有谒祖圣道、中华茶史苑、中华茶技苑、茶祖印象广场等景观、文化设施。高24m的茶祖神农雕像是文化园的标志性工程（图12-13）。

图12-13 中华茶祖文化园

漫步在这个"天下茶人寻根地、世界名茶大观园",可以在斗茶长廊斗斗茶,回味中国茶文化的悠远;或在茶祖纪念馆,与茶祖来一次穿越时空的对话;或在名茶大观园,品一品来自世界各地的名茶;若是时间充裕,还可以步入茶祖文化小镇,择一静谧四合院,约上几位挚友,沏上一壶"茶祖·三湘红",暂且抛开凡尘俗事,度过一段惬意时光。

三、大院龟龙窝生态有机茶园

大院龟龙窝,位于罗霄山脉中段,峰峦浑圆,错落有致,形同龟壳,故称龟龙窝。从炎陵县城,一路向东南46km,穿过万亩竹海,便到了海拔达1600m的炎陵县大院农场,龟龙窝就在农场大院深山处。这里年平均气温12.6℃,周围峰峦叠嶂,溪水纵横,森林茂密,土壤深厚肥沃,具

图12-14 大院龟龙窝生态有机茶园

有独特的气候和生态条件。茶山雨雾缭绕,宛若仙境(图12-14)。2001年,古胜潭等台商从阿里山引进乌龙茶,现有茶园约100hm^2,其生产的高山乌龙茶、红茶享誉全国和东南亚。2016年,大院龟龙窝生态有机茶园获评湖南茶叶"十大最美茶叶村(茶园)"。

第三节 湘潭茶旅

湘潭市,简称潭,因盛产湘莲而别称"莲城",又称"潭城"。湘潭从南朝开始建县,距今约1500多年,是湖湘文化的重要发祥地、中国红色文化的摇篮,有"小南京""金湘潭"的美誉。湘潭茶业历史悠久,目前茶园面积维持在5.4万余亩,茶企10余家,先后开创出羊鹿毛尖、韶峰绿茶、船形毛尖等名优茶品牌20多个。"湘中灵秀千秋水,天下英雄一郡多",湘潭伟人、巨匠灿若星辰,蜀汉名相蒋琬,晚清重臣曾国藩,文化名人齐白石,一代领袖毛泽东,开国元勋彭德怀,著名将领黄公略,开国大将陈赓、谭政等都诞生于此。与长沙、株洲同为国家长株潭城市群"两型社会"综合配套改革试验区中心城市,是中国优秀旅游城市、国家园林城市、湖南省历史文化名城、全国文明城市创建工作先进市。

一、乌石采茶之旅

乌石是开国元勋彭德怀同志的家乡。乌石镇立足于自身厚重的红色历史资源和丰富的绿色自然资源,努力发展"红绿"结合的特色旅游产业。2017年,乌石镇荣获"全国

文明村镇""全国美丽宜居示范村镇"等称号。

2015年，围绕"元帅故里"的红色文化，融合茶文化、传统文化、登山运动、乡村生活体验、亲子互动等，举办了首届乌石采茶之旅活动，吸引省内外游客竞相体验（图12-15）。2015年以来乌石采茶之旅活动已举办多届，"赏千亩茶林、采羊鹿新茶、品红色文化、尝各色农产品"采茶之旅，已成为推动县域特色旅游产业发展、提升莲乡新形象的重点活动。

图12-15 乌石采茶之旅活动

二、龙凤庄园

湖南龙凤庄园生态农业有限公司位于湘潭县中路铺镇，庄园占地面积达50hm^2。庄园从2002年起，逐步发展，现已建成集采茶体验、餐饮住宿、棋牌休闲、垂钓品茶、娱乐KTV、商务会议、葡萄采摘、自酿原生态葡萄酒、农产品采购、苗圃绿化、健身中心等于一体的科技型、生态型、观光型、体验型、综合型的现代农家示范休闲中心。龙凤庄园获得了"湖南休闲农业五星级庄园""湖南省五星级休闲农庄""湖南省五星级乡村旅游点"荣誉称号，获国家旅游局（现文化和旅游部）颁发"中国乡村旅游模范户"及"中国乡村旅游金牌农家乐"称号。

第四节　衡阳茶旅

衡阳，位于湖南省中南部，地处南岳衡山之南，因山南水北为"阳"，故得此名；又因"北雁南飞，至此歇翅停回"栖息于市区回雁峰，而雅称"雁城"。南岳素来以"五岳独秀""宗教圣地""中华寿岳""文明奥区"而著称，宗教文化、福寿文化、祭祀文化、书院文化等异常丰富，而且多元文化在此交相辉映，相互交融和影响。历来，南岳衡山就是天下文人、士子心目中必亲往登临的神山和圣山。作为南岳衡山博大深邃文化的一支，南岳茶寿文化是中华茶文化宝库中的一朵奇葩。它是农耕始祖神农氏亲手开启的健康宝库，是儒释道三教同饮共悟的传奇，是茶文化与这座寿岳的相互渗透，也是当代人对主题式旅游开始深入的必然。

南岳云雾茶旅景区2017年被评为湖南茶叶"十佳茶旅景区"，同年南岳被中国国际茶文化研究会授予"中国寿茶文化之乡"。2018年南岳区被湖南省评为湖南茶叶"千亿产业十强县"。

南岳衡山境内有有机茶基地认证省级龙头企业衡阳市南岳怡绿有机茶开发有限公司、市级龙头企业湖南省南岳云雾茶业股份有限公司、国家级示范社杉湾茶叶合作社和"湖南十大特色茶馆""全国百佳茶馆"烟霞茶院等已成为重要的茶文化地标之一。

南岳衡山本身是国家5A级风景名胜区，核心景区内有烟霞茶院、毗卢洞，在自保区核心区有十里茶乡，十里茶乡内有王船山的茶诗长廊、知青茶场和国家级示范茶叶合作社。每年接待近10万人次以上，有亲子体验游、休闲品茶游、采茶竞技游、观景摄影游、茶人游学团等系列旅游活动，南岳区正把茶园打造成为"优质高效的茶园、风光秀丽的公、休闲养生的乐园"，"让茶区变景区、茶园变公园、产品变商品、茶山变金山"。

目前，南岳衡山已经打造出四大成熟的茶旅景区，精心打造的三条精品茶旅线路。

一、四大成熟茶旅游景区

① **龙凤听溪**：此处景点主题为云水禅心。此景点位于衡山方广寺风景区，不在门票景区范围之内，风景优美，是自驾车+步行游的绝佳去处，停车后步行时间约为30分钟，全程枫树掩映，古树苍然，名花名木数不胜数，附近景区有方广寺、二贤祠和十里茶乡。游完结束后可就近在农家乐享受有机的美食美味，季节性的山珍如蕨、笋、各类野菜都是随时有的。

② **烟霞问道**：此处景点主题为禅茶文化和邺候文化。此景点位于南岳财富山庄之上，在门票景区范围之内。此处景点含烟霞茶院、铁佛寺、邺侯书院、烟霞仙境等，全部游览完毕约需60分钟。在烟霞茶院用过中餐，可以在庭前玉兰树下，捧一杯香茗，看闲云出岫，听落花鸣钟，顿有坐忘之感（图12-16）。

图12-16 烟霞茶院

③ **华盖观云**：此处景点主题为知青茶场和幸福时光。此景点位于南岳衡山华盖峰，不在门票景区范围之内。此处景点较适宜于资深摄友和驴友。停车后，登山时长约60分钟登顶。山路攀援虽然辛苦，但是在此处却是南岳衡山观云的绝佳所在，若能亲眼见到衡山的云海槎浮，定然会相信世上真有玉琅仙宫。

④ **十里茶乡**：此处景点主题为绝美茶园和船山茶诗。此景点位于南岳衡山西线杉湾村茶乡，十里茶乡，十里诗路，十里画廊（图12-17）。此处茶园景区内包含了知青茶场、

颐景山庄、船山诗廊等景点，大片的半野生高山茶园，让人耳目一新，天空常一碧如洗，茶园如绿毯成片。在此可以采摘新茶，可以品茗赏兰，可以享受山珍美味，可以吟诗摄影。

图 12-17 十里茶乡

二、三条精品茶旅线路

（一）衡山行茶旅

衡山行的主题为禅茶文化，体会"一座山，两座庙，三日禅，四位师，无量法"，山指衡山，庙是南禅祖庭福严寺和南台寺。三日禅，三场茶会——放心茶会、静心茶会、无心茶会。四位师，与南岳高僧、大德居士、学者了解衡山，了解茶，了悟禅法。云无心以出岫，鸟倦飞而知还。

本条茶旅线路由湖南省南岳云雾茶业股份有限公司组织运营。

（二）茶山行茶旅

"小茶人与大自然"茶旅项目，主要针对小学和初中学生进行传统文化培训，在亲近大自然的过程中，学习茶知识，了解茶礼仪，种下茶文化的种子。活动以南岳十里茶乡为主要活动场景，以学习采茶、制茶和体验传统制茶工艺，了解有机和环保的概念，

本条茶旅线路由湖南省南岳云雾茶业股份有限公司组织运营。

（三）南岳诗路之旅

南岳诗路之旅，主要是为纪念朱（熹）张（栻）在南岳衡山唱酬七日，留下149首诗文，结集为著名的《南岳唱酬集》。经由举办数届衡岳诗会，南岳衡山一群古体诗人沿着二贤诗路，寻访故迹，创作新词，以文创的新意，把黄庭观请花神、二贤祠祭祀吟诗、十里茶乡观景、颐景山庄制茶、凰菊园吟诗创作等精华串联在一条诗路之上。系南岳又一极具文化含量的精华线路。

本条茶旅线路由衡阳市南岳文化研究院负责组织运营。

图 12-18 凰菊园

三、凰菊文化节——赏菊、品菊、菊花宴

凰菊文化节，主题为赏菊与品菊，并可享受菊花盛宴。凰菊文化节时间均在每年的重阳前后，此时正是菊花盛开的季节（图12-18）。

看花神信使如仙子翩跹，宣读"花神令"，而千亩菊花田在深郁的秋山峡谷中得令而开，"满城尽带黄金甲"的奇瑰景象铺陈眼前。立在菊田中央的畔菊庐前，采几朵菊花煮水泡茶，看看远山的剪影，听闻枫林深处传来鸟鸣，又再现了陶渊明的"采菊东篱下，悠然见南山"的意境。

本条茶旅线路由湖南省衡阳市南岳康乐福生态农业发展有限公司负责组织运营。

四、其他优秀茶旅线路

（一）衡郿古道茶旅

衡郿古道，是从衡阳出发，经茶市、宝盖、炎陵，至吉安的古道，既是茶祖炎帝的祭祀之旅，也是湖南人的寻根之旅，明初和清初二次人口迁移，80%的湖南人都是自江迁移而来，80%的衡阳人祖先来自吉安一道。农业—旅游融合理念不断成熟，已经成为一种新型产业模式。衡郿古道旁的茶园不仅仅是一个农产品种植基地，更是一个旅游景点，具有极高的审美价值。茶园可供游人欣赏，它也能让游客、特别

图12-19 古道上的凉亭

是学生群体体验劳动的乐趣，同时学习茶知识、了解中华茶文化、习得茶礼仪，所以茶之旅比其他农家乐、踏春游更富有精神内涵（图12-19）。

（二）宝盖茶园银杏林茶旅

宝盖镇是衡阳地区著名的省级生态旅游景区，境内的茶园成片、银杏树成林，春秋两季成就了宝盖镇一道亮丽的风景线，原生态的自然美景令人向往。凭借这一生态环境优势，宝盖镇内在近些年大力发展乡村旅游，吸引了很多企业来到这里创办休闲山庄，每年接待10万多的游客，值得宝盖镇成为湖南省的旅游名镇。

（三）常宁市福塔山庄茶旅

常宁福塔山庄始建于2008年，位于常宁市塔山瑶族乡境内，为常宁天堂山风景区、塔山瑶寨古民居、西江漂流、东江大峡谷几处景点的交汇中心。景区周边环境优雅，其原生态风景每年吸引全省大量的户外爱好者团队前来休闲度假和观光旅游。

瑶寨距常宁40km，交通便利。瑶寨内建有瑶寨母本观光茶园、白塔河索溪、瑶寨竹海、瑶寨自驾游帐篷区、露营区和餐饮、住宿、游客接待中心，旅游商品购物店等（图12-20）。

图12-20 福塔瑶寨

（四）常宁市塔山盐茶古道

常宁市塔山盐茶古道实为湖广盐茶古道的一段，始于常宁洋泉，经兴源、黄洞到塔山乡与桂阳县交界处，是通往湘南、粤北、桂北的交通要道，全长25km，已有上千年历史。目前古道多已废弃，路面保存完好的仅塔山北麓由天堂山办事处江龙村到塔山瑶族乡鳌头村石屋岭段。这一段山路当地人又叫"十五岭"，传说它"七上八下"十五里，崎岖陡峭，令人望而生畏。据传，这条古道是当地人运出自产茶叶到广东连州换回食盐的要道。

古道沿途山岭嵯峨、溪流淙淙、古树参天、竹林茂密，路面宽约1m，全是大小平板青石铺成，上边人踏马踩，已磨得光亮如镜（图12-21）。沿途还有知仁亭、福寿亭、观景台、福寿泉、福寿庵等10余处古代遗址。当地人将这条古道精彩的总结为"八道"：千年古道、湖广官道、盐茶商道、汉瑶通道、红色秘道、原始味道、养生便道、旅游要道。

图12-21　常宁生态茶园

第五节　邵阳茶旅

邵阳，史称"宝庆"。位于湘中腹地、雪峰山南的资江上游；东邻衡阳，南与永州、桂林接壤，西与怀化交界，北与娄底毗连，是一座拥有2500多年历史的古城。总面积20876 km^2，处于茶叶种植的黄金地带，70%以上茶园主要分布在海拔500~1000m的山区，常年云雾缭绕、雨量充沛，茶质优良。森林资源丰富，是全省四大林区之一。自古为交通要道，商埠中心，经济发达，文化昌明，境内发掘多处文化遗址。

邵阳主要景区有崀山旅游风景区、白水洞风景名胜区、城步南山牧场、云山国家森林公园、黄桑自然保护区、虎形山—花瑶风景名胜区、隆回魏源故居等。将茶文化与其他旅游资源融合开发的邵阳茶文化旅游产业将成为下一个经济增长点。

一、"邵阳红"茶旅游

据《邵阳市志》记载，邵阳自舜皇起开始制茶，晋代邵阳茶已成产业，明代开始历代贡茶，洞口、隆回、城步、武冈、双清区等9县（市、区）均产茶，桂丁茶、云山云雾茶、古楼茶古为贡茶。二十世纪七八十年代，红碎茶茶样在洞口茶铺茶场研制成功，

"邵阳红"碎茶全部出口欧洲,出口量占全省红碎茶出口量的三分之二。

邵阳市茶产业增长迅速。以名优绿茶和红茶为重点,重点建设四大茶叶优势区域,即生态富硒茶区、城步峒茶区、桂丁茶区、高山野生茶区。打造洞口县古楼乡、隆回县司门前镇、新宁县丰田乡3个茶叶特色小镇。延长"邵阳红"茶产业链条,结合旅游资源,以旅兴茶,以茶促旅,打造古楼茶马古道、崀山茶马古道,开辟新宁舜皇山、绥宁黄桑公园、洞口罗溪公园、武冈云山、隆回望云山、新邵文仙山、邵东九龙岭等茶旅游线路。

二、洞口县古楼茶文化生态园

洞口县古楼茶文化生态园是国家3A级景区,位于洞口县古楼乡,是洞口县省级巾帼现代农业科技示范基地——湖南古楼雪峰云雾茶有限公司,公司立足茶园生态和茶文化禀赋,整合当地自然、人文、历史、文化、民俗资源,倾力打造的茶文化生态休闲园区(图12-22)。

图12-22 洞口县古楼茶文化生态园

茶文化园区内修建了500亩环境优美的生态观光茶园、湘黔茶马古道步行旅游道路(2km)、茶文化博物馆、"古楼"标志塔、休闲观景台等景点(图12-23)。同时,还在沿途4个茶文化特色的海棠谷、桃花谷、芙蓉谷和紫薇谷中栽种了2000多株红枫、海棠、紫薇和木芙蓉等名贵树木。

图12-23 休闲观景台

功能分区与布局:景区布局以"山、水、景、茶园、工厂、农庄、村庄"为要素,形成"一带、一心、三区"总体构架。

旅游活动项目:茶园休闲观光、采茶制茶体验、茶文化体验、河滩休闲广场、洞口塘探险、仙人幽谷探秘、养生保健游、农耕文化体验游。

第六节 岳阳茶旅

岳阳,古称"巴陵",又名"岳州",湖南省辖地级市,国务院首批沿江开放城市,长江中游重要的区域中心城市,省内第二大经济体,湖南省大城市。建城始于公元前505

年。1994年岳阳获评"国家历史文化名城",1999年获评"中国优秀旅游城市",2011年获评"中国黄茶之乡",2014年获评中国"最具幸福感城市"和"最具文化软实力城市",2015年荣膺"中国十大活力休闲城市",2015年获得"全国文明城市"称号。

岳阳集名山、名水、名楼、名人、名文、名茶于一体,是中华茶文化发源地之一,亦是湖南茶文化旅游胜地。岳阳主要茶文化旅游景点、景区见表12-1。

表12-1 岳阳主要茶文化旅游景点、景区一览表

行政区域	茶文化旅游景点、景区
岳阳楼区	白鹤山、慈氏塔("万里茶道"遗产点)、茶巷子、桃花井
岳阳经济开发区	北港毛尖核心产区、三荷黄茶科研基地、珍珠山公园、黄茆山龙王井
岳阳南湖风景区	月山茶韵小镇(岳阳茶博城、圣安寺、月山茶园、黄茶公园、浮雕茶文化墙)
湖南城陵矶新港区	明代批验茶引所旧址、岳州关("万里茶道"主要申遗点)
云溪区陆城镇	王朝场旧址、大矶头遗址("万里茶道"主要申遗点)
云溪区云溪镇	杨一鹏故里凤形古井、茶港的传说、清溪生态茶园
君山区柳林洲街道	黄茶小镇(君山岛、君山银针黄茶产业园、巴陵春黄茶产业园)
君山区天井山森林公园	有机茶园、不老泉、仙人洞
岳阳县黄沙街镇	茶香小镇(观光茶园、洞庭春观光茶厂)
岳阳县荣家湾镇	眉山韵黄茶特色产业园、鹿角窑遗址、鹿角茶园
岳阳县大云山国家森林公园	绝顶五井、清泉井、罗家塘清泉、泉水丘、神茶传说
华容县章华镇	胜峰茶业基地(观光茶园、观光茶厂)
湘阴县文星镇	岳州窑遗址博物馆、湖南兰岭绿态茶业观光茶厂
湘阴县樟树镇	左宗棠故居"柳庄"、左宗棠开辟的茶园、百梅窑址
湘阴县六塘镇	兰岭有机茶园
湘阴县玉华乡	铁香有机茶园(现代农业特色产业园)
平江县加义镇	连云山九狮寨茶庄、连云山有机茶园
平江县福寿山镇	高山有机茶园、福寿山井泉、怡丰茶号旧址
平江县南江镇	凤凰山高山有机黄茶特色产业园(南江镇凤凰山村)、幕阜山石井
平江县上塔市镇	龙头村野生茶树
平江县长寿镇	清代和民国时期茶庄旧址、山枣岭(茶叶商路遗存)
平江县安定镇	九狮寨茶业、观光茶园、尚山小隐民宿品茶
平江县三市镇	淡江村烟茶传统工艺拯救基地、蠹庐民宿、观光茶园
汨罗市罗江镇	玉池山野茶、玉池山白鹤古井

续表

行政区域	茶文化旅游景点、景区
汨罗市屈子祠镇	神农茶业茶园、龙舟茶业茶园
屈原管理区凤凰乡	凤凰山生态观光茶园
临湘市羊楼司镇	龙窖山磨里坡（含垒石古茶园、聚落居址、古道、古桥、古井等）
临湘市聂市镇	民国时期茶庄旧址、永巨观光茶厂、聂市河两岸观光茶园、百里洞庭茶谷走廊（在建）、陡石湾泉
临湘市五尖山国家森林公园	湖南嘉源砖茶博物馆、湖南淡泊博物馆、送子神泉
临湘市云湖新区	茶马古镇（在建）
临湘市桃林镇	白石生态休闲茶叶产业园、白石泉、白石神话、桃林古井泉、卢婆寺古井
临湘市江南镇	临湘塔（"万里茶道"遗产点）

一、君山茶旅

君山岛，中国十大名茶之一君山银针原产地，它像一块晶莹的碧玉镶嵌在八百里浩渺的洞庭湖中，唐代诗人刘禹锡比喻为"白银盘里一青螺"。君山岛四面环水，竹木苍翠，风景如画（图12-24）。君山名胜古迹众多，文化底蕴深厚，相传君山岛有5井4台、36亭、48庙。自唐代以来，李白、杜甫、黄庭坚、辛弃疾、张之洞等墨客骚人，都曾登临君山揽胜抒怀，留下无数千古绝唱。

君山银针黄茶产业园和巴陵春黄茶产业园，位于岳阳城区进入君山岛的旅游路上，两者均为岳阳黄茶产业标志性工程、工业旅游景点（图12-25）。

图 12-24 形似青螺小岛的君山

图 12-25 生机盎然的君山茶园

二、月山茶韵小镇

月山茶韵小镇位于南湖新区，囊括圣安寺、茶博城、南湖等独特旅游资源，规划打造成与岳阳楼、君山岛三足鼎立的"旅游金三角"。

岳阳茶博城位于南湖新区湖滨大道1号，北邻国家4A级景区圣安古寺，环境优美，交通便捷。7栋古色古香的新中式建筑相结合围而成，3~5层错落设计。茶博城为一站式茶叶采购中心，市场统一规划、业态分区合理，采用茶叶、茶具、茶楼、精品、培训、旅游等多业态互补式经营模式（图12-26）。

图12-26 位于南湖南岸的岳阳茶博城

三、临湘市茶旅

临湘市为中蒙俄"万里茶道"节点城市之一，境内文化遗存丰富，人文景观众多，有最早的人工植茶地龙窖山，有古代茶叶贸易集散地聂市镇和羊楼司镇，有万里茶道运输航道标识临湘塔等遗迹点。

（一）聂市古镇

是省级文物保护单位、第七批中国历史文化名镇，是"万里茶道"的南方起点之一，它因茶而兴，被誉为"中国商业发展的活化石""小汉口"（图12-27、图12-28）。镇上有永巨观光茶厂，盛产洞庭青砖茶。聂市旧有八景：金竹晴岚、高桥烟雨、双洲明月、陡石清泉、康公古

图12-27 聂市镇街道

图12-28 聂市镇的车轱辘印

渡、九如斜阳、茶歌晓唱、渔舟夜游，如今这些风景依旧。旧街尚存部分旧时的遗韵，有姚文海居宅、杨裕兴布匹店、古板街、石牌坊、河畔吊脚楼等。

（二）临湘塔

临湘塔位于临湘市儒矶山，砖石结构，实心、七级八方，高33.4m，它北凭长江。该塔是清光绪七年（1881年）由台湾兵备道刘璈主修。它是"万里茶道"茶业贸易长江航道上的重要古航标，2011年1月被湖南省政府公布为省级文物保护单位（图12-29）。

图12-29 临湘塔（陈奇志 摄）

图12-30 龙窖山瑶族遗址（赵丈田 摄）

（三）龙窖山

龙窖山位于湘鄂交界处。据民俗学家推测，龙窖山是瑶族同胞寻找的失落家园——瑶族早期千家峒。现存堆石遗迹、磨里坡垒石古茶园、老屋湾古茶园、鹰嘴岩、龙窖山古道等多处遗迹（图12-30）。

陈先知《龙窖山瑶胞茶园遗迹》联：

离地孤峰千仞，前溪桥断，长藤路横，共嗟遗迹难寻，谁知茶种云深处；
登山曲径一条，陡岭岩红，残垣苔绿，众问瑶胞何在，惟见泉流石缝间。

图12-31 采茶女在茶园间（赵丈田 摄）

（四）白石茶园

白石茶园，是临湘市白石千车岭茶业有限公司的核心茶叶生产基地，位于桃林镇（原横铺乡）白石村境内（图12-31）。这里有白石园的神话故事，白石茶园犹如一幅天地之间的画卷，白石岩茶品质优异。

（五）湖南嘉源砖茶博物馆

湖南嘉源砖茶博物馆坐落于临湘市五尖山国家森林公园入口处（图12-32）。本馆由廖小林先生筹建，该馆有400余件藏品，包括历史文稿、茶农的生活用品、生产工具、各式茶器茶具、石碑，以及年份久远的砖茶。

图12-32 砖茶博物馆外景

四、岳阳市云溪区茶旅

陆城古镇，自宋代起至1930年一直为临湘县治。古迹有清代石砌建筑寡妇矶（大矶头），它是万里茶道长江段为过往船只拉纤、树立航标的建筑，为全国重点文物保护单位（图12-33、图12-34）。

图12-33 万里茶道主要申遗点大矶头遗址（陈奇志 摄）

图12-34 陆城古城墙（陈奇志 摄）

五、岳阳县黄沙街茶香小镇

以黄秀农耕园、洞庭春茶园为核心的特色小镇,核心区面积20km²,突出以茶事、营地业态和农耕文化教学研游为主导的商端产业聚集(图12-35)。

图12-35 茶香小镇——黄沙街

六、平江连云山茶旅

连云山,其主峰海拔1600.3m,为岳阳市第一高峰。连云山终年云雾缭绕,故名连云山,以山雄、林秀、水美、石奇而著称,素有"天然氧吧"的美誉。

连云山庄,位于连云山海拔1080m处,旅游服务项目包括游客采茶、制茶、露营、登山、住宿、农产品买卖、茶园订制等,由湖南省九狮寨高山茶业有限责任公司运营(图12-36)。

图12-36 平江连云山庄和有机茶园(九狮寨茶业 供稿)

第七节 常德茶旅

常德,古称"武陵",别名"柳城",位于湖南北部,江南洞庭湖西侧,武陵山下,史称"川黔咽喉,云贵门户",是一座拥有2000年历史的文化名城,是湖南省省辖市,环洞庭湖生态经济圈核心城市之一,也是长株潭"3+5"城市群之一。常德先后荣获全国文明城市、中国优秀旅游城市、中华诗词之市等称号,是公认的文化名城、宜居之城。常德盛行茶事,且相沿成俗,茶旅游业成为大众关注的经济增长点,2018年的"桃源红茶节"联动国内外200座城市近30余万人参与,石门的"千年夹山,千年禅茶"、桃源的"十里桃花,擂茶飘香"声名远扬,常德茶旅产业欣欣向荣,态势喜人。

一、夹山风景区

夹山风景区位于湖南省石门县城南8km处,由夹山国家森林公园及其境内的夹山寺、闯王陵、碧岩泉等景点组成,总面积3km²,是国家森林公园示范园,是3A级风景旅游区(图12-37)。

夹山寺,又名灵泉禅院。唐咸通十一年(870年)善会大和尚获赐领众僧开山建寺。同年,高僧善会来到石门夹山,创建夹山灵泉禅院。他在禅修中所领悟的"猿抱子归青嶂岭,鸟衔花落碧岩泉"的"夹山境",成为唐代、五代禅宗中最富有代表性和典范意义的禅宗境界。碧岩泉,位于夹山寺西南1km处,因两眼泉水从5座石峰下汩汩流出而得名(图12-38)。

图12-37 夹山风景区

图12-38 碧岩泉

二、桃花源茶旅

桃花源位于湖南桃源县城西南部15km,前有滔滔不绝的沅江,后有蜿蜒起伏的武陵群峰,境内芳草鲜美、落英缤纷。桃花源集古老、神奇、幽奥、秀美、壮阔、清丽于一体,融诗情画意、历史传说为一炉,被人们誉为"人间仙境""世外桃源"(图12-39、图12-40)。

来桃花源,游人间仙境,品桃花源名茶,再喝上一碗擂茶,若是三月,更能与桃花来个美丽的约会,何不乐哉!

图12-39 桃花源美景

图12-40 桃花源采茶

三、白云山林场

石门县白云山林场始建于1958年,位于石门县西北中部,距县城40km。林场森林茂密,茶林相间,山岭绵延,环境优美,是湖南省有机茶出口基地。山顶建有有机茶园100hm^2。该场集森林游憩、度假、疗养、保健、养老等生态休闲于一体,是茶旅融合和乡村旅游胜地(图12-41)。林场先后被评为国家级生态林场、全国三十座最美茶园、全省十佳国有林场、全省环境优美林场、湖南茶叶"十佳茶旅景区"、森林体验国家重点建设基地。

图12-41 白云山林场有机茶园

四、常德春峰富硒茶业生态观光园

常德春峰茶业有限公司位于桃源县杨溪桥镇岩吾溪村,这里环境优美,交通便捷。2014年12月,常德春峰茶业有限公司成立,2016年初联合常德平安国际旅行社有限公司,设立茶文化展示馆,桃源县教育局批准为全县中小学劳动教育实践基地。

春峰富硒茶业生态观光园,2017年被评为湖南茶叶"十佳茶旅景区"。园内茶树与桂花树间种,相映成趣(图12-42)。

图12-42 春峰富硒茶业生态观光园

五、常德河街

重新打造的常德河街,以1943年的常德河街为原型,仍由麻阳街、小河街、大河街三段组成(图12-43)。东起常德大道,西至紫缘路,南邻姻缘河,北连柳河路。街区总长约1.5km,用地面积13万m^2,建筑211栋,建筑面积约7.67万m^2,拥有商业店铺362间。值得一提的是,河街的建设,融入海

图12-43 复原的常德河街

绵城市建设理念，进行水生态、水环境治理，并建设江河湖连通的重要码头。常德河街是烙印在常德的"清明上河图"，也是常德人留住乡愁的一个地方。

在这里，想看的美景，想听的丝弦，想喝的擂茶，想吃的钵体菜，应有尽有。累了，找一处茶室，捧一杯香茗，或许不经意间，还能找到封存心底的乡愁。

第八节　张家界茶旅

张家界因旅游建市，是中国最重要的旅游城市之一，是国际旅游目的地。1982年9月，张家界国家森林公园成为中国第一个国家森林公园；1988年8月，武陵源风景名胜区列入第二批国家重点风景名胜区；1992年，由张家界国家森林公园等三大景区构成的武陵源自然风景区被联合国

图 12-44　游客们在张家界野生茶谷留影

教科文组织列入《世界自然遗产名录》；2004年2月，被列为中国首批"世界地质公园"。好山好水出好茶，张家界美如仙境，也是自古出好茶的地方（图12-44）。自2003年起，张家界为促进茶旅融合开展了一系列活动，"茶艺竞赛""中国湖南茶业与旅游业对接高峰论坛""春天茶会"等，茶旅产业渐入佳境。2016年，慈利县三合镇牧羊冲村被湖南省茶业协会评为湖南茶叶"十大最美茶叶村（茶园）"。在2017第九届湖南茶业博览会上，慈利县和桑植县被列为湖南茶叶"十强生态产茶县（市）"。张家界牧羊冲茶马古道景区、张家界茅岩莓特色产业园、张家界白鹤井茶庄园被评为湖南茶叶"十佳茶旅景区"。

一、武陵源茶旅景区

武陵源国家重点风景名胜区总面积为397.5km^2。张家界国家森林公园和索溪峪自然保护区、天子山自然保护区、杨家界风景区，宛如一串明珠镶嵌在武陵源核心景区，以"峰奇、谷幽、水秀、林深、洞奥"为其特色。

武陵源区在区委、区政府领导下，发展茶叶产业，促进茶旅融合。通过旅游产业带动茶园生产和茶叶销售，通过打造茶产业，丰富旅游文化元素，形成养生、富民的特色产业。

2006年，天子茶业公司承包张家界国家森林公园的袁家界茶场，恢复生产达100hm^2。2011年，武陵源头茶业公司发掘索溪峪风景区白虎堂野生茶谷，此处风景如画，生态优美，野生茶群落周边占地达20hm^2，另承包百丈峡游览线黄金茶园，茶园约100hm^2。

天子御茶园是瑧溪牌金毛猴红茶的母本园，是上海市静安寺佛茶基地。2013年，成立天子御茶园公司，引进"金毛猴"红茶品牌落户武陵源区天子山风景区。

片片茶园与蓝天白云相映成景，游武陵源，品武陵山茶，在名胜风景区体验茶生活，不仅丰富了旅游产品，提升了旅游内涵，也为张家界的茶品牌宣传拓展了途径（图12-45、图12-46）。

图12-45 武陵源茶旅景区采茶图

图12-46 天子御茶园

二、张家界牧羊冲茶旅景区

张家界牧羊冲茶旅景区位于慈利县三合镇，全镇共有茶园约2000hm^2，茶旅景区怡人，在第七届湖南茶业博览会上评为湖南茶叶"千亿产业十佳示范乡镇"（图12-47）。

三合镇牧羊冲村茶园面积达200hm^2，山奇水异，云雾缭绕，形成船形茶园景区，在望日台游览茶海，万亩茶园尽收眼底。在牧羊冲村保留约20hm^{2}古茶树园，高家老屋门前耸立高大的"龙凤香古茶树"，是我国古茶树原生地的活见证。2015年，慈利县政府为其立了"古树名木保护牌"。2016年，三合镇牧羊冲村在第八届湖南茶业博览会上评为湖南茶叶"十大最美茶叶村（茶园）"。2017年，牧羊冲茶旅景区在第九届湖南茶业博览会上评为湖南茶叶"十佳茶旅景区"，"牧羊冲古茶（甑蒸绿茶）高氏传统制作技艺"被张家界市政府列入第五批非物质文化遗产代表性项目。

牧羊冲"茶马古道"总长50km，是历史上无数茶马古道支线中保存较为完好的一段，现存有骡马客歇脚饮水的官财井，有方便茶商磨墨记账的墨砚池等古迹（图12-48）。

图12-47 张家界牧羊冲茶旅景区茶园

图12-48 慈利县三合镇"茶马古道"

三、张家界白鹤井茶旅产业园景区

白鹤井茶旅产业园位于永定区天门山风景区东侧，自然风景独特，平均海拔700m，气候宜人。张家界白鹤井茶业有限责任公司探寻饮茶加美景、茶业加旅游业的发展道路，采取"公司+市场+基地+农户"运营模式，从文化上创意，包装上革新，促进效益增长。2017年，在第九届湖南茶业博览会上评为湖南茶叶"十佳茶旅景区"。置身庄园，仿佛妙茶醇香邀你领略奇山趣水、天地净界（图12-49）。

图12-49 张家界白鹤井茶旅产业园

四、茅岩河茶旅景区

张家界永定区茅岩河茶旅风景区位于澧水上游，为4A级旅游景区。茅岩河群山叠翠，滩多水急，集观光、漂流于一体，全长20km，有"百里画廊"之美誉。驾快艇和橡皮舟沿茅岩河漂流而下，千仞峭壁迎面飞来。沿途可观高峡危崖、重叠怪石、溶洞古寨、青山碧水等自然景观。

张家界茅岩莓特色产业园也是这片景区中的靓丽风景，在第九届湖南茶业博览会上评为2017湖南茶叶"十佳茶旅景区"（图12-50）。"茅岩莓茶"是采藤茶嫩芽，然后用茶叶制作工艺制作而成的植物饮料。

图12-50 张家界茅岩莓特色产业园

五、西莲茶园茶旅景区

"西莲云雾茶园"位于桑植县人潮溪镇，是"三鹤园"贡茶、西莲云雾茶等品牌茶叶生产基地。西莲茶出产于海拔达800m的茶叶基地，远离尘世，出产地群山重峦，云雾环绕，原生态面貌保留完好，自古便是皇家贡茶出产地。桑植县原西莲乡玉京村唐家湾所产"三鹤园茶"，为明清时期"玉京贡茶"。2016年，"三鹤园贡茶基地"被评为"全国三十座最美茶园"。

西莲茶是张家界主要特产之一，西莲茶以高山生态茶叶为原料，融合桑植传统茶叶与湖南紧压茶工艺进行出产，确保每一片茶叶都达到"质、形、色、香、味、气、韵"七品俱佳，能让人感受风雨百年的执着，体味自然孕育的静美。

六、八大公山茶旅景区

八大公山国家自然保护区位于桑植县西北部，总面积为250km²。1986年，经国务院批准，八大公山被列为中国首批国家级自然保护区。八大公山分为斗篷山、杉木界、天平山、四门岩等林区，森林覆盖率达90%。独特的地理环境使八大公山保存亚热带原始次森林，被誉为"世界罕见的物种基因库"。

图12-51 桑植县白茶园

千山叠翠的桑植县自古以来盛产茶叶，桑植县传统戏剧傩愿戏《告茶歌》和《敬茶歌》是千百年来茶与乡民相伴的印记。桑植县形成"一园一带一片"格局（八大公山镇白茶产业园、人潮溪镇名优白茶产业带和洪家关乡休闲茶园片），2017年桑植县被评为湖南茶叶"十强生态产茶县（市）"。

桑植县白茶园分布在500~1200m的高海拔山区，森林覆盖率高，茶中有林，林中有茶，茶林相间（图12-51）。走进八大公山茶叶生产基地，一片绿油油的有机茶园示范基地映游人眼中，但见茶园成梯，错落有致，与周围景观相映成趣。

第九节　益阳茶旅

益阳，别名"银城""丽都"，"羽毛球之乡"，位于长江中下游平原南岸的洞庭湖南岸，地处湖南省北部，是环洞庭湖生态经济圈核心城市之一，也是长株潭"3+5"城市群之一，先后获得省级园林城市、国家森林城市等称号，是名副其实的"鱼米之乡"和"茶竹之香"。益阳安化是中国黑茶之乡、全国重点产茶大县。

黑茶之乡安化县旅游发展总体布局是：一条资水风光带贯穿县域，两个旅游综合服务核兼顾东西，三条特色旅游发展廊道串联全境，八处旅游引擎项目辐射带动，十个旅游主题小镇彰显特色，百家茶旅庄园点缀成趣。该县推进茶山、茶湖、茶带、茶路建设，形成"以点集群、连群成廊、走廊带区、片区发展"的全景旅游体验格局，茶马古道、中国黑茶博物馆、梅山生态文化园、白沙溪黑茶博物馆、云台山茶旅开发项目和茶乡花海等茶旅一体化项目已开启，以茶促旅、以旅兴茶让山城安化华美蝶变。

益阳市主要茶旅景点见表12-2。

表 12-2 益阳市主要茶旅景点一览表

序号	旅游景点	所在地
1	华莱黑茶小镇	安化县
2	茶乡花海	安化县
3	云上茶旅文化园	安化县
4	梅山文化生态园	安化县
5	烟溪红茶小镇	安化县
6	黑茶特色小镇	安化县
7	盛世茶都	安化县
8	芙蓉山茶旅风景区	安化县
9	茶马古道	安化县
10	茶马古镇	安化县
11	中国黑茶博物馆	安化县
12	黄沙坪老茶市	安化县
13	百年木仓	安化县
14	江南洞市老茶街	安化县
15	雪峰山、甘泉山生态观光茶园	桃江县
16	益阳茶叶市场	赫山区
17	荷叶塘生态观光茶园	赫山区
18	杨林坳生态观光茶园	资阳区

一、安化茶马古道风景区

茶马古道风景区位于湖南省安化县江南镇境内,为4A级景区。素以南方最后一支马帮和最完整的茶马古道遗存著称于世,景区内有梅山马帮、峡谷栈道、原生态高山民居、峡谷溪流、高山茶园、农家乐等景点。茶马古道上古桥、古亭、古码头、古渡口等遗存古韵犹存。这里保留了原生态的高山民居风光和峡谷风光,远离尘嚣,秀美独特,故被称为"高山之城,茶马遗风"。

图 12-52 安化茶马古道

在安化茶马古道风景区，可以体验骑马观光的乐趣，也可以探寻马帮文化的历史遗存。景区内林秀水美，山高谷深，集"雄、奇、险、秀、幽"等风景特色于一身（图12-52）。

二、云台山风景区

云台山风景区位于安化县马路镇，景区以险为奇，以秀见长，以幽为美，拥有大自然赋予神奇而独特的旅游资源。2018年评为国家4A级旅游景区。

云台山山险谷深，终年云雾缭绕，最高海拔998.17m，云台山顶上是一块9km^{2}的盆地，有"高山之台"和"高山上的平原"美称。这里风光旖旎，气候宜人，好似"世外桃源"（图12-53）。山下的龙泉洞形成于2亿多年以前，是古生界石炭系灰岩经水溶蚀冲刷而成，洞中的"龙泉飞瀑""绝世鹅管"为世界之罕见、国内独有。云台山历史以来就有千年道场，远近闻名的宗教参圣地——真武古观，景区在真武观的基础上，将扩建以茶道为基础、佛教为灵魂的云山寺，还将打造集禅、茶、石、林等综合型揽胜景点——万佛石林。在云台神仙乐园景区，奇峰美景、田园盛景、四季花园使得神仙岩变成了一个蓬莱仙境般的景区。

图12-53 安化云台山

图12-54 云台山有机茶园

安化云台山风景区旅游资源共有地文景观、水域风光、生物景观、天象与气候景观、建筑与设施、旅游商品和人文活动7个部分。最有特色的是"茶之旅"，在云台山上，以"茶"为中心，建设了一系列集科普、观光、体验为一体的旅游项目：百茶展览园、云台山大叶茶种籽培育基地、云台山大叶茶母本基地、有机观光茶园基地、茶文化广场、茶文化公园、名优茶制作车间、制茶体验馆、茶叶审评室、茶品陈列室、茶树标本库、茶艺展示厅、茶文化体验中心、云台山大叶茶科普馆等。

绿油油的有机茶园示范基地，成块成梯，错落有致，与云台山的奇景相映成趣，可谓景中有茶，茶中有景（图12-54）。形式多样的旅游项目更是吸引游者，或动手采茶、亲自制茶，或登石林、爬古寺、探天坑；也可露营山顶，晚有篝火会，晨起看云海、观日出;或三五好友坐于一隅,赏茶园、品佳茗……在这里,春季赏花、夏日避暑、秋季登高、寒冬赏雪,一年四季可观云品茗,不同的季节,不同的角度,都能让观赏者体验到不同的意境,"一半是茶、一半是云"的"云山茶园"是生态观光、休闲旅游、度假体验的绝佳去处,"来到云上,自在惬意"已随着茶香沁入游客心中。

三、中国黑茶博物馆

中国黑茶博物馆,坐落在安化县城东面、资江南岸的黄沙坪古茶市,融收藏展示和观光旅游于一体,是中国黑茶之乡的标志性建筑(图12-55)。

馆内设有基本陈列展览厅、专题陈列厅、临时展览厅、多功能演播厅、文物库房、贵宾接待室、文物摄影室、安全监控室、观众服务部等设施。主楼一至三楼为陈列展厅,面积约2100m^2。一楼以"神韵安化"为主题,展示安化山水风光;二楼以"黑茶飘香"为主题,展示安化黑茶历史文化;三楼以"岁

图12-55 中国黑茶博物馆

月留痕"为主题,展示安化人文历史;四楼是集茶产品展示、茶艺表演为一体的休闲场所。另有2个临时展厅举办各类展览。

安化县文物管理所经过多年的征集,现有馆藏文物5037件,其中珍贵文物458件(一级文物6件、二级文物45件、三级文物407件);所藏文物中最具特色的文物为茶文物和牌匾石刻文物,其中有一级文物4件、二级文物12件、三级文物80件、一般文物800多件。

四、湖南红茶博览馆

湖南红茶博览馆位于安化县黄沙坪古茶市(图12-56)。博览馆馆藏书籍、资料、器具、文物、收藏证书、茶样、国际茶文化交流品等1万多件。馆内设有10个展区:1915年巴拿马万国博览会中国茶纪实展区、湖南红茶发展历史展区、湖南红茶制茶加工器具展区、湖南红茶历史人物展区、中国红茶历

图12-56 湖南红茶博览馆

史进程展区、中国红茶国际商贸历史展区、湖南红茶文化交流科普专区、万里茶道起点

碑拍摄区、茶专家学者科研工作专区、湖贡红巴拿马金奖红茶免费体验区等，以图片、书刊、资料、实物、牌匾、文物、茶样等方式全面展示几百年来湖南红茶发展历程。

五、梅山文化生态园

梅山文化生态园创立于2007年，坐落于安化县仙溪镇山口村。本园由当地村民姚志斌、张青娥夫妇充分的挖掘和大力弘扬中国古典梅山文化，收集了大批再现古代梅山文化的历史文物，创建了梅山文化生态园（图12-57、图12-58）。模拟古代梅山山民生活方式，再现梅山文化。

园内森林密布、珍稀树木繁多，异兽珍禽上百种，百果飘香，生气勃勃，富有诗情画意，令人心旷神怡、流连忘返。古烽火台、古戏台、古建筑、古家具、古井水一一映入眼帘，雕饰栏砌，巫术图腾无不惟妙惟肖。步入梅山茶馆，捧上一碗擂茶，观一场傩戏演出，就仿佛穿梭于时空隧道，犹如置身于远离现代社会的古梅山生活区。

图12-57 梅山文化生态园冬景

图12-58 梅山文化生态园茶馆

六、永锡桥

永锡桥是"安化风雨桥群"（全国重点文物保护单位）的一部分，始建于清光绪二年（1876年），被列入万里茶道湖南段申遗重点推荐点。永锡桥位于安化县江南镇锡潭村麻溪河上，是安化县规模最大且保存最为完好的（清代）木构风雨廊桥（图12-59）。

图12-59 安化永锡桥

桥身木构架小青瓦屋面，桥廊为悬臂挑梁木结构梁架，桥墩棱形分水，六层鹊木。桥全长83m、高12.8m、宽3.7m。中间为走道，两侧为歇亭，有67间歇亭，1间神佛亭。桥北桥亭顶上加建阁楼式顶，北端建有碑亭，现存石碑58块，其中纪事及序碑3块，其余为捐款碑,捐款碑中有一块为茶庄捐款碑,记载了43家茶行(茶商号)的名字。南端桥亭阁楼式顶下有"永锡桥"桥名匾额,桥头走石级阶梯进入桥歇息。

七、安化黑茶小镇

安化黑茶特色小镇项目位于安化县田庄乡,交通便利,平洞(S20)、国道G536贯穿其中。小镇地理环境优越,是优质茶叶生产区,茶园总面积3.6万亩。现小镇规划区域范围内有黑茶加工企业10家,其中国家重点龙头企业1家,省级龙头企业1家,市级龙头企业5家。

小镇以"安化黑茶"为主题,贯彻"茶旅文融合,山水城融合,一二三产融合"的发展理念,突出黑茶文化与梅山文化特色,采用"一江四段,十里画廊"的空间布局形式,着力打造茶产业链条完整、茶文化体验独特、宜业宜居宜游的特色小镇。

八、茶乡花海

茶乡花海生态体验园坐落于安化县东坪镇和龙塘乡交界处。项目以安化秀美的自然风光为依托,以安化独有的安化黑茶艺术园为基础,以四季名贵花卉树木为重点,以园区内98座小山头为基本资源,建设109个景观景点,布局春夏秋冬4个花园,满足观赏、娱乐、养生、度假四大功能,打造一个可以接待四方宾客旅游、休闲娱乐、健康养生、体验度假茶旅文化于一体的综合性人工景区(图12-60)。

图12-60 茶乡花海美丽风光

芝樱、虞美人、三色堇、映山红、德国鸢尾等花卉在不同季节竞相绽放,五彩缤纷,为安化茶乡更添迷人景色,是安化县的一张旅游新名片。

第十节 郴州茶旅

郴州是中国优秀旅游城市、中国温泉之城、中国矿物晶体之都、国家休闲城市、全国绿化模范城市、国家园林城市、国家森林城市、国家卫生城市和全国50大"氧吧"城市,现有6个国家全域旅游示范区创建单位,3个全国休闲农业与乡村旅游示范县,38个国家级旅游区(点),其中4A级及以上旅游区(点)13个。郴州区位优越,地处珠三角经济圈与华中经济圈交叉腹地,是粤港澳游客的重要旅游目的地。

郴州茶叶资源丰富，文化底蕴深厚，围绕乡村振兴战略，旅游业与茶产业融合发展，茶区变景区，茶园变公园，产品变商品，茶山变金山，形成茶旅一体化，尤其是资兴、汝城、宜章、桂东、北湖等县（市、区）茶旅一体化各具特色，快速发展。

一、郴州市城区

郴州是历史文化名城，景点众多，茶文化氛围浓厚。著名的有义帝陵、天下第十八福地——苏仙岭、天下第十八泉——圆泉香雪、洞穴明珠万华岩、国家地质公园飞天山、国际狩猎场五盖山、柳毅传书地龙女温泉、女排腾飞地五连冠、湘南起义纪念塔（馆）（图12-61）。郴州古岩香茶业有限公司（茶树良种示范场，距市中心10km），是茶叶观光体验佳处（图12-62）。郴州城区分布有百余家茶馆茶楼，可品郴州福茶，可赏郴州茶艺。

图12-61 "天下第十八福地"苏仙岭

图12-62 郴州古岩香茶园

二、资兴市

资兴市为国家园林城市，湖南省全域旅游先锋县。全市有国家5A级东江湖旅游区1个，国家3A级旅游景点2个。资兴市为湖南省重点产茶县、全国绿色食品（茶叶）原料标准化生产基地县，现有茶园面积6200hm^2。资兴市政府十分重视茶旅一二三产业融合发展，建设了东江湖、狗脑山、回龙山三大茶旅一体化示范区。

（一）东江湖茶旅区

东江湖茶旅区以国家5A级景区东江湖、雾漫小东江、寿佛寺为主要景观，融合寿佛茶文化、东江湖茶公共品牌、东江库区果茶研究所、东江名寨等美丽生态茶园，可以达到心身愉悦的茶乡体验游、茶文化观光游的目的（图12-63）。

图12-63 东江湖茶园

（二）狗脑山茶旅区

狗脑山茶旅区是以茶祖神农炎帝在汤市狗脑山发现茶叶、泡温泉、战旱魃的传说而建立的。因神农发现茶叶造福天下百姓，当地百姓又将茶叶叫福茶。宋代资兴置县，为感谢皇恩，进献皇上狗脑茶，从此人们就将狗脑茶改叫狗脑贡了。狗脑山茶旅区有美丽高山生态茶园2000hm²，有汤溪、州门司炎帝温泉、中华第一汤、狗

图12-64 狗脑石

脑石、天碑、玉狗冢、茶亭、茶廊、茶厂等（图12-64）。每年3月举办的温泉之乡采茶节，隆重、喜庆且节目丰富多彩。

（三）回龙山茶旅区

回龙山茶旅区位于回龙山瑶族乡。回龙山为国家3A级风景区。山顶回龙古庙称古南岳，海拔1480m，传说是神农祭天祀雨的地方，也曾是南岳宗教文化的发源地。这里融2000多年宗教历史文化及古朴的瑶族风情文化于一身；集巍峨壮美、灵秀神奇于一体（图12-65）。回龙望日、百年杜鹃、千年古道、峡谷深壑、高山仙境、云山奇观、原始植被、野生茶林以及古朴完整的瑶民风土人情等吸引了无数游客慕名前来。

回龙山茶旅区，有高山生态茶园约1000hm²，野生茶树分布广泛，其资兴市七里金茶专业合作社茶园通过了欧盟有机茶认证。茶园中建设了茶亭、观光长廊、茶叶加工体验区（图12-66）。

图12-65 回龙山朝霞

图12-66 七里金有机茶园

三、汝城县

汝城县地处南岭山脉北麓，位于湖南省东南部，与广东、江西接壤，有"毗连三省，水注三江（湘江、珠江、赣江）"之美称，境内山岭陡峻，四季分明，温暖湿润，雨量充

沛，光照充足，无霜期长，非常利于茶叶生长。

汝城历史悠久，自东晋穆帝升平二年（358年）置县，是省级历史文化名城，文物古迹很多，主要有濂溪书院、文塔、八角楼、太保第、绣衣坊、仙人桥、蜗牛塔等，既有优美动人的传说，也有独特的建筑风格，还有丰富的红色旅游资源。如今，诸多企业打造出新意十足的茶旅综合体。

湖南汝莲茶业有限公司，位于泉水镇杉树园村，该公司打造集茶叶、养生、休闲、旅游、民宿于一体新型田园企业综合体（图12-67、图12-68）。利用自有良种茶园100hm²，重点打造"一亩茶园"品牌；建有民俗山庄和小木屋，配套开发当地宋公堡、望月岩、黄金泉、茶盐古道等风景名胜。

图12-67 汝莲茶旅小木屋

图12-68 汝城九龙白茶庄园

汝城县绿金香生态农业发展有限公司，位于卢阳镇东溪村，有茶叶示范基地100hm²，种植酥脆枣、杨梅、蓝莓等特色水果，带动周边村开发茶叶基地约100hm²，已把茶叶生产基地提质改造为集体验、观光、休闲、购物、经营于一体的休闲农业（图12-69）。

汝城县鼎湘茶业有限公司，位于暖水镇白

图12-69 旱塘村高山生态茶园

沟村，2014年被列为湖南省工业旅游示范点项目。公司已开发高标准生态茶园5000亩，把茶叶的高端品种金花茶、黄金芽等，与珍稀树种海南黄花梨、沉香、金丝楠木、彩色桂花等套种间种，融旅游观光、采茶体验、茶叶加工工艺观摩、茶叶产品交易、茶文化传播、摄影采风、餐饮住宿于一体。

汝城县九龙白毛茶农业发展有限公司，在汝城三江口镇投资创建白毛茶种植基地，并拓展建设"九龙白毛茶庄园"。该庄园是一家集茶叶种植、加工、销售、旅游、观光、养生、客房、餐饮、品茗及会议于一体的生态农庄，已经成为汝城著名的旅游点，2015年荣获湖南省旅游局首批省级"五星级乡村旅游区（点）"称号，2016年获得"湖南省五星级休闲农业庄园"称号。

汝城县泉水镇旱塘瑶族村，有高山生态茶园340hm^2，茶园分布海拔600~900m，全村户平茶园1.52hm^2，2016年被评为湖南茶叶"十大最美茶叶村（茶园）"。该村茶旅产业融合发展，在茶园中修建了游道，在茶山顶上修建了茶叶观光亭、观光长廊、茶加工体验房和品茶室。

四、桂东县

桂东县重峦叠嶂，山清水秀，气候宜人，被誉为"自然氧吧、天然空调"。桂东县把全域旅游与绿色产业建设有机结合，依托清泉、桥头两乡镇的传统种茶历史，精心打造万亩茶叶观光园（图12-70）。茶叶观光走廊从桥头乡甘坑村至清泉镇庄川村，观光茶园约6000hm^2，吸引各地游客，成了村民的金山银山。

图12-70 桂东万亩观光茶园

五、宜章县

莽山是国家森林公园，土壤富硒，气候温润，常年云雾笼罩（图12-71），是湖南省面积最大的国家森林公园，也是国家地质公园、国家4A级景区，素有"第二西双版纳"和"南国天然树木园"之称，山奇、石怪、林幽、水清、气爽。

图12-71 莽山云雾

高山云雾出好茶，莽山海拔800~1900m，自古以来就是优质茶叶的产区。宜章依托大莽山旅游资源，积极推动茶旅一体化建设，打造茶文化旅游示范点和茶旅特色小镇，还创作以莽山瑶族世代茶生活为原型的文艺作品融入文化旅游，茶旅融合好戏连台。

湖南莽山天一波茶业有限公司现有生态茶园约100hm^2，公司茶园坐落在莽山国家森林公园内，茶园海拔在1300m以上，是有机茶生产基地。

莽山瑶族自治乡钟家村紧邻莽山国家森林公园，茶业是该村的主导产业。莽山瑶族自古有屋前屋后、山谷溪边种植茶叶习惯，并用锡茶罐熬茶喝。目前茶叶种植面积达100hm^2，是远近闻名的茶叶村，有2家省市级重点龙头企业，1家国家级示范合作社。

2012年该村被湖南省旅游局评为"特色旅游名村",现有木森森茶场度假村、水晶冲茶庄饭店、农家土菜馆、华刚农家店等旅游餐饮住宿企业(图12-72)。

宜章和宜农业综合开发有限公司,着力打造莽山红茶品牌,开发莽山茶业生态旅游,建设茶园酒店、茶叶交易市场等配套设施,形成"莽山红茶"品牌整体发展产业链。2018年和宜莽山红茶产业示范园开园,优美的茶园风光,吸引了大量各地的游客慕名前来观光旅游。以红茶文化、农耕文化为特色的综合型高端休闲度假区与莽山景区旅游产品互为补充(图12-73)。

图12-72 钟家村高山生态茶园

图12-73 莽山红茶示观光园

宜章县莽山茶王谷生态农业开发有限公司,位于莽山国家森林公园,主要经营茶叶及其他经济作物。公司旗下莽山茶王谷生态酒店,依山傍水,环境怡人。山谷中建有茶叶加工厂,总建筑面积520m²,游客可在此体验茶叶采摘、加工的乐趣,还可以在酒店茶室品尝自采自制的高山有机茶。

第十一节 永州茶旅

永州,位于湖南省南部,潇、湘二水汇合处,故雅称"潇湘",永州是国家森林城市、国家历史文化名城。永州生态环境优良,具有茶叶自然资源、文化底蕴、品种品质等独有的特色。近年来,永州市大力发展茶叶产业,出台一系列扶持政策,各地茶叶种植热情高涨,茶叶产业具有相当的规模。全市现有茶园面积约1万hm²,有永州福田茶业有限公司、湖南自然韵黑茶科技有限公司、湖南三峰茶业有限责任公司3家省级重点龙头企业,知名品牌有"百叠岭银毫""自然韵黑茶""香零烟雨""塔山婆婆茶""江华苦茶""七祖禅茶""九嶷"等。2018年,江华瑶族自治县被评为湖南茶叶"千亿产业十强县(市、区)",随着茶产业的升级转型,各产茶区纷纷把茶旅产业开发列入工作重点。

一、蓝山县百叠岭茶文化旅游区

百叠岭茶文化旅游区，位于蓝山县塔峰镇百叠岭村。湖南三峰茶业有限责任公司利用百叠岭有机茶叶基地的资源优势，打造成集有机茶种植、观光、茶事体验、茶文化于一体的休闲旅游开发基地（图12-74）。该基地被评为：湖南茶叶"十佳旅游休闲示范基地"、湖南省五星级休闲农业庄园、湖南省现代农业特色产业园省级示范园等。

图12-74 百叠岭茶园

站在茶园百峰之巅，由五岭形成五龙护珠的特殊地理奇观，堪称世界一绝。采茶姑娘与白云相戏，和松涛放歌，"茶女戏云"之美景让人如痴如醉。

二、江华瑶茶文化产业园

瑶茶文化产业园，由湖南瑞鑫源生物科技开发有限公司投资建设，占地面积约20hm^2，规划分四大区域，一是茶产品展示和鲜叶交易区域，建设江华瑶茶鲜叶交易市场、茶展销厅；二是茶产品、茶制品、茶饮品精深加工区域；三是产品综合研发区域；四是茶文化交流展示区域。这是一个集休闲、度假、养生、养老为一体的生态旅游休闲养老胜地，2017被评为湖南茶叶"十佳茶旅景区"（图12-75）。

图12-75 瑶族姑娘采茶

三、永州市零陵中交自然韵茶旅文产业园

该项目分为自然韵茶旅文总部、自然韵阳明北岭茶旅公园和自然韵茶产业种植基地3个子项目，以邮亭圩镇黄溪源和阳明北岭为中心，建设高标准茶产业种植基地、智能化茶业生产加工体验中心和休闲度假酒店等，形成集有机茶种植、加工研发、休闲康养旅游为一体的高标准现代农业示范基地。

第十二节　怀化茶旅

怀化，古称五溪，自古以来就有"黔滇门户""全楚咽喉"之称。怀化是"多民族文化村"，少数民族占总人口40%。长期以来，侗、苗、瑶、土家等50个民族在这里繁衍生息，创造了浓郁多彩的民俗文化。怀化著名纪念地有芷江县的中国人民抗日战争胜利受降纪念馆、会同县的粟裕公园、溆浦县的向警予故居。名胜古迹有一批怀化古村、洪江市黔城古城的芙蓉楼、通道县的回龙桥、沅陵县的龙兴讲寺、新晃县的大桥溪遗址、洪江古商城等。

怀化生态环境优良，地处湘中丘陵向云贵高原的过渡地带，全市森林覆盖率达到68.7%，是全国九大生态良好区域之一，被誉为一座"会呼吸的城市"。怀化是环境环保部（现生态环境部）正式命名的湖南省首个市级"国家生态示范区"。

一、沅陵县茶旅

沅陵县是"中国生态有机茶之乡"。沅陵碣滩茶，早在两晋时就名声大振，虽历经千年时光涤荡，如今依然熠熠生辉。

辰龙关碣滩茶庄园位于沅陵县官庄镇界亭驿周边，集碣滩茶产品生产销售、生态旅游、休闲度假、科普教育、观光娱乐及养生休闲等多功能于一体，2016年获湖南茶叶"十大最美茶叶村（茶园）"。

图12-76 秀美沅陵风光

辰龙关，位于常德与怀化交界的沅陵县官庄镇境内，古属界亭驿，是通往大西南的必经之道，有着"湘西锁钥""滇黔咽喉"之称（图12-76）。辰龙关景区山水精致秀美，关楼、廊桥、驿站、茶马古道等历史遗存较多，乡民种茶耕读，楚风依旧。经过复修关楼、整修驿道、新修廊桥、扩建茶园、新建花海、添建栈道，一跃成为国家3A级景区（图12-77）。

图12-77 辰龙关景色

二、会同县茶旅

会同地处湘西南边陲、怀化市南部，是湖南省6个少数民族人口过半县之一。会同资源丰富，是全国生态功能区，全县林地面积255万亩，拥有森林蓄积量678万m^3，立竹蓄积达8000万根，森林覆盖率72.14%，居全省第一，是全国重点林区县。会同旅游资源丰富，有粟裕故居和纪念馆、高椅古村、鹰嘴界国家级自然保护区、连山炎帝故里和浓郁的侗苗民族风情。会同县曾是茶祖神农氏的聚居地,今日会同民间还保留着以茶祭祖、以茶待客等茶俗。

深厚的文化底蕴,赋予会同茶叶以神秘的色彩;而得天独厚的自然条件,更让它天赋异禀、品质出众。会同县茶园面积达3000hm^2,拥有25个茶叶专业合作社,连接带动贫困人口3万余人,开创了茶祖故里茶业新篇章。湖南会同宝田茶业有限公司有机茶园位于宝田乡宝田村,在2016年湖南茶业博览会上获评湖南茶叶"十大最美茶叶村(茶园)"(图12-78)。

图12-78 会同茶园

第十三节　娄底茶旅

娄底,地处湖南几何中心,历史文化厚重,自然风光秀美。娄底是被后世尊为"战神"的中华民族三大始祖之一蚩尤的故里,是湖湘文化的主要发源地之一。境内山清水秀洞奇,自然人文景观竞相辉映,市内有清代名臣曾国藩故居等人文景观和各类风景名胜旅游点70多处。涟源市湄江风景区、冷水江波月洞及大熊山、九峰山、龙山等省级森林公园,风光秀丽。位于娄底市郊的水府庙水库、胜仙洞等胜景,别具一格。

娄底拥有全国绿化模范城市、中国优秀旅游城市、国家园林城市、国家卫生城市、全国文明城市等荣誉称号。

新化县茶旅融合发展,在致力于打造"新化红茶"公共品牌的同时,着力推进茶旅融合,全县正在重点打造渠江源茶文化主题公园、渠江薄片茶文化园、大熊山十里茶廊等,并在各大旅游风景区周边新建生态景观茶园,集茶叶生产、加工、休闲、品购、观光、体验、养生于一体,以茶产业引领新生产业集群,把新化打造成为中国最美茶旅之乡。

一、渠江薄片茶文化园

渠江薄片茶文化园,坐落于新化梅苑工业园,离县城1km,集茶叶采摘、制茶体验、品茶饮茶、参观游览、新化茶文化展示于一体。建筑为仿唐中式建筑风格,巨型渠江薄片石雕,高达4m,气势恢宏,让人感受到中国历史名茶——渠江薄片的传承与厚重。园区的正中心,坐落着一座茶文化长廊,被誉为"湘中第一茶文化长廊"。长廊在绿荫掩映中曲折通幽,全长75m,全石材建造,古色古香,连接着三座茶亭:渠江薄片亭、上梅红茶亭、梅山毛尖亭。长廊的两边用石材雕刻着新化茶文化历史，从新化茶叶的起源，唐代贡茶，明代新化茶的繁荣，到清代红茶进入新化，以及现今新化茶的复兴。全景展示新化历史长河中，新化茶叶的坎坷与曲折，兴盛与传承。

二、渠江源茶文化主题公园

渠江源茶文化主题公园位于新化县奉家镇大桥与川坳村境内，距离国家4A级风景名胜区——紫鹊界梯田12km。其核心景区面积52km^2，景区由茶溪谷栈道游览区、姑娘河溯溪体验区、无二冲贡茶文化体验区组成，是溯溪、观瀑、品茶、摄影的佳处。茶溪谷栈道游

图12-79 渠江源茶溪谷

览区三大瀑布，或秀美如丝，或磅礴如雷，或跳跃如歌，令人流连忘返（图12-79）。姑娘河溯溪体验区，有原生态的古道，有惊险刺激的崖、潭、河、桥，溯溪而游，风生两腋，清心消暑。

渠江源景区内现有高标准生态有机茶园200hm^2，茶园海拔700~1200m，生产渠江溪茶、渠江薄片、月芽茶、蒙洱冲等名茶。

第十四节　湘西茶旅

湘西土家族苗族自治州（以下简称"湘西"）位于湖南省西北部，地处湘鄂黔渝4省（直辖市）交界处。

湘西历史文化厚重。凤凰古城被誉为"中国最美丽的小城"。全州有里耶镇、芙蓉镇、浦市镇、边城镇4个中国历史文化名镇和南方长城等399处历史文化古迹。涌现出熊希龄、沈从文、黄永玉、宋祖英等一批政治文化名人。湘西是革命老区，曾为湘鄂川黔革命根据地。

湘西民俗风情浓郁。土家族、苗族是能歌善舞的民族，有各自独特的语言、习俗、服饰、建筑、音乐、舞蹈。湘西是文化部（现文化和旅游部）授予的湖南唯一的武陵山区（湘西）土家族苗族文化生态保护区，全州拥有26个国家级非物质文化遗产名录。保靖县夯沙乡夯沙村等84个村寨入选"中国传统村落名录"。

湘西茶叶生产基地主要分布在古丈、保靖、吉首、永顺、花垣等县（市），2018年湘

西成功申报成为"中国黄金茶之乡"。古丈、保靖、吉首3县（市）被评为"全国重点产茶县"。古丈毛尖、保靖黄金茶进入国家有机产品认证示范创建区名单，古丈县先后荣获"中国名茶之乡"等荣誉称号。

湘西丰富多样的旅游资源和茶叶资源催开了湘西茶旅游业之花。

一、保靖县茶旅

保靖县是黄金茶的原产地，也因"黄金茶"而扬名。黄金村最古老的茶树有400多年历史，保靖县还有2057棵古茶树，它们以黄金村为中心，沿黄金河两岸傍山生长。保靖县重点建设3个茶旅融合发展的示范园区：清水坪万亩生态有机茶叶示范园、吕洞山现代农业综合示范园、县城周边生态休闲体验园（图12-80）。

吕洞山位于保靖县吕洞山镇境内，距保靖城区70km，距吉首城区21km。吕洞山景区内植被丰富，奇峰挺秀；苗寨错落有致，文化原生古朴（图12-81）。中国国家地理杂志社向读者推荐了十大诗意栖居地，保靖县的吕洞山就位列其中。"保靖黄金茶"主产区在吕洞山区，在清嘉庆年间被钦点为贡品，因有"一两黄金换一两茶"的传说而得名。

图12-80 清水坪万亩生态有机茶叶示范园

图12-81 美丽乡村之保靖吕洞山

二、古丈茶旅

古丈生态环境优良，旅游资源十分丰富，素有"茶叶之乡""林业之乡""举重之乡""歌舞之乡"的美称，是全国休闲农业和乡村旅游示范县和中国健康养生休闲度假旅游最佳目的地。古丈县茶旅融合发展正在如火如荼地进行：紧扣红石林、坐龙峡、栖凤湖、高望界、天桥山等核心景区开发，合理布局茶产业，科学植入茶文化；整合茶叶专业村寨、传统村落、特色民族村寨、特色旅游名村等优势资源，积极开发茶旅农家游、生态游、田园游、民俗游等特色项目；以打造"武陵茶都"为目标，在新区规划建设茶叶博物馆、茶叶休闲广场、茶叶主题公园、茶乡影剧院、茶叶交易中心、茶乡旅游接待中心等标志性项目。

栖凤湖风景区，位于古阳镇北部的酉水流域，省级风景名胜区，古丈县产茶源地之一，总面积431km^2，其中水面25km^2。

夯吾苗寨，位于默戎镇毛坪村，村里习俗特异，苗族服饰自成体系。利用知青茶场开发出牛角山茶叶观光园，为古丈毛尖茶主产基地之一。

翁草苗寨，位于默戎镇翁草村，中国传统村落，依靠传统民俗和茶叶扶贫开发，打造起来的旅游景点。

牛角山茶园，海拔800~1200m，由湘西自治州牛角山生态农业科技开发有限公司开发。山下有夯吾（牛角山村）苗寨、牛角山村农家乐，可为游客提供玩、采、炒、品、吃、住、行、购、娱等"一站式"原生态茶旅游服务（图12-82、图12-83）。

图12-82 牛角山茶园　　　　　　　图12-83 牛角山云海

茶乡古丈"四日游"线路：

第一天：古丈县城—穿越默戎苗寨（品味苗乡风情）—登临牛角山茶园（赏茶品茶）—探幽梳头溪茶谷—游览竹溪湾茶文化主题公园—休闲茶文化一条街（图12-84）。

第二天：古丈县城—高望界国家级自然保护区（望日出，畅游森林氧吧）—走高望山有机茶园—摄岩排溪千年古梯田、明清古建筑（图12-85）。

图12-84 古丈第一日茶旅线路　　　图12-85 古丈第二日茶旅线路

第三天： 高望界—栖凤湖（泛舟栖凤湖）—了解寒武纪金钉子—走玩红石林（中国最红的石林，寻找5000年海底世界）—上杜家坡（观看酉水画廊、眺望芙蓉镇）（图12-86）。

第四天： 探坐龙峡（中南第一大峡谷）—爬张家坡（体验原生态）—访老司岩（保存最完整的明清古建筑）—憩青竹山庄（图12-87）。

图12-86 古丈第三日茶旅线路

图12-87 古丈第四日茶旅线路

湖南省茶叶示范基地、茶叶村（园）、生态产茶县（市）、茶旅景区评选结果详见表12-3~表12-5。

表12-3　2014湖南茶叶"十佳旅游休闲示范基地"

序号	十佳旅游休闲示范基地
1	南岳"岳云茶山行"生态旅游区
2	安化茶马古道
3	长沙县湘丰飞跃茶文化旅游基地
4	岳阳君山黄茶产业园
5	湖南省白沙溪茶厂
6	石门东山峰茶山花海旅游区
7	湖南三峰茶业百叠岭茶园基地
8	英妹子古丈梳头溪有机茶园基地
9	湖南双上绿芽有机茶园基地
10	新化渠江源茶园基地

表12-4　2016湖南茶叶"十大最美茶叶村（茶园）"（并列1位）

序号	十大最美茶叶村（茶园）
1	安化县 马路镇云台山村云上茶园
2	石门县 维新镇古城堤村云中君有机茶园
3	耒阳市 龙塘镇江头村江头贡茶园
4	汝城县 泉水镇旱塘瑶族村
5	慈利县 三合镇牧羊冲村
6	新化县 奉家镇渠江源村
7	沅陵县 官庄镇老街村 湖南辰龙关碣滩茶休闲养生庄园
8	平江县 福寿山林场 九狮寨高山有机茶园
9	常宁市 塔山瑶族乡狮园村
10	炎陵县 大院农场 大院龟龙窝生态茶园
11	会同县 宝田乡宝田村 宝田茶业有限公司有机茶园

表12-5　湖南茶叶"十强生态产茶县（市）""十佳茶旅景区"（并列1位）

序号	十强生态产茶县（市）	十佳茶旅景区
1	安化县	茶陵县中华茶祖文化产业园
2	石门县	湖南华莱万隆黑茶产业园
3	沅陵县	金井茶厂茶旅文化产业园
4	常宁市	南岳云雾茶旅景区
5	桃源县	石门白云山有机茶旅景区
6	新化县	桃源百尼茶庵崖边野茶生态园
7	吉首市	张家界牧羊冲茶马古道景区
8	慈利县	常德春峰富硒茶业生态观光园
9	桑植县	江华瑶茶文化产业园
10	会同县	张家界茅岩莓特色产业园
11	江华瑶族自治县	张家界白鹤井茶庄园

参考文献

朱先明, 王志勇. 湖南茶叶大观[M]. 长沙：湖南科学技术出版社, 2000.

陈先枢, 汤青峰, 朱海燕, 等. 湖南茶文化[M]. 长沙：中南大学出版社, 2008.

陈奇志, 赵丈田. 岳阳茶文化[M]. 北京：团结出版社, 2015.

周世荣. 再谈长沙马王堆汉墓简文：（木古月）（櫄）[J]. 茶叶通讯, 1991(2):64-67.

周方高, 彭露. 宋代湖南地区的茶业经济研究[J]. 中国农史, 2016, 35(4):39-47.

黄仲先. 也谈炎帝神农氏与湖南茶史[J]. 茶叶通讯, 2009(1):7-10.

杨载田, 王鹏. 历史时期的湘茶生产及其发展探索[J]. 中国史, 2003(3):22-26.

黄凯. 基于安化"茶马古道"景观考察[J]. 文艺生活旬刊, 2011(3):137-138.

朱先明. 湖南茶叶大观[M]. 长沙：湖南科学技术出版社, 2000.

李晋中. 湖南茶业产业化现状分析及对策研究[D]. 长沙：湖南农业大学, 2010.

王桂雪. 湘茶产业发展战略研究[D]. 长沙：湖南农业大学, 2009.

刘贵芳. 郴州茶史初探[J]. 茶叶通讯, 1985(2):48-50.

陈先枢, 汤青峰. 长沙茶文化采风[M]. 昆明：云南民族出版社, 2007.

张应军, 王幼凡. 湖湘竹编文化传承与创新研究[J]. 船山学刊, 2014(3):66-73.

长沙窑课题组. 长沙窑[M]. 北京：紫禁城出版社, 1996.

余悦. 中国茶馆[M]. 北京：中央民族大学出版社, 2002.

覃红燕. 湖南茶馆文化及其发展战略研究[D]. 长沙：湖南农业大学, 2007.

唐圭璋. 全宋词（第1册）[M]. 北京：中华书局, 1965.

北京大学古文献研究所. 全宋诗（1-5册）[M]. 北京：北京大学出版社, 1991.

徐征. 全元曲[M]. 石家庄：河北教育出版社, 1998.

赵丈田, 陈奇志. 君山茶文化[M]. 长沙：湖南科学技术出版社, 1999.

陈贻焮. 增订注释全唐诗[M]. 北京：北京大学出版社, 2001.

余德泉. 古今茶文化对联观止[M]. 长沙：湖南科学技术出版社, 2003.

附录

湘茶大事记

西汉（公元前206年—25年）

公元前168—前160年

长沙马王堆一、三号汉墓出土有"槚一笥"竹简，经考证即"茶一箱"，箱内实物用显微切片分析是茶（周世荣、王威廉文《茶叶通讯》1979年3期）。

汉茶陵县，汉初建制，今茶陵、炎陵县，《衡州图经》："因陵谷间产茶命名。"

西晋（256—317年）

256—317年

武陵七县通出茶，最好（《荆州土地记》）。

南北朝（420—589年）

420—479年

辰州溆浦县西北三百五十里无射山……山上多茶树（东晋·裴渊《坤元录》）。

唐代（618—907年）

唐代湖南已有九个州郡产茶，计有：潭州长沙郡，衡州衡阳郡，岳州巴陵郡，朗州武陵郡，澧州澧阳郡，辰州泸溪郡，溪州灵溪郡，永州零陵郡，邵州邵阳郡（周靖民《陆羽茶经校注》）。

765年（唐永泰元年）

陆羽《茶经》："衡州产茶，生衡山、茶陵二县山谷。"

781年（唐建中二年）

岳州有灉湖之含膏，列为全国名茶之一，且运销西藏。常鲁出使吐蕃，在拉萨见到（唐·李肇《唐国史补》）。

785—805年

灉湖茶、衡山茶都选为全国第二类贡茶（唐·裴汶《茶述》）。

溪州灵溪郡贡茶芽200斤（唐·杜佑《通典》）。

806—820年

常德县（今常德市鼎城区）西山寺山僧制成炒青绿茶，是我国首次生产这类茶的地方（唐·刘禹锡《西山兰若试茶歌》）。

永州零陵郡开始有产茶记载。

856年（唐大中十年）

衡山团饼茶，年产十万巨串，运销湘南、两广，运至交趾。潭州茶中有阳团茶和渠江薄片，产量多，运销江陵、襄阳一带（唐·杨晔《膳夫经手录》）。

渠江薄片1公斤160枚，产于潭州、邵州之间，其色如铁，芳香异常（五代·毛文锡《茶谱》）。

五代（907—960年）

907—925年

楚王马殷命湖南人民采造茶叶以通商旅，每年收茶税数十万贯。923年，进贡后唐茶叶25万斤。又抑价收买民茶，由官府运往唐、襄、郢、复州及河南设店销售，每年获利达百万贯（新《旧五代史·楚世家》）。

948年（后汉乾祐元年）

后汉朝廷派三司军将路昌祚至湖南买茶（《旧五代史·周书》）。

951年（后周广顺元年）

免湖南土贡枕子茶（《旧五代史·周书》）。

宋代（960—1279年）

964年（宋乾德二年）

实行茶叶专卖，随后在潭、岳、鼎、澧州设买茶场。荆湖路江陵府，潭、澧、鼎、鄂、岳、归、峡七州及荆门军，岁课茶叶实物税123万余斤（《宋史·食货志》）。

片茶（即团饼茶）有独行灵草、绿芽、片金、金茗出潭州；大小巴陵、开胜、开捲、小捲生、黄翎毛出岳州；双上、绿芽、大小方出岳、辰、澧州；鼎州只以上中下或第一至第五为号。散茶有岳麓、草子、杨树、雨前、雨后出荆湖（元·马端临《文献通考》）。

北宋以两湖茶与蒙古（辽国）进行茶马交易，并以张家口为汉蒙互市之所（《万全县志》）。

1008—1016年

潭州人民输纳茶税，初以九斤作为一斤，以后增至三十五斤。李允则任潭州刺史，奏请以十三斤半作为一斤，定为永久制度（《宋史·李允则传》）。

1080年（宋元丰三年）

潭州长沙郡土贡茶末一百斤（王存《九域志》）。

1088年（宋元祐三年）

安化于1073年建县后，朝廷于1088年在县北资江之滨设博易场，运去米盐布帛，交换以茶叶为主的土特产（《宋史·地理志》）。

1096年（宋绍圣三年）

潭州茶税规定为大方茶十五万斤，每一大斤秤以九斤，需交纳茶场一百三十五万斤（宋·华镇《云溪居士集》）。

唯鼎州一种芽茶，其性味略类建州。今京师及河北、京西等处磨为末，亦冒腊茶者是也（宋·陈承《本草别说》）。

1107—1125年

平江县产茶较多，茶贩群集县内采购（清光绪《湖南通志》）。

1162年（宋绍兴三十二年）

潭州茶1034837斤12两5钱，衡州5449斤10两5钱，永州20310斤，邵州6215斤13两5钱，武冈军46615斤，桂阳军1325斤，常德府130180斤，沅州371斤，辰州2339斤10两，澧州11500斤，岳州501240斤。以上11府、州、军共1760383斤10两5钱，系宋政府征购数，如果以一斤交纳十三斤半计算，实为237654担，尚有郴州、溪州产茶未记（《宋会要·食货志》）。

1175年（宋淳熙二年）

湖北赖文政组织茶商军三四千人，进入湖南武装购运茶叶抗交茶税，屡次打败官军后转往江西、广东（清光绪《湖南通志》）。

元代（1279—1368年）

1286年（元至元二十三年）

设岳州、常德府、潭州榷茶提举司，征课茶税（《元史·世祖本纪》）。

明代（1368—1644年）

1391年（明洪武二十四年）

明太祖诏令罢造团茶，命采制芽茶上贡，湖南逐渐改制烘青茶。这一年规定：湖南每年贡茶70公斤，计岳州府临湘县8公斤，宝庆府邵阳县茶10公斤，武冈州茶12公斤，新化县茶9公斤，长沙府安化县芽茶11公斤，宁乡县茶10公斤，益阳县茶10公斤（谈迁《枣林杂俎》）。

1403年（明永乐元年）

肖岐第二次任新化知县，倡导人民种植茶、桑、棕、桐，建立茶园（清道光《宝庆府志》）。

1524年（明嘉靖三年）

安化于这一年以前制造黑茶（清《甘肃通志·茶法》）。

建茶税官厅于新化县苏溪巡检司，额定每年收茶税银三千两（清乾隆《新化县志》）。

1578年（明万历六年）

楚之茶，则有湖南之白露，长沙之铁色，岳州之巴陵，辰州之溆浦，湖南之宝庆，茶陵……皆产茶有名者（李时珍《本草纲目》）。

1595年（明万历二十三年）

在此以前，西北茶商多越境至湖南私运黑茶边销，御史李楠以妨碍茶马法政，请求朝廷禁止。经户部批示，自后西北官引茶以汉中、四川茶为主，湖茶为辅（《明史·食货志四·茶法》）。

桃源人民采取老叶制成黑茶，商人运往湖北沙市，转售蒙、藏、回族（民国《桃源县生计志》）。

清代（1644—1911年）

1644—1661年

清初茶法沿袭明代，官茶由茶商自陕西领引纳税，带引赴湖南采买，每引正茶50公斤，准带附茶7公斤（赵尔巽等《清史稿》）。

1652年（清顺治九年）

汉南州县产茶有限，商人大抵浮江于襄阳接买湖茶。现襄阳水贩店户专卖与别省无引私贩，官商赍引无从收买。请求转饬宝庆府新化县严加盘验，并督催湖茶运陕（陕西茶马御史姜图南奏疏）。

郴县在明末清初产茶已达25万公斤（民国《湖南之茶》）。

1662—1722年

向例茶商皆自陕西带引赴湖南采买。1683年定额22400引，内易马20796引（清·嵇璜《清朝通典》）。

1723年（清雍正元年）

清雍正初，桃源沙坪溪山一带，有蒋、周等八姓本地茶商专制黑茶……黑茶运销，盛极一时（民国《桃源县生计志》）。

1756年（清乾隆二十一年）

湖南巡抚陈宏谋奏定安化引茶章程……谷雨以前的细茶，先尽陕甘引商收买，谷雨以后茶，方可卖给客贩（清光绪《湖南通志》）。

1762年（清乾隆二十七年）

湘中产茶，不一其地，安化售于湘潭，即名湘潭，极为行远……近有效江浙焙制者，居然名品，而洞庭君山之毛尖，当推第一，虽与银针、雀舌诸品校，未见高下（清·江昱《潇湘听雨录》）。

1781年（清乾隆四十六年）

君山毛尖，自本年开始进贡，每年贡9公斤，白毛茸然，俗呼白毛尖（清同治《巴陵县志》）。

1796—1820年

郴州茶输出亦巨，与乐昌之白茅茶，同由广州转销南洋及欧美各地，在国际市场上亦占一席之地（民国《湖南之茶》）。

1823年（清道光三年）

钦差大臣那彦成奏请订定新疆行销茶叶章程，以新疆系官茶（茯砖茶）引地，运销蒙古的砖茶（两湖青砖茶）不得进入新疆各城售卖。经户部批示，为照顾其蒙已有六十余年，只许每年载运青砖茶一千箱（每箱约35公斤）前往奇台县（赵尔巽等《清史稿》）。

1828年（清道光八年）

钦差大臣那彦成奏称：甘肃官茶，年例应出关二十余万封，近来行销至四五十万封，皆系无引私茶，每附茶一封，售银七八两至十余两不等。请自后每封定价，阿克苏不得过四两，喀什噶尔、叶尔羌不得过五两。诏如所请（赵尔巽等《清史稿》）。

1830—1832年

《澳门月报》载：俄国在北边蒙古地方买茶，清道光十年（1830年）买563440棒（磅），清道光十二年买6461000棒（磅），皆系黑茶（何秋涛《朔方备乘》）。

1843—1850年

清道光二十三年与外洋通商后，广东人每挟重金来（岳阳）制红茶，乡人颇享其利

（清光绪《巴陵县志》）。

平江县茶多，道光末红茶大盛，商人运以出洋，每年收入白银数十万两（清同治《平江县志》）。

1851—1861年

郴县特殊农产茶叶，在清道、咸间出产最旺，每年约1800t，由粤商贩往英、俄各国销售（周济猷《郴资永三县农事调查记》）。

安化县至咸丰四年（1854年），始行创制红茶（日本《湖南商事习惯报告书》）。

安化于咸丰初年制造红茶，当时年产十万箱，十分之六七销往俄国，其余销往英美（雷男《安化茶业调查》）。

1853—1856年，中国茶商买了一些湖南和湖北红茶，混合一半在福建茶内，运到恰克图作为福建茶出售。这种茶更适合俄国人的胃口，于是开始公开输入俄国（英国《商务报告》）。

慈利县四连附近生产红茶，由鹤峰帮购去加工外销，实际鹤峰帮茶有一半出自慈利北部（民国《慈利县志》）。

"中国丝、茶之运往外国者，必先在湘潭装箱，然后再运广州放洋。"又载，他于1859年4月15日到达湘潭，收买红茶十日，装船运往上海（容闳《西学东渐记》）。

咸丰五年（1855年）四月，湖南设立厘金局，于正税之外，加征百货厘金税。茶叶每箱抽银四钱五分，在百货中最重。咸丰十年（1860年），曾国藩又在长沙设东征局，凡盐、茶等货物，于应完厘金外，又加抽半厘（罗玉东《中国厘金史》）。

湘省茶叶于汉口开放前，均为广帮运往广州转口外销，是以多久为外人所赏识（《工商半月刊》）。

天津截至1861年，恰克图的市场是由山西商人供应的，他们在湖北和湖南采购和包装茶叶，并从那里直接由陆路运往恰克图（英国《商务报告》）。

1864年（清同治三年）

汉口俄商从1864年起陆续在湖北羊楼峒、崇阳和湖南羊楼司设置了3个砖茶厂，加工青、红砖茶（孙毓棠《外国资本在中国经营的近代工业》）。

1868—1874年

湘乡朱紫贵（今双丰县人），系永丰镇一店员，1868年起经营红茶，加工运往汉口外销，以后在湘潭、安化设茶号数家，积资达白银百万两（徐珂《清稗类钞》）。

山西商人有大量的茶叶和砖茶经陆路运往蒙古及恰克图，砖茶来自湖北和湖南。1871年为202184关担（10109t），1872年为148964关担（7448t），1873年为192311关担（9615.5t）（《海关华洋贸易册》）。

陕甘总督左宗棠于平定回民起义后，于1873年奏请厘订甘肃引茶章程，以票代引，每票50引（计40包），准加附茶350公斤；除原有东、西柜外，添设南柜，准许南方各省茶商经营，遴选长沙茶商朱昌琳任南柜总商（《左文襄公奏折》）。

湖南、湖北两省茶叶的种植，较十年前增加了50%（英国《商务报告》，汉口）。

汉口开埠后，湘茶转运近捷，茶者辄抵巨富。浏阳以素所植麻拔而植茶（谭嗣同《浏阳麻利述》）。

1875—1886年

俄商设在湘北、鄂南的3个手工砖茶厂，于1874年起陆续迁至汉口租界，使用蒸汽机压制砖茶（《贸易月刊》）。

清光绪初年，湘省洋装红茶每年销售汉口90余万箱（约27670t），岁人库银千余万两，其中安化40万箱（《湖南之财政》）。

清光绪中期，湖南运销汉口花香（红茶末）达20万箱（雷男《安化茶业调查》）。

1875年，甘肃兰州发第一案茶引835票（约2878t），朱昌琳认领100票，自后每3年一案，领票准加不准减（叶知水《西北茶叶市场》）。

1890—1895年

汉口英商大量减少两湖红茶的收购，连年抑压茶价。1893—1894年，湘省茶商在汉口亏损本银200余万两。湖南巡抚吴大徵奏请在汉口设立茶叶督销局，于外商卡价时，借外债将湖红运销南洋，未获清廷批准（顾延龙《吴恪斋先生年谱》）。

1894年，因海防需款，茶叶厘金税又加抽二成（罗玉东《中国厘金史》）。

山西商人由两湖运销恰克图的红茶和砖茶，在俄商现代工业的竞争下，日益减少，每年只有3万~5万关担（1500~2500t）。俄商砖茶输出直线上升（历年《海关册》）。

1904年（清光绪三十年）

原设于湖北渔洋关的泰和合茶号粤商卢月池，来石门县泥沙镇建筑厂房，每年加工宜红茶三千余担，连同其他茶号达万余担（《石门县志·水道》）。

1905年（清光绪三十一年）

甘肃兰州发第十一案引茶1520票，约5420t（叶知水《西北茶叶市场》）。

1909年（清宣统元年）

山西商人由恰克图输俄青砖茶只有1000箱，计54t。以后由恰克图对俄贸易完全泯灭，销外蒙古（现蒙古国）的青砖茶也为俄商操纵，只在内蒙古年销3万~5万担（1500~2500t）。

1910年（清宣统二年）

汉口俄商输出的青、红砖茶达最高峰，总计620639关担（37536t）（日本《中国经济全书》）。

民国（1912—1949年）

1912年（民国元年）

废除各县贡茶。

1915年（民国四年）

湖南红茶出口增至70万箱，计21168t，其中安化35万箱（湖南《实业杂志》）。

安化茶叶（红茶）在巴拿马万国博览会上获得最优大奖章（湖南《大公报》）。

11月，湖南巡按使提出筹设湖南茶叶讲习所（湖南省茶叶研究所前身），暂定长沙小吴门外大操场荒地为所址，招收高小毕业生，培养茶叶中级技术人员（湖南《大公报》）。

1916年（民国五年）

茶商余振英等倡设湖南茶业总会，3月正式成立于长沙皇仓街。不到一年，即行停顿（湖南《大公报》）。

1917年（民国六年）

4月，湖南茶叶讲习所迁于长沙岳麓山道卿祠（湖南《大公报》）。

1918—1921年（民国七年至十年）

经历四年的欧战结束后，欧洲各国经济衰退，湖南红茶出口低落，1920年仅16647关担（约832t）；1921年全无出口；青砖茶出口也减至2万担（1000t）（民国《海关年报》）。

1920年，湖南茶叶讲习所迁安化小淹镇（《湖南年鉴》）。

1923—1925年（民国十二年至十四年）

苏联协助会来华购茶，1923年，湖南红茶出口40余万箱（12121t）；此后两年各有30余万箱（《中行月刊》）。

1927—1933年（民国十六年至二十二年）

1927年，发生"中东铁路事件"，两国断交，此后五年，湖红出口又大幅度下降，1932年只有61370箱（1856t）。1933年，两国恢复邦交，出口才稍有上升（《中行月刊》）。

1927年，湖南茶叶讲习所再迁安化黄沙坪。1928年，奉令停办，改为湖南茶事试验场，冯绍裘任场长。1929年春，罗勤先接任场长。

1928—1931年，湖南茶事试验场开荒种茶，建立试验基地。

1930年，新化茶商曾硕甫等在杨木洲兴建茶厂，投资30余万元，历时3年，于1933年建成茶厂10余家，茶业公所1栋（王彦《新化之茶》）。

1932年春，罗远接任湖南茶事试验场场长，增设高桥分场，由易劲之任分场主任兼技师。由上海购入动力制茶机械5台，是湖南应用茶叶初制机械的开始（《湖南年鉴》）。

1936年（民国二十五年）

7月，湖南茶事试验场改名湖南省第三农事试验场（《湖南省建设汇编》）。

1937年（民国二十六年）

兰州发第二十一案引茶2300票，计旧秤131100担（7928.9t），是发第一案以来的最高额（叶知水《西北茶叶市场》）。

1938年（民国二十七年）

4月，成立湖南省物产贸易管理委员会，内设茶业处。在红茶主产区8县，向茶商举办红茶贷款65.9万元，实收红茶6.65万箱（湖南茶业处《工作报告》）。

5—6月，因战争关系，湖红、宜红都集中在长沙外运。汉口商品检验局于是设立长沙茶叶检查组。下半年，正式设立长沙商品检验处，负责检验茶叶、桐油、猪鬃、肠衣等商品。11月，因长沙"文夕大火"，人员星散而停顿。

6月，财政部实行外销茶叶统制管理（《财政年鉴续编》下册）。

7月，湖南省第三农事试验场合并于湖南省农业改进所为茶作组，辖安化茶场及高桥分场，杨开智任高桥分场主任兼技师（《湖南省建设汇编》）。同年，高桥分场房屋被日本飞机全部炸毁，分场停办，职工就地遣散，技术人员调安化茶场。

1939年（民国二十八年）

1月，设沅水茶场于桃源沙坪。2月，茶作组改组为湖南省茶业管理处，直辖于湖南省建设厅。总处设于益阳，设办事处于长沙和安化东坪（《湖南省建设汇编》）。

3月，在安化县开始组织茶农运销合作社，两年间成立96社，社员4043人，股金8166元，并组织联营茶厂于黄沙坪（王彦《安化之茶》）。

5月，湖南省茶业管理处派副处长彭先泽至安化江南坪试制黑砖茶，压制样砖200片，品质"堪合苏销"，是湖南黑茶在省内压制砖茶的开始（彭先泽《安化黑茶砖》）。

5月，汉口商品检验局又在衡阳北门外设立商品检验处。

9月，中国茶叶公司设湖南办事处于衡阳，办理收茶业务，连同贸易委员会收购茶叶，计湖红60361担（3018t），陆续运往香港外销；又收购黑茶32497担（1624.8t）（《湖南建设汇编》）。

1940—1945年（民国二十九年至三十四年）

1940年初，设湖南省茶业管理处砖茶厂于安化江南坪，安装手摇压砖机等设备投产。11月有黑砖茶2073箱（111.9t）经衡阳运往香港交与苏联。1941年，由湖南省建设厅直辖，更名为湖南省砖茶厂，扩充设备产制。9月，在桃源沙坪设立分厂。1942年6月，改由中茶公司与湖南省政府合办，更名为中国茶叶公司湖南砖茶厂，并在安化硒州加设分厂。截至1944年，共压制黑茶砖356万片，有200万片运至新疆星星峡交与苏联，其余在兰州销与甘肃省贸易公司，供应边销（彭先泽《安化黑茶砖》）。

1942年冬，安化茶场的黄本鸿利用积存的红茶末上法提炼茶素（咖啡碱）成功。以后安化、新化仿制的达8家，直至1948年冬，因原料缺乏停止。

1943年，湖南砖茶厂试压茯茶砖66箱，计528片，是为茯茶砖在湖南制造的开始（彭先泽《安化黑茶砖》）。

抗日战争持续进行，外销港口相继沦陷，湖南红茶产销日益衰落。1940年只收购51584箱；1943年仅安化生产5000担（250t），桃源生产234担（11.7t）；1944—1945年完全停止（《金融汇报》）。

1944年，中国农业银行、湖南省银行及西北民生实业公司集资建安化茶叶公司于汉口，设安化砖茶厂于安化白沙溪，压制黑茶砖。

1946—1949年

抗日战争胜利后，只有少数华侨前来广州收购湖红，贸易量不大，每年出口360~600t。

1946年7月，湖南省政府常委会决议，设湖南省制茶厂于安化江南坪，将安化茶场并入为研究单位。这年压制黑茶砖577575万片（1155.15t），运西北销售（彭先泽《安化黑茶砖》）。

1946年，湖南省银行与私营华安、大中华3家茶厂联合组设华湘茶厂于安化硒州，以加工黑茶砖为主，每年边销约40万片。此外，安化各地另有7家私营茶厂生产黑茶砖及其他紧压茶。西北茶商每年在安化运销黑茶2万~3万担（1000~1500t）。

临湘县羊楼司、聂家市等地有12家茶厂恢复青砖茶生产，年销内蒙古1.5万~2万担（750~1000t）。

从抗日战争开始，茶业衰落，茶园荒芜。至1949年，全省茶园面积由最盛时期的10670hm^2，减少到3200hm^2，茶叶总产量9750t。

中华人民共和国成立后（1949年至今）

1949年10月1日，中华人民共和国成立后。湖南省人民政府认真贯彻"发展经济，保障供给，城乡互助，内外交流"的方针，积极建设茶叶基地，扶植生产，组织货源，争取多出口。

1950年1月，中国茶叶公司在湖南设置中南区公司长沙联络处和安化支公司2个机构，随即在重点茶区发放贷款，向茶农宣传采制以外销红茶为主的各类茶叶，设立站组进行收购，消除茶农怕茶叶卖不出的顾虑。同年，在安化白沙溪成立湖南省第一个国营精制茶厂——中国茶叶公司安化砖茶厂，加工边销茶。1953年更名为安化第二茶厂，1958年改为安化白沙溪茶厂，1965年改为湖南省白沙溪茶厂。

1950年3月，在新化县杨木洲成立中国茶叶公司新化红茶厂，1958年后因杨木洲处于柘溪电站库区，茶厂迁至新化县城关。10月，湖南中茶茶业有限公司前身"中国茶叶公司湖南省公司"成立；在长沙市新河成立了湖南省茶叶公司长沙红茶厂，由于出口需要，长沙茶厂于1953年停止加工红茶，改产绿茶出口，后来成为生产花茶、速溶茶、眉茶、红碎茶拼配等多茶类的综合性大型茶厂。安化实验茶场迁移至壤嘉村，即现在场址，设高桥示范茶园。

1951年，高桥设茶叶初制厂，于春茶起收购茶农鲜叶，用手摇揉茶机单制红茶。2月，湖南省人民政府发出布告：实行茶区按茶类划分生产收购，划区内不得生产其他茶类。同月，在平江县城成立湖南省茶业公司平江红茶厂，收购长沙、浏阳、平江一带的红毛茶；长沙茶厂在长沙县高桥设立高桥茶场，一年后高桥茶场改属省农林厅领导。3月9日，由湖南大学农业学院和湖南省立修业农林专科学校合并，成立湖南农学院（1994年3月更名为湖南农业大学），于1952年春起，在农艺系、科内，设立稻、棉、茶、麻、烟5个组，从此茶作组开始培养茶叶高级技术人才。12月，湖南省人民政府发出布告，奖励垦复荒芜茶园，根据荒芜程度，免除垦复者3~5年农业税，并由省茶业公司贷款扶植。

1952年，省属精制茶厂仍直接设立站组收购茶叶，全省多达100处。为发挥供销合作社的积极作用，安化、新化试行委托县供销社代购茶叶，供销社按原收购量、值及时送茶厂验收后，付给价款、手续费和代办费用，所收购的茶叶不得动用或转卖。高桥初制厂与安化实验茶场合并成立湖南省人民政府农林厅高桥茶场。

1953年起，全省茶区都委托各县社代购，一直实行到1972年（其中1956年由各县农产品采购局代购）。县基层社广泛分布，人员众多，增强了组织出口货源的力量，加强了市场管理，便利了茶农送售。

1953年春，湖南省农林厅和省茶业公司联合组织绿茶工作队，以素产老青茶为主的临湘为试点县，分赴农业互助组指导绿茶采制技术，制出了符合出口要求的炒青毛茶达300t，以后推广到其他绿茶产区县。高桥茶场建加工场，新增3台绿茶炒锅，开始制造绿茶。

1953年初，由于苏联提出只要高级茶，不要低级茶，对资本主义国家的茶叶市场又缺乏调查研究，中国茶业总公司布置"国家不背包袱，茶农不砍茶树"的经营方针，湖南收购任务减少15.6%，部分红茶区转产绿茶。至1953年6月，中国茶业总公司又指示增加收购任务，收购价格也予调整提高。

1953年9月至1954年1月，湖南省农林厅委托湖南农学院举办了一期在职茶叶技术干部素质提高班，主要讲授茶的栽培、加工和病虫害防治等课程。

1954年初，中国茶叶总公司下达经营方针："逐步扩大国营购销阵地，有计划改造私营茶商,并在产销结合,内外兼顾的原则下,积极组织茶叶出口,有计划地保证边销,适当安排内销。"湖南省内地方国营或私营茶厂,因历年经营不善,且用落后的手工方式加工,生产成本过高,有的亏损停业。未停业的,根据上列方针引导转入其他行业,个体茶贩部分由基层供销合作社作为茶叶收购人员雇用。

1954年春,湖南省人民政府农林厅高桥茶场,更名为湖南省高桥茶叶试验站,首任站长王海宽,从此不断增添茶叶科技人员,大力开展茶叶科学研究工作,取得很大成效。原安化茶场试验工作转移到高桥茶场,建资源圃,滚筒炒茶机代替手工复炒绿茶。湖红毛茶收购定为五级十九等,每等一个样价,春、夏、秋茶同价,一年一价到底,全省实行"对样评茶,按质论价,好茶好价,次茶次价"的收购价格政策,规定"以外形为主,内外结合,按内质归堆"的评级归堆办法。平江长寿街区的宁红毛茶和石门、慈利等县的宜红毛茶,分别按江西宁红和湖北宜红毛茶价格收购。实施后,茶农实际收入增加,促进了生产,改进提高了品质。

1955年,中国茶叶公司投资,在桃源县沙坪建立桃源茶厂,收购桃源、沅陵一带的红毛茶。湖南省高桥茶叶试验站首次提出茶籽(榨油)的实践。屈伸明等设计克房伯揉茶机装置扫茶棕刷,提高了工效。商业部规定茶叶为国家计划物资,实行按计划派购和预购,于春茶前与农业互助组、合作社商定派购任务,签订预购合同,除茶农每人留自饮茶0.5公斤外,其余全部派购,交售给国家,由县社代国营省属茶厂付给预购定金,相当全年预购总售价的15%。在计划收购任务未完成前,不准任何单位和个人在农村插手收购,这一规定一直到1984年茶叶市场开放为止,期间湖南茶叶成为一家经营,委托收购,派购包销,以产定销的局面。

1956年,由农产品采购部投资50万元,在平江县瓮江和新化县的炉观,分别建立半机械化茶叶初制所,收购附近农村茶的鲜叶,制造红毛茶示范。湖南省高桥茶叶试验站开展为专业国际友人参观访问单位。8月,农产品采购部决定将湖北省茶业公司管销湖南省石门县内的泥沙茶厂移交湖南省采购厅生产企业处管理,更名为湖南省石门茶厂,厂址迁至石门县城关镇。原泥沙茶厂更名为石门茶厂泥市初制厂。

1957年,为支援埃及收回可苏伊士运河主权斗争,湖南省桃源茶厂奉命首先将红毛茶轧碎,精制为分级红茶(俗称轧制红茶),后推广到全省各红茶精制厂,产品调供广东口岸公司,拼配后输往埃及。中华全国供销合作总社决定,将安化第二茶厂迁往益阳市,改建成湖南省益阳茶厂,1959年7月1日正式投产茯砖加工。在安化第二茶厂原址,设立益阳茶厂安化白沙溪精制车间,加工黑砖、花砖和天、贡、生尖茶。为便于加强领导,1965年将该车间改为湖南省白沙溪茶厂,隶属省茶叶进出口公司领导。5月初,由陈兴琰、朱先明、刘屏、石爽溪、廖奇伟等同志发起，报经湖南省自然科学联合会常委会议通过，同意成立湖南省茶叶学会筹备委员会，并积极进行学会成立的有关事宜。

1958年2月4日，在长沙湘江宾馆（省交际处）召开湖南省茶叶学会成立大会，选举产生了第一届理事会。同月，在湖南农学院召开一届一次理事会，选举马川为理事长、陈兴琰为副理事长。4月，朱先明书面建议湖南农学院成立茶叶专业，经学院领导研究讨论其方案后，上报省政府，4月29日省人大常委会同意成立茶叶专业。为适应茶叶科技人才的需要，并指示当年秋开始招收新生，并从农学专业56级中转一个班攻读茶叶专业。1960年8月首届本科茶叶专业学生毕业。1966年停止招生。1970年恢复招生，专业名称改为茶果专业，以茶为主，兼学果蔬。1972年恢复茶叶专业名称。1978年首次招收研究生1名，导师为陈兴琰教授。

1958年4—6月，湖南茶叶进出口公司在第二商业部的领导下，联合湖南省农业厅、湖南农学院、安化茶场等单位派员组成分级红茶试制组，在安化试制成功后，随即向桃源、新化、涟源、石门等县推广。由于制茶机具缺乏，产品质量也不甚符合出口要求，将步伐放慢，未作进一步扩大推广。9月5日，《茶叶通讯》的前身《茶讯》期刊问世。

1958年，农业部经济作物生产总局通知，提交湖南省茶叶试验站由日本进口的绿茶初制机械5部：覆盖式杀青机、揉捻机、整锅复炒机各1部，滚筒初干机2部。创办一所半工半读（一年制，劳动生产与教育相结合）的茶校，正式开学；协助长春茶场（中苏友好人民公社）开垦茶园。

1959年，湖南省茶叶进出口公司在涟源县蓝田镇建立了涟源茶厂，担负娄底地区工夫红茶加工任务。湖南省茶叶试验站创制名牌"高桥银峰"，向新中国成立十周年献礼；越南茶叶实习生在湖南省茶叶试验站实习。6月，湖南省茶叶学会归口到湖南省农学会，称茶叶学组。

1960年，湖南省平江茶厂下属瓮江初制厂从国外引进CTC机一台，开展适合出口分级红茶外形内质的生产。湖南省茶叶试验站接待苏联留学生来站实习。

1961年10月至1969年3月，湖南茶叶由中国茶叶土产进出口总公司湖南省分公司经营，业务和财务核算，隶属中国茶叶土产进出口总公司管理，党政关系属湖南省对外贸易局领导。

1961年11月，《茶讯》改为《茶叶通讯》，湖南省农学会茶叶学组改为湖南省茶叶学会。湖南省高桥茶叶试验站改名为湖南省茶叶试验站，设栽培组、品种组、植保组和加工组。

1962年，陈兴琰教授被邀请参加中共中央和国务院召开的全国农业科学十年规划会议。湖南省《茶叶通讯》创刊，陈兴琰教授任主编。3月，《茶叶通讯》第一期出刊。9月，在长沙县高桥湖南省茶叶试验站召开第一届学术研讨会。

1963年，湖南农学院茶叶研究室成立，陈兴琰教授任研究室主任。湖南省茶叶试验站调查"沩山毛尖"采制技术，定为黄茶，具有熏枫球等烟香。派谌介国去西非的马里共和国执行中马科技合作协议，继续茶树试种和指导生产。8月，在双丰县召开学术研讨会，会议主题：提高红碎茶品质。

1964年，湖南省公安厅在茶陵县米筛坪，建立大型国营茶场迷江茶场，后来隶属省司法厅劳改局（现省监狱管理局）领导。湖南省茶叶试验站由湖南农林厅划归湖南省农科院领导，改名为湖南省农科院茶叶试验站。在国内首先建成5.33hm²固定喷灌系统，研究花茶窨制技术。1月，在湘阴县召开学术年会，会议主题：交流茶叶科研成果（创制大众化名茶、茶果间作）。"益阳茶厂安化白沙溪精制车间"改名为"湖南省白沙溪茶厂"。2月，由农业部（现农业农村部）、外贸部、公安部、农机部联合发文，指示在云南的勐海、四川的新胜、广东的英德、湖南的瓮江、湖北的芭蕉和江苏的芙蓉6个初制茶厂，同时开展较大规模的分级红茶加工的科学试验。湖南瓮江茶厂的科学试验，由马川任组长、朱先明任副组长住厂具体负责加工技术的科学试验。此后，湖南先后有安化茶叶示范场、省茶叶试验站、炉观和泥市初制厂、双峰茶场、洣江茶场、涟源茶场和不少社队茶场，纷纷开展分级红茶的科研和生产，上下结合，土洋并举，形成生产分级红茶的高潮。

1967年，湖南省农科院茶叶试验站科研人员轮流到基层蹲点，指导茶叶生产；中国茶叶学会、中国茶科所、双峰县、邵东县、宁乡县（今宁乡市）等派人来站参观。由中国茶叶土产进出口总公司投资，兴建湖南省临湘茶厂，加工茯砖茶供应边疆民族的生活需要，设计年生产能力5000t，1969年建成投产。

1968年，湖南省农科院茶叶试验站帮助建立新茶园、引进良种、茶厂设计、炒青绿茶机具配套安装，并参与韶山公社茶场创制名茶"韶峰"，指导初精制加工。

1969年，湖南省农科院茶叶试验站技术员到茶陵虎踞茶场（外交部"五七"干校）指导茶叶生产。帮长沙格塘公社大面积规划设计兴建茶园。

1969年3月至1974年8月，茶叶经营改由湖南省商业局农产品公司管理。1974年9月，又变更为省对外贸易局管理。

1970年，湖南省农科院和湖南农学院合并为湖南农学院，湖南省农科院茶叶试验站改名为湖南农学院茶叶试验站。

1971年，湖南农科院、湖南农学院分开，恢复湖南省农科院茶叶试验站名称。湖南省益阳茶厂由手筑茯砖茶变革为机械压制。

1972年，湖南省农科院茶叶试验站发表郭沫若咏《高桥银峰》。湖南省农垦局指示在石门县中西北部东山峰垦荒建场，原为西洞庭农场东山峰分场。1974年经中共常德地委批准与西洞庭农场分开，成为独立核算单位。1982年经湖南省人民政府批准为县级企业，曾为湖南最大的一个国有茶场。

1973年，湖南省益阳茶厂成功创制"特制茯砖茶"，有传统的"普茯"提升为"特茯"。

1974年，湖南省农科院茶叶试验站以金井茶厂为基地，示范短穗扦插、害虫防治、机械采茶；出版《湖南茶叶》。

1975年，湖南省农科院茶叶试验站改建为湖南省茶叶研究所，从广东省英德茶场引进7051型转子揉切机组，试制红碎茶成功。

1976年，湖南省茶叶研究所在江华试制大叶种红碎茶达第二套样红碎茶标准，填补了湖南省空白。革新技术2项（茶叶精制和尼龙胶柱）——红碎茶"以拣代飘"工艺及"拣梗机"的改进。4月30日，经省委组织部批准成立"中国土产畜产进出口总公司湖南省茶叶分公司"。

1977年5月，获对外贸易部批准，湖南开展茶叶自营出口。业务和财务核算由中国土产畜产进出口总公司领导。

1978年，湖南省茶叶研究所新建茶厂4000m^2；在湖南省科学大会上，王威廉获先进个人奖，品种室获先进集体奖，"江华苦茶的进化系统与经济价值研究"等8项成果获奖；与中茶所合作研究"提高红碎茶标准化及理化鉴评应用研究"。4月，湖南省科委在湖南省政府第五招待所召开恢复学会活动会议。5月，在湖南省政府第一招待所，召开茶叶学会活动理事会。8月，全国茶叶专业教材编写会议在湖南农学院召开。同年，由中国土畜产进出口总公司湖南省茶叶分公司投资，在湘潭县七里铺兴建湖南省湘潭茶厂，1979年投产。

1979年，为便于外贸、内贸的统一执行，省编委和省财办通知："中国土产畜产进出口总公司湖南省茶叶分公司、湖南省茶叶公司，为两块牌子、一套人马，隶属湖南省外贸局和省供销合作社领导。"湖南省茶叶研究所谌介国参加中国科学院组织的桃源综考队并进行区划。湖南省茶叶研究所与湖南农学院组成调查组，赴莽山调查茶树野生资源。2月，湖南省茶叶学会在湘乡召开"提高红碎茶品质"学术研讨会。3月，《茶叶通讯》复刊，挂靠在湖南省茶叶研究所，陈兴琰任主编。10月，湖南省茶叶学会在湘阴县召开"茶类区划和茶树品种资源利用"学术研讨会；中国土产畜产进出口总公司湖南省茶叶分公司，在新化炉观成立茶叶加工研究所。12月，湖南省茶叶学会在益阳召开学术年会。朱先明同志编写《绿茶初制》一书。同年，湖南农学院恢复茶叶研究室，大力开展茶叶科学研究；至1989年8月，更名为湖南农学院茶叶研究所；1994年4月，又更名为湖南农业大学茶叶研究所。

1980年，陈兴教授受农业部（现农业农村部）委托主持制订全国首届茶学硕士研究生培养方案。全国茶学专业教学计划修订会在湖南农学院召开。赵丹、富华合创一画"一壶湘波绿，满纸银峰香"。湖南省茶叶研究所获省政府重大科技成果四等奖1项。叶正凡著《茶树病害及其防治》。3月，湖南省茶叶学会在新化县召开"迅速提高茶叶品质"学术研讨会。10月，湖南省茶叶学会在长沙市橘子洲头召开"茶叶生产现代化"的学术讨论会。12月，湖南省茶叶学会在祁东县召开第三次代表大会暨学术年会，选举陈兴琰教授为第三届理事会理事长。

1981年，国家教委将茶叶专业定名为茶学专业，进入国家本科专业目录。8月，湖南省茶叶学会在株洲市召开"提高炒青绿茶品质"学术研讨会。11月，湖南农学院茶学专业获国务院学位委员会硕士授予权。12月，湖南省茶叶学会在大庸市召开"提高红碎茶品质"学术研讨会。

1982年10月24日至11月6日，由省农学会和省科协科普工作部联合组织"茶叶产制技术巡回报告团"。11月，湖南省茶叶学会在长沙市省第一招待所召开学术研讨会，会议主题：如何实现茶叶产量翻番的措施。彭继光等赴涟源县茶场进行红碎茶工艺技术研究。

1983年2月，王秀铿、朱先明两位同志为省科协科普部和省农学会联合出版的《湖南科普》第二期（总第二十三期），编写了"茶树栽培技术"和"农家制茶"专刊。4月，《湖南名茶》出版，由省茶叶研究所主编。6月8—11日，省茶叶学会接待了"日中农交茶业考察友好访华团"一行10人。12月，中国茶叶学会第三次全国代表大会及"提高茶叶品质"学术讨论会在长沙召开。1983—1986年，湖南农学院茶学专业举办四届为期一年的"商检技术干部专科班"，累计培养200余名商检领域专业技术人才。

1984年，湖南省茶叶研究所"三个主要茶树品种不同种植穴距密度研究"项目获二等奖。1月，湖南省茶叶学会在邵阳武冈县（今武冈市）召开学术年会，会议主题：进一步提高湖南茶叶品质和经济效益。7月，湖南省茶叶学会在蓝山县召开"提高茶叶品质"学术研讨会。10月，根据红碎茶生产发展的需要，国家投资增建湖南省邵阳茶厂。12月，湖南省茶叶学会第四次代表大会暨学术年会在石门县召开，选举朱先明教授为湖南省茶叶学会第四届理事会理事长；朱先明教授荣获省科协"农村科普工作先进个人"。同年，刘德华教授赴日本名城大学深造；1995年再度赴日本静冈大学作高级访问学者。

1984年，商业部《关于调整茶叶购销政策和流通体制改革意见的报告》，决定对内销茶和出口茶货源彻底放开，实行议购议销。从此，湖南兴建精制茶厂的逐渐增多，科研、教学、农业、民政、农垦、供销等部门及很多乡镇企业都兴建茶厂，经营茶叶。

1985年，成立湖南农学院茶叶研究所，陈兴琰教授任第一任所长。湖南省茶叶研究所获鉴定成果3项，获农科院一等奖1项，参加湖南省第一届茶树良好苗订货洽谈会。1月，朱先明教授荣获中国科协"农村科普工作先进工作者"。3月，《茉莉栽培》出版，由长沙市外贸局向学极同志编著。5月，湖南省茶叶学会在省农科院招待所召开名优茶展评会。7月，《茶树良种选育与繁殖》出版，由湖南农学院王融初同志编著。10月，湖南省茶叶学会在慈利县索溪峪召开"从事茶叶工作30年以上会员传经献策大会"。12月，《改造低产茶园》出版，由湖南农学院王建国同志编著。

1986年，湖南省茶叶研究所"机采茶树栽培技术研究"被评为湖南省十大科技成果，获得第一个国家自然科学基金课题：茶叶外源风味酶增质机理及酶法制茶配套技术研究，获省科技进步四等奖3项，获省农业科技进步三等奖4项。3月，省农学会召开第四次代表大会，刘继尧、刘化行、肖玲3位同志当选为省农学会第四届理事会理事，朱先明同志当选为常务理事；湖南省茶叶学会荣获"农业科普工作先进集体"奖，朱先明教授荣获"农业科普工作积极分子"奖；省茶叶学会在湖南省茶科所召开"茶场管理研讨会"。10月，省茶叶学会在郴州与省植保学会联合召开"茶树病虫害防治"学术交流会。12月，《茶叶通讯》荣获湖南省积极办刊奖；《茶叶贸易常识》出版，由省茶叶进出口公司刘化行同志编著。

1986—1989年，湖南农学院茶学专业为云南省连续3届举办为期一年的"茶叶培训班"，1989年为云南、湖北、江西、湖南4省联合举办"茶叶技术培训班"，培训技术人员200多人。

1987年，湖南茶叶研究所选育的"槠叶齐"被认定为国家良种。2月，出版《陆羽茶经校注》，由周靖民同志编著。3月，在益阳市召开"巩固和发展湖南省茶叶生产"学术研讨会；朱先明、王融初2位同志合作编写《名优茶采制技术培训资料》。6月22日，经湖南省科协常委会讨论研究，批准湖南省茶叶学会由二级学会升为省一级学会。10月，湖南省委、省政府授予朱先明教授"湖南省优秀科技工作者"称号。11月，在湖南农学院举行庆祝湖南省茶叶学会名誉理事长陈兴琰教授从事茶叶工作50周年大会。《茶叶通讯》在由省编协组织的第二次科技报刊评比中，荣获湖南省优秀期刊二等奖。

1988年，由省农垦局投资，在长沙市咸家湖兴建湖南省农垦茶厂，1989年正式投产。湖南省茶叶研究所与湖南省岳阳化肥厂签订"联合协议"；在屈原茶场进行技术培训，加工出口眉茶；获省科技进步三等奖1项；《四套样红碎茶》（湖南省地方标准）发布实施；获省农科院科技一等奖1项。3月，省科协评定茶叶学会为1987年度受表彰的学会之一，并给予了奖金；茶学专业成立湖南农学院茶厂（1994年4月，更名为湖南农业大学茶厂）。4月1日，湖南省茶叶总公司成立。6月，陈兴琰、王海宽、王威廉、刘化行、陆松侯5位同志被聘为中国茶叶学会第四届理事会首批荣誉理事。6月28日至7月2日，湖南省茶叶学会和湖南茶叶进出口公司以及民建省委，联合接待了台湾大学吴振铎教授回大陆观光讲学。9月，《紧压茶 茯砖茶》（国家标准）发布实施，湖南省益阳茶厂是该标准的主要起草单位之一。11月，湖南省茶叶学会在岳阳君山召开第五次会员大会暨学会成立30周年大会，选举产生了第五届理事会，会议期间举行了庆贺陆松侯教授从事茶叶工作50周年活动，朱先明教授当选为第五届理事会理事长。

1989年，歌唱家何纪光等8人到湖南省茶叶研究所，拍摄了以"高桥银峰"诗为主题歌的电视音乐片《湘波绿》。湖南省茶叶研究所"TY"杀菌剂获国家发明专利，获省农业科技进步三等奖4项。1月26日，湖南省茶叶学会荣获省科协授予"1988年度先进学会"称号。2月，湖南省茶叶学会主办、湖南茶叶进出口公司承办，在湘江宾馆召开了茶叶产、供、销研讨会。3月，湖南农学院茶学专业以承包经营方式建设校外教学基地——湖南农学院长安教学实验茶场，徐仲溪教授任第一任场长。5月，茶学专业在湖南省茶叶研究所与湖南省土肥学会联合召开"茶园土壤肥料"专题研讨会。10月13—19日，中南西南学会学术研究会在湖南省索溪峪召开了第七届年会，王融初、尚本清2位同志撰写的《学会学术活动的质量及其评价》论文，被大会评为优秀论文。12月，湖南省茶叶学会荣获省科协授予"在1989年学会工作中成绩显著，特此表扬"奖状。

1990年，陆松侯教授主编的《茶叶审评与检验》获得全国优秀教材奖。湖南省茶叶研究所选育的"白毫早""尖波黄13号"通过省级鉴定；"茶树抗虫品种资源调查及抗性机制研究"获准为国家自然科学基金支持课题，获省科技进步三等奖1项；湘红"21-3""37-2""21-1"3个品系，制成红碎茶达二套样水平，获省科技进步三等奖1项；激光育种国内领先；王秀铿、黄仲先等的"机采茶树栽培技术研究"获国家科技进步三等奖。4月25—27日，省编辑工作者协会在湖南教育学院召开第三届学术年会和换届选举，《茶叶通讯》被推选为本届理事单位。6月，朱先明教授荣获湖南省科学技术咨询中心第二届"科技咨询先进个人"奖。9月，在湖南农学院与湖南省植保学会联合召开了"茶树病虫草害综合防治"学术交流会。同年，成立"湖南农学院高技术速溶食品研究中心"，施兆鹏教授任主任；1998年更名为"湖南农业大学天然产物研究中心"，黄建安教授任主任。

1991年，陈兴琰教授主编的《茶树育种学》获全国优秀教材奖。湖南农学院茶学实验室被评为全国高校先进实验室。湖南省茶叶研究所鉴定成果1项，"高桥银峰""湘波绿"均获金奖，审定品种2项，获省农业科技进步三等奖、外经贸部科技进步二等奖、省农科院科技二等奖各1项。10月，湖南省茶叶学会在邵阳茶厂召开"湖南省茶叶发展之路"研讨会。在省首届科技兴湘活动中，湖南省茶叶学会获"全省组织优秀奖"。

1992年，湖南省茶叶研究所鉴定成果2项（国内领先），审定品种2个，"TY"杀菌剂在中国新产品、新技术博览会上荣获金奖，被评为湖南省专利实施十佳项目。"天"牌茉莉花茶荣获全国农业博览会金奖。3月，湖南省茶叶学会在桃源主办了第二届中国国际茶文化研讨会。6月，刘仲华晋升为湖南省高校和全国茶学界最年轻的副教授。省茶叶学会和省青年书法家协会，在衡阳市船山宾馆联合召开"湖南省茶文化研讨会暨首届茶文化书法与团体会员大会"。7月，湖南农学院报经省教委批准，茶学专业脱离园艺系，单独成立茶学系。10月13日，施兆鹏、叶正凡2位同志分别荣获湖南省科学技术协会授予"湖南省优秀科技工作者"称号。

1993年，湖南省茶叶研究所获国家自然科学基金资助1项；获湖南省、省农业、省教委科技进步二等奖、二等奖、三等奖各1项；与川崎公司联合举办全国采茶技术培训班，有来自江苏、江西、安徽、福建、湖南等省共35人。经国家教委批准，湖南农学院茶学系新增一个培养博士点，施兆鹏教授任博士导师。2月，湖南省茶叶学会荣获湖南省科学技术协会授予"1992年度科技下乡下厂小分队先进单位"的光荣称号。3月，湖南省茶叶学会在常德市召开"第六次会员代表大会暨高效茶业建设学术交流会"，王融初教授当选为湖南省茶叶学会第六届理事会理事长。5月，湖南省茶叶学会荣获中国科学技术协会工作部授予"先进学会"荣誉证书。6月，湖南省茶叶学会在韶山召开了纪念毛泽东同志诞辰100周年暨首届湖南省青年茶叶科技工作者学术研讨会。7月，湖南农学院茶学系研制的速溶茶、苦丁茶同获美国"93`NEW YORK INVENTION AND NEW PRODUCTS EXHIBITION"金质奖。12月，湖南农学院茶学系创办"长沙金农天然植物制品实业有限公司"，刘仲华任总经理。湖南省茶叶学会在郴州茶树良种示范场召开了"湖南省名优茶生产和良种繁育推广"研讨会。

1994年，湖南省茶叶研究所获农业部（现农业农村部）、湖南省、省科委科技进步三等奖各1项。1月21日，农业部和人事部作出决定，追授著名茶叶专家、优秀共产党员刘先和"全国农业劳动模范"荣誉称号。3月，湖南农学院更名为湖南农业大学。5月，在湖南农业大学举办首届"湘茶杯"名优茶评比。1994—1996年，湖南农业大学茶学系与湖北农学院（现长江大学农学院）联合为湖北省培养三届茶学本科生（90余人）。

1995年5月，在湖南农业大学举办第二届"湘茶杯"名优茶评比。11月，施兆鹏教授参加山东农大主持的全国十大农林院校"面向21世纪教学内容和课程体系改革"研究课题，于2001年12月获得国家级教学成果一等奖（排名第六）。

1995年，湖南农业大学成立博士后流动站，茶学博士点为该站核心成员之一。杨伟丽、张杰、朱先明、徐超富、肖力争等承担的"茉莉花茶加工成套技术研究"项目获湖南省科技进步二等奖。湖南省茶叶研究所获省科技进步三等奖、农业科技进步二等奖、省农业丰收奖一等奖、全国丰收奖各1项；成功地举办了"春季名茶生产现场观摩会"，胡彪、潘贵玉等30多人参加。

1996年，湖南省茶叶研究所获外贸部二等奖、省农业科技进步一等奖、三等奖各1项；成功举办名优茶生产观摩会，熊清泉、董志文等80余人出席；研究所本部搬迁到马坡岭，高桥设实验茶厂。1月1日，湖南省茶叶研究所迁入湖南省农业科学院内，所属实验茶厂仍保留在高桥原址，继续承担科学实验任务。同月，湖南农业大学茶学系与食品科技系合并组建食品科技学院，施兆鹏教授任第一任院长。4月，湖南省茶叶学会荣获省科协授予"省级学会工作1995年度先进集体"光荣称号；常务副秘书长尚本清同志，荣获省科协授予"学会工作先进个人"荣誉证书奖。5月14日，尚本清同志荣获"中国科学技术协会先进工作者"光荣称号。5月28日，湖南省茶叶学会长沙茶叶开发部挂牌营业。6月，由湖南省茶叶学会组织第三届"湘茶杯"名优茶评比。7月25日，"怡清源"前身"长沙市高桥茶叶工贸有限公司"成立。9月，湖南省茶叶学会在湘阴县省兰岭茶厂召开"湖南省无公害茶叶生产技术"研讨会。

1997年，湖南省茶叶研究所《茶树栽培技术规范》（DB43/T 103—1996）发布实施；新品种79-9-5、79-4-7通过现场评议，茶多酚≥38%；获省农业科技进步等奖1项，鉴定成果1项。3月，湖南省茶叶学会在衡阳市召开第七次会员代表大会暨学术年会，施兆鹏教授当选为第七届理事会理事长。同月，湖南省茶叶学会授予郴州、岳阳、株洲3个市级学会为先进集体，在湖南农业大学召开"推介大宗名优茶"研讨会。4月，湖南省茶叶学会荣获湖南省科学技术协会授予"省级学会工作1996年度先进集体"光荣称号。4月20日，尚本清同志荣获湖南省科学技术协会授予"学会工作先进个人"光荣称号，黄祖法、朱先明2位同志荣获省科协和省科协湘学基金会授予"奉献奖"光荣称号。6月，施兆鹏教授当选为中国茶叶学会副理事长，担任全国高等农业院校教学指导委员会园艺学科茶学组组长。10月，施兆鹏、黄意欢、罗军武、刘仲华、黄祖法等承担的"构建茶学专业教学新体系，培养农工贸复合型人才"的研究成果获国家级教学成果二等奖、湖南省教学成果一等奖。湖南省茶叶学会在桃源县召开"茶叶优质化生产"学术研讨会。

1998年，施兆鹏教授被评为"全国优秀教师"。湖南省茶叶研究所"湘红茶1号"通过省级审定，"茶树栽培技术规范"获省科技进步三等奖，"高香绿茶工艺技术研究"获省农业科技进步二等奖，获省自然科学二等奖优秀论文1篇。怡清源桃源有机茶优质茶园开始产业化经营。湖南省唐羽茶业有限公司前身"广源茶庄"成立。3月，湖南省茶叶学会在长沙星沙开元大酒店召开成立40周年大会。8月，湖南省茶叶学会在南岳召开全省青年学术研讨会。

1999年，湖南省茶叶研究所获省自然科学基金1项，农科院科技进步一等奖2项。刘仲华教授荣获"湖南青年科技奖"。5月，湖南省茶叶学会在湖南农业大学举办第五届"湘茶杯"名优茶评比。6月，长沙市高桥茶叶工贸有限公司更名为湖南怡清源有机茶业有限公司。11月，湖南省茶叶学会在岳阳市召开"茶叶产业化学术研讨会"。

2000年，湖南省茶叶研究所果味柠檬秀眉出口2t；获省科技进步二等奖、三等奖和省农业科技进步二等奖各1项。1月，"长沙金农天然植物制品实业有限公司"增资扩股为"湖南金农生物资源股份有限公司"。5月，湖南省茶叶学会在岳阳县黄沙街茶场举办全省有机茶生产技术培训班。湖南卫视报道怡清源桃源有机茶优质茶园。7月，湖南怡清源有机茶业有限公司在湖南大剧院举行"怡清源之声——殷承宗大型钢琴音乐晚会"。8月，湖南省茶叶学会在郴州召开"全省茶叶流通暨加入WTO后湖南茶叶发展趋势"学术研讨会。12月，施兆鹏教授被评为"全国优秀教师"。

2001年，湖南农业大学茶学学科被湖南省教育厅评定为湖南省"十五"重点建设学科。湖南省茶叶研究所成立湖南省茶叶检测中心，新品种79-10-4通过现场评议；天牌公司获自营进出口权，与隆平高科合作茶机出口巴基斯坦，生产的CTC红茶赢得穆沙拉夫总统高度赞誉。3月，怡清源茶艺表演队成立，被誉为"茶道潇湘第一家"。5月，湖南省茶叶学会在沅陵县、桃源县召开"湖南省民营茶叶企业"学术研讨会。10月，湖南省茶叶学会在长沙市召开第八次全省会员代表大会，选举施兆鹏教授为湖南省茶叶学会第八届理事长，会上为朱先明教授举办80寿辰庆祝活动。12月，刘仲华教授荣获"湖南省十大杰出青年科技创业奖"。"怡清源"茶被评为湖南省"消费者信得过品牌"，"怡清源"产品被评为"质量信得过产品"。

2002年，湖南省茶叶研究所举办"茶叶无公害有机生产技术——生态调控茶园虫、病、草综合研究"成果鉴定评议，获省农业科技进步二等奖1项，鉴定成果1项。罗军武教授被选为教育部全国高等院校教学指导委员会园艺学科组成员。2月4日，"中国土产畜产湖南茶叶进出口公司"改制为"湖南省三利进出口有限公司"。11月，湖南省茶叶学会在宁乡县沩山召开学术年会。

2003年，湖南省茶叶研究所新品种登记1项，采用花粉管通道法成功将4种外源DNA导入2个茶树品种子房内。刘仲华、施兆鹏、黄建安等承担的"茶叶提取物系列产品研究与开发"研究成果获湖南省科技进步一等奖。同年，刘富知教授选育的"湘妃翠"

被审定为湖南省非主要农作物品种，2007年进入全国茶树良种区试，2014年通过国家茶学新品种审定。3月，湖南农业大学茶文化培训中心成立，并对外招收茶艺师和评茶师培训学员。5月，在长沙新华大酒店举办首届湖南省茶文化节，并进行了茶艺茶道比赛。6月，在湖南农业大学举办了第六届"湘茶杯"名优茶评比。7月，湖南省科技厅批准组建"湖南省天然产物工程技术研究中心"，刘仲华教授任主任，2006年通过验收。9月，湖南省茶叶学会在长沙市举办了"海峡两岸茶业"学术研讨会。11月，教育部批准省部共建"茶学教育部重点实验室"，刘仲华教授任主任。"广源茶庄"更名为"唐羽茶庄"。

2004年，湖南省茶叶研究所获省科技进步二等奖1项。董丽娟由中国茶叶学会授予"全国优秀茶叶科技工作者"称号。1月，湖南怡清源有机茶业有限公司被认定为"湖南省农业产业化龙头企业"，并被省政府列入"五个一批"重点扶持对象名单。6月，湖南农业大学茶学系举办湖南省首届高级评茶师培训班。7月，湖南省茶叶学会承办首届星沙茶文化节。10月，湖南农业大学茶学系获教育部批准全国首创"植物资源工程"本科专业（工学）。11月，湖南农业大学周清明校长携茶学系茶艺表演队，赴泰国皇家理工大学为诗琳通公主表演中国茶艺。12月，黄意欢教授被中国茶叶学会评为"全国优秀茶叶科技工作者"，刘仲华教授荣获"湖南省十大杰出青年科技创新奖"，朱旗教授赴英国Surrey大学作高级访问学者。湖南省茶叶学会在长沙市召开学术年会，会议主题：茶叶市场营销。湖南怡清源有机茶业有限公司获得茶叶进出口证书。"唐羽茶庄"更名为"唐羽茗茶"，启动"唐羽茶&馆连锁模式"。

2005年，湖南省茶叶研究所"玉绿"品种通过现场评议，获省科技进步二等奖1项。长安茶场实践教学基地被为"湖南省优秀教学基地"。湖南省益阳茶厂开发出"极品茯茶、一品茯茶、黑茶饼、400g湘益茯茶"等中高档茯茶产品。1月，傅冬和博士赴新西兰林肯大学做访问学者。4月，中央电视台《鉴宝》栏目，惊现一篓安化第二茶厂1956年的天尖茶，专家现场评估价值为48万元。通过对原国有企业湖南省长沙茶厂整体改制后，由企业员工和中国茶叶有限公司共同出资入股组建的湖南猴王茶业有限公司正式成立。以出口茶业务为主的湖南浩茗茶业食品有限公司在桃江注册成立。5月，怡清源茶叶精加工厂的国内第一条全不锈钢流水生产线正式投产。6月，在湖南农业大学举办了第七届"湘茶杯"名优茶评比。7月，湖南省茶业协会正式成立，曹文成当选首任会长。禹利君博士赴日本弘前大学（Hirosaki University）做访问学者。8月，科技部组织湖南农业大学茶学学科举办我国首届"茶叶深加工理论与技术国际培训班"，至今已连续举办4届，15个国家的政府部门、高等院校、研究院所和企业招近80名学员来华学习。9月，黄建安教授赴英国Nottingham大学作高级访问学者。10月，湖南省茶业集团股份有限公司董事长周重旺被评为"2005中国茶业经济年度人物"。湖南怡清源有机茶业有限公司被商务部认定为"双百市场工程"全国大型农产品流通百强企业。11月，刘仲华教授入选"教育部新世纪优秀人才"。蔡正安副教授、唐和平教授应邀赴韩国东明大学访问。湖南省茶叶学会在湖南农业大学举行了"湖南十大名茶"评选，在张家界举办了首届全省茶艺师大赛。湖南怡清源有机茶业有限公司荣登首届"中国茶业百强企业"。12月，谭济才、罗军武、朱旗3位教授赴日本三井农林株式会社食品研究所及静冈大学开展合作研究。湖南省茶叶学会在长沙市召开了第九次全省会员代表大会暨学术年会，选举刘仲华教授为湖南省茶叶学会第九届理事会理事长。湖南省"张家界"杯茶艺师技能大赛暨湖南省第七届"湘茶杯"名优茶评比在张家界举行。

2006年，湖南省茶园面积超过140万亩，茶叶产量突破10万t，茶叶总产值达到35亿元。湖南省茶叶研究所获科技进步三等奖1项，制订地方标准4项，获科技部、财政部各支持1项；检测中心通过省计量技术认证，农残扩大到83个参数；提出科技兴茶"五个一工程"。1月，湖南农业大学茶学系从食品科技学院分析出，隶属园艺园林学院；茶学学科被评为湖南省"十一五"重点学科；刘仲华教授担任湖南省农业大学茶叶研究所第三任所长。3月，石门县有1万亩茶园获得IMO和农业部（现农业农村部）COFCC的有机食品认证，成为湖南省有机茶认证面积最大的县。湖南紫艺茶业有限公司在常德注册成立。5月，第二届中国湖南·星沙茶文化节暨湖南省茶叶博览会在长沙县举行。7月，湖南鸿大茶叶有限公司成立。8月，为陕西汉中市举办评茶师培训班。9月，王坤波博士赴新西兰林肯大学做访问学者。10月，刘仲华教授入选"国家新世纪百千万人才"。11月，刘仲华教授领衔的"天然产物研究与开发"创新团队荣获"湖南省优秀科技创新集体"。经湖南省劳动和社会保障厅（现湖南省人力资源和社会保障厅）批准，湖南省职业技能鉴定专家委员会评茶师专业委员会成立，秘书处挂靠湖南省茶叶学会。湖南腾琼野茶王茶业有限公司成立。12月，湖南省茶叶学会在长沙市召开学术年会，主题：茶叶基地建设。龚雨顺博士赴日本太阳化学株式会社开展合作研究。

2007年，湖南省茶叶研究所制定湖南省地方标准5项，鉴定成果2项；与中国农业科学院茶叶研究所、中国科学院亚热带农业生态研究所签订合作协议；"黄金茶特异资源创新与利用研究"被列为省科技厅点项目；与保靖县政府签订开发黄金茶合作协议。袁隆平院士题字"天牌名茶，香味更佳""天牌茶、科技茶、放心茶"。湖南省茶业集团股份有限公司经营茶叶商品总量全国第一；出口欧盟市场茶叶量全国第一；出口红茶量全国第一；经营边销茶第一，占全国总量的一半；有机茶出口全国第一；茶叶出口创汇全省第一；综合实力排名全国同行业第三位，并被评为湖南省农业产业化"十大标志性企业"。益阳茶厂有限公司成立，湖南省茶业集团股份有限公司为第一大股东。3月，2007全省茶业工作会议暨高峰论坛在湖南省会长沙的"百里茶廊"召开。5月，"2007国际茶业大会暨展览会"在湖南国际会展中心举行。湖南省茶叶学会在湖南农业大学举办第八届"湘茶杯"名优茶评比；益阳市成立益阳市茶叶局。7月，刘仲华教授当选中国茶叶学会副理事长。全国边销茶会议在益阳召开。8月，茶学专业先后被教育部和湖南省教育厅确定为"国家特色专业"与省级重点专业。9月，北京奥运会授权安化县制作"奥运茶火炬"。10月，新型营销模式的湖南华莱生物科技有限公司注册成立。11月，刘仲华教授入选"湖南省科技领军人才"。湖南省茶叶学会在益阳召开"核心竞争力与湖南茶产业发展"学术年会。12月，湖南省茶叶学会被评为"全国省级学会之星"。湖南省黑茶产业化工作座谈会在益阳举行。

2008年，湖南省茶叶研究所获农业部（现农业农村部）现代茶叶技术产业体系科学家岗位和试验站各1个；参与湖南省黑茶重大专项中品种选育；鉴定成果（"玉笋""槠叶齐"）2项；发表茶叶科学论文3篇；承办中国茶叶学会首届青年科学家论坛；派25人考察全国茶叶科研院所；编写所志；资助谌介国科技文选，编辑绿茶、茶祖论坛文集；与湘丰茶业合资成立"湖南保靖黄金茶有限公司"。全省茶叶工作会议暨茶业高峰论坛在桃源县举行。4月，湖南省茶叶学会与古丈县政府共同承办"中国绿茶（古丈）高峰论坛"。5月，湖南省商务厅、湖南出入境检验检疫局、湖南省茶业协会联合组织的"全省茶叶出口工作座谈会议"在长沙召开。湖南省茶业协会茶馆分会主办的"首届'通程杯'湖南省茶艺表演大赛"在长沙同城国际大酒店举行。6月，刘仲华教授领衔的"植物资源高效利用"创新团队入选"湖南省高校优秀创新团队"。安化千两茶、湘益茯砖茶制作工艺列入国务院公布的第二批国家级非物质文化遗产名录。7月，刘仲华、施兆鹏、黄建安教授等承担的"茶叶功能成分提制新技术与产业化"研究成果获国家科技进步二等奖。8月，湖南农业大学茶学系第一次组团赴中国台湾参加"第五届海峡两岸茶业学术研讨会"。10月，"2008全国茶学青年科学家论坛"在湖南长沙召开。11月，庆祝湖南茶叶学会成立50周年活动暨学术年会，主题：中华茶祖文化论坛，并举办湖南农业大学茶学专业成立50周年庆典。石门县获评"中国名茶之乡"称号。12月，刘仲华教授入选国家茶叶产业技术体系深加工岗位科学家，深加工研究室主任，执行专家组成员。怡清源"黑玫瑰"茶诞生上市，并获3项国家专利；湘茶高科技产业园举行奠基典礼。同年，怡清源"黑茶加工新工艺研究"通过省级科技成果鉴定。湖南省唐羽茶业有限公司正式成立，获商务部"特许加盟连锁资质"许可。

2009年，湖南省茶叶研究所获省科技进步二等奖1项（国家级对照品种"槠叶齐"

推广应用），审定"黄金茶1号"，发表茶叶科学论文2篇，编印《茶农之友》《茶叶市场谋略》。1月，刘仲华教授在人民大会堂出席2008年国家科学技术奖励大会，并接受中央电视台采访。3月，湖南省茶祖神农基金会成立暨湖南省茶业协会年会在长沙留芳宾馆举行。4月，湖南省茶叶学会协办"中华茶祖节暨茶祖神农文化论坛"，策划实施"中华茶祖神农文化高峰论坛"。7月，刘仲华教授领衔的"园艺植物功能成分优异资源高效利用"创新团队入选教育部"长江学者与创新团队发展计划"，这是我国茶学学科首次入选。8月，在长沙市召开"2009湖南名茶与酒店、茶馆、超市对接大会"。10月，湖南省政府、中国国际茶文化研究会、中国茶叶流通协会、中国茶叶学会、中国食品土畜进出口商会、中华茶人联谊会、国际茶业科学文化研究会联合主办举办首届中国·湖南（益阳）黑茶文化节暨安化黑茶博览会，编撰《中国黑茶产业发展高峰论坛论文集》。简伯华荣获"2009年度中国茶叶行业十佳经济人物"称号。11月，施兆鹏教授荣获"中国茶业界十大国际人物"称号。科技部批准成立"国家植物功能成分利用工程技术研究中心"，这是湖南农业领域第二个国家工程技术研究中心。12月，茶学学科入选湖南省优势特色重点学科；刘仲华教授荣获中国茶产业特别贡献奖。湖南省茶叶学会被中国科协评为"全国学会300强"。"2009第一届湖南茶业博览会暨紫砂工艺展"在湖南省展览馆举行。

2010年，湖南省茶叶研究所"早生优质绿茶新品种玉绿、玉笋选育"获省科技进步二等奖，鉴定成果3项："湘波绿2号""绿肥1号""卷曲型名优茶全自动加工工艺技术研究与示范"，发表茶叶科学论文3篇，编写《保靖黄金茶》。1月，湖南省三利进出口有限公司变更成立湖南中茶茶业有限公司，同年，获评为"湖南十大茶品牌"企业。3月，茶学系承办全国高等农业院校大学生茶艺师大赛；施兆鹏教授、刘仲华教授入选"新中国60周年茶事功勋——科技创新人物"。湖南省茶业协会经济年会暨市场营销论坛在湖南怡清源有机茶业有限公司举行。4月，湖南省茶叶学会被民政部授予"全国先进社会组织称号"；"2010中华茶祖节庆典暨百万爱茶人共品三湘茶"活动在长沙举行。7月，黄建安教授赴加拿大国家天然产物研究中心开展合作研究。8月，简伯华作为祥和中国节申遗团团长在北京人民大会堂与著名学者于丹一起推广中国传统节日。9月，施兆鹏教授主编、黄建安教授副主编的全国普通高等教育"十一五"国家级规划教材《茶叶审评与检验》（第四版）由中国农业出版社出版。10月，刘仲华教授荣获"湖南省光召科技奖"；刘仲华教授指导王坤波博士的学位论文获得"湖南省优秀博士论文奖"，并获"全国优秀博士论文提名奖"（这是我国茶学学科第一篇国优博士论文提名奖论文）；刘仲华教授应邀作为在日本举行的"The 4th International Conference on OCha（tea）Culture and Science"的大会特别报告嘉宾；刘仲华教授当选为中国茶叶流通协会专家委员会主任，肖力争、朱旗、肖文军教授当选为专家委员会委员。11月，刘仲华教授担任中国科协2010学术年会第16分会场主席，在福州主持"中国茶叶深加工学术沙龙"，并获得中国科协学术年会分会场评比第二名。湖南省茶业协会第二届会员代表大会召开，曹文成当选为会长。12月，湖南省茶业协会、湖南省茶叶学会组织的"湖南十大茶品牌"评选。茶学重点学科通过湖南省"十五"重点学科验收并获得优秀。"2010湖南茶业博览会暨收藏展"在长沙市的湖南省展览馆举行。

2011年，湖南省茶叶研究所"保靖黄金茶产业创业链"获科技部科技特派员创业链一等奖，"湘波绿2号""茶肥1号"获省品种登记申报专利2项，发表论文25篇，编写《爱茶人》。3月，湖南省茶业协会工作会议暨"十二五"发展论坛在长沙举行。4月，刘仲华教授当选为第十届湖南省茶叶学会理事长。6月，刘仲华教授指导的刘硕谦博士的学位论文获湖南省优秀博士论文奖。7月，茶陵县政府与茶陵县茶祖印象茶业有限公司正式签订协议，投资建设"中华茶祖神农文化产业园"项目。8月，湖南省茶叶学会在长沙举办科技发展论坛暨王融初教授八十寿辰庆典。湖南省天然产物工程技术研究中心通过省科技厅验收并被评定优秀。9月，湖南省茶叶学会副理事长包小村研究员带队，组织全省11名茶叶科技人员和企业负责人，赴印度、斯里兰卡进行考察。10月，湖南省茶叶学会协助常德市举办"2011上海国际茶文化节闭幕式"。中国茶叶流通协会授予湖南省岳阳市"中国黄茶之乡"称号。11月，原湖南省安化茶场改制成立中茶湖南安化第一茶厂有限公司。12月，在石门县召开了以"科技创新，转型升级，打造湖南特色茶产业"为主题的学术年会。2011第三届湖南茶业博览会暨湖南茶业"十大杰出人物、十佳诚信企业、十强乡镇"宣传展示活动开幕式在湖南省展览馆举行。同年，湖南中茶茶业有限公司获评为"湖南茶业十佳诚信企业"。"沙漠之舟"品牌被湖南省商务厅授予"湖南省出口名牌"荣誉称号。"安化黑茶"被认定为中国驰名商标。

2012年，刘仲华教授带领的"茶叶深加工与功能成分利用创新团队"入选农业部（现农业农村部）创新团队；刘仲华教授主持的"黑茶保健功能发掘与产业化关键技术创新"成果获湖南省科技进步一等奖。湖南省茶叶研究所申请国家专利6项，发表论文23篇，其中发表SCI（《Journal of Insect Science》）文章1篇；正式实施科技兴茶"新五个一工程"，即：组织一百名专家，编写一套技术画册，服务一百家企业，办好一千个科技示范户，培训一十万名茶农。湖南中茶茶业有限公司获评为"湖南十大茶叶创新产品企业"，管理团队荣获中国土产畜产进出口总公司"利润贡献奖"。怡清源黑砖茶荣获"2012全国畅销边销茶品牌"。4月，湖南省茶叶学会协助沅陵县政府举办"中国武陵山（沅陵）首届生态茶文化旅游节"。5月，怡清源茶文化艺术团获中华全国总工会颁发全国

"工人先锋号"荣誉。9月，湖南省茶叶学会协办第二届中国·湖南（益阳）黑茶文化节。12月，湖南省茶叶学会在沅陵县召开了以"绿色、生态、有机与茶产业可持续发展"为主题的学术年会；26个茶叶主产县发起成立"武陵山片区茶产业发展战略联盟"。

2013年，湖南省茶叶研究所申请专利5项，发表文章30多篇，获省科技进步二等奖、中国茶叶学会三等奖各1项。刘仲华教授主持的"特色植物功能成分高效利用关键技术创新与产业化"成果获湖南省科技进步一等奖。"湖南省植物功能成分利用协同创新中心"获湖南省教育厅批准。湖南中茶茶业有限公司获评为"湖南茶叶助农增收十强企业"。怡清源茶文化艺术团荣获"全国五一巾帼标兵岗"。1月，湖南省茶叶学会在株洲市举行"湖南茶产业发展汇报会暨'茶祖·三湘红'发布会"。维维食品饮料股份有限公司收购湖南怡清源有机茶业有限公司。10月，湖南省茶叶学会协办第九届中国茶业经济年会暨首届中国（岳阳）黄茶文化节。11月，湖南省茶叶学会在长沙主办"中国花茶技术创新论坛"。12月，湖南省茶叶学会在安化县召开学术年会，会议主题：建设湖南茶业强省、打造千亿产业。

2014年，由湖南省茶叶研究所牵头的武陵山区优质绿茶重大专项获省科技厅批准立项并实施，国家茶树改良中心湖南分中心立项。湖南省茶叶研究所获国家自然科学基金1项，湖南省科技进步三等奖1项，湖南省农科院技术发明奖1项，授权3项，审定标准4项，发表论文40篇，研发了"红茯砖""手筑红茯砖""黄金白茶""手筑黄金原叶茯砖""出口香茶"等产品。包小村获"中国茶叶学会全国优秀茶叶科技工作者"称号。刘仲华教授和朱海燕副教授主讲的《中国茶道》列入国家精品视频课程，并成功升级为MOOC课程和入选为国家首批在线开放精品课程。"茶及植物功能成分利用"团队成功入选湖南农业大学"1515"人才计划。肖力争教授被评为首届"中华优秀茶文化教师"。湖南中茶茶业有限公司获评为"湖南十大科技创新企业"。简伯华担任第一届中国黑茶专业委员会副主任、中茶协电商专业委员会副主任委员。2月，朱海燕副教授赴美国休斯敦大学进行访问学者研究。8月，组织部分会员在中国台湾新竹参加第八届海峡两岸学术研讨会。10月，湖南省茶叶学会参与组织策划"安化黑茶科学家论坛"；茶学专业入选首批卓越农林人才教育培养计划。12月，在古丈县召开年度学术年会，会议主题：高效湘茶发展战略。

2015年，湖南省茶叶研究所获批湖南省茶叶产业技术体系首席专家和栽培岗位，荣获中国茶叶学会一等奖、省农业农科院一等奖、省农业丰收奖二等奖、湖南省农科院技术发明奖各1项，授权3项，审定标准4项，发表论文40篇，成功研发"红金茯""黄金茯""白金茯"等产品。禹利君教授、龚雨顺教授、田娜副教授分别赴美国Texas A&M University、University of Nebraska-Lincoln、Purdue University进行访问学者研究。湖南中茶茶业有限公司获评为"湖南省高新技术企业""湖南省电子商务示范企业"。4月，湖南省茶叶学会在长沙组织了湖南省科教兴茶学术研讨会暨施兆鹏教授八十寿辰庆典。刘仲华教授被评为"湖南省优秀工作者"。10月，湖南省茶叶学会协办第三届中国湖南·安化黑茶文化节。11月，湖南省茶叶学会协助岳阳市政府举办第二届中国（岳阳）黄茶文化节，主持中国黄茶产业发展高峰论坛。黄建安教授被评第三届"全国优秀茶叶科技工作者"。12月，湖南省茶叶学会在长沙召开第十一次会员代表大会暨学术年会，选举肖力争教授为省茶叶学会第十一届理事会理事长。

2016年，湖南省茶叶研究所"特异茶树种质资源黄金茶创新利用研究"获省科技进步一等奖，"茶叶高效生产新技术研究与应用"获省科技进步三等奖，审定品种2个（黄金茶168号、潇湘1号），制定技术标准7个，发表论文27篇，出版专著3部，发明专利授权1项。4月，刘仲华教授入选第七届教育部科学技术委员会委员，当选为湖南省大湘西茶产业发展促进会会长。6月，湖南省茶叶学会恢复"湘茶杯"名优茶评比活动，举办首届"湘茶杯"湖南名优茶评比。7月，植物资源系与茶学系整合，肖文军教授任茶学系主任。10月，湖南省茶叶学会承办2016年"绿宝石杯"第三届全国茶艺职业技能竞赛湖南分赛、"华莱杯"首届湖南省艺职业技能大赛。12月，湖南省茶叶学会学术年会定名为"湖南茶业科技创新论坛"，在长沙成功举办首次论坛，主题为"创驱动·转型升级"。中茶湖南安化第一茶厂有限公司成为湖南中茶茶业有限公司全资子公司。由施鹏教授和黄建安教授编的《茶叶审评与检验》（第四版）被评为全国高等农业院校优秀教材奖；刘仲华教授主持的"黑茶提质增效关键技术创新与产业化应用"成果获国家科技进步二等奖；由刘仲华教授领的"茶叶加工与资源高效利用"团队获首届湖南省科技创新奖；朱海燕教授被评为"中华优秀茶文化教师"。湖南中茶茶业有限公司获评为"农业产业化国家重点龙头企业"，管理团队荣获中国土产畜产进出口总公司"特殊贡献奖"。

2017年，湖南省茶叶研究所获得省科技创新奖1项，鉴定成果6项，制定技术标准（规程）3个，申请植物新品种权1个，发表论文27篇，其中SCI论文2篇、EI论文1篇，出版专著3部；申请发明专利1项，授权2项；出版了《优质红茶加工概论》《古丈毛尖》《保靖黄金茶》。2月28日，"猴王"花茶业务整合重组并入湖南中茶茶业有限公司。3月，张曙光研究员任湖南省茶叶研究所所长。5月，湖南省茶叶学会举办湖南省首届"手工制茶大赛"活动。刘仲华教授入选为国务院学科评议组专家。7月，湖南省茶叶学会举办第二届"湘茶杯"湖南名优茶评比活动。11月，湖南省茶叶学会举办"科技创新·三产融合"为主题的2017中国茶业科技年会。肖文军教授主持的"夏秋茶资源高效综合利用关键技术创新与产业化应用"成果获湖南省科技进步二等奖。郑红发研究员、王坤波教授被评"第五届中国茶叶学会青年科技奖"。

2018年，湖南省茶叶研究所制定标准（规程）6项，获发明专利2项，发表论文35篇（其中SCI论文1篇）；《茶叶通讯》进入北京大学《中文核心期刊要目总览》；编写《五彩湘茶》《湖南红茶》《江华苦茶》；获省直机关文明单位称号，综合治理先进单位。包小村研究员获"全国五一劳动奖章"；李赛君研究员获中国茶叶学会第二届"全国优秀女茶叶科技工作者"荣誉；朱海燕教授主讲的《中华茶礼仪》完成MOOC建设，并被列入"中国大学最美慕课精彩100"；王坤波教授、文海涛副教授分别被省组织部选派到古丈县、汝城县挂职担任科技副县长；肖文军教授、龚雨顺教授分别入选"湖南省121创新人才培养工程"第一层次、第三层次人选；李适副教授被评为"中华优秀茶教师"；肖文军教授、傅冬和教授分别被评第四届"全国优秀茶叶科技工作者"与第二届叶科技工作者"全国优秀女茶叶科技工作者"；茶学专业被湖南农业大学确定为品牌专业建设计划。湖南中茶茶业有限公司投资建设中粮湖南中茶茶业综合产业园。1月，益阳茶厂有限公司被认定为湖南省院士专家工作站。6月，湖南省茶叶学会举办第三届"湘茶杯"湖南名优茶评比活动。怡清源茶业张流梅总工程师荣获中国制茶大师。8月，怡清源被评为"民族融合发展优秀边茶企业"。11月，湖南省茶叶学会举行"湖南十大名茶"评选活动，举办庆祝湖南省茶叶学会成立60周年庆典活动暨2018湖南茶业科技创新论坛。

2019年"湖南茶业十件大事"：11月22日，湖南农业大学教授刘仲华当选为中国工程院院士。8月1日，正式挂牌成立了"湖南省红茶产业发展促进会"，湖南红茶公共品牌推广力度空前。9月6—9日，2019第十一届湖南茶业博览会在长沙湖南国际会展中心召开，展位面积扩大到3万m^2，展位2300个，参展企业达1500多家，规模空前，开启了湖南茶博史新的进程。3月1日，2019湖南省茶叶行业工作会议首提"三湘四水五彩湘茶"品牌发展格局。3月1至5月31日，中华茶祖节系列活动陆续展开，成功举办并首次推介桑植白茶。5月5—6日，以"茶让生活更美好"为主题的首届"衡山论茶"高峰论坛在南岳举行。11月15日，以"品牌引领，创新驱动"为主题的湖南茶业科技创新论坛成功举行。11月23—25日，2019首届潇湘茶文化节成功举行；长沙全市和长沙县共同发力，加快推动"长沙绿茶"发展。中国茶叶流通协会发布的行业调查结果显示，安化县位列2019中国茶业百强县第一，连续11年入选中国茶业百强县前十强，并入选2019中国十大生态产茶县。"湖南安化黑茶文化系统"成功入选第五批中国重要农业文化遗产，且湖南省白沙溪茶厂股份有限公司"白沙溪"品牌被评为2019中国茶业最佳市场运行品牌。

后记

"开门七件事，柴米油盐酱醋茶"。

湖南，是中国重点产茶省之一，产茶量居全国第二位。且茶叶品类齐全，既是全国著名的"名优绿茶优势产业带""中国黑茶之乡"和边销茶生产加工中心、"中国黄茶之乡"、中国花茶大省，又是全国红茶的主产区，有着悠久的历史。"神农尝百草，日遇七十二毒，得茶而解之"的传说在湖南广为流传，"茶圣"陆羽《茶经》所云："茶之为饮，发乎神农氏。"说明上古时期今湖南省地区就有了饮茶历史。随着茶饮的普及，唐代湖南地区成为主要产茶区之一。五代直至清代，内陆和边疆地区之间的茶马贸易和茶叶贩运非常繁盛。湖南茶叶也是"茶叶之路"上的主角，从"生命茶""政治茶""团结茶""丝路茶"，在各个历史时期都有着重要的历史地位，发挥着重要的历史作用。可以说，一部湘茶史，就是湘茶为中国茶产业和茶文化的贡献史。

而今茶叶早已深深融入中国人生活，成为传承中华文化的重要载体。从古代丝绸之路、茶马古道、茶船古道，到今天丝绸之路经济带、21世纪海上丝绸之路，茶穿越历史、跨越国界，深受世界各国人民喜爱。习近平主席在向首届中国国际茶叶博览会致贺信中指出：希望你们弘扬中国茶文化，以茶为媒、以茶会友，交流合作、互利共赢，把国际茶博会打造成中国同世界交流合作的一个重要平台，共同推进世界茶业发展，谱写茶产业和茶文化发展新篇章。

茶，在伟大的"一带一路"倡议下从历史深处再现昔日荣光。

以其不可替代的历史地位、和谐温润的文化品格，再次作为中国名片，成为东方文明与世界文明交汇的温馨媒介。湖湘茶业在国家高度重视农业农村绿色产业发展的大势下，取得举世瞩目的成绩，特别是安化黑茶在国内外名声大振成为了国内特色茶产业的代表，更吸引着国内外各界人士的热情关注，以各自不同的行为方式加入到中国茶产业的行列。

2015年，《中国茶全书》总编纂委员会总主编王德安先生通过湖南省茶业集团的推荐，来到白沙溪茶厂与我交流关于《中国茶全书》编纂项目，并希望我们公司能牵头组织编撰《中国茶全书·湖南卷》。因湖南茶叶品类丰富、文化底蕴深厚，而我真正最为熟悉的还是自己从事40余年的安化黑茶，对于其他茶类不甚了解，当时我没有答应。我所在的湖南省白沙溪茶厂，一直是全国边销茶定点生产企业，计划生产，统一边销，保障供应。进入市场经济后，白沙溪茶厂一度处境艰难，直到2007年改制重组湖南省白沙溪茶厂股份有限公司。这10多年，在省市县各级的重视支持下，白沙溪品牌影响力、产品市场竞争力、经济效益与引领产业发展的带动力都在大幅提升，公司也已全面启动建设白沙溪黑茶文化产业园项目工程，诸多原因，实在无力承担。此后，王德安先生又有不下十次的跟我联系与对接，都被我婉言拒绝了。不曾想，王德安先生锲而不舍，当他再次找到我的时候，我真的被他对湖南茶叶的挚诚热心与孜孜以求深深打动。试想我作为一个从事茶业几十年的制茶人深感惭愧、内疚。在他的影响感召下，我们拜访了湖南省茶业协会原会长曹文成会长，湖南农业大学的朱旗教授、朱海燕教授等专家征求意见，并与湖南茶业协会会长、湖南省茶业集团股份有限公司周重旺董事长达成一致意见。在曹会长和周董事长的大力支持下，特别是两位朱教授热心承担《中国茶书》《中国茶全书·湖南卷》的主编和策划，让我有了底气和信心。就这样开启了这项工作的人员组织与筹备事项。2018年5月6日《中国茶全书·湖南卷》编纂委员会于南岳衡山成立，并召开第一次编委工作会议。5月27日，《中国茶全书·湖南卷》编纂委员会第一次工作会议在长沙神农茶都白沙溪湖南运营中心召开。由此，《中国茶全书·湖南卷》的编纂工作正式全面启动。

　　《中国茶全书》是由中国林业出版社立项的全国性茶文化系列书籍，计划出版省级卷及地市卷共100卷，其中省卷20卷，地市卷80卷。是至陆羽《茶经》以来最具历史意义、最为全面、覆盖面最广的一部茶产业、茶科技、茶文化综合著作。

　　《中国茶全书·湖南卷》是《中国茶全书》20卷省级卷中主要产茶省卷，由湖南省茶业集团股份有限公司任主编单位，大家推选我任主编，康建平先生为总策划，朱海燕教授为执行主编，湖南省文史研究所文史专家陈先枢老师、湖南茶叶研究所张曙光所长、长沙文广新局汤青峰老师、安化黑茶文化研究所所长伍湘安老师、湖南农业大学沈程文老师、湖南茶叶集团公司副总经理大湘西促进会秘书长尹钟、湖南茶叶研究所包小村8位专家编委负责《中国茶全书·湖南卷》各章节责编和审稿，全省有12个地区组建了地区分卷编委会，全面开展《中国茶全书·湖南卷》的组稿编辑工作。这是全国唯一一个以企业牵头、协会站台、各地方积极配合的编委会组织形式，也是《中国茶全书》的最早加入者和推动者。在编写中，得到了全省、各市州县、各地方政府、各有关部门行业协会及社会各界茶人茶友的大力支持，全省各界人士近2000余人参与了《中国茶全书·湖南卷》的资料汇集、资费投入、材料整理编撰的工作。

　　《中国茶全书·湖南卷》紧紧围绕国家出版基金立项的"体现国家意志，传承优秀文化,推动繁荣发展,增强文化软实力"的二十五字方针,传承、宣传中国茶和中国茶文化,旨在推动湖南茶文化建设,着力打造湘茶品牌,增强各茶产区文化软实力,推动全省经济繁荣发展,帮助茶产区实现专业化、品牌化、国际化。《中国茶全书·湖南卷》作为《中国茶全书》的发起者和编撰标杆,秉承全面真实记录历史,还原人文景物,凸显地方特色,繁荣五彩湘茶的原则。该书历经前后三年潜心编纂,目前已完成全书统编。

《中国茶全书·湖南卷》全卷共12章60万字余,涵盖湖南省14个地(市、州)的相关内容。从湖湘茶史、茶品、茶泉、茶器、茶艺、茶技、茶俗、茶馆、茶科技、茶旅游、茶界精英人物等各个层面全方位展示湘茶产业。全书脉路清晰,文字简洁,版面布局合理,内容全面真实,是目前最具完整性、系统性、专业性的湖南茶叶专著,对湖南茶叶产业的历史、现状与未来都将产生不可低估的重要作用和指导意义。同时有效地推动了《中国茶全书》各省分卷的编撰工作。

今天,我非常欣慰,《中国茶全书·湖南卷》这部长达60万字余的长篇专著顺利完成,率先编入《中国茶全书》重点产茶省卷。感谢所有参与编写、整理、协助提供资料的全体工作人员的辛勤努力与认真细致工作,感谢湖南农业大学和各院所专家学者的热心参与和专业指导,感谢省市州县各级组织各部门及各社会团体协会的重视支持与通力协作。在这里要还要特别感谢湖南省茶业协会原会长曹文成,《中国茶全书》总主编王德安,《中国茶全书》执行主编、湖南农业大学教授朱旗,国家一级作家、湖南省文史研究馆馆员、全国五一劳动奖章获得者廖静仁,湖南农业大学教授刘富知,岳阳市茶业协会陈奇志,以及湖南省茶业集团股份有限公司总经理黎明星、副总经理吴浩人,湖南省茶业协会伍崇岳及王准秘书长,中国作家协会会员舒放先生对《中国茶全书·湖南卷》的高水平指导与专业审编。感谢来自《中国茶全书·湖南卷》各地方分卷编纂委员会全体工作人员的高度负责、积极有效的努力工作。

"无由持一碗,寄与爱茶人"。今天,我们将《中国茶全书·湖南卷》这部饱含湖南茶人热心、初心、匠心的浓情好茶呈献给大家,为大家健康幸福生活增添茶话、茶趣、茶乐,为我们共同的茶事业助力添彩!

刘新安

2021年3月22日